문화권력과 버내큘러

이 저서는 2017년도 정부(교육부)의 재원으로 한국연구재단의 지원을 받아 한림대학교 일본학연구소가 수행하는 인문한국플러스지원사업의 일환으로 이루어진 연구임 (2017S1A6A3A01079517).

02

한림일본학연구총서 II
포스트제국의 문화권력 시리즈

문화권력과 버내큘러

한림대학교 일본학연구소 편

小花

차례

책머리에

한림대학교 일본학연구소 HK$^+$사업단은 연구 아젠다 "포스트제국의 문화권력과 동아시아"를 탐구하고 있다. '포스트제국'과 '문화권력'을 키워드로 근년 '동아시아'에서 격화하는 상호 불신과 혐오의 근원을 천착하고, 화해와 협력의 미래상을 구축하기 위한 인문학적 전망을 수립하는 데 그 목적이 있다. 이를 달성하려 본 사업단이 설정한 연구 목표는 다음의 세 가지다. 첫째, 제국의 시대를 넘어 포스트제국 시대에도 장기지속한 제국의 유제(遺制)와 기억 및 욕망의 존재방식과 작동원리를 밝힌다. 둘째, 그사이 제국의 유제·기억·욕망에 대응하며 동아시아의 생활자들이 펼쳐 온 경계횡단적인 변이·전용·분기·환류 등의 실천적 경험과 그 기억 등을 새롭게 발굴해 대안적 성찰의 계기로 삼는다. 셋째, 이를 발판으로 동아시아 차원의 소통과 이해, 연대와 협력의 통합적 전망을 제시하고 나아가 문화이론 수준에서의 일반화를 추구한다.

본 사업단은 이 중에서 우선 첫 번째 과제를 비판적으로 고찰하려고 지난 3년 가까이 다양한 학술 활동을 수행해 왔다. 아울러 두 번째 과제의 정지작업에도 크고 작은 주의를 기울였는데, 지난해 7월 6~7일 이틀간 한국의 실천민속학회, 일본의 일상과 문화 연구회와 공동으로 주최한 학술대회가 좋은 보기다. 이 국제 심포지엄에는 한·중·일의 동아시아 삼국을 비롯한 미국과 독일어권의 민속학, 문화학 전문가가 다수 참가해 "포스트제국의 문화권력과 버내큘러 : 민속학으로 일상을 묻다"를 주제로 열띤 논의를 펼쳤다. 그 성과들을 보완해 가필하고, 관련 논고를 두세 편 더 매만져 상재한 게 이 『문화권력과 버내큘러』다.

서명에 보이는 '버내큘러(vernacular)'는 번역하기가 곤란한 말이다. 책장의 영어사전을 펼치면 "특정 지역 · 집단이 쓰는 말, 토착어, 방언" 혹은 "그 토지 특유의 건축양식으로 일반적으로는 서민적인, 대중의 건축 등을 가리키는 말"이라 보인다. 하지만 언어학과 건축학뿐만 아니라 인류학, 민속학, 종교학, 문학비평, 수사학, 의학 등의 여러 분야에서 다양한 논의들이 펼쳐져 '버내큘러(vernacular)'의 자면(字面)과 함의는 참으로 풍성하고 다기하다. 그 다채로운 맥락의 다의적인 쓰임새를 포괄할 수 있는 번역어를 찾지 못해 이 책에서는 외래어 표기의 버내큘러를 그냥 쓰게 되었다. 상세한 내용은 제2부에 수록된 글들을 참조하기 바란다. 덧붙여 문맥에 따라 '버내큘러한'이나 '버내큘러하게'와 같은 꾸밈말도 사용했음을 밝혀 둔다.

민속학 분야에 국한하면, 근년 미국을 중심으로 기왕의 '포클로어(folklore)'를 갈음해 새로이 부상한 방법론적 개념으로 버내큘러가 주목을 받고 있다. 범박하게 말하면 지배적인 문화, 즉 제도화한 문화권력의 자장권(磁場圈)에서 끊임없이 영위되는 국지적 · 비공식적 · 실제적 · 역동적 · 창발적인 발화와 행위 등을 이른다. 이 책에서는 근현대의 다종다양한 버내큘러 문화를 이론과 실제의 양면에서 살펴 그 일상의 실존적 실천들이 제국적 혹은 탈제국적 문화권력과의 상호작용 속에서 지배와 저항, 혼성, 모방, 전용, 환류 등의 형태로 생산 · 소비되는 과정과 의미를 짚어 보았다. 한국의 경우 버내큘러 개념을 비롯해 현대사회와 버내큘러 문화의 관계를 처음 본격적으로 대상화하는 만큼 그 학술적 의의가 적지 않을 것으로 보인다.

이 책의 본론은 3부로 나누어 구성했다. 우선 제1부 "포스트제국의 문화권력과 민속학 연구"에는 전전(戰前) 나치즘의 국가사회주의에 복무한 독일어권 민속학의 환골탈태와 최근의 새로운 연구 동향, 그리고 '토착'의 학문과 '일상학'으로의 전회(轉回)를 지향하는 동아시아 민속학사를 다룬 네 편의 글을 실었다. 제2부 "방법으로서의 버내큘러"에는 글자 그대로 버내큘러를 둘러싼 다양한 방법론적 논의들, 또 그것들을 원용한 동아시아 민속학의 탈각과 지성사적 재고를 도모한 다섯 편의 글을 묶었다. 제3부 "버내큘러와 일상의 정치학"에는 제국일본의 식민지 조선과 대만, 그리고 금세기 한일 양국에서 펼쳐진 버내큘러의 실천 사례를 분석한 다섯 편의 글을 모았다.

독서의 편의를 꾀하려 각 장의 개요를 간추려 두면, 이 책의 권두에 올린 베른하르트 초펜의 「문화와 일상 : 독일어권 '민속학', 유럽 민속학/인류학 전통에서의 에스노그래피적 문화 분석」은 독일어권 및 유럽 일상문화 연구의 역사적·현대적 전개 양상을 고찰했다. 특히 탈민족화와 유럽화의 맥락 속에서 독일어권 '민속학(Volkskunde)'의 현대화, 그리고 국제사회의 인문학과 사회과학을 향한 이론적·방법론적 개방에 대해 거론했다. 부연하면 일상에 관한 에스노그래피적 문화 분석의 인식론적 자기 이해를 다루었는데, 전반부에서는 이 과제를 보다 일반적인 관점에서 학사적으로 검토했고, 후반부에서는 최근의 지식문화와 공간성, 그리고 문화유산 연구에의 비판적 접근방식과 같은 구체적 사례를 가지고 논했다.

남근우의 「'조선민속학≒민족문화학'에서 주체의 일상 연구로」는 한국민속학의 방법론에 관한 주요 쟁점들을 검토했다. 한국의 민속학사 특히 일제 식민지기 조선민속학의 정치성으로 수렴되는 학문의 사상적 존립 기반에 대한 성찰, 한국민속학의 목적을 특권화한 원형론과 민족문화학의 탈신화화, 민속 개념의 해체와 재구축으로 상징되는 한국민속학의 대상 설정 문제, 지난 30년 가까이 한국민속학의 방법론으로 거론된 현장론과 역사민속학의 허실을 다루었다. 이러한 원론적 과제들을 비판적으로 성찰해 한국민속학의 인식론적 전환을 촉구했다.

웨용이의 「'토착'의 학문 : 세뤼(Paul Serruys, 1912~1999)의 중국민속학 연구」는 1936~1949년 선교사로서 북중국 시골에 장기 체류하며 방언과 수수께끼, 동요, 민담 등을 과학적으로 조사 연구한 세뤼(Paul Serruys)의 중국민속학을 재조명했다. 그 결과 농밀한 방언 조사에 기초한 그의 중국민속학을 '방언민속학'이라 명명하고, 야나기타 구니오(柳田国男)가 강조한 '토착'의 학문을 몸소 체현한 민속학자로 중국 민속학사상에 자리매김했다. 나아가 그의 버내큘러한 '토착' 학문은 민속의 문화유산화를 추구해 온 동아시아 민속학자들에게 '과연 민속학이란 무엇인가?'라는 본원적 물음을 제기함으로써, 흡사 '현학(顯學)'처럼 되어 버린 동아시아 민속학에 경종을 울린다고 지적했다.

이와모토 미치야의 「동아시아 민속학의 재정립 : '일상학'으로의 전회(轉回)」는 지난 100년 동안 동아시아 한자문화권에서 일반화한 '민속학(民俗學)'이라는 용어의 성립 과정을 실증적으로 고찰했다. 이를 바탕으로 '민(民)'의 강조와 함께 '속(俗)'의 의미를 흔하디흔한 일상으로 재해석해, 기왕의 '민속≒문화재(유산)'학을 '일상학으로서의 민속학'으로 재정립하자고 제언했다. 이 경우 대개 인식하기 곤란한 존재인 일상이나 당연함을 어찌 포착할지가 방법적 과제로 대두하는데, 그것들은 기이한 존재가 일상화라는 보통의 것, 곧 흔하디흔한 사상(事象)이 되는 과정과 그 당연한 현상이나 인식 등이 해체되어 가는 과정에서 비로소 의식된다. 일상이란 이러한 동적 과정을 포괄하는 개념이며, 왜 그것이 그러한지 당연함이 당연하게 된 까닭을 묻는 분석 개념이기도 하다. 미세한 지역차나 세밀한 시대차를 주시함으로써 당연한 존재의 어긋남이나 상실을 논거로 삼아 온 민속학이야말로, 그 당연함의 변화가 가속화한 현대사회에 있어 오히려 유의미하고 시의적절한 학문이라 역설해 주목된다.

다음 제2부의 첫머리를 장식한 나수호의 논문은 작년의 국제 심포지엄 발제 당시 「하늘과 땅 사이 : 버내큘러와 제도의 관계에 대한 미국에서의 연구」라는 제목이었다. 이 제명(題名)에 보이는 '땅'은 물론 토박이 노예들의 '베르나(verna)'에서 발원한 버내큘러의 은유적 표현이겠다. 일상의 실천 전략들과 생활의 전술들이 교차·난무하는 그 '시끌벅적한' 땅을 규율하는 구조와 제도, 가령 우리가 지금 문제 삼고 있는 문화권력과 같은 조감적(鳥

瞰的) 구조의 힘이 다름 아닌 '하늘'이겠다. 이처럼 제도화한 하늘의 구조 아래서 실존적 삶을 꾸려 가는 주체들의 다종다양한 발화와 행위와 실천, 관견(管見)엔 이 두 벡터 '사이'의 상호 침투적인 역학관계를 대상화하려는 게 버내큘러 논의의 핵심으로 보인다. 앞서 초펜이 언급한 환골탈태의 독일어권 민속학, 곧 '유럽 민속학/인류학'의 일상 연구에서 읽어 낼 수 있는 "역동적·창발적인 관계성"과 같은 것이다.

실제 나수호의 「버내큘러와 제도의 관계에 대한 미국에서의 연구」에는 아날로그 세계와 디지털 세계를 불문하고, "버내큘러와 제도의 혼종성(hybridity)"을 중심으로 지배와 저항, 패스티시(pastiche), 전용, 환류 등과 같은 다양한 역학관계론의 스펙트럼이 펼쳐지고 있어 흥미롭다. 미국의 경우 금세기에 이르러 특히 디지털 버내큘러 논의가 성행하고 있는데, 그중 하워드가 제시한 '전자 혼성성'과 '버내큘러 웹'이라는 개념이 눈길을 끈다. 버내큘러 웹을 통해 사람들이 디지털 공간에서 움직이고 행동할 경우, 버내큘러와 제도의 전자 혼종성 덕분에 버내큘러 권위를 행세하면서 자신도 모르게 제도의 영향을 받는 작금의 글로벌한 현상을 대상화했기 때문이다. 이외에도 버내큘러 지식의 형성, 시장원리라는 제도적 요건의 불가피성, 음악이나 정치적 담론에서 버내큘러와 제도의 충돌, 버내큘러 권위와 문화적 전용, 버내큘러와 디지털 현장성의 관계, 버내큘러한 연행에서 버내큘러한 관행으로의 이행, 버내큘러한 표현의 양가성과 부정적인 요소의 증폭 위험 등과 같은 현실세계의 '핫'한 주제들을 거론해 참고할 만하다.

강성우의 「버내큘러의 방법론적 가능성」은, 버내큘러가 내장한 혼종성에 주목하며 그 방법론적 가능성을 세 가지 영역에서 천착했다. 우선 일상 연구에서 버내큘러의 의미와 구실을 살펴, 평범한 일상에서 새로운 습관을 창조하고 공명하는 문화적 의미들을 재발견하는 버내큘러의 방법론을 거론했다. 이어 공식적인 기억과 버내큘러 기억의 관계와 상호 보완적 역할론을 펼치며, 기왕의 집단기억 연구에서 추구하지 못한 부분을 재발견하는 데 유의미한 방법론적 가능성이 있음을 강조했다. 또한 오리엔탈리즘과 버내큘러의 관계성을 분석해, 버내큘러 논의를 통해 서구 중심의 시각을 넘어설 수 있다고 주장했다.

시마무라 다카노리의 「디오니소스와 버내큘러 : 민속학적 시각이란 무엇인가」에 따르면, 종래 민속학이 대상화한 '포클로어(folklore)'라는 용어는 "시골의 케케묵고 기묘한 습관"으로 오인되는 경향이 있었다. 그러한 진풍기속(珍風奇俗)의 오해를 피하고, 현대사회의 "'패권 · 보편 · 주류 · 중심으로 여겨지는 사회적 위상'과는 다른 차원에서 전개되는 인간 삶"의 다이너미즘을 포착하려는 대안적 개념이 버내큘러다. 아울러 지론의 '민속학적 시각'으로 정의한 버내큘러는 "무언가 사회적 컨텍스트를 공유하는 사람들 중 한 개인의 생세계(生世界)에서 생겨나 영위되는 경험 · 지식 · 표현으로, 특히 패권주의나 보편주의, 주류적 · 중심적 사고와는 양립하지 않는 의식 · 감정 · 감각을 찾아낼 수 있는 것, 혹은 찾아낼 수 있다고 예기되는 것"이다. 이러한 버내큘러야말로 이성주의와 합리주의, 계몽주의를 앞세운 근대문명의 한계를 비판하며 '디오니소스적인 것'을 추구해 온 사회 · 문화철학자들의 사유와 민속학이 방법론적으로 공명하는 지점이라고 주장했다.

안더밍이 「범주와 시각 및 입장으로서의 고향민속학」에서 강조한 '고향민속학'은 고향 생활문화 전통의 관찰과 연구에 기초한 중국민속학의 오랜 학술 범주이자 시각이다. 또한 그것은 민속 연구자가 견지해야 할 입장이자 태도이며 그 특징은 "평등 교류, 상호 존중, 공감 이해, 이성 비판, 현재 지향"에 있다. 고향민속학은 상호주관적인 비교의 시각에서 한편으로, 과거의 생활경험과 현재의 학술실천을 결합하고 역사와 현실의 복잡한 관계를 대상화함으로써, '뒤를 바라보는' 과거 민속학의 문제점과 한계를 성찰해 미래 지향의 민속학을 추구한다. 다른 한편으로 그것은 타향, 타자와의 비교 중에 형성된 고향, 자아에 관한 특수한 연구 범주다. 결과적으로 고향 연구자들이 자기 자신에 입각해 '그'와의 교류 과정 속 '나'의 위치를 보다 뚜렷이 인식함으로써 '나와 그'의 관계를 전인적으로 이해하고, 미래를 향한 '우리'를 더욱 효과적으로 건설케 한다고 그 의의를 강조했다.

정수진의 「버내큘러 문화와 민속, 민속학」은 버내큘러에 관한 미국민속학의 연구 성과를 주목했다. 특히 버내큘러의 새로운 방법론적 가능성을 모색한 커셴블랫김블렛의 논의에 초점을 맞추어, 그간 미국민속학이 포클로어 개념의 한계와 문제점을 어찌 극복하려 했는지 분석했다. 그 결과를 바탕으로 지난 100년 가까이 한국의 민속학 연구는 줄곧 긴박(緊縛)한 민속 개념의 탈각 방법을 고찰했다. 나아가 지배적인 것과 구별되지만 그것과 분리될 수 없는 곳에서 생산·유통되고 있는 버내큘러 문화의 혼종성을 천착해, 민속학의 연구 방법이 탈식민주의 방법론과 조우할 수 있는 지점을 탐색했다. 호미 바바가 강조한 '문화적 차이'를 주목해 과거와 현재, 전통과 근대의 이항대립적 인식론에 균열을 내려는 탈식민주의 방법론과의 제휴 가능성을 모색함으로써 민속학 고유의 지성사를 '고쳐 잇는' 발판을 마련코자 노력했다.

다음 제3부의 김정하는 「식민지 대중의 서구생활문화 수용과 전용 맥락」을 고찰했다. 그에 따르면, 1920~1930년대 식민지 조선에서는 주로 일본을 통해 서구식 생활문화가 이입되어 대중의 일상에 수용되었다. 조선의 대중들은 양약을 비롯해 라디오, 우표, 전차 등의 서구생활문화가 안겨 준 충격에 전래의 주술적 사고로 반응했다. 그러다가 점차 서구생활문화에 대한 욕구를 통해 주체적 자아를 발견함으로써 자본주의적 균질성의 획득과 대중사회의 도래, 평등계약의 확산 등을 희망했고, 타자화로 인한 자아분열을 주체적 전용 내지 '저항적 혼종'으로 극복하고자 했다. 당대의 대중들은 식민화에 부수된 서구생활문화를 피동적 객체로만 수용한 게 아니라 욕구하고 전용하는 주체로서 저항적 혼종문화를 창출해 식민 통치에 길항했다.

무라시마 겐지의 「대만 일본식민지기 건조물의 문화유산화와 전후 기억의 행방」은 대만화와 민주화가 진행되는 대만에서 문화유산으로 인정 대상이

된 일제 식민지기 건조물을 심도 있게 다루었다. 불교 사찰 칭슈위엔(慶修院)의 꼼꼼한 현장 연구를 토대로 그 건조물의 보존과 활용 양상을 분석하고 그것을 둘러싼 기억이 누구에 의해 어찌 상기되는지를 고찰했다. 그 결과 칭슈위엔의 문화유산화 과정에서 상기되는 것은 식민지기의 요시노포교소 이용자들을 둘러싼 기억이라는 점, 전후의 대만 이용자들을 둘러싼 기억, 특히 그 운영 관리자 가족들의 기억은 문화유산화에 의해 오히려 배제되었음이 밝혀졌다. 현재의 대만사회는 자신의 역사를 인식하는 중요한 요소로 일제 식민지기의 기억만을 조명하고 있는바, 그 역사 과정의 한 축을 담당한 전후 대만인의 집합적 기억도 마땅히 보존해야 할 것이라고 무라시마는 역설했다.

가와마쓰 아카리의 「탄광 희생자의 공양과 일(日)·한(韓)·조(朝)의 '우호' : 일본의 옛 채굴지 지쿠호(筑豊)의 주민 실천을 사례로」는 일제 강점기 지쿠호 탄광에서 노역한 조선인들의 무연묘, 곧 연고 없는 무덤을 공양하는 지역 주민들의 '쇼간보리공양탑(松岩菩提供養塔)' 실천을 분석했다. 그리고 이 무연묘 공양 사례를 버내큘러한 실천으로 자리매김하며 그 특징을 다음의 세 가지로 정리했다. 첫째, 쇼간보리공양탑 건립에 이르는 경위를 살펴보면, 파헤쳐진 공동묘지의 유골을 수습해 납골식 공양탑을 건립하려 한 주민들의 실천은 무엇보다 버내큘러의 원천이 되는 토지/장소를 되찾는 운동이었다. 둘째, 이 토지/장소에 안치된 유골들은 무연(無緣)이기 때문에, 다양한 사람들이 당해 토지/장소와 '유연(有緣)이 될 수 있다'는 점이다. 셋째, 이러한 지쿠호 주민들의 버내큘러한 상상력과 창조성은 전술한 토지/장소가 존재함으로써 비로소 성립한다는 점이다. 가와마쓰는 쇼간보리공양탑이 세워져 있는 토지/장소가 조성하는 독특한 '상쾌한 분위기'를 통해 이를 고찰했다. 결론적으로 지쿠호의 주민 실천에서 확인할 수 있는 '일본인과 재일 코리안의 우호'의 풍경은, 이러한 쇼간보리공양탑의 토지/장소와 사람들의 버내큘러한 상상력·창조성의 상호작용 안에 존재한다고 갈무리했다.

이상현의 「'안동내방가사전승보존회'의 지역전통 이해와 활용」은 동 보존회가 '두루마리'라 부르는 내방가사를 안동의 '지역전통'으로 창출하는 과정과 배경 및 그 의미와 기능을 고찰했다. 구체적으로 '두루마리'의 연행 현장이 어찌 변화해 갔는지, 그 '무대화한 민속'의 변화상을 추적하며 안동 민속의 창출이라는 사회적 맥락에서 가사보존회의 역사를 기술했다. 그리고 회원들의 보존회 참여 배경과 목적을 밝히기 위해 보존회의 일상을 참여관찰하고 회원들의 생애경험과 내방가사의 관계성을 정체성, 친교와 같은 분석개념을 활용해 천착했다.

이진교의 「마을사회의 위기와 의례적 대응 : 풍력발전 반대 '산신제'에 대한 민속지적 연구」는 경북 영양군 석보면의 '양구리 풍력발전단지' 조성과 그에 대응하는 버내큘러한 실천을 심도 있게 고찰했다. 특히 마을 주민과 연대세력이 풍력개발 반대 과정에서 굳건한 저항을 보여 주려 기획 · 실행한 주산(主山) 산신제 및 그와 관련한 민속 사상(事象)의 활용이 주목된다. 일례로 주산 산신제에서 풍력개발을 유치한 군수와 토건 자본은 풍력잡귀들로 표상된다. 마을 주민들은 산신제의 금줄과 허제비의 화형식으로 그것들을 상징적으로 제거한다. 이처럼 주민들은 투쟁 과정에서 '전통'과 '민속'을 저항의 수단으로 재발견해 자신들이 지켜야 할 '마을'이나 '공동체'가 가진 가치와 의미를 긍정한다. 결과적으로 재발견된 민속이나 전통은 주민들의 정체성을 강화하고, 투쟁의 정당성과 지속성을 담보한다고 그 재귀적 성찰의 의미를 강조했다.

이상 총 14편의 논고를 3부로 나누어 구성한바, 민속학을 비롯한 일상과 문화 연구자들의 아낌없는 비판과 따뜻한 가르침을 삼가 바라 마지않는다. 끝으로 코로나 창궐과 촉박한 출판 일정에도 편집 작업을 맡아 준 소화출판사와 교열 작업을 도와준 연구조교 이주현에게도 고마움을 전한다.

2020년 6월 5일
남산 기슭 연구실에서 남근우

제1부

포스트제국의 문화권력과 민속학 연구

문화와 일상

독일어권 '민속학', 유럽 민속학/인류학 전통에서의 에스노그래피적 문화 분석

베른하르트 초펜(Bernhard Tschofen)

취리히대학 사회인류학과 문화연구 교수. 유럽에스놀로지 전공.
일상에 대한 문화 분석, 문화과학적 공간 연구에 관심을 갖고 있다. 주요 저작물로 *Schönes Österreich. Heimatschutz zwischen Ästhetik und Ideologie. Österreichisches Museum für Volkskunde*(공저·1995), *The Arlberg and the Culture of Skiing*(공저·2014), *Literarische Erkundungen 1865-2015*(2015) 등이 있다.

송진영 옮김(취리히대학 사회인류학과 문화연구 연구원)

1. 간추려 본 역설?

나는 오늘 독일어권 문화 연구에서의 일상 연구라는 주제로 발제를 부탁받고 이 자리에 섰다. 솔직히 이 초대에 응할 때까지만 하더라도 이게 얼마나 난해한 과제가 되는지, 미처 예상하지 못했던 것 같다. 원고를 써내려가면서 비로소 내 발제가 과연 이 심포지엄의 프로그램에 적합한지, 또 주최 측의 요구와 기대에 부응할 수 있을지 내심 염려가 되었다. 이 심포지엄의 원대하고도 중요한 주제는 이 같은 내 걱정에 한몫을 더했다. 이 주제는 아마도 이 자리[1]에 모인 많은 분께는 매우 친숙하겠지만 나에게는 다소 생소한, 아시아권 인류학과 문화 연구의 특수한 논의를 반영하는 듯하다. 그럼에도 내 발제가 이 논의의 어떠한 면에 기여할 부분이 있다고 믿고, 또 그러하기를 바란다. 우선 좀 더 일반적인 차원에서 보자면, 문화에 대한 담론은, 특히 현대 사회의 버내큘러 전통을 중점으로 삼는 연구 분야에서는 더욱더, 언제나 정치적 틀이 전제되고, 따라서 권력관계와 헤게모니의 문제에서 자유로울 수 없다는 점에서 내가 기여할 부분이 있겠다. 그리고 지금처럼 이 문제가 전 세계적으로 적용되는 경우도 드물 것이다. 오늘날 우리는 지역성과 지방성의 내재적 작동원리조차 보다 상위적인 역학관계에 대한 이해 없이는 풀어낼 수 없고, 다양한 차원의 공간적 질서가 상호 보완적으로 맞물려 있는 세계에 살고 있다.

---

1 한림대학교 국제회의관 국제회의실.

또한 내 발제는 다소 다른 관점, 즉 유럽 특히 독일어권에서의 유사한 논의를 다룬다는 점에서 '심포지엄의 주제에' 기여할 부분이 있다. 나 역시 민족국가라는 틀 안에서 창안·발전되어 그 역사적·인식론적 위기를 겪어내고, 인접한 학문 영역과의 교류 속에서 탈국가적인 문화 연구로서 끊임없이 재정립되어 온, 이 학문 영역에 몸담고 있는 사람이다. 물론 여기에서 그 복잡하고 다면적인 역사와 주제들을 충분히 다루기에는 시간상 한계가 있음을 잘 알고 있다. 그러므로 나는 모순 혹은 역설에 초점을 맞추어 이 문제를 풀어내는 한편, 그 연구 동향이 이전의 독일어권 '민속학(Volkskunde)'과 어떠한 점에서 유사성과 차별성을 띠며 전개되어 왔는지를 밝히고자 한다. '문화와 일상'이라는 본 발제의 제목 선정 역시 우연이 아니다. 이 두 범주야말로(이제부터 자세히 논의하겠지만 특정한 관계성 속에서 이해될 때) 이 학문적 전통의 독특한 강점을 가장 잘 드러내는 두 축일지도 모르겠다.

이하의 본론은 크게 세 가지 정도의 주제를 다룬 후 향후 전망을 제시하며 마무리하는 형식으로 이루어질 것이다. 첫째, 다소 위험부담을 안고서 이 학문 영역의 최근 역사를 간략히 소개하겠다. 구체적인 이름, 날짜, 사실관계보다는 전체적 흐름과 맥락에 집중할 것이다. 둘째, 문화의 주요 개념과 그 발전사 및 민속학/인류학적 문화 분석의 몇 가지 중요한 특수성을 추려 냄으로써 첫 번째 단계에서 다룬 내용을 심화하겠다. 셋째, 오늘날 독일어권 연구와 대학교육에서 핵심적이라 할 수 있는 몇몇 연구 영역의 사례를 소개하겠다. 이 사례들을 통해 위에서 서술한 사고와 연구의 방식이 연구 대상에 대한 이해와 접근에 어떠한 영향을 미치는지를 엿볼 수 있을 것이다.

2. '포스트 민속학'의 간략한 역사

여러분은 아마도 앞으로 말하게 될 이야기의 주제이자 내가 공부하고 여러 독일어권 대학에서 대변해 온 이 학문 영역의 이름을, 서두에서 한 번도 명확히 거론한 적이 없다는 사실을 눈치챘을 것이다. 그 까닭은 이 학문 분야가 오늘날 독일, 오스트리아, 스위스에서 각기 다른 명칭으로 운영되고 있기 때문이다. 튀빙겐의 저명한 민속학자 고트프리트 코르프(Gottfried Korff)가 (마치 어떤 특수한 연구 분야를 지칭하는 듯한 인상을 풍기는) '다중명칭 학과(Vielnamenfach)'라고 희화적으로 이름을 붙이기도 한 이 학문 영역은, 근래 여러 차례 내부적으로 재정립되어 왔다. 이 학문 분야가 대외적으로 단일한 학과로 대변되어야 하는 경우, 가령 전문 협회의 명칭이라든지 이미 116주년을 맞은 『민속학회지(*Zeitschrift für Volkskunde*)』와 같은 학술지라든지 독일연구재단(DFG)이나 스위스국립과학재단(SNSF) 등과 같은 국립연구재단의 격년 총회라든지, 혹은 이와 관련하여 일종의 대표성이 요구되는 경우에 한하여 '민속학(Volkskunde)'이라는 옛 명칭이 등장하곤 한다.[2]

내 개인적인 학문 이력은 어떤 면에서 이 학과의 발전사적 원형을 보여준다고 할 수도 있겠다. 이런 풀이방식이 언제나 적합한 건 아닐 수 있다는 것을 알면서도 내 이력을 간략히 소개함으로써 독일어권 국가들의 학문 풍토와 그 역사적 전개에 대한 이해를 돕고자 한다.

나는 오스트리아 인스부르크대학에서 공부를 시작했다. 당시 이곳에서는 내용 면에서 매우 전통적 의미의 '민속학'을 실천했는데, 국제교류를 위해 'Ethnologia Europaea'라는 라틴어 부제를 사용하기도 했다. 나는 1986년 한국의 여러 인문·사회과학자들을 양성한 곳으로도 잘 알려진 독일의 튀

2 Regina Bendix and Tatjana Eggeling eds.(2004), *Namen und was sie bedeuten : Zur Namensdebatte im Fach Volkskunde*, Göttingen.

빙겐대학에서 공부를 이어 갔다. 그곳에서 헤르만 바우징거(Hermann Bausinger)와 그의 동료 및 제자들을 중심으로 한 '경험적 문화학(Empirische Kulturwissenschaft)'과 조우하게 되었는데, 이는 독일어권 '민속학' 역사상 최초이자 가장 중요한, 일종의 내부적 개혁 프로젝트라고 말할 수 있겠다.[3] 나는 1992년에 흔히 머리글자를 따 EKW로 지칭되던 이 학과명으로 된 석사학위를 받고 오스트리아로 돌아와 '오스트리아 민중의 삶과 예술 박물관(Austrian Museum of Folk Life and Folk Art)'에서 일했다. 당시 이 기관의 명칭은 물론 '민속학 박물관(Museum für Volkskunde)'이었다. 얼마 지나지 않아 나는 빈국립대학으로 자리를 옮겼는데, 그곳은 2000년 공식 명칭을 '민속학(Volkskunde)'에서 '유럽 민속학/인류학(European Ethnology)'[4]으로 개정한 상태였다. 나는 1999년에 튀빙겐대학에서 '경험적 문화학'으로 박사학위를 받고, 2002년 '유럽 민속학/인류학'으로 교수 자격(venia legendi, habilitation)을 취득한 것이다. 이후 교수로 재직한 학과명 또한 다양했다. 2003년부터 2013년까지 독일 튀빙겐대학에서는 경험적 문화학(EKW)에, 이후의 스위스 최대의 취리히대학에서는 '대중문화연구(Popular Culture Studies)'에 각각 소속되어 교편을 잡았다. 덧붙여 우리 학과는 2014년 인류학(Anthropology)과와 합병해 '사회인류학과 문화연구(Social Anthropology and Cultural Studies)'[5]

---

3 Hermann Bausinger, Utz Jeggle, Gottfried Korff and Martin Scharfe(1978), *Grundzge der Volkskunde*, Darmstadt.

4 통상적으로 '유러피언 에스놀로지(European Ethnology)'를 '유럽 민족학'으로 번역하는 것이 맞지만, 이 명칭은 독일어권에서 기존의 '민속학(Volkskunde)'이 지닌 개념적·방법론적 한계 특히 국가주의, 민족주의에 기반한 이해 등을 극복하는 과정에서 제안된 것으로, 개념적 모순을 내포하고 있다. 현재 독일어권 대학에서 이 학과를 지칭할 때 'Cultural Anthropology'라는 명칭이 비중 있게 사용된다는 점을 고려하여 이 글에서는 유러피언 에스놀로지를 '유럽 민속학/인류학'으로 번역했다.—옮긴이 주

5 독일어 명칭인 'Sozialanthropologie und Empirische Kulturwissenschaft'의 다소 난감한 영어 번역이다.

라는 이름을 가진 학과로 재정비되었다. 결과적으로 우리 학과는 한때 분리되어 있던 두 민속학 계통의 학과, 즉 비서구권 인류학(Anthropology)과 민속학(Ethnology / Folklore)이 독일어권에서는 유일하게 제도적으로 통합된 사례라 할 수 있다. 비록 양자의 교과 과정은 분리되어 있지만 말이다.

나의 학문적 사회화를 기술하는 데 이처럼 다양한 학과명이 등장하는 것은 여러 독일어권 국가들을 가로질러 살아온 나의 개인사도 한몫했겠지만, 일반적으로 보자면 이는 우리 세대에 이 학문 분야에 종사한 이들에게는 전형적인 사례라 할 수 있겠다. 빈, 뮌헨, 베를린, 프랑크푸르트, 괴팅겐 등지에서 활동하는 동료들 또한 나 못지않은 편력을 가지고 있기 때문이다. 최근에는 '문화인류학(Cultural Anthropology)'이라는 명칭이 대개 '유럽 민속학'을 지칭하는 말로서 여러 곳에서 점점 주목받고 있기도 하다.

그렇다면 이 '새로운 민속학'은 어떠한 점에서 특별한가? 그 명칭상의 혼란에도 불구하고 하나의 학문 영역으로서 당면한 사회적 · 지적 위기의 순간들을 극복해 내면서 지난 십수 년 만에 모든 면에서 더욱 견고해졌을 뿐 아니라, 오늘날 그 어느 때보다도 신선하고 활기차게 거듭난 이 분과학문은 '이전의 민속학'과 어떠한 점에서 구별되는 것일까? 여러분께 이 낭만적이고 국가주의적인 형태의 사회과학적 성향을 띤 문화의 역사[6]에 대해 간략히 소개하겠다.

의아한 것은, 이 학과가 특히 독일적 성향을 띠었다는 점이다. 또 그럼에도 헤르더(J. G. Herder)적 의미에서의 유사한 국가와 문화 개념을 수용한 여러 국가들, 특히 북유럽과 동유럽을 중심으로 널리 확산되었다는 점이다. 결과적으로 오늘날까지도 그 영향력을 잃지 않은 유럽지역 민속학(ethno-sciences)의 근간이 이미 19세기 후반 형성되었다고 볼 수 있다. 이러한 국

6 Thomas Nipperdey(1876), *Gesellschaft, Kultur, Theorie*, Göttingen, p.42.

가주의적 민속학/민족학이 뿌리내릴 수 있었던 독일어권 국가들을 포함한 이 지역들 외에도, 유럽에는 여전히 식민주의 인류학이라는 미명 아래, 아니면 구술/구전 혹은 소위 정신적(spiritual) 전통을 주로 연구 대상으로 삼는 언어학의 한 분과로서 이와 같은 학문적 전통이 이어지고 있는 지역들이 남아 있다.

'이전의 민속학'이 학계와 사회에서 지닌 위상 또한 상당히 미심쩍었다 하겠다. 민속학은 일종의 '연구 관심 위주의 학문(Neigungsdisziplin)'으로서 19세기 후반 이미 확고히 자리를 잡았으나, 그 나름의 위기에 직면해 있던 다양한 학과의 언저리에서 발생하여 다양한 지적 전통들(언어학, 역사학뿐만 아니라 지리학, 사회학 등 신생 사회과학 분과학문까지도 포함하여)이 흘러들어 발생했다.

이처럼 광범위한 관심 영역의 통합과 그 방법론적 접근보다 더욱더 주목할 만한 것은, 바로 그것이 수십 년간 주로 대학 밖에서 이루어졌다는 점이다.[7] 하나의 학과로서 대학에 정식으로 자리를 잡은 것은 제1차 세계대전 이후로, 그 이전까지는 1890년경 설립된 학문 공동체들이 중심이었다. 여기에는 학문적 배경을 가진 이들뿐 아니라 민속 문화와 전통에 관심이 있는 일반인 부르주아들도 다수 포함되었다.[8] 이러한 협회들은 물질문화와 비물질문화를 포괄하며 곧 이어 태동하게 될 민속학 박물관, 아카이브, 대규모 수집 사업체 등의 기원이 되었다.

한마디로 이전의 독일어권 민속학은 '특이한 역설'이라는 말로 함축할 수 있겠다. 달리 표현하면 독일어권 민속학은 대단히 현대적이면서도 동시에 절망적으로 시대에 뒤떨어져 있었다. 표상과 삶의 양식을 아우르는 반엘리

---

7 Katrin Amelang(2009), *Volkskundliches Wissen : Akteure und Praktiken (=Berliner Blätter. Ethnographische und ethnologische Beiträge*, 50), Münster.

8 Anita Bagus(2005), *Volkskultur in der bildungsbürgerlichen Welt*, Gießen.

트주의적 지향성은 상당히 현대적이라 할 수 있다. 대중적 학문의 지향과 사회적 연관성 측면에서도 역시 현대적이다. 반면 그것이 견지한 향수적이고 과거회귀적인 관점은, 대체로 역사의 저편으로 사라지는 대상을 연구한다는 점에서 늘 연구 대상의 상실에 대한 우려로 이어졌고, 문화 개념을 특히 국가주의적 관점에서 축소시켰다는 점에서 한없이 고루하다고 할 수 있다. 제1차 세계대전 이후, 그리고 20세기 중반 전체주의 정권이 민족과 국가, 인종 등의 가치를 수립하는 과정에서 민속 문화를 정치적으로 오용한 데에서 그 점이 극명히 드러난다.

이와 같은 모순은 최근 들어 재조명되고 있다. 비교주의에 입각한, 민족을 뛰어넘은 민속학의 위대한 전통[9]이 제1차 세계대전 이후로 급격히 추락한 데 비해(그로 인해 1945년 이후 이 학과의 재정립 과정이 유독 어려워졌다), 민속학의 지적 유산은 학계 너머로까지 그 영향력을 이어 갔다. 상대적으로 덜 악의적인 형태로는 모더니티의 정체성 위기 가운데 자기 해석의 원천으로서, 보다 유해한 형태로는 소위 '민족주의 학문(volkische Wissenschaft)'에서 자행된 인종주의적이고 배타적인 이데올로기로서 말이다.[10] 이와 같은 불행한 구도가 학계와 공공에 씻을 수 없는 흔적을 남겼다는 사실에는 재론의 여지가 없다. 이 흔적은 전후 시기 오래도록 드리워진 깊은 그림자이자, 오늘날 소위 '포스트 민속학(Post-Volkskunde)'이 학문의 역사와 역사적 지식문화를 특별히 주목하고 그것들을 자기 이해의 핵심으로 삼는 이유이기도 하다.

---

9 Bernd Jürgen Warneken(1999), "Völkisch nicht beschränkte Volkskunde : Eine Erinnerung an die Gründungsphase des Fachs vor 100 Jahren," *Zeitschrift für Volkskunde*, 95, pp.169~96.

10 Wolfgang Jacobeit, Hannjost Lixfeld and Olaf Bockhorn eds.(2004), *Völkische Wissenschaft : Gestalten und Tendenzen der deutschen und österreichischen Volkskunde in der ersten Hälfte des 20. Jahrhunderts*, Wien.

지금까지 서술한(안타깝게도 매우 개괄적이고 무책임하다 싶을 정도로 간략하게 소개하는 데 그친) 내용은 모두 1945년 이후, 특히 지난 50여 년 사이 독일어권 민속학과 그 연구의 전개를 이해하기 위해 새겨 두어야 할 점이다.[11] 이 시기와 관련해서는 역사화, 경험적 사회과학에의 접근, 그리고 탈국가화 혹은 유럽화라는 세 가지 주요 흐름을 주목하고자 한다.[12] 이 흐름들은 오늘날의 소위 '다중명칭학과'로서의 인식론적 정체성을 형성하는 데 핵심적으로 작용했다. 그뿐만 아니라 그것들은 이 학과가 그 지적 다양성을 아우르며 오늘날의 학문적 지형에서 실질적으로 자리를 차지할 수 있었던 바탕이 되었다고도 볼 수 있다.

1945년 이후 민속학의 전개에 있어 매우 중요한 흐름은 역시 연구 대상 및 그 방법론의 역사화라고 말할 수 있다. 돌이켜 보면, 바로 이 점이야말로 나치 정권의 국가사회주의와 유럽의 전체주의 정국을 거치며 심각히 부패했던 이 학과가 유태인 학살(Shoah) 및 제2차 세계대전 이후 20년이 채 지나지 않아 학문 편제에서 하나의 분과학문으로 생존할 수 있었던 가장 핵심적인 요인이겠다. 몇몇 대학에서는 심지어 몇 해 전까지만 하더라도 소위 독일열광주의에 입각한 학문을 주창하던 학자들이 얼마 지나지 않아 제자리를 되찾는 경우도 있었다. 물론 그렇다고 해서 그들이 정치적 부담에서까지 벗어난 것은 아니었지만 말이다.

실제로 이 학과의 통합에 기여한 것은 무엇보다도 사변적 사고와 역사적 지속성 및 신화적 미화에 대한 전통적 사고방식을 적극적으로 거부한 학자들이었다. 이는 이론적 구상에서라기보다는 방법적 실용주의에서 비롯

---

11 Johannes Moser, Irene Gtz and Moritz Ege eds.(2015), *Zur Situation der Volkskunde 1945-1970 : Orientierungen einer Wissenschaft zur Zeit des Kalten Krieges*, Münster.

12 Silke Göttsch-Elten(2018), "Europäische Ethnologie / Kulturanthropologie : Versuch einer Standortbestimmung," in Johannes Moser ed., *Themen und Tendenzen der deutshen und japonischen Volkskunde im Austausch*, Waxmann, pp.33~50.

되었다고 해야 할 것이다. 특히 큰 영향력을 끼친 인물로 한스 모저(Hans Moser)와 칼지기스문트 크라머(Karl-Sigismund Kramer) 등 뮌헨대학의 역사민속학파를 들 수 있는데, 그들은 근대 초기의 농촌 자원에 주목하며 보통사람(ordinary people)의 삶을 재구성하기 위해 노력했다. 그들은 자신들의 작업에 그 이상의 거창한 연구 질문이 내포되어 있다고 주장하지도 않았다.[13] 그들은 법과 물질문화, 그리고 구체제(Ancien Rgime)의 토지/사유지 중심 사회에서의 질서, 주체, 의례 절차의 관계 등을 밝히는 데 집중하였다. 1950년대와 1960년대 쿠르트 랑케(Kurt Ranke, 킬/괴팅겐)나 막스 뤼티(Max Lüthi, 취리히), 그리고 당시 오스트리아 민속학의 원로이자 인문주의적 성향을 띤 유니버셜리스트 레오폴트 슈미트(Leopold Schmidt, 빈) 등을 중심으로 한 역사적 민담 연구 역시 이와 유사한 자세와 방법론적 토대 위에서 이루어졌다. 위에 언급한 학자들의 연구가 훗날, 이를테면 국제적으로 큰 명성을 얻은 영국의 노버트 엘리아스(Norbert Elias)의 문명의 역사(history of civilization)라든지, 프랑스의 아날학파 혹은 정신의 역사(history of mentality) 등과 유사한 접근법을 띠고 있음은 오늘날 정설로 받아들여지고 있으며, 결과적으로 그들의 연구는 이후 학제적 연구로서 인문학이 재정립되는 데 중요한 근간이 되었다.

그러나 독일어권 민속학이 국제적 차원에서 명예를 회복하기 위해서는 한층 더 나아간 현대화의 동력, 즉 현대 사회과학에의 접근과 수용이 절실히 요구되었다. 이 같은 움직임은 튀빙겐대학을 중심으로 촉발되었는데, 앞에서 언급한 역사학파와는 대조적으로 전후 복지국가의 동시대적 문화형태도 주목의 대상이었다. 바우징거가 상재한 『과학기술세계 속의 민속문화(*Volkskultur in der technischen Welt*)』(1961)가 그 선구적인 성과로, 이 책

---

13 Konrad Köstlin ed.(1987), *Historische Methode und regionale Kultur*, Berlin ; Vilseck, pp.7~23.

은 이후 영어를 비롯한(영문제목은 *Folk Culture in a World of Technology*) 각국 언어로 번역 · 출간되었다.

동질성과 고정성에 입각한 기왕의 민속 문화 개념에 대한 바우징거의 비판의식은 1968년 이후의 시대적 흐름과 맞물려 그 학문적 개념과 이론을 근본적으로 새롭게 정립하는 데 초석을 마련하였다. 그의 비판에는 분과학문의 명칭을 이루고 있는 '민중 / 민속(folk)'이라는 카테고리에 대한 근본적 회의, 민속학이 내장한 국가주의적 과거의 재검토[14](타 학과에 비해 상당히 일찍 논의됨) 등이 포함되었다. 그리고 프랑크푸르트 학파의 비판이론으로부터 영향을 받은, 끊임없는 문화 개념의 사회적 상대화 작업 등이 포함되었다. 이제 문화는 '사회의 저편'을 의미했다.

한편 바우징거는 프랑크푸르트 학파가 견지했던 대중매체의 일상화에 대한 회의적 시각을 완전히 수용한 것은 아니었으며, 오히려 그는 일찍부터 대중문화의 내재적 논리와 일종의 끈질긴 속성에 주목했다. 호가트(R. Hoggart), 윌리엄스(R. Williams) 외 버밍엄 학파의 구성원들을 중심으로 한, 동시대 영국 문화학(Cultural Studies)에서 촉발된 개혁과의 유사성은 훗날에 가서야 인지되었다.[15] 이들은 실로 놀라울 정도로 유사하며 헤게모니, 저항, 전용(appropriation, 轉用) 등과 같은 주요 개념들이 지닌 현재적 잠재력은 아직까지도 충분히 평가되지 못한 면이 있다.

표면적으로 튀빙겐대학의 이 같은 방향 전환은 1970년 학과명을 '경험적 문화학'으로 개정함으로써 가시화되었다. 이는 모든 면에서 철저히 계획된 명명이었는데, 기왕의 비과학적인 'Kunde(lore)' 개념을 '과학'을 지칭하는 독일어 단어로 바꾸었고, '민속(Volk)'을 오늘날 핵심 카테고리인 '문화'로 대

---

14 Wolfgang Emmerich(1968), *Germanistische Volkstumsideologie : Genese und Kritik der Volksforschung im Dritten Reich*, Tübingen.

15 Rolf Lindner(2000), *Die Stunde der Cultural Studies*, Wien.

체했다.[16] 또한 경험을 주요 범주로 내세움으로써 그 사회과학적 방향성을 명백히 드러냈으며, 이전의 문화 연구 가령 문헌·기념물·유물 등에 대한 연구 전통과의 차별성을 시사했다.

그렇다고 이 새로운 출발과 함께 학과로서 일종의 정통적 기준에 얽매인 것은 아니었으며, 오히려 생산적으로 엮인 다양한 시각을 견지하는 것을 그 특수성으로 삼았다. 결과적으로 사회역사적 물음과 접근에의 지향성과 인류학적 개념과 방법의 수용이 상호배타적 관계를 이루는 것은 아니었다. 돌이켜보면 민속학적 이론의 형성은 사회의 다원화를 반영한다고 볼 수도 있겠다. 아무튼 이 다원화의 반영은 다음에 간단히 짚고 넘어갈 세 번째 흐름, 곧 1990년 이후(유럽시대의 개막을 알리는 1989년!) 탈국가화와 유럽화의 단계에서 분명히 드러났다.

이러한 변화는 기술적 개념인 '유럽 민속학/인류학'이 상승세를 타는 데에서 가시화되었다.[17] 그러나 이는 실제적으로 그보다 훨씬 더 광범위한 차원의 사회적, 학문적 변화를 시사했다. 즉 포스트모던 사회의 새로운 복잡다양성은 나름 현대화한 민속학의 개념적·방법론적 도구의 한계를 명확히 드러냈다.[18] 민속학은 '방법론적 국가주의'에 얽매여 정체성의 해체 이후의 다원화를 체계적으로 설명해 내지 못했다. 이에 유럽 민속학/인류학은 유럽지역 간 비교학적 접근이라는 기존의 틀을 고수하기보다는, 국제적 인문학의 지평 위에 다양한 학문적 전통을 수용하는 학문이자, 유럽화

16 Gottfried Korff(1996), "Namenswechsel als Paradigmenwechsel? : Die Umbenennung des Faches Volkskunde an deutschen Universitäten als Versuch der 'Entnationalisierung'," in Sigrid Weigel and Birgit Erdle eds., *Fünfzig Jahre danach : Zur Nachgeschichte des Nationalsozialismus*, Zürich, pp.403~34.

17 Wolfgang Kaschuba(1999), *Einführung in die europäische Ethnologie*, München.

18 Peter Niedermüller(2002), "Europäische Ethnologie : Deutungen, Optionen, Alternativen," in Konrad Köstlin, Peter Niedermüller and Herbert Nikitsch eds., *Die Wende als Wende? : Orientierungen europäischer Ethnologen nach 1989*, Wien, pp.27~62.

과정을 전 지구화(globalization)의 유럽적 발현으로 이해하는 특수한 시각을 견지한 학문으로서의 자기 이해를 확립해 나갔다.

이렇게 그 존폐 여부에 대한 논쟁이 채 끝나기도 전에[19] 유럽 민속학/인류학은 글로벌 문화학(global cultural studies) 혹은 유럽적 관점에서의 탈식민주의 인류학을 넘어 이론적 논의의 국제적 지평을 열며 독립적인 분과로서 확실한 인상을 심어 주었다. 동시에 복잡하게 얽힌 질서 속에서 행동하는 다양한 행위자의 잠재력에 주목함으로써 사회적·구성주의적 접근과도 일정 거리를 두며 그 나름의 관점을 공고히 해나갔다.[20] 이하에서 나는 이 내용을 좀 더 심화시켜 그 주요 원칙들을 밝히고자 한다.

3. 인식론적 토대 : 일상의 지평에서 본 문화

위에서 나는 문화를 이전의 민속학을 계승한 이 분과학문의 핵심 카테고리로 소개했지만, 이 역시 지난 십수 년간 여러 비판과 논란을 피해 갈 수는 없었다. 그러나 이는 오히려 유연하게 활용될 수 있는 역동적 도구이자, 무엇보다도 그 지적 관심과 방법론적 도구를 성찰하기 위한 핵심적인 과정이라 할 수 있다.[21] 그렇다면 우리는 하나의 문화 개념을 정립하려고 하기보다는 다양한 문화의 개념들에 대한 논의를 이어 가는 게 맞을 것이다. 문화 개념의 확장 이외에도 그 논의의 핵심적 특징으로, 사회과학적인 접

19 Máiréad Nic Craith, Ullrich Kockel and Reinhard Johler eds.(2008), *Everyday Culture in Europe : Approaches and Methodologies*, Aldershot.

20 Reinhard Johler and Bernhard Tschofen eds.(2004), *Europäische Ethnologie* 〔*Themenheft*〕 *: Österreichischen Zeitschrift für Geschichtswissenschaften*, 15(4).

21 Reinhard Johler et al. eds.(2013), *Kultur_Kultur : Denken. Forschen. Darstellen*, Münster.

근법과 해석학적 전통이라는 두 가지 차원을 연결하는 중간자적인 입장을 들 수 있겠다. 이 같은 사고는 구조적·기능적 측면을 언제나 의미적·상징적 측면과의 연관성 속에서 이해하는 방식이라 할 수 있다. 막스 베버(Max Weber)와 에른스트 카시러(Ernst Cassirer)와 같은 고전, 그 뒤를 이은 피에르 부르디외(Pierre Bourdieu)의 행위이론 및 클리포드 기어츠(Clifford Geertz)의 인류학적 기호학 등은, 비록 최근 들어 이같이 광범위한 개념에 대한 회의가 고조되고 있기는 하지만, 오늘날까지도 핵심적인 근간으로 여겨진다.[22] 총체성에 입각한 전체론적 관점은 갈수록 문제시되고 있다.

이와 같은 회의론은 무엇보다도 1980년대 문화와 표상이라는 인류학 개념의 위기와 그에 따른 인류학 내의 논의와 관련되어 있다. 잘 알려진 바와 같이, 이 논의는 전통적인 상대주의에 입각하여 민속학의 지적 원칙의 탈식민화[23]를 주장하는 한편, 고정된 현장연구라는 민속학/인류학의 원칙도 탈피하고자 했다. 나아가 문화를 권력이 행사되는 장으로 가시화함으로써 인류학적 지식에 대한 새로운 성찰을 요구했다. 이 같은 논의의 핵심적 관점들[24]은 유럽 민속학/인류학에도 영향을 미쳐 그동안 연구 주제상 긴밀히 엮여 있던 비유럽권 인류학과 유럽 민속학/인류학의 인식론적 차이를 명확히 하는 데 기여했다.[25] 일례로 독일어권 민속학은 이미 1970년 이전에 소위 포클로리즘(folklorism)을 깊숙이 논의하며 훗날 대두될 논의들,

---

22 Bernd Jürgen Warneken(2000), "Zum Kulturbegriff der Empirischen Kulturwissenschaft," in *Kultur : Ein interdisziplinäres Kolloquium zur Begrifflichkeit*, Halle (Saale), pp.207~13.

23 여기에서의 상대주의는 전체로서는 구분 가능한, 그러나 비교적 동질의 문화 간의 비교 정도를 의미한다.

24 키워드는 'writing culture'이다.

25 Rolf Lindner(2002), "Konjunktur und Krise des Kulturkonzepts," in Lutz Musner and Gotthart Wunberg eds., *Kulturwissenschaften : Forschung, Praxis, Positionen*, Wien, pp.69~87.

이를테면 '전통의 창조'라든지 인류학적 지식의 생활화 등의 문제를 한 발 앞서 다룬 바 있다. 이때부터 연구 주체가 그들이 구성해 나가는 현장이나 연구 대상과 결코 분리될 수 없다는 자각이 불가역적 전제를 이루게 되었다고 볼 수 있다.

이러한 관점에서 본 유럽 민속학/인류학은 단순히 '유럽의 민속학/인류학'이라고만 보기는 어렵다. 이들은 제2차 세계대전 이후 탈식민화 과정에서 무엇보다도 유럽의 주변부에서 전통적인 인류학적 질문을 던지며, 이를테면 농업사회에서 산업사회로의 전환기에 어떻게 공동체와 친족 중심의 구조가 변모했는가 하는 것과 같은 질문을 던지며 적극적으로 스스로의 토대를 확립해 나갔다. 따라서 유럽 민속학/인류학은 단순히 개별 연구의 지정학적 위치에 따라 유럽적으로 규정되는 것이 아니라 스스로를 일종의 공유된 지적 배경으로서, 얼마나 유럽적 모더니티와의 연관성 속에서 이해하느냐에 의거하여 규정된다고 할 수 있다.[26]

여기에서 일상이라는 개념이 필수적인 카테고리로 대두된다. 혹은 핵심 관점이라는 표현이 더 적합할지도 모르겠다. 물론 일상문화(everyday culture)는 이전 민속학에서도 중요한 주제이기는 했지만, 일상 개념이 비판적 사고를 거친 문화의 한 차원으로서 핵심적 역할을 하기 시작한 것은 1970년대 이후에 이르러서이다.[27] 본 발제에서 자세히 논의할 수는 없지만, 여기에는 두 가지 중요한 사상적 전통이 흘러들어 갔다. 첫째, 현상학적 전통으로부터 파생된 알프레드 슈츠(Alfred Schütz)의 '생활세계(life world)' 개념으

26 Peter Niedermüller(2002), "Europäische Ethnologie : Deutungen, Optionen, Alternativen," in Konrad Köstlin, Peter Niedermüller and Herbert Nikitsch eds., *Die Wende als Wende? : Orientierungen Europäischer Ethnologen nach 1989*, Wien.

27 Utz Jeggle(1978), "Alltag," in Hermann Bausinger et al. eds., *Grundzüge der Volkskunde*, Darmstadt, pp.81~126 ; Ina-Maria Greverus(1987), *Kultur und Alltagswelt : Eine Einführung in Fragen der Kulturanthropologie*, Frankfurt a.M..

로 우리가 자연스럽다고 인지하는, 의심의 여지가 없는 자명한 존재 방식을 의미한다(Edmund Husserl). 둘째, 매우 중요한 다른 하나는 프랑스의 철학자이자 사회학자인 앙리 르페브르(Henri Lefebvre) 등의 후기 마르크스주의자들이 중심이 된 일상생활 비판(Kritik des Alltagslebens)이다. 이들은 일상을 권력관계가 발현되는 사회적 산물로서 행위자들의 의지적 행위능력(agency)에 따라 변화 가능한 것으로 보았다.

그러나 근래 일상 개념이 언제나 이 학문 분야의 핵심적인 관점으로서 확고한 주목을 받은 것은 아니며 특정 국면에 따라 유동적이었다 할 수 있다. 어떤 때는 후기 근대사회의 복잡다양성을 그 동시성과 상충되는 지점들을 놓치지 않으면서 서술해 내기에는 분석적 범주로서의 분별력이 떨어지는 듯한, 단순화와 동질화의 경향과 같은 인상을 주기도 했다. 그럼에도 불구하고 일상 개념은 늘 표면적으로 드러나는 것은 아니지만, 오늘날 민속학, 유럽 민속학/인류학의 전통을 이어받는 인류학적 문화 분석의 연구 질문과 방식을 지탱하는 핵심 축이라고 볼 수 있다. 문화를 일상의 지평에서 이해하게 되면 문화의 주관성에 눈뜨게 된다. 특히 주체 중심의 질문이 가능해지며, 행위자들을 그들의 행위, 사고하고 말하는 방식 등을 통해 이해하게 된다. 즉 연구 관점으로서 일상은, 담론과 질서에 대한 자기 해석과 성찰을 중요하고 포괄적인 사회적 의미를 지닌 행위로 규정함으로써, 구조와 과정을 연결 짓는 다리 구실을 한다.

그러나 무언가 모호한 범주로서의 일상문화는 좀 더 예리해질 필요가 있다. 이를테면 사회를 경험하는 특정 측면에 선택적으로 집중하는 것이다. 아래에서 나는 몇몇 연구 관점을 좀 더 상세히 소개하고자 한다. 이는 국제적 차원에서 인문학의 주요 동향이 유럽 민속학/인류학이라는 구체적 연구 영역에 어떠한 흔적을 남기는지를 보여 주는 좋은 사례이기도 하다.

우선적으로 소개할 충분한 가치가 있는 연구 관점으로 감각과 감정의 세계에 대한 열린 태도를 들 수 있을 것이다. 이미 잘 알려진 바와 같이 이는 최근 '감각 패러다임의 전환(sensual turn)' 혹은 '감정 패러다임의 전환(emotional turn)'이라는 이름하에 학제적으로 집중 논의된 바 있다. 이는 인류학적 문화 분석에 있어 이루 말할 수 없이 중요하고 생산적인 확장이라 할 수 있다. 과거에 감각과 감정의 영역이 다루어지지 않은 것은 아니지만, 대개는 순순히 문화의 역사라는 범주에 머무를 뿐 이론적 · 방법론적 심화가 이루어지지는 못했다.

여기에서 학제적 대화는 중요한 연구 시야를 열어줬을 뿐 아니라, 무엇보다 일상 생활세계의 이해에 필수불가결한 전(前) 언어적(preverbal), 이해불가능한(unintelligible) 차원에 대한 새로운 접근을 가능하게 했다. 이를 위한 필수적 전제조건은 문화를 물리적 · 감각적 행위로 이해하는 것이다. 이 역시 역사적으로 형성되고 사회화 과정을 통해 습득하게 되는 일종의 자본이지만, 동시에 사회적 질서와 방향성을 협상 · 조율해 나가는 도구이기도 하다.[28] 몸, 감각, 감정에 대한 관심은 그동안 문화 분석에서 등한시되었던 다양한 주제, 이를테면 후각, 미각, 청각 문화, 촉각과 관련된 행위들, 삶의 환경의 상호주관적이고 공감각적인 질(quality)로서 기분과 분위기 등을 재발견하게 했을 뿐 아니라, 필수불가결한 경험의 매개체로서의 몸에 대한 인식을 새로이 일깨워 줌으로써 인류학적 연구 자체를 새로운 각도에서 비추어 주었다. 근래 들어 크게 각광받고 있는 자전적 에스노그래피의 접근(auto-ethnographic methods)은 이 같은 전개를 반영한다고 할 수 있다. 연구자 자신의 인식, 느낌, 그리고 그에 대한 성찰은, 그것이 타인과 공유 가능한 경험이라는 전제하에 정당한 자료이자 해석적 원칙으로 인정받고 있다.

일상적 경험과 행위를 이해하고자 하는 문화학의 내적 관심이 확대됨에

---

28 Karl Braun, Claus-Marco Dieterich, Thomas Hengartner and Bernhard Tschofen eds. (2017), *Kulturen der Sinne Zugänge zur Sensualität der sozialen Welt*, Würzburg.

따라 물질문화가 연구에서 새로이 주목받게 되었다. 이와 관련해서도 역시 유럽 민속학/인류학은 그들의 오랜 전문지식의 기반 위에서, 최근의 학제적 논의에서 얻은 새로운 관점을 통해 자신의 연구 전통을 재평가할 수 있었다. 여기에서 물질이란 단순히 상부구조적 문화의 구체화만도 아니며, 물질에 대한 연구가 이미 주어진 것을 그저 다루기만 하는 것도 아니라는 것을 배워야만 했다. 인류학의 물질문화 연구(material culture studies)와 과학기술 연구(Science and Technology Studies, STS)의 영향 아래 오늘날의 연구는 사회물질적 네트워크에 대한 이해가 그 중심에 서 있다. 따라서 일상은 단지 행위와 생각이 투영되는 장으로서의 사물, 인공물, 인프라 구조만으로 설명될 수 없으며, 물질 자체가 경험과 지식, 인간의 몸과 행위에 대한 의지적 행위능력을 가진 것으로 본다. 이와 같은 물질 이해는 우리 분과학문의 전통적 연구 영역인 의복과 직물 연구, 노동문화 연구, 도시 및 건축 연구 등뿐만 아니라, 사물을 중심으로 한 경험과 교육의 장으로서의 박물관에 이르기까지 모든 관련 사안을 근본적으로 변화시켰다.

이와 같은 감각 및 사물 문화와 관련된 현장의 사례들이 지시하는 바는 결국 다음과 같다. 인류학적 문화 분석은 기본적으로 상대주의적 개념들을 바탕으로 한다. 사회의 이런 저런 범주들을 각각 독립된 영역으로 보지 않는 만큼, 서로 다른 개체와 차원의 관계 형상화에 주목한다. 여기에서 이 각각의 개체와 차원은 자체적으로 존재한다기보다는, 상호적이며 유동적으로 서로를 구성하는 것으로 이해한다.[29] 이는 인류학 연구가 문화적 전체성(cultural totality)이 아닌, 관계성 및 상호 협의와 조율의 과정으로서의 문화에 대한 이해를 바탕으로 이루어져야 할 필요성을 제기한다. 또한 현

29 Jens Wietschorke(2012), Beziehungswissenschaft : "Ein Versuch zur volkskundlich-kulturwissenschaftlichen Epistemologie," *Österreichische Zeitschrift für Volkskunde*, 115(3-4), pp.325~59.

실을 작은 토막들로 바라볼 줄 아는 눈과 함께 개념과 방법의 유연성을 요구한다.

4. 연구 영역 : 지식, 공간성, 문화유산

결론부에서 나는 세 가지 주제 혹은 연구 영역을 예로 들어, 위에서 서술한 개념적 논의들이 실제 연구 현장에 어떻게 적용되는지를 밝히고자 한다. 이 주제들은 물론 임의로 선택한 것으로 대표성을 띠고 있다고 할 수는 없지만, 나름 내 개인적인 연구 영역에 한정 짓지 않기 위해 노력했다. 또한 모빌리티와 이주, 일상의 디지털성, 일상 윤리의 문제로서 자연과 사회 자원을 다루는 문제 등과 같은 현대 문화 연구의 다른 주요 쟁점과의 관계를 보여 주는 분야를 선택했다. 아쉽게도 각각의 주제에 대해 약간의 지면밖에 할애할 수 없는 관계로 매우 개괄적이고, 내용과 방법론적 세부 사항을 충분히 논의하지 못하는 것을 양해 바란다. 그렇지만 이러한 사례들이 전 지구적 조건하에서의 헤게모니와 전통에 대한 접근과 연구방식을 이해하는 데 일조할 수 있기를 바란다.

첫 번째 주제는 지식문화이다. 구체적으로 이 분과학문의 지식과 학문의 역사뿐 아니라, 일상생활에서의 지식에 대한 보다 일반적인 연구도 이에 해당한다. 아마 독일민속학만큼 그 분과학문의 역사와 제도에 대한 연구가 많이 이루어진 분야도 없을 것이다. 이 점은 현재 이 학문의 자기 이해와 일관된 성찰적 연구 방법을 이루는 핵심이라 할 수 있다. 자신의 역사에 대한 관심은 아마 정식 학문 분야로서 인정받고자 하는 노력과도 관련이 있을 것이다. 하지만 그 지적 · 제도적 역사에 대한 단호한 탐구는 일찍이 1960년대 국가사회주의와 연관된 자신들의 과거에 대한 재평가와 함께 시작되어, 이윽고 제도화의 길로 접어들게 된다.

그러나 기존 학문 분야의 역사와는 구분되는 관점에서 이러한 주제와 맥락을 탐구하려는 연구 분야가 생겨난 것은 20년이 채 되지 않는다. 이러한 연구의 핵심은 문화인류학적 연구 방법을 학문 영역과 그 대중적 영향력에 적용하는 것이라 할 수 있다.[30] 또한 그것은 지식 개념에 대한 규범적 접근보다는, 사회적 맥락 속에서 이루어지는 행위와 상호작용의 매체에 초점을 맞춘 인류학적 지식 개념을 바탕으로 한다.[31]

이러한 관점에서 분과학문의 역사를 연구한 프로젝트로 독일연구재단(DFG)의 지원을 받은 대규모 연구 네트워크의 사례를 들 수 있다.[32] 이 프로젝트는 한창 진행 중일 때는 최대 5개 대학까지 참여한 바 있다. 이들은 19세기 전반기부터 전후 수십 년간의 기간을 중심으로 에스노그래피적 지식의 생산, 확산 및 영향에 초점을 맞추었다.[33] 핵심 쟁점은 이 일련의 과정과 관련된 계층, 지식의 수집, 연구 및 배포의 형식, 그리고 마지막으로 그 물질적이며 수행적인(performative) 측면까지도 포함하는 의미에서 지식이 어떻게 협상되고 조율되었는가 하는 것이었다. 이 네트워크는, 학계와 대중의 교각 역할로서 중요한 의미를 지니는 독일 민속지도(Atlas der deutschen Volkskunde)[34]와 같은, 대표적인 분과학문의 역사 프로젝트나 기타 중요한 연구기관 등에 비견될 만한 위상을 지닌 최근의 연구 사례라 할 수 있다.

---

30 Bernhard Tschofen(2011), "Volks-Kunde? : Wissenszirkulationen zwischen Kulturforschung und Selbstauslegung," in Jacob Tanner et. al., *Nach Feierabend : Zürcher Jahrbuch für Wissensgeschichte*, 7, pp.37~52.

31 Fredrik Barth(2002), "An Anthropology of Knowledge," *Current Anthropology*, 43(1), pp.1~18.

32 Katrin Amelang(2009), 앞의 책.

33 Lioba Keller-Drescher(2017), *Vom Wissen zur Wissenschaft : Ressourcen und Strategien regionaler Ethnografie (1820~1950)*, Stuttgart : Kohlhammer.

34 Friedemann Schmoll(2009), *Die Vermessung der Kultur : Der "Atlas der deutschen Volkskunde" und die Deutsche Forschungsgemeinschaft, 1928~1980*, Stuttgart : Franz Steiner Verlag.

학문의 역사에 대한 연구 이외에도, 학문 분야에 대한 인류학적 작업은 행위자와 행위 중심의 질문에 초점을 맞추어 다양한 주제들을 폭넓게 다룬다. 이를테면 의학, 건강, 영양이 몸에 대한 이해에 미치는 영향, 일상생활의 테크놀로지와 환경의 문제, 역사 지식과 과거의 대중 지식 등이 그것이다. 여기에서 어떤 주제가 특히 선호되는가 하는 문제보다 더 중요한 것은, 이 같은 연구 관점이 연구 질문을 던지고 연구를 진행하는 특수한 방식에 있다 할 수 있다.

이와 같은 관점에서 지식은 추상적 양적 실체로서가 아니라, 특정 자원의 배치와 일상생활에서의 자리매김을 위해 활용될 수 있는, 사회적 맥락에서 형성된 가능성으로서 흥미로운 범주로 정의된다. 이에는 '암묵적 지식(tacit knowledge)' 즉 분명히 규정될 수 없는 전(前) 언어적 지식, 그리고 에스노그래피적 문화 분석에 있어 그것이 내포하는 특수한 방법론적 어려움, 도전까지도 포함된다. 최근 몇 년간 이 같은 현장의 연구를 위한 혁신적인 연구 방법의 개발이 집중적으로 이루어졌다. 또한 학문, 미디어, 일상생활을 이루는 지식 체계의 경계 붕괴[35]는 이러한 연구 현장을 형성하는 불가피한 조건, 틀이라 할 수 있다.

이와 같은 경계의 상실은 특히 공간적 의미에서 최근 유럽 민속학/인류학의 또 다른 연구 분야를 결정적으로 형성한다. 그것은 바로 공간성 즉 지역, 도시, 그리고 글로벌리티에 대한 연구이다. 이는 인문학 전반에서 국제적으로 논의된 '공간 패러다임의 전환(spatial turn)'과 밀접한 관련이 있으며, 에스노그래피적 문화 분석이 이와 같은 변화 속에서 지니는 특수성을 논의하기에 적합한 예이다. 여기에서 소개할 흐름들은 의심의 여지없이 앞에서 서술한 유럽 민속학/인류학 연구에서의 문화 개념의 변화 및 연구의

35 여기에서의 키워드는 디지털화다.

탈국가화와 밀접한 관련이 있다. 공간은 오랫동안 아무도 특별히 문제 삼지 않은 범주였다.

한편 문화가 공간으로부터 추방당했다는 사실은 에스노그래피적 사고에서 자연스러운 패러다임으로 굳어졌을 뿐 아니라 유럽 국가의 기반을 형성하는 핵심적인 사고였다.[36] 이러한 사고는 거꾸로 문화적 공간—민중 생활과 민속예술의 풍경으로서—이라는 개념이 사실상 핵심적이었다고 할 수 있는 국가 건설 과정과 깊은 관련이 있다. 이는 독일어권에서 1920년대 소위 'Kulturraumforschung'[37]라는 방법론적 조류가 형성되는 기반을 이루는데, 이는 민족지적 지도 등의 형식으로 별다른 저항 없이 독일뿐 아니라 전후 수십 년간 많은 유럽 국가에서도 널리 수용된다. 지도의 완성과 함께 아무도 공간이라는 범주를 특별히 문제 삼지 않는 동안, 이러한 공간 개념은 지역과 문화에 대한 이해를 지배해 왔다. 그 지배적 구도에 변화가 일어난 것은 사실상 20년이 채 되지 않았는데, 이러한 변화는 앞에서 언급한 공간 패러다임의 전환과 맞물려 있는 한편, 인류학 자체적으로도 상당한 움직임이 있었다고 볼 수 있다.

이제 공간 안의 문화가 아닌 공간 문화가 논의의 중심에 서게 되었다. 이러한 관점에서 공간은 지속가능한 사고와 행동에 의해 창출되는 질서라 할 수 있다. 패러다임의 전환은 주요 연구 분야에 영향을 미쳤다. 지역의 형성과 정치 및 최근 에스노그래피적 도시 연구도 이에 포함된다. 후자의 경우, 이제는 도시에서의 연구가 아니라 도시에 대한 연구가 주를 이루었으며, 공간적 · 문화적 특수성의 조건에 대한 논의들이 이루어졌다.[38] 일상

---

36 Johanna Rolshoven(2003), "Von der Kulturraum- zur Raumkulturforschung : Theoretische Herausforderungen an eine Kultur- und Sozialwissenschaft des Alltags," *Zeitschrift für Volkskunde*, 99, pp.189~213.

37 인류학 개념인 'Kulturkreis' 혹은 'cultural areas'와 구분할 것.

38 Thomas Hengartner(1999), *Forschungsfeld Stadt : Zur Geschichte der volkskund-*

도시 생활에서의 '실제 공간과 상상의 공간' 간의 상호작용과 관련하여 중요한 이론적 발전이 있었고, 개별 도시에 대한 연구가 다수 이루어졌다. 유럽 민속학/인류학은 메트로폴리탄 연구가 주를 이루던 '도시 연구'에 '이례적인 도시성들'에 대해 이야기함으로써 획기적인 도시성 담론을 제시하기도 했다. 중소도시에 대한 관심과 모순된 도시적 프로세스의 동시성에 대한 주목이 그것이다.[39] 이러한 일련의 흐름은 공간성을 일상의 행동을 가능하게도 혹은 제한하기도 하는 유동적이며 상호의존적인 구성체로 이해하는 상대적 공간 개념을 전제로 한다.

이와 같은 공간 이해를 바탕으로 하되 도시, 지역 등의 차원을 넘어서는 영역을 다루는, 독자적 연구 영역으로 소개되어야 마땅하지만 본 발제에서는 간단히 짚고 넘어갈 수밖에 없는 또 하나의 연구 영역이 있다. 그것은 바로 근래 유럽 민속학/인류학 전반에서 주목 받고 있는 모빌리티와 이주 연구이다.[40] 그 세부 주제와 연구 지역이 다양한 만큼 이들을 하나의 연구 영역으로 통합하는 것은 이주의 정치적·정책적 측면과 실천을 통한 일상적 합의의 과정을 연관시키는 관점이라 할 수 있다.

마지막으로 국제적 차원이나 일부 유럽 민속학/인류학계에 비해 독일어권에서는 특히 회의적 시선에 부딪힌, 한창 성장하고 있는 연구 분야에 대해 언급할 필요가 있겠다. 그것은 바로 (문화)유산 연구이다.[41] 유럽 민속

---

lichen Erforschung, städtischer Lebensformen, Berlin : Reimer.

39 Brigitta Schmidt-Lauber ed.(2018), *Andere Urbanitäten : Zur Pluralität des Städtischen*, Wien ; Köln ; Weimar.

40 Sabine Hess and Torsten Näser eds.(2015), *Movements of Migration : Neue Positionen im Feld von Stadt, Migration und Repräsentation*, Berlin ; Walter Leimgruber(2018), "Die Migrationsforschung in der deutschsprachigen Kulturanthropologie," in Johannes Moser ed., *Themen und Tendenzen der deutshen und japonischen Volkskunde im Austausch*, Waxmann, pp.363~96.

41 필자는 문화유산 연구 혹은 문화유산을 지칭할 때 '문화'를 괄호에 넣거나 아예 배제

학/인류학회(Socite Internationale d'Ethnologie et de Folklore, SIEF)[42]와 같은 전문협회의 컨퍼런스는 지난 15년 남짓 성장하고 있는 이 연구 분야의 영향을 크게 받았다.[43] 그러나 이는 결코 우연한 호황이라 할 수 없으며, 오히려 유럽 민속학/인류학의 문화유산 연구는 소위 비판적 문화유산 연구(critical heritage studies)[44]의 다양한 고찰에 한 발 앞서 여러 논의를 이끌어 낸 바 있다. 민속학/인류학이 오랜 기간 동안 습득한 지식과 정치에 대한 성찰적 접근이 이를 가능하게 했을 것이다.

문화유산 연구는 오늘날 독자적 연구 중점을 지닌 확고히 자리 잡은 연구 분야이다. 민속학/인류학적 문화유산 연구의 패러다임은 문화유산이라는 것은 존재하지 않는다는 가정으로서, 문화유산은 대상에 대한 자명한 객관화가 이루어지고, 어떤 행위의 특수성과 정체성 형성의 기능이 확인될 때 만들어지는, 일종의 '초문화적 과정'의 생산물이라고 보는 입장이다.[45] 문화가 유산으로서의 위상을 가지게 되면 그 의미와 행위자, 행위, 객관화의 내용도 변하게 된다. 한 예로 유럽 민속학/인류학은 최근 한 연구에서 문화유산 등록 및 신청의 논리에 드러나는 포함과 배제의 메커니즘을 통한 권력 작용, 그리고 문화유산으로서의 지위가 새로운 역학관계를 형성하는 데에 어떻게 작용하는지 등을 연구한 바 있다.[46]

함으로써 문화개념에 대한 비판적 태도를 견지하나, 한글 번역 과정에서는 어감상 일반적으로 통용되는 '문화유산'이라는 단어를 그대로 사용하기로 한다.—옮긴이 주

42 유네스코 세계문화유산위원회의 자문기구이기도 하다.

43 Valdimar Tr. Hafstein(2018), *Making Intangible Heritage : El Condor Pasa and Other Stories from UNESCO*, Bloomington, Indiana.

44 Rodney Harrison(2013), *Heritage : Critical Approaches*, London : Routledge.

45 Barbara Kirshenblatt-Gimblett(2004), "Intangible Heritage as Metacultural Production," *Museum International*, 56(12), pp.52~65.

46 Arnika Peselmann(2018), *Konstituierung einer Kulturlandschaft : Praktiken des Kulturerbens im deutsch-tschechischen Erzgebirge*, Göttingen.

2008~2014년 독일연구재단(DFG)의 지원을 받은 괴팅겐대학의 학제적 연구팀은 함부르크대학, 튀빙겐대학, 취리히대학과 공동으로 그러한 과정의 정치적 · 경제적 차원을 심층적으로 연구한 바 있다.[47] 그 결과 이론적 · 방법론적 의미에서 획기적이라 할 수 있는 문화자산으로서의 문화유산(cultural heritage as cultural property)에 대한 사례 연구가 다수 산출되었다. 주요 초점은 담론과 일상의 차원에서 거버넌스의 도구에 맞추어졌다. 이를테면 문화재법을 둘러싼 국제적 협상 과정, 식민지 약탈재의 반환, 유럽 내외 지역에서의 유네스코 정책, 지리적 표시를 통한 음식유산 보호를 위한 유럽연합의 농업 정책 등이 그것이다.[48] 관광과 일상생활에서 문화유산이 어떻게 경험되는가에 대한 연구는 실로 부족함 없이 이루어지고 있다. 그 성과들은 민속학/인류학적 관광 연구 및 박물관 연구와 밀접한 관련을 맺고 있는데, 이 양자 모두 유럽 민속학/인류학이 국제적 지평에서 발전시켜 온 연구 분야라 할 수 있다.

5. 특수성 : 연구 영역과 학과

최근 독일어권 유럽 민속학/인류학의 동향에 관한 이번 발제를 마무리하며 어떠한 전망을 제시할 수 있을까? 아마도 지금까지의 내용과 크게 다르지 않게, 그리고 다소 모호하며 해석의 여지를 열어 두는 쪽이 될 듯하다. 내 생각에 이러한 모호함은 패러다임과 분과학문의 성격, 이 양자에서 비롯한다.

47 Stefan Groth, Regina Bendix and Achim Spiller eds.(2015), *Kultur als Eigentum : Instrumente, Querschnitte und Fallstudien*, Göttingen.

48 Sarah May, Katia Sidali, Achim Spiller and Bernhard Tschofen eds.(2017), *Taste, Power, Tradition : Geographical Indications as Cultural Property*, Göttingen.

우선 전자부터 보자. 독일어권 유럽 민속학/인류학이 지향하는 포괄적인 문화 개념은 이 분과학문의 생존을 보장했을 뿐만 아니라 다른 중소 규모의 인문학과들과 비교했을 때, 학사에서 박사과정 및 연구에 이르기까지 상당히 매력적인 학문 분야로 만들었다. 이와 같이 폭넓은 일상 중심의 문화 이해는 이 분과학문의 핵심이라 할 수도 있겠다. 그렇지만 바로 그러한 점이 이 분과학문을 연구 대상과 관련해 눈에 보이는 뚜렷한 경계를 설정하기 어려운 학문 분야로 만들었고, 그런 만큼 연구와 질문의 방식에 대한 자기반성과 성찰이 연구 과정에서 지속적 의무일 수밖에 없게 되었다. 그러나 그 분석 능력을 유지하기 위해서는 핵심 범주인 문화도 다른 범주, 이를테면 젠더나 지식, 공간 등과 같은 좀 더 명확한 범주와의 지속적 연결이 요구된다. 연구 영역 자체만으로 그것이 일상이든 대중문화이든 간에 하나의 분과학문이 성립되는 것은 아니다.

후자와 관련하여 또 한 가지의 문제점은 다른 분과학문과의 경계가 모호하다는 점이다. 그래서 이 학문 분야를 지칭하는 '많은 이름'과 함께 그 존재와 연구 성과가 학계와 대중에게 충분히 인식되지 못하는 결과를 낳는다. 물론 이러한 조짐은 유럽연합의 정치적 통합 과정에서 오늘날 유럽의 학문적 풍토를 지배하는 학제적 · 융합적 연구를 지향한 전 지구적 흐름에 의해 강화되는 추세이다.

여기에서도 우리가 마주한 과제는 양면적이라 하겠다. 한편으로 이 분과학문은 그 개방적 전통과 역사적으로 계승된 일종의 간학문성의 바탕 위에 존재한다. 또한 우리가 살아가는 복잡 다양한 세계에서 간학문적인 사고와 연구가 절실히 요구된다는 사실도 충분히 인식되고 있다. 부르디외가 누차 강조한 바와 같이 오늘의 세계는 더 이상 단일 분과학문의 관점만으로는 설명할 수 없게 되었다. 다른 한편으로 우리 학문 분야는 그 독자적인 인식론적 정체성과 이론적 · 방법론적 견고함을 비롯한 분과학문의 독립성을 유지하기 위해 노력해야 한다. 학제적 협동 작업이야말로 각각의 학문적 지식과 관점들을 공동연구의 장으로 끌고 나올 수 있는 강력한 개별 분과학문 영역들을 절실히 필요로 하기 때문이다.

이러한 맥락에서 이 학문 영역의 기본전제를 이루는 다양성 이외에 두 가지 정도의 특수성을 꼽아 볼 수 있겠다. 이 두 가지도 오늘날 보다 섬세해진 문화 개념과 관련이 있다. 나는 앞서 오늘날의 민속학/인류학적 문화 개념이 안정과 동질성보다는 역동성과 모순에 중점을 둔다고 강조한 바 있다. 이는 중개적 연구(translational study)라는 의미에서 다양한 관점을 연결 짓기 위한 좋은 전제조건이다. 사회적 현장에서 문화의 과정성, 그리고 일상 행위자들의 다양한 자원과 지향성 등이 연구의 방향성, 관점을 제시해 줄 것이다.

마지막으로 유럽 민속학/인류학의 본질은 여전히 여타 일반적 문화 연구와 대조적으로 과거와 현재를 다룬다는 점에 있다. 즉 유럽 민속학/인류학은 역사와 문화의 인류학이다. 이러한 관점은 유럽 근대성이 지닌 동시성[49]의 전문가로 묘사되었던 과거 독일민속학 전통에서 이미 찾아볼 수 있다. 나는 바로 이 점이 과거와 '타자'에 대한 성찰이 더 이상 단순히 학문적 특권이 아니라, 이미 우리의 일상적 삶의 핵심에 이른, 복잡 다양한 사회의 민속학/인류학으로서 이 분과학문의 성격을 규정한다고 본다.[50] 다양한 학문 영역의 협력 가운데 민속학/인류학이 과연 얼마만큼 기여할 수

---

49 Hermann Bausinger(2008), "Ungleichzeitigkeiten : Von der Volkskunde zur empirischen Kulturwissenschaft," *Der Deutschunterricht*, 39(6), pp.5~16 ; Silke Göttsch (2008), "UnGleichzeitigkeiten : Neue Perspektiven auf die ländliche Gesellschaft," in Ira Spieker et al. eds., *UnGleichzeitigkeiten : Transformationsprozesse in der ländlichen Gesellschaft der (Vor-)Moderne*, Dresden, pp.17~20.

50 Bernhard Tschofen(2017), "Lots Weib in der Welt der Gleichzeitigkeiten : Über Blickrichtungen der populären Geschichtskultur," in Markus Tauschek, *Widerständigkeit Handlungsmacht und kulturelle Ordnungen : Potenziale kulturwissenschaftlichen Denkens*, Münster: Waxmann, pp.261~74.

있을 것인가? 이는 그 역사적 · 동시대적 행위자들에 대한 관심, 그리고 모순된 관계들을 가능성과 한계 사이에서 협의해 냄으로써 이 세계 속에서 자신의 자리를 성공적으로 찾을 수 있을지의 여부에 달려 있다고 보인다.

‘조선민속학≒민족문화학’에서 주체의 일상 연구로

남근우(南根祐, Nam Kun-Wu)

동국대학교 다르마칼리지 교수. 민속학 전공.

마을 만들기, 관광과 문화유산, 민속학 이론 탐구에 관심을 갖고 있다. 주요 저작물로 『‘조선민속학’과 식민주의』(2008), 『한국민속학 재고 : 본질주의와 복원주의를 넘어서』(2014), 『문화권력 : 제국과 포스트제국의 연속과 비연속』(공저·2019), 「공공민속학의 가능성과 한계 : 두 민속지 실천을 중심으로」(2020) 등이 있다.

1. 머리말

민속학이라는 학문이 한국에서 시작된 지도 꽤 오래되었다. 논자의 관점에 따라 그 기점에는 크고 작은 차이가 있지만, 1920년대에 이르러 비로소 현지조사에 기초한 민속학 연구가 태동했음은 모두 동의할 수 있겠다. 1920년대 중반을 전후해 손진태와 송석하 등이 추구하기 시작한 '조선민속학'이 좋은 보기다. 그로부터 약 90년간 강단과 재야, 그리고 관방을 포함한 공공영역 등에서 한민족의 민속에 대한 조사와 연구가 이루어지고 그에 따른 사회적 실천 활동도 줄을 이었다. 이 글에서는 그것들을 통틀어 '한국민속학'이라고 부르겠다.

지금까지 한국민속학이 조사와 연구 대상으로 삼아 온 것은 앞에서 언급한 '민속'이다. 이것은 19세기 후반 서구에서 박래(舶來)한 '포클로어(folklore)'를 제국일본에서 번역한 말로, 근대화의 여파가 덜 미친 시골의 농어촌에 전승되거나 잔존하는 옛 문화 사상(事象)을 각별히 대상화한 것이다. 이 민속 개념이 1920년대 중반 무렵 최남선과 손진태에 의해 식민지 조선에 이입되고, 1932년에 후술하는 조선민속학회가 출범함으로써 민속학 연구가 본격화한다. 그리고 해방 후 1950~1960년대의 중흥기를 거쳐 1970년대에 이르러 한국민속학의 프레임이 정비된다. 그 요점은 다음의 세 가지 명제로 정리할 수 있겠다. 즉 민속은 한 민족의 기층문화로 그 겉모양은 변해도 고갱이는 잘 변하지 않는다. 그런데 이 기층의 고유한 민속이 일제 식민지화와 서구 근대화 등의 여파로 인멸의 위기를 맞이한다. 그 풍전등화의 민속 사상들을 하루빨리 구제하여 민족문화의 본질과 정체성, 원형 등을 탐구하는 게 민속학의 목적이자 사명이다.

이러한 문화 본질주의에 기초한 구제 민속학이 지난 20세기 우리의 연구 실천을 강하게 규정한바, 한국민속학이 방법론의 폐색(閉塞) 상황을 벗어나려면 무엇보다 위의 선험적 명제들을 떨쳐 내는 게 급선무로 보인다. 실제 이를 위한 성찰적 해체 작업이 금세기에 이르러 단속적으로 펼쳐졌거니와,[1] 그간의 방법론적 동향을 거칠게 간추리면 바로 이 본질주의 구제 민속학의 탈각이라 해도 과언이 아니겠다. 당연히 그 탈각 과정에선 방법론의 전회(轉回)를 둘러싼 첨예한 공방과 논쟁이 벌어지기도 했다.[2]

이 글에서는 그것들을 비롯한 방법론의 주요 쟁점들을 재검토하여 한국민속학의 새로운 프레임 설정을 위한 발판으로 삼아 보겠다. 구체적으로 다음의 네 가지를 거론하겠는데, 하나는 한국의 민속학사 특히 일제 강점기 조선민속학의 정치성으로 수렴되는 학문의 사상적 존립 기반이다. 둘은 한국민속학의 목적을 특권화한 원형론과 '민족문화학'의 탈신화화이며, 셋은 민속 개념의 해체와 재구축으로 상징되는 한국민속학의 새로운 대상 설정 문제이다. 그리고 넷은 지난 30년 가까이 한국민속학의 연구법으로 회자된 현장론과 역사민속학의 허실이다. 이하 이 네 가지 사안을 차례대로 짚어 보자.

---

1 그 해체 작업의 효시로 일찍이 이장섭이 꾀한 「한국민속학의 비판적 검토」, 『두산김택규박사화갑기념 문화인류학논총』(두산김택규박사화갑기념논문집간행위원회, 1989)을 들 수 있겠다. 민속이나 민중과 같은 민속학의 기본개념을 비롯한 민속학사 기술의 과학적 역사성, 기층문화론, 주체 없는 민속 연구 등에 대해 '비판적 검토'의 선편(先鞭)을 가했기 때문이다.

2 이 공방과 논쟁은 주로 임재해와 남근우 사이에 이루어졌다. 이하의 본론에 때때로 후자의 글이나 생각이 등장하는 까닭으로, 그 점 독자들의 혜량(惠諒)을 바란다.

2. '조선민속학'의 정치성

주지하다시피 조선민속학이란 일제 식민지 상황에서 펼쳐진 민속의 조사와 연구 활동을 말하며 그 주체로 다음의 두 부류가 있었다. 하나는 손진태와 송석하, 정인섭 등의 조선인이며, 다른 하나는 이마무라 도모에(今村鞆), 아키바 다카시(秋葉隆) 등과 같은 재조일본인이다. 이들이 모여 조선의 민속에 관한 자료 수집과 지식 보급, 연구자들의 친목 교순(交詢) 등을 목적으로 1932년에 설립한 학회가 '조선민속학회'다. 한국 최초의 민속학회로 일제 말기까지 민속학 연구와 그 사회적 실천의 중심 구실을 했다는 점에서, 게다가 그들의 방법론과 사상적 영위가 이후의 민속학 연구를 규정한 부분이 많다는 점에서 한국 민속학사론의 중요한 과제가 아닐 수 없겠다.

그런데 조선민속학과 조선민속학회에 관한 종래의 학사적 언급들을 훑어보면 연구 주체의 민족 출계(出系)에 기댄 소박한 이항대립 구도가 두루 보인다. 요컨대 일본인의 조선민속학은 식민주의에 복무한 동화주의 지배 담론이며, 이에 대해 조선인의 조선민속학은 문화민족주의에 입각한 토착주의 저항 담론이라는 관계 도식이다. 이러한 통설에 따르면, 결국 지배와 저항이라는 정반대의 벡터를 지닌 두 연구 주체가 조선민속학회라는 울타리 안에서 '위험한 동거'를 하고 있었던 셈이다. 조선민속학의 사상적 구도와 역학관계의 실제는 과연 그러한 것이었을까?

필자는 이런 문제의식으로 관련 연구를 꽤 오래전에 시작했는데, 사실 그 실마리를 제공한 건 전경수가 『한국인류학 백년』에서 펼친 조선민속학회론이었다. 그것을 간추리면, 일제 식민지기의 조선민속학은 강단파와 관방파와 재야파로 나뉜다. 이 중에서 강단파와 관방파의 민속학은 "일본인 중심의 관 주도로 '주어진 것'이며", 재야파의 민속학은 "한국인 중심의 독학과 학회의 모임으로 '쟁취한 것'"[3]이다. 하지만 "학문적인 업적과 결과를 종합해 볼 때, 이 세 파의 완전한 분리는 무리라고 생각된다. 관방파가 강단파와 자연스럽게 연결되는 부분도 있고, 관방파와 강단파가 재야파와 연결되는 부분"도 있기 때문이다. 따라서 이 "세 파의 연결과 상호관련성에 대해 좀 더 신중한 관심"[4]과 접근이 필요하다. 이런 관점에서 재야파를 대표하는 송석하, 강단파의 아키바와 손진태, 그리고 관방파의 이마무라 등이 '연결'되어 "한 덩어리"[5]를 이룬 조선민속학회를 분석 대상으로 그 창립 과정과 활동 내용을 고찰한 글이 「조선민속학회의 통합력」이다.

위의 글에서 중요한 문제는, 전경수가 제기한 위 '세 파의 연결과 상호관련성'이 갖는 정치적 함의이겠다. 쉽게 말해 조선인의 조선민속학과 일본인의 조선민속학, 이 양자의 '자연스런' 연결과 상호 관련을 송석하가 주도한 '조선민속학회의 통합력'으로 포착할지, 아니면 앞에서 제기한 '위험한 동거'의 물음으로부터 대상화할지가 문제의 핵심이다. 실제 조선민속학의 성격을 둘러싼 본격적인 논쟁은 이 대목에서 출발하는데, 기왕의 도식주의적인 이분법을 지양하고자 나선 게 남근우였다. 그는 지배 대 저항이라는 종래의 정태적 이해에 안주하기보다, 새로운 자료 발굴과 실증적 검토를 바탕으로 조선민속학의 정치성과 그 연구 주체들의 사상적 변화를 식민지정책의 실행 맥락에서 동태적으로 짚어 보고자 했다.

이를테면 송석하의 '실천적' 문화민족주의가 일제 식민지정책과 연동하는 모습을 그의 필생 작업이었던 조선오락론의 행방을 통해 고찰했고, 일제 식민지기에 전개된 손진태의 민족문화론을 만선사학과의 관계 속에서 재고함으로써 타율사관을 추수해 버린 그의 '부끄러운 과거'가 해방 후 신민족주의에 기초한 새로운 민족문화학에서 어찌 조만동조론(朝滿同祖論)으

3 전경수(1999), 『한국인류학 백년』, 일지사, 52~53쪽.

4 전경수(1999), 앞의 책, 79~80쪽.

5 전경수(1999), 앞의 책, 53쪽.

로 소거되는지도 천착했다. 또 이마무라에서 무라야마 지준(村山智順)을 거쳐 아키바로 이어지는 식민주의 민속학의 성립 과정과 그것이 일제의 식민지정책과 관련하는 양상 및 그 담론 전략에 대해서도 비판적으로 분석했으며, 이들 조선인과 일본인의 합작으로 이루어진 조선민속학회의 창립 과정과 활동 내용을 재검토하고 학회지 『조선민속』의 '일제화' 문제에 대해서도 전경수와는 다른 견해를 제시하기도 했다.[6]

이러한 일련의 성과에 대해, 외부의 반응과 달리[7] 민속학계 내부에선 위화감이나 거부감을 드러내는 경우가 적지 않았다. 2012년 (사)한국민속학회가 주최한 춘계포럼 〈민속학 80년을 논하다〉가 비근한 보기다. 논제가 시사하듯이 이 포럼은 1932년의 조선민속학회 창립을 "기념하며, 〔지난〕 민속학 80년 과거를 성찰하고 미래를 내다보고자"[8] 마련한 자리였다. 하지만 한국 민속학사의 성찰과 전망이라는 포럼의 취지를 살린 발제는 드물었다. 특히 문제의 조선민속학에 대해선 종래의 이항대립 구도를 답습하며 조선민속학회의 '성찰'보다는 그 역사적 의미나 성취를 상찬하는 경우가 많았다. 가령 이 학회의 창립은 "일제 제국주의에 대한 저항의 산물로…… 민속학적 실천이 식민지적 상황에서 이루어진 것은 〔조선민속학회가〕 유일무이"[9]하다. 혹은 "조선민속학회가 일제에 의해 탄압받고 해체된 것은, 민속

6 남근우는 1998년 무렵부터 본격화한 관련 연구 성과를 매만져 『'조선민속학'과 식민주의』(동국대학교출판부, 2008)를 상재했다.

7 이훈상(1999), 「의도적 망각과 단선적 역사서술 : 일제시대 조선후기사 인식과 서술」, 『진단학보』 88, 진단학회 ; 조정우(2008), 「(서평) '탈식민' 민속학의 구축을 위하여」, 『사회와 역사』 78, 한국사회사학회 ; 차승기(2009), 「'토속'의 발견과 민족문화의 구성 : 손진태를 중심으로」, 『일제하 한국사회의 전통과 근대인식』, 혜안 등.

8 한국민속학회·국립민속박물관(2012), 『민속학 80년을 논하다 : 조선민속학회 창립 80주년 기념 학술포럼 자료집』, 한국민속학회, 국립민속박물관, 3쪽. 이하 인용문 안의〔 〕는 필자가 붙인 주나 토다.

9 강정원(2012), 「세계 민속학사 속에서의 한국민속학 80년」, 『민속학 80년을 논하다』, 한국민속학회·국립민속박물관, 6~7쪽.

학사로서 시련이자 불행이긴 하되, 역설적으로 보면 일제 식민지배에 영합하지 않고 민속학으로서 학문적 정체성을 꿋꿋이 지킨 훌륭한 성취라 할 수 있다"[10] 등이다.

위와 같은 강정원과 임재해의 평가와 상찬에 대해선, 전경수가 논증의 부재를 꼬집으며 조선민속학회를 재론해 주목된다. 즉 "'조선민속학회(이하 조민회)'의 활동으로부터 '저항', 〔그〕 '저항'으로부터 '탄압'과 '해체'로 이어지는 구체적인 내용의 제시 없는 주장은〔,〕 주장만 있고 증거는 없는 어설픈 한국학계의 허구성만 드러낼 뿐이다." 더욱이 "한국 민속학계에서 주도하는 학문하는 방식(논리비약)의 허점을 드러내는 수준으로는 '조민회'의 실체를 밝힐 수 없"고, 오히려 그 "실체 파악에 저해요인"이 될 뿐이다. 한마디로 위와 같은 "논증 없는 주장은 학문하는 입장의 기본으로 간주될 수 없다"[11] 고 질타했다. 이런 신랄한 비판을 의식했는지 임재해가 나서 송석하의 조선민속학회론을 격정적으로 펼쳤는데,[12] 오히려 '논리 비약의 허점'만 더 적나라하게 드러내[13] 안타깝다.

---

10 임재해(2012), 「민속학 80년의 뿌리와 지속의 성찰적 전망」, 『민속학 80년을 논하다』, 한국민속학회 · 국립민속박물관, 29쪽.

11 전경수(2013), 「조선민속학회와 『조선민속』의 식민지와 은항책 : 식민지 혼종론의 가능성」, 『민속학연구』 33, 국립민속박물관, 43쪽.

12 임재해(2013), 「조선민속학회 창립의 산파 송석하와 한국 민속학의 길」, 『한국민속학』 57, 한국민속학회. 이 글은 '조선민속학학회 창립 80주년 기념 2012 한국민속학회 동계국제학술대회'에서 발표한 원고〔「조선민속학회의 창립과 한국 민속학의 길」, 『21세기 민(民)의 재해석과 민속학』(한국민속학회, 2012)〕를 "투고 분량에 맞게 줄여서 재정리한 것이다"〔임재해(2013), 앞의 논문, 8쪽〕. 참고로, 2012년 12월 17일 서울대학교에서 열린 위의 학술대회에서는 임재해에 앞서 전경수가 「조선민속학회와 『조선민속』의 식민지(植民知)와 은항 사본(隱抗寫本) : 식민지 혼종론(植民地混種論)의 가능성」을 발제했는데, 주 11의 논문은 그 대회장에서 나온 "질의와 〔코〕멘트를 수용하여 완성한 것이다"〔전경수(2013), 앞의 논문, 7쪽〕.

13 일례로 임재해는 "일본학계의 '일본화' 주장에 전경수가 '일제화'로 맞서자, 남근우는 일제화를 비판하며 오히려 일본화에 동조했다"〔임재해(2013), 앞의 논문, 8쪽〕고 주장했다. 그리고 이를 토대로 남근우를 '극우 민족주의자'와 '재(再)식민주의자' 등으로 매

그래서다. 우리가 이 글에서 톺아보아야 할 것은, 민속학계를 비롯한 '어설픈 한국학계의 허구성'을 질타하며, 전경수가 야심차게 다시 내놓은 조선민속학회론이다. "추론에 의한 평가를 가능한 한 제한"[14]하면서 조선민속학회의 "학사적인 의미를 '본격적으로' 추구"[15]한 이 글에서, 일제의 "식민지 통치정책과 '약자의 무기'가 결합된 양상"을 고찰하여 "식민지혼종론"[16]을 새로이 펼쳤기 때문이다. 인용문 중의 '약자'란 송석하가 선도한 조선민속학회를 뜻할 것이며, '무기'는 은근한 저항을 위한 "'은항책'(隱抗策, hidden transcript)"[17]을 의미한다. 전경수는 이 약자의 무기를 가지고 송석하가 도모했을, 이른바 '숨겨진 의장(意匠)'을 찾아내어 그 정치성을 고찰했다. 그리고 다음의 두 가지를 결론으로 제시했다.

첫째, 조선민속학회가 "'Volkskunde'를 내용으로 한 명칭상의 'folklore'로 등장"[18]했다는 점이다. 그의 부연설명에 의하면, 『조선민속』 맨 뒷장의 "영문목차에 '조민회'의 민속학이 'folk-lore'라고 명기된 것은 '조민회' 핵심멤버들의 사려 깊은 작전"이었다. "즉 'Volk(skunde)'를 다루는 학문이 아니라

도했는데, 그런 감정적 비난에 앞서 '일본학계의 "일본화" 주장', 즉 가와무라 미나토(川村湊)가 제기한 『조선민속』의 일본화론부터 일독하기 바란다. 그가 말한 일본화는 임재해가 상정한 일본화, 곧 "한국 민속학계가 스스로 일본 민속학에 복속했다는 뜻"〔임재해(2013), 앞의 논문, 31쪽〕과 전혀 다르기 때문이다. 가와무라의 '일본화'는 전경수가 대용(代用)한 '일제화'와 문맥상으로 의미의 차이가 별로 없으며, 그건 후자의 관련 진술 두 쪽〔전경수(1999), 앞의 책, 88~89쪽〕만 읽어도 알 수 있는 내용이다. 오죽하면 후자가 전자의 일본화 주장을 진보적 일본 지식인의 "과잉비판"〔전경수(1999), 앞의 책, 89쪽〕이라 평가했겠는가. 전경수의 질타를 도매금으로 들을 필요도 없이 오독과 '논리 비약'을 경계하고, '논증 없는 주장'을 자제하는 게 학술적 글쓰기의 '기본'임은 두말할 나위도 없겠다.

14 전경수(2013), 앞의 논문, 8쪽.

15 전경수(2013), 앞의 논문, 17쪽.

16 전경수(2013), 앞의 논문, 9~10쪽.

17 전경수(2013), 앞의 논문, 9쪽.

18 전경수(2013), 앞의 논문, 44쪽.

'(folk)-lore'를 취급하는 학문이라는 점을 강조하는 것이 〔되도록〕 총독부 당국과의…… 마찰을 피함과 동시에 자신들의 목적을 달성하는 일종의 은항책이었다. 〔그러니까〕 '민족'의 의미가 포함되는 용어를 채택함으로〔써〕…… 발생 가능한 문제를 사전에 차단하는 방안으로서, 그것은 자기검열의 의미도 담고 있다."[19]

과연 송석하는 이런 '사려 깊은' 은항책을 학회지의 '영문 목차'에 가탁한 것일까? 관견(管見)엔, 추론에 추론을 쌓아 올린 위의 주장이 '논리 비약'의 과잉 해석으로 보인다. 논증 부재의 그런 추론적 주장보다는 오히려 액면 그대로 이해하는 게 자연스러워 보인다. '영문'으로 작성한 목차에 독일어 '폴크스쿤데(Volkskunde)'가 아닌, 영어 단어 '포클로어(folklore)'를 마땅히 사용했다고 말이다. 적어도 1930년대 초반 그것도 '총독부 당국'에, 폴크스쿤데가 "'민족"의 의미가 포함'된 'Volk(skunde)'로 보이고, 반면에 포클로어의 경우 그 의미가 포함되지 않은 '(folk)-lore'로 읽혔을 공산은 거의 없어 보이기 때문이다.

둘째, 조선민속학회에 "아키바 다카시와 이마무라 도모〔에〕가 핵심멤버로 참여한 것은 '조민회'의 발기인인 식민지조선의 지식인들이 구사한 대(對)검열용 정치적 은항책의 하나일 수 있다."[20] 아울러 『조선민속』 제3호의 저작자 겸 발행자가 송석하에서 아키바로 바뀐 것 역시 1940년 당시 전시상황의 "검열에 대비한 방안이었을 가능성이 농후"[21]하다고 주장한다.

물론 그러한 '가능성'을 완전히 배제할 순 없겠지만, 문제는 그 '정치적 은항책'을 출판과 사상 검열의 실제로 뒷받침할 수 있을지의 '논증' 여부다. 전경수 스스로 조선총독부 도서과가 발행한 『조선출판경찰월보』의 모든

---

19 전경수(2013), 앞의 논문, 13쪽.

20 전경수(2013), 앞의 논문, 44쪽.

21 전경수(2013), 앞의 논문, 39쪽.

자료를 살펴본 결과, 조선민속학회와 거기에 "관여하였던 어떤 인물의 글도 검열 대상으로 문제가 되었던 경우는 발견할 수 없다"[22]고 지적했기 때문이다. 결과적으로 그것이 아키바와 이마무라가 도모했을지도 모를 '검열용 정치'의 효과인지, 아니면 송석하와 손진태 등이 추구한 조선민속학이 불온하지 않아 '검열 대상으로 문제가 되'지 않았는지, 금후 명확한 자료와 논리로 천착해야 할 과제라 생각된다.

이와 함께 조선민속학과 식민주의의 관계성을 심층적으로 묻기 위해선, 전경수가 『조선민속』의 '일제화' 논거로 든 제3호의 외양 변화보다는 오히려 거기에 기고된 글들의 내용에서 그 실질을 찾는 게 생산적이겠다.[23] 식민주의 사관을 전제로 혹은 일본제국판 오리엔탈리즘의 시선으로 '조선민속'을 관찰·재현한 경우가 허다하기 때문이다. 이를테면 조선 사회의 가족주의적 구성과 특질을 강변한 글들로, 조선민속학의 식민주의는 비단 이 가족주의 전통론과 같은 담론 차원의 지배 이데올로기 창출에 그치는 게 아니어서 더욱 문제다. 그것은 조선의 민중 지배에 직간접적으로 활용되어 왔으며, 따라서 일본인의 조선민속학과 식민주의의 관계성에 대해선 식민지정책의 변화 과정을 충분히 고려하면서[24] 보다 실증적이고도 체계적인 연구가 이루어져야 한다.

또 하나 일제 식민주의 민속학이 조사라는 명분으로 민족문화를 말살했다는 한국 민속학계의 암묵적인 통설 역시 재검토가 필요하다. 이 경우 민족문화란 조선의 '고유한' 민속을 말하며, 일본인 연구자들 역시 정도의 차

22 전경수(2013), 앞의 논문, 43쪽.

23 남근우(2004), 「조선민속학회 재고」 『정신문화연구』 27-3, 한국정신문화연구원, 58~64쪽.

24 이 점을 고려한 성과로 최길성(2004), 「아키바 다카시(秋葉隆)의 식민지주의 조선관」, 『한국민속학』 40, 한국민속학회 ; 전경수(2004), 「식민지주의에서 점령지주의로 : 일본 인류학 '진화' 과정의 일면」, 『한국문화인류학』 37-1, 한국문화인류학회 등을 들 수 있겠다.

이는 있을지언정 때때로 그 사라져 가는 조선민속을 제국주의적 향수와 오리엔탈리즘의 시선으로 아쉬워하며, 그것을 주제화한 조선의 '순수한' 전통문화론을 산출했기 때문이다. 예컨대 한국문화의 원형적 전통으로서의 무속, 한국의 많은 연구자가 아직도 강조하는 이 '무속 전통'의 지배 이데올로기[25]를 창출해 낸 이가 무라야마와 아키바이며, 조선인의 '심전(心田)' 개발과 단결력 제고를 위해 '부락제'를 조선사회의 '아름다운 전통문화'로 자리매김하고 그 활성화를 적극적으로 주장한 이가 무라야마다.[26] 또 이 식민주의 민속학자들에 의해 봉산탈을 비롯한 향토오락의 의미와 가치 또한 재발견되어, 조선 민중의 정조 함양과 협동심 조장을 위한 '건전 오락'으로 그 진흥책이 강구되었다. 일제 말기에 나온 송석하와 손진태의 시국영합적인 향토오락론은, 중일전쟁 이후의 총력전 체제하에서 이른바 '총후(銃後) 조선'의 생산력 증강과 동원을 위한 이 식민지 관제 운동과 결코 무관하지 않다.[27]

정리하면, 일제 식민지 상황에서 조선민속은 훼손과 말살의 대상만이 아니었다. 그것은 경우에 따라 적극적인 조장과 진흥의 대상이기도 했다. 그런 훼손·말살과 조장·진흥 과정에 대한 실증적 분석으로 일제 식민지 문화정책의 동태를 포착하고, 그 배후에 있는 지배 담론의 작동 원리와 전략 등을 금후 체계적·종합적으로 고찰할 필요가 있겠다. 아울러 조선민속의 조장과 진흥에 일본인 연구자들은 물론이고 조선인 연구자들이 어찌 관여하고 또 동원되었는지, 그들의 문화민족주의에 선 조선민속학과 식민주의

---

25 김성례(1990), 「무속전통의 담론 분석 : 해체와 전망」, 『한국문화인류학』 22, 한국문화인류학회.

26 남근우(1998), 「식민지주의 민속학의 일 고찰 : 신앙·의례 연구를 중심으로」, 『정신문화연구』 21-3, 정신문화연구원.

27 남근우(2002), 「'조선민속학'과 식민주의 : 송석하의 문화민족주의를 중심으로」, 『한국문화인류학』 35-2, 한국문화인류학회 ; 남근우(2006), 「'신민족주의' 사관 재고 : 손진태와 식민주의」, 『정신문화연구』 29-4, 한국학중앙연구원 ; 남근우(2018), 「봉산 탈놀이의 근대」, 『비교민속학』 67, 비교민속학회 ; 남근우(2019b), 「'조선민속학회' 재론」, 『실천민속학연구』 34, 실천민속학회.

의 관계성에 대해서도 차분한 점검이 이루어져야 한다.

그러려면 조선인의 조선민속학은 제국일본의 민속학 등과 어떤 상호과정을 거쳐 성립하는지, 과연 그것은 일제의 조선 지배에 맞서는 체제 비판의 유토피아로 전개되는지, 아니면 식민주의에 길들여진 의사(擬似) 저항담론으로서 일제의 지배 이데올로기와 공액(共軛) 관계를 구성하는지, 명확한 논거에 의거한 분석과 고찰이 필요하다. 그리고 만약 양자가 뒤섞인 경우라면 그 대항과 순치의 다이너미즘을 살펴보고 변곡(變曲)의 좌표와 논리를 짚어 보는 것 역시 한국민속학의 반면교사로서[28] 긴요한 조선민속학론의 과제가 아닐 수 없겠다. 이 기초 과제들에 대한 천착이 이루어진 연후에 비로소 조선민속학의 사상적 구도와 역학관계가 포착될 수 있으며, 그 역사적 의미와 현대적 의의에 대한 평가 역시 제대로 내려질 수 있을 것이기 때문이다.

3. '민속학=민족문화학'의 탈신화화

"민속학은 민족문화를 연구하는 과학이다." 송석하와 함께 한국민속학을 정초한 손진태는 해방 후 이 정언적 명제에 이어 "민속학이란 명칭의 부당성"을 언급한다. 그리고 "내 자신은 이것을 '민족문화학'이라고 부르고 싶다"[29]고 말한다. 이처럼 민속학에서 '민족문화학'으로 학문의 이름을 바꾸고자 한 손진태, 그의 개명 바람에 투사된 '민족'에의 욕망과 그것을 내장한

28 민속 연구의 '체제화'는 해방 후 한국민속학에서도 산견되는바, 자세한 것은 남근우(2013a), 「누구의 무엇을 위한 '실용'인가? : 한국민속학의 실천성 재고」, 『민속학연구』 33, 국립민속박물관 참조.

29 손진태(1948), 「자서」, 『조선민족문화의 연구』, 을유문화사 ; 손진태(1981), 『손진태선생전집』 2, 태학사, 23쪽.

민족문화학의 정치성은 차치하고,[30] 여기선 위의 명제를 다시 한 번 주목해 보자. '민속학은 민족문화를 연구하는 과학'이라 정의함으로써 '민족문화'를 민속학 연구의 대상이나 목적으로 전경화(前景化)하기 때문이다. 더욱이 이 민족문화라는 수사는 이후 후학들에 의해 끊임없이 되풀이되고 또 확대 재생산되어, 한국민속학의 대상과 목적은 물론 그 사명과 의의 일체를 담보하는 만능의 열쇠말로 자리 잡기 때문이다.

물론 이에 대한 의문이나 비판이 전혀 없었던 게 아니다. 일찍이[31] 이장섭이 「한국민속학의 비판적 검토」에서 문제를 제기한 바 있다. 즉 한국민속학이 민족문화의 본질이나 정체성 탐구를 강조할 경우, "그것이 지니고 있는 이데올로기성으로 말미암아 과학적 정밀성을 상실하게 될 위험을 안게" 된다. 그뿐만 아니라 "실제 연구의 대상은 그 신화적 이데올로기의 수단으로 전락할 가능성이 있으며, 따라서 사실의 연구라는 학문의 본질적 가치는 잃어버리게 될 위험에 빠지게" 된다. 지금으로부터 약 30년 전 이렇게 정곡을 찌른 비판으로, "민족문화에 대한 민속학적 관심의 과잉"과 그것이 갖는 "선동적인 사회교육적 기능"을 경고한[32] 이가 이장섭이다.

문제는 그의 '비판적 검토' 이후다. 민속학의 원론적 사안들에 대해 근본적인 문제를 제기했음에도 불구하고, 그것도 당시 민속학 연구를 주도한 선학들의 주장과 견해를 직접 거론하며 비판론을 펼쳤는데도 반론이 없었다. 그렇다고 그의 문제제기가 수용되어 진전된 논의가 이루어진 것도 아니다. '민속학=민족문화학'의 탈신화화나 그 이데올로기의 해체를 도모한

30 자세한 것은 남근우(1998), 「손진태의 민족문화론과 만선사학」, 『역사와 현실』 28, 한국역사연구회 ; 남근우(2019a), 「손진태의 '조선민속학'과 '신민족주의' 재론」, 『문화권력 : 제국과 포스트제국의 연속과 비연속』, 소화 참조.

31 이장섭에 앞서 김태곤이 1970년대 초반부터 '과거학'으로서의 '민속학'을 거듭 문제 삼았는데, 이 점에 관해선 다음 항에서 민속의 개념 문제와 함께 살펴보겠다.

32 이장섭(1989), 「한국민속학의 비판적 검토」, 『두산김택규박사화갑기념 문화인류학논총』, 두산김택규박사화갑기념논문집간행위원회, 484~485쪽.

성과가 별로 눈에 띄지 않기 때문이다. 아니 해체는 고사하고, 세계화 속의 민족 주체성 확립 등을 명분으로 오히려 '민족문화에 대한 민속학적 관심'을 유지 · 강화해 온 게 작금의 주류 민속학이다. 비근한 보기로 "민속문화의 본디 모습을 통해서 민족문화의 정체성을 포착하고자 하는 것이 민속학의 중요한 사명"[33]이라는 주장, 그리고 "민속학과 민족문화의 정체성"이라는 기획주제를 내걸고 실제로 그 '중요한 사명'을 학회 차원에서 구현하려 든 2009년의 '한국민속학자대회'를 들 수 있다.[34]

특기할 것은, 이 민속학 연합대회에서 '민족문화의 정체성' 탐구가 갖는 현대적 의의와 의미를 되물은 남근우의 논의이겠다. 그에 따르면, 민족문화의 정체성은 역사적 심도를 지닌 민속의 저편 어딘가에 존재하는 객관적 실재가 아니다. 그것은 어떤 개인이나 집단 등에 의해 특정한 정치적 · 사회적 맥락에서 필요에 따라 구성되는 것이다. 그런 구성물을 '민속문화의 본디 모습'을 통해 포착하고자 애쓰기보다는, 오히려 그 허구적 진실이 언제 누구에 의해 창출되어 어찌 활용되는지, 또 그 배후에 어떤 이데올로기가 작동하는지를 천착하는 게 한국민속학의 정치권력성을 해체하고 탈근대의 민속학을 새롭게 전망하는 데 일조할 것이다.[35]

---

33 임재해(2005), 「20세기 민속학을 보는 '현재학' 논의의 비판적 인식」, 『남도민속연구』 11, 남도민속학회.

34 그 성과를 단행본으로 묶어 낸 게 한국민속학술단체연합회 편(2010), 『민속학과 민족문화의 정체성』, 민속원이다.

35 관련하여 정수진은 민속의 '원형' 문제로 한국민속학의 인식론과 사회적 실천을 비판적으로 고찰해 주목된다. 그에 따르면, 종래의 '민속학적 원형론'에서는 '추상 개념으로서의 원형'과 '실체 개념으로서의 원형'이 이론적 정합성도 없이 공존했다. "더욱이 〔전자〕가 지니고 있었던 사변적 논리의 한계는 그것이 〔후자를〕 떠받치는 정당성의 근거로 활용됨으로써 더 이상 논쟁거리가 되지 못했다. ……오히려 '원형' 문제가 학문적으로 채 정립되기도 전에 〔그것이 민속예술 경연이나 문화재 지정 등의〕 현실적 평가 기준으로 활용되었던 배후에는 사회적 참여〔를〕…… 주장하면서…… 학문적 정체성을 특권화하고자 했던 민속학의 이데올로기적 한계가 노정되고 있었다"〔정수진(2008), 「민속학적 원형론의 기초연구」, 『한국민속학』 47, 한국민속학회, 161쪽〕. 그 '특권화'의 배

이런 문제의식으로 민족문화의 정체성을 추구한 한국민속학의 주요 계보를 추적한 결과,[36] 그는 '민속학=민족문화학'의 학술적 시발점을 앞에서 본 손진태의 민속학 규정에서 찾아낸다. 그리고 역사민속학계에서 주장하는 단절론[37]과 다르게, 민족문화를 바라보는 그의 관점과 문제의식, 연구법은 납북 후부터 오늘에 이르기까지 한국민속학의 고갱이로 계승되었음을 확인한다. 그 계승 방향을 대별하면 둘로 나뉘는데, 하나는 해방 전의 혼합민족설에 기초한 남·북방문화론을 확대 심화한 것이다. 조동탁의 민족문화 형성론[38]과 그것을 민속의 사·자료 연구로 구상화한 김택규의 '한국기층문화영역론'[39]이 대표적인 성과다. 또 하나는 손진태가 해방공간에서 설파한 단일민족신화를 이어받은 것으로, 최근 임재해가 왕성히 펼친 '자생적' 민족문화론[40]이 그 적통에 해당한다. 물론 이 밖에도 다양한 민속학적 연구 성과가 존재하지만, 그 문제의식과 사상적 스펙트럼은 대개 이들이 펼친 두 방향, 곧 전파론적 민족문화론과 자생적 민족문화론 사이로 회수된다.

경과 과정 등에 대해선 정수진(2008), 『무형문화재의 탄생』, 역사비평사 ; 남근우(2009a), 「민속의 경연과 예술화」, 『한국문학연구』 36, 동국대학교 한국문학연구소 참조.

36 남근우(2009b), 「'민속학=민족문화학'의 탈신화화」, 『비교민속학』 40, 비교민속학회.

37 이필영(1985), 「남창 손진태의 역사민속학의 성격」, 『한국학보』 41, 일지사와 주강현(2003), 「역사민속학의 단절과 복원 : 역사민속학으로서의 민속학 고(考)」, 『남창 손진태의 역사민속학 연구』, 민속원을 대표적인 보기로 들 수 있다.

38 조동탁(1964), 『한국문화사 서설』, 탐구당.

39 김택규(1985), 『한국 농경세시의 연구 : 농경의례의 문화인류학적 고찰』, 영남대학교 출판부.

40 임재해는 지난 약 10년간 "민족문화의 정체성을 겨냥한 일련의 연구"〔임재해(2007), 「민속신앙의 비교연구와 민족문화의 정체성」, 『비교민속학』 34, 비교민속학회〕 성과를 양산해 주목된다. 그 대상을 보면 굿 문화를 비롯한 마을신앙, 신화, 탈춤을 거쳐 암각화나 신라 금관, 한류, 고조선문화 등에 이르기까지 매우 다기하지만 논지 자체는 심플하고 시종일관하다. 즉 민족문화론의 전파론적 시각을 비판하고 자생적 민족문화론을 펼쳐 '민족문화의 정체성'을 확립하겠다는 것이다.

위와 같은 계보 분석에 이어 그가 문제 삼은 것은 민속의 동질성과 지속성이다. '민속학=민족문화학'의 동어반복을 뒷받침한 암묵적인 전제이기 때문이다. 결론적으로 그것이 성립할 수 없음을 밝힌 그는 주류 민속학계를 향해 다음과 같은 물음을 던진다. 즉 본질주의 민속학에 매몰되어 민속의 '본디 모습'으로 민족문화의 동질성과 지속성을 강화하고, 그 '신화적 이데올로기'로 민족 고유의 정체성을 포착하는 게 오늘의 현대 민속학에 과연 어떤 의의가 있을까? 우리와 동시대를 살아가는 다양한 생활 주체들에 의해 민속의 객체화와 전용이 일상화한 현실에서 그것이 대체 무슨 의미가 있을까?

이 물음들과 관련해 주목되는 게 '글로벌시대의 한국민속학과 로컬리티'의 관계를 주제화한 정수진의 논고다. 2012년의 한국민속학자대회에 대한 비판적 성찰[41]로 출발한 이 글에서, 아르준 아파두라이(A. Appadurai)가 현대사회의 유동화론(流動化論)에서 초점화한 '로컬리티'의 여과지로 임재해와 남근우가 펼친 일련의 논쟁을 걸러 내며, 전자의 신자유주의 비판과 그 현실인식에 기초한 본질주의 민속학의 '의의와 의미'를 새롭게 조명하기 때문이다. 즉 "그에게 있어 민속은 '글로벌'에 대한 저항의 거점으로서 '로컬' 혹은 로컬리티에 상응하는 것"이다. 다시 말해 "임재해〔는〕 글로벌화에 저항하는 유토피아적 대안으로 민속과 농촌"을 자리매김하고 그곳의 "공간적

---

41 이 대회의 주제는 "글로벌시대 한국민속학의 과제와 전망"으로, 정수진에 따르면 "민속학의 현재적 위상과 학문적 과제를 재정립하는 변곡점" 마련의 호기(好機)였다. "글로벌시대의 문화 현상을 유의미하게 대상화하기 위해 민속학적 방법론은 어떻게 재구축되어야 하는가?" 이 긴요한 물음을 붙들고 진지한 씨름과 토론을 벌여야 했는데 실상은 그렇지 못했다. "'한국민속학은 세계화 이전에 한국화부터 이루어져야 한다'는 비판 앞에서 글로벌시대를 조명하는 수많은 논점들은 간과되었〔고〕…… 각국의 문화가 혼종화하면서 고유의 정체성을 잃기 전에 '문화유산의 현전화' 방안을 모색해야 한다는 주장…… 속에서 민속학 방법론에 대한 재고의 필요성은 고려되지 않았으며, 민속학 연구 대상을 탈국가화해야 한다는 주장 속에서 민속학 본래의 패러다임은 손쉽게 폐기되었"〔정수진(2013), 「글로벌시대의 한국민속학과 로컬리티」, 『민속학연구』 33, 국립민속박물관, 169~170쪽〕기 때문이다.

질서나 사회적 과정을 천착한"바, 오늘의 한국민속학은 바로 그 지"점[을] 주목할 필요가 있다"고 주장한다.

이처럼 글로벌화의 현실적 맥락에서 본질주의 민속학의 현대적 의의를 "'로컬'과 로컬문화의 유토피아적 복원"의 근거지로 재해석한[42] 정수진은, 동시에 이른바 '민속 낙토(樂土)'에의 욕망과 그 '복원' 작업이 내장한 타자화의 위험성도 환기한다. 현실과 유리된 민속 낙토론의 경우 로컬을 낭만주의적으로 이상화하거나 로컬문화를 본질화하기 십상이기 때문이다. 다음과 같이 반(反)본질주의 민속학의 목적과 문제의식을 대비적으로 거론하는 까닭도 그 때문이겠다.

한편 "남근우는 '필드 워크의 현재학이라는 민속학의 초심으로 돌아가, 〈지금 여기〉를 살고 있는 생활자의 현재'를 주목하고, '〈나〉 자신을 비롯한 현실의 인간과 사회를 내성적으로 탐구'하는 것을 민속학의 목적"으로 삼는다. 또 "그는 기왕의 민속학자들이 '동시대를 살아가고 있는 생활자들을 과거에 존재했던 〈아름다운 전통문화〉를 계승하는 수동적인 존재로만 표상함으로써 그들의 주체성을 부정'해 왔다고 비판한다. 정작 그들은…… '(민속학자들이 생산해 낸) 〈민속〉을 객체화하고 유용하는 주체'라는 것이다." 「'민속'의 근대, 탈근대의 민속학」[43]에서 시작된 그의 "이러한 주장이 민속 즉 로컬문화로부터 그것을 능동적으로 생산하는 로컬[의] 주체들로, 민속학의 연구 대상을 급진적으로 전환시키는 데 기여했"다고 정수진은 평가한다.[44]

지난 약 15년 사이 한국의 민속학계에서 과연 그러한 연구 대상의 전환이 '급진적으로' 일어난 것일까? 그 여부는 다음 항에서 살펴볼 사안이지만, 로컬리티를 촉매로 임재해와 남근우의 방법론 논쟁을 상보적 결합으로 귀결 지은 점이 흥미롭다. 양자 모두 "로컬리티와 로컬 주체를 지식 담론의

42 정수진(2013), 앞의 논문, 178~179쪽.

43 남근우(2003), 「'민속'의 근대, 탈근대의 민속학」, 『한국민속학』 38, 한국민속학회.

44 정수진(2013), 앞의 논문, 179~180쪽.

특권적 권위 혹은 글로벌 자본의 보편화에 저항하고 또한 저항할 수 있는 입각점으로 상정했다"[45]고 갈무리하기 때문이다. 더군다나 그는 그 저항의 입각점에 작용하는 '막강한 힘'에 주의를 기울이며,[46] 민속학이 추구해야 할 유의미한 과제를 제시해 경청할 만하다.

> 요컨대 민속학이 현대사회의 문제에 비판적으로 개입하는 문화정치학과 조응할 수 있다면, '로컬'로서 우리의 생활세계에 착목하되 그것을 무엇이라 정의하지 않으면서 그 속의 다성적(多聲的) 상황들을 드러내고, 또 그들이(우리도 포함해서) 처한 곤경을 주목하되 그와 동시에 로컬리티가 구성되는 국면을 예의 주시하고, 그 속에서 오늘의 글로벌화를 재(再)사유할 수 있는 균열의 틈새와 〔그 틈새를〕 분별해 내는 언어를 개발하는 것, 그것이 당분간 우리가 해야 할 일이라고 생각한다.[47]

부연하면, 글로벌화와 국가주의의 벡터가 '복합적으로' 작동하는 로컬을 기점으로 다양한 주체의 생활세계를 대상화하자. 바로 그 미시적 현장에서 실존적 삶을 영위하는 생활자들의 눈높이에서 일상의 '다성적 상황'을 이해하려 노력하고, 아울러 '로컬리티가 구성되는 국면'과 과정을 차분히 응시하자. 그리하여 글로벌화의 거시적 구조 변동을 '재(再)사유할 수 있는 균열의 틈새'를 마련하고, 그 틈새를 민속학적으로 '분별해 내는 언어'를 계발하자. 이것이야말로 오늘의 '현대사회 문제에 비판적으로 개입하는' 민속학의 긴

---

45 정수진(2013), 앞의 논문, 184쪽.

46 즉 "글로벌한 힘이 작동하는 공간 역시 바로 이 '장소'이며 '로컬'이라는 점을 유념"해야 하며, "또한 로컬리티의 생산 과정에는 그보다 더 큰 맥락, 즉 글로벌화의 압력뿐만 아니라 여전히 막강한 힘으로 작동하고 있는 국가주의의 압력이 복합적으로 개입한다는 점도 주목을 요한다"〔정수진(2013), 앞의 논문, 183~184쪽〕고 지적한다.

47 정수진(2013), 앞의 논문, 184쪽.

요한 과제가 아닌가. 이 문제의식을 바탕으로 실제 그는 농촌관광과 지역 만들기 등에 대한 비판적 연구를 실천한 바 있으며,[48] 그러한 비(非)본질주의적인 인식과 접근은 최근 민속학계에서 점차 확산되는 추세로 보인다.

4. 민속에서 주체의 일상으로

민속학의 대상 문제로 논의를 옮기면, 해방 후 한국의 민속학사에서 1970년대의 새마을운동보다 더 큰 충격을 준 사건은 없을 것이다. 이 위로부터의 근대화 프로젝트는 농어촌의 구조 변동과 함께 그곳에서 삶을 꾸려 온 농어민의 생활세계에 다대한 변화를 초래했기 때문이다. 당연히 농촌의 마을공동체를 민속의 전승 기반으로 중시하던 민속학자들에게, 그 조사 현장의 구조 변동과 일상의 변화는 민속학의 실천성을 묻는, 더 나아가 민속학 존립의 근거를 다시 물어야 하는 중차대한 국면이었을 것이다. 1972년 '민속학회'[49]의 첫 학술대회가 "민속학의 역할", "문화재의 보존과 전수"를 기획주제로 삼은 까닭이기도 하다.[50] 또 이 '전국대회' 전후로 민속학의 '원론적 대화'가 연달아 펼쳐진[51] 것도 이와 무관하지 않겠다.

---

48 정수진(2009), 「농촌관광과 민속학 연구 재고 : 이천 자채방아 마을 사례로부터」, 『실천민속학연구』 13, 실천민속학회 ; 정수진(2009), 「무형문화재의 관광자원화와 포클로리즘 : 안성의 아이콘, 남사당 바우덕이 풍물놀이를 중심으로」, 『한국민속학』 49, 한국민속학회.

49 1969년에 임동권이 중심이 되어 '한국민속학연구회'를 결성하고 그해 12월 기관지 『한국민속학』을 창간한다. 그리고 이듬해에 학회 이름을 바꾸는데, 최상수의 주도 아래 1954년에 창립된 '한국민속학회'가 이미 존재하고 있어 불가피하게 '민속학회'로 개칭한다. 이 두 학회를 2000년에 통합한 게 오늘의 '한국민속학회'다.

50 민속학회 편(1972), 「민속학 전국대회 토론회 : 민속학의 역할」, 『한국민속학』 5, 민속학회.

51 김태곤이 소장을 맡은 원광대학교 민속학연구소가 1971~1973년 사이에 주최한 것으

위의 학술회의엔 당대의 내로라하는 연구자들이 대거 참석해 한국민속학의 프레임을 둘러싼 열띤 토론을 벌인다. 특히 김태곤의 경우 새마을운동에 따른 민속의 소멸에 대해 강한 위기의식을 가지고 한국민속학의 방향 전환을 주장해 주목된다. "민속학을 과거적 회고에 머[무]는 과거학"에서 "미래를 향한 현재학"으로 그 무게중심을 옮기자는 것이다. 그의 표현을 다시 빌리면, 종래와 같이 "민속을 '잔존문화'나 '민간전승체'로 규정"하고,[52] 외부의 "객체적인 입장"에서 민족정신의 고취와 같은 "어떤 목적의식을 전제로" 그것을 대상화해선 안 된다. 어디까지나 "민속 자체의 내적이고 주체적인 입장에 서서" 그들의 생활 그 자체를 탐구해야 한다.[53] "민속은 과거적이고 정체적(停滯的)인 잔존물이 아니라 '민간인' 또는 '서민'의 현실적인 생활 속에서 그들의 생활과 함께 무한히 생동해 가고 있는 생활의 전체적 현상이"기 때문이다.

그는 이렇게 민속 개념을 새로이 규정하고 나서, 그 주체인 '서민'의 범주를 다음과 같이 확장한다. 즉 "현대 문명과는 동떨어진 벽지의 순수한 토속적 야생의 자연인을 지칭하는 개념의 '민간'은 물론 벽지가 아닌 도시나 현대 문명 속에 살고 있는 사회 속에서의 대다수층인 '민중'까지 포괄하여 '서민'이라 칭"한다. 그러한 도농을 불문한 모든 "'서민층'의 생활 일체를 지칭하는" 민속으로 재개념화함으로써[54] 민속학은 "서민층의 현실적 실제 생활 문제에 참여하는 서민층의 학문이 되"[55]어야 한다고 거듭 강조한다.

로 "민속학의 현대적 방향"과 "민속학의 전환적 과제", "민속학의 대상", "민속학의 방법"을 주제로 삼았다. 그 성과를 엮어 낸 게 원광대학교 민속학연구소 편(1973), 『한국민속학 : 원론적 대화』, 원광대학교출판국이다.

52 원광대학교 민속학연구소 편(1973), 앞의 책, 41쪽.

53 원광대학교 민속학연구소 편(1973), 앞의 책, 42쪽.

54 원광대학교 민속학연구소 편(1973), 앞의 책, 41쪽.

55 원광대학교 민속학연구소 편(1973), 앞의 책, 43쪽.

김태곤의 이러한 방향 전환론과 대상 확대론이 지닌 학사적 의의와 한계에 대해선 이미 여러 차례 관견을 밝혔는데,[56] 여기에서 짚고 넘어갈 것은 그가 강조한 '현재학'으로서의 민속학 연구가 구현되었는지의 여부다. 결론부터 말하면, 내관적(內觀的, emic) 접근을 통한 민중의 실생활 탐구라는 인식론의 전환 촉구가 무색하게도, 민속학자 모두가 새마을운동의 소용돌이에 휩싸인 농어민들의 실존적 삶을 도외시했다. 여타의 구제 민속학자들은 물론이고 서민이나 민중에 대한 적극적 연구를 주문한 김태곤이나 이상일조차 별 관심이 없었다. 새마을운동 초기 소탕과 타파의 대상이었던 장승제나 서낭제 혹은 무속 신앙과 같은 고속(古俗)의 편린들을 '민속문화재'나 '전통문화'로 본질화하여, 근대에 대항하는 내셔널리즘의 교두보로서 그 잔존문화의 수집 보존과 연구에 힘을 기울였을 뿐, 자신들 눈앞에서 벌어지고 있는 농어촌의 '현실적 실제 생활 문제'에는 눈을 감고 말았다.

결과적으로 농어촌의 생활 주체들이 새마을운동이라는 급격한 사회변동 과정을 어떻게 '주체적으로' 경험하고 있었는지? 그리고 그 강압적인 근대화 프로젝트로 말미암아 지역사회의 권력 재편과 사회관계를 비롯한 구조 변동이 어떻게 일어나고, 농어민의 의식주와 생업, 의식, 관행 등 일상의 생활세계가 어떻게 변모해 갔는지? 이에 대한 물음이 부재하거나 연구 실천이 뒤따르지 않음으로써, 민속학은 한국 사회의 근대화 과정을 미시적 · 주체적으로 성찰할 수 있는 기회를 잃게 되었다. 이러한 과오는 최근 약 15년 농어촌의 지각 변동을 일으켜 온 농어촌체험관광과 '마을 만들기' 연구에서도 되풀이되고 있는데,[57] 오늘 한국민속학이 맞이한 방법론의 위기는 실은 이 주체 없는 민속 연구가 자초한 면이 커 보인다. 생활 주체와 그들의 현실적 · 실

---

56 자세한 것은 남근우(2014), 『한국민속학 재고 : 본질주의와 복원주의를 넘어서』, 민속원, 133~171쪽 참조.

57 자세한 것은 남근우(2012), 「그린 투어리즘의 문화정치학 : B마을의 관광 실천을 중심으로」, 『한국민속학』 56, 한국민속학회 참조.

제적 삶에 무관심한 본질주의 구제 민속학, 그 '과거학'의 탈각 가능성을 내장한 미발(未發)의 현재학을 우리가 실천해야 하는 까닭이다.

다음으로 1980년대 중반 임재해는 민중의 민속문화를 엘리트의 고급문화, 대중의 통속문화와 견주어 그 문화적 위상을 고찰한다. 결론적으로 "민속문화는 담당층의 민중성, 생산의 공동성, 매체의 구전성, 생산자와 수용자의 공동체성, 현실 인식의 비판성, 역사적 전통성 등이 상호 관련성 속에 그 문화적 위상을 드러"[58]낸다고 주장한다. 1980년대의 사회 상황과 당절(當節)의 민중운동론이나 문화운동론 등을 배경으로 '담당층의 민중성', 특히 그것이 지향해야 할 '현실 인식의 비판성'을 특화한 이 민속의 재개념화는 1990년대 중·후반 이후 일련의 도시민속학론에서도 되풀이된다. 즉 민속은 도농의 "공간적 문제가 아니라 문화의 양식 문제로 결정되는 것"이다. 민속이냐 아니냐를 결정하는 문화적 양식으로는 "담당층의 민중성, 생산의 공동성, 매체의 구전성, 생산자와 수용자의 동일성, 현실인식의 비판성, 역사적 전통성 등을 들 수 있다." 이러한 "전통적 개념의 양식적 요소들"[59]을 두루 갖춘 게 진정한 민속이라고 강조한다.

하지만 문제는 '도시민속'의 전승 사례들이 앞에서 본 '전통적 개념의 양식적 요소들'을 구비할 수 있는지의 여부이겠다. 구체적으로 1980년대 이후의 현대 민요나 연작 수수께끼와 농담, 시중에 떠도는 이야기, 마당굿 형식의 변혁굿, 도시 굿당과 점쟁이, 자동차 고사나 야구장 고사, 수능 기원과 입시 주술, 도시의 세시풍속과 같은 그가 자주 예시하는 보기들은 과연 민중성이나 구전성, 비판성, 전통성 등과 같은 구성요소들을 모두 갖추고 있는가? 그 스스로 인정하듯이[60] 물론 그렇지 않을 것이다. '전통적 개념

58 임재해(1986), 『민속문화론』, 문학과 지성사, 18쪽.

59 임재해(1997), 「민속학의 새 대상과 방법으로서 도시민속학의 인식」, 『한국민속학과 현실인식』, 집문당, 58~59쪽.

60 "현대민속 또는 도시민속의 경우 이러한 전통적 개념의 양식적 요소들을 다 갖추고

의 양식적 요소들'을 두루 갖춘 민속의 경우, 도시부는 물론 농어촌 지역 그 어디에도 존재하지 않기 때문이다. 민속학의 대상 부재라는 이 치명적 상황을 타개하기 위해서라도 임재해의 재개념화를 비롯한 기왕의 민속 개념에 대해 전면적인 재검토가 필요하겠다.

이와 관련하여, 그의 도시민속론에도 근년 변화의 조짐이 보여 특기할 만하다. "도시민중은 농촌민중과 생활양식이 여러모로 다르다. 따라서 자신의 방법을 개척하려는 민속학자는 도시민중을 대상으로 한 민속학을 시작하면서 전통적으로 수행해 온 민속학의 고정관념을 벗어날 필요가 있다." 게다가 "도시민중들이 주체적으로 생산하여 전승하는 민속들은 상당히 독특한 양식으로 존재"[61]한다고 주장하기 때문이다. 요컨대 '농촌민중〔의〕 생활양식'과 다르게 '상당히 독특한 양식으로 존재'하는 '도시민중의 민속'을 대상화하려면 '전통적으로 수행해 온 민속학의 고정관념을 벗어날 필요가 있다'는 것이다. 도시민속학을 비롯한 현대 민속학이 지양해야 할 그 고정관념의 핵심에, 임재해 자신이 '전통적 개념의 양식적 요소들'로 공고화한 민속 개념이 자리 잡고 있음은 물론이다.

또 하나, 금세기에 들어와 "민속의 생애사적 위기"[62]를 거론하며 그 "개념적 재고"[63]를 꾀한 이가 나경수다. 그에 따르면 "'민속'이라는 말은 지금부터 약 2500년 전부터" 동양의 한자문화권에서 사용되었다. 그런데 포클

있을 수 없다. 우선 막 생겨난 민속에서 역사적 전통성을 찾기 어려울 수 있다. 의무교육의 성과에 의하여 굳이 문화의 전승 매체를 말에 한정시키지 않아도 좋다. 그럼에도 불구하고 과거의 전통이 오늘의 상황에 따라 변용되어 있어야 하며, 어느 정도 말을 매체로 전파되고 확산되는 것이어야 한다"〔임재해(1997), 앞의 논문, 59쪽〕.

61 임재해(2007), 「도시 속의 민속문화 전승양상과 도시민속학의 새 지평」, 『실천민속학연구』 9, 실천민속학회, 44쪽.

62 나경수(2011), 「민속 개념의 재정립과 그 현재적 의미」, 『국립민속박물관 확대이전건립 기본계획』, 문화체육관광부, 489쪽.

63 나경수(2004), 「21세기 민속문화와 정책 방향」, 『한국민속학』 40, 한국민속학회, 45쪽.

로어나 폴크스쿤데와 같은 "서구에서 수입된 낱말의 번역어로 〔그것이〕 대체되면서 예전에 쓰였던 말이 그 본의(本義)를 잃어버렸"[64]다. 부연하기를, "독일과 영국에서 민속은 철저하게 과거 민중의 문화유산을 지칭하는 개념"[65]인 데 비해, "한자문화권 속에서 민속이라는 낱말에는 과거라는 시간적 개념이 끼어들 여지가 없다"[66]고 한다.

위와 같이 양자의 차이를 지적한 그는 "우리에게 필요한 새로운 대안으로" 앨런 던데스(A. Dundes)의 「민중이란 누구인가(Who are the Folk?)」라는 논고를 주목한다. 이 글에서 재개념화한 "folk와 folklore는 동양의 민중과 민속 본의에 훨씬 가깝게 생각"되기 때문이다. 구체적으로 "던데스는 folk에서 '사회적 하층민'이라는 의미와 '현대에 살고 있는 과거인'이라는 뜻을 지웠으며, folklore에서 잔존문화라는 뜻을 지웠다"[67]는 것이다. 나경수는 이렇게 던데스가 제시한 새로운 포크와 포클로어 개념에 "동양의 본의"를 접목함으로써 "민속은 이제 '잔존문화에서 전통문화'라는 그 의미와 대상전환의 활로를 찾는다"고 주장한다. 가령 "던데스의 말대로 공장민속, 시장민속이 가능하듯, 우리는 역사적으로 양반민속, 궁중민속이라는 말을 쓰는 것도 적극 고려해 볼 일"이며, 결과적으로 "민속의 개념 전환과 더불어 민속의 대상 확대가 함께 이루어질 수 있다"고 낙관적 전망을 내놓는다. 나아가 "이제 우리는 19세기형 서구의 민속 개념이 아닌 세계 보편의 21세기형 민속의 개념을 설정하고 이에 대한 민속문화의 정책적 방향을 논의해 가야 할 것"[68]이라 강조한다.

이러한 나경수의 논의는 한자문화권의 오래된 '민속〔의〕 본의'와 던데스

---

64 나경수(2004), 앞의 논문, 45쪽.

65 나경수(2004), 앞의 논문, 47쪽.

66 나경수(2004), 앞의 논문, 49쪽.

67 나경수(2004), 앞의 논문, 50쪽.

68 나경수(2004), 앞의 논문, 50~51쪽.

의 '새로운' 포크, 포클로어 논의를 연결하여 '21세기형 민속' 개념의 '활로'를 모색해 주목된다. 하지만 자본주의 선발국으로서 본디 '세계[의] 보편'을 지향한 영미의 포클로어와 그 후발국으로서 국민국가의 특수성을 강조한 독일어권의 폴크스쿤데, 이 양자의 정치적·사회적 배경과 함의 및 그 사상적 지향과 목표가 판이함은 익히 알려진 사실이다. 따라서 양자를 하나로 묶어 한자문화권의 민속과 단순히 대비할 일은 아니며, 특히 폴크스쿤데의 경우 본디 '잔존문화'가 아닌 18~19세기 당절의 '민중적 사실'을 지칭한 용어였음을 환기할 필요가 있겠다.[69]

또 한자문화권의 '민속'이라는 말은 피치자의 민정풍속, 곧 민심과 민성(民性)을 포함한 현실의 생활 형편과 관행, 습속 등의 파악과 관련한 정치적 용어로, 거기엔 교화의 대상으로서 눈앞의 우민(愚民)을 바라보는 현재적 시선과 '풍화(風化)=왕화(王化)'의 권력성이 작동하고 있었다고 보인다. 그러한 민속에 과연 '역사적으로 양반민속, 궁중민속이라는 말을 쓰는 것도 적극 고려해 볼' 만한 '본의'가 있었는지 의문이다. 게다가 던데스가 제시한 새로운 포클로어와 근대 이전의 동양적 민속이 과연 합체 가능한 것인지, 그 접목의 결과가 그의 제안처럼 '세계 보편의 21세기형 민속의 개념'으로 성립할 수 있을지, 금후 꼼꼼히 따져 보아야 할 과제라고 생각된다.

정리하면, 기왕의 한국민속학에서 대상화한 민속은 문자성이나 근대성, 도시화, 대중문화 등과 대극에 있는 문화 형태들을 지칭하는 것이었다. 결과적으로 현대인의 도시적 삶의 양식이나 각종 미디어를 통해 생산·유통·소비되는 다양한 문화적 산물은 민속학의 연구 대상에서 제외되는 게 일반적이었다. 하지만 앞에서 보았듯이 이러한 민속 개념의 한계와 문제점은 이미 1970년대부터 거론되기 시작했으며, 최근에는 '지금 여기'를 살아

69 자세한 것은 남근우(2017), 「민속학의 존립 기반을 다시 묻다 : '깔때기' 독일민속학사론을 중심으로」, 『실천민속학연구』 30, 실천민속학회, 40~45쪽 참조.

가는 생활자들의 일상이나 생활세계로 민속을 재개념화하자는 제언도 등장하고 있다.[70] 현대사회를 사는 다성적 주체들의 미시적 일상과 생활세계를 민속학적으로 대상화해 유의미한 성과를 어찌 산출할지, 금후 본격적인 논의가 필요하겠다.

5. 현장론과 역사민속학의 허실

종래 한국민속학의 여러 개론서에서 민속의 연구법으로 공히 제시된 것은 다음의 두 가지였다. 즉 공시적 접근과 통시적 접근으로 이를 구상화한 게 위 소제목에 보이는 '현장론과 역사민속학'이다. 머리말에서 이미 언급했듯이 양자 모두 지난 약 30년 동안 한국 민속학계에서 널리 회자된 연구법으로 다음은 그 허실을 검토해 보자.

먼저 현장론이 민속학계에서 각광을 받기 시작한 것은 1986년에 임재해가 「민속연구의 현장론적 방법」을 발표하고 나서부터다. 현장론이란 이름의 특이한 '방법'을 이론적으로 제시한 논문으로 그것에 기초한 연구 성과물이 『설화작품의 현장론적 분석』이다. 1990년대 이후 한국 민속학계에 '○○의 현장론적 연구'라는 수사의 유행을 초래할 정도로 두 글 모두 주목과 호평을 받아 왔다. 이처럼 임재해가 주도적으로 주창하고 실천한 현장론은 스스로 밝히고 있듯이 미국민속학의 연행 이론을 원용한 것이다. 1970년대에 접어들어 민속학의 새로운 연구법으로 자리 잡기 시작했다는 '연행 중심적 방법(performance-centered method)과 '상황론적 방법(contextual method)',[71] 이 두 방법을 "비판적으로 수용하면서 그 한계를 보완하는 방향

70 남근우(2013a), 앞의 논문.

71 임재해(1986), 『민속문화론』, 문학과지성사, 202~203쪽.

으로 논의를 발전시키고자"[72] 한 것이다. 구체적으로, 전자의 미시적 관점에 의한 연행 현장의 공시적 가변성 포착과 후자의 거시적 관점에 의한 전승 현장의 통시적 지속성 천착, 이 양자를 "발전적으로 통합"[73]하려는 게 현장론이다. 하지만 이 야심찬 시도가 기왕의 호평과 다수의 추수만큼이나 성공했다고는 보이지 않는다.

이와 관련해 최근 허용호가 미국의 연행 이론과 한국의 현장론을 비교 고찰하여 두 방법론의 '엇갈린 행보'를 주장해 주목된다. 연행 이론이 민속학의 방법론적 "인식의 '전환'이라는 어쩌면 혁명적인 궤적을 그리고 있다면, 현장론은 '전승현장의 통시적 지속성 천착에까지 연구' 시야의 확장을 도모하다가 인식론적으로 '회귀'라는 궤적을 그리고 있다"[74]는 결론이다. 쉽게 말해 지속성과 동질성의 신화에 기초한 초(超)유기체적 전통으로서의 민속 개념을 재고해 본질주의 민속학의 프레임을 해체한 게 연행 이론인데, 그것을 '비판적으로 수용하면서 그 한계를 보완'하겠다던 현장론이 종래의 바로 그 정태적인 과거 지향의 민속 개념과 문화 본질주의의 인식론으로 되돌아가고 말았다는 것이다.

그러면 이러한 '현장론의 회귀' 곧 인식론적 퇴행은 어디에서 기인하는 것일까? 허용호는 현장론의 인식과 지향에 예견된 그 구조적 요인을 세 가지 들었는데,[75] 다음의 두 문제로 그것을 재정리할 수 있겠다. 하나는 연행·전승의 법칙과 원리 추구 문제이며, 다른 하나는 '상황론적 방법'의 임의적 창출과 콘텍스트에 대한 이해 문제다. 양자 모두 현장론의 성립에 얽힌 핵심적 사안으로, 미국민속학의 프레임 전환에 관한 학사적 맥락의 고

72 임재해(1991), 『설화작품의 현장론적 분석』, 지식산업사, 27쪽.

73 임재해(1986), 앞의 책, 204쪽.

74 허용호(2012), 「엇갈린 행보 : 연행 중심론과 현장론의 비교 연구」, 『한국민속학』 56, 한국민속학회, 197쪽.

75 허용호(2012), 앞의 논문, 193~196쪽.

찰로 논의를 보강할 필요가 있겠다.

우선 연행·전승의 법칙과 원리 추구[76]는 일찍이 윤교임이 적확히 지적했듯이, 임재해를 비롯한 한국의 현장론자들이 연행 이론에 대해 가지고 있는 "근본적"이고도 "심각한 오해"의 산물이다.[77] 미국민속학의 연행론자들은 연행의 법칙과 원리 해명을 주장하지도 않았고 또 추구하지도 않았으며, 전승의 법칙과 원리 같은 것에는 아예 관심조차 없었기 때문이다. 오히려 민속의 보편적 법칙과 원리 발견을 지향한 종래 민속학의 정전적(正典的) 연구, 이를테면 윌리엄 뉴엘의 전파론이나 스티스 톰슨의 역사지리적 접근, 리처드 도슨의 가짜·진짜 민속론 등을 발본(拔本)하려 나선 게 신세대의 도전적인 연행론자들이다.

부연하면, 자연계에 존재하는 객관적 실재로서의 민속 개념을 가지고 관련 문화요소들을 동일한 항목으로 수집·분류해 그 형태나 장르에 대한 보편적 법칙과 원리를 찾으려 든 종래의 미국민속학, 결과적으로 조사 연구의 방점을 '로어(lore)'에 찍어 '폴크(folk)'의 현실 생활과 유리된 '민속 채집'에 몰두한 기왕의 민속학을 해체한 게 바로 도슨의 '반역적인' 제자들이다. 단 벤아모스와 리처드 바우만을 비롯한 이 일군의 소장학자들이 그 방법적 대안으로 민속을 동태적인 연행(performance)과 과정(process)으로 재개념화

---

76 이에 관해 임재해는, 미국의 연행 이론 "주창자들〔이〕…… 민속연구는 연행의 법칙을 밝히는 것이라는 정도의 피상적인 주장에 머물러 버렸다"〔임재해(1986), 앞의 책, 207쪽〕고 비판했다. 그리고 연행 이론의 이 '피상적인 주장'을 넘어서기 위해, 한국의 "현장론적 방법은 민속의 연행법칙을 발견하는 데에서 나아가 그러한 법칙이 생겨날 수밖에 없는 연행의 숨은 원리를 밝힐 수 있어야 한다"〔임재해(1986), 앞의 책, 221쪽〕고 주장했다. 또한 '현장론적 방법'은 연행현장의 "미시적·공시적 관점에서 이루어지는" 이 연행의 법칙과 원리 해명에 만족할 게 아니라, 전승현장의 "거시적·통시적 관점에서 추구되는 전승법칙의 발견〔과〕…… 〔그〕 원리를 해명하는 데까지 이르러야 할 것"〔임재해(1986), 앞의 책, 223쪽〕이라고 역설했다.

77 윤교임(2002), 「미국의 구술예술 연구」, 『구비문학연구』 15, 한국구비문학회, 258쪽, 264쪽.

한 건 익히 알려진 사실이다. 그리하여 포크와 로어의 현실적 통합을 경험적 레벨에서 이해하는 열쇠로, 소집단 혹은 작은 발화 공동체가 실행하는 "즉흥적 창조성"[78]의 연행 상황, 이른바 예술적 커뮤니케이션 과정을 중시했음은 새삼스레 지적할 필요도 없겠다.

다음 후자와 관련하여, 허용호는 "상황론〔적 방법〕의 독립적인 존재 가능성에 대해 회의"를 제기하고, 그것이 임재해에 의해 '확대 재생산'되는 경위를 다음과 같이 추론했다. 즉 "다분히 가설적인 것이기는 하지만", 미국의 연행 이론에서 말하는 '연행 중심적 방법'과 '상황론적 방법'은 원래 서로 다른 존재가 아니다. 본디 동체이명(同體異名)의 양자인 것을, 임재해가 자설을 펼치는 과정에서 후자를 전자에서 임의적으로 떼어 내어 "전승현장과 지속적 전통에 강조점을 두면서 확대 재생산해 낸 것"[79] 그게 바로 현장론에서 말하는 '상황론적 방법'일 것이다.

이러한 '가설적인' 추론은 임재해가 현장론에서 자주 인용한 다음의 두 글로 쉽게 입증될 수 있겠다. 하나는 도슨의 「민속학의 현대 이론」이고 또 하나는 벤아모스의 「콘텍스트에서의 민속 정의를 지향하며」다. 우선 전자에서 도슨이 민속학의 중요한 '이론'의 하나로 언급한 '상황론적(contextual)' 연구는 어디까지나 '연행 중심적 방법'을 지칭한 것으로,[80] 현장론에서 말하는 '상황론적 방법'과 무관하기 때문이다. 그뿐만 아니라, 후자에서 벤아모

---

78 윤교임(2002), 앞의 논문, 259쪽.

79 허용호(2012), 앞의 본문, 195쪽.

80 도슨의 「민속학의 현대 이론」은 『민속학과 민중생활학 : 입문』〔(Richard M. Dorson ed.(1972), *Folklore and Folklife : An Introduction*, Chicago : University of Chicago Press〕에 수록된 글로, 역사지리적 접근을 비롯한 민속학의 주요 '현대 이론'을 나열하며 해설을 덧붙인 것이다. 그 맨 마지막 부분〔Richard M. Dorson ed.(1972), 앞의 책, pp.45~7〕에서 자신을 비판하고 나선 제자들의 연구 성과를 소개하며, 기왕의 고정적 '텍스트' 중심의 민속학을 극복하려는 그들의 연구 경향을 'contextual'이라고 부르고 있다. 이 '상황론적' 연구가 훗날 '연행 중심적 방법'이란 이름으로 일반화하는, 현대 민속학의 새 이론임은 말할 나위도 없다.

스가 특화한 '콘텍스트' 개념[81]은 후술하듯이 임재해가 강조한 '상황론적 방법'의 그것과 판이하기 때문이다.

고나가야 히데요(小長谷英代)가 잘 정리[82]했듯이, 벤아모스를 비롯한 연행론자들의 콘텍스트론에서는 '민속'을 연행 상황에서의 텍스트 현출(現出)로서 포착한다. 특정 상황에서의 커뮤니케이션 행위가 곧 민속이라는 이 관점에서는 콘텍스트에 대한 새로운 이해가 필요불가결하다. 물론 기왕의 연구에서도 콘텍스트의 중요성이 특히 의미론에서 강조되어 온 게 사실이지만, 대개의 경우 텍스트를 둘러싼 배경이나 요인으로서 콘텍스트를 고정적으로 이해하기 일쑤였다. 이에 반해 연행 이론에서 말하는 콘텍스트는 '즉흥적 창조성'이 넘쳐 나는 동적인 과정이며, '민속'을 실행하는 다양한 주체들에 의한 상호행위의 관계성으로서 현출하는 것이다. 그 점 현장론에서 말하는 '상황론적 방법'의 콘텍스트 이해와 큰 차이가 있다. 연행 이론의 역동적인 콘텍스트 이해와 다르게, 현장론의 '상황론적 방법'에서는 그것을 "텍스트 해석의 환원론적 근거지"[83]로 삼을 뿐이기 때문이다. '민속자료=민속문화'의 선험적 텍스트를 둘러싼 배경이나 요인으로 콘텍스트를 고정적으로 이해하고 있는 것이다.[84]

허용호의 가설적인 추론은 앞에서 본 도슨의 언급과 함께 위와 같은 콘텍스트의 이해 차이로 논증되겠거니와, 더 나아가 우리가 물어야 할 것은

---

81 이「콘텍스트에서의 민속 정의를 지향하며」〔Dan Ben-Amos(2000〔1972〕), "Toward a Definition of Folklore in Context," in Americo Parades and Richard Baumann eds., *In Toward New Perspective in Folklore,* Bloomington, IN : Trickster Press, pp.3~19〕는 잘 알려진 대로 기왕의 통시적 전승에서 공시적 행위로 민속 개념을 재구축하며 '콘텍스트'의 중요성을 강조한 기념비적인 논문으로, 이후 연행 이론의 포괄적인 술어로서 이 '콘텍스트'라는 용어가 널리 사용되기 시작한다.

82 小長谷英代(2010),「パフォーマンス理論 :『ポスト』領域の民俗学」,『日本民俗学』263, 日本民俗学会, 132~135쪽.

83 허용호(2012), 앞의 논문, 196쪽.

84 자세한 것은 남근우(2014), 앞의 책, 48~55쪽 참조.

민속의 본질에 대한 인식 문제이겠다. "민속이 연행에 의한 공시적 가변성으로 존재하고 전승되는 것이기는 하되, 이러한 가변적인 연행은 통시적으로 지속성을 지닌 전통성을 바탕으로 이루어지는 것이다."[85] 이와 같이 그 인식의 요점을 현장론이 강조하기 때문이다. 인용문의 밑줄부분에 보이듯이 임재해는, 연행 이론이 새롭게 제시한 동태적인 "현재 지향"[86]의 민속 인식을 일단 수용한다. 하지만 그 '가변적인 연행'은 어디까지나 '통시적으로 지속성을 지닌 전통성을 바탕으로 이루어지는 것'이라고 주장함으로써 기왕의 정태적인 과거 지향의 민속 인식에 방점을 찍는다. 연행 이론이 지양한 바로 그 고정적 실재, 초유기체적 전통으로서의 민속을 거듭 강조하는 것이다. 이 과거학의 본질주의에 대한 신념이야말로 현장론이 결과적으로 '가변적인 연행'을 주변화한 배후일 것이며, 동시에 그것이 연행 이론에 대한 '심각한 오해'와 함께 '임재해 민속학'에 주어진 프레임 재구축의 기회를 무산시킨 주요인으로 보인다.

한편 1990년대 이후 본격화한 역사민속학은 논자에 따라 민속을 바라보는 시선과 민속학이란 학문에 대한 귀속의식, 손진태 민속학에 대한 평가, 그리고 연구의 주제와 방법 등에서 크고 작은 차이를 보인다. 하지만 '구비문학적(국문학적) 민속학'에 대한 안티테제로서 '역사과학으로서의 민속학'이란 수사를 즐겨 쓰면서, 문헌자료와 민속자료를 연계해 '민속의 생성·변화·발전의 합법칙성'을 밝히고자[87] 애쓰고, 나아가 민중생활사를 복원하려는 데 공통점이 있다. 역사민속학의 그 원대한 목표가 어찌 이루어질지

---

85 임재해(1986), 앞의 책, 230쪽.

86 윤교임(2002), 앞의 글, 259쪽.

87 주강현(1990), 「역사와 민속 : 변혁의 문제 : 역사민속학으로서의 민속학 일고」, 한국역사민속학회 편, 『역사 속의 민중과 민속』, 도서출판 이론과실천, 12쪽 ; 이해준(1996), 「한국사의 전개와 민속사의 연관성」, 『한국민속사논총』, 지식산업사, 57쪽 ; 이필영(1996), 「역사의 변화 발전과 민속」, 『한국민속사논총』, 지식산업사, 66쪽.

명확하진 않지만, 역사 전개에 따른 민속의 시계열적인 변화를 중시하고 민중생활사의 동태적 연구의 중요성을 환기한 점은 높이 평가하고 싶다.

그러나 앞으로 추구해야 할 과제도 많고 풀어야 할 난문(難問)도 적지 않아 보인다. 예컨대 종래와 같이 문헌자료와 민속자료의 소박한 연계에 만족할 것이 아니라, 고래불변의 유한한 전자와 변화무쌍의 무한한 후자, 본디 존재 방식이 전혀 다른 이 양자의 질적 차이와 양적 간극을 어떤 논리로 어떻게 메워 나갈지? 또 문헌자료의 근본적인 제약과 구조적인 유한성으로 말미암아 결국은 개별 민속 사상(事象)의 변천 과정을 추구할 수밖에 없는 요소주의의 한계를 어찌 극복하고, 사상들 간의 "상호 관련된 전체(functional whole)"[88]를 또 어찌 추구할지? 더욱이 그런 평면적인 요소주의를 극복하고 민속의 역사성과 지역성과 계층성의 유기적 관련을 근대 이전으로 소급해 입체적으로 추구할 수 있는 방법이 과연 존재하는지? 민중의 일상에 관한 문헌자료가 태부족한 한국적 현실을 냉정히 고려하면서 심각히 던져 보아야 할 물음들이다. 그리고 무엇보다 자본주의 세계체제를 살고 있는 우리의 복잡 다양한 현재적 삶을 이해하는 데에, 조선 후기의 향촌사회를 민속학 연구의 원점으로 삼으려는 기왕의 역사민속학적 접근 방식이 과연 유효한지? 이 역시 진지하게 짚어 보아야 할 물음이 아닐 수 없겠다.

역사민속학의 존립과 직결될 위의 방법적 물음들을 도외시하고, 혹여 약 30년 전의 선언적 주창을 되풀이하며 '몰역사적인 구비문학적(국문학적) 민속학' 운운의 비판을 다시 쏟아 낸다면, 그것이야말로 역사민속학의 매너리즘이자 한국민속학의 퇴행이겠다. 결론적으로 종래보다 "더욱 다양한 기록 자료원의 동원과 발굴에 노력"[89]을 기울인다 하여, 이해준이 지적한 "소

88 이필영(2015), 「역사민속학의 민간신앙 연구관점」, 『역사민속학』 47, 한국역사민속학회, 67쪽.

89 이해준(2015), 「역사민속학과 기록자료 활용」, 『역사민속학』 47, 한국역사민속학회, 43쪽.

재주의〔나〕…… 공백 부분의 연구"[90] 수준을 넘어서기는 쉽지 않을 것이며, 기록 자료의 한계성을 비롯한 위의 본질적 과제들에 대한 방법적 천착 없이 역사민속학의 재도약은 그 발판을 마련하기가 어려워 보인다.

그래서다. 금후 역사민속학의 연구 방향과 관련해 민속학의 특장을 살린 '근대' 연구의 중요성을 다시 한 번 환기하고 싶다.[91] 조선 후기가 아니고 그 이전도 아닌, '가까운 과거'로서의 근대야말로 민속학이 집중적으로 다루어야 할 핵심적인 과제이자 창발적인 추구가 가능한 시공간이라고 생각하기 때문이다. 단지 민속의 역사성과 지역성 및 계층성을 포함한 사회성 탐구에 유용할 문헌자료들이 상대적으로 많아서 하는 말이 아니다. 각종 관보와 사정 · 정책 자료들을 비롯한 신문, 잡지, 방송 매체 등과 같은 근대적 텍스트들이 비교적 많이 축적되어 있기 때문만이 아니다. 역사민속학파도 두루 인정하듯이 민속학은 필드 워크를 기초로 하는 학문이기 때문이다. 역사민속학은 역사학이 아니라 어디까지나 민속학이기 때문이다.

새삼스레 지적할 필요도 없이 민속학자가 필드의 현장에서 대면하는 것은 자신과 동시대를 살아가고 있는 사람들이다. 바로 그 현장에서 지금을 살고 있는 생활자의 경험과 민속학자의 문제의식, 이 양자의 오감을 통한 상호작용이 필드 워크에 다름 아니다. 여기에서 '생활자의 경험'이란 적어도 다음과 같은 세 가지 요소로 구성된다. 곧 필드에서 마주하는 그가 살고 있는 현재와 그때까지 그가 살아온 과거, 그리고 앞서 살다 간 전 세대로부터 그에게 흘러들어 온 과거의 기억이다. 물론 이 전 세대의 기억에는 그보다 앞선 세대의 기억, 그 전전 세대의 기억에는 또 전전전 세대의 기억 등과 같이, 무한대로 거슬러 올라갈 수 있는 앞 세대들의 기억이 중층적으로

---

90 이해준(2005), 「향촌사회사 연구와 역사민속학」, 『역사민속학』 20, 한국역사민속학회, 266쪽.

91 남근우(2010), 「한국 '역사민속학'의 방법론 재고」, 『한국민속학』 51, 한국민속학회, 55~57쪽.

축적되어 있다고 볼 수 있다.

하지만 그 과거의 기억은 세대를 거슬러 올라가면 올라간 것일수록, 현재를 살고 있는 생활자의 경험 전체에서 차지하는 비율과 비중이 현저히 떨어질 것이며, 따라서 전전 세대의 기억이나 전전전 세대의 기억 등이 현재와 동떨어진 근세나 중세와 바로 연결될 수 있는 것은 아니다.[92] 이 너무나도 당연한 사실을 고려한다면, '지금 여기'를 살고 있는 인간의 과거란 근세의 조선시대도 아니고 중세의 고려시대도 아닌, 현재와 직결되는 가까운 전대(前代)가 된다. 민속학이 아주 '가까운 과거'로서 근대를 주제화하는 게 자연스러운 까닭은 여기에 있다. 아니, 그것은 우리 모두가 자신의 필드에서 마땅히 붙들고 씨름해야 할 핵심적인 과제이자, 필드 워크의 민속학이 제대로 역량을 발휘할 수 있는 최적의 시공간이기도 하다.

그런 '민속학적 근대'[93]를 도외시한 채, 가령 최근 약 20년 사이 전국 각지에서 왕성히 펼쳐져 온 '마을 만들기' 현장에서, 혹은 그보다 앞서 새마을운동이 강압적으로 전개된 농어촌의 민속조사 현장에서 조선 후기 향촌사회의 모습을 찾으려 든다면, 그것이야말로 역사민속학이 비판해 온 '몰역사

---

92 島村恭則(2002), 「近代」, 『新らしい民俗学へ』, 小松和彦・関一敏 編, せりか書房, 117쪽.

93 시마무라 다카노리가 환기한 이 '민속학적 근대'는 물론 시대구분의 개념이 아니며, 따라서 그 기점과 종점을 엄밀히 규정하는 것은 곤란하다. 오히려 개개의 생활자가 일상에서 경험하거나 기억하고 있는 등신대의 과거라고 '느슨하게' 규정해 놓고, 그것이 연대기적인 시간상에서 어느 정도의 폭으로 인식되는지는 필드의 현실에서 대면하는 생활자와 그가 속한 집단의 시간인식과 관련지어 실증적으로 검토하면 될 문제다. 다만 한 가지 주의할 것은, 개개의 생활자는 당연한 사실이지만 자신을 둘러싼 커다란 사회상황 속에서 살아왔다는 점이다. 여기에서 말하는 '커다란 사회상황'이란 이른바 근대 시스템을 구성하는 제도와 지식, 기술 따위를 둘러싼 거대 상황을 말하며, 이 시스템 자체는 민속학적 근대의 방법만으로는 포착할 수가 없다. 역사학의 근대 연구와 사회학적 근대론과 같은 거대 담론과의 조합(照合)이 필요한 까닭이다. 이를 게을리할 경우, 민속학적 근대론은 역사학적 근대나 사회학적 시스템과는 무관한, 그저 소박한 과거 복원의 기술로 전락하고 말 것이라고 시마무라는 경고한다. 자세한 것은 島村恭則(2002), 앞의 논문, 118~120쪽 참조.

적인' 잔존문화 연구나 다름없을 것이다. 역사학이 아닌 역사민속학의 대의 추구, 곧 민중생활의 변천과 그에 따른 민속의 역사성과 지역성과 사회성 탐구 역시 이 가까운 과거로서의 근대 연구로 그 무게중심을 옮길 때, 문헌 자료가 지닌 본원적인 제약과 구조적인 한계를 극복하고 비로소 유의미한 성과를 산출할 수 있을 것으로 보인다.

6. 맺음말

어느 분과 학문이건 방법론과 학사는 불가분의 관계에 놓이기 마련이다. 민속학의 방법론이 민속학사 연구의 일환으로 검토되고, 거꾸로 민속학사가 민속학 방법론 연구의 한 분야로 존재하는[94] 까닭이기도 하다. 여기에서 말하는 '민속학사'는 물론 개별 민속 사상의 연구 성과들을 나열한 연대기가 아니며, 비범한 선학들을 기리기 위한 열전도 아니다. 하물며 양자를 뒤섞은 민속학의 연표 만들기는 더더욱 아니다.

생산적인 민속학사란 모름지기 작금의 민속학 연구가 봉착한 방법론의 한계나 폐색 상황을 역사적·사회적으로 되짚어 보는 작업이겠다. "민속학의 현재 상황에 의문이 생기고, 눈앞의 문제와 씨름하는 방법에 위험함과 곤란함을 느끼는 까닭에"[95] 그것들을 초래한 요인을 학문의 성립과 전개 과정에서 성찰해 보려는 것이다. 다시 말해 기왕의 "민속 연구에선 알아차릴 수 없었던 대상이나 현상과 그 원인의 포착, 이른바 패인(敗因)의 분석"과 함께 "민속학 그 자체의 자명성에 대한 의문"[96]을 풀어내기 위한 회고의

94 福田アジオ(1998),「総説民俗学の方法」, 赤田光男 他編,『講座日本の民俗学 1 民俗学の方法』, 雄山閣, 4쪽.

95 佐藤健二(2011),「近代日本民俗学史の構築について / 覚書」,『国立歴史民俗博物館研究報告』165, 国立歴史民俗博物館, 14쪽.

장이 민속학사에 다름 아니다.

거칠게나마 방법론을 중심으로 한국민속학의 연구 성과를 학사적으로 되돌아본 까닭도 이와 관련한다. 기왕의 본질주의 프레임이 독사(doxa)로 기능하며 민속학의 비판적 인식과 창조적 사고를 가로막고 있기 때문이다. 그뿐만 아니라 그 본질주의 구제 민속학은 오늘의 탈근대적·전 지구적 사회 상황을 포착하고 현재의 다종다양한 생활 주체들을 이해하는 데에도 별로 유용하지 않다고 생각되기 때문이다. 이에 본고에서는 방법론의 쇄신에 논의의 초점을 맞추어 한국민속학의 동향을 고찰하고 그에 따른 몇 가지 쟁점을 분석해 보았다.

그 결과 학문의 사상적 존립 기반과 관련하여, 문화민족주의에 선 조선민속학과 식민주의의 관계성을 비롯한 민속학 연구의 체제화가 금후의 성찰적 과제로 부각되었다. 그리고 본질주의 구제 민속학을 탈각한 새로운 한국민속학의 프레임 구축이 긴요한 실천적 과제로 등장했다. 문제는 전자의 위험성을 충분히 자각·경계하면서 후자를 어떻게 해결해 나갈지 그 구체적인 방법이겠다. 가령 종래의 주체 없는 '민속=기층적 민족문화' 연구에서 다성적 주체들의 일상 탐구나 생활세계의 이해로 방법론의 얼개를 새로 조직할 경우, 민속을 갈음한 그 '일상'과 '생활세계'를 어떻게 민속학적으로 대상화할지가 시급한 과제다. 일찍이 이를 주제화한 현상학이나 일상생활의 사회학, 또 관련한 일상사, 풍속사 등의 논의를 비판적으로 포섭하면서, 생활 주체들의 미시적 현장성을 특화한 경험과학으로서의 민속학이 이 새롭고 오래된 대상을 어떻게 유의미하게 개념화하고 구상화할지, 금후 독일을 비롯한 민속학 선발국의 시행착오와 연구 성과를 적극 참조하며 이론적 추구와 실천적 탐구를 거듭할 필요가 있겠다.

---

96 小池純一(2011), 「共同研究『日本における民俗研究の形成と発展に関する基礎研究』の構想·経緯·成果」, 『国立歴史民俗博物館研究報告』 165, 国立歴史民俗博物館, 3쪽.

'토착'의 학문

세뤼(Paul Serruys, 1912~1999)의 중국민속학 연구

웨융이(岳永逸, Yue Yongyi)

중국인민대학 사회인구학원 교수, 민속학 전공
민속학 이론, 중국 민속학사, 향토종교와 묘회, 도시문화, 민속곡예와 무형문화재 등을 연구하고 있다. 주요 저서로 『老北京雜吧地：天橋的記憶与詮釈』(2011), 『行好：郷土的邏輯与廟会』(2014), 『都市中国的郷土音声：民俗, 曲芸与心性』(2015), 『朝山』(2017), 『以无形入有間：民俗学跨界行脚』(2019) 등이 있다.

김경민 옮김(서울대학교 대학원 인류학과 박사과정)

1. 중국민속학이란 무엇인가?

가요운동 이래 과학적 의미의 현대 중국민속학은 정도의 차이는 있지만 언제나 해외의 다양한 학설의 참여와 영향, 심지어는 촉진에 의해 발생과 발전을 거듭해 왔다. 가령 19세기 이래 선교사를 중심으로 한 서양인들의 중국 가요, 속담의 수집, 이야기 형태학, 사회기능론, 방언/문화 주권론, 중출입증법(重出立證法), 구전공식구 이론, 포클로리즘(folklorism), 연행 이론 등은 중국민속학의 서로 다른 시기에 크고 작은 흔적을 남겼다. 이와 동시에 초기의 선교사를 포함하여 상당수의 외국학자들은 서로 다른 목적을 가지고 중국민속과 관련된 연구에 성실히 참여하였으며 중국과 해외학자 간에는 지속적으로 다양한 방식의 교류와 협력이 이루어졌다.

20세기 전반 미담으로 여겨지는 중국과 해외학자들의 협력 사례는 아래와 같다. 후쓰[1]가 문헌에 기초하여 정리한 「살쾡이를 태자와 바꾸다」라는 민간설화의 변천은 제임슨[2]의 중국민속 연구에 영향을 주었고, 에버하르트(Wolfram Eberhard)와 차오송예(曹松葉), 종징원(鍾敬文), 로우즈쾅(婁子匡) 등 중국학자 간의 친밀한 학술 왕래,[3] 그로타스(Willem Q. Grootaers)와 그의 중

---

1 胡适(1925), 「狸猫换太子故事的演变」, 『现代评论』 1(14), 10~14쪽 ; 1(15), 13~15쪽.

2 R. D. Jameson(1932), *Three Lectures on Chinese Folklore*, Peiping : North China Union Language School, cooperating with California College in China ; R. D. 詹姆森(1995), 『一个外国人眼中的中国民俗』, 田小杭, 阎苹译, 上海 : 上海文艺出版社.

3 艾伯华(1999), 『中国民间故事类型』, 燕生 周祖生译, 北京 : 商务印书馆 ; 钟敬文

국 학생 리스위(李世瑜) 간의 학술적 협력[4] 등이 이루어져 왔다. 개혁개방 이후 국제협력은 중국민속 연구의 사례에서 나날이 증가하였다. 1986년 4월 중국과 핀란드의 민속학자들은 광시난닝(廣西南寧) 지역에서 '중·핀 민간 문학수집보관학술대회'를 공동개최하였다. 국제아시아민속학회에서 개최하는 연례적인 다국적 학술회의는 2018년까지 19회 개최되었다. 후쿠다 아지오(福田亞細亞)가 주도해 온 중·일 마을민속의 연합조사는 근 20년을 지속해 오고 있으며 사쿠라이 다쓰히코(櫻井龍彦), 허쉐쥔(賀學君), 순칭중(孫慶忠) 등이 먀오펑산에서 공동으로 진행하는 민속조사 역시 다년간 지속되어 오고 있다. 어우따웨이(歐達偉)와 동샤오핑(董曉萍)이 함께 정현앙가(定縣秧歌)에 재방문한 것 등의 활동도 이에 포함된다. 그 외에도 상호 간의 인재 양성, 학자 간 교류, 크고 작은 국제학술회의와 조사 협력 등의 사례 역시 셀 수 없을 정도이다.

그러나 기존 중국민속학사의 저작은 기본적으로 타국 학자의 중국민속학에 대한 연구를 배제하고 있다.[5] 그리고 이는 '두 가지' 중국민속학의 사

(1999),『中国民间故事类型·中译本序』, 見艾伯华,『中国民间故事类型』王燕生 周祖生译, 北京:商务印书馆, 1~8쪽;娄子匡(1933),「中国民俗学运动的昨夜和今晨」,『民间月刊』2(5), 1~16쪽.

4 Willem A. Grootaers(1948~1951), "Une séance de spiritisme dans une religion secrète a Péking en 1948," *Mélanges chinois et Bouddhiques*, 9, pp.92~8;Willem A. Grootaers, Li Shih-yü 李世瑜 and Chang Chi-wen 张冀文(1948), "Temples and History of Wanch'üan (Chahar):The Geographical Method Applied to Folklore," *Monumenta Serica*, XIII, pp.209~316;Willem A. Grootaers, 李世瑜 and 王辅世(1951), "Rural Temples around Hsüan-Hua (South Chahar), Their Iconography and Their History," *Folklore Studies*, 10(1), pp.1~116;李世瑜(2007),『社会历史学文集』, 天津:天津古籍出版社.

5 张紫晨(1993),『中国民俗学史』, 长春:吉林文史出版社;刘守华(1998),『中国民间故事史』, 武汉:湖北教育出版社;赵世瑜(1999),『眼光向下的革命:中国现代民俗学思想史论』(1918~1937), 北京:北京师范大学出版社;王文宝(2003),『中国民俗研究

실을 만들어 내는데, 그것은 바로 중국학자의 중국민속학과 외국학자의 중국민속학이다. 만일 연구 대상을 가지고 중국민속학의 범위를 한정한다면 그것은 중국민속을 연구하는 과학이므로 중국민속학의 교과서나 사회과학사를 다시 정리해야 할 필요성이 생겨난다.

같은 국가나 지역에 초점을 맞추는 모든 사람의 연구를 시야에 집어넣을 경우, 이문화에 관심을 갖는 학자들의 동일한 민속 현상에 대한 연구, 기술, 해석, 인식의 충돌, 평가와 교류에 주목할 때 우리는 분명하게 발견할 수 있다. 필연적인 논리의 진전 또는 추론에 입각했을 때, 민속어휘를 중시했던 야나기타 구니오(柳田国男)가 "일국민속학"과 더 나아가 제시했던 "세계민속학",[6] 이 양자는 단계적으로 나아가는 순서가 아니라 양위일체(兩位一体)로서 상호텍스트적으로 서로를 반영하고 포용하는 관계이다. 즉 '일국민속학'은 사실상 '세계적'인 것이며, 반대로 세계민속학도 완전히 '일국적'일 수 있는 것이다. 다행인 것은, 이전에 외국학자의 중국민속학 연구를 시야에서 배제해 버린 오류를 의식하여, 최근 들어 외국 학자의 중국민속 연구에 대한 정리가 나날이 증가하고 있다는 점이다.[7]

이러한 흐름에 맞추어 이 글은 1930~1940년대에 중국에 장기적으로 체류했던 선교사 폴 세뤼(Paul Serruys, 1912~1999)의 중국민속학 연구에 대해

史』, 哈尔滨：黑龙江人民出版社；刘锡诚(2006), 『20世纪中国民间文学学术史』, 开封：河南大学出版社.

6 柳田国男(2010), 『民间传承论与乡土生活研究法』, 王晓葵, 王京, 何彬译, 北京：学苑出版社.

7 邓庆平(2014), 「贺登崧神父与中国民间文化研究」, 『民俗研究』 3, 62~72쪽；卢梦雅(2014), 「早期法国来华耶稣会士对中国民俗的辑录和研究」, 『民俗研究』 3, 43~56쪽；卢梦雅 · 刘宗迪(2017), 「戴遂良与中国故事学」, 『民族文学研究』 2, 124~134쪽；张志娟(2017), 『西方现代中国民俗研究史论(1872~1949)』, 北京：北京大学博士学位论文；彭端红(2018), 「他者镜像中的中国近代民间礼俗：法国传教士禄是遒对中国婚丧, 岁时风俗的书写与研究」, 『民俗研究』 4, 62~70쪽.

기초적인 정리를 시도한다. 어떤 의미에서 스미스,[8] 도레(Henri Doré)[9] 등 상대적으로 초기에 활동했던 선교사들의 중국민속에 대한 기록, 작품의 기본 목적은 서구의 잠재적인 독자에게 그들 눈에 비친 중국의 특색과 풍속을 소개하는 것이었기에, "유객(遊客)의 학문" 또는 "우공(寓公)의 학문"[10]에 가깝다고 할 수 있다. 특히 그들이 중국 시골의 종교 신앙에 대해 지녔던 연구 태도는 감정에 치우치고 종교적 편견에 가득 차 있었을 뿐만 아니라 기존의 자료에 과도하게 의존하는 경향을 보였기에 사실과의 상당한 거리가 존재했다.[11] 그로타스[12]와 마찬가지로 세뤼의 중국민속에 대한 연구는 장기간 특정 지역에서 진행한 조사를 기초로 수행된 것이다. 같은 시기 중국 민속학자들과의 대화와 비평에 적극 참여하는 동시에, 그로타스와 세뤼는 모두 자신만의 연구방식과 해석체계를 구축하려 시도하였다. 바로

8 A. H. Smith(1899), *Village Life in China : A Study in Sociology*, New York : F. H. Revell Company ; A. H. Smith(1902), *Proverbs and Common Sayings from the Chinese : Together with Much, Related and Unrelated Matter, Interspersed with Observations on Chinese Things-in-General*, Shanghai : American Presbyterian Mission Press.

9 H. Doré(1995~1996), *Recherches sur les superstitions en Chine*, Paris : Libraireé-diteur You-Feng.

10 柳田国男(2010),『民间传承论与乡土生活研究法』, 王晓葵, 王京, 何彬译, 北京 : 学苑出版社, 5쪽.

11 李慰祖(1941),『四大门』, 北平 : 燕京大学法学院社会学系学士毕业论文, 1~2쪽 ; 贺登崧(1949),『中国民间传统宗教之研究 : 辅仁大学方言地理学研究室地理调查报告之一』, 冯瓒璋译,『文藻月刊』2(1-2), 18~20쪽.

12 Willem A. Grootaers(1945), "Les temples villageois de la région au Sudest de Tat'ong (Chansi Nord), leurs inscriptions et leur histoire (The Village Temples in the Southest of Tatung (Shansi), Their Inscriptions and Their History)," *Folklore Studies*, 4, pp.161~212 ; Willem A. Grootaers, Li Shih-yü李世瑜 and Chang Chi-wen 张冀文(1948), 앞의 논문 ; Willem A. Grootaers, 李世瑜 and 王辅世(1951), 앞의 논문 ; 贺登崧(1948),「中国语言学及民俗学之地理的研究」,『燕京学报』35, 1~27쪽 ; 贺登崧(1949),『中国民间传统宗教之研究 : 辅仁大学方言地理学研究室地理调查报告之一』, 冯瓒璋译,『文藻月刊』2(1-2), 18~20쪽 ; 贺登崧(2003),『汉语方言地理学』, 石汝杰, 岩田礼译, 上海 : 上海教育出版社.

이 점 때문에 그 둘을 진정한 '토착의 학문'에 매진한 학자라 부를 수 있을 것이다.

2. 학술연구 : 일종의 숭배

20세기 후반의 서구 한학계(漢學界)에서 세뤄는 고대한어, 중국 고문자 연구로 이름을 떨쳤다.[13] 20세기 전반에 세뤄는 다퉁(大同) 등의 중국 북부의 특정 지역에서 중국민속과 방언을 연구하는 민속학자이자 성모성심회(聖母聖心會)의 선교사였다. 세뤄와 함께 대동성 남쪽의 상간(桑干) 강가 서쪽의 처톈(冊田) 마을과 푸인(輔仁)대학에서 함께 일하던 그로타스는 중국 민간문화에 대한 연구를 진행하였다. 그중에서도 그는 특히 방언지리학과 민속지리학의 인지론, 방법론 등의 측면에서 중국민속학에 공헌하였고, 이는 사람들의 이목을 집중시키기에 충분했다.[14] 이와 다르게 초기 세뤄의 중국민속학과 방언에 대한 연구는 그로타스에 비해 상대적으로 주목받지 못했다.

코블린(South Coblin)은 과거 세뤄의 생애와 관련하여 장문의 소개 글을 집필하였다.[15] 그에 따르면 세뤄는 1912년 11월 19일 벨기에 베스트플란데런(West Flanders)의 할레바테몰른(Heule-Watermolen)에서 태어났다. 그의 부친은 맥주 양조업자였다. 세뤄는 성 아만드학교(St. Amands College)에서 프랑스어와 독일어, 라틴어와 그리스어를 공부하면서 비교언어학과 언어사

13 Paul Serruys(1959), *The Chinese Dialets of Han Time According to Fang Yen*, Berkeley, Los Angeles : University of California Press ; Paul Serruys(1974), "Studies in the Language of Shang Oracle Inscriptions," *T'oung Pao*, 60, pp.12~120.

14 邓庆平(2014), 「贺登崧神父与中国民间文化研究」, 『民俗研究』 3, 62~72쪽.

15 South Coblin(1999), "Paul-M. Serruys, C.I.C.M. (1912~1999)," *Monumenta Serica*, 47.

에 관심을 갖게 되었다. 1930년 세뤼는 형인 헨리 세뤼(Henry H. Serruys)와 함께 성모성심회에 가입했으며 벨기에의 뢰번가톨릭대학교에서 중국어와 중국 문화를 공부하기 시작했다. 1936년 8월 세뤼는 신부로 임명을 받은 바로 그달 뱃길을 통해 중국으로의 여정에 올랐다. 같은 해 11월 톈진에 도착한 세뤼는 북경으로 이동하는 과정에서 중국어 교육을 받았고 다음 해 산시성 다퉁으로 파견되었다. 1943년 3월 그로타스 등과 함께 일본인에게 붙잡히기 전까지 세뤼는 주로 처톈 마을 서쪽 일대에서 전도와 조사 및 연구를 진행하였다. 1945년에 자유를 되찾은 세뤼는 교회에 의해 처톈 부근의 장관(張官) 마을로 파견되었다. 1947년 국공내전이 치열해지면서 세뤼는 북경으로 되돌아왔고 난훼인(南懷仁) 학교와 푸인대학에서 학업과 연구를 병행하였다.

1950년 세뤼는 미국 버클리대학의 동방언어학과에 입학하였고 「방언으로 이해한 한대(漢代)의 지방화 연구(Prolegomena to the Study of Chinese Dialects of Han Time According to Fang Yen)」라는 박사논문을 썼다. 그 후 6년간 세뤼는 버클리에서 작업을 이어 나갔다. 1962년에 그는 조지타운 대학의 언어 및 언어학 연구소의 중국어학과 주임을 맡았으며, 1965년에는 시애틀 워싱턴대학에서 교수로 일하며 고대한어와 비문학(epigraphy)을 가르쳤다. 1980년대에 교수직을 퇴임한 세뤼는 대만으로 건너가 일과 생활을 병행하였으나 마지막에는 벨기에로 되돌아갔다. 1999년 8월 16일 세뤼는 뢰번 근교의 케셀로(Kessel-Lo)라는 작은 마을에서 생을 마감하였다.

중국에서 생활했던 당시 초기의 공개적인 신분은 선교사였지만, 세뤼는 매우 모범적인 '학술 전문가'였다. 세뤼는 학술연구를 자신의 직업과 완벽하게 결합하여 일종의 '숭배'로 간주하였다. 스스로가 의식했는지 모르겠지만, 쉐리는 학술연구를 '신에 대한 추구'와 동일한 것으로 여겼다. 이것은 그가 서쪽의 처톈과 같은 중국 북쪽의 시골에서 거주했을 때 해당 지역의 방언과 풍속에 깊은 관심을 가졌고 심지어는 그가 다니던 교회 내부에서 한동안 "구령(救靈)보다는 언어자료를 모으는 데 더 관심이 있다"[16]라는 비판을 받았다는 점에서 쉽게 알 수 있다. 1985년에 타이베이에서의 세뤼는 당시 서쪽의 처텐 일대의 동요와 민간설화 등에 대해 연구를 진행하였는데, 그는 거지와 함께 도처를 돌아다니며 "엽전 하나와 방언 한 구절을 교환하는 방식으로 그의 주위를 둘러싸고 있는 중국 아이들과 방언을 교환하기도 하였다."[17] 이와 같은 '작은 호의' 베풀기식의 지치지 않는 열정은, 세뤼가 중국에 거주한 십수 년의 시간 동안 혼인풍속, 수수께끼와 동요, 민간 설화 등 다양한 방면을 섭렵하게 하였고, 풍부한 결과물을 지닌 민속학 연구를 가능케 했던 원동력이 되었다.[18]

---

16 魏思齐编(2011),『根据〈华裔学志〉认识西方汉学家』江日新译, 台北：辅仁大学出版社, 441쪽.

17 张香华(1985),『比裔美籍司礼义神父谈"丑陋的中国人"』,『自立晚报』6. 12.

18 Paul Serruys(1938~1939), "Autour du marriage : Coutumes du pays du Sang-kan-ho," *Catecheticum : Pedagogical Quarterly of North China*, 1, pp.28~33 ; Paul Serruys (1940~1941), "Autour du marriage : Coutumes du pays du Sang-kan-ho," *Catecheticum : Pedagogical Quarterly of North, China*, 2, pp.71~85, pp.151~64, pp.301~21, pp.381~403 ; Paul Serruys(1944a), "Les cérémonies du mariage : Usages populaires et textes dialectaux du sud de la préfecture de Ta-t'oung (Chansi)," *Folklore Studies*, 3(1), pp.73~154 ; Paul Serruys(1944b), "Les cérémonies du mariage : Usages populaires et textes dialectaux du sud de la préfecture de Ta-t'oung(Chansi)," *Folklore Studies*, 3(2), pp.77~129 ; Paul Serruys(1945), "Children's Riddles and Ditties from the South of Tatung," *Folklore Studies*, 4, pp.213~90 ; Paul Serruys(1946), "Fifteen Popular Tales from the South of Tatung (Shansi)," *Folklore Studies*, 5, pp.191~278 ; Paul Serruys(1947), "Folklore Contri Butions in Sino-Mongolica : Notes on Customs, Legends, Proverbs and Riddles of the Province of Jehol. Introduction and Translations," *Folklore Studies*, 6(2), pp.1~129 ; Paul Serruys(1948a), "Notes marginales sur le folklore des Mongols Ordos : Han-Hinue," *Bulletin du centre d'études sinologiques de Pékin*, 3(1-2), pp.116~210 ; Paul Serruys(1948b), "Christian Adaptation of the Chinese Marriage Ceremonies," *China Missionary*, 1, pp.28~176.

3. 민속자료의 직시를 통해 무심코 이루어 낸 성공

여러 조사와 자료에 의하면 세뤼는 기존의 중국학자들이 연구한 민속자료들의 진실성 결여와 거친 분석 및 추론, 연구의 현장성 부족, 구체적인 언어 환경과 전승 주체—촌민—에 대한 무시 등을 비판하였다. 전반적으로 그는 중국학자들의 민속학에 대하여 "민속 즉 민속자료 그 자체에 대해 모든 마음과 힘을 동원하는 노력의 부족함"을 지적하고, 반성해야 한다고 주장했다.[19]

세뤼는 중국의 민속에 대해 심도 있는 연구를 진행하였고 중국민속학의 개황(概況)에도 익숙했다. 특히 『가요(歌謠)』라는 잡지에 대해 잘 알고 있었기 때문에, 또 같은 시기 연경대학의 민속 연구 성과에 대해 알지 못했기 때문에,[20] 더욱이 외국인이자 방관자의 신분이었기 때문에, 그의 신랄한 비평은 중국민속학의 과거, 현재 그리고 미래에 있어서 의심할 바 없는 '명약'이 되어 일깨워 주는 역할을 하였다.

가요운동이 막 시작되었던 시기 동쭤빈(董作宾)은 후스[21]가 소개한 모티브(motif)와 비교 방법의 영향을 받아 〈그녀를 보다(看见她)〉라는 가요에 대해 의미 있는 정리와 연구를 진행하였고,[22] 이는 가요운동의 대표적인 저

---

19 Paul Serruys(1959), 앞의 책, pp.213~4.

20 邱雪峨(1935),『一个村落社区产育礼俗的研究』, 北平：燕京大学法学院社会学系学士毕业论文；杨文松(1935),『唐小说中同型故事之研究』, 北平：燕京大学文学院国文学系学士毕业论文；李素英(1936),『中国近世歌谣研究』, 北平：燕京大学研究院国文学系硕士毕业论文；薛诚之(1936),『谚语研究』, 北平：燕京大学研究院国文学系硕士毕业论文；陈封雄(1940),『一个村庄之死亡礼俗』(北平：燕京大学法学院社会学系学士毕业论文；李慰祖(1941),『四大门』, 北平：燕京大学法学院社会学系学士毕业论文；虞权(1942),『平郊村的住宅设备与家庭生活』(北平：燕京大学法学院社会学系学士毕业论文.

21 胡适(1922),「歌谣的比较的研究法的一个例」,『努力周报』31(2-3).

22 董作宾(1924),『看见她』, 北京：北大歌谣研究会.

작으로 자리 잡게 되었다. 후스는 동쬒빈에 대해 "정리 방법이 매우 좋다"고 말했으며, 그를 "세심하게 사실을 비교 분석하여 실증을 찾는 몇 안 되는 학자"[23]라고 보았다. 그러나 20년 후 세뤼는 중국민속학 운동에 대해 전면적인 조사 운동을 벌일 당시, 〈그녀를 보다〉의 자료 부족과 가설의 터무니없음에 대해 문제를 제기하였다.

> 동쬒빈은 〈그녀를 보다〉를 주제로 한 가요에 대해 전면적인 개괄을 진행한 적이 있으며 이후에도 몇 번이나 보충 주석 및 해석 작업을 진행하였다. 동쬒빈은 분명히 이를 위해 많은 노력을 기울였으나 이러한 가요자료의 완전한 이해와 분류, 전파, 그것의 최신 발전 형식 등의 방면에 대해서는 여전히 멀리 떨어져 있다. 결론이 얼마나 흥미로운가 하고는 상관없이, 그의 상이한 풍속과 방언에 대한 연구로서의 노력은 인정할 만하다. 그러나 〈그녀를 보다〉와 관련하여 다양한 유형이나 그것의 전파 지역 간의 상호의존성에 대한 그의 연구는 내용이 부실하고 투박한 것이 사실이다. 중국 전역에 퍼져 있는 가요자료와 정보를 수집하는 '그물'의 구멍들이 촘촘하지 않기 때문에 흥미로운 '물고기'들을 잡기에는 역부족임이 분명하다. 그러나 이러한 '물고기'만이 동일한 주제의 서로 다른 유형의 가요를 구분하는 경계선이 될 수 있다. 〈그녀를 보다〉를 주제로 한 가요를 예로 든다면, 45곡의 가요 중 단지 2곡만이 산시(山西)성을 대표하는데 한 곡은 산시(陕西)성에서 나왔고, 다른 한 곡은 쓰촨(四川)성에서 수집한 것이다. 그러나 허베이(河北)에서 나온 가요는 10여 곡이나 된다.[24]

그러므로 세뤼는 자신의 연구를 수행하는 가운데 끊임없이 동쬒빈에게 수수께끼와 동요, 설화나 결혼 증서, 결혼식의 정보를 제공해 준 제공자의

---

23 胡适(1924),「讨论：关于"看见她"的通讯」,『歌谣』70(4).

24 Paul Serruys(1945), 앞의 논문, p.214.

이름과 연령, 거주 지역을 일일이 표기하였으며, 그의 연구 방법을 간략하게 소개하고 연구 과정과 분석 방법을 기록하였다. 세뤼는 특히 이러한 자료를 기술하고 그것의 원형을 잃지 않는 방법을 강조했으며, 이로써 독자들에게 자신의 연구와 글짓기 과정을 솔직하게 보여 주려 했다.

현재 규범적인 학술 창작은 일반적으로 문제의식과 이론적 관점 및 명확한 방법(론)을 요구하며 심지어는 데이터 모델을 필요로 하기도 한다. 완벽한 설계와 가설, 논증의 순환논리를 추구하는 "틀에 박힌 학술 저작"과는 다르게, 생활을 직시할 줄 알았던 세뤼의 중국민속학에 대한 연구는 완벽한 계획과 설계보다는 자연스럽게 매일의 삶에서 획득하는 풍부한 자료의 기초 위에 이룩한 업적이라 할 수 있다. 다퉁의 혼인풍습과 방언에 대한 연구에서 세뤼의 솔직함이 잘 묻어난다.

> 이 글은 단지 산시 다퉁의 서로 다른 네 촌락의 상황에 근거하고 있는, 당해 지역의 혼인풍습에 관한 묘사일 뿐이다. 무엇이 나를 이러한 영역의 연구로 이끌었는가? 먼저 나는 최선을 다해 방언 관련 문헌을 수집했는데 이는 일상 어휘로부터 전문용어, 현지의 구전까지를 모두 포함한다. 자료가 쌓이고 많아질수록 나는 분류의 필요성을 인식하게 되었다. 이것은 어휘의 형식적인 측면뿐만 아니라 그것의 주제 유형까지 다루는 것을 말한다. 이는 나로 하여금 혼인풍습의 모든 자료를 다시 한 번 검토하도록 만들었다. 나는 나에게 가장 상세한 자료를 제공해 준 사람으로부터 이러한 자료를 수집하였고 그것을 더욱 완벽하게 보완하였으며 그 위에 본 현(縣)의 3개 촌락을 추가하였다.[25]

최종적으로 수집한 가요는 195곡 정도밖에 안 되지만, 다퉁 남쪽 지역의 수수께끼와 동요에 대한 연구 역시 이와 같았다.

25 Paul Serruys(1944a), 앞의 논문, pp.73~154

> 처음에 나는 단지 이러한 자료를 언어적 재료로서 수집하였고 그것으로 민속 연구를 진행할 생각을 한 적은 없었다. 다시 말해서 이것은 바로 자료를 수집할 때 민속과 관련하여 이미 머릿속에 자리 잡고 있었던 특정한 관점이나 이론의 영향이 없었다는 것을 의미한다. 그때 나의 유일한 목적은 직접적이고 일상적인 표현의 언어 자료를 수집하는 것이었다. 동요와 수수께끼는 자연스럽게 이러한 자료 중 가장 중요한 위치를 차지했다.[26]

처텐 서쪽 지역에서 4년간 거주하는 동안 세뤼는 마을 주민들과 지속적인 교류를 해왔다. 처음에는 그 지역의 방언에 대한 온전한 자료를 수입하고자 하는 마음에서였다. 일상적 교류를 실천하는 동안 그는 마을 주민으로부터 대량의 수수께끼와 속담, 격언과 설화 등을 전해 들었다. 수수께끼와 동요 자료가 쌓이기 시작하면서 세뤼는 그제야 조사 지역을 상간허(桑乾河)를 중심으로 75km 내에 있는 지역으로 확대하기 시작했고, 상간허의 남북으로 10km 범위 내에 있는 지역의 30개 마을에서 수집을 시작하였다. 그러나 그가 말했듯이 이 연구는 처음부터 끝까지 명확한 우연성을 지니고 있었다. "여기에서 나타나는 내가 수집한 각 동요의 이문(異文)은 순전히 우연한 결과이며 2년간 기록을 진행한 다음에야 발견한 것이다."[27]

15편의 민간설화 연구의 서문에서 세뤼는 역시 설화를 수집하고 기록한 방법 및 음성과 문자 관계의 처리방식에 대해 설명했으며, 그 과정에서 정보제공자 간 주객이 전도되어 발생한 상호작용에 대해서도 다루었다. 그는 현지인들과 친밀하고도 가깝게 접촉하고 방언과 지방의 발음을 매우 중시하였으며 스스로도 언어 학습 능력이 뛰어났기 때문에 심지어는 자신이 배운 방언을 이용하여 다른 연구자들이 사용하는 언어를 검증하기도 했다.

---

26 Paul Serruys(1944b), 앞의 논문, p.216.

27 Paul Serruys(1945), 앞의 논문, p.216.

"그들이 조사하는 촌락의 제대로 된 방언을 지속적으로 사용하는지 확인하였다"[28]고 한다.

4. 민속자료의 방언 속성

인간의 언어 습득은 소리로부터의 기본법칙을 따르며 세뤼는 언어 자체가 지니는 의미에 지대한 관심을 보였다. 삶의 현장에서 그는 분명하게 의식하였다. 우선 아이 또는 여성이 동요를 부르거나 창작할 때 그들은 먼저 '단어'로부터 사고한다. 그들이 '단어'의 의미를 깨닫는 것은 한자를 통해서가 아니라 해당 '단어'가 현지 방언 시스템에서 지니는 발음을 통해서이다. 두 번째로, 각 지역의 방언이 발음이나 어휘, 표현방식에 차이가 있기 때문에 동요는 그것의 전승자들에 의해 분명하게 이해되지 못하지만, 이는 전승자들이 자신의 머릿속에서 동요에 대한 해석을 내리는 것에 영향을 주지는 않으며, 동요는 이러한 자연스러운 방식을 통해 현지의 속담과 결합하게 된다. 마찬가지로 이렇게 자발적이고 또는 무의식적인 해석은 하나의 단어가 한자와 대응하는 방식에 의한 것이 아니라, 반드시 이해한다고는 말할 수 없는 그 단어의 발음에 근거한다. 그리고 이것이 전승자가 익숙한 하나의 단어와 연결된다. 이에 대해서 세뤼는 결론적으로 다음과 같이 지적했다.

> 한자를 아무리 정확하게 기록한다고 하더라도 운어(韻語)의 단어가 전승자의 머릿속에서 이해되는 진짜 의미 역시 매우 중요한 문제이다. 가요의 전승자가 발음에서 획득한 의미는 한자가 독자나 작가에게 전달하는 의미와 반드시

---

28 Paul Serruys(1946), 앞의 논문, pp.191~3.

일치하지 않는다. 먼저 의미가 모호한 상황에서 전승자의 이해는 발음에서 유리(遊離)가 발생하며, 이는 방언 중에서 들었던 발음과 대체적으로 유사한 단어의 의미로 이해하게 된다. 다른 지역의 이문과 비교해 보면 이러한 유리 현상은 매우 중요한 변이의 원천으로 이해할 수 있다.[29]

민간설화에 대해서 세뤼는 알베르트 베셀스키(Albert Wesselski)와 프레드리히 랑케가 그림 형제의 창의력과 그 의미를 비교할 수 없는 위대한 작품에 대해 신랄하게 비평한 것에 대해 완벽하게 동의했다. 어떤 의미에서 그림 형제의 동화는 후세 사람들이 인정하는 독일식의 동화 스타일을 구축하였지만 진정한 민간설화의 방식과는 관계가 작다 못해 거의 없다고 할 수 있었다. 베셀스키는 "민간에서 유전된 원천이 일종의 의식적이면서 동시에 살을 파고드는 모욕과 왜곡을 마주하게 되었다. ……과학은 다시는 회복될 수 없는 큰 손실을 입었다"라고 말하기도 했다. 랑케는 더 나아가 "이는 처음부터 왜곡이 없는 방언으로 동화에 대한 기록을 수집할 수는 없었던 것인지를 생각하게 한다. 그것은 동화가 여전히 민간에서 사용될 때에 진정한 방언이라고 할 수 있기 때문이다"라고 비판했다.[30]

세뤼는 설화 유형과 문법 형식을 다룰 때 원시적이고 실제적인 방언자료만이 연구에 있어 가장 필요하고 믿을 수 있는 기초가 된다고 생각하였다. 그로 인해 세뤼의 방언, 설화의 기록방식에 대한 진지한 설명이 탄생하였다.[31] 또한 수많은 민속 연구를 진행하는 중에 세뤼는 최선을 다해 방언 속담과 수수께끼, 설화 등의 구전 자료를 수집했으며 심지어는 음양가의 수중에 있는 자료마저도 "진실된 발음의 재현"이라고 여기기도 했다. 그의 중국 북

29 Paul Serruys(1945), 앞의 논문, p.222.

30 Paul Serruys(1946), 앞의 논문, pp.191~2.

31 Paul Serruys(1946), 앞의 논문, pp.192~3.

부 지역의 민속자료 중에는 지금 보면 상당히 장황하다고 여겨지는 부분, 예를 들어 끊임없이 나오는 국제 발음기호(IPA)들이 존재한다. 이는 또한 그가 혼인풍속 방언을 표기하는 방식에 대한 설명을 통해서도 충분히 엿볼 수 있다.[32]

가요운동의 시작 초기에 창도자들은 가요의 수집과 기록 시 내용과 형식의 오리지널과 진정성 문제에 대한 중요성을 인식하였다. 베이징대학 가요연구회(1992)의 「전국근세가요요강」 중 '투고자 주의사항' 제5장에 따르면 가요의 '소리' 또는 '발음' 처리의 규칙에 대한 설명이 나와 있다. 이는 가요운동의 지지자와 운영자들이 가요에 있어서 '글자(字)'보다 '소리(音)'를 더욱 중시했다는 것을 뜻한다. 1923년 11월 가요운동의 지도자였던 저우쭤런(周作人)은 가요와 방언의 관계를 논하는 글을 집필하면서 방언조사의 중요성을 강조하고 "가요는 원래 방언의 시"라는 유명한 명제를 제시하였다.[33] 그로부터 1주일 후에 동쭤빈은 가요를 아예 "방언의 시"라고 직접적으로 언급하였다.[34] 이뿐만 아니라 동쭤빈은 "유아의 발음을 연구"할 것을 제의하였다.[35]

안타깝게도 이러한 지지와 요구, 그리고 구제강(顧頡剛), 웨이젠공(魏建功), 치엔쉔퉁(錢玄同) 등이 심혈을 기울여 완성한 『오가갑집(吳歌甲集)』[36]과 같은 대표적인 결과물의 모범적인 실천과 활기차게 전개되었던 가요운동에도 불구하고, 가요의 '소리'에 대한 주목 더욱이 발음표시에 대한 관심을 끌기에는 역부족이었다. 이에 대한 불만과 비판으로 인해 음성학과 언어학 또는 방언학은 세뤼의 중국민속학 연구에서 가장 중대한 일이 되었

32 Paul Serruys(1944a), 앞의 논문, pp.75~6.

33 周作人(1923), 「歌谣与方言调查」, 『歌谣』 31, 1~3쪽.

34 董作宾(1923), 「歌谣与方音问题」, 『歌谣』 32, 1~4쪽.

35 董作宾(1924), 「"研究婴孩发音"的提议」, 『歌谣』 50, 3~5쪽.

36 顾颉刚(1926), 『吴歌甲集』, 北京：北京大学歌谣研究会.

다. 가요와 설화를 전승·전파하는 방언에 대한 관심은 세뤼가 강조했던 "민속 그 자체, 즉 민속자료 그 자체에 모든 마음과 힘을 쏟는 것"의 또 다른 표현과 실천이었다. 현지 중국의 방언연구를 위해 자료를 제공하는 것과 이후에 있을 비교연구를 위해 자료를 제공하는 것은 세뤼의 중국민속연구의 가장 중요한 두 가지 목적이었다. 이 때문에 세뤼의 중국 북부 민속연구를 넓은 의미에서 '방언'민속학, 심지어 민속의 '음성학'이라고 보는 것도 결코 지나치지 않을 것이다.

이는 세뤼가 『예기(禮記)』 등 중국 고대의 서적과 다퉁, 훈웬(渾源), 차하얼(察哈爾), 펑전(豐鎮), 쉔화(宣化), 광링(廣靈) 등의 지방사, 도레[37]와 코맥[38] 등의 선행 자료들을 참고하고 혼인예식의 납채(中采), 문명(問名), 납길(吉), 납징(征), 청기(請期), 친영(親迎)의 육례(六禮)를 알고 있었음에도 불구하고 어째서 두수(獨樹)나 쉬퇀(徐疃)과 같은 다퉁 남쪽 촌락의 혼례에 대한 방언 서술에 더욱 주목했는지를 설명해 준다. 그가 현지 방언을 이용하여 기술한 혼인의식은 다른 지방사와 완전히 다른 분류법을 사용하였다. 택일(約定), 통단(通單), 대일자(對日子), 하차(下茶)와 정례(定禮), 송가장(送家裝), 신부 놀리기(耍笑媳婦兒), 대면반(對面飯), 찻주전자 잡기(抓保壺), 복신에게 빌기(起福神), 축하글 읽기(念喜), 의복 선보이기(亮衣裳), 원반(元飯), 발객(發客), 찻주전자 따르기(倒保壺), 기삼월(忌三月) 등은 모두 세뤼 글의 목차 표제이다. 세뤼의 중국민속학은, 그것이 다루고 있는 민속의 방언 음성에서 나타나는 빈틈이 없을 뿐만 아니라, 그의 현지연구에 대한 무수한 저작들에는 이러한 방언의 '표준어'식 재번역과 문법 해석 및 문화 해석의 여러 버전이 존재한다. 의심할 바 없이 기술한 소리에서 '민간문화'를 발견하는 연역 논리는 강력하고도 치밀한 문화 해석 능력을 필요로 한다. '발음표시'

37 H. Doré(1995~1996), 앞의 책.
38 J. G. Cormack(1935), *Everyday Customs in China*, London : Moray Press.

버전과 함께 이러한 버전들은 모두 세뤼가 끊임없이 추구했던 중국민속학 연구의 과학성을 대표한다.

슈미트(W. Schmidt, 1868~1954)를 중심으로 한 비엔나 학파의 영향을 받은 세뤼 등의 선교사들은 방언, 발음에 있어서 그것의 선교적인 목적만을 추구하지 않았다. 엄격한 과학을 추구하는 학자에게 더욱 근본적인 것은 언어 문자, 방언 발음 그 자체가 지니고 있는 논리와 경험 및 문화 같은 것들이었다. 정통적인 권위를 지니고 있는 표준어나 우아한 형식의 말과는 다르게, 초야의 민간이라는 낮은 위치에 있는 방언은 전자보다 낫다고는 할 수 없지만 최소한 그것과 동일한 중요성을 지니고 있으며, 하나의 지역과 해당 집단의 과거와 현재 및 미래를 이해하는 데 있어서 핵심적인 진입로인 것이다.[39]

5. 자치의 민속 : 상이한 텍스트의 교차 번역

세뤼는 수수께끼, 동요, 설화 혹은 혼인풍습을 막론하고 자신이 수집한 생생한 자료들에 근거하여 그것이 깊게 뿌리박고 있는 일상의 장르학 또는 유형학과 같은 상호텍스트적 생태학을 해석해 냈다.

다퉁 남쪽 마을의 혼인 풍습을 연구하던 세뤼는 향토적 표현과 방언속담을 낱낱이 재현함과 동시에 조사지역 내부의 차이점에도 주목하였다. 그는 자연스럽게 현지의 혼인예식에 대한 일반적인 형태와 공통점을 강조하는 동시에 해당 지역 내의 서로 다른 촌락 간의 차이점과 각각의 '이문' 역시도 최대한 표현해 내려 노력하였다. 신부 집에 예물을 보내는 하차(下茶) 순서

---

39 贺登崧(1948),「中国语言学及民俗学之地理的研究」,『燕京学报』35, 10~11쪽.

에 세뤼는 혼인 3일 전에 예물을 보내는 일반적인 사례에 대해 서술한 뒤 혼례 1개월 전에 진행하는 '대월하차(對月下茶)'와 혼례 당일에 진행하는 '수거하차(隨車下茶)', 마장(馬庄)에서 혼례 2일 전과 혼례 20일 전에 거행하는 하차의 특별한 사례에 대해서도 열거하였다. 이에 대해 세뤼는 "이러한 세부적인 설명에 대해서는 혼례 당일이 되어서도 양측이 여전히 일치된 의견을 보이지 않을 때도 있다. 이것은 사람들이 신부를 맞이하는 과정에서 많은 어려움이 생기는 이유이다"[40]라고 해석하였다.

세뤼는 '뚜이멘판(對面飯)'이라는 의식을 둘러싸고도 같은 지역의 서로 다른 촌락에서 사용하는 상이한 명칭과 세부사항에 대해 열거하였다.

> 저녁에 야식을 먹은 이후 '뚜이멘판'이라는 의식을 진행하게 된다. 이것은 두슈(獨樹)와 첸첸(千千) 촌락에서 부르는 방식이다. 마장에도 같은 의식이 있는데 이를 "위옌판(遇顏飯, ^{4}jy^{1}jɛ^{4}fä)"이라고 부른다. 신혼부부는 서로 얼굴을 맞대고 탁자 앞에 앉는다[첸첸 촌락의 경우에는 두 사람이 같은 방향으로 함께 앉아서 먹기 때문에 '아이젠판(挨肩飯, ^{1}nɛ^{1}t'ɛ^{4}fæ)'이라고 부른다]. 사람들은 신혼부부에게 두 그릇에 '과멘(挂面, ^{4}kwa^{4}mjɛ)'을 가득 채워 가져다 준다. 자르지 않은 마카로니와 유사한 가는 면발은 두 사람의 그릇을 단단하게 연결한다. 이렇게 과멘으로 가득 찬 두 그릇의 접시 이외에도 약간의 '자오즈(餃子, ^{3}t'ozə)'도 제공된다.[41]

위와 같은 의식의 세부적인 사항을 묘사하고, 이와 관련된 질문과 해당 의례에서 부르는 가요에 대해 열거한 다음, 세뤼는 곧 이어 상간허(桑乾河) 남쪽 해안에서는 동일한 예식을 '허치차이(和氣菜)'라고 부르며 그중에서도

40 Paul Serruys(1944a), 앞의 논문, pp.103~4.

41 Paul Serruys(1944b), 앞의 논문, p.86.

'얼뉘허즈(兒女紇子)'와 같은 예식에 사용되는 음식의 제작, 식용 방법과 그 이후 술을 올리는 징주(敬酒)의 규칙 및 해당 의식에 담긴 문화적 의의 등을 서술하고 있다.

신랑이 처갓집으로 인사하러 가는 훼먼(回門)에 대해서 세뤼는 상간허 남쪽과 북쪽, 동쪽과 서쪽 간에 존재하는 차이에 대해서 주목하였다.[42] 북쪽에서는 훼먼 당일 신혼부부가 각자의 집으로 돌아간다. 남쪽의 사람들은 훼먼 의례를 '줘마허탕(走馬合堂)'이라고 부르며 3일 동안 훼먼하는 의식은 '라이산톈(賴三天)'이라는 별칭으로 부른다. 이는 신랑과 신부가 첫째 날 오후에 장인어른과 장모의 집에 도착하고, 둘째 날에는 하루 종일 결혼을 축하하는 시간을 가지고, 셋째 날 오전에 시가로 돌아가는 것을 의미한다. 그러나 동쪽(團堡)과 서쪽(徐堡) 간의 차이는 더욱 분명하다. 서쪽에서는 신혼부부가 따로 살며, 동쪽에서는 신혼부부를 위해 특별히 방(併房)을 마련한다. 장모는 신방을 엿보기도 하는데 이를 '냥팅(娘聽)'이라고 하며 훼먼은 20일에서 1개월까지 진행되기도 한다. 과거 세뤼와 함께 현지조사를 하던 그로타스가 말했듯이[43] 상간허 남쪽 해안 동, 서의 훼먼 의식이 차이를 보이는 원인은 동쪽이 서쪽보다 부유한(東富西窮) 경제적 이유 때문이다. 서쪽의 훼먼은 신혼부부가 합방을 하지 않음으로써 처갓집에 오래 머물 수 없도록 하며, 이는 곧 처갓집의 경제적 부담을 덜어 주는 역할을 하는 것이다.

세뤼의 수수께끼와 동요에 대한 연구에서 그는 수수께끼의 길이가 비교적 짧고 대부분 4행으로 이루어져 있으며, 형태가 일정하고 외우기 쉬운 특징을 지적하였으며, 아이들 사이에서 유행하는 모든 수수께끼, 곧 '어린이 수수께끼' 역시 매우 일관성 있는 형식을 지니고 있다고 주장하였다. 이

---

42 Paul Serruys(1944b), 앞의 논문, pp.123~4.

43 贺登崧(2003), 『汉语方言地理学』, 石汝杰, 岩田礼译, 上海：上海教育出版社, 54쪽.

는, 많은 어린이 수수께끼가 아이들 스스로 만들어 낸 것이 아니라 예전에 들었던 형식을 크게 변형하지 않고 외웠다는 것을 뜻한다. 동시에 세뤼는 어린이들의 수수께끼와 어른들의 수수께끼가 본질적으로 다르다는 점을 구별해 냈는데, 어린이들의 입에서 나온 수수께끼는 아이들의 천진난만한 상상, 언어 습득 능력과 부합하는 것으로 생동감이 넘치며 입에 잘 붙는다고 하였다. 아이들과 같은 동심을 지닌 세뤼는 이에 대해서 아래와 같이 지적하였다.

> 아이들의 수수께끼는 그 자체로도 의심의 여지가 없는 유행의 색채를 띠고 있다. 어린이의 수수께끼가 묘사하는 대상과 묘사하는 방식, 그리고 대상물에 대한 미숙한 이해는 그것을 읽는 사람의 마음을 깊게 감동시킨다. 아동의 수수께끼를 품격 있는 수수께끼 또는 문자유희식의 수수께끼와 함께 놓고 비교한다면, 우리는 곧바로 무엇이 아동의 수수께끼인지를 구별해 낼 수 있을 것이다.[44]

이는 항상 어린이를 중심으로 생각했던 저우쭤런의 수수께끼에 대한 통찰력을 연상시킨다.

> 원시의 창작은 풍부한 상상력과 신선한 감각, 순박하고도 기묘한 연상과 익살스러움이 가득하기 때문에 시의 정취가 녹아들어 있다. 이는 이후 문인들이 놀이를 위해 정교하고 다중적인 의미를 넣어 만든 수수께끼와는 다르다. 전자의 수수께끼는 원시적 시이며 후자는 단지 문장의 공장에서 만들어 낸 세공품일 뿐이다. 수수께끼는 사물의 묘사와 그것이 지니는 감정이 매우 정교하면서

44 Paul Serruys(1945), 앞의 논문, p.236.

도 세밀하며, 어린이들이 지식이 싹트는 시기에 의미를 탐구하고 연구함으로써 충분히 자신의 생각을 개발하도록 돕는다. 또한 그것의 묘사 대상은 흔히 볼 수 있는 사물들이면서도 이에 대한 묘사는 창의적이고도 특별하다. 이는 어린 시절에 만물에 대한 깨달음을 도울 뿐만 아니라…….[45]

위 인용문으로부터 알 수 있듯이 이른바 '내부자'였던 저우쭤런은 인류학과 신화학, 진화론 등의 외부 지식체계를 거울 삼아 자신의 문화 특징에 대한 귀납적인 결론을 내렸다. 이러한 방식은 '외부자'였던 세뤼가 삶의 현장에서 직접 체득한 경험과는 다른 것이었다. 그러나 '원시적 창작 — 원시적 시 — 은 어린이 수수께끼'라는 사실은 내부자 혹은 외부자 여부와는 상관없이 어린이 수수께끼에 대한 그들의 의견이 유사했다는 것을 의미한다. 20년이라는 시공간의 차이와 각각 중국과 외국 출신이었던 두 학자는 문학가, 사상가,[46] 국내의 주인이자 전도사, 학자, 해외의 손님이라는 서로 다른 위치에 있었음에도 서로 약속이나 한 듯이 일반적으로 인류 사회의 초기 단계에 있다고 여겨지는 아이들의 '원시 예술'이 지닌, 함께 창작하고 함께 정을 나누며 함께 누리고 함께 성장하는 특징을 발견해 내었다.[47] 그것은 자연스러운 상상과 이상적인 색채, 무릉도원의 유토피아적 환상에 대한 희망을 담고 있다.

바꾸어 말하면 간결함이 특징인 저우쭤런과 세밀함을 추구한 세뤼는 각각 이론과 실천의 차원에서 특정한 시공간에 있는 동요의 특징인, 마음을 적시는 낙관주의와 초심을 잃지 않는 미니멀리즘, 궁극적인 시성(詩性)을 발견해 내었다. 두 사람이 더욱 즐겨 했던 것은 아이들의 천진난만한 동심

---

45 周作人(2011), 『自己的园地』, 北京 : 北京十月文艺出版社, 48~49쪽.

46 苏雪林(1934), 「周作人先生研究」, 『青年界』 6(5), 1~15쪽 ; 苏文瑜(2011), 『周作人 : 自己的园地』 陈思齐, 凌曼苹译, 台北 : 麦田.

47 汤因比等(2001), 『艺术的未来』, 王治河译, 桂林 : 广西师范大学出版社, 3~4쪽.

과 고집스러우면서도 장난스러운 아이다움이었다. 두 사람의 동일한 연구 관심은 그 둘 사이의 국내와 해외, 주인과 손님이라는 경계와 장벽을 무너뜨리는 역할을 하였다.

아이들 사이에서 유행하는 운어를 수집하는 과정에서 세뤼는 이를 수수께끼와 유희 또는 풍자운어, 그리고 운어설화의 세 종류로 분류하였고 서로 다른 유형의 운어 간에 존재하는 논리적 연관성을 찾아내었다. 구체적으로 가장 단순한 언어로 이루어진 운어에서부터 단어와 문장의 차원에서 특정한 변화를 지닌 운어, 그리고 일정하지 않은 예술성을 지닌 운어와 특정한 교훈이 담긴 운어의 종류 등을 발견하였다.

중국 농촌의 생활방식을 이해하는 사람이라면, 20세기 1980~1990년대까지만 하더라도 모방 능력과 학습 능력이 뛰어나고 에너지가 넘치는 아이들뿐만 아니라 성인들의 세계에서도, '별명'은 매우 비범하고도 중요한 기능을 담당하였음을 알고 있을 것이다. 이는 주류 사회에서 배척당하는 농촌의 비주류 사회에서도 마찬가지였다.[48] 칭찬이든 비하이든 농담식이든 진지한 어조이든, 별명은 언어 능력이나 사회적 지위, 성격 및 인간관계를 의미할 뿐만 아니라 소집단 내의 일상적인 교제 및 교류에서 일종의 '예술성'을 지닌 실천과 표현 방법으로 인식된다.[49] 오랫동안 시골에서 생활하고 아이들과 밤낮으로 함께 지낸 세뤼는 어린이의 수수께끼를 외우기 시작하면서 아이들도 점차 수수께끼라는 운어가 지닌 고정된 요소와 형식에 기초하여 유희와 풍자의 운어를 만들어 낸다는 것을 발견하였고, 이는 특히 촌락 내의 아이들이 가지고 있는 별명을 둘러싼 운어에서 분명하게 드러났다. 예를 들어 위린(榆林) 마을에서는 타오지우언(姚久恩)이라는 남자

48 岳永逸(2007), 『空间, 自我与社会：天桥街头艺人的生成与系谱』, 北京：中央编译出版社, 137~142쪽.

49 Dan Ben-Amos(1971), "Toward a Definition of Folklore in Context," *The Journal of American Folklore*, 84(331), pp.3~15.

아이가 있었는데 그 아이의 한쪽 귀 위쪽에 작은 무언가가 자라 있어서 그의 별명은 "세 개의 귀(三隻耳)"였다. 그리하여 타오지우언과 동년배의 아이들 사이에는 이러한 운어가 퍼지게 되었다. "세개의 귀, 일곱 개의 눈, 진물이 흘러나와 멈추지 않네."[50]

세뤼는 이렇게 특정한 부분, 특히 어떤 아이의 신체적 특징이나 성격, 취미 또는 가정환경과 관련된 운어가 반드시 널리 퍼지고 오랫동안 전해지는 것이 아니라 오히려 일정한 장소성과 무작위성, 단계적 성격을 지닌다고 보았다. 위의 사례와 같이 아이들 사이에서 유행하는 어떤 아이에 대한 놀림성이 다분한 동요는 상황의 변화와 아이들의 몸과 마음의 변화, 가정환경의 변화에 의해 재미를 잃고 점점 사라지게 되어 시간이 흘러 한번 웃음 지을 수 있는 일로 남게 된다. 그러나 유희적 운어가 하나의 촌락에서 다른 하나의 촌락으로 혹은 공통의 사회현상이나 집단의식과 관련된 것이라면 연령을 초월하여 장기적으로 유전될 수 있는 가능성을 획득한다. 더 나아가 세뤼는 세 번째 단계, 곧 유희와 풍자의 운어가 이미 그 실제적인 의미를 상실하고 결국 교훈만 남는 단계에 이르는 현상에도 주목하였다.

세뤼는 운어설화를 "아동을 위해 만들어진 운어"라고 칭하였다. 이러한 운어는 대부분이 엄마와 같은 성인이 아이들을 달래기 위해서 만든 동요나 자장가 또는 압운이 있는 이야기들이다. 사실 운어설화에는 이렇다 할 경계선이 없으며 수수께끼나 유희적 운어와 완전히 분리될 수 없기에 이 세 가지 운어들은 상호 교차 가능한 관계에 있다. 세뤼는, 이러한 운어를 운어설화라고 부르는 것은, 아이들의 부모 혹은 그와 같은 연령의 성인들이 아이들을 가르치기 위해 만들어졌음을 나타내기 위해서라고 강조했다.

세뤼는 『가요』 잡지에 친숙했던 것처럼 20세기 1920~1930년대 중국에

---

50 Paul Serruys(1945), 앞의 논문, pp.261~2.

서 큰 영향을 미쳤던 '린란(林蘭)' 동화에 대해서도 잘 알고 있었으며,[51] 이에 대한 연구에서 다양한 인용과 비교 작업을 진행하였다. 그러나 항상 언어 환경에 대한 인식을 가지고 연상과 비교 분석에 익숙했던 그는 동요 연구의 기반 위에서 처톈 지역 일대의 설화 연구를 진행하였고, 두 가지 서로 다른 구전문학 장르 간의 연관성과 상호텍스트성을 발견하였다. 다퉁 남쪽의 민간설화에 대한 연구를 진행하던 세뤄는 줄거리, 언어, 수사와 이야기꾼 등 다양한 양적 자료에 근거하여 이를 간단한 것에서부터 복잡한 것까지 총 4단계로 분류하였다. 즉 ① 간단하면서도 운어와 일정한 연관성을 지닌 어린이 설화, ② 간단한 줄거리를 지니지만 문학성이 거의 없는 설화, ③ 생동감 있고 묘사가 풍부하며 대화의 중복이 적고 단어 사용이 변화무쌍하여 일정한 문학성을 지니는 설화, ④ 문학성이 강한 설화 예컨대 흥미로운 상황 설정과 익살스러운 묘사, 농담이나 풍자를 능수능란하게 하는 이야기꾼 등이다. 아동설화는 문학적으로 매우 초보적인 단계에 속한다고 알려져 있지만, 세뤄는 유형학의 관점에서 아동설화와 성인설화의 차이점을 분석해 내었다.

세뤄는 어린이의 수수께끼와 마찬가지로 민간설화의 서열에서 초보적인 단계에 속하는 아동설화에 대해 특별한 관심을 가지고 있었다. 아동의 특수한 신체적, 심리적 성장 규칙에 따른 자기중심주의와 자연주의에 기초하여 세뤄는 '내부자'였던 저우쭤런이나 황스(黃石, 黃華節) 등의 인식과 유사한 발견을 해내었다.

민국 2~3년에 저우쭤런은 「동화 약론(略論)」, 「동화 연구」, 「고대동화 해석(古童話釋義)」, 「동요의 연구(兒歌之硏究)」 등 여러 글을 집필했으며, 이를 통해 아동을 중심으로 하는 문학 창작 및 연구에 힘을 보태고자 했다. 「동화

51 黎亮(2018), 『中国人的幻想与心灵：林兰童话的结构与意义』, 北京：商务印书馆.

약론」에서 저우쭤런[52]은 동화를 "원시의 문학, 그것은 즉 아동의 문학"이라 정의했으며 "아름답고도 신기하고 단순하면서도 균일한"이라는 수사로 동화의 특징을 묘사하였다. 그는 자연스럽게 "사람의 특징"을 지니는 아이들의 동화와 대비되는 문인들이 창작한 동화—인위적인 동화—를 비교하며 전자의 창작의 어려움이 더욱 크다는 것을 강조하였다. 또 동화가 아이들에게 미치는 무의식적인 기능에 대해 저우쭤런은 다음과 같이 말하였다. "(동화는) 아이들이 이야기 듣기를 좋아하는 욕구를 충분히 만족시키며, 자연에 순응하여 발달하도록 도우며 각 (성장) 단계에 있는 아이들이 자연스러운 본성을 간직하면서 앞으로 나아가도록 한다." "(이야기를) 이용하여 상상력을 키우고, 그것을 반복함으로써 점점 민감한 감수성을 기르게 되어 후일의 학문 기초를 다지게 한다." 그는 오히려 "금기어 훈련은 그다음에 해야 한다"라고도 말했다.

중국 현대 민속학사의 중요한 민속학자인 황스[53]는 중국민속과 관련하여 장기간 현지조사를 진행하였으며 이성적인 사고에 능했다. 황스는 특히 신화의 "고귀한 예술가치"[54]를 강조했다. 그는 신화가 단지 "원시의 문학"일 뿐 아니라 "가장 흥미로운 문학"이라고 생각하였다. 기묘한 상상과 아름다운 표현, 기이한 줄거리의 신화는 아동문학과 마찬가지로 "역시나 매우 멋진 사물"이며 동화와 함께 비길 수 있는 문학작품이라 인식하였다. 신화의 가치는 "결코 그들의 지식이 아니라 아동의 심리에 적합하며 아동의 상상력을 길러 준다는 것"에 있으며, 신화는 또한 동정심을 기르는 데에도 도움이 된다고 하였다. 이러한 의미에서 신화는 자연적으로 아동을 위한 작

52 周作人(2011), 『儿童文学小论 中国新文学的源流』(北京 : 北京十月文艺出版社, 8~11쪽.

53 赵世瑜(1999), 『眼光向下的革命 : 中国现代民俗学思想史论』(1918~1937), 北京 : 北京师范大学出版社.

54 黄石(1927), 『神话研究』, 上海 : 开明书店, 70~71쪽.

품이었다.

저우쭤런이 말했던 동화나 황스가 말했던 신화는 모두 아동의 "순수한 마음"에 유익하며 이는 그들이 인정한 "아동문학"이 지닌 본질이자 공통점이었다. 물론 두 사람은 내부인의 신분으로 외부에서 자신의 주장을 펼쳐 나갔다. 이들과는 다르게 세뤼는 구체적인 시공간의 방언 환경에서 가요로부터 설화의 전승과 전파의 변화와 그것이 일상의 실천 속에서 교제·교류되는 방식에 주목하였으며, 장르학의 관점으로 민속자료 자체 또는 민속 내부에서 아동설화와 성인설화의 차이점을 구별해 내었다. 외부인이었던 그는 이미 내부인이 되어 있었으며 진정한 내부적 관점을 지니고 있었다.

세뤼는 기존의 기록에서 아동설화에 대한 언급을 찾을 수 없고, 이에 대한 언급은 다른 장르에 비해 매우 간단하며, 설화 자체의 발전 과정에 주목할 뿐 어휘나 묘사에서 이야기꾼으로서 아동이 말을 덧붙이는 현상은 결코 찾아볼 수 없다는 점을 지적하였다. 다른 사람이 아동설화에 대해 말한 것을 그들은 그대로 받아 적은 것이다. 그의 말에 따르면 "아이에게서 들은 수수께끼나 동요(에 대한 연구)는 문장을 통해 얻은 것으로 규칙성이 있는 글자나 압운, 문장 심지어는 동일한 이야기 중 반복적으로 출현하는 동일한 단락에 대해 그들은 이것이 얼마나 간단하고 단어 사용과 표현에 있어 개성이 결여된 것인지를 말하고 있다"[55]는 것이다. 이는 다시 말하면, 세뤼는 장칭수이[56]가 강조했던 "중복", "중첩"을 동요와 아동설화가 지니는 중요성으로 의식했다는 것을 의미한다.

세뤼가 언급한 설화의 서열 중에서 성인설화, 특히 우스갯소리는 아동설화의 단순한 특성과 완전히 대비되는 특징을 지닌다. 성인은 아이가 좋아

55 Paul Serruys(1946), 앞의 논문, p.193.

56 张清水(1928),「谈谈重叠的故事」,『民俗』第21·22期合刊, 26~31쪽.

하는 간단한 요정 이야기를 더 이상 좋아하지 않으며 우스갯소리에 담긴 지혜나 재치를 선호한다. 풍자와 유머감각이 농후한 성인의 설화로부터 우리는 "인물의 역할, 활기찬 토론, 상스러운 말, 익살스러운 묘사가 어떻게 이야기꾼의 상상과 풍부한 언어를 통해 구현되는지를"[57] 알 수 있다. 더욱 황당하고 기괴한 효과를 얻기 위해 성인설화에서는 서로 다른 사건이 종종 쉽게 변화하거나 늘어나는 것을 볼 수 있으며, 이 때문에 성인설화는 다중적인 의미가 담긴 말이나 속담 등이 풍부하고 때때로 책이나 명언에서 빌려 온 단어가 많다. 이로써 성인설화는 이야기꾼 개인이 종합적으로 지니는 언어 활용능력, 표현능력, 서사능력에 더욱 의지하게 된다.

이 때문에 세뤼는 아동설화를 그가 수수께끼와 동요 연구에서 제시한 운어설화(rhymed stories)가 일반설화(ordinary stories)로 "한 발자국" 진화한 것으로 보았다. 세뤼는 수수께끼와 동요의 연구와 마찬가지로 민간설화에 아동설화와 성인설화 등 서로 다른 유형이 존재하지만, 이렇게 서로 다른 설화 간에는 상호 긴밀한 연결이나 아래에서 위로, 또는 간단한 것에서 복잡한 것으로 나아가는 관계가 존재하지 않는다고 하였다. 세뤼의 분석이 우리에게 일깨우는바, 동일한 삶의 시공간에서 서로 다른 층위의 민간설화는 서로 다른 연령대 또는 서로 다른 집단의 언어생활, 정신생활 및 그들이 서로 교제하는 방식과 연결되어 있다는 것이다. 이러한 특수한 방식으로 세뤼는 20세기 1930~1940년대 처텐 서쪽 지역 일대 농민들의 삶 속에서 나타나는 가요, 수수께끼, 설화 등 구전문학의 형태를 제시하며 특정한 사회와 공존하고 그 속에서 함께 진화 및 발전해 나아가는 "설화의 흐름"을 그려 내고 있다.[58]

57 Paul Serruys(1946), 앞의 논문, p.194.

58 杨文松(1935),『唐小说中同型故事之研究』, 北平：燕京大学文学院国文学系学士毕业论文, 58쪽.

일상과 분리된 민간문학 또는 민속을 일상으로 되돌려, 그것이 전승되고 사람의 삶에서 상호작용하는 것에 주목할 때 우리는 세뤄와 유사한 깨달음을 얻을 수 있겠다. 아프리카 사회의 민속을 연구했던 단 벤아모스(Dan Ben-Amos)는 민속의 세 가지 특징으로 인지적(cognitive), 표현적(expressive), 그리고 사회적(social) 특징을 제시하였다. 표현적 특징은 각 유형이 지니는 특징의 스타일과 내용, 형식을 포함하며 사회적 특징은 민속 의례의 정경과 언어적 환경으로 이루어져 있다. 후자에 대해 벤아모스는 아래와 같이 말하였다.

> 민속의 사회적 특징은 단지 텍스트나 보충 정보를 위한 배경이 아니며 이러한 배경의 해석과 설명은 연행 상황의 참조 가치와 묘사를 모호하게 한다. 사회적 특징은 민속 교류에 있어 분리할 수 없는 구성 부분이다. 이야기꾼과 관람객 양측에게 있어 사회적 특징은 상징적 의미가 있으며 각종 표현방식과 인지 및 해석에 영향을 준다. 이는 언어 자체의 기능과 동일하다. 사회 구성원들은 민속 교류를 통해 특정한 관념과 신앙 및 태도를 지니며 이것들은 이야기꾼의 구두 표현의 기초 대상이다.[59]

실제로 벤아모스가 구분한 민속의 사회적 특징은, 세뤄가 제시한 서로 다른 유형의 민속 사이에서 나타났다 사라지는 주체성과 연관성이며, 민속이 특정한 사회집단이 일상적으로 교제하는 구체적인 사회적 현상 속에서 지니는 규칙성과 유사한 의미를 갖는다. 이는 민속 '연행'의 참여자들이 공인하고 습관적으로 준수하는 윤리적인 도덕이나 사회적으로 약속된 규범을 뜻한다. 동일한 사회집단에서 구체적인 환경에서 교제, 교류 또는 연행

---

59 Dan Ben-Amos(1975), "Folklore in African Society," *Research in African Literatures*, 6(2), p.193.

되는 민속은 내부의 하위집단과 개인의 언행 및 실천을 결정짓는 요소로 작용한다. 참여하는 하위집단이 다른 경우 동일한 민속은 분명하고도 세밀한 차이를 보이게 되며, 이는 해당 민속의 변형과 다른 버전의 생성을 돕는다. 당연히 참여하는 하위집단이 다른 경우 '현재의' 또는 '면 대 면'의 규칙성과 윤리성은 변화하게 된다. 이는 일상생활의 실천에서 흔히 볼 수 있는 사례이다. 예를 들어 촌락의 절 근처에 열리는 시장에서 볼 수 있는 '광란'의 행위들이 그렇다. 한밤중에 신에게 제사를 올릴 때 남성들만 참여하는 외설적인 연극, 제물을 빼앗아 먹는 행위, 마음 편한 구걸, 가슴 만지기, 싸우다가 피를 보는 것 등이다.[60] 또 다른 예로 '외설적인' 설화 이야기와 '외설적인' 2인 민담(二人轉)의 비밀스러움을 들 수 있다.

우리는 민속의 이러한 변화의 규칙성이나 윤리성, 분열적 특성을 '자치성'이라 부를 수 있겠다. 다른 말로 민속의 변화와 불변, 구조적 성격과 비(非)구조적 성격은 대립적인 관계가 아니라 상호교류적이고 상호보완적인 통일적 관계로 보아야 한다. 그리고 세뤄의 연구는 바로 민속의 이러한 자치성과 상호보완적 변증관계를 충분히 드러내 주었다.

6. 부자연스러운 상태 : 성취와 결여

외국어 세계에 널리 전파되면서 세뤄의 중국민속에 대한 연구는 서구 학계 학자들의 관심을 불러일으켰다. 1948년 루돌프(Richard C. Rudolph)는 세뤄의 다퉁 남쪽의 동요와 혼인풍습 및 방언연구에 대한 전문적인 비평을 발표하였다. 그는 정교한(careful), 자세한(detailed), 과학적(scientific), 철저한(intensive) 등의 형용사를 사용하여 세뤄의 연구를 높이 평가했으며, 그의

60 岳永逸(2014),『行好：乡土的逻辑与庙会』, 杭州：浙江大学出版社, 314쪽.

세밀한 연구가 많은 이들에게 풍부한 자료를 제공하고 있다고 말했다.[61]

"수수께끼와 동요"에 대해서 루돌프는 더욱 칭송을 아끼지 않으며, 해당 연구가 "중국민속학에 거대한 공헌을 하였고 중국의 수수께끼에 대한 연구에서 단연코 최고"라는 찬사를 보냈다.[62] 그의 연구가 서구 학자들의 인정을 받았기 때문에 그가 정리·번역하여 벨기에 성모성심회에서 1920~1926년 사이에 출판한 *Semi-Mongolica* 중의 속담, 수수께끼, 전설, 혼례와 장례, 신앙 등의 민속과 관련된 내용 역시도 재조명되었다.[63] 객관적으로 말해서 중국 학계에서 특정 지역의 아동 운어에 대한 연구의 치밀함이나 깊이, 체계성, 과학성으로 논하자면 지금까지는 세뤼와 견줄 수 있는 사람이 없다.

1948년 매우 까다로운 학술 "동료"였던 양쿤(楊堃)이 북평(北平) 출판계 내의 "유일"한 민속학 전문 학술지인 『민속학지』에서 "대체적으로 말해 수준이 매우 높다"라는 평가를 내릴 수 있었던 것은, 해당 잡지가 세뤼의 다퉁 남쪽의 혼인풍속과 방언, 그리고 수수께끼와 동요에 대한 연구를 발표했기 때문이다. 양쿤은 세뤼의 이 두 논문이 "매우 진귀한 현지연구 보고서"라는 평가와 함께 푸인대학의 인류학박물관 보조였던 중국 동료의 논문보다 훨씬 가치 있는 것으로 여겼다.[64]

세뤼와 같은 뛰어난 연구를 거울삼아, 양쿤은 라만(Rahmann) 등 푸인대학 동료들의 협조하에 얼마 지나지 않아 도레와 비거(Leon Wieger) 다음가

---

61 Richard C. Rudolph(1948a), "Reviewed Work : 'Children's Riddles and Ditties from the South of Tatung' by Paul Serruys," *Western Folklore*, 7(1), pp.98~9 ; Richard C. Rudolph(1948b), "Reviewed Work : 'Les cérémonies du mariage : Usages populaires et textes dialectaux du sud de la préfecture de Ta-t'oung (Chansi)' by Paul Serruys," *The Journal of American Folklore*, 61(241), p.323.

62 Richard C. Rudolph(1948a), 앞의 논문, p.99.

63 Paul Serruys(1947), 앞의 논문, pp.1~129.

64 杨堃(1948), 「我国民俗学运动史略」, 『民族学研究集刊』 6 : 101.

는 중국민속학 연구의 "신기원"을 열게 되었다. 양쿤은 열심히 민속학 운동을 벌이던 중국학자들에게 이렇게 부르짖었다. "만일 낙오되기를 원하지 않는다면, 스스로 힘쓰라!"[65] 2년 뒤 중국민속학 연구의 방법과 형식에 대해 회고하는 자리에서 에더(Eder)는 세뤼와 허덩숭(賀登崧) 등의 연구를 중국민속학 운동 중에서도 현지연구의 모범이라 불렀다.

그러나 루돌프는 세뤼의 문장에서 수수께끼나 동요에 나타나는 한자에 대해 더욱 많은 설명이 없는 점을 아쉽게 생각했다.[66] 이는 세뤼가 방언과 민속의 음성화에 더 많은 노력을 쏟은 것에 대한 일종의 완곡한 비판이라고 볼 수 있다. 이와 같은 비판은 그가 세뤼의 "민간설화 15편"에 대해 진행한 비평문에서도 볼 수 있다. F.W.C.(1947)라는 필명을 지닌 작가는 발음에 대한 과도한 강조와 음성기호에 대한 표기가 "본문의 언어에서 일종의 부자연스러운 상태"를 초래할 수밖에 없다고 지적하였다. 어떤 면에서 서로 다른 언어에 대한 번역 과정에서 언어 사이에 나타나는 "부자연스러운 상태"는 피할 수 없는 것이다. 또한 이러한 "부자연스러운 상태"는 원어에 대한 오독, 나아가 잘못된 해석을 초래할 가능성이 있다. 세뤼의 연구 역시 이렇듯 작은 결함이 존재하며, 이는 한편에서 "해석을 위한 해석" 또는 "억지로 말을 갖다 붙였다"는 혐의를 받기도 한다.

"민간설화 15편"에서 세뤼는 여전히 6번째 수집한 「신기한 돌멩이」라는 설화에 대해 이야기꾼의 방언에 근거하여 글자마다 충실하게 발음기호를 표시하였다. 이 방언 설화의 후반부에서 이야기의 주인공인 '아들 ¹œlzə.' 은 '남자 ⁵nǎ¹5œ̀'가 된다. 이렇게 방언에 근거하여 충실히 수행한 "음성의 현현"은 정서적 감정을 담고 있는 말뜻의 유리나 미끄러짐을 충분히 포착하지 못한다. 그러나 '방언'을 '표준말'로 번역하는 영문 역본에서 세뤼는

65 杨堃(1948), 「我国民俗学运动史略」, 『民族学研究集刊』 6 : 102.

66 Richard C. Rudolph(1948a), 앞의 논문, p.99.

'남자'를 '나쁜 사람(the bad man)'으로 번역하였다. '남자'에서 '나쁜 사람'으로의 번역은 명백히 주인공에 대한 가치판단과 감정에 대한 평가가 담겨 있으며, 이는 '미끄러짐'에서 '반란'으로의 전환이 발생했다고 볼 수 있다. 세뤼는 자연스럽게 이후의 문장과 볼프람(Wolfram)의 『중국민간설화유형』 중 「바다의 용왕이 소원을 이루다」, 「보물을 돌려주다」와 같은 유형의 설화의 주제에 대한 비교 분석을 진행하면서 특별히 다른 설화에서는 주인공을 '남자'에서 '나쁜 사람'으로 전환한 사례가 없다는 점을 언급하며, 그가 수집하고 기록한 「신기한 돌멩이」의 유일무이한 특징을 강조하였다.

마찬가지로 안타까운 것은 세뤼가 거지와 함께 설화를 찾아다니고 엽전으로 속담 하나를 맞바꾸는 행동—현지인이 "그를 미친 사람으로 여겼다"[67]라고 말할 정도의 괴이한 행동—은 호혜의 원칙과 현지조사의 윤리적인 실천을 강조했던 것이지만, 그의 논문에서는 이에 대한 언급이 없다는 점이다. 반대로 성인이든 아이들이든 사람들은 모두 자원하여 세뤼의 주변에 모여들었고 그가 동요와 설화를 수집하는 것을 기꺼이 도왔다. 이는 세뤼의 학술 저작도 완벽한 것이 아니며 학술적인 측면에서의 '알려지지 않은 부분' 또는 '은폐'된 부분이 있음을 의미한다.

7. '토착'의 학문

중국에서 5·4 가요혁명이 시작된 이래 민속을 하나의 도구로 간주하는 전략으로 말미암아 민속 현상에 대한 관찰, 민속자료의 수집과 기록 및 해석은 그 규모를 막론하고 형식화·간소화되는 경향을 낳았다. 민속 그 자

67 张香华(1985), 『比裔美籍司礼义神父谈"丑陋的中国人"』, 『自立晚报』 6. 12.

체는 더 이상 중요성을 잃고 그 지위를 박탈당하게 되었다. 인류학이나 민족학 또는 사회학 영역에서의 많은 현지연구와 같이 현재 민속학의 언어 환경에 대한 연구는 모두 안절부절못하는 듯 보이며, 심지어는 언어 환경을 위한 언어 환경을 연구하여 소위 말하는 사상누각식의 '현재'에 공헌하고 있다.

더욱이 탄식해 마지않는 것은, 거대한 무형문화유산 운동의 권위와 전통문화를 드높이는 깃발과 생태, 환경보호, 친환경 등의 유행어들이 모든 민속적인 것을 정치적인 것, 또는 정치적 성격을 지닌 것으로 보이도록 한다는 점이다. 정치를 위한 정치의 민속, 여행을 위한 여행의 민속, 무형문화유산을 위한 무형문화유산의 민속, 대국의 장인정신을 위한 장인정신의 민속 등 때로는 높이 받들어져 허공으로 내닫고, 때로는 자만에 빠져 그 자리에서 소멸함으로써 오히려 일상생활의 민속이 지닌 소박함과 생기, 자율성이 상실되어 본래 민속이 지닌 하늘과 땅, 사람, 사물, 그리고 신령을 서로 잇는 깊이와 넓이, 두께를 잃어버리게 되었다.

이러한 상황에서 세뤼가 70여 년 전 중국민속학에 대해 '민속 즉 민속자료 그 자체에 대해서 모든 마음과 힘을 투입하려는 노력의 부족'이라 비판한 대목을 다시금 읽고 반성해 본다면, 우리는 여전히 깨달음을 얻을 수 있겠다. 물론 세뤼의 중국민속학 연구를 다시 읽는 의미는 여기에서 그치지 않는다.

첫째, 그가 말한 민속자료 그 자체에 대해 모든 마음과 힘을 투입한다는 것은 기존의 모든 선입견이나 고정관념을 버림과 동시에 방언, 발음에 대한 전면적이고도 깊이 있는 이해가 충분히 선행되어야 함을 의미한다. 다시 말해 연구자는 최소한 현지 방언을 사용하여 교류하고 사유할 수 있는 '토착민'이 되어야 하며, 이는 토착민과 연구자로서의 두 가지 정체성이 합일되는 '유사 토착민'이 되어야 함을 뜻한다. 오랫동안 학자들이 관료화·연예인화·오락화되어 온 언어 환경에서 자문화의 영향, 특히 '대통합'을 이룬 한자와 표준어 등 정식 언어의 영향으로 인해 중국 본토의 민속학자들은 방언에 대해 충분한 관심을 보이지 않았다. 심지어 많은 학자는 민속학 연구를 아직까지도 별것 아닌 '향토' 또는 '고향' 연구로 치부하기 일쑤이며, 멸시하는 말로 민속학을 평가하여 방언에 대한 교류와 이해의 가능성을 소진해 버리고 말았다.

피식민지에 대한 식민 침략자의 태도와 같이 거들먹거리며 호시탐탐 노리는 눈빛으로 민속 문화와 무형문화유산의 '정수'를 보호해야 한다고 부르짖는 소리는 자신에게 익숙한 '표준어'의 보편성을 가지고 '각 사람이 지닌 특정한 목소리'와 모든 방언과 현지 및 지역의 전통을 과소평가한다. 그것의 진짜 목적은 자신이 전파한 학문과 이해, 존중과 제언, 그리고 지금껏 지켜 온 고고한 자태를 통해 기존의 우월한 지위와 신분을 공고히 하려는 것이다. 물론 이 경우 민(民)과 속(俗)은 차갑고도 강제적이며 반드시 교화를 통해 개조해야 하는 작업의 대상이었고, 비위를 맞추거나 안부를 전하고 마음을 섞는 감정의 대상인 적이 없었다. 민을 위해 일한다는 구호와 전략 아래 민속은 자연스럽게 문화화 · 문명화 · 관광화 · 산업화되었다. 강제적으로 민속을 상품과 제품, 생산(소비), 매각(병합), 소비(감상) — 일종의 은밀한 식민주의 — 로 만드는 과정에서 도시의 크고 작은 교차로에도 각양각색의 관광지와 명승고적, 유무형 문화에 대한 표지와 화살표가 가득 차게 되었다. 민속과 이후 유행한 무형문화는 이미 그 본질을 잃고 무에 대한 무, 무로써 무를 증명하여 모든 것이 갖추어짐으로써 완전하고도 전문적인 '판옵티시즘(panopticism)'이 빈틈없이 짜이게 된 것이다.

이렇듯 허울뿐인 엘리트적 태도와 그들이 주도하는 강제적 실천은 민속자료의 과학성에 흠집을 내어 질의와 경시의 대상이 되고, 민속자료의 문화 해석과 학문적 해석에는 주관과 억측, 그럴듯한 자의성이 가득 차게 되었다. 세뤄의 연구가 보여 주듯이 깊고도 정확하여 퇴고(推敲)할 만한 가치가 있는 민속학 연구는 장기적인 현지조사를 필요로 하며 반드시 현지의 방언에 대한 이해를 전제로 하여 진행되어야 한다. 이는 만년의 종칭원[68]이 '농민'이었던 톈촨장(田傳江)의 『홍산골 마을의 민속지』를 높이 샀던 근본적인 이유이기도 하다.

둘째, 현지 생활의 내부로 들어가 그곳의 방언으로 현지인과 교류를 할 수 있게 된 다음에야 비로소 현지 민속 현상의 세밀한 차이와 그 속에 담긴 큰 뜻을 이해할 수 있다. 세뤄의 논문 연구와 언어 환경에 대한 연구는 양위일체(兩位一體)로서 서로의 장점을 더욱 돋보이게 한다. 그러니까 언어적 측면에서 '토착인'이 된 연구자는 사물의 전체를 꿰뚫어 볼 줄 알고, 매일 만나는 '토착민'의 일상생활과 교류하는 가운데 자신이 주목하는 민속에 대한 이해와 해석이 가능해진다는 의미이다.

세뤄가 동요와 수수께끼, 민간설화에 대한 문서 기록과 분석에 성공한 것은 그의 심도 있는 현지조사와 촌락 생활에 대한 이해에 기초한다. 그리하여 세뤄는 아동 수수께끼와 성인의 수수께끼, 아동설화와 성인설화라는 서로 다른 종류 내부에 존재하는 명확한 차이를 발견할 수 있었고, 서로 영향을 미치며 상호텍스트적인 관계에 있는 운어와 설화 사이에 존재하는 유사성에 대한 통찰력을 가질 수 있었다. 그는 또한 아이들 가운데 유행하는 유희적인 별명의 운어가 지닌 필연성과 우연성, 운어설화와 아동설화 사이의 연관성을 찾아내었으며, 특정한 문학적 종류 내부에서 다양한 하위 주체들이 공존하는 생태계를 그려 낼 수 있었을 뿐만 아니라 세계적인 안목으로 이에 대한 광범위한 비교 분석을 진행하였다.

또한 어떠한 민속 현상을 연구하든지 세뤄는 하나의 촌락에서 연구를 진행하지 않고 해당 지역에 근접한 몇 개 또는 몇십 개의 촌락까지 포함하는 더욱 광범위한 지역 또는 방언구역에서 연구를 진행하였다. 이는 인류학에

68 钟敬文, 民俗学(2001), 「眼睛向下看的学问：在田传江同志与北师大研究生座谈会上的致辞」, 『民俗研究』 4, 143~146쪽.

서 말하는 '소집단(little community)'의 미시적 연구에 대한 간접적이고 완곡한 비평이었다고 할 수 있으며, 적어도 세뤼는 그러한 미시적 연구에 대한 수정을 일부분 수행하였다.

이는 한편으로 세뤼 자신이 선교사였던 직업적 영향과 관련이 있으며, 다른 한편으로는 빈 학파의 영향과 그가 언어학자로서 방언에 대해 지대한 관심을 가졌기 때문이다. 세뤼와 마찬가지로 방언을 중요하게 여겼던 세르게이(Sergei)는 그의 유작에서, 자신의 학생이었던 페이샤오퉁(費孝通)이 『강촌경제(江村經濟)』[69]에서 촌락을 연구 단위로 설정한 것에 대해 완곡하게 지적하였다. 사실 세르게이는 유구한 역사와 문화를 지닌 중국에서 하나의 방언구역을 연구의 기본단위로 설정할 때에야 비로소 더욱 깊이 중국을 이해할 수 있다고 생각했다.[70] 이러한 생각에서 현지조사를 기초로 연구를 수행한 세뤼는 허덩송 등의 학자들과 함께 중국 북부의 방언구역에서 가요와 민간설화, 혼인풍속, 촌락의 사당과 지역주민들의 숭배에 대해 탁월한 성과를 산출했으며, 결과적으로 그것은 중국민속학에 새로운 연구 모델을 제시해 주었다. 적어도 이 연구 모델은 같은 시기 위원자오(吳文藻), 양쿤(楊堃), 짜오청신(趙承信), 황디(黃迪), 린요화(林耀華) 등의 지도하에 연경대학 학생들이 행한 민속의 사회적 기능에 대한 연구, 즉 소집단의 미시적인 연구와 함께 충분히 거론할 만한 가치가 있다고 보인다.

이와 관련하여 20세기 1930~1940년대 세뤼와 나란히 어깨를 같이했던 그로타스의 자기긍정과 호소는 여전히 그 의미가 남다르다.

> 우리가 산시, 다퉁, 차하얼성의 완췐(万全) 근방에서 진행했던 방언조사는

---

69 Xiaotong Fei(1939), *Peasant Life in China : A Field Study of Country Life in the Yangtze Valley*, London : Routledge.

70 S. M. Shirokogoroff(1942), "Ethnographic Investigation of China," *Folklore Studies*, 1, pp.1~18.

중국에서 최초였다고 할 수 있다. ……이렇듯 새로운 방법을 응용할 때에 현대의 인문과학에 종합적인 연구를 제공할 수 있을 것이다. 우리는 인류의 모든 사회활동에 대해 전면적인 관찰을 진행해야 하며 그것이 지리멸렬하게 인위적인 방법으로 인류사회의 모든 정신과 물질적 활동을 갈라놓는 것을 지양해야 한다. 우리의 목적은 과거 중국의 각 지방의 문화중심 지역의 구성 과정에서 출발하여 물질 그리고 정신의 주요 요소가 그것과 상호작용하고 호응하는 것을 발견해 내는 것이다. 이러한 임무의 완성은 중국 전문가들이 도전하기를 기다리고 있으며 그들의 기본 업무는 다양한 지역의 정확한 자료를 수집하여 앞으로의 종합적인 연구에 기여하는 것이다.[71]

요컨대 지리학과 지도법을 방언과 민속연구에 응용했던 허덩송이 구체적으로 제시했던 방향은 먼저 특정한 지역에서 차이를 보이는 방언(단어, 문법 또는 발음), 민속(사당의 신령)을 지도에 표시하는 것이다. 즉 특정한 현상과 항목에 따라 방언지도 또는 민속지도를 제작해야 하며, 그다음 현상의 분포를 전체적으로 관찰 및 분석하고, 그에 상응하는 경계선을 확정한 뒤 다시 관련 문헌이나 묘비명 등을 적절하게 참고하여 해당 지역의 언어 및 민속의 변화 과정을 구축해야 한다. 그 이후 범위를 확장하여 이전의 중국 각지 문화중심 지역의 구성 과정에서 물질과 정신의 주요한 요소들이 그것들과 상호작용하고 호응하는 방식을 발견해 내야 한다.

앞에서 살펴보았듯이 세뤼 역시 일정한 지역에 기초한 연구방법을 사용하였지만, 그는 방언과 상이한 민속 현상 간의 연관성에 더욱 주목하였다. 개인의 방언, 민속에 대한 이해와 사용은 세뤼의 중국민속학에서 매우 중요한 위치를 점유하고 있다. 어떤 의미에서 그로타스의 연구와 비교했을

71 贺登崧(1948), 「中国语言学及民俗学之地理的研究」, 『燕京学报』 35, 36~47쪽.

때 세뤄의 중위적인 연구는 민속의 전승주체 곧 사람의 중요성을 더욱 중시하였다. 물론 이는 동일한 학문에서의 세밀한 차이, 즉 연구의 구체적인 대상의 차이에 기인한 것이다. 두 사람 모두 동일한 지역의 방언에 대한 관찰을 기초로 했지만, 세뤄는 동요와 수수께끼, 설화 등과 같은 사람들의 입에서 입으로 오르내리는 생생한 '소리'에 주목했고, 그로타스는 경당(經幢), 비석, 종경(鍾磬), 명문(銘文), 가보, 사당, 신상 등과 같은 사람의 외부에 존재하는 물화된 문화 형태에 집중했던 것이다.

8. 민속학이란 무엇인가? : 동아시아의 근심

지난 100여 년의 시간 동안 민속학 저작은 이미 셀 수 없이 많아졌지만, 민속자료 자체에 투입하는 노력과 이를 민중의 것으로 만드는 동시에 과학성을 띠게 하는 것은 여전히 중국민속학의 취약점이라 할 수 있다. 어떤 의미에서 일부 중국 본토의 민속학자들은 세뤄나 그로타스 등의 학자들이 견지해 왔던 '토착'의 학문이 지닌 근성을 위배하였다. 민속학은 사실상 '토착민'의 '토착'에 대한 연구이다. 한편으로 그것은 '토착민'을 대상으로 하는 학문이며, 다른 한편으로는 민속학에 종사하는 학자들이 반드시 '토착민' 또는 '유사 토착민'이라는 개인이 될 것을 요구한다. 이는 곧 민속학 종사자와 무의식중에 '물화' 또는 대상화되는 '민(民)'과 '속(俗)' 간의 관계에 대한 문제이다. 다음의 왕궈웨이(王國維)가 말한 "시인"과 "바깥 사물" 또는 "세계적 삶" 간의 상호변증법적인 관계와 같은 것이다.

> 시인은 반드시 외부의 사물을 경시함으로써 자연을 종처럼 부릴 수 있어야 하며, 또한 외부의 사물을 중시함으로써 화조(花鳥)와 함께 울고 웃을 수 있어야 한다. 시인은 세계와 인생의 속에 들어갈 수 있으면서도 또 그 밖으로 나올

> 수 있어야 한다. 그 안에 들어갈 수 있기에 그것에 대해 쓸 수 있고, 그 밖으로 나올 수 있기에 그것을 볼 수 있다. 그 안으로 들어갈 수 있기에 생기를 지닐 수 있으며, 그 밖으로 나올 수 있기에 고상한 취미를 가질 수 있다.[72]

하이데거(Marin Heidegger), 듀이(John Dewey), 피터 홉슨(Peter Hobson)의 연구를 계승하여 독일 철학자 호네트(Axel Honneth)는 개인발생학이나 사회관계와 상관없이 "인정이 인식에 선행한다"라는 명제를 주장하였다.[73] 구체적으로 말하자면 "인정하는 태도는 외부세계에 대한 인지 태도로서 일종의 우위성을 지닌다"는 것인데, 이는 왕궈웨이가 말한 변화를 통해 자유로운 이동 및 고귀한 품격을 유지하는 '시인'의 속성과 유사하다. 중국 민속학계에서 연구자와 연구 대상자의 관계에 대해 마치 꿀벌과 꽃 같은 상호주체성 또는 상호주관성[74]을 강조한 지는 이미 오래되었다. 그러나 세뤄와 그로타스 등이 개척한 우수한 학문적 전통을 계승하기 위해서는, 한 걸음 더 나아가 자신을 '물화'하며 행위자인 '민'과 일반적으로 객관적 대상으로 여겨지는 '속' 간의 상호 객체화를 넘어 물아일체, 즉 '나'와 '타자' 사이의 비(非)경계성이 필요하며, 이는 오늘의 중국 본토 민속학자와 중국민속학이 걸어야 할 멀고도 험난한 길이라 할 수 있다.

사실 과거와 현재의 많은 중국학자와 민속학자는 민속학의 민족주의, 낭만주의 및 계몽주의적 측면을 강조해 왔으며, 민속과 민속학이 정치에 적극 참여하고 의견을 제시하며, 낡은 풍속을 개진하여 사회와 국민을 이롭게 하기를 바라는 기대가 있었다. 이와 같이 나라와 백성을 걱정하고 천하

---

72 王国维(1926),『人间词话』, 北京：朴社, 29쪽.

73 霍耐特(2018),『物化：承认理论探析』罗名珍译, 上海：华东师范大学出版社, 57~78쪽.

74 吕微(2004),「反思民俗学, 民间文学的学术伦理」,『民间文化论坛』5, 3~8쪽.

를 구제하는 '선비'의 고전적 의미를 가탁함으로써 연구자는 위로부터 아래를 내려다보고 심지어는 민과 속을 멸시하는 편협한 영웅주의적 태도에서 벗어날 수 없게 되었다. 그들이 말하고 생각하는 민속은 그야말로 원천 없는 물이요 뿌리 없는 나무처럼 공허한 것으로 정치와 경제, 문화, 교육, 외교, 전통, 유산과 순망치한의 관계에 있다. 민주, 자유, 과학, 희망을 숭상하면서도 골목길 곳곳의 사소한 일상과 번잡스러운 생활에 대해서는 무관심하며 일반 백성들의 생로병사와 희로애락, 삶의 염원에 대해서도 동떨어져 있는 것이다.

「달팽이 고(考)」라는 논고에 잘 드러나듯이 야나기타 구니오가 몸소 체험하여 수집하고 해석한 민속연구의 기초적인 작업은 민속 자체에 모든 정력을 투입하는 것이다. 즉 "언어를 착안점으로 삼아 비교 연구를 진행한 것은 야나기타 민속학의 가장 큰 특징이다."[75] 이는 또한 일본민속학과 중국민속학에 서로 다른 발전 방향과 면모를 가져다주었다. 야나기타의 민속학과 창작 방법은 다르나 똑같이 미묘한 효과와 유럽 언어지리학의 학술적 영향을 받았지만, 세뤼와 그로타스와 같은 1940년대 학자들이 중국에서 진행한 현지조사와 민속어휘에 대한 관심 및 연구 성과는 지금까지 중국 민속학계에서 이렇다 할 주목을 받지 못하였다. 양쿤의 지도하에 천펑슝(陈封雄),[76] 위췐(虞权)[77]과 리웨이주(李慰祖)[78] 등 연경대학의 학생들이 민속어휘에 대

75 福田亚细男(2010), 『日本民俗学方法序说：柳田国男与民俗学』 於芳, 王京, 彭伟文 译, 北京：学苑出版社, 164~168쪽；王京(2018), 『食物与心脏·译者后记』, 见柳田国男, 『食物与心脏』, 王京译, 北京：北京师范大学出版社, 250~252쪽；周星(1998), 「死给, 死给案与凉山社会」, 马戎 周星 主编 『田野工作与文化自觉』, 701~792쪽, 北京：群言出版社, 106~107쪽.

76 陈封雄(1940), 『一个村庄之死亡礼俗』, 北平：燕京大学法学院社会学系学士毕业论文.

77 虞权(1942), 『平郊村的住宅设备与家庭生活』, 北平：燕京大学法学院社会学系学士毕业论文.

78 李慰祖(1941), 『四大门』, 北平：燕京大学法学院社会学系学士毕业论文.

해 진행한 민속학 연구에 대해서는 더 말할 것도 없겠다.

약 70년이 지난 후 중국 본토의 학자들이 스게(死給),[79] 자바띨(雜吧地兒),[80] 러나오(熱鬧),[81] 싱하오(行好),[82] 차오산(朝山)[83] 등의 민속언어에 대해 학술적인 해석을 펼치긴 했지만, 여전히 외국학자들의 민속언어에 대한 지대한 관심에는 미치지 못하였다. 김호걸 박사는 중국에서 유학하며 산시성의 류린(柳林) 동굴집의 건축과 사용 과정의 민속어휘에 대해서 체계적인 조사 및 해석을 진행하였고,[84] 니시무라 마시바(西村真志葉) 박사는 베이징 서쪽의 먼터우거우(門頭溝) 옌자타이(燕家台)의 '라자(拉家)'라는 민속언어에 대해 뛰어난 생태학적 연구를 완성하였다.[85] 이를 거울로 삼아 중국 본토의 민속학 종사자는 자기중심의 영웅주의적 태도와 그들이 추구하는 도구적 이념을 반드시 버려야 함이 마땅하다.

한편 수십 년간 이어져 온 중국, 일본, 한국, 베트남 등 동남아 각국의 무형문화유산에 대한 관심[86]은 이들을 서로 경쟁하게 만듦으로써 결국 도구주의와 편협한 국가주의에 의해 지배되는 결과를 낳게 되었다. 이뿐만 아니라 민속학자는 자연스럽게 무형문화와 한데 묶이게 되었다. 그리하여 많은 학계 종사자들은 자원하여 현대 민속과 국가문화를 건립하는 대열에

79 周星(1998), 앞의 글.

80 岳永逸(2011), 『老北京杂吧地：天桥的记忆与诠释』, 北京：生活 · 读书 · 新知三联书店.

81 华智亚(2013), 『龙牌会：一个冀中南村落中的民间宗教』, 上海：上海人民出版社.

82 岳永逸(2014), 『行好：乡土的逻辑与庙会』, 杭州：浙江大学出版社.

83 岳永逸(2017), 『朝山』, 北京：北京大学出版社.

84 金镐杰(2001), 『山西省吕梁西部地区窑洞民居民俗研究：以柳林县三个窑洞村落为例』, 北京：北京师范大学博士学位论文.

85 西村真志叶(2011), 『日常叙事的体裁研究：以京西燕家台村"拉家"为个案』, 北京：中国社会科学出版社.

86 康保成等(2013), 『中日韩非物质文化遗产的比较与研究』, 广州：中山大学出版社.

참여하게 되었으며 무형문화유산의 민속학 연구 역시 자연스럽게 국가와 민속이 추구하는 올바른 '정치성'을 지니게 되면서 정치적 위력과 높은 지위에 힘입어 '현학(顯學)'의 자리에 오르게 되었다. 이러한 환경에서 민속은 그것의 "내적 가치"는 더 이상 중요하지 않게 되었고 오히려 민속 위에 덧붙여진 정치, 경제, 문화, 외교 등의 "외적 가치"[87]가 우위를 점하고 말았다. 이로써 포클로리즘, 공공민속학(public folklore), 실천민속학(practical folkloristics) 등의 기치를 내건 '무형문화유산 민속학'은 토착(본토 민속학자)적인 것이면서도 사실상 토착(민중)적이지 않은 것이 되었으며, 오히려 민으로부터 탄생하여 민과 하나가 되고, 민으로부터 얻고 민을 위해 사용되어야 하는 초심에서 멀어지게 되었다.

사실 현대 동아시아 각국의 민속학이 이러한 공통점을 지니게 된 데에는 동아시아 역사에서 존재했던 원한, 끈질김, '소집단' 특유의 조급함, 항쟁과 곤경을 벗어나는 능력[88]과 무관하지 않다. 동아시아 각국이 어떻게 그들의 길고도 아득한 '문화의 고행'에서 벗어날 수 있을지, 또 동아시아가 어떻게 아시아를 벗어나 세계로 뻗어 나가려 노력함과 동시에 서로 속이며 분쟁을 일으키고 자신들만의 인정과 힘, 우수성을 강조하는 오류에 빠지지 않을지, 그리하여 자신감과 자존감을 가지고 대상화한 '서구'와 '세계'라는 타자와 대화를 나눌 수 있을지? 이러한 일련의 물음은 진정한 민속학자라면 반드시 마주해야 하는 문제가 아닐 수 없겠다.

마지막으로 서두의 화제로 방향을 돌려 보자. 만일 중국민속학 개론과 중국 민속학사의 저작들이 자기 스스로를 가두는 국적과 민족의 한계와 편협한 민족주의를 뛰어넘고, 연구 대상을 기준으로 삼아 외국학자들의

---

87 刘铁梁(2011),「民俗文化的内价值与外价值」,『民俗研究』6, 36~39쪽.

88 韩东育(2009),『从"脱儒"到"脱亚":日本近世以来"去中心化"之思想过程』, 台北:国立台湾大学出版中心, 503~544쪽; 韩东育(2016),『从"请封"到"自封":日本近世以来"自我中心化"之行动过程』, 台北:国立台湾大学出版中心, 497~533쪽.

중국민속 연구 성과를 분석의 범위에 넣고, 중국민속을 연구하는 서로 다른 국가의 학자들과 대화 및 교류하는 것에 주의를 기울이고, 나아가 중국학자의 외국 민속 연구와 외국학자와의 대화를 반성의 대상으로 삼는다면, 중국민속은 더욱 풍부하고 다양해질 수 있을 것이며 또한 '세계'성을 지니게 되어 진정 세계적인 것으로 거듭날 수 있을 것이다. 이는 현재 유행하는 '더욱 중국적인 것일수록 더욱 세계적인 것이다!'라는 글귀와 그 맥을 같이 한다.

소위 탈식민주의, 탈제국주의 시기에 왕과 영웅을 자처하며 타자를 교화, 지배 심지어는 노예로 삼았던 자들은 여전히 악전고투하는 정당의 정치인들과 정권의 지도자들이다. 이러한 세력들이 제아무리 강력할지라도 평화와 조화로움, 정의와 민주, 자유와 평등의 파도 역시 쉬지 않고 일렁일 것이다. 그러나 후자가 만들어 내는 거대한 힘 가운데 현재 중국에서 선교를 진행하는 이름 모를 '승려'나 각국의 대사, 외교관 등의 외국 출신의 타자들 중에는 세뤄나 그로타스 등의 선교사와 같이 '인정을 우선시'하는 원칙에 따라 학문을 일종의 숭배와 천직으로 삼는 자들이 매우 적음을 알 수 있다. 글로벌한 맥락에서 살아 있는 생활문화에 대한 연구는 소위 학자, 특히 토종학자의 천직이지만 이들은 타자를 이해하는 '또 하나의 눈'이 부족하다. 이 분야는, 한 집단의 고유한 생활문화를 연구 대상으로 삼는 민속학이 오히려 자승자박하도록 만들었으며, 도리어 서양의 아름다움을 숭배하여 그것을 흉내 낼수록 자신의 것은 더욱 작아지는 경향을 초래하였다. 표면적으로 떠들썩한 국제학술회의가 점점 늘어나고 있는 중국에서 어떻게 하면 일국민속학이 세계민속학이 될 수 있을지, 어떻게 중국민속학을 효과적이면서도 유기적으로 세계민속학에 통합시킬 수 있을지는 여전히 커다란 난제이다.

어쩌면 일본민속학과 한국민속학 역시 자국의 민속학을 어떻게 정의할 것인지(연구자로? 혹은 연구 대상으로?)에 대해 직시해야 할 필요성이 있을지도 모르겠다. 사실상 이 물음이 궁극적으로 묻고자 하는 것은 다음과 같은 것이다. 무엇이 민속학인가? 민속학이란 무엇인가? 민속을 쓸 권리는 누구에게 있는가? 어떻게 좋은 민속을 쓸 수 있을 것인가?

동아시아 민속학의 재정립

'일상학'으로의 전회(轉回)

이와모토 미치야(岩本通弥, Iwamoto Michiya)

도쿄대학 대학원 총합문화연구과 교수. 민속학 전공
가족 연구, 일상 연구, 민속학 이론 탐구에 관심을 갖고 있다. 주요 저작물로 『現代民俗学の地平 : 記憶』(편저, 2012), 『世界遺産時代の民俗学』(편저 · 2013), 『民俗, 文化的資源化』(공편저 · 2018), 『方法としての〈語り〉』(편저 · 2020), 「日常史と民俗学」(2020) 등이 있다.

김광식 옮김(릿쿄대학 강사)

1. 머리말

오늘 발제에서는 동아시아를 대표해 동아시아 민속학에 관한 전반적인 내용을 개괄하고자 한다. 독일의 일상(Alltag), 미국의 버내큘러(vernacular)에 관해서는 초펜, 나수호 교수가 자세하게 소개하셨기 때문에, 본고에서는 두 분의 논의와 동아시아를 연결하는 의미에서도 그 전제가 되는 '민속학' 이란 것의 특징을 재확인하고자 한다.[1]

본 발제의 얼개를 미리 말해 두자면, 동아시아 민속학을 총괄하는 데 있어 논의가 필요해 보이는 것은, '민속학(民俗學)'이라는 한자어가 초래한 의미와 그 공죄(功罪)다. 이 문제를 거론함으로써 일상과 버내큘러의 접점이 더욱 명확해질 것이기 때문이다. 덧붙여 일상과 버내큘러의 양자가 지향하는 바는 아마 겹칠 터인데, 그 초점에 이르기까지의 접근 방향성은 크게 다르다고 생각한다. 그 차이를 생각해 보기 위해서라도 약 100년 전, 동아시아 선도자들이 격투했던 원점을 되돌아보는 게 무의미하지는 않겠다.

우리 동아시아에서는 'Volkskunde' 혹은 'Folklore'라는 서양 기원의 학문[2]에 '민속'이라는 기존의 한어(漢語)를 사용해 대응해 왔는데, 이를 둘러

---

1 표제에서 사용한 정립이란 무언가를 긍정적으로 주장하는 것을 의미하는데, 민속학이라는 용어를 긍정적으로 다시 명제화하려는 의도로 사용했다.

2 본고에서는 고노 신(河野眞)에 의거해, 1782년에 초출(初出)이 보이는 'Volkskunde'의 전개를 배경으로, 그림(Grimm) 동화집의 영향을 받은 톰스(William John Thoms)가 1846년에 'folklore'라는 용어를 만든 것으로 본다〔河野真(2014), 『民俗学のかたち：

싼 경위와 그 옳고 그름(当否)은 지금까지 별로 검토되지 않았다. 왜 동아시아에서는 '민속학'이라는 한자어를 적용하게 되었는지, 민속학이라는 한자를 사용함으로써 초래된 게 무엇인지, 이 물음은 가장 근간이 되는 문제라고 생각한다. 이게 불분명한 상황에서는 일상이나 버내큘러와도 충분히 접속되지 않을 것이다.

필자는 2014년부터 한국, 중국의 민속학자들과 함께 '일상과 문화 연구회'를 설립해 공동연구를 수행함으로써, 각국 민속학의 유사와 차이를 실감하고 그 학사(學史)를 포함해 기초부터 연구하게 되었다. 그리하여 한 · 중 · 일의 차이도 조금은 전망할 수 있게 되었기에 본고에서는 미완성 단계이지만, 그 가설을 하나의 원안(原案, 논의 대상)으로 문제제기를 하고자 한다. 타국의 민속학사를 다루게 되므로 잘못된 이해가 있으리라 생각하며, 이 경우 각국에서 정정과 비판적 검증이 이루어지기를 바라 마지않는다.

2. 무형문화유산과 'folklore' : 협동조합이 등재되다

동아시아 각국에서 성립한 '민속학'은 19세기 후반 이후, 압도적인 서양화의 흐름에 대한 대항으로, 모두 1910년대에서 30년대에 걸쳐, 반(反)계몽주의적[3]인 문맥에서 형성되었다. 라틴어 성경에 대한 독일어 성경처럼 민속학 자체가 버내큘러하게 형성되었다고 할 수 있는데, 일단 제도화되면 그것은 문화권력으로도 기능한다. 그 단적인 사례가 문화재보호법에 의한

ドイツ語圏の学史をさぐる』, 創土社, 8쪽]. 'folklore'라는 영어 신조어가 민속학의 세계적 확산을 일으킨 탄력이 되었다고 이해한다.

3 반계몽주의적이라는 표현은 島村恭則(2018), 「民俗学とは何か : 多様な姿と一貫する視点」, 古家信平 編, 『現代民俗学のフィールド』, 吉川弘文館, 15쪽에 따랐다. 단 시마무라는 대(對)계몽주의라 표현했다.

민속문화재 지정인데, 일단 지정된 민속문화재와 그 외의 생활요소 사이에는 명확한 가치의 차가 생성된다. 특히 2003년 유네스코에서 채택된 '무형문화유산 보호조약(Convention for the Safeguarding of Intangible Cultural Heritage)'(이하 ICH 및 ICH조약)에는 동아시아 각국의 정부와 민속학자가 그 창설과 운용에 주력했다는 점, 또한 거기에 동원되고 농락되어 온 점은 다시 지적할 필요도 없을 것이다.

그런데 동아시아에서는 민속학자들 사이에도 의외로 알려져 있지 않은 듯하여 ICH에 관한 사례를 하나 소개하고자 한다. 2016년 11월 30일, 유네스코는 에티오피아의 아디스아바바에서 개최된 제11회 정부간위원회에서 대표목록에 '협동조합을 통해 공통 이익을 조직화하려는 구상과 실천(Idea and practice of organizing shared interests in cooperatives)'(이하 협동조합)의 등재를 결정했다. 신청국은 독일이었는데, 비교를 위해 같은 해 동아시아에서 등재된 안건을 소개하면, 일본에서는 장식 수레 축제인 '야마 · 호코 · 야타이 행사', 한국에서는 '제주 해녀문화', 중국에서는 '24절기 : 태양의 연주(年周) 운동 관찰에 의해 발달한 중국의 시간과 관습'(이하 24절기) 등이다.

'야마 · 호코 · 야타이 행사'는 이에 앞서 2009년 대표 목록에 등재된 '야마호코(山鉾), 교토 기온 마쓰리(祇園祭)의 꽃수레 행진'이 확장된 것인데, 일본의 언론은 이를 대대적으로 보도하고 자축하는 분위기에 휩싸였다. '제주 해녀문화'에 대해서도 "한국의 단독신청으로 일본의 신청이 뒤처진다"는 논평이 추가되었다. 그에 비해 '협동조합'에 대해서는 전혀 언급이 없었다. 매스 미디어는 ICH 내용의 보도 방식을 모르는 것 같고 아직 관련 보도는 없다. 또한 중국에서 신청한 '24절기'는 한국과 일본 역시 지금도 일기예보 등에서 자주 등장하는 친숙한 관습이다. 그러나 동아시아에서 ICH에 대한 수용방식은 대표목록 등재를 둘러싸고, 아직도 '원조 다투기'로 전개되는 양상을 보인다. 2005년 강릉 단오제 사례 이후 일종의 등재 경쟁을 계속하고 있는 것처럼 보이는 것은, 동아시아에서 신청한 안건의 영어명이 모두 각 국가명이나 지명을 포함하고 있듯이 그 나라의 독창성(발상)이나 귀속성이 넌지시 주장되기 때문이다.

이러한 동아시아의 실정에 익숙한 우리 시각에서 보면, 협동조합의 신청은 지극히 이질적이다. 독일의 등재 신청서를 검토해 보면, "최초의 공동조직의 사상은 웨일스인 로버트 오언(Robert Owen)으로 거슬러 올라간다"고 되어 있고, "협동조합의 사상은 영국, 프랑스, 그리고 슬라브 민족국가에 기원이 있으며, 이후 더 많은 나라로 확장되고 있다"[4]고 했다. 여기에서 그 기원이나 독창성을 주장하는 구절은 조금도 찾아볼 수 없다. 이에 비추어 볼 때, 우리 동아시아에서는 '민속'이라는 용어에 대해 지역 문화이면서도 내셔널한 가치를 구현하는 용법으로 지나친 부담을 계속 부여해 온 것은 아닐까 의심하지 않을 수 없다.

2004년 전 세계에서 세 번째로 빠르게 ICH조약을 비준한 일본을 비롯해, 조속히 조약을 받아들인 동아시아 각국과는 달리 독일이 이 조약에 조인한 것은 2013년이다. 세계에서 153번째로 뒤늦게 체결국이 된 독일이 숙의 끝에 처음으로 제안한 것이 바로 '협동조합'이었다. 왜 비준이나 제안에 이토록 시간이 걸렸을까? 독일 무형문화유산 전문가위원회의 위원장 크리스토프 불프는 "나치 정권에 습관, 문화적 제사(祭事), 무용이 남용되어 정치적 이데올로기를 위해 이용당했다"고 설명함과 동시에, 그러한 반성 아래 '협동조합'의 구상과 실천이 '민주주의의 원칙'에 기초해 사회적 · 정치적 · 종교적 · 민족적 배경을 넘어서 누구에게나 열려 있다는 점, 또한 그것이 유연성이나 창조성을 지니며 사회적 과제 해결에 이바지한다는 점 등과 함께 독일에 뿌리를 두면서도 결코 국가에 한정되지 않는 실천임을 그 제안 이

4 독일에 의한 대표목록 등재를 위한 추천 신청서(Nomination form). 유네스코 홈페이지, 33341-EN(https://ich.unesco.org/en/RL/idea-and-practice-of-organizing-shared-interests-in-cooperatives-01200).

유로 들었다.[5] 독일에서는 ICH의 채택 당시에 그것이 내장한 본질주의, 그리고 "아주 오래전에 이미 폐기되었"을 그 무형문화유산의 포착 방식에 당혹감이 일었다고도 전해진다.[6]

같은 ICH지만, 동아시아 각국이 제안해 온 안건과는 콘셉트나 양상이 너무나도 다름을 우선 공유하고자 한다. 독일의 경우 나치즘에 농락된 쓰라린 'Volkskunde'의 경험이 있기에, 학문 명칭을 포함해 민속학을 재정의한 '팔켄슈타인의 원칙'에서 제시된 강한 반성이 그 제안에 반영되어 있다고 보인다. 이에 대해 ICH조약의 정의는 사실 미국민속학에서 'folklore'의 최신 정의와 거의 다르지 않은 것으로 필자는 판단한다. 확인 차원에서 일본 외무성에 의한 조약의 일본어 번역 중 그 정의 부분을 인용하고자 한다.

> '무형문화유산'이란 관습, 묘사, 표현, 지식·기술 및 그것들과 관련된 기구, 물품, 가공품 및 문화적 공간이며, 사회, 집단 및 경우에 따라서는 개인이 자기 문화유산의 일부로 인정하는 것을 일컫는다. 이 무형문화유산은 세대에서 세대로 전승되어 사회 및 집단이 자기의 환경, 자연과의 상호작용 및 역사와 대응해서 끊임없이 재현하고, 해당 사회 및 집단에 동일성 및 계속성의 인식을 부여함으로써 문화의 다양성 및 인류의 창조성에 대한 존중을 조장하는 것이다. (방점 및 밑줄은 인용자)

외무성의 번역은 방점 부분과 같이 "세대에서 세대로(from generation to

5 베를린자유대학 홈페이지의 Cristoph Wulf 인터뷰 기사. Annika Middeldorf, "Is This Culture?"(2018. 2. 16, http://www.fu-berlin.de/en/sites/inu/international/cic/newsletter/2015/201501/201501-christoph-wulf-intangible-cultural-heritage.html).

6 マルクス・タウシェク(2018),「文化遺産：過去というものの現在化に対する文化人類学的視点」, 桜木さつき 訳,『日本民俗学』295, 110쪽. ICH 관련 논의는 岩本通弥(2019),「問いかけるドイツの無形文化遺産：ゲルトラウト・コッホ論文の導入として」,『日本民俗学』299와 일부 중복됨을 밝힌다.

generation) 전승되어, ……재현하고"라고 되어 있다. '전승되어'의 원문 'transmit'는 '전달된다'는 표현이, 또한 'recreated'는 '재현(再現)'보다도 끊임없이 '재창조'된다는 표현이 민속학자에게는 확실히 와 닿을 텐데, 이 대목에서 주의할 점은 '무형'인데도 밑줄과 같이 "그것들과 관련된 기구, 물품, 가공품"이라고 하여 유형의 문화유산도 포함한다는 사실이다. 즉 이 정의는 'folklore'로 바꾸어도 상통하는 내용이다. ICH조약은 1989년 유네스코 총회에서 채택된 '전통문화 및 민속보호에 관한 권고(Recommendation on the Safeguarding of Traditional Culture and Folklore)'를 개정한 것이므로 당연하다면 당연한 일이다.[7] 그렇다고 과연 협동조합이 'folklore'냐고 묻는다면, 필자뿐만 아니라 누구든 위화감이 들지 않을까? 이 점이 독일민속학과 미국민속학의 차이이며, 일상과 버내큘러 파악 방식에도 반영된다고 생각한다. 이 상위(相違)를 이미 100년 전에 파악하고 격렬히 논쟁해 온 동아시아 민속학자들이 있었음을 상기하고자 한다.

그런데 유네스코 조약이 체결된 이후 십수 년이 경과함에 따라 이 ICH의 정의가 일본에서는 민속학의 규정에서도 하나의 규범이 되고 있어, 필자는 일본민속학은 잘못하면 무형문화유산학이 되어 버리지 않을까 우려해 왔다. 특히 ICH조약이 발효된 이후 양자가 혼동되거나 동일시되는 듯한 논의가 더 깊이 침투하고 있기에,[8] 차제에 별도의 데이터를 섞어 재론하며 한·중·일의 일상과 문화 연구회에서 '일상학으로서의 민속학'을 내세우게 된 경위를 정리해 두고자 한다.

---

7 유네스코는 1999년 6월 27일부터 30일에 걸쳐, 스미스소니언 협회와 공동으로, 국제회의 〈1989년의 전통문화와 민속의 보호에 관한 지역적 평가 : 지역의 임파워먼트와 국제협력〉을 워싱턴DC에서 개최했다. 이것이 전기가 되어 'folklore'는 ICH에 맞추어 명칭과 기정(旣定)의 내실을 변경한다.

8 일본에서는 전승과 전통을 구별하는 것에 대해 의문을 제기하고, 프로세스로서의 전통을 파악해야 된다는 논의나 일본민속학을 '전승학(traditionology)'이라고 재정의하는 논자도 있다.

3. 'Ethnology'와 민속학

1) 야나기타 구니오가 'Ethnology'를 민속학이라 칭한 이유

왜 동아시아에서 민속학은 '민속학(民俗學)'이라는 명칭을 사용하는가? 이러한 의문을 가져도 누구도 명확히 대답해 주지 않는다. 1950년대 중반에 집필한 것으로 보이는 초고(草稿) 「상민(常民)의 생활지식」에서 야나기타 구니오는 다음처럼 적었다.

> 일본에 민속학이라는 말이 생긴 것은 메이지(明治) 말이나 다이쇼(大正) 초기로(1910년대 초·중반—옮긴이), 사람 나이로 따지면 아직 40대로 젊지만, 기묘하게도 누가 명명했는지 확신하기 어렵고, 그 윤곽도 얼마 동안은 확실하지 않았다. 오카 마사오(岡正雄) 군의 민속학개론이라는 서적이 출판된 쇼와(昭和) 2년 등이 적어도 하나의 전기였으리라고 나는 생각한다. 이 책은 지금도 상응하게 널리 알려져 읽히고 있는데, 이는 영국의 포클로어협회가 협회 내외의 동지에게 이 학문의 의의, 성질, 그리고 방법을 설명하려 한 『포클로어의 안내』라고 할 만한 번역이기에, 우선 이로써 민속학이라는 신어(新語)의 방향은 일정해졌고, 실제로 그것과 조금 다른 의미로 민속학을 사용하려는 사람은 점점 사라졌다.[9]

오카가 번역한 『민속학개론』이 출판된 쇼와 2년은 1927년이다. 1914년에 제2판으로 증보·개정된, 번(Charlotte Sophia Burne)이 편집한 *The Handbook of Folklore*의 번역본이다. 1930년대까지 야나기타가 '민간전승'이라는 용어를 사용해, 민속학이라는 용어를 꺼렸다는 사실은 첨언하지 않아도

9 柳田国男(2014), 『柳田国男全集』 34, 筑摩書房, 256쪽. 이하 『全集』으로 표기.

될 것이다. 1926년 4월에서 1932년 초두까지 야나기타에게 '민속학'이라는 용어는 실은 에스놀로지(Ethnology)의 번역어로,[10] '포클로어와 에스놀로지의 혼약'[11]이라는 표현을 사용하며 양자를 일원적으로 '민속학'이라는 용어로 파악하려 했다. 그렇지만 앞에서 인용한 오카를 중심으로 1934년에 설립된 일본민족학회의 탄생으로 야나기타의 의도는 완전히 소멸된다.

이후에 『국사와 민속학』의 자서(自序, 1943)에서 야나기타는 쇼와 초 무렵에 "나는 민속학과 민족학, 이 두 학문의 접속이 더 용이할 것으로 낙관하였다. ……둘은 문자조차 같은 단어(즉 '민속학' — 인용자)이고, 하나를 일국민속학, 다른 하나를 비교민속학이라고 하면 좋을 거라고 정했다"[12]라고 회고했는데, 그가 '민속학'을 에스놀로지라고 해석한 시기에는 그 후의 전개와 같이 아직 '민속학'과 '민족학(民族學)' 양자가 확연히 분리되지 않았다.

야나기타와 오카가 편집해 1925년 11월에서 1929년 4월까지 간행한 잡지 이름은 『민족(民族)』(제4권 제3호까지)이며, 그 폐간 후 오카 등 젊은 연구자가 오리구치 시노부(折口信夫)를 중심으로 삼아 창간한 잡지가 『민속학(民俗學)』[13](제5권 제12호까지, 1929. 7.~1933. 12)으로, 두 잡지 모두 집필진은 이후에 분기되는 두 학문의 쌍방이 들어가는 구성이었다. 후자의 간행에 맞

---

10 이에 관한 사정에 대해서는 岩本通弥(2018),「珍奇なるものから平凡なものへ : 柳田国男における民俗学と民族学の位相」,『超域文化科学紀要』23을 참조.

11 이 표현은 1926년의 강연「일본의 민속학」에서 언급한 것으로, J. G. 프레이저의『구약 성경의 포클로어』(1918)에 이르러 양자가 혼인했다며, 방법이나 목적이 일치함을 지적했다(『청년과 학문』수록,『全集』4권, 168쪽). 논제에 보이는 '민속학'도 'Ethnology'를 뜻하며, 프레이저를 "게다가 동일 연구 방법을 제공하고, 잇달아 금석(今昔)의 수많은 민족의 전대(前代) 지식을 획득하는 수단으로 했다"(위의 책, 168쪽)고 평하는 한편, 리버스에 의한 문화전파론의 진전으로 양자의 접근, 융합이 이루어지고 있음을 지적했다.

12 柳田国男(2014),『国史と民俗学』,『全集』14, 86쪽.

13 잡지『민속학(民俗學)』은 1931년 8월(제3권 제8호)부터 영문 타이틀 *The Japanese Journal of Folklore*에 '& Ethnology'를 추가했다.

추어 조직된 단체는 민속학회라고 칭했는데, 인맥적으로 그 후계 조직으로 1934년에 발족한 것이 일본민족학회(日本民族学会, 현재의 일본문화인류학회)이며, 한편 이듬해 1935년에 민간전승회(民間伝承の会)가 창설되어 1949년에 개칭된 것이 현재의 일본민속학회다.

이와 같이 1930년대 초까지 민속학과 민족학은 토대를 공유하였고 그 후 분리되어 갔는데, 그러한 상황은 후술하듯이 같은 시기 중국에서도 거의 마찬가지였으며, 그것은 동아시아에만 국한되는 게 아니었다. 1888년에 창설된 미국민속학회 회장을 3회(1900, 1931, 1934) 맡은 프란츠 보아스(Franz Boas)뿐만 아니라, 영국에서도 1878년 설립한 민속학회(The Folklore Society) 회장으로 리버스(W. H. R. Rivers)가 1920년에 선출되었는데, 이처럼 포클로어 본국에서도 에스놀로지와의 거리는 가까웠다.

2) 장사오위안이 본 'Folklore'와 'Volkskunde' : '민학'의 제창

"누가 명명했는지"라고 야나기타가 앞의 인용문에서 탄식했듯이 우리의 학문에 '민속학'이라는 글자를 갖다 붙인 장본인은 명확하지 않지만,[14] 이

14 일본의 영일사전에 'Folk-lore'는 尺振八 訳『明治英和字典』(六合館, 1886)에 '속전, 야승'이라고 한 것이 필자가 확인한 초출이다. 야승이란 야사(野史)를 뜻한다. 같은 해 6월 간행된 梅村守 訳,『和訳英字典大全』(字書出版社)에는 '서민의 구전', 芳川鉄雄 訳,『英和袖珍字彙』(積善館, 1888)에는 '고전(古伝), 옛이야기(昔物語)', 高楫東一의『英和新国民大辞書』(尚書堂, 1888)에는 '전설, 고어'라고 번역되었고, '이쓰타에(구전), 무카시바나시(옛이야기)'라고 가나를 덧붙였다. 島田豊 訳,『双解英和大辞典』(共益商社出版, 1892)에는 '구비, 세화(世話), 속전, 야승'으로, イーストレーキ 他,『英和故事熟語辞林』(三省堂, 1894)에는 "마녀와 관련된 미신, 괴담"이라고 번역되었다. 神田乃武 他編,『新訳英和辞典』(三省堂, 1902)에는 "① 민속학(민속의 전설, 신앙, 관습 등을 연구하는 것), ② 민속의 전설, 신앙 및 관습, 속전"이라 기술되었다. 1902년 당시 이러한 '민속학'의 사용은 통설로 알려진 우에다 빈(上田敏)의 경우보다도 앞서는데, 이 용어는 사전에서 유래했을 개연성이 높다. 간다는 도쿄외국어학교의 초대 교장으로 저명한 영학자(英學者)다.

시기에 다양한 한자어로 번역이 시도되었음을 확인해 두고자 한다. 일본에 'Folklore'라는 학문을 체계적으로 소개한 것은 일반적으로 영문학자 우에다 빈(上田敏)으로 알려져 있는데,[15] 그는 이를 '속설학'[16]이라고 번역했다. 이외에도 '토속학'[17](鳥居龍蔵, 1893)을 비롯해, '민전학(民傳學)'[18](柳田国男, 1918), '방속학(方俗學)'[19](折口信夫, 1935), '민정학(民情學)'[20](胡愈之, 1920), '민인학(民人學)'[21](楊堃, 1940), 또는 '고속학'[22](上田萬年 · 上田敏, 1903 ; 商印書館, 1928), '국민생활지(國民生活誌)'[23](柳田国男, 1925) 등의 가능성이 있었다.

그중에서 흥미로운 견해로 필자가 주목하는 것은 장사오위안(江紹原, 1898~1983)의 '민학' 제창이다. 장사오위안은 중국민속학의 초창기 인물로 중국 민속학자에게는 설명이 필요 없겠지만, 17세에 미국에 건너가 시카고

---

15 大藤時彦(1990), 『日本民俗学史話』, 三一書房, 21~22쪽, 99쪽.

16 이 용어는 1911년의 강연 「민속전설」〔『定本上田敏全集』 9(教育出版センター, 1979)〕에 제시되었는데, 이미 上田万年 · 上田敏, 『最新英和辞典』(富山房, 1903)에도 보인다.

17 인류학회 분과회로, 1893년부터 하기(夏期) 인류학강습회가 개최되었는데, 이때 거기에 참가한 사람들이 모여 도리이 류조(鳥居竜蔵)를 중심으로 한 토속회(토속담화회)가 매년 여름에 총 6회 개최되었다.

18 柳田国男(1918), 「雑誌は採集者の栞」, 『土俗と伝説』 1-1(『全集』 25, 307쪽). 여기에서 야나기타는 '비교 민전학'의 'Ethnology'의 뜻으로 사용했는데, 민간전승학을 축약한 민전학은 학회의 이름이 민간전승의 회였던 시기에 자주 사용되었고, 諸橋轍次(1957), 『大漢和辭典』 6, 大修館書店에도 보인다.

19 折口信夫(1971), 「民俗学から方俗学へ」, 『折口信夫全集ノート編』 7, 中央公論社, 609쪽. 1935년 10월 10일 강연을 이케다(池田弥三郎)가 필기한 것.

20 胡愈之(1921), 「論民間文學」, 『婦女雜誌』 7-1, 21쪽 ; 王文宝 編(1986), 『中國民俗學論文選』, 中國民間文學出版社, 4쪽.

21 楊堃(1940), 「民人學與民族學」, 『民族學硏究集刊』 第2期 ; 楊堃(1997), 『社會學與民族學』, 四川民族出版社, 208쪽.

22 전술한 上田萬年 · 上田敏, 『最新英和辞典』에 '고속학, 속설학'이 보인다. 그 밖에 商印書館(1928), 『新出的綜合英漢大辭典』에도 '고속학'이 등장함은 江紹原 編譯(1932), 『現代英吉利謠俗及謠俗學』, 上海中華書局, 19쪽 참조.

23 「郷土研究といふこと」(1925년 강연록, 『青年と学問』에 수록), 『全集』 4, 137쪽.

대학에서 비교종교학, 또 일리노이대학에서 철학을 수학한 후 1923년 중국에 귀국, 25세에 베이징대학 철학 교수로 취임한다. 종교사 등을 강의하며 1924년에는 베이징대학의 '풍속조사회'의 주석(主席)이 되고, 저우쭤런(周作人)과 편지 형식의 교류를 연재한 「예부문건(禮部文件)」 이후, 머리 · 수염 · 손톱을 둘러싼 속신과 미신을 중심으로 연구의 초점이 민속학으로 이동한다.[24] 대표작은 『髮鬚爪 : 關於它們的迷信』(上海開明書店, 1928)으로 알려져 있다.

그는 영국민속학회 회장으로 1927년에 취임한 라이트(Arthur Robinson Wright, 1862~1932)가 1928년에 공간한 *English Folklore*를 1932년에 번역 · 출판했는데, 번역서 이름은 『현대 영국(英吉利)의 요속(謠俗)과 요속학(謠俗學)』이다. 즉 영어의 'folklore'를 연구 대상과 학문 명칭으로 나누어 번역하였다.[25] 또한 그 '구두성(orality)'에 기초한 '요속'이라는 용어를 사용한 것도 흥미롭다(이야기가 복잡해지므로, 이하에서는 장사오위안의 인용 역시 요속 / 요속학이 아니라 민속 / 민속학으로 표기). 가장 중요한 점은 영어의 경우 연구 대상과 학문 명칭이 겹쳐 '혼란'을 야기하는 데 비해, 독일어의 'Volkskunde'는 어디까지나 학문 명칭으로, 민(民)에 관한 학문, 곧 민중을 대상화하는 학문임을 명확히 했다는 것이다. 독일어의 경우 연구 대상으로 'Volksleben'이나 'Volksgebrauch', 'Sitte', 'Brauch' 등과 같은 다양한 개별적 용어가 존재해 학문 명칭과는 다른 용어로 제시된다.[26]

'Folklore / folklore'라는 용어는 디시플린(discipline)과 연구 대상 쌍방을 지시하며, 오카 마사오 역시 번의 개론서를 번역할 때 전자를 민속학, 후자

24 그 후 샤먼대학, 중산대학을 전전한 후 결국 대학을 떠날 수밖에 없었다.

25 江紹原 編譯(1932), 『現代英吉利謠俗及謠俗學』, 上海中華書局. 이 글에서도 그를 따라 연구 대상과 학문 명칭을 소문자 'folklore'와 대문자 'Folklore'로 구분하였다.

26 江紹原 編譯(1932), 앞의 책, 256쪽.

를 민간전승으로 구분했다. 식자에게는 당연한 기본적 사실이지만 현재 민속학의 추세를 보면 의외로 의식되고 있는 것 같지 않아, 일상이나 버내큘러와의 접점이나 차이를 생각하는 데 있어서도 이 점을 다시금 주시하고자 한다.

라이트의 *English Folklore*는 불과 79쪽의 얇은 책인데, 장사오위안은 번역본에 8개의 부록을 보론으로 추기하고 그의 지론을 펼친다. 가령 '영국민속학의 새 영역'이라는 제목의 부록 1에서는 라이트의 1927년 민속학 회장 취임 연설의 대의를 소개하고, 초대회장 랭(Andrew Lang, 1844~1912)과 곰(George Laurence Gomme, 1853~1916) 등의 주장과 비교함으로써, 민속학에 대한 라이트의 대상 인식의 전환을 읽어 내고 다음처럼 말한다. 영국민속학회(The Folklore Society)의 "과거 회장들은 거의 모두 — 예외 없이 아래 참조 — 민속학의 연구 대상이 이전 사람들의 '유류물(遺留物, survivals)'이라고 했다. 예를 들어 랭은 '본 학회가 장래 연구해야 할 대상은 잔존하는 신념, 풍속, 습관 등으로 근대의 유류물과 비교해 감정(鑑定)한다'"(1885?)고 설명했다. 곰은 민속학이 탐구하는 것은 "예부터 전해지는 풍속, 신념, 고사(故事)이며 오늘의 풍속 혹은 신념에 기원하는 것은 문명적 · 야만적 민족과 관계없이 일체 민속으로 정의할 수 없다. 소위 근대의 민속은 존재하지 않는다"(1884)고 설명하고, 이듬해 클로드(Edward Clodd) 씨도 "(민속학은) 발명물의 과학이 아니라, 잔류물의 과학이라고 언급했다"(밑줄 인용자)고 소개한다.[27]

이런 언급들에 반해, "라이트는 이미 영국(및 대륙) 선각자들이 눈을 떠, 민속학이 고래(古來)의 것만을 필요로 하며, 현재에 발생한 것을 필요로 하지 않는다는 것을 결연히 떨쳐 내고, '반 게넵(Arnold van Gennep) 교수가 언급한 대로 현재 혹은 과거를 막론하고 서민이 창조한 일체의 사물을 모두

27 江紹原 編譯(1932), 앞의 책, 256쪽.

대상에 포함시키는 것에 동의한다'고 설명했다"(밑줄 인용자)라고 장사오위안은 논한다.[28]

라이트의 *English Folklore*의 특징 중 하나는, 열거된 사례가 제1차 세계대전 후에 기록된 'living folklore'에 한정된다는 것이다.[29] 그 때문에 장사오위안은 번역본의 제목에 '현대'를 추기한 것으로 보인다. 그는 라이트의 이러한 민속학을, '잔존(survivals)의 과학'으로서 소위 미개민족의 문화(신화나 야사 및 신념이나 풍속)도 문명국의 'folklore'도 평등하게 기술함으로써 진화론에 내포되어 버릴 것 같은 기존 영미의 'Folklore'와 달리, 그 논의가 독일 'Volkskunde'에 가깝다고 파악하고, 이에 '민학'이라는 호칭을 부여하며 다음과 같이 정의했다.

> '민학'이란, 문화는 이미 비교적 높은 수준에 달했지만, 아직 모든 사람들에게까지 보급되지 않은 사회 속 '민(民)' 계급(및 거기에서 형성된 새로운 작은 그룹)의 생활 상황, 법칙 및 그 물질적 경제적 기초, 관념 형태, 감정 표현…… 및 이들 사실의 기원이나 변천, 영향 관계를 연구하는 것이다.[30]

민학의 범위는 "미신, 전설, 고사 등에 한정하지 않고, 민간의 다양한 제도 역시 그 안에 포함시켜야 할"[31] 것이라며, 종래 중국민속학의 연구 경향이 가요나 민간 문학 등에 치우친 경향으로부터 사회제도나 물질문화 연구에도 시야를 넓히려 했다. 그러나 장사오위안의 이러한 제안은 양청쯔(楊成

---

28 江紹原 編譯(1932), 앞의 책, 200~201쪽.

29 *English Folklore*는 인터넷으로 공개되고 있다(https://archive.org/details/englishfolklore00wriguoft /page/17). 17쪽에 아더왕이나 성배(聖杯)전설과 같은 고전적인 주제를 할애한 이유 등이 보인다.

30 江紹原 編譯(1932), 앞의 책, 276~277쪽.

31 江紹原 編譯(1932), 앞의 책, 307쪽.

志)의 1936년 논고에 의해, 비판을 받는다. 즉 'folklore'의 'lore'나 민속의 속(俗)은 지식에 다름 아니며, 바로 이 '속(俗)'에 의미가 있다. 또 "우리가 인정하는 민속의 진면목은 집단(collective)으로 계급(class)이 아니며, 또한 '사회'(socialization)이지 개인(individual)이 아니다"라고 비판되어,[32] 그 후 진전되지 않은 것 같다.

장사오위안의 인식은, 독일의 'Volkskunde'가 'folklore'로는 파악될 수 없고, 민중 그 자체를 대상화하는 '민학'이라는 내용을 지닌 것이다. 영미와 독일의 민속학이 다르다는 것, 그리고 그 근본적 차이는 오카 마사오도 1935년에 "Volkuskunde는 Kunde vom Volke로, 민중 또는 민족에 관한 학이라는 것"인 데 비해, 영어의 'folklore'는 "민중의 (전승적) 지식"[33]이라고 언급했는데, 이러한 대상을 향한 인식의 차이는 지금도 일상이나 버내큘러를 바라보는 시선의 차이에 반영되어 있다고 보인다.

3) 민속학의 두 조류

일본에서도 1950년대 후반 민속학의 연구 대상은 민속인가, 서민인가라는 논쟁이 있었지만,[34] 필자가 논하고자 하는 점은 그 어느 쪽이 맞느냐가 아니다. 'folklore'라는 연구 대상으로부터 분과학문을 정의하는 방법이

32 楊成志(1936), 「現代民俗學：歷史与名詞」, 『民俗』 復刊號 1-1 ; 王文宝 編(1986), 『中國民俗學論文選』, 中國民間文學出版社, 62쪽, 64쪽.

33 岡正雄(1935), 「独墺に於ける民俗学的研究」, 柳田国男 編, 『日本民俗学研究』, 岩波書店, 328쪽.

34 와카모리 · 세키(和歌森 · 関) 논쟁이라고 불렸는데, 와카모리 다로(和歌森太郎)가 민속학은 필경 민속사의 구성이라고 주장한 저서 『日本民俗学概論』(東海書房, 1947)에 대해, "민속학은 단순한 지식으로서의 민속을 대상으로 하는 것이 아니고, 그 담당자인 서민 내지 상민, 그 생활양식이 민속학 연구의 대상이 된다"고 세키 게이고(関敬吾)가 비판했다[「歴史科学としての民俗学」, 『日本民俗学大系』 2(平凡社, 1958), 65쪽].

있다고 한다면, 'Volkskunde'와 같이 서민 혹은 '보통 사람들'이라는 틀에서 그것을 규정하는 방식도 존재할 수 있다고 생각하기 때문이다. 또 양쪽에서 규정하지 않으면 취급하는 범위가 매우 협소해질 우려가 있기 때문이다.

독일에서 대학 연구소나 그 강좌 명칭이 'Volkskunde'에서 'Europäische Ethnologie' 등으로 변경된 것에 대해 필자 등은 특별히 위화감이 없다. 오히려 일본민속학을 영어 'Folklore'로 치환해 버리는 쪽에 저항감이 강하다. 왜냐하면 필자가 줄곧 연구해 온 가족동반자살(親子心中), 동반자살이나 간병살인(介護殺人) 등에 대해 'folklore'를 사용하는 것은 전혀 부합하지 않기 때문이다(Regina Bendix 등이 편집한 *A Companion to Folklore*에서 Allison Dandes Renteln은 일본의 가족동반자살을 언급하였다[35]).

미국민속학의 규정 방식을 보면, 과거의 '잔존(survivas)'으로 개념화해 온 'folklore'라는 연구 대상에 대해 그 정의에 수정을 가해 과거의 '잔존'으로부터 탈피하고, 현대의 창조적인 표현 문화(expressive culture)학으로 전환을 도모해 왔다고 할 수 있다.[36] 바스콤(William Bascom)이 '언어예술(verbal art)'[37]이라 하거나 단 벤아모스가 '소집단에 의한 아티스틱 커뮤니케이션'[38]이라 했듯이 '대상 규정적으로', 즉 대상을 재정의함으로써 현대적 컨텍스트에서의 창조성이나 표현성을 강조하는 양상이다.

'Living Folklore'를 주창한 심스(Martha C. Sims)와 스테펀(Martine Stephens)

---

35 Allison Dandes Renteln(2012), "Folklore : Legal and Constitutional Power," in Regina F. Bendix and Galit Hasan-Rokem eds., *A Companion to Folklore*, Blackwell, p.554.

36 小長谷英代(2009), 「『残存』からの脱却」, 『現代民俗学研究』 1, 現代民俗学会, 8쪽.

37 William Bascom(1955), "Verbal Art," *Journal of American Folklore*, 68(269), pp.245~52.

38 Dan Ben-Amos(1972), "Toward a Difinition of Folklore in Context," Richard Bauman and Americo Paredes eds., *Toward New Perspectives in Folklore*, Bloomington : Trickster, pp.3~19.

이나 시마무라(島村恭則)와 같이, '살아 있는(영위되는, lived)'이라는 개념하에서는 'high culture'나 'elite culture', 'popular culture' 혹은 공적 기관의 제도 등도 민속학의 대상이 된다는 견해가 있지만,[39] 필자의 판단으로는 그래도 미국민속학의 주요한 관점은 전통(tradition)의 운용 방식이며, 전통에 기반한 창조성(tradition-based creativity)에 초점화되고 있다고 생각된다. 또 요더(Don Yoder)나 글래시(Henry Glassie) 등이 'folklore' 개념에 덧붙여 'folklife' 개념을 도입했다고는 해도, 글래시의 연구조차도 전통(tradition) 양식의 변화 속에서 사람들의 정신성의 변혁을 보며, 세대적 전달에 대한 착안이 논의의 한 극에 위치한다. 단지 프리미아노(Leonard N. Primiano) 등처럼 버내큘러에서 '개인적'이고 '사적'인 의미를 찾아내, 개인의 창조성이나 지위 전환의 잠재력에 역점을 둔 연구[40]도 나오고 있다.

한편 독일민속학은 민중에 관한 학문으로 시작해 'Abschied vom Volksleben(민속이여! 안녕)'이 선언되어, 팔켄슈타인의 원칙에서 제시된 것처럼 전달 과정을 묻는 학문으로 재구축된다. 지식이나 관념 등의 전달에는 세대에서 세대로의 전승뿐만 아니라, 공간적인 전파나 매스미디어를 통한 전달, 소집단에서의 전달 등 다종다양한 회로가 있다고 보고, '보통 사람들'이나 그 생활에 시선을 집중했다. '보통 사람들'이 어떤 일상 세계를 구축하는지, 어떻게 정보를 섭취하고 그 당연함이 어떻게 구축되는지를 조사하는 것이다. 바우징거 등이 포클로리즘을 대상화하고 '연속성'[41]이라는 개념의

---

39 Martha C. Sims and Martine Stephens(2011), *Living Folklore, Second Edition : An Introduction to the, Study of People and Their Traditions*, Logen Utah State University Press, pp.3~4 ; 島村恭則(2014), 「フォークロア研究とは何か」, 『日本民俗学』 278, 5쪽.

40 レオナルド・プリミアノ(2007), 「宗教民俗における方法の探求とヴァナキュラー宗教」, 小田島建己 訳, 『東北宗教学』 3, 東北大学大学院文学研究科宗教学研究室. 본고에서 버내큘러에 대해서는 여기까지만 기술해 두고자 한다.

41 ヘルマン・バウジンガー(1990), 「民俗文化の連続性をめぐる代数学」, 河野真 訳, 『愛

허구성을 드러낸 이후, 전통은 오히려 의식적으로 배제='참단(斬斷)'[42]되고 있다. 현대의 인간을 기준으로 살펴보면, 우리 자신의 생활을 둘러보아도 전통을 억지로 묻는 의의는 박약한 게 아닌가, 이런 전제에서 출발한다고 필자는 이해하고 있다.[43]

일본민속학에서도 야나기타가 '향토연구'에서 전개한 것은 '향토를'이 아니라, '향토로' 파악하는 관점이었다.[44] 지방차(地方差)나 원방(遠方)의 일치와 같은 국내에서의 비교 연구를 중시하라는 주장이다. 간단한 예를 들면 1910년 『원야물어(遠野物語)』를 간행하고 이듬해, 그것을 회고하며 언급한 "서쪽으로 규슈 끝까지 유형이 있음을 귀하게 다룰 정도였다"[45]라는 발언은, 도노(遠野)의 내부에서 만들어진 것만으로는 파악할 수 없는, 즉 향토 연구를 아무리 면밀히 조사해도 외부와의 교통을 차단하면 그 당해 향토조차 알 수 없다는 것이 민속학의 근원적인 문화 인식이었음을 보여 준다 하겠다.

知大学一般教育論集』 3.

42 전통의 '斬斷'이라는 표현은 户晓辉, 「德国民俗學者访谈录」, 『民间文化论坛』 2006년 제6기의 바우징거 발언에 의한다.

43 한편 필자는 일괄적으로 ICH가 무용하다고 논하는 게 아니다. 2001년 토리노 원탁회의에서의 정의(https://ich.unesco.org/doc/src/05220-EN.pdf)와 같이(지적 재산 보호의 틀에서는 전통적 문화표현 TCEs라는 용어로 대체되고 있지만), 전승의 "프로세스는 존재하는 커뮤니티에 이전 세대로부터 계속된다는 감각을 초래해(with a sense of continuity with previous generations), 문화적 아이덴티티에서 중요한 것"이라는 관점은 자본주의 세계에서, 수탈되는 선주민이나 소수민족의 TCEs를 보호하는 데 필요하다고 생각하나, 선진국의 민속문화 역시 일률적으로 규정하려고 한 데에 ICH조약의 무리가 있었다고 생각한다〔岩本通弥 編(2007), 『世界遺産時代の民俗學』, 風響社〕.

44 柳田国男(1933), 「郷土研究と郷土教育」, 『全集』 14, 145쪽.

45 柳田国男(1911), 「己が命の早使ひ」, 『全集』 20, 331쪽.

4. '민속'학의 생성 과정

1) '민속'과 '학(學)'이 만날 때

그럼 왜 야나기타는 에스놀로지를 민속학으로 번역한 것일까? 적어도 근대 일본에서는 '민속'을 그런 의미로 사용하는 용법이 정치나 행정 용어에서 지배적이었기 때문이다. 1888년 도쿄제국대학의 이학부(理學部) 조수가 된 쓰보이 쇼고로(坪井正五郎)는 다음 해부터 3년간 유럽에 유학하는데, 현지에 가서 먼저 지적한 것은 인류학상의 번역어가 실태와 일치하지 않는다는 문제였다. 종래 'Ethnologie'를 인종학으로 번역하고, 'Ethnographie'를 인종지(人種誌) 혹은 토속학으로 번역했는데, 현지 서적이나 전문가와의 담화를 감안해 보면 그것들이 적절치 않다고 결론짓고,[46] 1890년 5월의 『도쿄인류학잡지』 제50호에서 'Ethnographie'의 번역어로 '민속학'을 사용하였다.[47] 필자의 확인에 의하면, '민속'이라는 한어(漢語)와 '학(學)'이 만난 것은 이것이 처음이다.

이처럼 '민속학'이라는 사용법은 Ethnography의 번역어로 등장했다. 한편 소위 포클로어에 관해 쓰보이는 어떤 표현을 했을까? 1889년 파리에서 개최 중이었던 만국 박람회에서 인류학 전시 파빌리온을 소개하면서, 구비이언학회(口碑俚諺學會, Societe des traditions populaires)라는 번역어와 함께 열거하거나,[48] 다음 해 대영박물관 전시실을 다룬 기사에서는 민속학 부문

---

46 坪井正五郎(1890), 「パリー通信」, 『東京人類学会雑誌』 47, 100~101쪽.

47 坪井正五郎(1890), 「ロンドン通信」, 『東京人類学会雑誌』 50, 224쪽.

48 坪井正五郎(1889), 「パリー通信」, 『東京人類学会雑誌』 46, 79~80쪽. 1894년 11월의 「본회 창립 제10년 연설」(『東京人類学会雑誌』 104, 44쪽)에서는 '俚諺(포클로어)'이라고 표기하고, 이외에도 단순히 '구비'나 '사전(史傳)구비'라고 표기해, 번역어는 일정하지 않다.

을 구비속전회(口碑俗傳會, The Folklore Society) 출품 부문과 구별해 소개하듯이,[49] '구비속전'과 '민속학'은 다른 것이었다.

이미 남근우가 지적했듯이 동아시아 고전에서의 '민속'은 '풍속'에 비해 용례가 압도적으로 적다.[50] 예를 들어 일본 고대의 정사(正史) 육국사[51]에서도 '풍속'은 45건인 데 비해 '민속'은 불과 3건에 불과하며,[52] 그 용법도 지금의 '민속'과는 상당히 달랐다. 『속일본기(続日本紀)』에 "毎道録事[53]一人. 観察民俗. 便即校田"[54]〔길마다 녹사(録事) 한 사람이 민속을 관찰해, 편(便) 즉 전(田)을 조사시킴[55]〕이라는 구절은, 민중 혹은 민중의 생활 전반을 나타낸다. 어떤 교주(校注, 校註)[56]에는 이 '민속'을 '민의 모습'으로 해석했는데, 인민의 생활상태(living conditions of the people)를 가리킨다. 『일본삼대실록(日本三代実録)』에 있는 "然而王畿屢空, 民俗凋弊[57]"〔그렇지만 왕기(王畿, 畿内)는

49 坪井正五郎(1889), 「パリー通信」, 『東京人類学会雑誌』 46, 79~80쪽 ; 坪井正五郎(1890), 「ロンドン通信」, 『東京人類学会雑誌』 50, 228쪽.

50 남근우(2017), 「민속학의 존립 기반을 다시 묻다 : '깔때기' 독일 민속학사론을 중심으로」, 『실천민속학연구』 30, 65쪽.

51 육국사란 고대 일본의 율령국가가 편찬한 6개의 일련의 정사(正史) 『日本書紀』, 『続日本紀』, 『日本後紀』, 『続日本後紀』, 『日本文徳天皇実録』, 『日本三代実録』을 가리킨다.

52 육국사는 http://www.j-texts.com/sheet/rikkoku.html에서 검색하였다. 이외에 고대·중세에 관해서는 헤이안시대 유문(遺文)이나 가마쿠라 유문의 전문(全文) 데이터베이스로 검색했는데(전자 5용례, 후자 1용례), 사용법은 본문에서 제시한 3용례를 벗어나지 않았다. 근세·근대의 용법도 포함해 그 상세에 관해서는 별고에서 다루겠다.

53 녹사(録事)란 순찰사(巡察使) 장관 다음의 버슬로 기록하는 일을 담당한다. 문서를 관장하는 관직.

54 교전(校田)이란 반전 지급(班田支給)에 앞서 전지(田地)의 위치, 면적, 경작자 등을 조사·확정짓는 일.

55 『続日本紀』 巻廿二·天平宝字四年(760) 正月癸未条, 『新訂增補 国史大系』 2(吉川弘文館, 2000), 268쪽.

56 青木和夫 他 校注(1992), 『新日本古典文学大系』 14 続日本紀 3, 岩波書店, 309쪽.

57 『日本三代実録』 巻卅三·元慶二年(878) 三月十五日辛亥条, 『新訂增補 国史大系』 4(吉川弘文館, 2000), 424쪽.

자주 공허해져, 민속이 조락했다〕는 것은 민중의 생활 기세가 조락했다는 의미로 사용되었고, 개별적인 민간의 풍습이나 지식을 가리키지 않는다. 『일본후기(日本後記)』에 있는 "得烹鮮[58]於李老, 民俗未飽昭華"[59]〔팽선(烹鮮)을 이로(李老)에게 얻었지만, 민속은 아직 소화(昭華)를 족하지 않았다〕도 마찬가지다. 노자에게 정치의 비법을 체득해도 민속, 즉 인민은 정치에 만족하지 않는다는 의미로, 『일본국어대사전(日本国語大辞典) 제2판』(小学館, 2001)에는 이미 '민속'에 '민중'의 의미가 있음을 인정하고 있다.

'민속'이라는 용어가 근대에 들어 돌연 사용이 증가하는 정치 용어였음은 이미 논한 적이 있는데,[60] 메이지 새 정부는 1874년 국사 편찬에 있어 각 부·현(府県)에 부·현사 편찬을 명했다. 그중 정치부에 '민속' 편이라는 사항이 있어 민중생활의 동정을 조사시켰는데, 이는 중앙 집권화한 새 정부의 인민장악을 위한 것으로 내용 면에서 민속은 '민정풍속(民情風俗)'의 약어(略語)로 규정할 수 있겠다. 중세, 근세의 용례 수집을 그 후에도 계속해 왔지만 중세, 근세에 주로 사용된 유의어는 '풍속'이나 '풍의(風儀)', '국풍(國ぶり), 국속(國俗)·방속(方俗)'이나 '수풍(手風, 手ぶり, てふり, 手振り)' 혹은 '관습(習ひ)', '俗云·俗謂·속언' 등으로,[61] '민속' 용례는 그리 많지 않다.[62] 민

58 '팽선(鮮을 烹한다)이란' 대범한 정치를 행한다는 뜻으로 노자의 성구(成句).

59 『日本後記』序(逸文)(840), 『新訂増補 国史大系』3(吉川弘文館, 2000), 1쪽.

60 岩本通弥(1998), 「民俗·風俗·殊俗 : 都市文明史としての一国民俗学」, 宮田登 編, 『民俗の思想』, 朝倉書店.

61 메이지 정부가 편찬한 관선유서(官撰類書) 『古事類苑』의 유의어를 국제일본문화연구센터의 데이터베이스(http://ys.nichibun.ac.jp/kojiruien/index.php)에서 검색하면(쪽수로 환산), 풍속(181) 風儀(57) 국풍(131+방속19+国ぶり3) 속전(俗에 云함, 131) 속언(33) 云傳(74+云傳함9) 俗謂(93) 俗傳(32) 俗諺(31) 習ひ(49+俗ひ10) 古傳(26) 등에 대해, 민속은 31쪽(37용례)에 지나지 않는다.

62 하나와 호키이치(塙保己一) 등이 고문헌을 수록한 『群書類従(正·續·續々)』을 JapanKnowledge에서 전문 검색하면, 예를 들어 풍속(216), 국풍(117), 수풍(てふり 111)에 비해 민속은 21이다.

중이나 민중생활의 뜻에 한정된 용법으로는 근세가 되면, 가이바라 에키켄(貝原益軒)을 비롯한 본초학(本草學)이나 지지(地誌) · 절용집(節用集) 같은 책에 '민의 속에(民ノ俗ニ)'라는 용례도 나오는데, 수량적으로는 '민속 질실(質實)', '민속 박직(朴直)', '민속 박루(樸陋)'와 같은 고대 이래의 용법이 많다. 게다가 예를 들어 오하라 유가쿠(大原幽学)의 『발교록(発教録)』 중 "무사 신분 이상의 아이, 민속의 아이와 달리"[63]처럼 농민 일반, 평민에 한정하는 용법으로도 파생되었다.

근대가 되면 이에 더해 번역어로서 새로운 의미가 부여된다. 메이지 초기에 일본 문부성이 근대국가의 상태를 탐색하기 위해 번역한 2권의 책이 있다. 1879년 굿리치(Goodrich)의 『구씨불국사(具氏仏国史)』와 1884년 프란츠(佛郞都)의 『국가생리학』인데, 모두 '민속'이라는 용어가 사용되었다. 원문을 대조해 보면, 전자의 '민속'은 'the early Inhabitants'[64]로 국민과 통하는 민종(民種, 종족)의 의미로 사용하였다. 한편 후자의 프란츠는 독일의 철학자 겸 정치가였던 콘스탄틴 프란츠(Constantin Frantz)의 책인데, "국체와 민속(Nationalität)과의 관계"[65]라는 구절에서 민속은 'Nationalität'의 번역어다. 이 대목에서 "역자는 하나의 민종(民種)과 관련된 성질 풍속 등 전반을 묶어서 민속이라 한다"[66]고 언급하였다. 이처럼 '민속'의 자의(字義)는 이른바 민족성, 국민성으로까지 확대된다.

---

63 大原幽学(1911), 「発教録」(1830년대 추정), 田尻稲次郎 編, 『幽学全書』, 291쪽.

64 "第一篇 仏国往古의 민속"으로, "往古 불란서는 현재와 같이 한 나라가 아니었고, 각지에 각 추장이 있었고 통괄했다"(『具氏仏国史』 11쪽)고, 민종을 적었다[Samuel G. Goodrich(1867), *A Pictorial History of France : For the Use of Schools*, Philadelphia Butter, p.16].

65 원문은 "Von dem Verhältniss der Staatskörper zu den Nationalitäten"으로, Gustav Adolph Constantin Frantz(1857), *Vorschule zur Physiologie der Staaten*, F. Schneider, S.77.

66 仏蘭都(1884), 『国家生理学 第二編』, 文部省飜訳局, 138쪽.

2) 『도쿄인류학회잡지』와 초기 야나기타의 '민속' 용례

이상을 바탕으로 하여 1887년 창간 이후 메이지기 1912년까지 『도쿄인류학회잡지』에 게재된 논고 중 '민속'의 용례를 살펴보면, 민속학을 전술한 의미로 사용한 쓰보이의 용례 세 개를 포함해 전부 14개의 예가 검출된다. '민속 돈순(敦淳)'[67] · '민속 미개'[68] · '민속 질박(質朴)'[69] · '오키나와 제도(沖縄諸島)의 토속을 보고 황화(皇和)의 민속'[70]의 네 용례는 민정풍속을, '고대 중류 이상의 왜(倭) 민속'[71] · '중등 이상의 민속'[72]의 두 용례는 민중을, '우리 남방 연안의 민속'[73] · '흉아리(匈牙利)…… 민속'[74]의 두 용례는 민종을 가리킨다. "이 산을 가나자와라 하고, 민속 지금에 이르러"[75] "민속 이것을 오니야(鬼屋)라 한다"[76]처럼 '민의 속'으로 읽은 것은 두 용례에 지나지 않고, "어속(魚屬) 기타 동물의 뼈를 존중하는 민속"[77]이라는 개별 'folklore'를 가리키는 금일적 용법은 1911년 미나카타 구마구스(南方熊楠)가 처음으로 사용하였다.

---

67 田代安定(1891), 「薩南諸島ノ風俗飴事ニ就テ」, 『東京人類学雑誌』 60, 193쪽.

68 田代安定(1892), 「海南諸島宗教考篇」, 『東京人類学雑誌』 80, 50쪽.

69 高山青嶂(1904), 「壱岐国壱岐郡渡良村地方涅歯習俗」, 『東京人類学雑誌』 215, 196쪽.

70 田代安定(1896), 「八重山群島住民ノ言語及ヒ崇教」, 『東京人類学雑誌』 96, 229쪽.

71 大野延太郎(1896), 「曲玉ニ就テ」, 『東京人類学雑誌』 129, 113쪽.

72 田代安定(1906), 「海南諸島宗教考」, 『東京人類学雑誌』 245, 421쪽.

73 岡部精一(1894), 「房州旅行中所見」, 『東京人類学雑誌』 102, 474쪽.

74 関場不二彦(1904), 「『トラボーム』と人類との関係」, 『東京人類学雑誌』 221, 427쪽. '치고이네르(집시)', '마자르(헝가리)', '독일인' 등을 예로 들고 있다.

75 坪井正五郎(1899), 「旭さし云々の口碑と古墳との関係」, 『東京人類學雑誌』 155, 172쪽.

76 八木奘三郎(1899), 「壱岐に於ける人類学上の調査」, 『東京人類学雑誌』 157, 258쪽.

77 南方熊楠(1911), 「西暦九世紀の支那書に載たる『シンダレラ』物語」, 『東京人類学雑誌』 300, 225쪽.

야나기타가 '민속학'이라는 용어를 사용한 것은 1910년 간행의 『석신문답(石神問答)』으로 두 군데에 보인다. 야마나카 에무〔山中笑. 야마나카 교코(山中共古)〕 앞으로 보낸 서간에 석신(石神)이 "번인(蕃人)의 신으로…… 민속학 전문가가 나온다면 좋겠지만, 좀처럼 기대할 수 없다"[78]고 적은 부분과 기다 사타키치(喜田貞吉) 앞으로 보낸 서간의 주에 달린 신농석(神籠石)[79]에 관해 "제국(諸國) 여러 곳에 이러한 이름의 돌이 있는지에 대해서는, 반드시 민속학상의 이유가 될 것이다"[80]라는 부분이다. 저작 전체의 경향이 석신이나 행신(道祖神), 길의 신(塞の神)과 이와 관련된 설화나 신앙을 논하고 있는 까닭에 위의 두 용례는 오늘날의 민속학과 같은 의미처럼 이해되어 왔지만, 『석신문답』의 '민속' 용법을 보면, "상고시대의 음양도(陰陽道)는 지방마다 구구하게 있고…… 다행히 민속을 현혹하는 데 이르지 않았다"[81]와 같이, 그 '민속'은 분명히 민중 일반이나 민정풍속 쪽에 가깝다.

초기 야나기타 저작에서 '민속'의 초출(初出)은 1904년에 집필되었다고 알려진 『농정학(農政学)』에 보이는데, 곧 "농산물의 종류는 풍토 기후의 영향을 받아, 또는 민속에 따라 각국 같지 않"[82]다는 부분이다. 이 책에는 또한 "세계 각 부분에서 경제사회의 사정은…… 가령 수십 년의 역사와 이에 배양된 특수 민속이란 도저히 외래의 신세력에 의해 동화되지 않는 많은 특색을 지닌다"[83]고도 보이는바, 이 역시 민정풍속 일반을 지칭한다고 판단된다.

---

78 「一 柳田国男より駿州吉原なる山中笑氏へ」(1909. 9. 15. 山中書簡), 『全集』 1, 505쪽.

79 규슈 지방에서 세토우치 지방에 있는, 돌담으로 만든 열석(列石) 산성(山城) 유적의 총칭.

80 「一五 柳田より喜田博士へ」(1909. 12. 13. 喜田貞吉 書簡), 『全集』 1, 543~544쪽.

81 「三三 柳田より緒方翁へ」(1910. 4. 9. 緒方小太郎 書簡), 『全集』 1, 605쪽.

82 柳田国男(2014), 「農政学」, 『全集』 1, 213쪽.

83 柳田国男(2014), 앞의 책, 280쪽.

잡지 『향토연구(郷土研究)』의 편집 방침을 둘러싸고, 야나기타와 미나카타 구마구스 사이에 벌어진 소위 루럴 이코노미 논쟁(1914)에서도 야나기타는 이 잡지를 "(미나카타가) 민속학을 위한 잡지라고 자주 언급하시는 것은 곤혹스럽습니다. ……소생(야나기타)의 전공은 루럴 이코노미로 민속학은 여분의 도락입니다"[84]라고 적었다. 이에 대해 미나카타가 '지방경제학'다운 논문이 게재되지 않는 미비점을 지적했는데, 그 미나카타 서간을 『향토연구』에 세 번에 걸쳐 게재[85]한 후에, 편집 후기에서 야나기타는 다음처럼 말한다. 자신이 사용한 루럴 이코노미를 미나카타는 '지방경제학'이라고 번역했지만, "억지로 번역하면 농촌생활지라고 하고 싶다. ……지방의 공훈과 업적을 기록하는 것은 『사민(斯民)』, 기타 부 · 현의 보고가 지나치게 많을" 정도이고, 그에 비해 다만 '평민은 어떻게 생활하는가', 또 '어떻게 생활해 왔는가'를 기술해 세론(世論)의 전제를 확실히 하는 작업이 지금까지는 없었다. 그것을 『향토연구』가 행하는"[86] 것이라고 답했다.

1918년 「민속학상에서 무덤의 가치(民俗学上に於ける塚の価値)」에 보이는 "고분(古墳) 축조 후, 오늘에 이르기까지 민속상의 변화를 무시한 연구"[87]라는 표현이나, 1926년의 강연 「일본의 민속학」에서 말한 "민속 진화의 흔적"[88]에서 말하는 '민속'도 민정풍속 혹은 국민적 기질의 뜻이며, 그것이 어찌

84 「柳田国男から南方熊楠へ」(1914. 5. 12. 書簡), 飯倉照平 編, 『柳田国男 · 南方熊楠往復書簡集』 下巻(平凡社, 1994), 236쪽.

85 南方熊楠(1914), 「『郷土研究』の記者に与うる書」, 『郷土研究』 2-5~7, 239쪽.

86 柳田国男(1914), 「南方氏の書簡について」, 『郷土研究』 2-7, 252~254쪽. 1912년에는 이시바시(石橋臥波)가 주재하는 일본민속학회가 발족, 그 기관지 『민속』이 야나기타와 다카기 도시오(高木敏雄)가 주재한 잡지 『향토연구(郷土研究)』의 1개월 후에 발간되었다. 야나기타는 이미 이 당시 '민속학'에는 미나카타가 사용한 좁은 의미의 용법이 있음을 알면서도 그렇게 받아들여지는 것을 거부하고, 국민생활지 구축을 지향해 나간다.

87 柳田国男(2014), 「民俗学上に於ける塚の価値」, 『全集』 25, 286쪽.

88 柳田国男(2014), 「日本の民俗學」, 『全集』 4, 168쪽.

변해 지금에 이르렀는지를 야나기타는 문제 삼았다. 어떤 개별적 습속이 진화한다는 것과 같은 의미가 결코 아니다. 야나기타는 1918년 논고에서 "널리 재료를 구하고자 하는 것은 평범인(平凡人)의 평범 생활"[89]이라고 명언하는데, 그것은 1931년 『메이지 · 다이쇼사 세태 편(明治大正史世相篇)』으로 결실을 맺게 된다.

1910년 전후에 간행된 『후수사기(後狩詞記)』나 『원야물어』, 『석신문답』 등의 초기 연구에서 야나기타는 분명히 진기한 것, 색다른 습관을 추구했다. 그렇지만 1918년경부터 1935년경까지 야나기타는 "새로운 생활에는 반드시 또한 새로운 흔적이 있다"[90]며, 의식주를 비롯한 근대 이후의 '일상'을 대상화하려고 했다. 야나기타가 지향한 것은, 문자자료에는 기록되지 않은 "문자(목소리) 없는 다수의 사람들"과 같은 민중의 역사를, 근접한 에스놀로지 수법에 의해 내셔널 히스토리로 그려 내는 것이었다. 『민간전승론』에서는 그 방법을 일본으로 제한하지 않고, 소위 미개사회로 간주되어 생활이 변하지 않는다고 생각되기 십상인 식민지의 역사 기술에도 확장해 가는 것이 "일본인의 학문상의 사명"[91]이라고도 논했다. 왜냐하면 이러한 역사에 의해서 비로소 "조금은 자신들이 왜 가난하고 불쌍한지, 숨겨진 원인을 알 수 있기"[92] 때문이다.

그러나 민속학의 태세(態勢)가 정비되어 간 1935년 이후에는 유감스럽게도, 야나기타의 '일국민속학'[93] 표방은 일본인론으로서의 초역사적 '민족성'

89 柳田国男(1918), 「雑誌は採集者の栞」, 『全集』 25, 306쪽.

90 柳田国男(1931), 『明治大正史世相篇』, 『全集』 5, 417쪽.

91 柳田国男(1934), 『民間伝承論』, 『全集』 8, 171쪽.

92 柳田国男(1934), 앞의 책, 173쪽.

93 야나기타는 '일국민속학'이라는 용어를 1932년부터 사용했는데(「食物と心臓」), 이 시기 야나기타는 민속학을 "사상(事象) 그 자체의 현상을 있는 그대로 응시하고, '알고 있다', '당연하다'는 그 내면 심리를 통찰하는 것…… 상민이 스스로 몰랐던 것, 지금도 여전히 모르는 것을 알게 되는 것이 우리의 학문"〔『민간전승론』(1934), 『全集』 8, 68쪽〕

등을 추구하는 방향으로도 경사되어 간 것이 사실이다. 그뿐만 아니라 민속자료의 분류안이 진전됨에 따라, 단편화된 민속(folklore)만을 연구해도 민속학이라고 안주해 버릴 여지를 후학들에게 제공하며, 문화권력화의 길도 펼쳐 나갔다. '민속'학이라고 함으로써, 민속자료의 분류라는 세세한 항목(재물)을 만들어 내고, 한 걸음 더 나아가 말하면 목소리 없는 주변을 대변한다는 대의명분을 표방할 위험성도 내재해 있었다.

이러한 문제를 내포하고는 있지만 미국의 일본연구자(Japanologist)들이 야나기타의 학문이나 일본민속학을 'native ethnology',[94] 나아가 'nativist ethnology'[95]라고 부르듯이, 그 민속학은 포클로어라기보다 에스놀로지에 가깝다. 번 등의 자료 분류안보다도 연구 범위의 확대가 항상 주장되어, 구비전승에 치우치지 않고 민(民)과 관련된 모든 것을 대상화하는 이른바 '민학'이라고 부르기 적합한 내용을 지니고 있었다.

이라고 규정하였다. 예를 들어 1927년에 간행된 『민요의 금석(民謠の今と昔)』에서는 다음과 같이 말했다. "으레 사람들이 상상하듯이, 옛이야기나 전설 등과 마찬가지로 민요 역시 그 속에서 옛날 생활을 상정할 수 있다고 생각한다면, 반드시 실망하게 되는 경우가 많을 것임이 틀림없다. 게다가 우리들이 그처럼 잡다한 현대풍 민요 속에서 좌우간에 천년 이래의 우리(일본) 민간문예의 과정을 조사하려는 것은, 결국 그것이 변해 온 변화 그 자체에 흥미를 느끼기 때문으로, 남아 있는 것이 아니라 변해 왔다는 사실을 통해 무언가를 생각해 보려는 것"이라고 언급하였다(『全集』 4, 488쪽). 사람들을 구속하는 문화가 근대화 이후에 발생한 불과 수십 년의 최근 과거에 속한다는 것을 구체적으로 제시한 『메이지·다이쇼사 세태 편(明治大正史世相篇)』을, 필자는 일상 연구의 한 존재방식을 분석하는 모델로 높이 평가한다. 단 전중(戰中)과 전후 시기 '일국민속학'의 확장적 사용에는 의문이 있다고 말하지 않을 수 없는 게 솔직한 심정이다. 그 용례는 定本柳田国男集의 색인에 따르면 12회에 보이는데, 1940년 이후에 횟수가 증가한다.

94 Harry. D. Harootunian(1998), "Figuring the Folk : History, Poetics, and Representation," Stephen Vlastos ed., *Mirror of Modernity : Invented Traditions of Modern Japan*, University of California Press, p.144.

95 Marilyn Ivy(1995), *Discourses of the Vanishing : Modernity, Phantasm, Japan*, University of Chicago Press, p.66.

3) 동아시아 '민속학'의 국민화와 국제화 : 중국에서의 민속학

'민속학'의 명칭 문제가 골칫거리인 것은 일본만으로는 이를 검증할 수 없기 때문이다. 이미 당시 전개된 중국에서의 동시대적인 연구 동향, 특히 민족학과의 관계성과 더불어 국제적인 네트워크 속에서 서로 영향을 주면서 우리의 학문에 '민속학'이라는 이름이 정착되었다. 그 국제적인 커넥션에는 한국도 관련하지만, 본고에서는 시야를 중국으로 한정하겠다.[96]

중국에서 처음으로 '민속학'이라는 말을 사용한 것은 저우쭤런인데, 그 초출은 1913년 11월의 「동요 약론(童謠略論)」(『紹興県教育會月刊』 제2호)으로 알려져 있다.[97] 1918년 2월에는 『베이징대학 일간(日刊)』에서 가요의 수집 선언이 행해지고, 1920년에 정식으로 발족한 '가요연구회'는 1922년에 '베이징대학연구소 국학문(國學門)'이 설립되자 그 한 부문에 속하게 된다. 동 연구소의 국학문에는 기타 '풍속연구회', '방언연구회', '명청(明淸)사료정리회', '고고학회' 5개 부문이 있었고, 왕샤오쿼이(王曉葵)에 의하면 그중 3개

---

96 익명의 심사위원으로부터 한국에도 나경수(2012), 「민속 개념의 변화와 민속학」, 2012 한국민속학회 동계국제학술대회 자료집 『21세기 민의 재해석과 민속학』 ; 남근우(2013b), 「민속 개념 재고」, 『실천민속학연구』 21 등의 선행연구가 있다는 교시를 받았다. 남근우 씨는 이에 관한 단행본을 준비 중이라 들었다. 그 단행본의 논의를 바탕으로 앞으로 고찰해 나가고자 한다. 이번에는 한국의 논의를 제외했지만, 민속 개념에 대해 한일 양국의 차이를 하나만 지적해 두자면, 일본에서는 '민속'이라는 두 글자는 거의 사용되지 않으며, 민속문화를 비롯해 민속종교, 민속예능, 민속사회 등과 같이 합성어로 만들지 않으면 안정감이 좋지 않다는 분석이 이미 제시되었다〔河野眞(2012), 「〈民俗文化〉の語法を問う」, 『フォークロリズムから見た今日の民俗文化』, 創土社, 161쪽〕. 이에 비해 '민속'이라는 용어가 단독으로 자주 사용되며, 학술 이외에도 사용 빈도가 높은 한국의 상황〔丁田隆(2019), 「弊習・民俗・文化財 : 済州島在来文化をめぐる相克」, 『韓国朝鮮の文化と社会』 18, 風響社〕 등과의 비교는 별고에서 다루고자 한다. 일본어로 '민조쿠(民俗)'라고 하면, 일반인은 거의 대부분 '민조쿠(民族)'를 상기하는 결정적 차이가 가로놓여 있다.

97 周星(2015), 「平民・生活・文学 : 周作人の民俗学を起点として」, 『日常と文化』 1, 16쪽.

부문은 민속학 관계가 점했다고 한다.[98] 연구 잡지로 1922년 12월에 『가요주간(歌謠週刊)』이, 그리고 1925년 10월에는 『베이징대학연구소 국학문 주간(國學門週栞)』이 창간되었는데, 일본 잡지 『민족(民族)』(1925. 11)의 간행보다도 1개월 빠른 것이다. 일본에 1913~1917년 이미 『향토연구』가 있었다고 해도 이 시기에 운동은 중국 쪽이 앞서 있었다.

그러한 상황을 야나기타는 1926년 5월의 강연 「Ethnology란 무엇인가(Ethnologyとは何か)」에서 다음처럼 말했다. 이웃나라 중국 등도 "무학자(無學者)의 역사가 어느 세월에나 명확해질지 생각하고 있었는데, 오히려 일본인보다 앞서 민속학의 국민화가 시작되려고 한다. 이는 우리에게는 무엇보다도 마음 든든한 것"[99]이라고 최대급의 찬사를 보냈다. 인용문에 보이는 '민속학의 국민화'에서의 '민속학'은 에스놀로지를 가리키지만, 중국의 운동 동향에 대해서는 잡지 편집자로서 사전에 관련 정보를 얻었을 것이다. 『민족』 제1권 제5호에 허쓰징(何思敬, 1896~1968)이 허웨이(何畏)라는 필명으로 기고한 문장에 의거한다고 보인다.

허쓰징은 중국에도 '신국학운동'으로서의 민족학 운동이 발흥하고 있다며, 베이징대학의 운동, 샤먼(厦門)대학의 민속조사, 백화(白話)운동이나 가요연구, 특히 맹강녀(孟姜女) 연구의 전개 등을 소개했다. "우연이긴 하지만 같은 시기에 같은 성질을 지닌 민족학 운동의 두 분위기가 동양에 출현한 것이 아닌가"[100]라고 언급했다. 그리고 이 전체의 흐름을 '민족학' 운동이라 부르고, 샤먼대학의 조사나 가요연구에 대해서는 '민속학'이라고 구분했다. 도쿄제국대학 사회학과에 오카 마사오와 동급생으로 입학한 허쓰징의 경우 『민족』 제1권 제1호에서 리버스의 글을 민족학이라고 번역한 오카의

98 王晓葵(2016), 「中国"民俗學"的发现：一个概念史的探求」, 『华东师范大學學報(哲社版)』 2016-4, 120쪽.

99 柳田国男(2014), 「Ethnologyとは何か」, 『全集』 4, 160쪽.

100 何畏(1926), 「支那の新国学運動」, 『民族』 1-5, 921~929쪽.

영향도 받았을 것인데, 아무튼 두 학문의 용어를 구별한 선구적인 용법이 아닐 수 없겠다.

이 무렵 중국에서도 일본처럼 두 학문의 구분은 명확하지 않았던 것 같다. 관련된 사항을 시대 순으로 소개해 보면, 1922년 베이징대학의 연구소 국학문(國學門)에서 설립된 조사회의 명칭을 둘러싸고 '풍속'이라 할지 '민속'이라 할지 논쟁한 결과, '풍속조사회'가 선택되었다. 그 이유는 "'풍속'은 기존에 쓰던 말이며 'folklore'에 대한 해석으로도 부적절한 곳이 없기 때문에, 최종적으로 '민속'이 아니라 '풍속'을 사용했다"고 한다. 더불어 풍속조사회에서는 조사 대상 중에 "만몽(滿蒙), 회장(回藏), 조선, 일본 및 남양 제민족의 풍속"을 포함한다고 보이는바,[101] 대상을 국내외로 구별하는 의식은 약했다. 그러면 포클로어의 번역어로 일단 선정된 '풍속'은 무슨 연유로 '민속'으로 전환되었을까? 이는 중국 민속학사의 문제에 머물지 않고, 동아시아 민속학사에서도 중요한 사건일 것이다. 중국의 여러 연구자들께 가르침을 바라며, 이하 의문점을 열거하고자 한다.

1928년 1월에 중산(中山)대학 언어역사학연구소가 설립되었을 때 '역사', '언어', '고고', '민속' 4개 부문이 설정되었다. 여기에서 '민속'이라는 부분의 명칭이 사용된 것은 민속학과 민족학·인류학을 포함하는 데 '민속'이라는 용어가 최적이라고 판단되었기 때문이 아닐까?[102] 또 오늘날에는 민족학 내지는 인류학 영역에 포함되는 양청쯔(楊成志)가 당시 자신의 소수민족을 포함한 연구를 민속학이라고 부른 것도 '민속'이라는 용어가 민정풍속을 포함하는 넓은 개념이었기 때문이 아닐까? 1928년 3월 상해에 중앙연구원(中

101 容肇祖(2002), 「北大歌謠硏究會及風俗調查會的経過」, 『民俗』 15·16合刊, 17·18合刊(1928. 7. 11, 25), 宛利主 編, 『二十世紀中國民俗學経典學術史卷』, 社會科學文献出版社, 281~282쪽.

102 子安加余子(2008), 『近代中国における民俗学の系譜 : 国民·民衆·知識人』, 御茶ノ水書房, 37~38쪽.

央研究院) 사회과학연구소가 설립되자 '민족학'을 포함한 4개 부문이 창설되어 중국 최초의 민족학 전문의 연구기구가 탄생되었는데,[103] 이처럼 공적으로 '민족학'이 사용된 것은 일본보다 상당히 앞선다.

중국민속학에서는 가오빙중(高丙中)[104]이나 뤼웨이(呂微)[105]의 논고를 비롯해 '민속'을 '민(folk)'과 '속(lore)'으로 나누고, 속(俗)을 '지식이나 풍습, 행동 양식'의 뜻으로 해석하는 게 일정의 한도 내에서 지지를 받고 있다. 결과적으로 그들이 지향하는 결론은 '생활세계'나 '일상'을 파악하는 재정의에 이르러 필자의 입장과 다르지 않지만, 적어도 일본에서는 '민속'을 민간지식의 뜻으로 이해하는 '민의 속'으로 읽는 용법은 민속학이 성립하기 전에는 드물었다. 왕징(王京)이 소개하는 바에 의하면, 저우쭤런이 1931년에 쓴 「도노 이야기(遠野物語)」라는 글에서 이 책을 소개한 후, 『석신문답』에서 『민요의 금석(民謠の今昔)』(1929)까지의 야나기타 저서 10권을 열거하면서 일본민속학에서 야나기타가 개척한 공을 찬양하는 한편, "그러나 어찌된 일인지 그는 민속학이 아니라 시종일관 '향토연구(鄉土研究)'라고 칭하였다"고 의문을 제기했다고 한다.[106]

전술한 장사오위안을 부정한 양청쯔의 논문에도 '민속'을 '민'과 '속'으로 나누고, 속은 성어상(成語上) '인민의 견식 혹은 학문'이라는 원의(原意)에

---

103 王建民(1997), 『中国民族学史』 上, 雲南教育出版社, 107~122쪽을 비롯해, 竹村卓二(1983), 「中国の民族学の歩み」, 橋本万太郎 編, 『漢民族と中国社会』, 山川出版社 등.

104 高丙中(2016), 「生活世界：民俗学の領域とディシプリンとしての位置付け」, 『日常と文化』 2.

105 呂微(2017), 「民俗学のデカルト的省察：高丙中『民俗文化と民俗生活』をめぐる論考」, 『日常と文化』 4.

106 王京(2011), 「戦前期における日中民俗学の関わり」, 『神奈川大学国際常民文化研究機構年報』 2, 97~98쪽；周作人(1932), 「遠野物語」(1931. 11. 17), 『東方雑誌』 29-2, 東方雑誌社.

적합하다는 기술이 나온다.[107] 미나카타 구마구스는 야나기타에게 보낸 서간에서 중국어에서는 "자음(字音) 즉 일자음(一字音)에 일의(一義)가 있다. 따라서 일자음(一字音)에 다의(多義)가 매우 많기에 그것을 구분하기 위해 소리의 구별이 일본인보다 심히 다양하다"[108]고 했는데, 두 글자 단어가 일반적인 일본어나 한국어와는 미나카타의 말처럼 성립 구조가 다른 것인가?

이처럼 중국의 관련 사항을 집요하게 다루는 까닭은, 일본의 영일사전에서 'folklore'가 채택된 것은 각주 14에서도 제시했듯이 1886년의 세키 신파치(尺振八)의 『메이지영화자전(明治英和字典)』의 '속언(俗言), 야승(野乘)'이 처음인데(일본의 영일사전에서는 그 후 1901년까지 이 두 단어를 게재한 사전이 많다), '야승'이라는 용어는 일본의 고전적(古典籍)에는 거의 출현하지 않는 용어이기 때문이다.[109] 아마도 이 말은 중국 기원의 영화자전(英華字典)에서 차용한 것으로 보인다. 필자의 확인에 따르면, 로브샤이트(W. Lobscheid) 저, 기영(企英) 역서관 증정(增訂) 『상무서관 화영음운자전집성(商務書館華英音韻字典集成)』(1902)에 '속언, 야승'이라고 게재되었고, 안후이칭(顔惠慶) 외 편 『영화자전(英華字典)』(1912)에서는 처음으로 '야승'의 번역어가 실렸다. 메이지기 일본은 난학(蘭學)에서 영학(英學)으로의 이행기였고, '서학(西學)'의 수용에 관해서는 중국이 매우 앞선다는 것이 근년 영학사(英學史)의 성과다. 1902년 영일사전에 나타난 '민속학'도 일본 민속학사와는 연결되지 않는다. 중국에서는 장사오위안을 비롯해 다수가 '민속학'을 일본에서 번역한 말로 이해하고 있지만,[110] 이 용어는 중국 기원의 가능성도 높아 점검이

107 楊成志(1986), 앞의 글, 110쪽.

108 「南方熊楠から柳田国男へ」, 『南方熊楠 · 柳田国男往復書簡』 上(앞의 글), 明治 44(1911). 10. 10, 203쪽.

109 일본에서는 仙台藩이 에도(江戸) 말기(발행년 미상)에 기록한 『東藩野乘』에 보이는 정도다.

110 관련하여 장사오위안은, "일본에서 소위 민속은 민간-속간(俗間)을 뜻하기 때문에, 그것을 중국에 이식하는 것은 오히려 오해를 일으켜 민간풍속으로 볼 위험이 있다"라

필요하겠다.[111] 영화자전의 검증 등, 이미 연구 축적이 있다면 가르침을 바란다.[112]

5. 맺음말 : '현대 민속학의 윤곽'으로부터

민속학의 명칭 문제를 일본에 한정해 정리하면, 쓰보이 쇼고로나 야나기타 구니오의 인식처럼 민속학의 '민속'이란 민중 전반, 민정풍속을 가리키는 용어로 그것은 장사오위안이 제창한 '민학'에 가까웠다. 얄궂게도 번의 개론서 번역 등으로 국제교류가 진전함에 따라 그 함의는 협소해졌다. 민속자료의 분류안이 제시되자, 이른바 민속이 세세히 항목으로 전환되어, 개별화한 것이라도 대상으로 다루는 의의를 인정받게 된다. 또한 거기에는 내셔널한 민족정신 등의 구현과 같은 문화재적인 가치가 포함된다. 일본뿐만 아니라 한국의 문화재보호법에서도 민속문화재(민속자료)의 정의에는

고 언급했는데(앞의 글, 306쪽), 필자에게는 그 의미가 잘 이해되지 않는다.

111 미나카타 구마구스는 「南方熊楠から柳田国男へ」, 明治45(1912). 2. 11에서 "포클로어회, 이것은 조금 어려운 일입니다. ……명칭은 실로 어렵습니다. 민족학회, 전설학회, 이전(里傳)학회, 모두가 부적당합니다. 조만간 일고(一考)해야 하겠습니다"라고 언급했다(『南方熊楠 · 柳田国男往復書簡』 下巻, 앞의 글, 25쪽). 일본에서 명칭 문제가 마지막으로 거론된 것은 1948년 9월에 개최된 민간전승회 좌담회에서다. 이듬해 4월 일본민속학회로 개칭을 앞두고, 야나기타는 최후의 저항을 시도한다. 중국에서의 사정을 물은 야나기타의 발언에 대해, 나오에 히로지(直江広治)가 중국의 경우 발음으로 민속학과 민족학을 명료하게 구별할 수 있다고 대답하자, 야나기타는 "저쪽에서 바꾸지 않는 것을 일본에서 바꾸는 것에 대해서는" 신중해야 한다고 응답하고, "'민속'이라는 용어는 예로부터 중국에 있던 한어(漢語)"라며 발언을 맺는다(柳田国男 · 大藤時彦 · 直江広治 他(1949), 「民俗学の過去と将来 座談会(上)」〔『民間伝承』 13-1, 31쪽)〕. 이 용어 문제는 중국의 선택이 결정적으로 작용했을 가능성이 높다.

112 발표 후 岳永逸 씨로부터 중국에서는 1872년에 홍콩에서 간행된 영문잡지 *The China Review* 제2호에 "Chinese Folk-lore"라는 용어가 나온다는 정보를 얻었다. 감사드린다.

"국민 생활의 추이를 이해함에 불가결한 것"이라는, '생활의 추이'를 이해하기 위한 자료라는 자리매김이 지금도 남아 있다.

일반적으로 동아시아 민속학에서 '민학' 혹은 '민정학(民情學)', '민인학(民人學)' 등의 다른 명칭이 채택되었다면 그 전개 양상은 상당히 달랐으리라고 상상하는데, 이미 100년의 역사를 지닌 명칭을 변경하는 것은 불가능하다. 따라서 필자는, 위의 명칭들에 함의된 '민중'의 강조나 혹은 민속학의 '속'에는 성속(聖俗)의 '속', 범속(凡俗)의 '속'처럼 '일상'이나 '흔하디흔하다'는 의미도 있으므로, '속'에 의의를 부여해 기왕의 민속학을 '일상학으로서의 민속학'으로 바꾸어 부르기로 했다. '속'을 지식이 아니라 일상으로 해석했다. '생활학으로서의 민속학'이나 '현재학으로서의 민속학'도 생각해 보았지만, 이미 생활학회가 있고, 현재학은 나치스 민속학과 일본에서도 이미 전쟁 상황에서 소리 높여 부르짖는 자가 있어 제외했다.

개별적인 '민속'에 지나친 가치를 부여하는 것에 필자는 반대한다. 또한 시선을 '민속'으로 향해 버리는 것, '민속'을 선험적으로 대상화하는 것에도 부정적이다. 이미 ICH도 성립되어 ICH를 민속학적으로 연구하는 것, 프로세스로서의 전통을 연구하는 것도 필요하겠다. 그러나 '민학(民學)'적인 민속학도 결코 없애서는 안 된다는 것을 필자는 계속해서 호소하고자 한다.

마지막으로 바우징거가 1983년에 오스트리아의 민속학회에서 행한 강연[113]의 도식을 차용해, '민속'을 대상화하지 않는 필자의 주장을 정리해 두겠다. 바우징거는 민속학에는 뒤의 도식과 같은 세 개의 윤곽이 있다고 주장하고 민간의료를 사례로 다음처럼 설명한다. 우선 K는 'Kultur'〔문화상(文化相), 문화 단계(階梯)〕를 가리킨다. 위쪽은 현재, 아래쪽은 과거 어떤 시대의 문화상을, 그리고 E는 문화요소(element)를 가리킨다. 제1의 윤곽에서는

---

113 Hermann Bausinger(1984), "Konzepte der Gegenwartsvolkskunde," *Österreichishe Zeitschrift für Volkskunde*, NS.38 ; 河野真 訳(1988), 「現代民俗学の輪郭」, 『愛知大学一般教育論集』 創刊号.

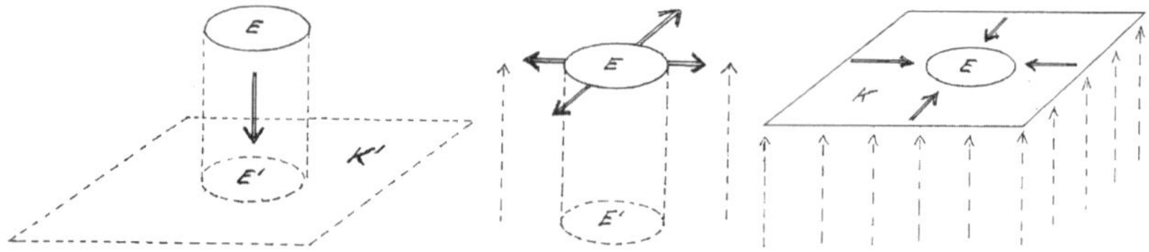

제1의 윤곽　　제2의 윤곽　　제3의 윤곽

과거 문화 속에 현재와 동일하거나 유사한 형태(E')를 상정하고, 이 연관 때문에 가령 민간요법이 '지금까지도' 유지된다와 같은 표현이 행해진다. 잔존물 연구로서 예전 민속학의 관점이다. 제2의 윤곽에서는 과거의 문화상에 유래하는 E라고 할지라도, 물음은 현대라는 지평을 향해 이루어진다. 민간요법이 가령 엑스레이 등 현대 의료와의 긴장·대립적 관계 속에서 나타나고, 민간의료가 오늘날 수행하는 기능이 문제시된다. 기능주의적 잔존 이론이라고 불리는 것이다. 이에 대해 제3의 윤곽에서는 문화요소 E가 현대문화(K)라는 전체적 틀에 규정되어 분석된다. 여기서는 문화요소 E와 문화 전체의 틀 K 양자 모두 역사적인 전개에서 이해되므로, 파선(破線)의 화살표가 아래에서 위로 그어져 있다. E라는 사상(事象)이나 현상에 놓이는 것은 민간요법과 같은 포클로어적인 것이 아니다. 예를 들면 병이란 무엇인가? 환자란 무엇인가? 무엇이든 상관없다. 필자는 여기에 가족동반자살 등을 넣어서 생각해 왔다. 현대사회에서 환자란 어떠한 존재인가, 병은 현대에서 어떻게 자리매김되는가 등이 문제시된다. 즉 일상을 묻는 것이며 그 연구는 무한대로 확대되어 간다.

민속학은 우리 가까이의 당연함(E)을 묻는 것으로부터 발생하는 학문이다. 사람이 생활하는 데 사물이나 사상(事象)(E)을 어찌 의미 부여하는가, 기존 민속학이 객체로서의 민속에 초점을 맞추어 온 것에 반해, 인간중심적으로 파악하려고 하는 것이 '일상학으로서의 민속학'이다. 당연함이란 인식하기 곤란한 존재이다. 그것은 기이한 존재가 일상화라는 보통의 것(흔하디흔한 것)이 되는 과정과 그러한 당연함이 해체되어 가는 과정에서 비로소 인식된다.[114] 일상이란 이러한 동적 과정을 포함하는 개념이며, 왜 그것이 그러한지 당연함이 당연한 까닭을 묻는 분석 개념이기도 하다. 미세한 지역차나 세밀한 시대차를 주시함으로써 당연한 존재의 어긋남이나 상실을 논거로 삼아 온 민속학에 있어, 그것은 다시금 정립해야 할 시각이 될 것이다. 야나기타와 장사오위안이 대면한 것은 100년 전의 당연함이지, 객체화한 민속이 아니다. 이를 고집하면 민속학은 곧바로 문화재학화(문화권력화)해 간다.

이상과 같이 필자가 생각하는 민속학을 정의하자면, 민속학이란 자기 주위의 사소하고 흔하디흔한 '일상=당연함'에 대해 지속적인 물음을 던진 결과, 그 연구 축적에 의해 탄생하고 발전한 일련의 디시플린을 가리킨다. '잘 알고 있는 당연함'이라 하여 놓치기 쉬운, 비근(卑近)한 세계나 사물에 주의를 기울이고, 그것들을 이해하려는 '자기성찰의 학'으로 민간학의 성격도 띠고 있다. 눈앞에 펼쳐진 생활세계의 자명성에 대해 의문을 가짐으로써 당연한 것으로 사고를 정지시켜 온 소박한 자연적 태도나 판단을 '보통 사람들'에게 일단 유보시키는, 내성적 행위를 재촉하는 학문으로 개화(開花)시켜 온 것이 민속학이며, 그 확산은 위 도식의 E를 어찌 바라볼 것인가, 어떻게 주시할 것인가와 관련된다.

현대는 그 당연성이 변화의 속도를 가속해 온 시대다. 순식간에 반짝하고 사라져 가는 존재로 떠돌고 있다. 일상의 당연함을 당연하지 않았던 것, 당연하지 않게 되는 것의 단편으로 파악하려고 그 감성을 연마해 온 것이 민속학일 터이다.[115] 민속학자가 배양해 온 것은 불가시적인 당연함을 가

114 岩本通弥(2015), 「"当たり前"と"生活疑問"と"日常"」, 『日常と文化』 1 ; 及川祥平/クリスチャン・ゲーラット(2018), 「ドイツ語圏民俗学の日常学化をめぐって」, 『日常と文化』 6에서도 같은 견해가 제시되었다.

115 이와모토 미치야(2018), 「일본의 생활개선운동과 민속학」, 『실천민속학연구』 제32호.

시화하기 위한 실천이며, 우리는 당연한 것을 당연하지 않다고 독자에게 자각시키는 연구를 거듭해 왔다. 그리 성장시켜 온 감성이나 분석 시각을 가속화한 현대로 이동시켜 보면, 우리의 민속학 연구는 오히려 끝없이 확장되는 것이겠다.

제2부

방법으로서의 버내큘러

버내큘러와 제도의 관계에 대한 미국에서의 연구

나수호(那秀昊, Charles La Shure)

서울대학교 국어국문학과 교수. 구비문학 전공.
한국 고전문학과 설화, 미디어의 전통 재현에 관심을 갖고 있다. 주요 저작물로 「한국 설화에 나타난 원형적인 인물 트릭스터의 경계성」(2009), "Reimagining Tradition : Premodern Korean Literature in Modern Korean Film"(2013), 『18세기 도시』(2018) 등이 있다.

1. 버내큘러의 뿌리를 찾아서

버내큘러(vernacular)라는 말의 어원은 라틴어의 '베르나(verna)'에서 찾을 수 있는데 이는 그 땅에서 태어난 노예를 가리키던 말이다. 고대 로마에서는 시민을 노예로 삼지 않고 대신에 다른 나라 사람을 전리품으로 데려와 노예로 삼았다. 시민의 권리를 지킨다는 장점이 있었지만 대부분의 노예가 라틴어를 할 수가 없었다는 점은 단점으로 작용했는데 언어를 제대로 구사하지 못하기에 시킬 수 있는 일이 제한되어 노예의 유용성이 떨어지기 때문이었다. 반면 여성 노예가 낳은 자식도 법적으로 노예가 되었는데, 이들은 로마 땅에서 태어나고 자라나 라틴어를 모국어로 했기 때문에 가치가 훨씬 높았다. 바로 이러한 토박이 노예들을 '베르나'라 일컬었던 것이다.[1]

따라서 버내큘러의 개념은 처음부터 '땅'과 '말'의 결합이었으며 한국어로도 '땅에 붙어 있는 말'이라는 의미를 지니는 '토착어(土着語)'라고 번역하기도 한다. 그런데 언어학적인 의미를 살피려면 연구의 범위가 너무 넓어지기 때문에 언어학에서 논의되어 온 버내큘러는 본 발표에서 제외하고 다른 분야에서 논의해 온 개념을 중심으로 살피고자 한다. 분야별로 범주화

---

1 "Vernacular"의 어원에 대한 자세한 설명은 Robert Glenn Howard(2005), "A Theory of Vernacular Rhetoric : The Case of the 'Sinner's Prayer' Online," *Folklore*, 116(2), Routledge Journals ; Taylor & Francis, pp.174~5 참조.

해서 볼 수도 있겠지만 최근 들어 디지털 시대의 버내큘러라는 개념이 다시금 주목받고 있음을 고려하여 아날로그 버내큘러(analog vernacular)와 디지털 버내큘러(digital vernacular)로 나누어 살피는 것이 보다 효과적일 듯하다. 그리고 마지막에 오늘날 한국의 사회문화적 맥락에 있어서 버내큘러를 적용하여 얻을 수 있는 것이 무엇인지에 대해서 고민해 보고자 한다.

2. 아날로그 세계의 버내큘러

1960년에 인류학자 랜티스(Margaret Lantis)가 문학적인 언어와 구별되는 일상 언어를 포함하는 일상 문화를 '버내큘러 문화'라고 부를 것을 제안했다. 이 용어는 "명확하게 정해진 장소와 상황에서 적절한, 생활 속의 문화"[2]라는 의미를 함축하고 있는데 구체적으로 보면, 대중문화나 국가적(national) · 지역적(regional) 문화가 아니라 어느 특정한 동네에 제한된 문화를 가리키는 것이다. 예를 들어 기차역이나 버스 터미널의 행동문화는 전국적으로 비슷한 양상을 보여 주면서도 동네마다 특징이 있는데 이런 특징들이 버내큘러 복합(vernacular complex)을 이룬다. 또한 버내큘러가 제도적 문화(institutional culture)와도 구별된다고 했는데, 그 예로 주 박람회(state fair)를 들면서 대회에 출품한 가축이나 농작물 등을 심사하기 위해 제도적으로 조직된 국가적 표준도 있지만 박람회의 버내큘러 복합에 속한 것은 아니라고 했다. 마지막으로 흥미로운 점은 후대 학자들과 달리 랜티스는 버내큘러 복합이 '민속문화'보다 '도시문화'에서 많이 발견된다고 주장했다는 것이다.[3]

---

2 "…… culture-as-it-is-lived appropriate to well-defined places and situations"〔Margaret Lantis(1960), "Vernacular Culture," *American Anthropologist*, 62(2), American Anthropological Association, p.203〕.

3 여기에서 '민속(folk)'이라는 말은 '시골'의 동의어로 사용되는 것 같은데 시골 문화보다

건축학에서도 일찍부터 버내큘러의 개념을 빌려 '버내큘러 건축'을 논했는데, 저명한 민속학자인 브룬번드(Jan Harold Brunvand)가 민속건축을 버내큘러 건축이라고 한다면서 버내큘러 건축을 "특정 지역에서 흔하거나 토속적인 것"[4]이라고 간단하게 설명한 바 있다. 그다음 해에 라포포트(Amos Rapoport)가 이를 보다 깊이 살폈다. 그는 먼저 버내큘러를 '원시적(primitive)'이라는 말과 구별하면서도 이 개념보다 정의하기가 어렵다고 하였으며 버내큘러 건축을 설명하는 가장 효과적인 방법은 자재나 형식에 집중하는 것이 아니라 건축 과정에 집중하는 것이라고 주장했다. 따라서 버내큘러 건축의 특징은 "이론적 혹은 미적 허세가 없고, 현장 및 미기후(微氣候, microclimate)와 함께 작용하며, 다른 사람들과 그들의 집을 존중하고 따라서 자연적인 것과 인공적인 것을 포함한 전체적인 환경을 존중하며, 주어진 질서를 허용하는 변이가 있으며 어떤 양식 안에서 작용한다"[5]고 정의했다. 두 번째로 든 특징은 버내큘러의 어원에 맞게 특정 지역과 관련된 것이며, 첫 번째와 세 번째로 든 특징은 건축학계의 전통과 구별한 것으로 볼 수 있다. 교육과 훈련을 받은 건축가만 '이론적 · 미적 허세'를 부릴 수가 있으며 특정한 양식이나 질서에 제한받지 않는다는 인식이 깔려 있기 때문이다. 그렇다고 라포포트가 버내큘러 건축을 폐쇄적인 것으로 본 것은 아니다. 또 다른 중요한 특징으로 "대부분 고급 디자인에서 흔히 보이는 폐쇄적 · 최종적 형태

도시 문화가 다양하다는 편견을 보여 주고 있다.

4 "…… that which is common or native in a given area"〔Jan Harold Brunvand(1998〔1968〕), *The Study of American Folklore : An Introduction*, 4th edition, New York : W. W. Norton & Company, p.524〕.

5 "…… lack of theoretical or aesthetic pretensions ; working *with* the site and micro-climate ; respect for other people and *their* houses and hence for the total environment, man-made as well as natural ; and working within an idiom with variations within a given order"〔Amos Rapoport(1969), *House Form and Culture*, Englewood Cliffs : Prentice-Hall, p.5〕.

와는 매우 다른 부가적인 성질, 비전문적이고 확장 가능한 성격"[6]이라 설정한 것을 감안하면 버내큘러 건축을 훨씬 자유로운 것으로 보았음을 알 수 있다.

다양한 분야에서 활약한 민속학자인 글래시(Henry Glassie) 역시 버내큘러 건축을 사회적인 맥락에서 살핀 바 있다. 먼저 버내큘러 건축과 건축학계 건축의 이분법에 이의를 제기했다.

> 모든 건축가는 그들의 미적 감각이나 사회적으로 느끼는 편안함에 영향을 주는 건축적 환경에서 태어난다. 그들이 건축에 대한 지식의 짐을 지기 전에는 마음으로 그들의 감각 전체를 탐구하며 논리적 범주로 사실을 구분하는 것과 상관없이 축적된 체험의 조각들을 서로 연결시킨다. …… 훈련으로 인해 건축업자의 관심이 좁아지면 장인의 먼지투성이 목공소에서든지 대학의 세련된 교실에서든지 과거의 경험은 지워지지 않고 그의 교육이 저절로 교육학적 기술로 그의 문화의 기본적 가치를 구체화한다. 고된 훈련에도 불구하고 건축업자는 혼란스러우면서 온전한 사람으로 남고, 행동해야 할 때가 되면 그의 창작품이 적절하게 느껴지는 이유는 건축하지 않는 사람들과 공유하는 축적된 체험이 그 창작품 안에 정리되고 포함되기 때문이다. 건축가의 작품이 올바르게 느껴지는 이유는 그의 전문적 자아와 비전문적 자아, 그리고 의식적 자아와 무의식적 자아가 그 작품 안에 통합되기 때문이다.[7]

---

6 "……its additive quality, its unspecialized, open-ended nature, so different from the closed, final form typical of most high-style design……"〔Amos Rapoport(1969), 앞의 책, p.6〕.

7 "All architects are born into architectural environments that condition their sense of beauty and social comfort. Before they have been burdened with knowledge about architecture, their minds inquire into the wholeness of their senses, and they associate accumulated scraps of experience without regard to the segregation of facts by logical class. ……When the builder's attention is narrowed by training, whether

즉 건축학계에서 교육과 훈련을 받은 건축가와 그렇지 못한 사람이 근본적으로 다르지 않다는 것이다. 교육과 훈련을 덧입혀도 그 이면에 아직 버내큘러가 흐르고 있기 때문이다.

요컨대 글래시가 주장한 것은 버내큘러와 제도의 혼종성(混種性, hybridity)이라고 할 수 있다. 그렇다고 건축학계와 버내큘러를 같은 것으로 본 것은 물론 아니다. 건축학계에서는 외관을 중요시하지만 버내큘러는 내부 즉 주민이 생활하는 거주공간을 강조하며, 건축학계 건축과 달리 버내큘러 건축은 그 지역의 자재를 사용하고 한 명의 장인이 기계보다는 수공구를 이용하여 짓는 특징이 있다고 했다.

그러나 21세기에 들어서면서 건축학계에서 '버내큘러'가 아직까지 유용한 용어인지에 대한 의문이 제기되기 시작했다. 이에 글래시는 2000년에 『버내큘러 건축』이라는 책을 내면서 왜 버내큘러라는 용어를 고집하고 있는지 설명했다. 요약하자면 소홀히 다루어져 왔던 미지의 건축물에 주목하기 위해 '버내큘러'라고 명명한다는 것이다. 왜 소홀히 다루어져 왔을까? "왜냐하면 그러한 건축물이 건축학계에서 소중히 여기는 가치들과 맞지 않는 가치들을 구현하기 때문"[8]일 것이다. 역시 학계라는 제도와 대조

---

in the dusty shop of a master carpenter or the sleek classroom of a university, past experience is not obliterated, and his education ……effortlessly incarnates in pedagogical technique ……his culture's basic values. Despite the rigors of training, the builder remains a confused, full person, and when it comes his time to act, his creation seems proper because it orders and incorporates the accumulated experience the builder shares with his fellows who do not build. The architect's product feels right because it integrates the architect's professional and non-professional, conscious and unconscious being"〔Henry Glassie(1984), "Vernacular Architecture and Society," *Material Culture*, 16(1), International Society for Landscape, Place, & Material Culture, p.7〕.

8 "……because they embody values alien to those cherished in the academy"〔Henry Glassie(2000), *Vernacular Architecture*, Bloomington, Indiana : Indiana University Press, p.20〕.

되는 버내큘러의 면모를 강조하는 것이다. 버내큘러 건축은 건축학계에서 기리는 건축의 전통과 다르기 때문에 그 전통에 포함시키기보다는 이런 건물과 "거리를 둠으로써 다른 사람들이 만든 건물들을 해석할 때에 우리가 가진 문화적 전제를 함부로 적용하지 못하도록"[9] 하기 위해 따로 구별한다.

반면 버내큘러 건축물을 연구하기 위해 1980년에 설립된 학회인 버내큘러 건축 포럼(Vernacular Architecture Forum)의 25주년 특집호에서 창립 회원 업턴(Dell Upton)은 위와 같이 버내큘러를 구별하는 것에 대해 "우리의 의도가 건축된 환경과 그것을 만들고 사용하는 사람들을 이해하려는 것이라면 그 일부분을 고립시켜 높임으로써 우리 자신에게 피해를 주는 것과 같다. 게다가 환경을 연구하는 다른 사람들이 이 (건축된) 환경을 고립시켜 무시할 수 있는 여지를 준다"[10]라며 의구심을 표현했다. 같은 25주년 특집호에서 가핑클(Susan Garfinkel)과 벨링가(Marcel Vellinga)는 버내큘러를 재조명하여 앞으로 나아갈 길을 탐구했다.

가핑클은 버내큘러 건축학이 스스로 지속가능성을 확보하는 데에 실패했음을 인정하면서 연행 이론(performance theory)을 빌려 버내큘러를 되살리고자 했다. 버내큘러의 특징을, 지역적(local)', '공유된(shared)', '일상적(everyday)'이라는 세 가지로 정의하면서 건축학에서 마지막 특징인 일상이 상대적

9 "……to give them distance, to prevent ourselves from casually using our own cultural assumptions during interpretations of buildings created by other people" 〔Henry Glassie(2000), 앞의 책, p.55〕.

10 "If our intention is to understand the built environment and the people who make and use it, then it seems to me that we do ourselves a disservice by isolating and exalting some piece of it. In addition, we make it possible for those who study other aspects of the environment to isolate and ignore this one"〔Dell Upton(2006/2007), "The VAF at 25 : What Now?," *Perspectives in Vernacular Architecture*, 13(2), Vernacular Architecture Forum, p.12〕.

으로 무시되어 왔다며 건축물에서 연행되는 일상에 초점을 두는 접근법이 "버내큘러를 건축의 범주가 아닌 건축을 보는 방법으로 바꾼다"[11]고 주장했다. 다시 말해 버내큘러는 어떤 건물이 고급 양식이고 어떤 건물이 버내큘러한 양식인지 판별하는 기준이 아니라 버내큘러 자체가 건축의 본질이라고 할 수 있다는 것이다. 심지어 교회나 백화점과 같은 제도적인 건물도 거기에서 일상을 연행하는 사람들에 의해 버내큘러한 공간이 될 수 있다. 이처럼 가핑클 역시 버내큘러의 혼종성을 인정한 것이다.

벨링가도 혼종적 맥락에서 버내큘러를 규명하고자 했다. 벨링가는 기존의 버내큘러 건축학이 낭만주의적이며 과거 지향적이라고 비판하면서 건축물 자체에 초점을 두기보다 건축 전통에 초점을 두자고 주장했다. 벨링가가 제안한 접근법은 "버내큘러 전통이 인간 작용주체(agency)를 통해 어떻게 변화하고 과거뿐 아니라 현재와 미래의 문화적 환경적 상황과 도전에 어떻게 적응하는지 이해하기 위해 명백하게 시도함으로써 버내큘러 전통의 역동적이고 변증법적 성격을 인정한다."[12] 구체적으로 말하자면 현대식의 버내큘러한 건물(혹은 버내큘러한 현대식 건물)도 '가짜' 버내큘러라 비방할 것이 아니라 버내큘러의 전통을 이어 가는 것으로 받아들이자는 것이다. 자재, 디자인 과정, 도구, 건축 과정 등이 모두 현대식이라고 하더라도 "사실은 새로운 문화적 생태적 맥락에 적응한 독특한 건축 전통 진화의 새로운 국

---

11 "⋯⋯ transforms the vernacular into a way of seeing architecture rather than a category of it"〔Susan Garfinkel(2006 / 2007), "Recovering Performance for Vernacular Architecture Studies," *Perspectives in Vernacular Architecture*, 13(2), Vernacular Architecture Forum, p.111〕.

12 "⋯⋯ acknowledges the dynamic and dialectic nature of vernacular traditions by explicitly attempting to understand how such traditions, through human agency, change and adapt to the cultural and environmental circumstances and challenges of not just the past, but of the present and the future"〔Marcel Vellinga(2006 / 2007), "The Inventiveness of Tradition : Vernacular Architecture and the Future," *Perspectives in Vernacular Architecture*, 13(2), Vernacular Architecture Forum, p.117〕.

면을 보여 주"[13]기 때문이다.

그러나 몇 년 만에 벨링가는 태도를 완전히 바꾸어 '버내큘러의 종말'이라는 제목하에 "버내큘러 건축은 단도직입적으로 말하자면 타자의 건축이다. 이른바 '고급 디자인'이나 '대문자 A 건축학'에 포함되지 않은 것으로 알려진 건축 전통들의 타자성을 강조하면서 묘사함으로써 '고급 디자인'이나 '대문자 A 건축학'의 독점적인 영역을 명백히 하며 정당화하는 개념이다"[14]라고 주장했다. 최근에 민속학자인 브로너(Simon Bronner)는 이러한 비판을 인정하여 '버내큘러 건축' 대신 '민속건축'이라는 용어를 사용했다.[15]

건축학 이외에도 버내큘러가 많이 사용되어 왔다. 문학비평은 언어학과 인접한 분야이기도 해서 그런 사례를 많이 발견할 수 있는데 그중에 1980년대 게이츠(Henry Louis Gates)의 흑인 문학비평이 유명하다. 그는 흑인 영어를 희화화하는 19세기 전반의 인쇄물에 대해 논하면서 "이때부터 흑인의 버내큘러 영어가 흑인 차별성의 기호였으며 말의 흑인다움을 상징했다. 버내큘러가 흑인 이론의 원천이 된 것은 놀라운 일이 아니다"[16]라고 설명했

---

13 "…… they in fact represent a new phase in the evolution of a distinctive building tradition that has adapted itself to a new cultural and ecological context"〔Marcel Vellinga(2006 / 2007), 앞의 논문, p.122〕.

14 "…… vernacular architecture is nothing more or less than the architecture of the Other. It is a concept that serves to help define and legitimise the exclusive domain of what may be called 'high design' or 'capital A' architecture, by representing those architectural traditions that are not seen to be part of it in a way that emphasises their Otherness"〔Marcel Vellinga(2011), "The End of the Vernacular : Anthropology and the Architecture of the Other," *Etnofoor*, 23(1), Stichting Etnofoor, p.172〕.

15 Simon Bronner(2019), "American Folk Buildings, Constructions, and Landscapes," in Simon J. Bronner ed., *The Oxford Handbook of American Folklife and Folklore Studies*, New York : Oxford University Press, pp.368~9.

16 "The black English vernacular, as early as this, was a sign of black difference, blackness of the tongue. It is not surprising that the vernacular is the source from which black theory springs"〔Henry Louis Gates Jr.(2014〔2008〕), *The Signifying Monkey : A Theory of African American Literary Criticism*, New York : Oxford

다. 여기에서 언어적인 의미도 언급했지만 토착적이거나 특정한 지역이 아니라 민족집단(ethnic group)을 정의적 기준으로 삼았다는 점이 주목을 끈다. 또한 미국에서 백인 주류 사회에 진출하여 성공하기를 희망하는 흑인들이 '백인 영어'를 채택하는 경향을 보면, 버내큘러는 사회적 · 경제적 기호가 되기도 하는 것 같다. 이러한 현상은 벨링가가 비판한 타자화와도 무관하지 않다고 생각된다.

수사학 또한 언어학과의 인접분야인데 1995년에 오노(Kent A. Ono)와 슬룹(John M. Sloop)은 패권적 담론(hegemonic discourse)이 비평되어 온 것처럼 버내큘러 담론도 비평할 필요가 있다고 주장했다. 버내큘러 담론의 특징 중에서도 특히 문화적 혼합주의(cultural syncretism)와 패스티시(pastiche)[17]라는 두 가지에 집중했는데 모두 버내큘러의 혼종성을 강조하는 것이다. 이러한 버내큘러 담론을 대상으로 삼는 비평은 억압을 받는 자들의 목소리에 귀를 기울이면서 소외된 공동체에 대한 패권적 인식을 거부한다고 했다. 그러나 흥미롭게도 제2차 세계대전 당시 일본계 미국인 여성에 대한 버내큘러 담론을 살피고 내린 결론은 버내큘러 담론이 무조건 패권에서 해방시키는 역할을 하지는 않는다는 것이었다. 오히려 "버내큘러 담론은 반(反)패권적인 것으로만 존재하는 것이 아니라 긍정하는 것으로도 존재하며, 오로지 지배적 이념을 반대하는 것으로 기능하지 않는 공동체의식을 표현한다"[18]며, 따라서 "버내큘러 담론은 패권적 문화의 잡동사니로 검토할 수 있

University Press, p.99〕.

17 Pastiche는 한국어로 흔히 '모방' 혹은 '혼성모방'으로 번역되지만 오노와 슬룹은 모방성을 배제했다. 대신 패스티시의 과정은 "문화적 파편으로부터 독특한 담론적 형태를 형성한다(constructing a unique discursive form out of cultural fragments)"고 정의했다〔Kent A. Ono and John M. Sloop(1995), "The Critique of Vernacular Discourse," *Communication Monographs*, 62(1), Routledge Journals ; Taylor & Francis, p.23〕.

18 "……vernacular discourse does not exist only as counter-hegemonic, but also as affirmative, articulating a sense of community that does not function solely as

는 것이 아니라 오히려 완전히 새로운 혼종으로 분석해야 한다"[19]고 주장했다.

같은 해에 민속종교학에서 프리미아노(Leonard Norman Primiano)는 옥스퍼드 영어사전의 버내큘러에 대한 정의 중 하위 정의인 "개인적, 사적"이라는 설명을 참조하여 버내큘러 종교라는 개념을 새로 설정하고, 기존의 민속종교라는 개념 대신 사용할 것을 제안했다. 버내큘러 종교란 바로 "생활에서의 종교 즉 인간이 그것을 만나고, 이해하고, 해석하고, 실천하는 것이다."[20] 버내큘러한 시각에서 종교를 보게 되면 소위 제도적 종교(institutional religion)가 실제로 존재하지 않는다는 사실을 깨닫게 된다고 했다. 물론 특정한 종교의 신봉자가 그 종교 전통에서의 권위자를 가리킬 때에 '제도적' 혹은 '공식적'과 같은 말을 사용할 수 있지만, 학자들이 '종교'를 '제도'와 동일시하는 경향은 바로잡아야 된다는 것이다. 종교에서도 버내큘러의 혼종성을 볼 수 있는데 "이런 위계질서의 일원들도 그들 종교전통의 가장 제도적으로 규범적인 측면을 대표하면서도 버내큘러하게 믿고 실천"[21]하기 때문이다.

21세기에 들어 민속학의 거대이론(grand theory)을 논하면서 바우만(Richard

---

oppositional to dominant ideologies"〔Kent A. Ono and John M. Sloop(1995), 앞의 논문, p.22〕.

19 "……vernacular discourse cannot be examined as bits and pieces of hegemonic culture itself but, instead, should be analyzed as a whole new hybrid……"〔Kent A. Ono and John M. Sloop(1995), 앞의 논문, p.40〕.

20 "……religion as it is lived : as human beings encounter, understand, interpret, and practice it"〔Leonard Norman Primiano(1995), "Vernacular Religion and the Search for Method in Religious Folklife," *Western Folklore*, 54(1), Western States Folklore Society, p.44〕.

21 "The members of such a hierarchy themselves are believing and practicing vernacularly, even while representing the most institutionally normative aspects of their religious tradition"〔Leonard Norman Primiano(1995), 앞의 논문, p.46〕.

Bauman)은 민속학의 연구 대상을 일컫는 데에 있어서 '버내큘러'라는 말이 이념적으로 보았을 때에 가장 오해할 소지가 적은 용어라 보고 다음과 같이 정의를 내렸다.

> 버내큘러는 ① 정규교육을 통해서가 아니라 관행의 공동체에서 비공식적으로 습득되는 의사소통적 자원과 관행, ② 상호작용 영역과 생활세계에 기반을 둔 즉각적인 의사소통적 관계, ③ 장소나 지역으로 공간적 경계를 지닌 분포와 유통의 지평선으로 특징되는 의사소통적 양식이다. 더군다나 버내큘러는 세계적인 것과 동적인 관계에 있어야만 이해될 수 있다.[22]

오노와 슬롭과 마찬가지로 바우만 역시 버내큘러를 무언가에 반대되는 개념으로 설정했는데 오노와 슬롭이 패권의 반대 개념으로 본 데 반해 바우만은 세계적인 것의 반대 개념으로 보았다. 즉 버내큘러의 근본적인 특징을 지역적 혹은 지방적인 성격으로 본 것이다.

2015년에 골드스타인(Diane Goldstein)도 버내큘러 연구는 대체로 서사와 지역적 지식에 초점을 둔다고 했다.[23] 특히 의학계에서 버내큘러 서사를 변용하여 교훈적인 목적으로 재활용할 가능성에 관심을 보이는 것에 대해

---

22 "The vernacular is a communicative modality characterized by : ① communicative resources and practices that are acquired informally, in communities of practice, rather than by formal instruction ; ② communicative relations that are immediate, grounded in the interaction order and the lifeworld ; and ③ horizons of distribution and circulation that are spatially bounded, by locality or region. The vernacular, furthermore, can only be understood in dynamic relation to the cosmopolitan" 〔Richard Bauman(2016〔2008〕). "The Philology of the Vernacular," in Lee Haring ed., *Grand Theory in Folkloristics*, Bloomington : Indiana University Press, pp.66~7〕.

23 Diane Goldstein(2015), "Vernacular Turns : Narrative, Local Knowledge, and the Changed Context of Folklore," *Journal of American Folklore*, 128(508), American Folklore Society, p.126.

서 우려를 표하면서 "버내큘러를 외적 목표에 순응하도록 고쳐 쓰는 것, 사람들의 이야기를 제도를 위해 작용하도록 조정하고 조작하는 것, 제도적인 목적을 달성하기 위해 문화를 전용(轉用)하는 것이 (사람들이 하는 말을) 들어주는 것은 아니라는 사실을 제도에게 알리라"[24]며 이런 경향에 반대하자고 촉구했다.

위와 같이 20세기 중반부터 오늘날까지 다양한 분야에서 버내큘러에 대한 논의가 활발히 이루어져 왔다. 건축학의 경우에는 버내큘러라는 개념이 한물간 개념이라고 하는 목소리가 커지는 것이 사실이지만, 버내큘러 건축학 포럼과 같은 학회가 아직도 활동하고 있고 학자들이 버내큘러한 시각에서 건축을 연구하고 있기도 하다. 그리고 다른 분야에서는 버내큘러가 새로운 이론적 가능성을 제공하는 경우가 많은 것 같다. 특히 20세기 말부터 논의되어 온 디지털 매체 혹은 신(新)매체에 있어서 그 가능성이 무수히 많은 것으로 보인다.

3. 버내큘러가 인터넷에 접속하다

디지털 시대의 버내큘러 연구를 보자면 20년 넘게 이 개념을 활용한 하워드(Robert Glenn Howard)의 연구부터 살피지 않을 수 없다. 디지털 버내큘러 연구의 첫걸음은 1990년대 근본주의 기독교에 대한 것이었는데, 프리미아노의 버내큘러 종교론에서 영감을 받아 개인의 신앙과 종교 생활에 집중

24 "Let institutions know that rewriting the vernacular to conform to external goals, orchestrating and manipulating people's stories to make them work for institutions, and appropriating culture to achieve institutional ends is not listening"[Diane Goldstein(2015), 앞의 논문, p.138].

했다.[25] 어찌 보면 인터넷이라는 온라인 공간이 버내큘러한 종교를 보다 쉽게 연구할 수 있는 기회를 제공했다고 볼 수 있다. 인터넷[26] 초창기인 1990년대의 낙관주의에 따라 하워드도 인터넷에서 행해지는 근본주의 기독교 신앙의 관행이 오프라인 관행보다 덜 극단적이라고 주장했다. 21세기에 들어서 하워드는 기독교 신자들이 자신의 웹사이트에 소위 '죄인의 기도'를 올리는 관행을 살피면서 오노와 슬룹의 연구를 언급했는데, 오노와 슬룹이 버내큘러한 수사법이 반드시 반패권적인 것은 아니라는 점을 발견하기는 했으나 패권적 수사법에서도 버내큘러가 발견된다는 사실을 놓쳤다고 지적했다.[27] 그리고 2009년에는 1990년대의 낙관주의를 버리고 버내큘러 종교에서 볼 수 있는 부정적 결과를 살폈다. "버내큘러 웹은 개인들이 제도적 통제 밖에서 행동할 수 있도록 권한을 부여하므로 일부 개인은 배타적이며 편협한 의사소통적 행동을 택한다"[28]며 초기에는 인터넷이 올바른 선택을 하기 위한 정보에 쉽게 접근할 수 있도록 해준다는 점에서 긍정적으로 보았으나 그 정보에 접근하지 않으려 하거나 접근하더라

---

25 Robert Glenn Howard(1997), "Apocalypse in Your In-Box : End-Times Communication on the Internet," *Western Folklore*, 56(3/4), Western States Folklore Society, pp.295~315.

26 엄밀히 말해서 인터넷은 정보 통신망의 통신망으로서 인프라에 해당되는 것이며 1970년대부터 존재해 왔다. 1990년대부터 생긴 것은 그 인프라를 이용한 정보공간인 월드와이드웹(World Wide Web)인데, 통상 온라인 환경을 '인터넷'이라고 부르고 있고 하워드도 그렇게 일컬었으므로 이 글에서도 그냥 '인터넷'이라고 하겠다.

27 Robert Glenn Howard(2005), "A Theory of Vernacular Rhetoric : The Case of the 'Sinner's Prayer' Online," *Folklore*, 116(2), Routledge Journals ; Taylor & Francis, pp.166~7.

28 "As vernacular webs empower individuals to act outside of institutional control, some of those individuals choose exclusionary and intolerant communication behaviors" 〔Robert Glenn Howard(2009), "Crusading on the Vernacular Web : The Folk Beliefs and Practices of Online Spiritual Warfare," in Trevor J. Blank ed., *Folklore and the Internet*, Logan, Utah : Utah State University Press, p.424〕.

도 올바른 선택을 하지 않는 사람들도 있다는 사실을 깨닫게 되었다고 했다.[29]

하워드가 디지털 버내큘러 이론을 본격적으로 펼친 것은 2008년부터다. 논문 제목에서 '전자 혼종성(electronic hybridity)'과 '버내큘러 웹(vernacular web)'이라는 개념을 내세웠는데, 이 두 개념은 하워드 이론의 핵심을 이룬다. 버내큘러 웹은 "기술에 의존하지만 제도와 차별되는 동적으로 상호연결되는 담론적 활동 과정"[30]이라고 하면서 이런 웹에서 이루어지는 의사소통은 버내큘러한, 상업적 · 제도적 이해를 뒤섞는다고 설명했다. 또한 2004년 미국 대선 당시에 만들어진 〈케리 · 에드워즈 공식 블로그(The Official Kerry-Edwards Blog)〉를 둘러싼 논란[31]을 다루면서 "민주당이 버내큘러 웹의 권위를 자신의 목적으로 이용하려고 하면서 인터넷 버내큘러가 그러한 권위에 이의를 제기했다"[32]며 버내큘러 웹의 권위를 언급했다. 이어서 버내큘러 혼종성을 논하기도 했다. "버내큘러는 자신을 구별하기 위해서 제도를 필요로 하며 이러한 이유로 제도에 참여한다. 그 결과 순수한 버내큘러는 존재하지 않고 다만 혼종성의 정도일 뿐이다"[33]라면서 혼종성의 필연성을 역

29 Robert Glenn Howard(2013a), "Born Digital Folklore and the Vernacular Web : An Interview with Robert Glenn Howard," Interview by Trevor Owens, *The Signal*, February 22, Library of Congress(https://blogs.loc.gov/thesignal/2013/02/born-digital-folklore-and-the-vernacular-web-an-interview-with-robert-glenn-howard/).

30 "……technology-dependent but other-than-institutional process of dynamically inter-connecting discursive activity……"〔Robert Glenn Howard(2008a), "Electronic Hybridity : The Persistent Processes of the Vernacular Web," *Journal of American Folklore*, 121(480), American Folklore Society, p.195〕.

31 블로그 관리자들이 논란이 많은 다른 블로그로 연결하는 링크를 삭제했고 댓글까지 검열한다는 비판이 나오기도 했다.

32 "As the Democratic Party sought to bend the authority of the vernacular web to its own ends, the Internet vernacular contested its authority to do so"〔Robert Glenn Howard(2008a), 앞의 논문, p.199〕.

33 "……the vernacular needs the institutional from which to distinguish itself, and in

설했다. 연구자들이 버내큘러를 낭만화하는 경향을 비판하면서 버내큘러와 제도가 서로 영향을 주고 형성한다는 것을 인정하자는 것이다. 같은 해에 단행본 챕터에서 버내큘러를 보는 방식을 세 가지로 정리하여 검토하며 이론을 더욱 구체화했다. 하위주체 버내큘러(subaltern vernacular)는 역사적으로 피지배층과 연결되었고, 공동 버내큘러(common vernacular)는 모두가 공유하는 것이지만 법적인 제도의 담론과 구별되는 것이다.[34] 그러나 변증법적 버내큘러(dialectical vernacular)는 "행위자들을 어떠한 경우이든 어떤 제도적 혹은 어떤 버내큘러한 작용주체를 통해 행동하는 개인들 혹은 개인들의 집단들로 개념화한다."[35] 즉 버내큘러는 제도와 완전히 구별되는 것도 아니면서 완전히 같은 것이라고 할 수도 없다는 것이다.

2010년대에도 계속해서 버내큘러와 제도의 관계에 대해 고찰했다. "버내큘러는 그것의 작용주체가 지지하는 제도의 대안이라는 인식을 유지할 수 있는 한에서는 제도를 옹호하거나 심지어 제도로서 말할 수 있다"[36]고 하면서 버내큘러의 혼종성과 모호함을 언급했으며 제도가 그 환경과 수단을

---

this way the vernacular takes part in the institutional. As a result, no pure vernacularity exists, only degrees of hybridity"〔Robert Glenn Howard(2008a), 앞의 논문, p.203〕.

34 Robert Glenn Howard(2008b), "The Vernacular Web of Participatory Media," *Critical Studies in Media Communication*, 25(5), Routledge Journals ; Taylor & Francis, pp.493~5.

35 "…… imagines agents as individuals or groups of individuals who in any given case may be acting through some institutional and / or some vernacular agency"〔Robert Glenn Howard(2008a), 앞의 논문, p.497〕.

36 "…… the vernacular can advocate for (or even speak as) an institution insofar as it can maintain a perception that its agency is alternate to that of the institution it supports"〔Robert Glenn Howard(2010), "The Vernacular Mode : Locating the Non-institutional in the Practice of Citizenship," in Daniel C. Brouwer and Robert Asen eds., *Public Modalities : Rhetoric, Culture, Media, and the Shape of Public Life*, Tuscaloosa : University of Alabama Press, p.162〕.

마련하기 때문에 버내큘러한 목소리를 내는 것 자체가 가능해진다는 점을 다시 한 번 강조했다.[37] 이와 같은 현상의 실제적 예로 『뉴욕타임스』의 웹사이트에서 댓글을 달 수 있도록 해줄 때에 제도적 콘텐츠와 버내큘러한 논평을 나란히 배치하는 것을 제시하고[38] 미디어 회사가 만든 웹사이트에 글을 올리는 사용자들은 실제로 그 회사가 광고를 팔 수 있게 해주는 콘텐츠를 만들어 주는 셈이라고 지적했다.[39]

또한 이전에도 언급했던 버내큘러 권위(vernacular authority)를 보다 자세히 논했다는 점은 주목할 만하다. 하워드는 인터넷에서 버내큘러한 권위가 힘을 발휘할 수 있는 이유는 "사람들이 무슨 정보를 공유하고 소비할지 까다롭게 고르는 개인으로서 행동하기 때문"[40]이라고 했다. 물론 제도가 정보의 전달을 가능하게 하지만 그 정보를 직접 제공하지 않는 경우가 많기에 제도와 구별되는 권위가 생기는 것이다. 오노와 슬롭이 버내큘러 수사법을 비평할 필요가 있다고 한 것처럼 하워드도 버내큘러 권위를 이용한 경우를 객관적으로 판단해야 한다고 했다. 2012년 논문에서는 버내큘러한 권위가 "일상의 권력을 중립적인 힘으로 인정"[41]하기 때문에 이 권위를 적

37 Robert Glenn Howard(2012), "How Counter-Culture Helped Put the 'Vernacular' in Vernacular Webs," in Trevor Blank ed., *Folk Culture in a Digital Age*, Logan, Utah : Utah State University Press, p.44.

38 Robert Glenn Howard(2013b), "Vernacular Authority : Critically Engaging 'Tradition'," in Trevor J. Blank and Robert Glenn Howard eds., *Tradition in the Twenty-First Century : Locating the Role of the Past in the Present*, Logan : Utah State University Press, p.82.

39 Robert Glenn Howard(2017), "GunNets : Why a Theory of Heterogeneous Volition is Necessary in the Study of Digital Communication," *Cultural Analysis*, 16(1), University of California, p.118.

40 "……because people act as individuals to pick and choose what information they share and consume"〔Robert Glenn Howard(2012), 앞의 논문, p.42〕.

41 "……acknowledges the power of the everyday as a neutral force"〔Robert Glenn Howard(2012), 앞의 논문, p.192〕.

절하게 이용하는 경우와 부적절하게 이용하는 경우를 판가름할 수 있고, 또한 그렇게 해야 한다고 주장했다. 이 주장을 뒷받침하기 위해 유튜브 영상을 연구 대상으로 삼아 차별과 편협성을 보이는 영상과 대화를 촉진하는 영상을 대조했다. 그 이듬해에는 권위의 부정적 영향에 대해서 다시 언급했는데 요즘 미국에서 큰 사회적 문제로 대두되고 있는 예방접종을 거부하는 사람들을 다루었다. "이전 세대들은 관계를 맺을 기회조차 거의 없었던 의학계에 이제는 이의를 제기할 수 있게 되었다는 것은 이런 개인들이 명백히 권한을 갖게 되었다는 뜻이다. 그러나 그들의 응집된 표현이 의료 서비스에 접근할 욕구 혹은 온라인으로 접할 수 있는 의학적 연구와 의견의 방대한 양을 판단할 수 있는 능력을 제압하게 되면 권한을 빼앗길 가능성도 있다."[42]

물론 하워드 외에도 디지털 버내큘러에 대해서 논의한 학자가 많다. 비록 '버내큘러'라는 말을 사용하지 않았지만 미디어 학자인 젠킨스(Henry Jenkins)는 매체융합(media convergence)에 대해 논하면서 버내큘러와 제도의 관계를 언급했다. "매체융합은 일반인에게 콘텐츠를 보관·평석(評釋)·전용(轉用)·재유통하기 위한 도구를 제공함으로써 새로운 참여 민속문화를 조성한다. 약삭빠른 회사들이 소비자 충성도를 높이고 저비용 콘텐츠를 만들기 위해 이런 문화를 이용한다."[43] 2006년에 출판된 책에서는 대중문화

42 "It is no doubt empowering for these individuals to be able to question a medical establishment they have had little chance to engage in previous generations. However, it is potentially disempowering if their aggregated expression overwhelms their desire to access care or their ability to judge the massive amount of medical research and opinions made available to them online"〔Robert Glenn Howard(2013b), 앞의 논문, p.92〕.

43 "Media convergence fosters a new participatory folk culture by giving average people the tools to archive, annotate, appropriate and recirculate content. Shrewd companies tap this culture to foster consumer loyalty and generate low-cost content"〔Henry Jenkins(2001), "Convergence? I Diverge," *Technology Review*, 104(5), Massa-

에서 버내큘러와 제도가 어떻게 만나고 상호작용을 하는지 여러 사례를 통해 살펴보았다.[44] 젠킨스가 '참여문화'라고 명명한 것을 변호사이자 법학 교수인 레시그(Lawrence Lessig)는 '리믹스 문화'로 이해했다. 특히 저작권에 관심을 가진 레시그는 제도가 모든 권력을 쥐고 있는 현대적 현실이 문화의 역사를 길게 보면 일탈적인 것이며 오히려 디지털 시대에 대중이 문화를 자유롭게 재해석하는 것이 인간 문화의 원래 상태로 돌아가는 것이라고 주장했다.[45] 레시그도 버내큘러라는 말이나 민속학적 이론을 언급하지 않았으나 버내큘러와 제도의 관계에 대한 역사적인 시각을 제공했다는 점에서 의미가 있다고 본다.

디지털 민속학을 다루는 2009년 단행본 『민속학과 인터넷(*Folklore and the Internet*)』에서 웨스터맨(William Westerman)과 맥닐(Lynne S. McNeill)은 버내큘러에 대해 논했다. 웨스터맨은 위키피디아를 주제로 버내큘러 권위와 제도적 권위의 문제를 다루면서 "위키피디아가 정당하지 못하고 신뢰할 만하지 못하다는 신랄한 비판의 이유 중 하나는 지식 형성과 관련된 주장에 대한 학계에 만연한 이념과 관계가 있다"[46]고 지적했다. 쉽게 말해 학계라는 제도는 버내큘러하게 형성된 지식을 신뢰할 수 없다는 것이다. 그러나 위키피디아의 인기를 고려하면 그 제도에 속하지 않은 사람들은 충분히

---

chusetts Institute of Technology, p.93].

44 Henry Jenkins(2006), *Convergence Culture : Where Old and New Media Collide*, New York : New York University Press.

45 Lawrence Lessig(2008), *Remix : Making Art and Commerce Thrive in the Hybrid Economy*, London : Bloomsbury.

46 "One reason for the harsh criticism of Wikipedia as failing to be legitimate and reliable has to do with the pervasive academic ideology about claims regarding knowledge construction"[William Westerman(2009), "Epistemology, the Sociology of Knowledge, and the Wikipedia Userbox Controversy," in Trevor J. Blank ed., *Folklore and the Internet : Vernacular Expression in Digital World*, Logan, Utah : Utah State University Press, p.149].

신뢰하는 듯하다. 맥닐은 인터넷이 제공하는 무수히 많은 선택권에 대한 사용자들의 반응을 살폈다. 이 많은 선택권의 장점으로 "이제 더 이상 특정한 제도가 공개할 용의가 있는 것에 정보 접근성이 제한되지 않는다"[47]고 하면서도 사용자의 선택권을 강조하는 것은 "노골적으로 소비자 주도적인 목적은 아니더라도 시장 개념이 여전히 적용될 거라는 생각을 강조하면서 독자 · 청자 · 사용자를 온전히 소비자로 그리는 것"[48]이라고 지적했다. 아무리 선택권이 많더라도 시장원리라는 제도적 조건이 전제되어 있다는 것이다.

미디어 학자 콜맨(E. Gabriella Coleman)은 디지털 매체에 민족지학적 접근을 시도하며 '디지털 미디어 버내큘러'를 살폈다. 위키피디아와 같은 웹사이트는 원래 버내큘러한 취지에서 출발했으나 스스로 일종의 제도가 되어 버렸음을 지적하면서 버내큘러와 제도 사이의 경계선이 그렇게 뚜렷하지 않으며 실제로 자리를 옮길 수 있음을 보여 주었다. 또한 "소셜미디어 도구는 민중의 정치적 동원에 사용될 수도 있는 동시에 정부 감시와 인권 침해를 지지할 수도 있다"[49]며, 소셜미디어가 버내큘러한 정치운동의 도구로 사용될 수 있지만 반대로 걸림돌이 될 수도 있다고 경고했다.

---

47 "……access to information is no longer limited to what any particular institution is willing to reveal"〔Lynne S. McNeill(2009), "The End of the Internet : A Folk Response to the Provision of Infinite Choice," in Trevor J. Blank ed., *Folklore and the Internet : Vernacular Expression in a Digital World*, Logan, Utah : Utah State University Press, p.95〕.

48 "……paints readers, listeners, and users entirely as consumers, emphasizing the idea that even when the goal isn't explicitly consumer driven, the concepts from the marketplace will still be applicable"〔Lynne S. McNeill(2009), 앞의 논문, p.93〕.

49 "Social media tools can simultaneously support grass-roots political mobilizations as well as government surveillance and human rights violations"〔E. Gabriella Coleman (2010), "Ethnographic Approaches to Digital Media," *Annual Review of Anthropology*, 39, Annual Reviews, p.493〕.

톰슨(Tok Thompson)은 특히 디지털 매체 덕분에 활발해진 버내큘러 음악에 대해서 "버내큘러한 유형이 소위 문화산업에 비굴하게 지배당하는 것이 아니라 사람들의 예술적 충동으로부터 발생하는 것을 보니 신선하다"[50]고 하면서 이런 새로운 음악적 형태가 저작권 문제 때문에 '문화산업'과 충돌하는 경우가 많다고 했다. 그리고 음악적·예술적 자유가 훨씬 많아졌지만 "여전히 제도가 언제나 사이버 문화에 존재하며 적절한 행동을 하도록 규제하고 단속한다"[51]고 지적했다.

이듬해에 톰슨은 네티즌과 사회적·정치적 담론을 다루었는데 담론에 누가 영향을 끼치고 통제하는지를 이해해야 사회를 제대로 볼 수 있다고 했다.[52] 국민의 표현의 자유가 제한되어 있는 중국이나 리비아와 같은 나라에서 인터넷 덕분에 버내큘러한 저항과 비판의 목소리가 들리는 경우를 살피면서 버내큘러가 제도를 무너뜨리지는 못하더라도 저항할 수는 있다는 희망적 입장을 보여 주었다.

하워드가 '버내큘러 권위'라는 제목으로 챕터를 낸 책에서 슈미트(Casey R. Schmitt)는 그 개념을 가져와 부정적인 면모를 검토했다. 일리노이대학의 전 마스코트인 일리니웨크 족장(Chief Illiniwek)의 사례를 다루었는데, 그 마스코트가 대학의 전통이면서 원주민의 역사와 문화를 기리는 상징인지 아니면 원주민의 역사를 무시하고 문화를 전용하는 것인지 심각하게 찬반이 갈

---

50 "It is refreshing to see vernacular forms arising from people's artistic impulses, rather than being slavishly dominated by the 'culture industry'"[Tok Thompson(2011), "Beatboxing, Mashups, and Cyborg Identity : Folk Music for the Twenty-First Century," *Western Folklore*, 70(2), Western States Folklore Society, p.181].

51 "……the institutional is still always a presence in cyber culture, with regulation and enforcement of appropriate conduct"[Tok Thompson(2011), 앞의 논문, p.187].

52 Tok Thompson(2012), "Netizens, Revolutionaries, and the Inalienable Right to the Internet," in Trevor Blank ed., *Folk, Culture in a Digital Age*, Logan, Utah : Utah State University Press, pp.51~2.

린 논쟁이 있었던 것이다. 슈미트는 일리니웨크 족장을 지지하는 사람들의 담론을 검토한 결과 버내큘러 권위가 문화적 전용(cultural appropriation)을 정당화하는 도구로 사용될 수도 있다는 결론을 내렸다.[53] 같은 해에 블랭크(Trevor J. Blank)도 버내큘러의 혼종성을 논했는데 제도와의 관계보다는 육체적·가상적 혼종성에 집중하였다. 이런 연구를 보면 이미 미국민속학에서 '버내큘러'라는 개념이 특히 디지털 민속학에 있어서 일반화되었다는 것을 알 수가 있다.[54]

부치텔리(Anthony Bak Buccitelli)는 하워드의 버내큘러 이론을 가져와 새로운 분야를 개척하려는 노력을 특히 많이 했다. 그의 연구 중 디지털 공간과 실제 공간의 관계를 다룬 것이 흥미로운데 2013년에 디지털 현장성(digital locality)이 중앙 제도와 지역적 공동체의 관계에 어떤 영향을 끼치는지를 검토한 바 있다. 보스턴 시정부가 시민들이 직접 경찰에게 동네 문제를 신고하거나 민원을 보낼 수 있도록 앱을 출시한 사례를 언급하면서 시정부 공무원들이 특정한 장소에 대한 버내큘러한 인식에 참여할 수 있다며, "하워드의 예시는 사용자들이 제도적 기술을 이용하여 버내큘러한 표현의 순간을 창조하는 능력에 초점을 두지만 그 반대로 제도적 힘을 가진 행위자들이 버내큘러한 영역에 관여하는 순간을 검토하는 것도 유용할 수 있다"[55]고 제안했다.

---

53 Casey R. Schmitt(2013), "Asserting Tradition : Rhetoric of Tradition and the Defense of Chief Illiniwek," in Trevor Blank ed., *Folk Culture in a Digital Age*, Logan, Utah : Utah State University Press, pp.100~22.

54 Trevor J. Blank(2013), "Hybridizing Folk Culture : Toward a Theory of New Media and Vernacular Discourse," *Western Folklore*, 72(2), Western States Folklore Society, pp.105~30.

55 "Although Howard's examples tend to focus on the ability of users to create moments of vernacular expressions using institutional technologies, it may be useful to also examine the reverse : moments when agents of institutional power enter into vernacular spheres"〔Anthony Bak Buccitelli(2013), "Virtually a Local : Folk Geography,

2015년에는 사람들이 보스턴이라는 도시 공간에서 움직이며 그런 움직임을 디지털 매체를 통하여 남과 공유하면서 디지털 공간을 물리적 공간에 덮어씌우는 현상을 검토한 후 디지털 공간과 물리적 공간의 상호작용을 통해 '복합적 버내큘러성(multiplied vernacularities)'이 만들어진다고 했다.[56] 즉 디지털 공간과 물리적 공간이 합쳐지면 각 부분보다 총합이 더 커진다는 것이다.

2017년에는 제도가 게임을 통해 디지털 공간에서 물질적 세계에 대한 인식에 영향을 끼치는 양상을 살폈다. 버내큘러 지향적 앱인 지오캐시(Geocache)와 제도 지향적 앱인 인그레스(Ingress)를 비교 · 대조하면서, 전자는 사용자가 경험하는 지리에 버내큘러 가치를 적용하는 것을 허용하는 반면, 후자는 문화유산에 대한 제도적인 인식과 가치를 강요하는 것을 보여 주었다. 그는 "디지털 기술과 그 창조의 기저를 이루는 기업적 · 법적 구조가 우리의 일상적 경험의 핵심적 측면을 구성하거나 재구성하기 시작한 방법을 보다 깊이 탐구해야 한다. 특히 힘을 가진 제도가 버내큘러를 통제하기 위해 디지털 기술을 통해 행동하는 방법은 물론 다양한 제도적 구조의 이념이 이런 플랫폼 자체에 직접 부호화된 방법까지 인식해야 한다"[57]

Discourse, and Local Identity on the Geospatial Web," *Western Folklore*, 72(1), Western States Folklore Society, p.51].

56 Anthony Bak Buccitelli(2015), "Hybrid Tactics and Locative Legends : Re-reading de Certeau for the Future of Folkloristics," *Cultural Analysis*, 15(1), University of California, p.89.

57 "……we must begin to more deeply explore the ways in which digital technologies, and the corporate and legal structures that underlie their creation, have importantly begun to structure or restructure central aspects of our everyday experience. In particular, ……we must be cognizant not only of the ways in which institutions of power act through digital technologies to control the vernacular, but also the ways in which the ideologies of the various institutional structures are directly encoded in these platforms themselves"[Anthony Bak Buccitelli(2017), "Locative Gaming, Folk Geographies, and the Experience of Cultural Heritage," *Cultural Analysis*, 16(1),

면서 버내큘러 공간에서의 제도적 영향에 대해 더욱 심도 있는 연구를 하자고 민속학자들을 독려했다.

펙(Andrew Peck)도 하워드의 이론을 발전시키는 데에 기여한 바가 있다. 디지털 이미지를 조작하는 행위인 '포토쇼핑(photoshopping)'을 검토하면서 버내큘러를 "물질적 상태, 즉 유무를 따질 수 있는 것이 아니라 담론 혹은 시각 매체를 전용한 것과 담론의 상호작용을 통해 떠올릴 때에 혼종성의 여러 층위에서 드러나는 자질"이라고 설명했다.[58] 또한 버내큘러 연행(vernacular performance)에서 버내큘러 관행(vernacular practice)으로 관심을 돌린 점이 특히 주목할 만하다.[59] 연행은 어떤 관행의 일회적 사례인데 각각의 연행 사례를 따로 연구하는 것보다 전체적 시각으로 관행을 보자는 것이다.

이어서 이러한 버내큘러 관행을 2017년에 다시 다루면서 하워드의 버내큘러 권위론, 버내큘러 비평과 결합시켰다. 인터넷 덕분에 어떤 관행의 연행 사례를 이전보다 훨씬 많은 사람이 볼 수 있게 되었으며, "증가된 가시성이 의식을 유통시키며 그 의식이 협동 의식을 조성한다. 사용자들이 버

University of California, p.25].

58 "……the vernacular is not a material state of being (it is not something that one either has or does not have) ; rather, it is a quality that emerges in various levels of hybridity when it is evoked through discourse—or through an interplay between reappropriations of visual media and discourse"[Andrew M. Peck(2014), "A Laugh Riot : Photoshopping as Vernacular Discursive Practice," *International Journal of Communication*, 8, USC Annenberg, pp.1641~2].

59 하워드는 제자인 펙의 버내큘러 관행론을 최근 연구에서 도입한 바 있다[Robert Glenn Howard (2017), 앞의 논문, pp.121~2]. 물론 펙이 관행론을 처음으로 언급한 것은 아니다. 사회학 등의 분야에서의 관행론에 대하여는 Theodore R. Schatzki et al. (2001), *The Practice Turn in Contemporary Theory*, London ; Routledge 참조. 민속학에서는 최근 브로너가 검토한 바 있다[Simon J. Bronner (2012), "Practice Theory in Folklore and Folklife Studies," *Folklore*, 123(1), Routledge Journals ; Taylor & Francis, pp.23~47].

내쿨러 관행을 창조하고 공유하기 위해 협동을 하면서 특정한 상호작용을 높이는 연행의 위계질서를 발달시키기 시작함으로써 버내큘러 비평을 용이하게 하는 분위기를 만든다"[60]고 했다. 또한 이런 버내큘러 비평을 통해 사용자들은 "자신들의 버내큘러 권위 의식을 형성하고 강화한다"[61]고도 했다. 펙의 연구는 제도와 버내큘러의 관계를 강조하지 않았지만 버내큘러 속에서도 개인들이 스스로 위계질서를 만들고 권위를 확보하고 행사한다는 것을 보여 준다.

이전에도 많은 학자가 버내큘러가 반드시 긍정적인 것은 아니라는 점을 강조해 왔는데 최근 필립스(Whitney Phillips)와 밀너(Ryan M. Milner)는 인터넷의 버내큘러 표현의 양가성(ambivalence)에 집중했다. "한편으로는 일상적인 사람들의 일상적인 말을 옹호하는 것이 민주주의적이고 가식이 없으며 결국엔 인도적이다. 모두가 중요하고 모두의 말이 들을 만한 가치가 있다. 그러나 다른 한편으로는 일상적인 사람들의 일상적인 말이 흔히 꽤 추할 수도 있다. 역시 '서민적(folksy)'이라는 것이 무조건 선하거나 도덕적이거나 공정한 것은 아니기 때문이다"[62]라고 하면서 이런 못난 일상적 표현을 연

60 "……the increased visibility circulates awareness which, in turn, encourages a sense of collaboration. As users collaborate on creating and sharing vernacular practices, they begin to develop hierarchies of performance that privilege certain types of interaction, creating an atmosphere that facilitates vernacular critique"〔Andrew M. Peck(2017), "Capturing the Slender Man : Online and Offline Vernacular Practice in the Digital Age," *Cultural Analysis*, 16(1), pp.31~2〕.

61 "……construct and reinforce their own sense of vernacular authority"〔Andrew M. Peck(2017), 앞의 논문, p.34〕.

62 "On the one hand, championing the everyday speech of everyday people is democratic, unpretentious, and ultimately humane. Everybody matters ; everyone deserves to be heard. On the other hand, the everyday speech of everyday people can often be quite ugly. 'Folksy' does not, after all, necessarily mean good, moral, or just"〔Whitney Phillips and Ryan M. Milner(2017), *The Ambivalent Internet : Mischief, Oddity, and Antagonism Online*, Malden : Polity Press, p.28〕.

구하는 것도 중요하다고 주장했다. 그러면서도 증폭(amplification)의 위험을 잘 인식하고 있었다.[63] 2016년 미국 대선 이후로 언론에 의해 혐오 단체 등의 버내큘러 표현이 증폭되는 것을 보고 필립스가 언론인을 위한 보고서를 작성했다.[64] 이 보고서를 통해 미국 주류 사회가 버내큘러에 접할 수 있었고 그 힘에 대해서 배울 수 있는 기회를 갖게 되었을 것이다.

이처럼 하워드를 비롯하여 20세기 말부터 디지털 버내큘러에 대한 논의가 많이 이루어졌다. 버내큘러와 제도의 혼종성을 인정하며 상호 영향을 끼치는 관계를 다양한 예시를 통해 보여 주고 설명했다. 버내큘러는 제도에 대항하기도 하지만 제도를 긍정하기도 한다는 것을 알 수 있었다. 또한 제도가 혼종적 관계에서 소극적인 역할을 할 수도 있지만 적극적인 역할을 하면서 버내큘러 인식을 형성하는 노력을 할 수도 있음을 보았다. 버내큘러 비평도 중요한 주제가 되었는데, 이는 중립적인 위치에서 버내큘러 표현을 판가름하는 것을 의미할 수도 있지만 버내큘러 관행에 참여하는 개인들이 서로 비평하면서 위계질서를 형성하고 버내큘러 권위를 얻는 것을 의미할 수도 있다. 무엇보다 사람들이 버내큘러 웹으로 어느 때보다도 훨씬 촘촘히 연결되어 있는 지금 이 디지털 시대에 버내큘러를 무시해서는 안 될 것이다.

4. 버내큘러와 제도 사이 : 우리의 현주소

위에서 보았듯이 버내큘러라는 개념은 원래 범위가 한정된 특정한 지역

---

63 Whitney Phillips and Ryan M. Milner(2017), 앞의 책, pp.29~30.

64 Whitney Phillips(2018), "The Oxygen of Amplification : Better Practices for Reporting on Extremists, Antagonists, and Manipulators," *Data & Society*, May 22, Data & Society(https://datasociety.net/library/oxygen-of-amplification/).

과 관련된 것임을 알 수 있다. 그러나 세월이 흐를수록 버내큘러의 본질에 대한 생각이 달라지기 시작했다. 언어학에서는 그 지리적인 의미가 계속해서 유효했으나 특히 건축학과 같은 분야에서는 다른 개념으로 변했다. '특정한 지역'이라는 의미가 '시골'이나 '현대 문화가 덜 발전된 곳'과 같은 것으로 변하여 벨링가가 지적했듯이 고립 · 배제하는 도구로 사용되기도 했다. 라포포트는 버내큘러가 '원시적'인 것과 차별된다고 주장했지만 이후로는 그 경계선이 희미해진 듯하다.

버내큘러의 의미와 기능이 이렇게 변해 버린 이유는 또 하나의 버내큘러의 특징에서 찾을 수 있다. 즉 버내큘러가 언제나 대립항과 대조되는 관계에서 이해되어 왔다는 것이다. 랜티스가 처음에 버내큘러 문화 연구의 중요성을 주장했을 때에도 그 대립항을 '국가적'과 같은 범위가 더 큰 지리적 단위나 '주류 문화'로 설정했으며 20세기 후반에 들어서 다른 학자들의 논의에 의해 '학계' 등과 같은 '제도'로 정리된 셈이다.

한편으로는 이 대립항이 버내큘러와 완전히 별개의 것은 아니라는 인식도 처음부터 존재했다. 랜티스가 살폈던 주 박람회에서는 버내큘러 문화가 발생하지만 정부라는 제도가 박람회를 개최하고 여러 대회의 규정을 세우고 심사까지 하기에 가능했던 것이다. 물론 이를 인정하지 않고 벨링가가 지적했듯이 버내큘러를 타자화하려는 노력도 계속되었지만 결국 20세기 말에 들어서 종교학에서는 프리미아노, 수사학에서는 오노와 슬룹, 건축학에서는 글래시 등 모두 버내큘러와 제도의 혼종성을 강조하기에 이르렀다.

그러므로 1990년대 말부터 최근까지 하워드를 비롯해 디지털 미디어와 민속학을 연구하는 학자들이 버내큘러의 혼종성을 강조했을 때에는 이미 다져진 기반에 논의를 세운 것이다. 오늘날의 디지털 버내큘러의 혼종성이 이전에 보았던 아날로그 버내큘러의 혼종성과 일맥상통하다는 것에는 누구나 동의하겠지만 그저 같은 현상으로 보아도 되는 것인지, 아니면 디지털 버내큘러의 혼종성을 완전히 새로운 현상으로 볼 수 있을지에 대해서는 따져 보아야 한다. 차이가 있다면 이전보다 더 만연해 있다는 점이라고 할 수 있겠는데 이것이 신근성(新近性) 효과(recency effect) 혹은 신근성 편견일지도 모르겠다. 최근에 제도가 버내큘러에 침투하는 것을 너무 많이 보았기 때문에 예전의 것보다 최근의 것에 더 집중하는 데에서 오는 편견인 것이다. 확신할 수 있는 게 있다면 하워드가 설명했듯이 버내큘러는 제도에 대립되는 개념으로 정의되기 때문에 제도와 변증법적인 관계에 존재하고 있다는 것뿐이다.

그렇다고 해서 이전과 달라진 게 없다고 하면서 간과할 문제는 아니다. 버내큘러의 혼종성이 근본적으로 같은 것이라고 해도 버내큘러의 기반에 전제되어 있는 개념에 있어서는 분명한 차이가 있는데 바로 공간에 대한 인식이다. 아날로그 시대에는 버내큘러가 발생하기 위해 특정한 지역의 유대나 긴밀한 공동체가 필요했으나 디지털 시대에는 소위 버내큘러 웹이 지리적 조건과 상관없이 형성될 수 있다. 이에 따라 사람들이 소통하는 방식도 달라졌다. 옹(Walter J. Ong)은 이런 문화를 '이차적 구술성(secondary orality)'라고 명명했는데, 문자문화 이전의 '일차적 구술성(primary orality)'과 비슷한 측면이 있지만 문자문화에 기반을 두고 있기 때문에 근본적으로 다른 것이라고 설명했다.[65] 그러나 이후에 학계에서 통용하게 된 '구텐베르크 괄호(Gutenberg Parenthesis)'라는 개념이 혼돈을 초래한 듯하다. 즉 계속 이어지는 구술적 역사 중간에 문자문화가 괄호처럼 끼어들었을 뿐이며 이제는 디지털 기술 덕분에 인간의 본모습으로 돌아갈 수 있다는 버내큘러한 이해가 생긴 것이다.[66]

---

65 Walter J. Ong(1982), *Orality and Literacy : The Technologizing of the Word*, London : Methuen & Co.

66 물론 학계에서 이루어진 구텐베르크 괄호에 대한 논의는 이것보다 뉘앙스가 있지만 이런 주제에 대해서 여러 번 논한 페티트(Thomas Pettitt)도 이 용어의 문제점을 인정

그러나 디지털 공동체는 문자문화 이전의 공동체와 명백히 다르다. 다른 건 몰라도 이전에 비해 면 대 면 상호작용(face-to-face interaction)을 할 기회가 훨씬 적어진 것은 분명하다. 물론 이런 차이점이 사람들이 소통하는 데에 별로 영향을 끼치지 않을 때도 있지만 영향을 끼치는 경우가 많은 게 사실이다. 제도가 버내큘러에 침투하는 것을 감지하지 못하게 할 때가 바로 그러한 경우라고 할 수 있다.

최근에 제도에서 버내큘러의 권위를 이용하려는 노력이 많이 보인다. 특히 정치계에서의 이런 노력이 눈에 띈다. 2000년 미국 대통령 예비선거에서 공화당 후보에 도전했던 존 매케인이 버스를 타고 나라를 순회할 때 그 버스에 '직설급행(Straight Talk Express)'이라는 별명을 붙이고 거기에서 기자들과 만나 직설적으로 대화한 것은 잘 알려진 사례다. 작가 데이빗 포스터 월래스가 매케인과 직설급행을 탔던 경험에 대해서 쓴 에세이에는 그에게 "인간적 진실성과 정치적 전문성"이 동시에 존재할 수 있는 것이 그의 "거대한 음양의 역설"이라고 한 구절이 있다.[67] 버내큘러와 제도라는 말을 사용하지는 않았으나 그 둘의 혼종적 관계를 감지한 것이다. 매케인은 당시 후보가 되는 데에 실패했으나 8년 후 공화당 후보로 당선되어 대선에서 오바마와 겨루었다. 흥미롭게도 오바마도 민주당 예비선거에서 힘든 길을

했다. "미디어 역사 가운데 분명한(괄호로 묶은) 경계선을 지닌 별개의 시기로서의 '구텐베르크 괄호'라는 개념 그 자체가 세계를 봉쇄로 보는 인식 방식 중에 하나일 수도 있다는 것을 생각하면 심란하다(……it is disturbing to contemplate that the notion of a 'Gutenberg Parenthesis' as a discrete period in media history with clear (bracketed) boundaries may itself be one of those modes of perception that see the world in terms of containment……)"[Thomas Pettitt(2013), "Media Dynamics and the Lessons of History : The 'Gutenberg Parenthesis' as Restoration Topos," in John Hartly et al. eds., *A Companion to New Media Dynamics*, Chichester : John Wiley & Sons, p.67].

67 David Foster Wallace(2000), "The Weasel, Twelve Monkeys and the Shrub," *Rolling Stone*, April 13.

걸었다. 유력한 후보였던 힐러리 클린턴이 오바마를 엘리트주의자로 모는 바람에 오바마의 인기가 떨어지고 있었는데, 보좌관의 조언을 받아들여 보다 서민적인 이미지를 구축하는 데에 힘썼다. 이것도 버내큘러의 힘을 빌리려는 의도에서 나온 전략인 것이다. 물론 오로지 이런 서민적인 이미지 때문에 민주당 후보가 되어 나중에 미국의 첫 흑인 대통령이 되었다고 단언할 수는 없지만 중요한 역할을 하지 않았을까 싶다.[68]

한국의 경우에도 1987년 대통령 선거에서 노태우 후보가 '보통 사람'이라는 슬로건을 내걸어 대통령에 당선되었는데, 버내큘러 담론을 정치에 이용한 사례라 볼 수 있을 것이다. 또한 김영삼, 노무현 전 대통령이 경상도 사투리를 계속 구사한 것이 대중에게 친근감을 주었던 것도 버내큘러의 맥락에서 이해할 수 있다고 하겠다. 요즘은 미국이든 한국이든 막말하는 정치인이 대세인 것 같은데 매케인의 진실성과 솔직함이 현 미국 대통령의 말과는 거리가 멀다고 할 수도 있겠지만, 결국 버내큘러를 국민을 설득하는 힘의 원천으로 인식한 데에서 유래했다는 점은 마찬가지다.

사실 정치인들은 옛날부터 버내큘러의 힘을 잘 인식해 왔다. 고대 로마에서도 키케로가 버내큘러의 힘을 언급한 바 있다. 그는 브루투스와의 대화 중 도시 밖에서 온, 즉 로마 출신이 아닌 웅변가에 대해서 말하면서 그들의 웅변은 "도시적 색깔(urbanitatis color)"이 결핍되어 있다고 했다. 브루투스가 도시적 색깔이 정확히 무엇이냐고 묻자, 키케로는 대답 대신 자신의 친구 그라니우스가 재치 싸움에서 "뭐라 형언할 수 없는 버내큘러한 맛(nescio quo sapore vernaculo)"[69]으로 이겼다고 했다. 물론 키케로는 순전히 언어적

---

68 『뉴욕타임스』는 오바마 선거 운동의 변곡점을 두고 "엘리트주의라는 꼬리표가 붙자 오바마가 선거 운동을 거창함에서 서민적으로 바꾸다(Tagged as Elitist, Obama Shifts Campaign From High-Flown to Folksy)"라는 표제하에 보도한 바 있다〔Michael Powell and Jeff Zeleny(2008), *The, New York Times*, May 6〕.

69 Marcus Tullius Cicero(1962), "Brutus," G. L. Hendrickson trans., *Cicero in Twenty-*

인 특징을 말하고 있었지만 고대에도 버내큘러의 힘을 충분히 인식하고 있었음을 알 수가 있다.

정치인뿐만 아니라 기업도 버내큘러의 힘을 잘 알고 있다. 인터넷에서도 그렇다. 맥닐이 지적한 것처럼 인터넷의 비즈니스 모델은 결국 마케팅이다. 누구나 다 아는 예를 들자면 소비자에게 적절한 광고를 보여 주기 위해 개인 정보와 소비 습관에 대한 정보를 수집하고 분석하는 것이 페이스북과 같은 웹사이트의 전략이다. 직접 사용자들에게 정보를 요구하는 것은 별로 효과적이지 않기 때문에 디지털 공동체와 버내큘러한 소통을 할 수 있는 장을 마련해 주는 것이다. 그러나 페이스북에서 이루어지는 버내큘러한 소통의 이면에 상업적인 목적, 즉 제도적인 의도가 흐르고 있다는 사실을 잊어서는 안 된다.

언론도 마찬가지다. 하워드가 언급했듯이 『뉴욕타임스』와 같은 신문사가 웹사이트에서 댓글을 달 수 있도록 해주는 것이 과연 독자들의 생각을 알고 싶어서일까? 그런 측면이 아예 없는 것은 아니겠지만 버내큘러의 힘을 빌리려는 의도가 더 강할 것이다. 물론 독자들이 댓글을 마음대로 달 수 있기 때문에 버내큘러한 표현이지만 『뉴욕타임스』라는 제도가 허용하기 때문에 제도적인 표현이 되기도 하는 것이다.

마무리하면서 이와 관련해서 잠깐 살펴볼 만한 한국의 사례는 이른바 '드루킹 댓글 조작 사건'이다. 주지하는 바와 같이 '드루킹'이라는 아이디로 활동하는 자와 그 일당이 2018년 1월에 평창올림픽 여자 아이스하키 단일팀 구성에 시비를 걸고 정부를 비판하는 댓글의 공감수를 인위적으로 높인 데에서 발단한 사건이다. 이 사실이 밝혀졌을 당시 드루킹 일당이 사용한 매크로 프로그램 등과 같은 기술적인 면에 대한 기사가 많이 나왔는데 다음소프트의 최재원 이사가 이의를 제기하면서 "이번 사태를 무조건 '기술의

Eight, 5, Cambridge : Harvard University Press, p.147.

문제'로 보아서는 안 된다. 결국 사람이 작정하고 플랫폼을 왜곡하려는 걸 기술적으로 원천 차단하기란 쉽지 않다"[70]고 역설했다. 기술이 문제가 아니라 사람이 문제라는 것이다. 다시 말하면 이런 댓글 조작이 효과가 있다는 것이 문제다. 한 포털 뉴스의 편집자가 말한 것처럼 "우리가 사용자 심층 인터뷰를 하면 기사를 볼 때 가장 먼저 댓글을 확인한다는 사람이 많다"[71]는 것이다. 짐작하다시피 이는 바로 사람들이 버내큘러 권위를 신뢰하기 때문이라고 할 수 있다. 뉴스에 기사를 쓴 기자의 이름이 달려 있어도 그 기자는 제도의 일원이며 제도를 대표할 뿐이라고 인식한다. 반면에 그 밑에 댓글을 남긴 사람들은 나와 같은 보통 사람들이며 제도와 차별되는 개인들인 것이다.

포털 뉴스 사이트의 댓글에 공감수로 순위를 매기는 것과 관련해서 교육평론가 안재오는 "한국인의 특기는 항상 순위 매기기를 좋아한다는 점"에 초점을 맞추어 "항상 성적 경쟁, 등수, 줄세우기 등에 길들여진 한국인들의 교육 사정을 반영한다. 그리고 제일 위의 댓글 일명 베댓글은 일종의 정답 구실을 한다"[72]고 지적했다. 물론 한국에서 순위 매기기를 좋아하는 것도 사실이고 안재오가 경고하는 서열주의나 학벌주의가 큰 사회적 문제라는 것도 부정할 수 없으나 드루킹 사건에서 보았던 현상은 한국만의 문제가 아니다. 공감수를 중요하게 여겨 순위를 매기는 것은 한국 포털 뉴스 사이트뿐 아니라 인터넷의 보편적 현상이다. 유튜브만 보더라도 공감수가 높은 댓글이 가장 눈에 띄게 배치되는 데다가 영상물 창작자가 공감을 특별하게

---

70 김동인(2018), 「비상식적이고 기이한 '드루킹의 예언'」, 『시사IN』 제554호(서울 : 참언론, 2018. 5. 1), 30쪽.

71 한정연(2018), 「〈드루킹 댓글 조작에 쓴 매크로 프로그램〉 네이버는 못 막았나 안 막았나」, 『이코노미스트』 통권 제1431호(서울 : 중앙일보플러스, 2018. 4. 30), 14쪽.

72 안재오(2018), 「드루킹의 댓글 조작 사건의 교육학적 의미」, 『교육평론』 27(서울 : 월간교육신문사, 2018. 6), 96~97쪽.

표시할 수도 있고 심지어 가장 먼저 나오도록 '핀(pin. 압정으로 고정시킨다는 비유)'을 할 수도 있다. 창작자가 제도적인 행위자라면 버내큘러 권위와 제도적 권위가 동시에 작용하게 되는 것이다. 어쨌든 디지털 미디어로 가능해진 인터넷 참여 문화에서는 공감수로 중요성을 판단하는 일이 일반적이다.

앞에서 언급한 디지털 시대의 공간의식과 버내큘러 웹과 같은 공동체의식은 다시금 주목할 만하다. 이전에 인간의 소통이 주로 면 대 면 상황에서 이루어졌을 때에는 잘 알고 신뢰하는 사람으로부터 어떤 소식을 들을 때 그 소식을 믿어도 별문제가 없었을 것이다. 물론 면 대 면 상황이라고 아예 문제가 발생하지 않는 것은 아니지만 디지털 시대에 온라인 공동체와 소통하는 것은 위험이 훨씬 크다고 할 수 있다. 불특정 다수의 공감을 표시하는 공감수가 오프라인 버내큘러 웹을 대신하고 있지만 우리가 그 차이를 깨닫지 못하는 경우가 많다. 정부를 비난하는 댓글에 공감하는 사람이 수백 명에 해당되는 공감수를 보면 쉽게 '사람들이 많이 동의하는구나'라고 생각하게 된다. 결국에는 숫자에 불과한 것인데도 불구하고 우리가 이런 숫자를 보기만 해도 영향을 받을 만큼 버내큘러 권위를 신뢰하고 의지하고 있는 것이다.

이처럼 버내큘러와 제도의 관계, 그 둘이 상호 침투하는 혼종성, 우리의 생각을 좌우하는 권위와 신뢰는 오늘날의 디지털 시대에 중요하게 여겨야 할 문제다. 계속해서 우리의 버내큘러 웹들이 복잡해지고 디지털 플랫폼들이 보다 혼종적으로 발전하기 때문에 앞으로도 이와 같은 문제에 대해서 고민하고 연구할 필요가 반드시 있다고 본다. 특히 디지털 시대의 민속학은 과거와 같이 무조건 제도와 차별되는 민(folk)의 표현을 대상으로 연구하는 것이 아니라 제도를 통해 이루어지는 버내큘러 표현, 그리고 제도와 버내큘러의 상호작용을 연구해야 한다.

위에서 살펴본 포털 뉴스 댓글 조작 사건은 분명히 제도적인 면도 있지만 버내큘러한 면, 즉 민속학적으로 연구할 만한 면도 있는 것이다. 소셜 미디어에 있어서도 제도적 행동 유도성(affordance)으로 인해 이루어지는 버내큘러 표현이 하나의 연구 대상이 될 수도 있다. 결국 인간의 관계와 표현이 다양해지는 디지털 시대에 민속학에서도 폭넓은 연구가 이루어지기를 바란다.

버내큘러의 방법론적 가능성

강성우(姜成宇, Kang Sung-Woo)

고려대학교 국제학부 연구교수. 동아시아학(한일관계사) 전공.

동아시아 근대성, 동아시아 전쟁과 평화에 관심을 갖고 있다. 주요 저작물로 『개항기 인천의 문화접변과 시각적 모더니티』(2016), 『Re-스타트, 다시 시작하는 교육』(공저·2020), 『세계 평화개념사』(공저·2020), "Literacy Education, Ideology and Politics : The Case of Soviet and US Military Governments in the Two Koreas"(2020) 등이 있다.

1. 서론

버내큘러(vernacular)는 민속학에서 주로 사용되는 용어로 특정한 맥락의 지역적 언어나 물건, 풍습 등을 지칭한다.[1] 또한 버내큘러는 기존 민속학에서 그 연구 대상으로 간주되었던 소박하고도 일상적인, 집단적이고도 전승성이 강한 기층문화(基層文化)[2]를 지칭하기도 한다. 그렇기에 버내큘러는 민속(folklor)을 갈음하는 용어로 사용되기도 하고, 또 때에 따라서는 비공식적이고 대중적인 것을 지칭하기도 한다. 이 용어들이 한때 선별적·경멸적인 표현으로 여겨졌던 이유이기도 하다.[3] 그러나 최근 들어 버내큘러나 민속을 보통 사람들이 향유하는 일상적 문화로 정의해야 한다는 주장이 힘을 얻고 있다. 이를테면 랠프 엘리슨(Ralph Ellison)은 버내큘러의 중요성과 관련하여 "누가 그리고 무엇을 통해 우리가 존재하게 되었는지에 대한 인식을 정의하고 논의하는 계속적인 과정과 관계가 있다"고 설명했다.[4]

---

1 M. Sims and M. Stephens(2011), *Living Folklore : An Introduction to the Study of People and Their Traditions*, 2nd edition, Utah : Utha State University Press, p.6.

2 남근우(2014), 『한국민속학 재고 : 본질주의와 복원주의를 넘어서』, 민속원, 36~39쪽. 남근우는 '기층문화'를, 일본민속학이 독일의 나치즘 민속학을 오독하면서 수용한 결과로, 그것을 해방 후 손진태가 민족문화학의 수사와 결합시키면서 한국민속학에서 고착화된 개념이라고 지적했다. 하지만 필자는 버내큘러를 설명하는 데 있어서 기층문화 개념이 여전히 유용하다는 판단하에 여기서는 그대로 사용하기로 하겠다.

3 실제로 20세기 초반까지 사회학은 문명사회를 연구하는 학문이고, 민속학은 미개사회를 연구하는 학문으로 분류되기도 했다.

4 Ralph Ellison(1986), *Going to the Territory*, New York : Vintage Books, p.143.

버내큘러는 사회학과 인류학, 역사학 등 다양한 학문 분야에서 검토되고 학문적 개념으로 사용되고 있지만, 특별히 민속학이라는 학문 분과에서 중요하게 다루어지고 있다. 버내큘러는 사회언어학자들과 건축학자, 문화비평가들에 의해 1960년대에 재발견되어, 자율적이고 일관성을 가지며, 타당성과 동시대성을 가진 관례와 같은 의미로 인식되었다. 하지만 아직 구체적으로 정의되었다고 보기는 어렵다.[5] 그럼에도 불구하고 문화비평적 관점에서 보자면, 버내큘러는 헤게모니적 표현과 교육받은 엘리트 문화의 반의어로, 문화적으로 배제된 사람들 곧 낮은 계급에 속한 사람들의 표현들과 관련된다고 할 수 있다. 다시 말하면 버내큘러는 '거대 서사(grand narrative or master narrative)'의 역사 속에서 이름을 갖지 못한 대상들의 가치를 재발견해 주는 새로운 인식의 틀로 인식되고 있다.

버내큘러가 민속학에서 의미 있게 등장하게 된 데에는, 1970년대에 미국 인류학계에서 문화 다원주의의 지정학적인 분석을 통해 빅토리아 시대의 유럽 인류학 전통을 극복하려고 한 프란츠 보아스(Franz Boas)의 연구가 중요한 역할을 했다. 문화 다원주의라는 패러다임을 적용한 보아스 학파(Boasian tradition)의 인류학적 전통을 바탕으로 민속을 버내큘러로 대체하기 시작하면서 버내큘러는 중요한 개념으로 자리매김되었다.[6] 사이먼 브로너(Simon Bronner)는 1970년대 버내큘러 연구에서 보아스의 연구가 의미 있는 진보를 이끌었다고 지적하고, 그 연구가 문화상대론(cultural relativism)을 바탕으로 한 개인들의 문화적 통합에 기여했을 뿐만 아니라, 문화 속의 개인들을 강조하는 데에도 기여했다고 평가했다. 이와 같은 문화상대론에 대한 강조는, 버내큘러라는 일상적 문화가 집단이나 개인의 세계관을 형성하는

---

5 Ivan Illich(1980), "Vernacular Values," *Philosophica*, 26(2), pp.47~102.

6 D. Noyes(2016), *Humble Theory : Folklore's Grasp on Social Life*, Bloomington ; Indianapolis : Indiana University Press, p.64.

데 어떤 역할을 하는지 환기시킴으로써 민속학에 대한 이해를 심화하는 데에도 기여했다.[7] 버내큘러 문화에 대한 집중된 관심은 유럽 전역에서 대중적 유물에 대한 정치적·학문적인 관심을 확장시켰던 르네상스적 열망과도 연결되어 있다.[8] 중세 이후 다양한 분야를 백과사전식으로 지식화하는 르네상스적 전통의 맥락에서 버내큘러에 대한 관심도 폭증했기 때문이다. 최근에는 정치적이거나 학문적인 것에 국한되지 않고 일반 대중과 관련된 문화를 포괄적으로 지칭하는 용어로 정착하는 추세다.[9] 그렇지만 버내큘러와 관련된 학계의 관심과 다양한 논의에도 불구하고 버내큘러라는 말은 우리에게 여전히 생소한 것으로 남아 있다.

버내큘러를 더욱 명확하게 이해하기 위해서는 버내큘러라는 용어의 기원을 다시 한 번 상기할 필요가 있다. 『옥스퍼드 영어사전』에 따르면, 버내큘러라는 용어는 17세기 전반 '가정, 원산, 토착'이라는 뜻으로 쓰였던 라틴어 "vernaculus"에서 그 기원을 찾는다. 버내큘러라는 용어를 분절해서 살펴보면 집에서 태어난 노예라는 뜻의 라틴어 "verna"에 형용사의 접미사인 "ar"를 붙여 처음 사용되었다고 한다. 또한 버내큘러는 그리스어 "oikogenes"에서 온 단어로 문자 그대로 해석하면 '토착적 유전자를 가진(home-genetic)'이라는 의미를 가지고 있다. 버내큘러는 『옥스퍼드 영어사전』에서 "원주민(native)의, 토착적(indigenous)인, 외국산이 아닌, 학습된 것이 아닌" 등으로 정의되고 있다.[10] 즉 버내큘러의 사전적인 정의는 처음부터 "표준이 아닌"

7 M. Sims and M. Stephens(2011), 앞의 책, p.24.

8 D. Noyes(2012), "The Social Base of Folklore," in Regina F. Bendix and Galit Hasan-Rokem eds., *A Companion to Folklore*, Wiley-Blackwell, p.16.

9 K. Heath(2003), "Defining the Nature of Vernacular," *Material Culture*, 35(2), p.48.

10 E.S.C. Weiner(1982), *Oxford English Dictionary*, Oxford : University of Oxford Press, s.v. "vernacular" ; Joost Keizer and Todd Richardson(2011), "Introduction," in Joost Keizer and Todd Richardson eds., *The Transformation of Vernacular Expression in Early Modern Arts*, Leiden : Brill, pp.3~4.

혹은 "하위 표준(sub-standard)"이라는 의미로 규정되는 경향이 있었다.

물론 사전적인 정의로 버내큘러의 의미를 온전히 담아낼 수는 없다. 그러나 버내큘러가 장삼이사로 일컬어지는 보통 사람들의 문화와 깊은 관련이 있음은 분명한 듯하다. 예컨대 레너드 프리미아노(Leonard Primiano)는 민속종교를 설명하면서 민속종교와 같은 용어들은 이념적인 데 반해, 버내큘러(종교)는 특정 지역이나 개인들의 종교적인 믿음과 실천을 표현하는 것으로, 이념적 편향성을 가지지 않은 용어라고 설명했다.[11] 민속학적인 관점에서 볼 때, 버내큘러는 특정 지역의 언어나 물건, 지역민의 관례 등을 지칭하는 용어로 사용되었다. 버내큘러와 민속을 비교해 보면, 버내큘러가 민속보다 넓은 뜻으로 사용된다. 버내큘러가 지역이나 지방에서 생산·정의·표현되는 문화를 일컫는다면, 그러한 버내큘러가 일반 대중에게 폭넓게 정착해 일상화되고 전통으로 자리 잡았을 때 그것을 민속이라고 지칭하기 때문이다. 그래서 모든 버내큘러가 민속학의 범주에 들어가는 것이라고 할 수는 없으나, 모든 민속학의 대상은 버내큘러라고 할 수 있다는 정의는 수용할 만한 가치가 있다.[12] 이와 같은 정의는 세계화 시대에 버내큘러 문화가 특정 지방이나 지역, 토착적인 문화에 국한되지 않고 문화적인 특권이 없는 사람들의 내적 관점이 투영된 문화를 일컫는 것으로 확대될 수 있는 가능성을 연다.[13] 이러한 가능성을 명확히 하기 위해 다양한 시도들이 있었던바, 그 개념의 형성 과정을 도식화하면 〈도표 1〉과 같다.

뒤의 도표에서 보이는 것과 같이 결국 버내큘러는 기후와 물질, 지형을 공유하는 특정 지역과 집단에서 생겨나며 외부의 영향으로 전통에 변화가 있을 때 생성된다. 다시 말하면 버내큘러는 지역에 유입되는 새로운 문화가

---

11 M. Sims and M. Stephens(2011), 앞의 책, p.24.

12 M. Sims and M. Stephens(2011), 앞의 책, p.7.

13 M. Sims and M. Stephens(2011), 앞의 책, p.6.

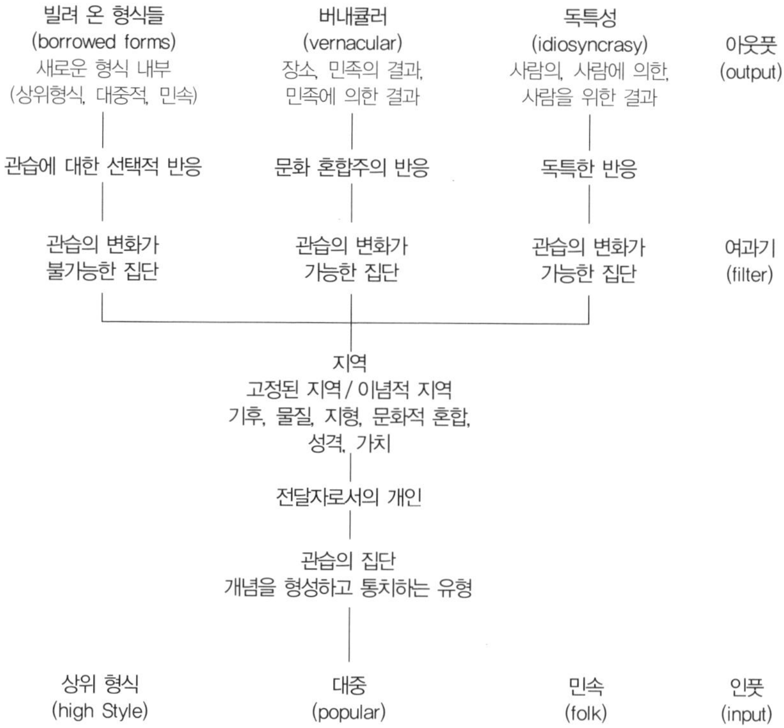

〈도표 1〉 버내큘러 형식을 만드는 역동(구조적 모델)[14]

그 지역의 여과기(filter)에 의해 변화하고, 본래 존재하던 관습이나 그 일부 속에 수용되면서 형성된다.[15] 이는 버내큘러의 개념이 고정된 의미로 해석되지 않는 특성을 반영한 것이기도 하다.[16] 다시 말하면 버내큘러는 새로운 문화가 유입되면서 지역에 존재하던 기존 관습이 변화하고, 지역민들이 새로운 문화를 수용하면서 문화적 다양성에 대한 새로운 반응을 생산할 때

14 Kingston Wm. Heath(2003), "Defining the Nature of Vernacular," *Material Culture*, 35(2), p.52.

15 Kingston Wm. Heath(2003), 앞의 논문, p.51.

16 Kingston Wm. Heath(2003), 앞의 논문, p.48.

나타난다. 그리하여 지역과 사람들에게 지역적으로 대표성을 가진, 직관적으로 이해되고 인식될 수 있는 형태로 드러난다.[17]

학문의 역사 속에서 버내큘러라는 개념이 새로운 도약을 하게 되는 계기는 버내큘러 형식을 만드는 역동성과 관련이 있다. 과거의 버내큘러는 거대담론이 주목하는 일반적인 연구 대상에 대조적인 개념으로만 이해되었다. 그러나 계급관계 속에서 하위계급인 프롤레타리아의 이해관계를 주목했던 마르크스주의, 탈식민 상황에서 기존 식민주의 논리의 근거가 되는 주장들을 반대하고 피식민자들의 대안적 논리를 주목했던 포스트 식민주의, 개개인의 권리를 존중하는 자유주의적 전통 등과 결합하면서, 버내큘러는 그 담론의 장을 확대해 왔다. 다시 말하면, 버내큘러의 개념화는 방법적·이론적으로도 다양한 이론의 수용 결과라고 할 수 있다. 예컨대 호미 바바(Homi Bhabha)가 서발턴 혹은 마이너리티 담론과 문화적인 정체성의 관계를 설명하면서, "국가적인 문화와 사람들의 모습이 버내큘러 혹은 마이너리티를 통해서 논쟁의 장으로서 드러난다"고 한 주장은 포스트 식민주의에서 버내큘러가 담론과 결합하는 양상에 대한 인식을 제공한다. 다시 말하면 버내큘러는 포스트 식민주의 이론의 서발턴이나 마이너리티, 즉 종속된 집단과 동의어처럼 사용된다.[18]

호미 바바의 마이너리티 담론은 헤게모니적인 문화 속에 있는 지역적 특징으로서 새로운 담론을 제시해 준다는 측면에서 의미가 있다.[19] 이처럼

---

17 Kingston Wm. Heath(2003), 앞의 논문, p.52.

18 S. Lemke(2009), *The Vernacular Matters of American Literature*, New York ; Hampshire : Palgrave Macmillan, p.3.

19 H. Bhabha(1994), "DissemiNation : Time, Narrative and the Margins of the Modern Nation," in *The Location of Culture*, London ; New York : Routledge, pp.139~70 ; H. Bhabha(1996), "Unsatisfied : Notes on Vernacular Cosmopolitanism," in Laura Garcia-Morena and Peter C. Pfeifer eds., *Text and Nation*, London : Camden House, pp.191~207. 호미 바바는 미국 흑인 포스트 식민주의 세계에서 힘이 없는 사람들이나

버내큘러는 현대 철학사상이나 이론들과 결합하면서 지속적으로 개념을 확장하고 있고, 급변하는 사회의 변화를 현지조사라는 형태로 포착하는 사회과학 방법론의 한 형태로 변화하고 있다. 이는 버내큘러가 가진 혼종성(hybridity)의 본질과 맞닿아 있다. 버내큘러의 어원인 라틴어 "verna"는 라틴어 "hibrida"와 깊은 관계가 있다. "hibrida"는 사육하는 암퇘지와 야생의 수퇘지의 자손을 뜻하는 것으로 야생돼지는 로마에서 남성성의 상징이었다. 또한 "hibrida"는 '다른 인종적 배경을 가진 부모를 가진 자'라는 의미를 가지는 등 언제나 문화적인 혼종성의 의미를 가졌다.[20]

이에 하워드(Robert Glenn Howard)는 "순전한 버내큘러는 존재하지 않고, 다만 버내큘러 자체를 범주화하기 위한 경계가 필요할 뿐이다. 결국 순수한 버내큘러는 존재하지 않고 혼종성 정도의 차이만 있을 뿐이다"라고 주장하기도 했다.[21] 다시 말하면 버내큘러는 시간과 맥락에 따라 진화하고 있기에 버내큘러와 관련된 논의는 새로운 학문으로서, 철학과 사회과학의 오래된 전통과 공명 · 공존하면서 함께 발전하고 있다. 그런 점에서 버내큘러는 연구의 '대상'인 동시에 '방법'으로서의 의미가 있다고 하겠다. 본고에서는 버내큘러의 일상성과 버내큘러 기억, 오리엔탈리즘과 버내큘러라

엘리트가 아닌 이들의 세계주의를 논의하면서 "버내큘러 코즈모폴리터니즘(vernacular cosmopolitanism)"이라는 개념을 만들기도 했다. 버내큘러 코즈모폴리터니즘이라는 용어 자체는, 버내큘러가 지역(local)을 중심으로 놓는 데 반해 코즈모폴리터니즘이 세계적(global)이고 국제적(international)인 것과 관련된다는 점에서 형용모순적(oxymoron)일 수도 있다. 하지만 호미 바바가 언급한 세계주의적 버내큘러는 주요한 세 가지 개념을 포함하고 있다. ① 버내큘러 코즈모폴리터니즘은 탁월한 인간의 보편적 타당성과 윤리적 자격을 제공한다. ② 버내큘러 코즈모폴리터니즘은 자신의 불충분한 인식과 타인의 필요에 대한 개방성 요구에 긴요하게 작용한다. ③ 버내큘러 코즈모폴리터니즘은 궁극적인 피해자인 서발턴의 윤리적인 발전을 위한 의미있는 약속을 제시한다.

20 R. Howard(2008b), "The Vernacular Web of Participatory Media," *Critical Studies in Media Communication*, 25(5), p.496.

21 R. Howard(2008a), "Electronic Hybridity : The Persistent Processes of the Vernacular Web," *Journal of American Folklore*, 121, p.203.

는 세 가지 관점에서 연구방법으로서 버내큘러의 의미와 적용 가능성을 모색하려고 한다.

2. 일상 속에서 찾는 버내큘러

방법론으로서 버내큘러를 접근할 때 가장 눈에 띄는 것은 버내큘러의 일상성이다. 민속학에서 그 연구 대상으로서 일상생활의 중요성은 두말할 나위가 없다. 가오빙중(高丙中)은 민속학의 핵심문제로 일상생활을 논하면서 그 중요한 속성을 ① 기성성(旣成性), ② 미완성성과 개방성, ③ 자재성(自在性)과 비성찰성, ④ 이치상 당연성(理所當然性)으로 나누어서 개괄하였다. 첫 번째, 기성성은 개인에 대한 무조건적 인정이며 개인과 사회를 현실적인 존재로서 수용하는 것을 의미한다. 두 번째, 미완성성과 개방성은 사람과 사회를 '생명이 이어지는 과정'으로 보아 일상과 생활을 미완성적이고 개방적으로 보는 것이다. 세 번째, 자재성과 비성찰성은 일상생활을 비전문적이고 비엘리트적인 사람들이 무의식적으로 실현하는 과정으로 보는 것이다. 마지막으로 이치상 당연성은 일상생활을 기성 사실로 인정하고 수용하는 것이다.[22] 곧 민속학의 큰 범주에서 볼 때 버내큘러는, 조직의 관례와 통제되지 않는 일상생활 양식의 직접적인 교류가 문화라는 형태로 드러나기 때문에 일상성과 깊은 관계가 있다.

일상성을 강조하는 민속학의 범주에서 버내큘러는, 특정 재료나 행동, 표현 등이 특정 지역의 일상적 맥락 안에서 그곳 사람들에 의해 생성되고 그들을 위해 존재하기 때문에 정부나 학교, 기관에 의해 창조된 물건

---

22 가오빙중(2017), 「일상생활의 미래 민속학 논강」『일상과 문화』 4, 일상과 문화 연구회, 194~197쪽.

들이나 전통과는 상이할 수밖에 없다.[23] 하지만 세상의 변화를 "사회적 욕구와 개인적 욕망이 일상의 변화로 성취되는 과정"으로 본다면, 버내큘러는 일상의 변화와 함께 세상의 변화를 보여 주는 핵심적 장소라고 할 수 있다.[24] 이에 미국 문화역사학자 존 코벤호벤(John Kouwenhoven)은 『근대 미국 문명의 예술(Arts in Modern American Civilization)』(1948)에서, 예술에 폭넓게 영향을 끼쳤던 미국의 버내큘러는 "역사에서 근대적 문화 전통의 세례를 받지 않은 민속예술로서, 산업화로 대변되는 기계 경제의 확장과 민주적인 제도하에서 재발견"할 수 있다고 강조하고, 버내큘러는 민주적이고 실용적이며, 일상적인 것이라고 설명했다. 또한 버내큘러는 전통을 거부하는 대신 현대 세계의 실용적인 조건을 추구하지만, 평범한 일상에서 새로운 습관을 창조하고 공명하는 문화적인 의미들을 재발견할 수 있다고 지적했다.[25]

버내큘러의 일상성과 관련된 이 같은 방법론적 변화는 영미권 국가들뿐 아니라 독일에서도 유사한 형태로 나타났다. 독일에서는 1970년대 중반부터 알프 뤼트케(Alf Lüdtke)와 한스 메딕(Hans Medick)과 같은 학자들이 독일 역사를 해석하는 방법으로 일상사(Alltagsgeschichte)라는 개념을 사용하기 시작했다. 이러한 변화가 확대되어 1980년대 초반 학계뿐 아니라 박물관과 전시회, 성인교육, 정부의 지역 문화진흥 사무소에서 개설하는 프로그램들은 물론 언론, 지역 출판사, 지역 연구자들에게까지 폭넓게 수용되면서 역사에 대한 인식을 확대·발전시키는 데 기여했다.[26] 일상사를 주목하는 근

23 M. Sims and M. Stephens(2011), 앞의 책, pp.6~7.

24 H. Lefebvre(1971), *Everyday Life in the Modern World*, New York ; Evanston ; San Francisco ; London : Harper Torchbooks.

25 J. Kouwenhoven(1948), *The Arts in Modern American Civilization*, New York : W.W. Norton& Company Inc., pp.12~3.

26 A. Lüdtke(1989), "Introduction : What is the History of Everyday Life and Who Are Its Practitioners," in Alf Lüdtke ed., trsl. William Templer, *The History of Everyday*

본 목적이 평범한 사람들의 삶에 대한 질적 접근을 통해 역사에 대한 해석과 이해를 확장하는 데 있었으므로, 이 방법론의 등장은 버내큘러가 재조명되는 계기를 마련했다.

버내큘러는 이론적인 논의뿐 아니라 실증적인 연구를 통하여 재발견되기도 했다. 예컨대 페르낭 브로델(Fernand Braudel, 1902~1985)은 그의 저서 『물질문명과 자본주의 1 : 일상생활의 구조(*Civilization and Capitalism, 15th~18th Century, Vol.1 : The Structure of Everyday Life*)』에서 자본주의의 본질을 이해하기 위해 르네상스 초기였던 15~18세기에 걸친 시장경제의 발전을 주목했다. 특히 물질문명의 하층부와 하부 경제 곧 버내큘러의 변화를 주목했다. 구체적으로 숫자, 일상의 양식인 빵, 사치품과 일상용품, 식탁, 음료수, 주택, 의복, 의상과 유행 등을 분석하면서, 민중의 생활과 밀접한 관련을 가진 일상의 작은 소재들이 사회변화라는 거시적 구조의 변화상을 포착하는 데 의미 있는 자료가 될 수 있음을 보여 주었다. 그의 표현을 빌리면, "도처에 편재하고 침투하며 반복되는 이 물질생활은 일상사라는 성격"을 가지고 있으며, 버내큘러로서 일상을 발견할 수 있는 바탕이 된다고 지적했다.[27]

같은 맥락에서 엠마뉘엘 르루아 라뒤리(Emmanuel Le Roy Ladurie)의 연구도 주목할 만하다. 라뒤리의 『몽타이유 : 중세 말 남프랑스 어느 마을 사람들의 삶(*Montaillou : The Promised Land of Error*)』은 14세기 남프랑스의 한 마을에 대한 미시적인 연구의 결과물이다. 라뒤리는, 자크 포니어(Jacques Fournier) 신부가 남프랑스의 한 마을에 사는 농민들을 인터뷰해, 그들의 삶

Life : Reconsturting Historical Experiences and Ways of Life, New Jersey : Princeton University Press, p.3.

27 F. Braudel(1979), *Civilization and Capitalism, 15th~18th Century, Vol.1 : The Structure of Everyday, Life*, London ; Glasgow ; Sydney ; Auckland ; Toronto ; Johannesburg : William Collins Sons and Co Ltd.

과 세계관에 대한 통찰을 담은 직접적인 증언들을 활용했다. 특별히 라뒤리는 시간과 공간에 대한 개념을 서술하면서, 몽타이유 사람들의 기층문화인 농민문화는 유구한 민속문화가 깊은 토대를 이룬 가운데 표층문화인 기독교 문화가 피상적으로 덧씌워진 것이라고 주장했다. 늦어도 9세기경 기독교로 개종했을 것으로 추정되는 이 마을의 구성원들은 여러 세대를 거치면서 그 후 500년이 지난 14세기에 이르기까지 기독교를 피상적인 수준에서만 수용했다는 것이다. 실제로 글을 읽을 줄 모르는 절대 다수의 마을 사람들은 기독교 교리, 교회법, 교회의 각종 준칙 등을 정확히 인지하지 못했거나, 구술을 통해서 표면적으로만 알고 있었고, 그것들을 민속문화의 토대 위에서 '자기 나름대로' 해석했다.[28] 이처럼 버내큘러는 일상의 작은 단위에서 경험한 세계의 특수하고 주체적인 성격이 강조된다. 또한 계급 중립적인 심성과는 달리 계급 구속적인 문화, 특히 민중문화와 관련된다.

결국 방법으로서의 버내큘러를 통해 발견한 일상문화의 소재들은 역사 연구에서 주변적이고 부차적인 주제처럼 보이지만, 이러한 세부적 특징들에서 전체 구조와의 연관을 추론하는 것이 가능할 뿐만 아니라, 일상과 삶의 방식을 재구성하는 데 도움이 된다고 할 수 있다. 미셸 드 세르토(Michel de Certeau)는 사회 권력구조하에서 영향력을 가진 지배체제(전략)에 반하는 피지배층의 미시적 저항(전술)을 설명한다. 그 과정에서 그는 지배체제와 관련 없이 자율적으로 움직이는 버내큘러한 일상에 대한 분석이야말로 전체적인 사회상을 이해하는 데 유용한 이론이 될 수 있다고 강조했다.[29]

이와 같은 접근은 국내 연구에서도 찾아볼 수 있다. 연세대학교 국학연구원에서 나온 『일제의 식민지배와 일상생활』이나 공제욱과 정근식이 편집한

---

28 E. Ladurie(1978), *Montaillou : The Promised Land of Error*, New York ; Toronto : Random House.

29 M. Certeau(1984), *The Practice of Everyday Life*, Berkely : University of California Press.

『식민지의 일상, 지배와 균열』과 같은 연구들이 바로 그것이다. 이 연구들은 기존의 수탈론과 식민지 근대화론으로 대표되는 양측의 논쟁이 계속되는 가운데 정치사나 경제사 중심의 연구에 대한 한계를 지적하면서 전통사회에서 근대사회로 이행하는 과정에서 나타난 정치적·경제적 변화를 당시의 버내큘러, 곧 민중의 일상생활 영역에서 삶의 방식이나 삶의 질의 변화를 천착했다. 다시 말하면 식민지의 현실에서 식민지 사회의 권력구조와 지배체제에 반하는 일상 층위의 조선인, 곧 버내큘러한 보통 사람들의 일상을 분석했다.[30]

마찬가지로 강성우의 연구는 중심이 아닌 주변부에서 19세기 조선의 위생 수용양상을 살피고, 수도의 설치와 근대의료기관의 설립을 통해 위생이라는 근대적인 개념을 수용하는 버내큘러 문화의 변용을 발견했다는 점에서 의의가 있겠다. 그는 위생의 수용과정에서 근대 의료기관인 제생의원의 입원실 중 일부가 우리나라의 전통적인 건축양식인 '온돌'이라는 버내큘러 양식을 차용했다는 역사적 사실을 사료를 통해 밝히고, 버내큘러와 위생의 접점을 제시하기도 했다.[31] 버내큘러로 특정하지는 않았지만, 이 같은 역사학적 연구에서도 방법으로서의 버내큘러가 수용되었다. 결론적으로 버내큘러를 통한 일상의 발견은 다양한 학제의 연구에서 연구의 시야를 확대하는 데 기여할 수 있을 뿐 아니라, 그 방법을 풍성하게 하여 기존 연구에서 발견하지 못했던 새로운 관점을 제공해 주기도 한다.

---

30 연세대학교 국학연구원 편(2004), 『일제의 식민지배와 일상생활』, 혜안 ; 공제욱·정근식(2006), 『식민지의 일상, 지배와 균열』, 문화과학사. 이와 관련하여 개항기 개항장에서 버내큘러들의 일상이 국권 침탈 이전에 이미 헤게모니와 같은 힘에 의해 변화하는 과정을 다룬 논문도 있다. 강성우(2016), 「개항기 일본인의 부산 이주와 헤게모니 확장」, 『지역과 역사』 33, 부경역사연구소, 97~131쪽.

31 S. Kang(2017), "Embracing Hygienic Modernity in Late Nineteenth-Century Korea : A View from the Periphery," *Asian Studies Review*, 41(2), pp.227~43.

3. 버내큘러 기억(vernacular memory)과 공식 기억(public memory)의 경합[32]

집단기억(collective memory)은 사회 혹은 사회집단이 공통으로 겪은 시공간적 경험이 개인의 생애를 넘어 집단적으로 보전되고 기억되는 것을 뜻한다. 집단기억에 대한 연구는 정치학, 사회학, 심리학, 인류학 등에서 폭넓게 이루어졌으며, 최근에는 다양한 연구를 통해 통섭적인 연구로 그 지평을 확대하고 있다. 버내큘러 기억은 집단기억의 연구가 진행되면서 새롭게 인식되고 있다. 그것은 견고하고 단일하며 국가적이고 공식적인 기억과는 다르게, 중층적이고 역동적이며 다양한 형태의 기억들로 규정된다. 버내큘러 기억이 중요한 이유는 공식적인 기억에서 배제된 사건들 중 유의미한 것들을 버내큘러 기억을 통해 재발견할 수 있기 때문이다. 이와 관련하여 제프리 올릭(Jeffrey Olick)은 집단보다 개개인의 원리(individualistic principle)를 주목하면서 집합기억(collected memory)이라는 개념을 착안해 내기도 했다.[33]

일반적으로 버내큘러 기억은 공식적인 기억과 반대되는 개념으로 사용된다. 존 보드나(John Bodnar)는 공식적인 기억과 버내큘러한 기억, 기념의 정치(commemorative politics)에 관한 연구에서, 거대하고 비인격적이고 권력에 굶주린 공식적인 기억과 대비되는 공유된 기억(shared memory), 가치의 보존, 작은 규모의 공동체 등으로 개념화되는 버내큘러 기억을 이상화했다. 그리고 이 버내큘러 기억은 문화적인 진정성과 친밀성을 전달하는 수단이라고 주장했다. 또한 공식적인 기억은 "현실을 해석하는 것과 관련된 논의"

32 버내큘러 기억(vernacular memory)은 대중 기억(popular memory)과 같은 의미로 쓰이기도 하고, 종종 민간기억이나 지방적 기억으로 번역되기도 하지만 이곳에서는 버내큘러 기억이라는 용어를 사용하도록 하겠다.

33 J. Olick(1999), "Collective Memory : The Two Cultures," *Sociological Theory*, 17(3), pp.338~41.

로서, 과거에 대한 일상적 대화뿐만 아니라 공적인 논의에서도 모두 행해진다고 주장했다.[34]

그리고 공식 기억은 사회적 통합과 현존하는 제도의 계속성, 현실에 대한 충성 등을 강화하고 일반 대중이 사회에 대한 관심을 촉발하도록 하는 문화적 지배집단의 관심에서 비롯되었기 때문에 복잡성과 모호성이 결여되어 있고 단순하고 일방향적이라는 주장도 있다.[35] 반면에 버내큘러 기억은 다양하고 변화무쌍하며, 기억을 공유하지 않는 이들의 기억과 충돌할 수 있는 집단의 기억을 대변하기도 한다. 이와 관련하여 보드나는 베트남전쟁의 경험이 미국의 지역사회에서 버내큘러 기억을 강화하는 데 기여했다고 주장했다.[36] 같은 맥락에서 권헌익은 일상생활에서 베트남 마을 사람들은 전쟁 기념비나 기념물과 깊은 관계를 유지하지 않기에, 하미의 이웃 마을인 안방의 마을 학살 기념비는 사람들의 기억 속에서 점점 사라질 수밖에 없다고 주장했다.[37]

하지만 최근의 연구에서는 버내큘러 기억이 공식적인 기억과 배치되지 않는다는 주장도 있다. 오히려 공식적인 기억과 버내큘러 기억은 상호보완의 역할을 할 뿐 아니라 서로를 비추는 역할을 하기도 한다는 것이다.[38] 이를

---

34 J. Bodnar(1992), *Remaking America : Public Memory, Commemoration, and Patriotism in the, Twentieth Century*, New Jersey ; West Sussex : Princeton University Press, p.14.

35 J. Bodnar(1992), 앞의 책, p.13.

36 J. Bodnar(1994), "Public Memory in an American City," in John R. Gillis ed., *Commemorations : The Politics of National Identity*, New Jersey : Princeton, pp.74~89.

37 H. Kwon(2006), *After the Massacre : Commemoration and Consolation in Ha My and My Lai*, London ; Berkely : University of California Press, pp.146~7 ; 권헌익(2012), 『학살, 그 이후 : 1968년 베트남전 희생자들에 대한 추모의 인류학』, 서울 : 아카이브, 242~243쪽.

38 Shawn M. Rowe, James V. Wertsch and Tatyana Y. Kosyaeva(2002), "Linking Little Narratives to Big Ones : Narrative and Public Memory in History Museums," *Culture & Psychology*, 8, pp.96~112.

테면 콘피노(Alon Confino)는 보드나가 제기한 "권위에 저항하는 버내큘러의 관심은 얼마나 효과적인가?"라는 문제는 잘못된 전제를 바탕에 두고 있다고 비판했다. 보드나의 주장은, 버내큘러 기억과 공식적인 기억이 상호 대립 관계에 있는 것이 아니며, 오히려 국민국가의 공식적 기억이 버내큘러 기억을 얼마나 포함하고 있는가를 주목해야 한다는 것이다. 다시 말하면 국가를 내면화하는 것은 "어떻게 사람들이 지역과 인종과 가족의 과거로서 진실하고 친밀한 기억을 빠른 시간 안에 일상의 정신적 자산으로 만들어 내는가?" 하는 질문을 전제로 할 때 가능해진다.[39] 다만 일반적으로 동의하는 공식적인 기억도 정치 지도자들 사이에는 이견이 있을 수 있고, 그 기억을 어떻게 기념할 것인가 하는 문제에 대해서 합의점을 찾는 것도 많은 어려움을 수반한다.[40] 그래서 버내큘러 기억을 통해 새로운 집단기억을 형성하고 공적인 기억 혹은 기록으로 남기려는 노력을 하기도 한다. 이와 같은 맥락에서 공적인 기억(public memory)은 공식적인 기억과 버내큘러 문화적 표현들의 접점에서 생겨난다고 할 수 있으며, 버내큘러 기억과 공식적인 기억은 명확하게 구분되지 않고, 오히려 혼재되는 양상을 보이기도 한다.

예컨대 제주 4·3사건과 관련하여 기억의 상대성을 논의한 『기억의 정치』에서 권기숙은, "1980년대 후반 민주화 운동이 고조되기 전까지 4·19혁명 직후를 제외하면 그 누구도 4·3사건에 대해 국가의 공식적 역사와 다른 목소리의 '진상'이나 '기억'을 공개할 수 없었다"고 일갈한다. 실제로 4·3사건 이후 40여 년간 공식적 역사는 정부 기관, 교과서, 매스미디어 등에 의해

---

39 A. Confino(2006), "Collective Memory and Cultural History : Problems of Method," in Robert M. Burns ed., *Historiography : Critical Concepts in Historical Studies, Vol. IV : Culture*, London ; New York : Routledge.

40 J. Olick(2007), *Politics of Regret : On Collective Memory and Historical Responsibility*, New York ; London : Routledge.

유지되고 오히려 강화되는 양상을 보였고, 1980년대 후반이 되어서야 비로소 공식 역사와 다른 4·3사건의 다양한 기억, 곧 버내큘러 기억이 표출되기 시작했다.

한편 공식적 역사와 다른 버내큘러의 기억을 바탕으로 한 이론적인 논의도 제기되었는데, '민중항쟁론'이나 '양민학살론'과 같은 담론들이 대표적이다. 민중항쟁론은 1980년대 후반의 민주화 운동과 일본에서 출간된 좌익서적의 영향을 받아 4·3사건을 제주민의 시각으로 보려고 한 담론이라고 할 수 있다. 이에 반대하는 진영의 보수주의자들은 그것을 북한(남로당)에 의한 폭동으로, 다만 진압 과정에서 민간인 학살이 있었다는 '공산당 폭동과 과잉 진압론'과 같은 담론을 제시하기도 했다. 또한 1990년대에는 이념적인 논쟁에서 벗어난 담론, 즉 4·3사건의 역사적 원인과 배경보다는 학살의 실상과 피해실태에 주목한 '양민학살론'도 제기되었다.[41] 이와 같은 논의를 통해서 버내큘러의 기억은 몇 개의 담론들로 재구성되었고, 공식적인 기억의 일부로 수용되었다.

하지만 김성례는 2000년 「제주 4·3사건 진상규명 및 희생자 명예회복에 관한 특별법」이 제정되고 2007년 제주 4·3 평화기념관이 제정된 이후에도 버내큘러들의 구술 발굴을 통해 공식적인 기억과 지역의 버내큘러 기억 간에 여전히 상이한 인식이 있음을 밝혀내기도 했다.[42] 결국 버내큘러 기억은 공식적인 기억이 포함하지 못한 기억들을 재발견하고 사건의 본질을 더욱 명확하게 하는 데 기여할 수 있지만, 그것이 공식적인 기억으로 확정되기는 쉽지 않다는 것을 보여 준다. 요컨대 버내큘러 기억은 공식적인 기억과의 배치 여부와 상관없이 기존의 집단기억을 통해서 보지 못하는

41 권기숙(2006), 『기억의 정치』, 문학과지성사, 38~39쪽.

42 Seong-Nae Kim(2013), "The Work of Memory : Ritual Laments of the Dead and Korea's Cheju Massacre," in Janice Boddy and Michael Lambek eds., *A Companion to the Anthropology of Religion*, West Sussex : John Wiley & Sons Ltd, pp.223~38.

부분을 재발견하는 데 의미 있는 역할을 할 수 있다. 또한 공식적인 기억에서 소외되어 온 영역으로 집단기억의 범위를 확대하여, 집단기억에 대한 연구를 풍성하게 하는 새로운 방법론으로서 역할을 한다고 할 수 있다.

4. 오리엔탈리즘과 버내큘러

오리엔탈리즘은 푸코(Michel Foucault)의 권력이론을 바탕으로, 서세동점의 시대에 서양이 권력을 가진 주체로서 '바라보는 자'의 시선을 내면화하여 동양에 대한 허구적인 자기 우월의 논리를 만들어 낸 것이다. 물론 오리엔탈리즘이 서양인들의 편견이 만들어 낸 허상에 지나지 않는다는 것은 재론의 여지가 없다. 하지만 그것은 동양을 보는 서구의 시선을 드러내는 대명사가 되었다.[43] 오리엔탈리즘은 인간을 "문화, 역사, 전통, 사회 또는 인종"으로 분할하고 우리(서양인)와 그들(동양인)로 나누어 이해하려는 사고이다.[44] 구체적으로 동양인을 "생물학적 결정론과 윤리적 · 정치적 교훈으로 구성된 틀" 속에서 "후진적, 퇴행적, 비문명적, 정체적"이라고 규정하고, 이 같은 비대칭적 이분법을 통해 "동양을 지배하고 재구성하며 위압하기 위한 서양의 스타일"이라고 사이드는 정의했다.[45]

오리엔탈리즘이 상징적으로 보여 주듯 서구의 시각으로 세계사를 바라보면, 서유럽 중심의 시각을 내면화하기 때문에 역사를 서구 중심의 시각으로 바라볼 수밖에 없게 된다. 하지만 방법으로서의 버내큘러를 통해 서구 중심의 시각을 넘어서는 새로운 시각을 얻을 수 있다. 예컨대 에릭 울프

---

43 E. Said(1979), *Orientalism*, Vintage Books ; 에드워드 사이드(2007), 박홍규 옮김, 『오리엔탈리즘』, 교보문고, 18쪽.

44 에드워드 사이드(2007), 앞의 책, 90쪽.

45 에드워드 사이드(2007), 앞의 책, 18쪽.

(Eric Wolf)의 『유럽과 역사 없는 사람들(*Europe and the People without History*)』은 대항해 시대가 시작되는 15세기부터 변화하는 세계사의 흐름 속에서 객체로 남아 있던 비서구의 '역사 없는 사람들' 곧 버내큘러들의 삶의 모습을 비교인류학적 관점과 정치경제학 등의 거대서사와 함께 재조명했다. 이 과정을 통해서 울프는 민족사의 개념이 스스로 문명화되었다고 믿는 서양 중심의 역사에서 제3세계 역사를 분리하는 것에서 나왔다고 강조하고, "흑인사(black history)"와 "백인사(white history)"가 나뉠 수 없듯이 세계적 변화를 기록한 역사와 지역적 민족지 연구를 결합하여 지구사적으로 함께 통찰해야 한다고 주장했다. 그리고 역동적 체계로서 버내큘러를 세계사를 이루는 역사의 한 구성요소로서 재발견했다. 그는 버내큘러가 정치적 · 경제적 또는 이념적 이유로 통상의 연구에서 억눌리거나 제외되어 왔다고 지적하고, 역사 없는 사람들의 역사를 재발견하는 새로운 역사적 시각을 제시했다.[46]

한편 버내큘러의 재발견을 통해 냉전에 대한 '유럽중심주의'적 인식을 극복하고자 했던 권헌익의 『또 하나의 냉전(*The Other Cold War*)』도 주목할 만하다.[47] 유럽과 북미를 중심에 놓고 볼 때, 개디스(John Lewis Gaddis)가 주장하는 바와 같이 냉전(冷戰, cold war)은 그 용어가 말해 주듯이, 미소 양강으로 대표되는 자유 진영과 공산 진영의 대결 속에서 전 인류를 위험에 빠뜨릴 수 있는 핵무기를 비롯한 군비 확장이라는 적대적 경쟁이 상존하던 시기였다. 그렇지만 그 급박하고 실질적인 위험에 대한 양측의 이해관계로 인해 '오랜 평화(long peace)'가 유지되던 시기이기도 했다.[48] 그런데 버내큘

---

46 E. Wolf(1982), *Europe and the People without History*, Berkely ; Los Angeles ; London : University of California Press, p.19.

47 H. Kwon(2010), *The Other Cold War*, New York : Columbia University Press, p.7 ; 권헌익(2013), 『또 하나의 냉전 : 인류학으로 본 냉전의 역사』, 민음사.

48 J. Gaddis(1989), *The Long Peace : Inquiries into the History of the Cold War*, Oxford : Oxford University Press.

러를 방법이자 중심으로 삼아 유럽과 북미를 제외한 지역을 살펴보면, 당대는 대부분의 지역에서 전쟁과 대량살상 등이 계속된 열전(熱戰)의 시기였고, 평화가 없는 시기였다. 비근한 예로 한국과 베트남을 비롯한 동아시아에서는 폭력적인 전쟁이 계속되었으며 각 전쟁은 강대국 간 대리전의 양상으로 전개되었다.[49]

이러한 주장을 명확하게 하기 위해 권헌익은 냉전 시대에 전쟁으로 인한 사상자 수가 수백만 명에 달한다는 보고를 제시하며, 냉전이 한편에서는 '상상의 전쟁(imaginary war)'이며 다른 한편에서는 대량살상의 전쟁과 폭력의 시기였음을 강조했다. 월터 레이피버(Walter Lafeber)의 표현을 빌리자면 버내큘러에 대한 인식이 없는 냉전은 절반의 진실만을 말하는 양극단의 역사(a half-truth of bipolar history)이다.[50] 결국 상대적 안정과 평화의 냉전을 경험한 서구와 달리 폭력과 전쟁으로 점철된 "또 하나의 냉전"이 상존했고, 여기에서 버내큘러는 냉전을 새롭게 인식하는 토대가 되었다. 기존의 주류 냉전사는, 미국과 소련을 중심으로 한 이데올로기적 양극 체제가 1947년 형성되어 1989~1991년 '자유주의의 승리'로 종식되는, 오랜 평화의 시기라는 서사 구조를 가진다. 이러한 서사 구조는 전 지구적 차원의 냉전을 미국과 소련의 대립으로 단순화한다. 이런 식으로 냉전을 인식한다면, 미소라는 '중심(centre)'에서 핵전쟁이 일어나지 않는 이상 주변부의 전쟁은 어디까지나 '냉전 속의 열전', '미국과 소련의 대리전' 혹은 '주변부에서 벌어진 국소전'으로 인식될 수밖에 없다.

하지만 권헌익이 주장하듯 주변부 곧 버내큘러들이 경험한 비극적인 역사적 사건들을 "주변적인 사건들로 여기기보다는 많은 공동체가 겪은 엄

49 H. Kwon(2010), 앞의 책, p.7.

50 W. Lafeber(1992), "An End to Which Cold War?," in Michael J. Hogan ed., *The End of the Cold War : Its Meaning and Implications*, New York : Cambridge University Press, pp.13~4.

청난 불행을 포함하는 역사로 접근해야"만 유럽 중심의 역사관과 인식을 넘어서는 논의를 할 수 있고, 오리엔탈리즘적인 역사인식에서 탈피할 수 있다.[51] 다시 말하면 버내큘러는 냉전이라고 하는 단선적인 서구 중심의 인식과 방법론을 벗어나 전 지구적 혹은 세계사적 차원에서 역사를 바라보는 관점이자 방법론으로서의 역할을 할 수 있다.

5. 결론

분화와 전문화로 일관했던 20세기의 인류 역사가 21세기에 들어서면서 융합으로 그 지향점을 바꾸고 있다. 최근의 학문적인 경향도 다학문적(multi-disciplinary), 간학문적(interdisciplinary), 통학문적(trans-disciplinary)으로 변모하고 있다. 이처럼 새로운 학문적 패러다임이 모색되는 상황에서 민속학을 위시한 학문 분야에서 새롭게 부상한 방법론적 개념이자 대상인 버내큘러는 주목할 만하다. 특별히 버내큘러의 혼종성은 방법론으로서의 새로운 가능성을 제시해 준다. 서론에서 언급한 바와 같이 버내큘러가 민속학의 범주에 들어가는 것이라고 할 수는 없으나 그런 점에서 민속으로 다듬어지거나 정착되기 전 날것으로서 버내큘러의 특성은 민속학적 연구의 시각을 발전시키는 데 중요한 역할을 할 수 있다.

이 글에서는 방법으로서 버내큘러를 자리매김할 수 있는 가능성에 대해서 고찰했다. 특별히 '버내큘러의 일상성'과 '버내큘러 기억', '오리엔탈리즘과 버내큘러', 이 세 가지 차원에서 방법으로서의 버내큘러뿐 아니라 다양한 맥락에서 버내큘러를 재발견할 수 있는 가능성을 제시했다. 기본적으로 버내큘러는 특정 대상을 지칭하는 것이기보다는 일상적인 미시사회적 현

51 H. Kwon(2010), 앞의 책, 155쪽.

상을 의미한다고 할 수 있다. 다시 말하면 버내큘러는 '아래로부터(bottom up)'의 시각을 가지는 것이며 주류 담론에 새로운 변화를 제시하는 역할을 할 수 있다. 또한 버내큘러는 인문학이 사회과학과 통섭하며 새로운 차원의 담론을 형성하는 데에도 중요하게 기여하고 있다. 이러한 관점에서 볼 때 버내큘러는 그 개념뿐만 아니라 방법론의 관점에서도 연구되어야 할 것이다.

디오니소스와 버내큘러

민속학적 시각이란 무엇인가

시마무라 다카노리(島村恭則, Shimamura Takanori)

간세이가쿠인대학(関西学院大学) 사회학부 교수. 민속학 전공.
재일코리안 연구, 세계 민속학사, 민속학 원론 탐구에 관심을 갖고 있다. 주요 저작물로 『韓国の怪談』(2003), 『〈生きる方法〉の民俗誌 : 朝鮮系住民集住地域の民俗学的研究』(2010), 『引揚者の戦後』(편저 · 2013), 『民俗学読本 : フィールドへのいざない』(2019), 『民俗学を生きる: ヴァナキュラー研究への道』(2020) 등이 있다.

김광식 옮김(릿쿄대학 강사)

1. 일상 생활세계와 민속학

이 글에서는 '포스트제국의 문화권력과 버내큘러 : 민속학으로 일상을 묻는다'라는 과제에 입각해 '민속학'의 시각에서 '일상'에 접근할 때의 이론적 틀에 대해, 특히 버내큘러 개념을 중심으로 검토하겠다.

1) 일상 생활세계의 발견

(1) 중국민속학과 '생활세계'

1991년, 중국의 민속학자 가오빙중(高丙中)은 민속학이 다루는 대상영역에 대해 획기적인 견해를 밝혔다. 가오빙중은 후설의 현상학을 원용해 다음과 같이 논했다.[1]

> 필자가 민속학사 속에서 확인한 것은 민속이 처음 세상에서 인정받는 지위를 구축했을 때에 주어진 것은 전문적 현상(現象) 밖의 세계, 즉 후설이 말하는 생활세계였다는 사실이다. ……생활세계는 인간의 거처다. 사람들은 거기에서 몸을 쉬며, 다양한 고차원의 경계에 이르기까지 상상하게 된다. 그러나 사람들

---

1 이하 가오빙중의 인용은 1991년에 제출된 박사논문『민속문화와 민속생활(民俗文化與民俗生活)』의 제5장「생활세계 : 민속학적 영역과 학과 위치(民俗學的領域和學科位置)」를 일역한 高丙中(2016),「生活世界 : 民俗学の領域とディシプリンとしての位置付け」,『日常と文化』 2, 日常と文化研究会에 따랐다.

의 상상이 제아무리 멀리까지 날갯짓하고 제아무리 오랫동안 외유하더라도, 마지막에는 반드시 그립고 익숙한 이 세계로 돌아오기 마련이다. 이러한 생활세계가 바로 민속세계임을 확인할 수 있겠다. …… 생활세계라고 하는 완전한 정의(定義)를 손에 넣게 되면, 민속학이라는 영역이 두 번 다시 통합을 결여한 것으로 보이지 않을 것이다. 이전에는 이러한 총체성을 파악하는 데 이르지 않았기 때문에, 밖에서 보면 민속학은 문예(문학)를 연구하는가 싶더니 주술을 연구하기도 하고 물질적인 생활 문화를 연구하기도 하는 학문으로 보였다. 나아가서는 관례법까지 건드리는, 좋게 말하면 다양성이 풍부하고, 나쁘게 말하면 지리멸렬, 오합지졸로 인식되어도 어쩔 수가 없었다. 하지만 지금은 이것들이 서로 관련되어 있을 뿐만 아니라 완전한 생활세계를 함께 창출하는 것이라고 주장할 수 있다.[2]

가오빙중의 이 같은 견해는 그 후에도 유지되었고, 2015년의 논문에서는 논의의 문맥상 용어를 '생활세계'에서 '일상생활'로 변환하면서[3] 동일한 '민속'관을 제시했다.

(2) 독일민속학과 '일상'

'생활세계' 혹은 '일상'을 민속학의 대상영역으로 다루는 사고방식은 독일민속학에서도 많이 보인다.

독일민속학의 '일상'연구 상황을 리뷰한 오이카와 쇼헤이(及川祥平)와 크

2 高丙中(2016), 앞의 논문, 66~72쪽.

3 1991년에 제출된 가오빙중의 논문에서는 후설의 용어인 '생활세계'가 사용되었는데, 2015년의 논문에서는 후설의 연장선상에서 '일상생활'을 중심으로 논의를 조합한 슈츠(Alfred Schütz)나 루크만(Thomas Luckmann)의 현상학적 사회학이 시야에 반영되었다. 용어의 변화는 이를 반영한 것이다. 한편 본고에서는 문맥에 따라 '생활세계', '일상'이라는 용어를 분리하고, 논제 및 장·절의 표제에는 총칭으로 '일상 생활세계'라는 용어를 사용하였다.

리스티안 괴레르트에 의하면, 독일민속학에서는 1970년대 이후 현상학 및 현상학적 사회학 등의 영향을 받아 '일상'연구가 왕성해졌다. 이를 선도한 것은 프랑크푸르트대학의 이나마리아 그레베루스(Ina-Maria Greverus)와 우츠 예글레(Utz Jeggle) 등으로, 그들이 이끈 일련의 과정을 독일민속학의 '일상학'화로 정리할 수 있겠다. 또한 '일상'연구로서의 민속학에 대한 패러다임 변화는 일본민속학에서도, 특히 독일의 상황을 바탕으로 제언되었다.[4]

그런데 이상과 같은 민속학의 일상 생활세계 연구에 관해서는 명확히 해야 할 중요한 논점이 존재한다. 니시무라 마시바(西村真志葉)가 가오빙중의 논의를 평하면서 지적했듯이, 생활세계와 민속세계를 등치시키는 논거가 불충분하다는 점이다.[5] 또한 위의 글에서 오이카와와 괴레르트는 "유의해야 할 것은, '일상학'은 민속학뿐만이 아니라는 사실이다"[6]라고 지적했다. 요컨대 그 논점은 일상 생활세계 연구에서 민속학적 연구의 독자성이란 무엇인가 하는 것이다.

이 점에 대해 본래 민속학은 무엇을 밝히려는 학문인가라는 근원적인 질문에 답하면서, 일정한 전망을 제시하는 것이 가능할 것이라 생각한다. 이하에서는 이를 제시해 보겠다.

---

4 2014년 이후 도쿄대학의 이와모토 미치야(岩本通弥) 교수를 중심으로, '일상'연구를 주제로 한 일본 과학 연구비보조금에 의한 공동연구가 조직되어, 한·중·일어로 학술지 『日常と文化』(2015년 창간, 2019년 제7호 간행)가 간행되었다(http://park.itc.u-tokyo.ac.jp/alltag/).

5 西村真志葉(2016), 「解題：高丙中『生活世界：民俗学の領域とディシプリンとしての位置付け』」, 『日常と文化』 2, 日常と文化研究会, 75쪽.

6 及川祥平 / クリッツチャン・ゲーラット(2018), 「ドイツ語圏民俗学の日常学化をめぐって：その経緯と意義」, 『日常と文化』 6, 日常と文化研究会, 7쪽.

2) 민속학이란 무엇인가

(1) 민속학의 발생

민속학의 역사는 18세기로 거슬러 올라간다. 그 초기의 모습은 계몽주의의 영향 아래 지식인들이 '민중(Volk)'의 통치나 교화를 위해서 '민중'의 생활을 조사하고 기술하는 것이었다.[7] 이러한 의미에서 민속학적 관심의 발생 모체는 계몽주의에 있었다고 할 수 있는데, 민속학적 관심의 발생 직후에 역사철학자 요한 고트프리트 헤르더(Johann Gottfried von Herder, 1744~1803)가 등장하면서 민속학은 대(對)계몽주의적, 혹은 대패권주의적 학문으로서의 성격을 강하게 지니게 된다.

헤르더가 살았던 18세기 후반 유럽에서는 영국·프랑스를 발신원으로 하는 '계몽주의'가 시대를 주도하는 사상이었다. 계몽주의 사고방식에서는 합리성과 보편성(세계 어디에서 어떻게 생활하는 사람들에게나 합리적인 사고와 그 결과가 널리 통용될 것이며, 또 당연히 그것이 존중되어야 한다는 생각)이 이념으로 여겨졌다. 그 때문에 계몽주의를 신봉하는 사람들은 자신들이 본래 살고 있는 사회의 고유한 생활, 사고방식, 혹은 일상적으로 이용하는 토착언어에 대해서, 그것들이야말로 계몽의 대상이라며 부정했다.

이러한 풍조에 정면으로 이의를 제기한 이가 헤르더다.[8] 그는 프랑스에서 만들어진 차용된 사상에 의지하지 말고, 자기 자신들의 생활에 기반한 삶을 추구해야 한다고 생각했고, 독일에서 생겨난 생활, 말, 사고를 발굴해

---

7 インゲボルク・ヴェーバー=ケラーマン / アンドレーアス・C・ビマー / ジークフリート・ベッカー(2011), 河野真 訳, 『ヨーロッパ・エスノロジーの形成 : ドイツ民俗学史』, 文緝堂, 11~25쪽.

8 이하 본고에서의 헤르더 및 그림 형제에 관한 설명은 William A. Wilson(2006), *The Marrow of Human Experience : The Essays on Folklore*, Jill Terry Rudy ed., Rogan : Utah State University Press, pp.107~23에 의거하였다. 단 '대계몽주의'는 필자에 의한 조어(造語)다.

소중히 여겨야 한다고 주장했다. 헤르더에 의한 이러한 사고방식을 본고에서는 '대(對)계몽주의'라고 칭하기로 한다.

헤르더는 이러한 사고방식에 근거해 구체적으로는 민요 채집이라는 프로젝트를 고안했다. 왜 민요였는가 하면, 사람들이 일상의 생활 속에서 부르는 민요에는 '사람들의 혼(Volksgeist)'이 머문다고 생각했기 때문이다. 그는 『민요집』을 편집하는 동시에 민요 채집을 사람들에게 널리 요청했다. 헤르더의 주장은 독일 국내뿐만 아니라 슬로바키아, 체코, 폴란드, 우크라이나 등 슬라브 국가들, 핀란드와 노르웨이 등 유럽 주변부에 위치한 국가들에도 영향을 끼쳐 각국에서 민요 채집과 민요집 간행이 행해지게 되었다.

헤르더가 다룬 구체적 소재는 민요 즉 '노래'였는데, 헤르더의 영향을 받아 등장한 것이 그림 형제의 '이야기'(민담 · 전설 · 신화) 수집 · 연구였다. 그림 형제 즉 야콥 그림(Jacob Ludwig Karl Grimm, 1785～1863)과 빌헬름 그림(Wilhelm Karl Grimm, 1786～1859) 형제는 비교언어학 연구나 독일어사전 편집으로 큰 성과를 올렸다. 이와 함께 민담과 전설의 채집에 주력해, 형제의 저작으로 『그림 형제에 의해 수집된 어린이와 가정의 메르헨집』(1812년 초판, 이후 형제 생전 1857년 제7판까지 간행)과 『독일 전설집』(제1권 1816) 등을, 또 형 야콥 그림의 저작으로 『독일 신화학』(1835) 등을 간행해 민중 사이에 전승되는 이야기에 관한 연구를 수행했다.

(2) 민속학의 확산

그림 형제의 이야기 연구 역시 유럽 주변부를 중심으로 각지에 영향을 주었고 각지에서 민화 채집, 민화집 간행이 계속되었다. 일본에서도 민화집이 번역 · 간행된 바 있는 노르웨이의 아스비에른센(Perer Christen Asbjørnsen), 모에(Jørgen Engebresten Moe), 러시아의 아파나시예프(Alexander Afanasyev) 등 민화 채집 · 연구자들이 모두 그림 형제의 영향을 받았다고 지적된다.

그림 형제의 영향은 영국에서도 보인다. 윌리엄 톰스(William John Thoms, 1803~1885)는 1846년에 「포클로어」라는 글을 발표하고 야콥 그림의 『독일 신화학』을 거론하며, 영국에서도 옛 시대의 매너, 습관, 의례, 미신, 민요, 속담 등 그때까지 '민간 고사(古事, popular antiquities)'라는 이름하에 취급되어 온 것을 포클로어(Folk-Lore)라는 새롭게 만든 용어로 연구해야 한다고 주장했다.

여기에서 주목되는 점은 헤르더의 '노래', 그림 형제의 '이야기'와 함께 '매너, 습관, 의례, 속신, 민요, 속담'이 포클로어(folklore)의 구체적 예로 거론되었다는 것이다. 그런데 이러한 채집 · 연구 대상의 확장은 독일에서도 일어나고 있었다. 그림 형제의 제자 빌헬름 만하르트(Wilhelm Mannhardt, 1831~1880)는 농경과 관련된 의례와 신앙을 연구했고, 이후에는 가옥이나 농기구 등 '물질문화'를 연구하는 연구자도 출현하게 되었다.

더불어 이론적인 고찰의 심화도 보인다. 특히 독일의 빌헬름 하인리히 폰 릴(Wilhelm Heinrich von Riehl, 1823~1897)은 「학문으로서의 민속학」이라는 논문을 발표하고, 헤르더 이래 일련의 지적 영위를 통해 민속학이 독립적인 학문 영역으로 성립하였음을 제시하였다.[9]

학문의 성장은 그 학문을 연구하는 이들의 조직화, 즉 학회의 결성과 연결된다. 영국에서는 1878년, 독일에서는 1890년에 민속학회가 설립되었다. 그리고 미국에서도 1888년에 민속학회가 설립되었다. 영국과 독일로부터 배워 미국에서도 민속학 연구가 시작된 것이다.

그뿐만이 아니다. 19세기 후반부터 20세기 초에 걸쳐 유럽에서는 핀란드, 에스토니아, 라트비아, 리투아니아, 노르웨이, 스웨덴, 아일랜드, 스코

---

9 독일 민속학사에서 릴은 "사회과학적인 성격의 민속학 확립자"로 정립되었다[インゲボルク・ヴェーバー=ケラーマン / アンドレーアス・C・ビマー / ジークフリート・ベッカー(2011), 앞의 책, 65~82쪽].

틀랜드, 웨일스, 브르타뉴, 스위스, 헝가리, 슬라브 제국, 그리스 등에서, 그 외 인도, 일본, 중국, 한국, 필리핀, 브라질, 아르헨티나, 나이지리아 등에서 민속학 연구가 시작되고 독자적으로 전개되었다. 이 나라 및 지역들에서는 오늘날에도 민속학 연구가 활발하다.[10]

그런데 여기에서 주목되는 것은 민속학이 활발한 나라 및 지역이 대체적으로 대국보다는 소국, 또는 큰 나라라고 해도 서구와의 관계 속에서 자국의 문화적 아이덴티티를 확립할 필요성을 강하게 인식한 나라, 혹은 대국 중에서도 비주류적인 위치에 있는 지역이라는 점이다.

이 점에 관해서는 민속학을 "외부권력에 의한 정신적 억압을 극복하는 중요한 수단"으로 자리매김하는 한국 민속학자 강정원의 논의가 참고된다. 강정원의 세계 민속학사에 관한 기술을 요약하면 다음과 같다.

> 헤르더까지 소급되는 민속학적 문제 인식은 그 후 그림 형제 때 실증적인 방법론과 결합하면서 근대 학문으로 성장하였고, 전 세계 피억압 민족의 희망이 되었다. 민속학은 외부 권력이나 정신의 억압을 극복하는 중요한 수단이 되었으며, 인류사를 올바른 방향으로 진전시키는 힘이 되었다. 이것은 특히 핀란드나 아일랜드 등 유럽 소국의 민속학이나 아르헨티나 등 중남미의 민속학 상황에 분명히 확인된다. 또한 그뿐 아니라 독일이나 미국민속학에도 제3세계의 민속학과 통하는 성격을 찾아낼 수 있다. 왜냐하면 원래 양국은 후발 자본주의 국가였으며, 과거부터 현재에 이르기까지 스스로의 정체성을 둘러싼 고뇌를 경험했기 때문이다.[11]

---

10 세계 각지의 민속학 형성사와 현상에 대해서는 Alan Dundes ed.(1999), *International Folkloristics : Classic Contributions by the Founders of Folklore*, Lanham, Boulder : Rowman and Littlefield Publishers ; Regina F. Bendix and Galit Hasan-Rokem eds. (2012), *A Companion to Folklore*, Chichester : Wiley-Blackwell에 자세하다.

11 강정원(2013), 「민속인(民俗人 ; Homo Folkloricus)과 탈식민주의」, 『한국민속학』 57,

전술한 나라 및 지역, 강정원의 표현을 사용하면 '소국', '제3세계', '후발 자본주의 국가' 등에서 민속학이 왕성하다는 것은, 이 나라 및 지역 사람들이 민속학 연구와 보급을 통해 자신들의 생활 방식을 내성(內省)하고, 나아가 자신들의 삶의 방식을 구축함으로써 자신들을 둘러싼 커다란 존재, 패권, '보편'이나 '주류', '중심'으로 여겨지는 것에 휩쓸리는 상황을 회피하려 한 결과라고 할 수 있다.

이처럼 민속학은 패권주의를 상대화하고 비판하는 자세가 강한 학문이다. 강한 입장에 있는 것, 스스로를 '주류', '중심'에 있다고 믿고 자신들의 논리를 보편적인 것으로 강요하는 것에 대해, 그것과는 다른 위상에서 그것들을 상대화하거나 초극할 수 있는 식견을 만들어 내는 지점에 민속학 최대의 특징이 존재한다.

(3) 민속학의 정의

민속학이란 무엇인가? 이상의 논의와 오늘날 세계 각지의 민속학 연구 동향을 바탕으로, 민속학을 정의하면 다음과 같다.

> 민속학이란 '패권 · 보편 · 주류 · 중심으로 여겨지는 사회적 위상'과는 다른 차원에서 전개되는 인간 삶을, '패권 · 보편 · 주류 · 중심으로 여겨지는 사회적 위상'과 '그것들과는 다른 차원' 사이의 관계성도 포함하여 내재적으로 이해[12]

한국민속학회, 141~145쪽.

12 민속학의 학문적 특징인 내재적 이해는 매우 중요하다. 왜냐하면 연구 대상에 대한 내재적 이해의 중요성은 인문사회과학 일반에 널리 인식되어 있는데, 민속학의 경우 이를 상당히 래디컬하게 추진하려 한 점에 특징이 있다. 예를 들어 야나기타 구니오(柳田国男)가 구상한 민속학의 경우, 연구 대상 측에 위치한 생활 당사자가 연구 주체로 참가함으로써 결과적으로 생활에 대한 당사자의 재귀적 사고 획득을 지향하였다〔島村恭則(2019a), 「民俗学的視角とは何か」, 『日本民俗学』 299, 日本民俗学会, 84~86쪽〕. 또한 최근에 미국민속학에서도 아카데미(대학) 학문에서는 배제되는 현지 생활자나

함으로써 '패권 · 보편 · 주류 · 중심으로 여겨지는 사회적 위상' 측의 기준으로 형성된 지식체계를 상대화하고, 초극하는 식견을 만들어 내려는 학문이다.[13]

하지만 위 정의가 기술하는 민속학은 어디까지나 이념적 모델로서의 그것이다. 따라서 현실에는 이 모델과 거리가 있는 다양한 형태의 민속학도 존재한다.[14] 그럼에도 불구하고 민속학의 민속학다움은 이 모델에 의해 표현된다고 할 수 있을 것이다.

이상의 기술을 바탕으로 하면, 일상 생활세계에 대한 민속학의 독자적 접근방식은 어떤 것인가가 명확해질 것이다. 즉 민속학은 막연하게 일상 생활세계를 접근하는 것이 아니고, '패권 · 보편 · 주류 · 중심으로 여겨지는 사회적 위상'[15]과는 다른 차원을 착목하고 접근함으로써, '패권 · 보편 · 주류 · 중심으로 여겨지는 사회적 위상' 측의 기준으로 형성된 지식체계를 상대화하고, 초극하는 식견을 만들어 내는 것을 지향한다.

현지 지식인이 지식 형성에 깊이 관여하는 '새로운 학문 공동체'로서의 민속학을 지향하는 움직임이 보인다.

13 島村恭則(2019b), 「現代民俗学」, 桑山敬己 · 島村恭則 · 鈴木慎一郎, 『文化人類学と現代民俗学』, 風響社., 56~65쪽을 일부 수정.

14 예를 들면 '사회학화'〔ジルケ · ゴェッチュ＝エルテン(2018), 「ヨーロッパ民族学 / 文化人類学とは : 所在確定の試み」, 『日本民俗学』 294, 日本民俗学会, 31~32쪽〕를 강하게 지향하는 현재의 독일민속학에서 '대 패권주의'적 성격은 적어도 표면적으로는 찾기 어렵다. 그러나 바로 그 점 때문에 현재의 독일민속학에서는 사회학이나 문화인류학과 다른 독자 학문적 특징도 찾기 어렵다.

15 예를 들면 계몽주의적인 근대 합리주의, 매스미디어를 매개로 확산되는 국민문화나 대중소비문화, 글로벌리제이션과 융합한 신자유주의적 이데올로기 등은 이 차원에 위치하는 사상(事象)이다.

2. 버내큘러

1) 포클로어에서 버내큘러로

다음으로 민속학이 일상 생활세계에 접근할 때, 대상 파악을 위해 설정한 버내큘러라는 개념에 대해 검토하겠다.

(1) 포클로어

지금까지 민속학에서는 'Volkskunde'(독어), 'folklore'(영어), 'traditions populaires'(프랑스어), '민간전승'(중국어 · 한국어 · 일본어), '민속'(중국어 · 한국어 · 일본어) 등의 포괄적 용어하에서, 주로 농촌사회에서 전승되는 민간가요, 민간문학, 민간신앙, 민간예능(민간예술), 민간공예 등을 즐겨 연구해 왔다. 이것은 본래 민속학적인 시각, 즉 "'패권 · 보편 · 주류 · 중심으로 여겨지는 사회적 위상'과는 다른 차원에서 전개되는 인간 삶"에 대한 시선으로 추출할 수 있는 경험이나 지식, 표현이 이 대상들에 많이 포함되어 있다고 상정되었기 때문이라고 생각할 수 있다. 왜 그것이 민속학의 연구 대상이 되는 것인지 근원적인 차원의 인식이 결여된 채, 단지 민속학은 전술한 장르들처럼 '농촌', '전승'을 다루는 것이라는 형식적 선입관만으로 연구가 행해지는 실태도 뿌리 깊게 존재해 왔다. 이러한 상황은 동서양을 막론하고 각지에서 확인할 수 있는데, 예를 들면 영어권에서는 연구 대상의 선입관적 고정화가 일반사회의 민속학에 대한 이미지에 큰 영향을 제공해, '포클로어'라고 하면 '시골의 케케묵고 진기한 구전'이라는 네거티브 이미지가 스테레오타입적으로 퍼져 있었다.

이러한 포클로어를 둘러싼 스테레오타입적 이해에 대해 과감하게 도전한 이가 잘 알려진 미국의 민속학자 앨런 던데스(Alan Dundes, 1934~2005)였다. 던데스는 1965년에 간행된 「민속학이란 무엇인가?(What Is Folklore?)」

라는 논문에서 "'폴크(folk)'라는 용어는 적어도 하나의 공통 요소를 공유하는 그 어떤 집단의 사람들에 대해서도 언급할 수 있다. 결합 요소가 무엇이든 상관없다. 그것은 공통의 직업이라도 좋고, 언어 또는 종교라도 좋다. 그러나 중요한 것은 어떠한 이유로 형성된 집단이든 자신들의 것이라 할 수 있는 몇 가지 전통(tradition)을 지니고 있다"[16]고 지적하고, 농민뿐 아니라 탄광부, 철도원, 야구선수, 서퍼, 오토바이족, 컴퓨터 프로그래머 등도 독자적인 '포클로어'를 지닌다고 했다.

던데스의 이 설명은 그때까지 농민(peasant) 사회나 농촌(rural) 집단으로 파악되기 십상이었던 '폴크'의 정의를 쇄신하고, 이로써 "시골의 케케묵고 기묘한 습관"으로 생각되기 십상이었던 '포클로어'라는 용어의 이미지를 쇄신하는 획기적인 것이었다.

당연히 던데스의 단계에서는 '포클로어'의 '로어(lore)'에 해당되는 것이 전통으로 여겨졌고, 이 점에서는 민속학의 대상을 정태적인 텍스트로서의 전통으로 간주했던 종래의 민속학을 크게 뛰어넘는 것이 아니었다. 그 후 '로어'의 이해에 큰 변화를 초래한 것은 1970년대부터 왕성해진 퍼포먼스 연구(연행론)다. 퍼포먼스 연구에서는 노래나 이야기가 특정한 컨텍스트 안에서 연행되는 과정, 혹은 조형물이 특정한 컨텍스트에서 만들어지는 과정 등이 퍼포먼스로서 분석되었는데,[17] 이러한 연구의 진전 속에서 포클로어는 텍스트일 뿐만 아니라, 그것이 연행되는 과정 그 자체라는 이해가 확산되었다. 단 벤아모스(Dan Ben-Amos)가 제시한, "포클로어란 소집단에서의 예술적인(artistic) 커뮤니케이션"[18]이라고 한 정의는 이러한 이해를 대표하

16 Alan Dundes(1965), *The Study of Folklore*, Englewood Cliffs : Prentice-Hall, p.2.

17 민속학의 퍼포먼스 연구의 전개에 대해서는 Feintuch Burt ed.(2003), *Eight Words for the Study of Expressive Culture*, Urbana : University of Illinois Press 참고.

18 Dan Ben-Amos(1977), "The Context of Folklore," in William R. Bascom eds., *Frontiers of Folklore*, Boulder : Westview Press. p.13.

는 것이다.

(2) 버내큘러

이렇게 민속학 내부에서는 20세기 후반이 되어 포클로어의 정의에 큰 변화가 보이는데, 한편으로 일반사회의 포클로어 이미지는 여전히 "시골의 케케묵고 기묘한 습관"에 머물러 있었고, 민속학자들은 이러한 이미지를 불식시키기 위한 노력을 계속해야 했다. 그러한 상황에서 2000년대 이후 포클로어라는 용어를 대체해, 버내큘러라는 용어를 민속학의 대상 명칭으로 사용하려는 움직임이 활발해졌다.

'버내큘러(vernacular)'는 어원적으로 '토착적(native, indigenous)'이나 '집안(domestic)'을 의미하는 고전 라틴어의 'vernaculus', 게다가 "집에서 태어난 노예(a home born slave)"를 의미하는 옛 라틴어의 'verna'에까지 거슬러 오를 수 있는 영어다. 이 용어는 권위 있는 라틴어에 대한 세속의 말, 즉 속어를 의미하는 용어로 사용됨과 동시에 '방언', '토착적', '풍토적'이라는 의미로도 오랫동안 사용되어 왔다. 이 말은 1950년대 이후 미국민속학에 도입되어 민속학적 건축 연구의 영역에서 '버내큘러 건축'으로 사용되었고, 이후에는 예능(예술), 공예, 음식, 음악을 비롯해 더 넓은 대상에 대해서도 이 용어가 사용되었다.[19] 거기에는 명확한 이론적 전망이나 정의를 수반하지 않고, 포클로어의 막연한 대용에 불과한 사용법도 보인다. 한편으로 이론적인 검토도 진행되었다. 가장 빠른 시기의 논의는 마거릿 랜티스(Margaret Lantis)에 의한 것이다.

마거릿 랜티스는 모레스(mores)나 폴크웨이스(민습, folk-ways), 관습(customs)이라는 용어에는 ① 체계적 · 원리적인 개념 정의가 부족하고, ② '전

19 John Michael Vlach(1996), "Vernacular," in Jan Harold Brunvand ed., *American Folklore : An Encyclopedia*, New York : Routledge, p.734.

통'이나 '과거'라는 함의(connotation)가 수반되어 현대적인 현상을 나타내는 데는 맞지 않다. ③ 특히 '관습'이라는 용어는 의미가 다양하고 주관적으로 사용되는 일이 많다는 결점을 들어, 그것들로 표현할 수 없는 전체문화 중 한 부분을 나타내는 용어로 '버내큘러 문화(vernacular culture)'라는 용어를 제창했다. 그것은 '전통'이나 '원시적인 것'과는 구별되는 것으로, 게마인샤프트(공동사회)와 게젤샤프트(이익사회)로 이루어진 그물코 속에서 장소나 상황에 입각해 구조화되는 담화(speech)나 행동(behavior)을 가리킨다. 랜티스는 버내큘러 컬처는 오피스, 공장, 상점, 학교, 교회, 역 대합실, 행락지와 같은 장소 및 상황에서 다양한 계층의 사람들의 상호행위는 물론, 미디어나 상업 활동을 통해 확산되는 문화요소가 각지에서 수용되는 장면에서도 찾아낼 수 있다고 지적했다.

한편 존 도스트(John Dorst)는 「태그와 버너, 사이클과 네트워크 : 텔렉트로닉 시대의 포클로어」(1990)에서 종래의 민속학이 연구 대상으로 삼아 온 사상(事象)에 더해, 현대도시 지하철의 그래피티(태그 및 버너로 불리는 것)나 인터넷상의 농담 등을 고찰 대상에 추가해야 한다고 논했다. 그 정의를 명확히 제시한 것은 아니지만, 기존 민속학의 틀로는 수습되지 않는 사상을 파악하는 데 버내큘러라는 용어를 도입하였다. 그리고 버내큘러가 지닌 대항 패권주의적인 성격을 지적하면서, 동시에 그것이 고도한 소비문화에 의해 식민지화되는 사태에 대해서도 배려해야 한다고 강조했다.

도스트의 이 논고는 민속학의 이론 전개를 촉진하는 것으로 동시대 민속학자에게 받아들여졌고, 발전적인 견해가 제시되기에 이르렀다. 로저 에이브라함스(Roger D. Abrahams)는 도스트의 논의를 바탕으로, 민속학의 연구 대상은 "'버내큘러'라고 불러야 할 형태로, 역시 '포클로어'는 창조적 과정을 포괄하는 술어로는 부적절하다. ……버내큘러리티는 상호행위가 진행 중인 장(場)에 함께하지 않는 사람들 사이에서 생겨난다. 오늘날 메시지의 저장, 검색, 송신, 재생산이라는 새로운 과학기술이 버내큘러리티를 많은 측면에서 지탱하고 있다. 분명히 풍자적 감수성과 권력에 대한 저항이라는 특징은 이러한 익명적인 환경에서 강해지는 것이다"라고 말했다.[20]

또한 바바라 커셴블랫김블렛은 '버내큘러적인 것과 패권적인 것의 구별을 무화해서 침투하는 패권적인 힘'의 경계를 주장하는 도스트의 견해에 찬동하면서도, "나는 '텔렉트로닉 시대'에는 문화생산과 민속학적 쌍방에서 더욱 큰 가능성이 있다고 생각한다"고 진술했다.[21] 커셴블랫김블렛이 찾아낸 가능성은 후술하는 로버트 하워드의 버내큘러 웹 연구에서 보다 구체적으로 제시된다.

도스트 이후 버내큘러를 둘러싼 이론적 연구를 단숨에 진전시킨 이가 레너드 노먼 프리미아노(Leonard Norman Primiano)다. 프리미아노는 버내큘러라는 용어를 어사(語史)적 · 어지(語誌)적으로 검토하고, 이 용어에 지역적(local), 토착적(native), 개인적(personal), 사적(private), 예술적(artistic) 등의 함의가 있음을 밝혔다. 게다가 종래의 민속학에서는 엘리트 / 폴크(민중), 공식 / 비공식, 제도 / 비제도, 문자 / 구승이라는 이항대립을 설정하고, 각각의 조합 중 뒤 항목을 민속학 연구의 대상으로 삼아 왔는데,[22] 그러한 대립

---

20 Roger D. Abrahams(1993), "Phantoms of Romantic Nationalism in Folkloristics," *The Journal of American Folklore*, 106(4), p.7.

21 B. Kirshenblatt-Gimblett(1998), "Folklore's Crisis," *The Journal of American Folklore*, 111(4), p.320.

22 민속학의 연구 대상을 공식 / 비공식, 제도 / 비제도와 같은 이항대립으로 설명하는 것은 미국민속학에서 많이 행해져 왔다. 예를 들어 리처드 도슨은 민속학자의 관심은 구술문화(oral culture)와 전통문화(traditional), 비공식 문화(unofficial culture)에 있으며, 그중 비공식 문화는 고상한 것(the high), 가시적인 것(the visible), 제도적인 문화(the institutional culture)와 대조되는 것이라고 했다[Richard M. Dorson(1976), *Folklore and Fakelore : Essays toward a Discipline in Folk Studies*, Cambridge, MA : Harvard University Press, p.46]. 또 부룬반드는 포클로어를 문화의 전통적(traditional)이고 비공식적(unofficial) · 비제도적(noninstitutional)인 부분이라 했다[Jan Harold Brunvand(1998), *The Study of American Folklore : An Introduction*, 4th ed., New York : W. W. Norton. p.8]. 그리고 이를 바탕으로 마샤 심즈와 마르틴 스티븐스는

축으로 대상을 파악하지 않고 엘리트인가 민중인가, 공식인가 비공식인가, 제도인가 비제도인가, 문자인가 구승인가와 관계없이, 그것들이 '살아 있는(영위되는)' 경우, 즉 개인에 의해 해석되고 실천되고 있을 경우, 그것들은 대등하게 버내큘러로 파악해야 한다고 논했다.

프리미아노는 특히 버내큘러 차원에서 종교의 존재방식을 들어 다음과 같이 설명하였다.

> 버내큘러 종교는 살아 있는 종교, 즉 사람들이 만나고, 이해하고, 해석하고, 실천하는 종교다. 종교는 해석을 생득적(生得的)으로 동반하기 때문에, 개인의 종교는 반드시 버내큘러다. …… 규범적 종교의 여러 단체 및 여러 매개체가 있다고 해도, '공식종교'를 표출하는 실천의 객관적 존재는 없다. 누구든 제도적 성직자 계급의 특별한 엘리트나 멤버, 이를테면 로마 교황, 티베트 달라이 라마, 이스탄불의 총대주교, 예루살렘의 치프 랍비도 순수무구한 종교생활을 '공식적'으로 살지는 않는다. 이러한 성직계급의 멤버는 그 종교전통 제도규범의 최상을 대표한다고 해도, 버내큘러적으로(vernacularly) 신앙을 실천한다. 항상 거기에는 다소의 수동적 적응, 다소의 흥미로운 유물, 다소의 능동적 창조, 다소의 반체제적 충동, 다소의 생활 경험적 반성이 있으며, 그렇게 개인들이 어떻게 종교생활을 보낼지 결정하는 데 영향을 준다.[23]

포클로어를 "말, 음악, 습관, 행위, 행동, 물질을 통해 창조적으로 표현되는 세계, 우리 자신, 우리의 커뮤니티, 우리의 신앙, 우리의 문화, 우리의 전통에 대해 비제도적으로(informally) 학습되는 비공식적(unofficial) 지식"으로, 그것은 "타자와 함께 지식을 공유하고 창조해, 의사소통하고 연행하는 상호 역동적 과정"이라 하였다[Martha C. Sims and Martine Stephens(2011), *Living Folklore : An Introduction to the Study of People and Their Traditions*, Second ed., Logan : Utah State University Press, pp.11~2].

23 Leonard Norman Primiano(1995), "Vernacular Religion and the Search for Method in Religious Folklife," *Western Folklore*, 54(1), p.44.

프리미아노 자신은 명언하지 않았지만, '살아 있는(영위되는)' 차원에 착목하는 그의 버내큘러 개념의 배후에는 현상학의 사고방식이 존재한다. 이것은 본고의 첫머리에 소개한 가오빙중의 '생활세계'론과 더불어 민속학 이론으로서 중요하다. 이후 필자는 버내큘러를 정의하는 데 현상학적 시점을 받아들여 제시하였는데, 필자의 정의를 논하기에 앞서 또 하나 근년에 제시된 버내큘러 개념을 둘러싼 최신의 이론연구에 대해서 검토해 보겠다. 우선 로버트 하워드는 버내큘러를, "현재적(顯在的) 혹은 잠재적으로, 제도(institution)의 외측에서 발생해(generated), 인정받아(authorized), 권위 부여된(empowered) 문화적 표현(cultural expression)"[24]이라고 정의하고, 인터넷상의 버내큘러(버내큘러 웹)를 분석했다. 그리고 가톨릭의 동성애자, 자동차 대기업, 대통령 선거 출마 후보자들이 각각 개설한 블로그 사례분석을 통해 버내큘러 웹상의 버내큘러의 하이브리드성에 대해 논하였다.

하워드는 버내큘러 웹에서는 순수한 본질로서의 '제도'나 '버내큘러'라는 것은 존재하지 않고, 실제로 버내큘러는 '제도적인 것'과 '버내큘러'의 혼성물(하이브리드)로서 존재한다고 논했다. 그리고 매스미디어 등 종래의 미디어와 달리 버내큘러 웹에서는, 제도 바깥에 있는 사람들의 목소리가 제도 측에 들어가 일정한 힘〔버내큘러 권위(authority)〕을 갖기도 하고, 또 한편으로는 제도 측도 버내큘러를 받아들이거나 컨트롤하는 경우가 존재하는데, 그는 이와 같은 버내큘러를 둘러싼 파워 폴리틱스 역시 해명하고자 했다.

2) 이론적 전망

이상 버내큘러를 둘러싼 이론적 동향을 정리해 보았다. 모든 논의가 각

---

24 Robert G. Howard(2015), "Introduction : Why Digital Network Hybridity Is the New Normal (Hey! Check This Stuff Out)," *The Journal of American Folklore*, 128(5), p.251.

기 유효한 논점을 내포하고 있다. 다만 버내큘러를, 민속학의 학술용어로 정착시킬 정도로 철저한 이론화가 시도되었는지에 대해서는 아직 충분하지 않다고 생각된다.

따라서 이하에서는 지금까지의 버내큘러론을 바탕으로, 민속학의 학술용어로서 버내큘러에 대한 새로운 이론화를 행하고자 한다.[25]

(1) 버내큘러의 정의

먼저 버내큘러 정의를 제시하면 다음과 같다.

> 버내큘러란 "무언가 사회적 컨텍스트를 공유하는 사람들 중 한 개인의 생세계(生世界)에서 생겨나 영위되는 경험 · 지식 · 표현으로, 특히 패권주의나 보편주의, 주류적 · 중심적 사고와는 양립하지 않는 의식 · 감정 · 감각을 거기에 찾아낼 수 있는 것, 혹은 찾아낼 수 있다고 예기(豫期)되는 것"이다.

다음으로 이 정의의 내용에 대해서 설명을 추가하면 다음과 같다.

(2) 경험 · 지식 · 표현

우선 '경험 · 지식 · 표현'에 대해서인데, 여기에서 말하는 '경험'이란 실제로 보고 듣고 행하는 것과 그 축적을 가리킨다. 예를 들면 '라이프 히스토리'나 '개인적 경험담'으로 지칭되는 이야기 내용은 바로 이 경험이라는 개

25 이론화하는 데 다음 사항에 유의해 논의를 구축한다. ① 민속학의 학술용어로 설정하기 위해, 민속학적 시각을 구현한 개념으로 한다. ② 버내큘러 개념의 이론적 심화가 진행하기 전에, 포클로어라는 용어에 대해 수행된 던데스의 정의 갱신을 위한 성과도 받아들인다. ③ 랜티스가 버내큘러라는 용어를 통해 수행하려고 한 '전통', '관습', '프리미티브'라는 함의의 배제를 계승한다. ④ 프리미아노에 잠재적으로 보이는 현상학적인 시점, 하워드에 의한 '하이브리드로서의 버내큘러'라는 시점을 발전 · 심화 · 세련시킨다.

념으로 파악할 수 있겠다. '지식'은 세계에 대한 지혜나 식견, 이해나 인식의 내용이다. '표현'은 일차적으로는 인간의 내면에 있는 것을 외측을 향해 전달하는 과정과 그 전달 내용을 가리키는데(의도적인 것뿐만 아니라, 결과적인 전달도 여기에 포함한다), 또한 인간이 어떤 사물에서 의미를 읽어 낼 경우, 그 사물은 의미 내용을 '표현'한다(혹은 의미가 '표현'된다)는 뜻으로 이를 파악하고자 한다.

이처럼 버내큘러의 내용으로 '경험', '지식', '표현'의 세 개념이 설정되는데, 이 삼자는 실제로 혼용되는 일이 많다. 예를 들면 라이프 히스토리나 개인적 경험담은 사람들의 '경험'에 관한 이야기인데, 그 '경험'에는 다양한 '지식'이 포함된다. 그리고 그 이야기는 그것을 말하는 인간이 행하는 '표현'이다. 그런 점에서 버내큘러는 표현되는 것으로서, 지식이며 경험이라고도 할 수 있겠다.

(3) "생겨나 영위되는"

다음으로 "생겨나 영위되는"의 설명이다. 여기에서 '생겨난다'는 것은 인간에 의해 버내큘러가 창조되는 것을 말하며, '영위된다'는 것은 버내큘러가 인간에 의해 실제로 행해지는 것을 가리킨다.

어떤 사람에 의해 생겨난 버내큘러는 동시에 그 사람에 의해 실제로 행해진다. 즉 영위된다고도 할 수 있기 때문에 '생겨난다'와 '영위된다'는 매우 가까운 관계에 있다고 할 수 있다.

또한 인물 A에 의해 생겨나 영위되던 버내큘러 a가 인물 B에게 전해지고 그에 의해 영위될 경우, 그 버내큘러는 그 나름대로 영위되는 것이므로 인물 B에 의한 일종의 창조라고 할 수 있다. 즉 인물 A에 의해 생겨나 영위되던 버내큘러 a는, 인물 B에 의해 버내큘러 a′ 혹은 버내큘러 b로 생겨나 영위된다.

(4) 생세계

그런데 여기에서 확인해 두고자 하는 것은 이러한 버내큘러를 생성하고 영위하는 그 당사자가 한 인간, 즉 개인이라는 점이다. 버내큘러가 집단적으로 생겨나 영위되는 듯이 보이지만, 실제로 그것을 행하는 이는 집단을 구성하는 개개인이다. 보다 엄밀하게 말하면, 버내큘러가 생겨나 영위되는 것은 개인의 '생세계'에서다.

'생세계'란 현상학에서 말하는 '레벤스벨트(Lebenswelt, life-world)'로, "그것만이 단 하나의 현실적인 세계이며, 현실의 지각에 의해 주어져, 그때마다 경험되고 경험될 수 있는 세계"다. "우리들의 모든 생활이 실제로 거기에서 영위되는 곳, 현실에 직관되고 경험되고 경험될 수 있는" 세계, "우리의 구체적인 세속생활에서 끊임없이 현실적인 것으로 주어진 세계",[26] "자연적 태도에 머물러 있는 사람들에게는 자명한 전(前) 과학적인 현실", "사람이 그 속에서 자기 몸을 통해 움직임으로써 그에 개입하고, 그것을 변화시킬 수 있는 현실영역", "상식적 태도 속에 있는 충분히 자각적인 일반 성인이 단적인 소여로서 찾아내는 현실영역", 거기에서만 "공통의 커뮤니케이션 주위세계가 구성될 수 있는" "사람들에게 특별한 지고의 현실"로 여겨지는 세계다.[27]

(5) 사회적 컨텍스트를 공유하는 사람들

한편 버내큘러가 "개인의 생세계에서 생겨나 영위된다"고 해도 그 개인

26 エトムント・フッサール(1995), 細谷恒夫・木田元 訳, 『ヨーロッパ諸学の危機と超越論的現象学』, 中央公論社, 89~93쪽.

27 アルフレッド・シュッツ / トーマス・ルックマン(2015), 那須寿 監訳, 『生活世界の構造』, 筑摩書房, 43쪽. Lebenswelt, life-world는 일본에서는 일반적으로 '생활세계'라는 용어로 번역되는데, 여기에서는 신체적 '생'(생명)의 차원을 시야에 넣은 근원적인 '생'세계론을 전개하는 니시하라 가즈히사를 참고해 '생세계'라는 용어를 사용하였다[西原和久(2003), 『自己と社会 : 現象学の社会理論と〈発生社会学〉』, 新泉社, 190~194쪽].

이란 사회 속 존재 즉 사회적 존재이며, 개인이 사람들의 모임 즉 집단과 완전히 관계없이 존재한다는 것은 있을 수 없다.

순수하게 고립된 개인이 버내큘러를 생성하고 영위하는 것이 아니라, 그 개인은 사람들 중 한 사람으로, 사람들과 관계하면서 버내큘러를 생성하고 영위하는 것이다. 거기에서는 개인의 창조성과 함께, 정도[농담(濃淡)]의 차이는 있지만 집단과의 영향 관계도 찾아낼 수 있다.

그럼 이 경우의 집단이란 무엇인가? 그것은 "무언가 사회적 컨텍스트를 공유하는 사람들"이다. 여기에서 말하는 컨텍스트란 문맥 · 맥락으로, 예를 들면 지역, 가족, 친족, 친구, 학교, 종교, 종파, 에스니시티, 젠더, 계층, 국가, 시대, 세대, 사회문제, 공통의 관심 등 다양한 것이 상정된다.[28] '민속'을 생성하고 영위하는 개인은 이러한 컨텍스트를 공유하는 집단(사람들) 중 한 사람으로 존재한다. 본래 한 개인은 한 집단에만 속하는 것은 아니다. 사람은 다양한 집단 속에서 생활하며, 거기에서 다양한 버내큘러를 생성하고 영위하는 것이다.

(6) 패권주의나 보편주의, 주류적 · 중심적 사고와는 양립하지 않는 의식 · 감정 · 감각

다음으로 정의의 뒷부분에 있는 "특히 패권주의나 보편주의, 주류적 · 중

---

28 제2장에서 언급했듯이, 던데스는 '포클로어'의 담당자로서 '폴크'를 "적어도 하나의 공통 요소를 공유하는 어떤 집단의 사람들"이라고 했는데, 필자는 이 설명을 참고해 버내큘러를 생성하고 영위하는 사람들은 "무언가 사회적 컨텍스트를 공유하는 사람들"이라고 정의했다. 한편 던데스는 사람들이 폴크로 인정되는 조건으로 "공통 인자(common factor)를 지닌 것"이라고 했으나, 필자는 그 조건을 "무언가 사회적 컨텍스트를 공유하는 것"이라고 수정하였다. 버내큘러는 컨텍스트와 함께 존재한다고 생각되므로 이 사고방식을 명확히 하기 위해서다. 민속학 연구에서 컨텍스트의 중요성에 대해서는 Dan Ben-Amos(1977), "The Context of Folklore," in William R. Bascom eds., *Frontiers of Folklore*, Boulder : Westview Press, pp.36~53 ; Martha C. Sims and Martine Stephens(2011), 앞의 책, pp.18~21 참고.

심적 사고와는 양립하지 않는 의식 · 감정 · 감각을 찾아낼 수 있는 것, 혹은 찾아낼 수 있다고 예기되는 것"에 대해서인데, 이 부분이야말로 버내큘러를 민속학적 개념답게 하는 내용이다.

제1장에서 언급한 것처럼 민속학이란 "'패권 · 보편 · 주류 · 중심으로 여겨지는 사회적 위상'과는 다른 차원에서 전개되는 인간 삶을, '패권 · 보편 · 주류 · 중심으로 여겨지는 사회적 위상'과 '그것들과는 다른 차원' 사이의 관계성도 포함하여 내재적으로 이해함으로써, '패권 · 보편 · 주류 · 중심으로 여겨지는 사회적 위상' 측의 기준으로 형성된 지식체계를 상대화하고, 초극하는 식견을 만들어 내려는 학문"이다. 따라서 민속학이 어떤 사상을 연구할 경우, 그 연구는 "'패권 · 보편 · 주류 · 중심으로 여겨지는 사회적 위상' 측의 기준으로 형성된 지식체계를 상대화하고, 초극하는 식견을 만들어" 내기 위함이며, 이를 위한 시각과 방법이 '패권 · 보편 · 주류 · 중심으로 여겨지는 사회적 위상'과는 다른 차원에서 전개되는 인간 삶에 착목해(시각), 그것을 '패권 · 보편 · 주류 · 중심으로 여겨지는 사회적 위상'과 '그것들과는 다른 차원' 사이의 관계성도 포함하여 내재적으로 이해하기 위한 것(방법)이다.

그렇다면 민속학이 그 연구 대상을 가리키기 위해 준비한 개념, 즉 버내큘러는 이 시각과 방법을 구현한 것이어야 하는데, 필자는 이 점을 의식해 버내큘러를 "특히 패권주의나 보편주의, 주류적 · 중심적 사고와는 양립하지 않는 의식 · 감정 · 감각을 찾아낼 수 있는 것, 혹은 찾아낼 수 있다고 예기(豫期)되는 것"이라고 정의하였다.

아울러 "패권주의나 보편주의, 주류적 · 중심적 사고와는 양립하지 않는 의식 · 감정 · 감각을 찾아낼 수 있는 것" 다음에 "찾아낼 수 있다고 예기되는 것"을 추가한 것은, 연구 대상 설정의 현장을 상상해 본다면 쉽게 이해할 수 있을 것이다. 즉 어떤 대상에 대해 조사 · 연구할 경우, 조사 · 연구를 시작하는 단계에서 그 대상에 "패권주의나 보편주의, 주류적 · 중심적 사고와는 양립하지 않는 의식 · 감정 · 감각"을 찾아낼 수 있는지의 여부와 관계없이 작업가설로 '찾아낼 수' 있음을 예기하고 대상화를 꾀하는 것은 응당 있을 수 있겠다. 이를 바탕으로 '예기되는 것'을 정의 속에 포함시켰다.

(7) 버내큘러의 구체적 예

이상과 같은 버내큘러 정의에 이어서 구체적으로 어떤 것이 버내큘러인지 몇 가지 예를 들어 보겠다. 위에서 제시한 정의에 따르면, 지금까지 민속학에서 활발히 다룬 가요, 이야기, 신앙, 속신, 연중행사, 예능(예술)과 같은 장르는 물론 스트리트 뮤직, 지하철, 자동차, 항공기, 고층 빌딩, 증권거래, 고도한 의료기술, 유네스코, 국회, 지방 의회, 관공서, 민간 기업, 공장, 교육 기관, 쇼핑몰, 스포츠 이벤트, 애니메이션, 매스 미디어, 스마트폰 등 모든 대상에 대해 그것들이 (무언가 사회적 문맥을 공유하는) 사람들의 생세계에서 생겨나 영위되는 한, 민속학적 시각에 의한 대상화('패권 · 보편 · 주류 · 중심으로 여겨지는 사회적 위상'과는 다른 차원에서 전개되는 인간 삶의 착목), 즉 버내큘러로서 파악하는 것이 가능하다.

(8) 이탈〔이상(離床)〕과 재착상(再着床)

반대로 버내큘러로 파악할 수 없는(감당할 수 없는) 것은, 생세계에서 생겨난 것〔현상학적으로는 과학기술을 포함해 모든 사상은 본래 생세계에서 발생함〕이라도 생세계에서 이탈(disembedding)해 생세계와는 다른 차원에서 객체화되어 자립적으로 움직이는 것이다. 공식성, 전문성으로 특징지어지는 제도, 조직, 지식, 기술, 정보, 표상, 상품 및 그것들의 복합체로서 시스템이 이에 해당된다.[29]

---

29 여기에서 시스템이란 사회학자 앤서니 기든스의 '추상적 시스템(abstract systems)'에 상당한다. 기든스는 사회관계를 상호행위의 로컬한 맥락에서 분리해, 무한한 시공간의 확장 속에서 재구축하는 것을 '탈피〔이탈(disembedding)〕'라고 칭하고, 이것이 근

당연히 그것들도 사람들이 구체적인 삶의 현장에서(즉 생세계에서), 현실적으로 실천 · 운용 · 경험한다면(즉 영위한다면), 거기에 관여하는 경험 · 지식 · 표현은 민속학적 관점에서 버내큘러로 대상화할 수 있다. 예를 들면 증권거래라는 시스템 그 자체는 추상적 시스템이며 버내큘러가 아니다. 그러나 그것이 사람들 사이에서 실천 · 운용 · 경험될(즉 영위될) 때, 증권거래는 민속학적 관점에서 그것을 실천 · 운용 · 경험하는 사람들의 버내큘러로 논할 수 있게 되는 것이다. 한편 이러한 생세계에서 이탈해 있던 것이 사람들의 생세계에서 다시 '영위되는' 상황은 생세계로부터의 이탈에 대응하는 생세계로의 재착상(reembedding)으로 표현된다.

(9) 버내큘러와 민속

여기에서는 버내큘러와 한자어권 민속학에서의 '민속'과의 관계에 대해서 검토해 보겠다. 민속은 민속학이 대상 파악을 위해 설정한 한자어 개념이다. 반면 버내큘러는 민속학이 대상 파악을 위해 설정한 영어 개념이다.

대사회에서 사회제도의 발달과 깊이 관련된다고 논하였다〔Anthony Giddens(1990), *The Consequence of Modernity*, Cambridge : Polity Press, p.21〕. 그리고 이 '탈피 메커니즘(disembedding mechanisms)'은 '상징적 표상(symbolic tokens)'의 창조와 '전문가 시스템(expert systems)'의 확립이라는 두 타입으로 나눌 수 있다고 보고, 양자를 합해서 '추상적 시스템'이라고 칭했다〔Anthony Giddens(1990), 앞의 책, p.80〕.
'상징적 표상'이란 "어떤 경우에도 그것을 입수한 개인이나 집단의 특성과 관계없이 '유통'할 수 있는 상호교환 매체"〔Anthony Giddens(1990), 앞의 책, p.22〕로, 기든스는 그 구체적 예로 화폐를 들고 있는데, 그뿐만 아니라 본문에서 말하는 "공식성, 전문성에 의해 특징지어진 제도, 조직, 지식, 기술, 정보, 표상, 상품" 중 '지식, 기술, 정보, 표상, 상품' 등은 이 '상징적 표상'의 하나에 해당된다고 할 수 있겠다. 그리고 '전문가 시스템'이란 "우리가 오늘날 사는 물질적 · 사회적 환경이라는 광대한 영역을 체계화하는 과학기술상의 성과나 직업상 전문가의 지식 체계"〔Anthony Giddens(1990), 앞의 책, p.27〕로, 본문의 "공식성, 전문성에 의해 특징지어진 제도, 조직, 지식, 기술, 정보, 표상, 상품"이 그대로 이에 해당된다. 기든스는 '추상적 시스템'을 '상징적 표상'과 '전문가 시스템'으로 나누었는데, 화폐와 같이 명백히 전자에 해당되는 것도 있지만, 양자에 중복 해당되는 것도 존재한다.

양자의 차이는 언어적 차이로 개념 자체는 동일하다. 즉 버내큘러는 민속이며, 민속은 버내큘러다.

지금까지 한자어권의 민속학에서는 민속에 대해 다양한 개념 규정이 행해졌다. 예를 들면 일본의 민속학에서는 민속을 '전승과 관습의 복합체'[30] 라거나 "일정한 지역에서 생활을 영위하는 사람들이 그 생활이나 생업형태 속에서 육성하고, 전승해 온 생활 문화와 그것을 유지하는 사고 양식"으로 정의해 왔다.[31]

그러나 필자는 거기에 만족하지 않고 필자가 구축한 민속학의 정의와 합치시키는 형태로, 보다 이론적 정밀도가 높은 개념 설정을 시도해 왔다.[32] 그 내용을 본고에서는 버내큘러 개념으로 설명하였다. 즉 필자가 구축한 민속의 개념 규정은 필자가 구축한 버내큘러의 그것과 동일하다. 이를 여기에서 명확히 하고자 한다.

(10) 호모 버내큘러스

강정원은 민속학적 인간상으로서의 '민속인(Homo Folkloricus)'을 제창했는데,[33] 이와 관련하여 필자는 버내큘러 개념에 기반한 민속학적 인간상으로서 '호모 버내큘러스(Homo Vernaculus)'를 제창하고자 한다. 이것은 "'패권 · 보편 · 주류 · 중심으로 여겨지는 사회적 위상'과는 다른 차원의 삶을

---

30 平山和彦(2000), 「民俗」, 福田アジオ 他編, 『日本民俗大辭典 下』, 吉川弘文館, 638~639쪽.

31 谷口貢(1996), 「民俗学の目的と課題」, 谷口貢 他編著, 『現代民俗学入門』, 吉川弘文館, 4쪽.

32 島村恭則(2018), 「民俗学とは何か : 多様な姿と一貫する視点」, 古家信平 編, 『現代民俗学のフィールド』, 吉川弘文館 ; 島村恭則(2019b), 앞의 논문.

33 강정원에 의하면, 민속인(Homo Folkloricus)이란 "일과 놀이를 동시에 수행하면서, 전통을 발전적으로 수용함을 통해 미래를 창조하는, 민속의 주체"로, 호모 루덴스(유희하는 인간), 호모 파베르(일하는 사람), 호모 에코노미쿠스(경제인)의 상위개념으로 사람의 본질에 부합되는 인간상이다[강정원(2013), 앞의 논문, 147쪽].

사는 인간"이다.

더불어 '패권 · 보편 · 주류 · 중심으로 여겨지는 사회적 위상'을 사는 인간이라도, 그 삶에서 생겨나 영위되는 경험 · 지식 · 표현 속에 "패권주의나 보편주의, 주류적 · 중심적 사고와는 양립하지 않는 의식 · 감정 · 감각을 찾아낼 수 있는 것, 혹은 찾아낼 수 있다고 예기되는 것"이 포함되는 케이스, 즉 버내큘러가 존재한다. '호모 버내큘러스'는 그러한 상황도 시야에 넣어 설정한 인간상이다.

3. 사회 · 문화철학과 민속학

1) 디오니소스적인 것

이상과 같이 모델화된 민속학을 철학과의 관련 속에 자리매김하고자 한다. 19세기 후반을 살았던 독일의 철학자 프리드리히 빌헬름 니체(Friedrich Wilhelm Nietzsche, 1844~1900)는 『비극의 탄생』을 비롯한 일련의 저작에서 소크라테스를 시작으로 근대 데카르트, 헤겔로 대표되는 이성주의, 합리주의, 진리주의를 비판하고, 그리스 신화에 등장하는 신, 디오니소스를 주목하면서 대(對)이성주의적 · 대합리주의적 · 대진리주의적인 영역(디오니소스적인 영역)이야말로 인간에게 일차적인 삶의 힘이라고 논했다. 니체의 디오니소스론은 후술하듯이 사회 · 문화철학에 큰 영향을 주었다.

원래 그리스 고전문헌학 연구자였던 니체는 고대 그리스 정신사 속에 이성적 · 합리적 · 사변적 문화원리와 비이성적 · 비합리적 · 비사변적 문화원리라는 대비적인 문화원리가 존재한다는 사실을 발견하고, 그리스 신화에 등장하는 신의 이름을 원용하여 전자에 '아폴론적인 것', 후자에 '디오니소스적인 것'이라는 명칭을 부여했다. 니체는 그리스 정신사가 ① 호메로스 이전의 '거인시대'(헤시오도스에 의한 5세대설의 청동시대)=디오니소스적, ② 호메로스 시대=아폴론적, ③ 후기 호메로스 시대=디오니소스적, ④ 도리스식 세계관의 시대(스파르타 시대)=아폴론적이라는 각 단계를 경과해, ⑤ 디오니소스적인 문화원리와 아폴론적인 문화원리가 조화된 '그리스 비극'의 시대[34]에 이르렀다고 보았다. 그리고 디오니소스적인 문화원리와 아폴론적인 문화원리가 조화되어 있기 때문에 '그리스 비극'의 시대야말로 그리스 정신의 역사상 가장 뛰어난 시대라고 논했다. 그는 아이스킬로스, 소포클레스, 에우리피데스라는 대표적인 3명의 '비극' 작가에 대해 고찰했는데, 이 중에 에우리피데스는 '그리스 비극'에 퇴폐를 초래한 작가라고 비판했다.[35]

니체가 에우리피데스를 비판하는 이유는, 그의 작품이 "디오니소스적 요소를 비극으로부터 배제하고, 비(非)디오니소스적 예술과 관습과 세계관 위에 순수하게 새로운 비극을 구축하는 것"을 목표로 하였기 때문이다. 즉 그가 "오로지 극을 비디오니소스적으로만 창조하려"는 의도를 지녔기 때문이었다. 나아가서 그는 이러한 에우리피데스의 경향이 철학자 소크라테스가 지향한 것과 일치한다고 논하였다. 니체에 의하면, "이전에 전례가 없었던 존재 형식", 즉 '이론적 인간'인 소크라테스는 주지주의적인 입장에서 사람들의 "견식의 결여와 망상의 위력"을 배제해야 한다고 생각하고 기성의 도덕, 예술을 단죄했다. 소크라테스는 '비극'을 "쾌적한 것으로만 묘사하고, 유용한 것을 묘사하지 않는 추종적 예술을 가려내, 제자들에게 이러한 비철학적인 자극과 결별하고 단호하게 인연을 끊도록 요구했다". 이러한 가르침 아래에서 "젊은 비극작가 플라톤이 소크라테스의 제자가 되어 가장 먼저 그러한 작품들을 불태워 버렸을 정도"였다.[36]

---

34 그리스 고전문학사의 '비극의 시대'는 대략 기원전 5세기 전후이다[高津春繁・斎藤忍随(1963), 『ギリシア・ローマ古典文案内』, 岩波書店, 56~69쪽].

35 ニーチェ(1966), 秋山英夫 訳, 『悲劇の誕生』, 岩波書店, 59~145쪽.

36 ニーチェ(1966), 앞의 책, 135~155쪽.

소크라테스의 영향력이 막강했을 뿐만 아니라 그러한 인식은 헬레니즘 시기의 알렉산드리아 문화[37]에서 전형적이었던 것으로 보인다. 르네상스기에 알렉산드리아 문화가 전해진 유럽에서도 마찬가지였다. "우리의 근대 세계 전체는 알렉산드리아적 문화의 그물망에 갇혀 있으며, 이를 이상으로 하는 인간은 최고의 인식력을 갖추어 과학을 위해 일하는 인간, 소크라테스를 원상(原像)으로, 선조로 하는 이론적 인간"이라고 니체는 진술하였다.[38]

니체의 디오니소스론은 단순한 그리스 사상사 연구가 아니다. 니체의 디오니소스론은 그가 살았던 시대의 독일 사회에 대한 비판이었다. 니체에 의하면, "소크라테스주의의 귀결인 현대의 모습"은 사람들이 "경솔하게도 현대라는 것을 드높여 찬미하고, 혹은 무감각하게 영원한 것을 배제하고 모든 것을 '시대상에 기반'하여, 즉 현재상에서 바라볼 뿐"인 상태, "추상적인 인간, 추상적인 교육, 추상적인 도덕, 추상적인 법률, 추상적인 국가"를 사는 데 불과한 상태, 거기에는 "먼지 · 토사(土沙) · 경직됨 · 초췌함이 있을 뿐"인 상태를 지칭했다.[39]

이런 상태를 벗어나기 위해 니체가 제시한 처방전은 '디오니소스적 생명'의 재생이다. "우리를 매우 지치게 하는 문화의 황량한 풍경도 디오니소스의 마력이 접촉할 때 돌연 그 모습을 바꾼다." "일진(一陣)의 돌풍이 모든 노쇠한 것, 완전히 메마른 것, 찢어진 것, 시든 것들을 거머쥔 채 소용돌이를 일으키면서 빨간 토사 구름 속에 가두고 독수리처럼 하늘 높이 날려 버리"면, 돌풍이 지나간 후에는 "충실하고 푸르디 푸르며, 넘칠 정도로 생생

37 헬레니즘 시기란, 일반적으로 알렉산드로스 대왕의 동정(東征. 기원전 334년) 이후, 로마에 의한 이집트 병합(기원 30년)까지를 가리킨다. 또 알렉산드로스는 고대 그리스 식민 도시에서 고대 그리스 문명의 학문적 유산을 대량으로 보유한 이집트의 알렉산드리아인데, 니체가 '알렉산드리아적'이라고 할 경우, '소크라테스적'과 마찬가지로 아폴론적인 것에 편중되어 디오니소스적인 것이 배제된 문화상황을 뜻한다.

38 ニーチェ(1966), 앞의 책, 162~201쪽.

39 ニーチェ(1966), 앞의 책, 217~253쪽.

하고, 동경으로 가득 차서 무한"한 '삶과 고통과 쾌락'이 "골짜기 밑바닥에서 황금빛으로 떠오르"듯이 모습을 드러낼 것이다. 그리고 이러한 "디오니소스적 마력 아래에서는 사람과 사람의 관계가 다시 맺어"짐과 동시에, "소외되거나 적대시되어, 또는 지배되어 온 자연도 가출한 인간과 다시 화해의 축하 연회를 하게" 될 것이라고 니체는 표현하였다.[40]

한편 막스 베버(Max Weber, 1864~1920)는 근대 유럽의 자본주의적 에토스의 발생과 전개를 논한 『프로테스탄티즘의 윤리와 자본주의 정신』에서 다음과 같이 끝맺었다.

> 장래, 이 감옥 안에 사는 이는 누구인가, 그리고 이 거대한 발전이 끝날 때, 완전히 새로운 예언자들이 나타날 것인가, 혹은 예전의 사상이나 이상이 강력히 부활할 것인가, 그렇지 않으면 — 그 어느 쪽도 아니고 — 일종의 이상한 존대함으로 분식(粉飾)된 기계적 화석으로 변할 것인가, 아직 누구도 모른다. 그건 그렇고, 이러한 문화발전의 마지막에 나타나는 마지막 사람들(Letzte Menschen)에게는 다음과 같은 말이 진리가 되지 않을까? 마음이 없는 전문인, 심정이 없는 향락인, 이러한 공허(Nichts)는 인간성이 일찍이 다다른 적이 없는 단계에까지 이미 도달한 자들이다."[41]

이 문장에 대해 사회학자 미타 무네스케(見田宗介)는 다음처럼 논했다.

> "베버가 근대사회를 형성해 온 정신의 키워드로 언급한 것은 '마술로부터의 해방'이라는 것"으로, "일본에서는 '마술로부터의 해방', '주술로부터의 해방',

---

40 ニーチェ(1966), 앞의 책, 43~44쪽, 222~223쪽.

41 マックス・ヴェーバー(1991), 大塚久雄 訳, 『プロテスタンティズムの倫理と資本主義の精神』, 岩波書店, 366쪽.

'탈주술화', '탈마술화' 등으로 번역되어 온 용어"인데, 그 원어는 'Entzauberung' 이라는 독일어다. 베버는 이 단어를 독일 문학자 프리드리히 폰 실러가 사용한 'Entzauberung der Welt(세계의 탈마술화)'라는 표현에서 차용하였다. 실러는 'Zauber'를 "인간과 인간을 서로 잇는 신기한 힘"이라고 하였다. 그것은 다음 가사에서 명확하게 확인할 수 있다. "너의 '환희'의 마력(Zauber)은 시간의 흐름이 엄격히 분리된 것을 다시 한 번 잇는다. 너의 부드러운 날개가 멈추는 곳에서 모든 인간은 형제가 된다."[42]

"실러의 'Entzauberung'(마술로부터의 해방)이라는 용어를 키워드로 하는 근대사회의 형성론에서 베버는 근대화를 긍정적으로만 평가하는 것처럼 보이지만, 뒤집어 보면 그것도 'Zauber(마술적인 것)'임을, 즉 이 노래의 용법과는 반대로 부정적인 것, 없어지면 좋은 것으로 말하는 것처럼도 볼 수 있다. 그러나 『프로테스탄티즘의 윤리와 자본주의 정신』을 정확히 읽으면, 이 'Entzauberung' 이라는 정신의 성향이 '근대'의 담당자였던 프로테스탄티즘, 특히 칼뱅파와 관련 종파에게 어떻게 사람들을 우정으로부터, 이웃 사람들에 대한 신뢰로부터, 그리고 가족의 애정으로부터 멀어진 채 개개의 고독한 존재로 살아가게 했는지를 냉정히 그리고 있"음을 확인할 수 있다. "'마술로부터의 해방'이라는 번역어에는, 일본의 일반적인 베버 이해의 근대주의적인 경향이 반영되어 있다"고 생각되는데, "베버 자신은 실러가 말한 '마(魔) 없는 세계'로서의 '근대', 그 '합리주의'의 강한 앰비밸런스(양가성)를 응시하고 있었다고 여겨"진다.[43]

미타가 착안했듯이 실러에서 유래한 '마(魔)'는 니체의 '디오니소스적인 것'에 해당된다. 이는 니체의 다음 문장을 통해 확인 가능하다.

42 프리드리히 폰 실러(1785), 「환희에」.

43 見田宗介(2006), 『社会学入門 : 人間と社会の未来』, 岩波書店. 62~68쪽.

> 베토벤의 〈환희의 송가〉를 한 장의 그림으로 바꾸어 보는 것이 좋겠다. 그리고 수백만 명이 공포 속에서 먼지 위에 엎드릴 때에도, 겁먹지 말고 자신의 상상력을 펼쳐 보는 것이 좋겠다. 그리하면 디오니소스적인 것에 접근할 수 있게 된다. 이럴 때 노예는 자유인이 된다. 부득이한 변덕이나 '몰염치한 관례'가 인간끼리 정한 일체의 경직된 가증스러운 제한을 깨뜨릴 수 있다. 우주조화적 복음을 접하면서 사람들은 이웃과 서로 연결되고 화해하고 융합되었음을 느낄 것이다. 그뿐만 아니라 마치 마야의 베일이 마주 잡아 찢어져 너덜너덜해진 채 신비로운 근원적 일인자 앞에서 나부끼듯이, 일체감을 느낄 것이다.[44]

이처럼 '마'＝디오니소스를 둘러싸고 실러와 베버, 실러와 니체의 관계가 확인되는데, 베버와 니체의 관계도 최근 지적되고 있다.

사회학자 야마노우치 야스시(山之内靖)는 다음과 같이 언급하였다.

> 베버 입장에서 보면, 근대 유럽의 합리화를 찬미했다는 식의 해석이 유포되는 것은 생각지도 않았던 것임이 틀림없다. ……근대 유럽의 합리화는 찬미되어야 할 대상이 전혀 아니었고, 오히려 "문화발전의 마지막에 드러나는 '마지막 사람들'"을 생성하는 문제적 국면에 다름 아니었다. 베버는 이 대목을 이렇게 맺었다. '마지막 사람'들에 대해서는, "다음과 같은 말이 진리가 되지 않을까? 마음이 없는 전문인, 심정이 없는 향락인, 이러한 공허(Nichts)는 인간성이 일찍이 다다른 적이 없는 단계에까지 이미 도달한 자들이다."
>
> 『프로테스탄티즘의 윤리와 자본주의 정신』의 말미에 나오는 "문화발전의 마지막에 나타나는 '마지막 사람들'"이라고 하는 인상 깊은 표현은, 사실은 니체의 『차라투스트라는 이렇게 말했다』의 한 구절에서 차용한 것이다. 그렇다면 베버는 근대 이후의 합리화를 문제 삼은 데 그친 것이 아니었다. 유럽 문화 전

---

44 ニーチェ(1966), 앞의 책, 44쪽.

체의 근원으로까지 거슬러 올라가서 그것을 고발한 니체로부터 비판 정신을 계승한 것이 아닐까라는 가정이 성립된다. 베버는 프로테스탄트 정신의 화신이 아니고, 니체와 함께 근대세계에 대한 날카로운 반역을 시도했던 것으로 재해석되어야 할 것이다.[45]

프랑스의 철학자 바타유(Georges Albert Maurice Victor Bataille, 1897 ~1962)도 니체의 디오니소스론과 통하는 논의를 전개하였다. 그는 '낮은 물질'(잡지 *Documents*, 1929~1930), '완전히 다른 것'(*Documents*), '비극적인 것'(잡지 *Acéphale*, 1936~1939), '디오니소스적인 것'(*Acéphale*), '세계의 심오'(『내적 체험』, 1943)라는 표현을 사용해, 인간 삶의 본래적인 존재방식은 이성과 비이성(디오니소스적인 것)이 용융한 총체적인 것임에도 불구하고, 서구 근대사회는 이성만을 중시하는 잘못을 범했다고 비판했다.[46]

디오니소스적인 것은 러시아의 문화철학자인 미하일 바흐친(Mikhail Mikhailovich Bakhtin, 1895~1975)에게서도 확인된다. 바흐친은 프랑수아 라블레의 소설작품을 분석하고, 거기에서 중세 르네상스기의 '공식 문화'에 대한 민중의 '비공식적 문화'를 찾아냈다. 그것은 '그로테스크 리얼리즘'이나 '웃음의 문화(웃음의 미학)'로 여겨지는데, 가와바타 가오리(川端香男里)는 바흐친의 착안점을 "소크라테스 이래의 문명을 부정한 니체의 노선 위에 있다"고 지적하였다.[47]

프랑스 사회철학자 앙리 르페브르(Henri Lefebvre, 1901~1991) 역시 니체

45 山之内靖(1997), 『マックス・ヴェーバー入門』, 岩波書店, 34~37쪽, 242쪽.

46 酒井健(1996a), 『バタイユ：そのパトスとタナトス』, 現代思潮社, 49~64쪽 ; 酒井健(1996b), 『バタイユ入門』, 筑摩書房, 26~198쪽.

47 川端香男里(1980), 「再版によせて：訳者あとがき」, ミハイール・バフチーン / 川端香男里 訳, 『フランソワ・ラブレーの作品と中世・ルネッサンスの民衆文化』, せりか書房, 418쪽.

의 디오니소스론을 자신의 사회이론에 적용시켰다. 르페브르는 『공간의 생산』에서 '공간의 실천'[48]은 사람들에게 '공간의 표상'과 '표상의 공간'이라는 두 가지 차원에서 이해되고 정당화되는데, 그중 '공간의 표상'은 과학자나 기술관료, 정책 입안자에 의해 만들어진 '지배적인 공간'이고, '표상의 공간'은 주민, 사용자, 예술가, 작가, 철학자와 같은 이들에게 '영위되는' 공간이며, 거기에서 디오니소스적인 삶을 발견할 수 있다고 한다. 그리고 '표상의 공간'에 대한 '공간의 표상'의 침식을 비판하고, '공간의 표상'에 대한 '표상의 공간'의 저항의 중요성을 논하였다.[49]

미셸 마페졸리(Michel Maffesoli)도 디오니소스론을 전개하는 사회철학자 중 한 사람이다. 그는 '일상성의 사회학'을 탐구하면서 사회생활의 디오니소스적인 것에 주목했다. 여기에서 디오니소스적인 것이란 "사회의 다원성, 비합리성, 민중 일상생활의 평범함 속의 풍요로운 수동성, 돌발성, 비극성, 민중생활 속에 있는 반권력, 관습, 의례, 연기, 연극성, 차이 양상, 전국에 대한 지방, 신문의 삼면기사, 시간의 순환성(단선적 · 진보주의적 · 통일적 역사관과 대립하는 사회적 · 개인적으로 체험된 상대주의적 시간의 순환성), 인간의 주관성"으로 요약할 수 있다.[50] 마페졸리는 이러한 디오니소스적인 것이야말로 일상의 본질이며, 이 본질은 근대사회에서는 관리 · 억압의 대상이었지만, 포스트모던 시대에서는 사회의 정식(공식) 무대를 차지하게 된다고 논하였다.

이상과 같이 사회 · 문화철학에는 디오니소스적인 것을 탐구하는 흐름이

---

48 "각 시대에 고유한 사회 여러 관계를 공간에 새겨", "사회공간을 분비(分泌)하는 실천" 〔斉藤日出治(2003), 『空間批判と対抗社会 : グローバル時代の歴史認識』, 現代企画室, 160쪽〕.

49 アンリ・ルフェーヴル(2000), 斎藤日出治 訳, 『空間の生産』, 青木書店 ; 斉藤日出治(2003), 앞의 책, 114~171쪽.

50 佐々木交賢(1985), 佐々木交賢 監訳, 「訳者あとがき」, 『現在の征服 : 日常性の社会学』, 恒星社厚生閣, 245~246쪽.

존재한다. 민속학을 "'패권 · 보편 · 주류 · 중심으로 여겨지는 사회적 위상'과는 다른 차원에서 전개되는 인간 삶"의 탐구, 특히 '패권 · 보편 · 주류 · 중심으로 여겨지는 사회적 위상'을 이성주의, 합리주의, 계몽주의로 상정한다면 민속학은 사회 · 문화철학에서의 디오니소스론과 동일한 문제의식을 가진 탐구 영역이라고 할 수 있다. 사회 · 문화철학은 철학적인 영위로서 디오니소스적인 것을 탐구하는 데 비해, 민속학은 사회 · 문화철학과의 관련성을 의식하지 않은 채 구체적인 개별 현장에서 디오니소스적인 것을 탐구해 온 것이다.

종래 양자를 연결시켜 논의하는 움직임은 거의 없었지만,[51] 앞으로는 디오니소스적인 것을 둘러싸고 철학과 민속학과의 변증법적 논의가 진전되길 기대한다.

2) 포스트모던 사회와 민속학

끝으로 철학과의 대화를 통해, 민속학이 현대사회에 접근할 때의 시점을 설정해 두고자 한다. 앞 장에서 다룬 마페졸리는 자신의 디오니소스적 '일상'론의 연장선 위에서 포스트모던 사회의 '재마술화'에 대해 논하였다. 마페졸리는 유럽 사회의 관찰을 통해, 현대는 모던(근대)에 대한 포스트모던(탈근대) 시대라며,[52] 그 특징을 다음과 같이 추출하였다.

---

51 르페브르와 마페졸리의 사회철학과 민속학의 논의 과정을 고찰한 정수진의 시도는 선구적이다[丁秀珍(2016), 中村和代 訳, 「メディアの日常化, 日常のメディア化」, 『日常と文化』 3, 日常と文化研究会, 43~56쪽].

52 마페졸리는 유럽의 '근대'를 "17세기에 시작되어 20세기의 중반 내지 20세기 말에 종언을 맞이한 시대"를 가리킨다고 지적하고, '포스트모던'을 '근대'가 '포화 상태'를 맞이하려고 할 때에 완만하게 출현한 새로운 사회의 존재방식을 가리킨다고 언급하였다[ミシェル・マフェゾリ(2007), 「世界の再魔術化 : ポストモダンと宗教の復権」, 『東洋学術研究』 46-1, 東洋哲学研究所, 262~266쪽].

① 근대사회에서는 "도달해야 할 멀리 있는 목적", "멀리 저편에 있는 완벽한 사회"의 추구를 위해 모든 에너지를 쏟는다. 이른바 "미래를 지향하는 합목적적인 시간"이 근대사회의 시간성의 특징이다. 이에 대해 포스트모던 사회의 시간성의 특징은 '목적성을 지닌 시간'이 아니라, '지금 여기를 즐기는' 것에 가치를 두는 것이며 전형적인 '현재라는 시간'에 가치를 두는 것이다.

② 근대사회에서는 개인이든 집단이든 "모든 요소는 합리성을 따라야 하"고 감정, 정열, 미의식과 같이 합리성 이외의 요소는 배제된다. 즉 '존재의 합리화'가 강조된다. 이에 비해 포스트모던 사회에서는 "신체의 일부에 불과한 두뇌만을 문제로 하지 않고", "인간 존재를 근본적으로, 신체도 포함시켜 전체성 안에서 파악하려"는 '존재의 전체성'이 강조된다.

③ 근대사회에서는 자연, 자기들과는 다른 인간집단, 신성한 어느 것에 대해서도, '거리를 두고' 바라보는 것, 즉 추상화가 행해진다. 반면 포스트모던 사회에서는 자연, 자기들과는 다른 인간집단, 신성한 것 등 근대사회에서는 '타자'로 여겨져 온 것과 '어울리는' 것, '상호의존'적 관계에 있는 것이 주목된다. 그리고 거기에서 사회학적으로 '부족(tribus)'이라고 명명되는 공동체(소집단)가 출현한다.[53]

이를 바탕으로 마페졸리는 포스트모던 사회에서 발견할 수 있는 위의 3개의 특징을 '재마술화'라는 개념으로 포괄적으로 파악하고자 하였다.[54] 지금까지의 논의를 바탕으로, 여기에서 말하는 '재마술화'란 '재디오니소스화'라고 바꾸어 불러도 지장이 없을 것이다.

이상과 같은 마페졸리의 논의는 사회철학의 추상적인 이론에 해당하지만, 민속학에서는 보다 구체적인 현장에서 이 이론에 호응하는 사례를 포

---

53 ミシェル・マフェゾリ(2007), 앞의 논문, 262~269쪽.

54 ミシェル・マフェゾリ(2007), 앞의 논문, 269쪽.

착할 수 있다. 예를 들면 1990년대 이후 일본 각지에서는 '요사코이'라는 새로운 축제가 활발히 행해지고 있다.

'요사코이'는 원래 서일본의 지방도시인 고치시(高知市)에서 제2차 세계대전으로 공습을 당한 도시 상점가의 부흥, 활성화를 목표로 1954년에 지역 상인들이 중심이 되어 새롭게 창출한 '요사코이축제'로부터 비롯되었다. 이 축제는 "우여곡절은 있었지만, 민요를 재구성해 〈요사코이 나루코 오도리〉라는 주제곡을 음악의 일부에 삽입하고 나루코(鳴子. 목제악기 — 인용자 주)를 양손에 쥔다는 규정만 지키면, 이후에는 집단에 의한 창작 댄스를 팀마다 집단으로" 자유롭게 피로 · 공연할 수 있는 이벤트다.[55]

이것만이라면 이 축제는 지방도시의 한 행사에 불과하겠지만, 주목해야 할 점은 1990년대 이후, '요사코이축제' 중에 〈요사코이 나루코 오도리〉가 고치라는 한 지역을 뛰어넘어 일본 각지에 전파되었다는 것이다. 1992년 홋카이도 삿포로시의 대학생이 고치에서 이 축제를 접한 뒤, 홋카이도에서 '요사코이축제'를 독자적으로 재구성한 'YOSAKOI소란 축제'를 만들었다. 이 축제에서는 "오도리 노래 일부에, 소란부시(ソーラン節. 홋카이도의 민요)의 일부를 넣을 것, 춤꾼 중 일부라도 상관없으니 나루코를 지닐 것, 오도리를 4분 30초 이내로 마칠 것 등의 규정 이외에 팀마다 자유로운 연주가 허용"되었다.[56]

이 'YOSAKOI소란 축제'는 대성공을 거두었고, 이후에 일본 각지에서 이것을 모방한 '요사코이계 축제'(이하 요사코이)가 만들어졌다. 2010년 현재, 전국 800군데에서 '요사코이'가 행해져, 춤꾼을 포함해 '요사코이'팀 관계자는 200만 명에 달한다고 추정되었다.[57]

55 内田忠賢(2010), 「『よさこい』をめぐる若者論の現在」, 谷口貢 · 鈴木明子 編著, 『民俗文化の探究 : 倉石忠彦先生古稀記念論文集』, 岩田書院, 31쪽.

56 内田忠賢(2010), 앞의 논문, 31~32쪽.

57 内田忠賢(2010), 앞의 논문, 31, 32쪽.

이상과 같은 새로운 '축제'로 전국에서 전개되는 '요사코이'에는 다음과 같은 흥미로운 특징이 보인다.

① '요사코이'의 팀 관계자 중에는 "1년 연중 생활이 '요사코이'를 중심으로 전개된다. 특히 매년 6월에 삿포로에서 5일간 열리는 'YOSAKOI소란 축제'가 1년의 중심이고, 이를 축으로 하여 생활이 돌아간다"고 발언하는 이가 적지 않다. 그들의 시간 감각은 먼 장래의 목적을 향하는 '직진으로 진화하는 시간'이라기보다는, 매년 '요사코이'를 기・종점(起終点)으로 하는 '영원회귀의 시간', 또는 '요사코이'춤을 추는 '현재라는 시간'에 가치를 둔다고 할 수 있겠다.

② '요사코이'는 신체 전체를 이용한 춤으로 아름다움을 겨루는 축제가 되고 있는데, 여기에서 합리성과는 이질적인 감정, 정열, 미의식, 신체적인 전체성이 추구된다고 해석할 수 있다.

③ 약 30년에 걸쳐 각지의 '요사코이'를 관찰해 온 민속학자 우치다 다다요시(内田忠賢)에 의하면, '요사코이'에서는 "타지 사람이나 변화를 거부하는 종래의 축제"와는 대조적으로, '멤버의 신진대사'가 행해지며, 많은 젊은이의 참가가 보인다. 여기에 존재하는 것은 '적당한 연대감'이며, 이것이 "표면적 인간관계를 고민하는 현대인에게 새로운 인적 네트워크를 제공"하는 방법이라고 한다.[58] '요사코이'에서는 '적당한 연대감'에서 오는 완만한 공동체(소집단으로서의 '팀')로서 '타자와의 만남'이 실현된다고 할 수 있다.

'요사코이'의 특징으로 이상의 세 가지를 들 수 있는데, 이것들은 마페졸리가 '재마술화'라는 용어로 정리한 포스트모던 사회의 특징과 연결된다고 할 수 있다. 유럽 사회의 관찰에 기초한 추상적인 이론, 이른바 이념형으로 구축된 마페졸리의 포스트모던론을 그대로 일본, 동아시아 사회에 끼워 맞추려는 태도는 피해야 하겠지만, 글로벌라이제이션이 진행되는 지구 각지

58 内田忠賢(2010), 앞의 논문, 32쪽.

에서 보편적으로 발생하는 현상을 보편적으로 포착하는 시점도 필요하다. 이에 마페졸리의 논의가 시사하는 바는 크다.

현대 일본 사회에는 마페졸리가 정의한 '재마술화'로 이해할 수 있는 현상이 적지 않다고 생각된다.[59] 이는 현대 한국 사회에서도 마찬가지일 것이다. 우리의 눈앞에는 철학과의 대화를 지속하면서 민속학적인 실증 연구를 전개해야 할 필드가 크게 열려 있다고 할 수 있겠다.

59 예를 들면 '요사코이'와는 달리 아오모리현의 '네부타' 등 지방도시의 축제에 전국 각지에서 오토바이 라이더를 포함해 많은 젊은이가 참가하는 현상이나, 기존의 민속종교와는 다른 문맥에서 젊은이들이 종교성이 있는 장소(성지)를 순례하는 움직임 등 여러 현상을 지적할 수 있겠다.

범주와 시각 및 입장으로서의 고향민속학

안더밍(安德明, An Deming)

중국사회과학원 문학연구소 연구원, 민속학 전공.
민간신앙, 민간언어, 중국민속학사에 관심을 갖고 있다. 주요 저작물로 『飞鸿遗影：钟敬文传』(2003), 『天人之际的非常对话：甘肃天水地区的农事禳灾研究』(2003), 『重返故园：一个民俗学者的家乡历程』(2004), *Handbook of Chinese Mythology*(2005) 등이 있다.

김호걸 옮김(국립민속박물관 학예연구사)

1. 머리말

고향민속(민간문학 포함)에 대한 조사와 기록 및 연구는 중국 현대 민속학이 발흥한 이래 현재까지 시종일관 이어져 온 중요한 학술 전통이다. '고향민속학'이란 말로 통칭하는 이 전통은 상당 부분 중국민속학이라는 학문의 품격을 형성하였다. 하지만 오랫동안 국내 학술계에서 이러한 학술 경향의 우열과 득실에 대해 문제제기를 하고 이론적인 해답을 내놓는 사람은 거의 없었고, 이러한 시각에서 민속학의 발전 과정을 생각해 보는 학술성과는 더더욱 없었다. 고향민속 연구는 민속학이란 학문에서 증명할 필요도 없고 의심의 여지도 없는 하나의 경향이 되었다. 그러나 민속학 발전 초기 이러한 본향(本鄕)과 본토(本土)에 대한 연구 경험이 일종의 자위적(自爲的) 실천의 일환으로 전개된 것이었다면, 민속학과 인류학 등 제반 학문의 교차(交叉)가 갈수록 증가하고 있는 현 상황에서 이러한 경향에 대해 자각적인 성찰을 해보는 것은 상당히 필요한 일이라 할 수 있다.

2002년 전후 필자는 학계 일부 동료의 격려와 조언에 힘입어 학술사 정리 및 개인 현지조사 연구 경험을 결합하여 처음으로 '고향민속학'의 개념을 제시하였고, 여러 동료들의 호응을 얻었다. 이후 10여 년 정도, 연구자들의 끊임없는 토론과 참여 연구를 거치며, 이 주장은 이미 어느 정도 영향력 있는 명제가 되었다. 고향민속학은 중국민속학 학술사를 진일보하게 하고, 학문이론과 방법을 심화시키며, 학술윤리 문제를 성찰하여 새로운 방향을 개척하게 한다. 또한 현 사회에서 보편적으로 관심을 갖고 있는 '향수(鄕愁)'라는 화제를 이해하고, 무형문화유산 보호와 관련하여 심층적 문제를 탐구하는 데에도 민속학의 특수한 시각을 제공해 준다.

2. 고향 : 민속학 연구의 중요한 필드

고향과 고향민속은 민속학이란 학문이 탄생한 이래 줄곧 중요한 연구영역이었다. 이 점은 많은 국가에서 뚜렷이 나타나고 있다. 예를 들어 낭만주의적 민족주의 사조의 강한 영향을 받은 독일 초기의 민속학자들은 연구의 중점을 시종 본토와 본민족의 농민문화에 두었다.[1] 제2차 세계대전 후 학문의 변화에 따라, 독일의 수많은 연구기관과 연구자들의 관심은 민속학의 시각과 방법으로 도시문화를 관찰하고 연구하는 것으로 변했다. 이러한 변화는 '가정집 대문 앞의 문화'가 흔한 연구 대상이 되게 하였다.[2] 일본 민속학의 창시자 야나기타 구니오(柳田国男)가 제창한 '일국민속학'은 민속학이 응당 '자신의 국가를 대상으로' 하여야 한다고 줄곧 강조하였고, 이것이 성립할 수 있는 전제는 '반드시 본국인이 연구에 종사해야 한다'는 것이었다.[3]

중국은 이러한 경향이 특히 더 두드러진다. 현대 학문으로서 민속학이

1 简涛(2006),「德国民俗学的回顾与展望」, 周星 主编,『民俗学的历史 : 理论与方法』, 北京商务印书馆, 808~858쪽.

2 沃尔夫冈 · 卡舒巴(2010),「形象与想象 : 柏林的都市民族学」」, 安德明译,『民俗研究』 2010-2, 5~15쪽 ; 沃尔夫冈 · 卡舒巴(2015),「从"民俗学"到"欧洲民族学" : 研究对象与理论视角的转换, 德国民俗学家沃尔夫冈 · 卡舒巴教授访谈」, 安德明译,『民间文化论坛』 2015-4, 5~14쪽.

3 柳田国男(2010),『民间传承论与乡土生活研究法』, 王晓葵, 王京, 何彬译, 北京 : 学苑出版社, 37쪽. 일본민속학의 초기 본토 및 고향 연구 방면의 발전상황은 왕샤오쿠이 교수가 선뜻 빌려준 그의 미발표 원고를 참조하였음을 밝히고 이 자리를 빌려 진심으로 감사를 드린다.

탄생한 이래 오늘에 이르기까지 조사연구자가 자신의 고향에서 민간문학과 각종 민속문화를 수집·기록·연구하는 것이 민속학의 주류가 되었다. 아울러 이러한 기초 위에서 이론과 방법, 심지어는 학술윤리 등 제 방면의 독특한 특성이 형성되었다. 만약 우리가 중국민속학의 이론과 방법상의 특징을 한마디로 요약한다면, '고향민속학'은 의심할 여지없이 없어서는 안될 키워드가 될 것이다.

논의를 시작하기 전에 먼저 '고향'의 개념에 대해 정의할 필요가 있다. 고향은 설명할 필요도 없이 자명한 개념처럼 보인다. 하지만 고향을 '조국', '본토' 등 본토 인류학 맥락 속의 개념과 같이 놓고 논하면 그 외연이 무한히 확대되기 때문에 파악하기가 쉽지 않다. 사실상 서로 다른 맥락 속에서 '고향'이 가리키는 대상은 서로 다를 수 있다.[4] 이 점에 대하여 에번스프리처드(E. E. Evans-Prichard)는 누어인의 '시엥(cieng, 집)'과 관련된 개념을 아주 생동감 있게 서술했다.

> 누어인이 "나는 이러이러한 시엥 사람입니다"라고 말할 때, 그것은 무엇을 의미하는가? 시엥은 집을 의미하지만 엄밀한 의미는 이야기하는 상황에 따라 다르다. 만일 독일에 있는 영국인을 만나서 그에게 집이 어디냐고 묻는다면, 그는 영국에 있다고 대답할 것이다. 만일 런던에서 같은 사람을 만나 같은 질문을 한다면 옥스퍼드주에 있다고 대답할 것임에 반해, 만일 그 지방에서 그를 만난다면 그는 그가 살고 있는 도시나 마을의 이름을 말할 것이다. 만일 그가 살고 있는 도시나 마을에서 질문했다면 그는 거리를 자세히 설명할 것이며, 그 거리에서 물었다면 그는 그의 집을 가리킬 것이다. 누어인도 이와 마찬가지다. 시엥은 이런 식으로 농가, 부락, 마을 그리고 여러 규모의 부족 지구들을 의미

4 吕微, 『家乡民俗学：民俗学的纯粹发生形式』; 巴莫曲布嫫(2004), 『民族志·民俗志的书写及其理论和方法：田野研究的时空选择与民族志书写的主体性表述』.

> 한다. 시엥이라는 말의 의미가 변하는 것은 언어의 모순 때문이 아니라 그것을 말하는 집단 가치의 상대성 때문이다.[5]

이로써 알 수 있듯이 '고향'은 상대적인 개념이다. 고향은 주체가 되는 사람이 자신의 생활 구역과 그 외 지역을 비교 · 대비함으로써 형성된다. 또한 고향은 서로 다른 대비와 참조 대상으로 인해 서로 다른 외연을 갖는다. 여기에서 타향, 외지와의 비교와 대비는 고향의식이 형성되는 기초다.

그렇다면 고향 땅을 한 번도 떠나 보지 않은 사람들에게 '고향'은 무엇을 의미하는가? 대답은, 정상적으로 사회화된 사람이라면 그도 여전히 '고향'의 개념을 갖고 있을 것이라는 점이다. 일상생활에서 한 사람의 생활권이 크든 작든, 그는 여전히 자신의 생존 영역 외의 사회와 관계를 맺을 것이다. 이것은 반드시 그로 하여금 비교하게 할 것이며, 그 비교에 따라 자신의 생존 구역에 관한 의식이 형성될 것이다. 이 생존 구역이 바로 그의 고향이다. 다만 경우에 따라서는 그 범위가 상대적으로 작아, 그가 생활하는 작은 마을이나 심지어는 마을의 어떤 특정 구역일 수도 있다.

여기에서 예를 하나 들어 본다. 북미에서 영향력이 큰 아동 만화시리즈인 〈호기심 대장 삐약이(Peep and the Big Wide World)〉 중 한 회에서 다음과 같은 이야기를 한다. 길을 잃은 작은 새 핍은 늘 자기 집을 되찾고 싶다고 말한다. 그러던 어느 날 그는 작은 캔 하나를 발견하고 비바람을 피할 수 있는 캔 안에서 하룻저녁을 보낸다. 계속해서 친구와 함께 자신의 집을

---

5 埃文思 · 普理查德(Evans-Prichard)(2002), 褚建芳 · 阎书昌 · 赵旭东译, 『努尔人 : 对尼罗河畔一个人群的生活方式和政治制度的描述』, 北京 : 华夏出版社, 156쪽. 필자의 이 부분 논술의 인용은 田村和彦(2006), 「文化人类学与民俗学的对话 : 围绕"田野工作"展开的讨论」, 周星翻译 · 载周星 主编, 『民俗学的历史, 理论与方法』, 北京 : 商务印书馆, 456~485쪽의 글에서 힌트를 얻었다. 이 부분의 내용은 에번스프리처드(1988), 권이구 · 강지현 옮김, 『누어인』, 탐구당, 172~173쪽에서 재인용.— 옮긴이 주

찾아보지만, 한참을 찾아도 여전히 찾지 못한다. 그들이 모두 지쳤을 때 핍은 집에 돌아갈 거라고 말한다. 그가 자연스럽게 말한 이 '집'은 바로 그 작은 캔이다. 그의 친구가 이 말을 듣고 크게 웃으며 말한다. "네가 '집'을 찾는다고 했는데, 너는 이미 집이 있었구나." 이것은 실제로 "아무 이유 없이 상간수를 다시 건너며, 병주를 돌아보니 이곳이 고향 같구나(無端更渡桑乾水, 却望幷州是故鄕)"[6]의 마음인 것이다. 즉 로빈슨이 거센 파도로 인해 잠시 거주하던 작은 섬에서 (다른 곳으로) 떠내려갔지만, 가능한 모든 방법을 동원해 그 섬으로 돌아가려 하는 것과도 같다. 왜냐하면 그에게 있어 그곳이 비록 본래의 고향은 결코 아니었지만, 그 섬은 이미 그의 집이 되었기 때문이다.

오늘날 사회생활의 부단한 발전과 대중매체, 학교교육의 보편화에 따라 사람들의 자기 생활환경 범위 밖에 대한 이해가 더욱 증가하고, 비교의 기초 또한 날로 풍부해지고 있다. 고향 땅을 떠날 기회가 적은 사람들에게 있어 자기 고향과 관련된 그들의 의식도 더욱 다원적이고 풍부해졌다.

요컨대 '고향'이 포괄하는 범위는 결코 고정적이지 않다. 그 범위는 사람들이 실제 생활에서 고향을 다른 지역의 대소(大小)와 견주어 볼 때 결정된다. '내'가 있는 특정 환경을 토대로 이 환경 밖의 환경과 비교함으로써 어떠한 사람이라도 고향에 관한 개념이 형성될 수 있다. 이 개념이 미치는 범위의 대소는 개개인의 접촉범위와 그가 아는 지식의 다름에 따라 다소 차이가 있다. 즉 고향의 범위는 조절하고 변화할 수 있으며, 서로 다른 맥락적 환경에서 신축적으로 결정된다. 이러한 조절 가능성과 신축성은 고향 개념의 포용성과 비교가능성을 보여 준다. 고향은 '나'와 타인 간에 일종의

---

6 당나라때 시인 유조(劉皂)의 칠언절구 「도상건(渡桑乾)」의 마지막 두 구절이다. 일설에는 가도(賈島)가 지은 시라고도 한다. 전문은 다음과 같다. "客舍幷州已十霜, 歸心日夜憶咸陽. 無端更渡桑乾水, 却望幷州是故鄕."— 옮긴이 주

경계를 형성하며, 또한 이러한 경계의 타파를 가능하게 한다. 대비(對比) 속에서 발생한 하나의 개념으로서, '고향'은 관련 주체로 하여금 자아를 유지하게 할 뿐 아니라, 타인과 교류하고 상호작용할 수 있는 공간을 마련하는 토대가 되기도 한다. 즉 그것은 매우 강한 상호주관적 특징을 가지며, 주체와 주체 간 동태적인 상호작용의 결과로 형성된다.[7]

이 글에서 논의하고자 하는 것에 대해 말하면, 우리가 말하는 '민속학의 고향 연구'나 혹은 '고향민속학' 속의 '고향'은 비교적 협의로 그 범주를 설정한 것이다. 즉 여기에서 고향은 민속연구자가 성장하고 생활하며, 익숙하고 안정적인 사회관계를 구축한 지역이며, 동시에 연구자에 의해 대상화된 지역을 말한다. 요컨대 이 글에서 말하는 '고향'은 민속연구자의 고향으로서, 이 고향은 연구자가 밀접한 혈연과 지연 의식 속에 몸담고 있는 모체문화의 담체(擔體)이자, 연구자가 관련 학과의 이론과 방법을 빌려 혈연과 지연의식을 초월하여 관찰하는 대상이기도 하다. 앞에서 말했듯이 타향과 타자와의 비교 혹은 대비로 인해 이러한 이중적 인식이 만들어지지만 동시에 학술적인 참여에 따라 대비나 비교의 의식이 더욱 자각적이게 되며, 그 정도 또한 더욱 깊어진다.

'고향'과 밀접한 관련이 있는 또 다른 개념은 '고향 민속학자'(혹은 줄여서 '고향 연구자'라고도 한다)로 민속학의 이론과 방법을 사용하여 고향의 민속에 대해 관찰과 기록 및 분석을 하는 조사연구자를 가리킨다. 여기에는 외지에서 일하고 생활하지만 연구목적을 위해 고향에 다시 돌아온 학자도 포함되고(이러한 학자를 '귀향 학자'라고 부른다), 또 시종일관 고향에서 생활하였지만 민속학 지식을 갖고 있는 사람('재향 학자'라고 말한다)도 포함된다. 그들

---

7 黄鸣奋(2004),「网络间性：蕴含创新契机的学术范畴」,『附件论坛』2004-4, 84~88쪽；杨春时(2006),「不同领域的主体间性与美学建构」,『东方丛刊』2006-1, 65~74쪽.

은 고향의 민속 분위기에서 곧바로 순조롭게 녹아들 수 있으며, 혹은 본래 이러한 분위기 속에서 생활하고 있으므로, 고향 민속문화의 함의와 민중의 정서 등을 정확하고 깊게 이해할 수 있는 타고난 이점을 갖고 있다. 그들은 단순한 민속 실천자에 그치지 않고, 전공 지식과 비교의 시각에 근거해 고향의 생활문화 분위기를 초월한 관찰자와 탐구자가 될 수도 있다. 즉 고향을 자신의 민속학 '필드'로 대상화할 수 있다. 한 가지 설명이 필요한 것은, 비록 이 두 유형의 연구자가 고향에서 안정적인 인간관계와 정서적 관계를 확립하였다 할지라도, 재향 학자는 고향의 일상생활에 더 많은 참여를 하고, 또 고향생활에 대해 더 지속적인 체험과 관찰 및 추적을 할 수 있지만, 귀향 학자는 통상 고향의 과거에 대한 인상과 정서적 기억 및 현재 생활에 대한 일관성 없는 경험을 가지고 있다는 것이다. 또 귀향 학자는 대부분 민속학의 학문적 훈련과 학술적 시각 등의 측면에서 재향 학자보다 더 체계적이고 시야가 넓다. 그러므로 양자 간에는 비교적 큰 차이가 있다. 이 글은 주로 귀향 학자를 기초로 전개하고자 한다.

해외에서 인류학이나 민속학 연구를 하는 연구자가 고국에 돌아와 필드 연구를 하는 것이 과연 '고향' 연구에 해당되느냐 하는 문제에 대해 좀 더 설명할 필요가 있다. 우리는 '조국'이나 '본토'가 반드시 본문에서 말하는 '고향'과 대응되는 것은 아니라고 대답할 수 있다. 왜냐하면 같은 민족이나 국가의 문화라 할지라도 왕왕 지역과 집단에 따라 차이가 존재하기 때문이다. 한 연구자에게 있어 비록 본국이나 본토라 할지라도 우리가 정의하는 협의의 '고향' 이외의 기타 지역은 대개 낯설고, 심지어는 다르기에 당연히 그의 '고향'이라 말할 수 없다. 그러므로 본토인류학 혹은 고향인류학에서 말하는 '고향'은 이 글에서 정의하는 고향민속학의 범위와 다르며, 조국 혹은 고토(故土)와 같은 식의 광활한 범위를 의미한다. 이 범위 내 수많은 문화는 비록 민족문화 전체에서 볼 때 일정한 내부 응집성과 통일성을 갖지만, 협의의 고향 연구에 종사하는 학자에게는 지역 차이 때문에 생기는 '낯섦-익숙함'의 장력(張力) 문제가 똑같이 존재한다.

이상과 같이 서로 다른 문화와 서로 다른 집단 간의 다양한 교류에 따라 사람들은 비교 혹은 대비의 시각이 생기고, 이런 전제하에 고향 의식이 형성된다. 이 의식은 민속학 이론과 방법의 참여로 인해 더욱더 자각적이고 강렬하게 변하여, 관련 연구자의 고향민속에 대한 객체화가 가능해진다. 바로 이러한 기초에서 고향민속은 하나의 중요한 연구 대상이 되고, 고향민속학 또한 민속학에서 중요 연구범주를 구성하게 된다.

3. 고향민속학 : 하나의 중요한 시각과 방법

앞에서 말한 바와 같이 개념적으로 볼 때 '고향민속학'은 고향의 생활문화 전통을 관찰·기술하는 연구라고 개괄할 수 있지만, 이 글에서 주목하는 것은 그것이 새로운 학술 사조와 결합하면서 나타나게 된 방법적 경향을 총괄하는 데 있다. 바꾸어 말하면 우리는 고향민속학을 일종의 연구 시각과 방법으로 이해하고자 하는 것이다.

이러한 연구 시각의 기초는 익숙한 생활환경 및 인간관계와 생활 실천을 대상화한 것이다. 그 대상화는 사회관계와 학술연구 규범 두 가지 요소의 제약을 받는데, 게다가 두 요소 간 복잡하고 동태적인 상호작용은 고향민속학의 시각을 더욱 복잡하고 풍부하게 만든다.

연구자가 익숙한 고향생활과 고향 사람들을 대상화하는 과정은 '익숙함을 낯섦으로 변화시키는' 것이기도 하다. 즉 익숙한 지역에서 낯섦(strangeness)을 찾는 과정이다. 만약 전통 민족지 학자가 타 문화에서 현지조사 연구를 하려면, 우선 반드시 일종의 '고향화'라고 일컬어지는 '낯섦을 익숙함으로 변화시키는' 조치를 취해서 적절하고 조화로운 필드관계를 정립해야만 한다. 반면 고향 민속학자에게는 익숙한 사람이나 일을 낯설게 하고 대상화함으로써 일정 거리 밖에서 관찰하고 분석하는 과정이 항상 존재한다. 우리는 익숙한 지역의 사유 체계와 심리 기제(機制) 등에서 반드시 일종의 거리감을 유지해야 한다. 고유한 생활권을 벗어나 있다는 것과, 관찰과 피관찰, 조사와 피조사, 연구와 피연구라는 새로운 관계를 인정하는 태도를 가져야 한다. 그래야만 상대적으로 중립적이고 냉정하게 우리의 연구 대상을 인식하고 분석할 수 있다. 이러한 태도는 또한 구체적인 연구에서 주·객위(主客位) 간 구별에 대한 인정과 견지를 의미하기도 한다. 소위 주위(主位)라 함은 조사자가 구체적인 민속 조사를 하는 활동 중에 응당 주도적인 위치에 처해야 함을 말하고, 객위(客位)는 피조사자가 처한 상대적 피동 상태를 말한다. 주객 간의 다름을 인정하고 견지하는 것은 다음의 사항을 강조하기 위함이다. 즉 한 지역에 대한 것이든 이 지역의 사람에 대한 것이든, 또는 우리가 지나왔었기에 아주 익숙한 문화현상에 대한 것이든 반드시 일종의 관찰자적 태도로, 일종의 학술적 시각으로 그것을 대상화해야 하고, 그것으로 하여금 우리의 연구 객체가 되게 하고, 기술처리 측면에서 객체화의 대상이 되게 해야 한다.

'상호주관성' 개념이 인문사회과학 영역에서 주도적 관점이 된 오늘날 연구 대상의 객체화를 강조하고, 연구자와 피연구자의 '주위'와 '객위'의 관계를 강조하는 것은, 현재의 학술 조류와 오히려 거꾸로 가고 있는 것을 의미하는 것은 아닌가? 대답은 당연히 '아니오'다. 우리가 고향민속학의 시각으로 주위와 객위 관계를 드러내는 것은 고향민속학 시각의 핵심이 바로 상호주관성의 입장과 상호 주체의 관념이고, 본디 그것들이 고향 민속학자의 현장 실천의 지도 원칙이기 때문이다. 구체적인 처리 과정에서 연구 대상에 대한 객체화의 강조는 곧 상호 주체적 입장에 대한 견지와 피연구자에 대한 충분한 존중을 전제로 한다.

고향민속학에서 상호주관성을 기반으로 한 이러한 시각의 형성은 비교적 오랜 발전과정을 거쳤다. 중국민속학을 예로 들면 지난 1세기 동안의 여정에서 수많은 연구자들이 자연스레 자신의 고향민속을 조사와 연구 대상으로 삼았는데, 이것은 민속학에 논리적 모순을 가져다주었다. 즉 과학주의 원칙하에서 인류학의 '과학원칙'에 배리되는 고향연구를 줄곧 견지해 온 것이다. 중국민속학은 5·4시기 '민주', '과학' 정신의 인도하에 발전한 학문으로, 과학성은 민속학이 시종 주창한 중요 원칙이었다. 하지만 말리노프스키에 의해 '문화과학'이라 여겨지는 인류학이 주장하는 '과학' 규범, 즉 반드시 타문화와 익숙하지 않은 문화에서 연구를 펼쳐야 한다는 요구가 중국 민속학자에게 비록 낯선 이야기는 아니었지만,[8] 이를 따르지 않았을 뿐만 아니라 오히려 '시위적으로' 고향을 불변의 조사 장소로 삼았다. 결과적으로 한편으로는 과학을 강조하고, 다른 한편으로는 '과학원칙'을 홀시하는 모순이 생겼다. 이것은 민속학자들로 하여금 오랜 기간 동안 곤혹과 열등감에 시달리게 하였고, 고향연구를 견지하면서도 또 이러한 방법의 과학성에 끊임없이 의문을 던지게 하였다. 동시에 과학주의 원칙이라는 주류의 영향을 받으면서 고향 연구자는 정서와 윤리에 있어서 수많은 곤란에 처하게 되었다. 특히 과학주의 원칙을 지킨다는 것은 부득불 정(情)과 전통 규범을 파괴해야 하는 것으로 표현되었다. 예를 들면 '과학'에 근거하여 조사하고 연구한다는 것은 조금도 망설임 없이 고향생활의 기본질서나 혹은 윤리적 요구를 뛰어넘었고, 심지어는 고향사람들의 명예와 인간관계에 손해 입히는 것을 고려하지 않았다.[9]

---

8 1920~1930년대부터 수많은 서양 인류학 저서들이 이미 중국어로 번역되었고, 민속연구자들에게 중요한 참고자료가 되었다. 한 예로 리안자이(李安宅)가 1935년 편역하여 출판한 말리노프스키의 『주술, 과학, 종교와 신화』는 초기의 중국학자들에게 큰 영향을 미쳤다.

9 安德明(2011), 「当家乡成为田野：民俗学家乡研究的伦理与方法问题」, 『东华汉学』 2011年 夏季特刊(2011. 7), 155~170쪽; 祝秀丽(2006), 「家乡民俗研究者的角色冲突」, 『民俗研究』 2006-2, 21~34쪽 참조.

이러한 상황은 새로운 철학 사조의 영향에서 생긴 '문화를 쓴다'[10]와 같은 새로운 관점의 출현, 거기서 비롯된 학문 이론과 방법상의 전환이 이루어진 후에야 비로소 근본적으로 변화했다. 현재 우리는 민속학을 사람과 사람 사이에 인성(人性)이 가득한 일련의 만남이라고 이해하고 있다.[11] 현지조사 또한 더 이상 객관적 진리를 조사하는 문화과학이 아니라, 부분적 진리의 어떤 표현 혹은 교류의 방식을 드러내는 것이라 인식하고 있다.[12] 이러한 상황에서 고향민속학은 새롭게 발전하였고, 상호주관성의 이념과 결합하면서 더욱 풍부한 내용을 담은 중요한 관점이 되었다.

구체적으로 보면 고향민속학의 시각은 다음과 같은 두드러진 특징, 즉 평등 교류, 상호 존중, 공감 이해, 이성 비판, 현재 지향을 포함하고 있다. 평등 교류, 상호 존중. 익숙한 사회환경과 인간관계 속에서 민속문화를 조사·연구하기 때문에, 고향민속 연구자는 더 쉽게 일종의 자연적인 교류 상태 속에서 필드워크를 할 수 있다. 이러한 상태에서 조사자나 피조사자를 막론하고 쌍방 모두 익숙한 지역의 전통적 교류 원칙과 윤리규범의 제한을 받고(이것은 일정 정도 학자와 고향사람들 사이에 존재하는 지위의 불평등을 약화시킨다), 또 학술조사라는 주요 프레임의 제약을 받는다(이것은 반대로 고향 고유의 사회관계 속의 차이를 감소시키는 역할을 한다). 게다가 '서로가 주체가 되는' 원칙이 연구자에게 영향을 주어, 양자는 아주 쉽게 상호 존중과 평등 교류의 관계 모식(模式)에 도달한다.

많은 경우, 피조사자로서의 현지인이 타지에서 온 낯선 연구자를 상대하면, 사회적·문화적 전통 차이와 혹은 계급의 영향으로 여러 가지 심리적

---

10 James Clifford and George E. Marcus(1986), *Writing Culture : The Poetics and Politics of Ethnography*, University of California Press.—옮긴이 주

11 田村和彦(2006), 앞의 논문, 476쪽.

12 安德明(2004), 「家乡 : 中国现代民俗学的一个起点和支点」, 『民族艺术』 2004-2, 25~31쪽.

압박과 부담을 갖게 된다. 하지만 조사자가 예전에 공동체의 성원이었고 고향을 떠나 더 높은 사회적 지위를 취득한 사람일 경우, 이러한 효과는 없거나 혹은 아주 적게 생긴다. 조사자들은 통상 이중의 캐릭터로 고향에 돌아오는데, 그들은 일정한 학술적 신분으로 인해 고향의 촌로들과는 다르며, 또 회피할 수 없는 지연과 혈연관계로 인해 '집에 돌아온 사람'으로 규정된다. 또 가능한 한 고향의 민속활동에 열심히 참여하며, 기존의 시대관념에 의해 사회적 지위가 비교적 낮다고 여겨지던 고향사람들을 향해 배우거나 혹은 가르침을 부탁한다. 이러한 과정에서 일종의 미묘한 심리상태가 흔히 나타나는데, 가르침을 부탁받은 민속 활동의 실천자들에게 있어 고향에 돌아온 민속학자는 아마도 본래 '옆집의 젊은이' 혹은 '인근 마을의 처자'였을 것이다. 하지만 공부를 잘해 그(그녀)는 마을사람들과 거리가 생겼고, 어떤 점에 있어서는 그들보다 우월해 보일 것이다. 이것은 동향 사람들로 하여금 심리적 불균형감을 갖게 한다. 공동체 내에서 일정한 지위를 갖고 있는 사람은 자신의 권위가 충격을 받았다는 위기감을 더욱더 가질 것이다. 하지만 그들은 각종 민속에 대해 잘 알고 있고, 반면에 고향에 돌아온 조사자는 이 민속들에 대해 낯설어하거나 혹은 깊이 있게 알지 못한 채 급하게 이해하려는 태도를 보임으로써 그들로 하여금 그(그녀)와의 심리적 거리를 좁히도록 만든다. 이를 통해 고향민속학 범위에서의 특수한 교류 효과가 만들어진다. 즉 피조사자로 하여금 다른 어떤 필드 관계보다 더 자아를 드러내거나 자아를 업그레이드할 수 있는 기회를 갖게 해준다. 그리하여 그들은 종종 흥미진진하게 끊임없이 자신이 알고 있는 풍속과 이야기들을 조사자인 '풋내기 후배'에게 전부 털어놓는다. 어떤 때에는 득의양양해서 권위적 어조로 각종 풍속의 지식에 관해 조사자를 가르친다. 고향조사를 하는 학자가 쉽게 자료를 얻을 수 있는 원인 중 하나가 이것이다. 동시에 이것은 고향민속학의 평등 교류 시각이 불러온 필연적 결과라고 할 수 있다.

공감 이해, 이성 비판. 고향민속 연구는 연구자가 직접 체험한 것처럼 느끼는 심리적 기초에서 분석과 이해, 비평을 행한다. 이것은 관련 문화의 본질을 더욱더 정확히 파악하고 드러낼 수 있는 가능성을 제공한다. 고향민속 연구자의 심리, 정서와 사유는 고향 고유 전통의 영향과 제약을 쉽게 받고, 또 피조사자와의 정서적 공감도 쉽게 발생한다. 따라서 그들은 고향 생활문화를 이해하는 데 있어 선천적인 이점이 있다. 동시에 그들은 생각지 못했던 수많은 정신적 압박에 직면할 수 있다. 하지만 이러한 압박은 그들이 더욱 적극적으로 생각하고 학문적 발전을 추구하는 데 새로운 조건을 창조하기도 한다.

어느 한 동인(同人)이 말한 내용을 예로 들면 다음과 같다. 그녀는 자기 민족의 서사시를 조사하면서 가창자를 집에 모시고 인터뷰를 진행한 적이 있었다. 이 가창자는 집안의 항렬로 볼 때 그녀의 아랫대 친척이었으므로 줄곧 존중의 태도를 보였고 그녀의 말을 잘 들었다. 그런데 한번은 그녀가 가창자에게 서사시를 불러 줄 것을 요청하자, 가창자는 이를 거절하였다. 이유는 지금 집에 있기 때문이며, 노래 부를 상황(예를 들면 혼례나 상장례 등)에 처하지도 않았으므로 절대 창(唱)을 할 수 없다는 것이었다. 후에 그녀는 또다시 그를 초청해 기록하기 쉽도록 녹음기를 대고 몇 곡조 노래를 요청했다. 그녀의 부친도 옆에서 연구를 위한 목적이라서 몇 마디 부르는 것은 상관없다고 권했다. 그럼에도 가창자는 잠시 주저하다가 또 거절하였다. 가창자는 "아푸(阿普. 할아버지라는 뜻, 조사자의 부친)가 여기에 있으므로 저는 노래를 부를 수 없습니다"라고 말했다. 이 동인은 금방 그를 이해할 수 있게 되었다고 기록하였다. 문제는 서사시의 가창 전통과 가창 환경이었던 것이다. 그녀는 즉각 이 후배에게 (거절하기를) 잘했다고 칭찬하였다. 그녀 자신은 만약 부친 면전이 아니었다면, 만약 집이 아니었다면, 그래서 가창자를 사무실로 오게 했다면 아마도 그가 창을 했을 것이라고 반성했다. 그녀 자신은 소중한 체험 기회를 놓쳐 버렸다. 이러한 체험은 심도 있

는 현지조사에서만 얻을 수 있는 것이었다.[13]

이 사례는 아주 소중한 필드 경험을 보여 준다. 고향민속학과 결부지어 생각하면, 우리는 이 고향민속 연구자가 가창자(전승자)와 여러 전통을 공유하기 때문에 각종 행동 또는 반응의 배후에 숨겨져 있는 의미를 쉽게 이해하고, 지켜야 할 규칙을 따르고 있음을 알 수 있다. 이러한 공감에 기반한 이해는 연구자와 피연구자를 상대적으로 자연스럽게 전통 맥락 속에 처하도록 한다. 이러한 맥락은 민간문화가 연행되는 기초를 보증한다. 즉 고향의 학자는 연구 대상이 진실하고 자연스런 정서를 유발하도록 하는 데 분명 장점이 있다. 왜냐하면 이 피조사자들이 보기에 자신이 믿고 따르는 규칙은 고향사람 또는 자기 쪽 사람인 연구자도 이해할 수 있으며, 그(그녀)에게도 반드시 유효하기 때문이다. 피조사자가 주요 참여자로 관련 민속 활동을 연행하든지, 자료 제공자로 단독으로 연구자를 대할 때, 그들의 행위는 마을과 공동체 생활 본래의 상태에 더욱 근접해 있을 것이다. 이 점에 있어 고향 연구자는 타 문화 연구자가 직면하는 곤경 — 조사대상이 조사자의 목적을 점차 이해한 후, 강한 목적성을 갖고 선택적으로 그들(조사대상)이 원하는 것을 학자에게 '제공'하는 — 을 훨씬 많이 피할 수 있다.

전체적이고 심도 있는 이해의 기초 위에서, 고향 민속학자는 고향과 고향사람 및 그 민속에 대해 학술 이성의 시각과 현지인의 입장에 입각하여, 고향 이외 문화 전통과의 비교를 통해 목적이 분명한 비판을 할 수 있다. 이러한 공감적 비판은 '자기 쪽 사람'으로서의 고향 민속학자가 문화 간 비교의 시각에서 모체(母體)문화에 대해 성찰하는 것이기 때문에, 관련 문화 대상의 장점과 부족함을 뚜렷하게 인식하고 정확히 반영하여 자유롭게 보여 줄 수 있다. 타 문화 연구자에 비해 고향 민속학자에게는 외부로부터의

13 廖明君 · 巴莫曲布嫫(2004), 「田野研究的“五个在场”：巴莫曲布嫫访谈录」, 『民族艺术』 2004-3.

비판보다는 내부로부터의 자각적 반성이 더 많다. 이러한 자각적 반성은 능동적이고, 침착하며, 철저하고, 자신감이 있다. 이것은 연구자의 고향 공동체 문화발전에 유익한 참고가 될 수 있으며, 보다 큰 범위의 상호주관적 비교를 바탕으로 한 문화 융합과 협력에 있어서도 아주 중요한 추진 작용을 발휘할 수 있다.

민속학은 본래 일정 부분 현대적 회고(향수) 사조의 영향을 받아 발생한 학문이다. 이는 민속학의 여러 연구 대상, 예를 들면 민요 등의 내용에 다량의 이산(離散)과 향수를 표현하는 내용이 있고, 또 줄곧 오래된 전통의 가치에 특수한 이해를 갖고 있으며, 전통의 쇠락과 소멸에 대해 특별한 민감함과 관심을 갖고 있는 데에서 잘 드러난다. 고향민속학은 연구자(특히 외부 세계에서 귀향한 연구자)가 자기 고향의 생활문화 전통 및 동향 사람들과 교류하는 학문이기 때문에, 거기에는 안과 밖, 변화와 불변, 신(新)과 구(舊) 등의 대립으로 인한 긴장이 팽배하고, 향수나 회고적 정서에 대한 체험이 특히 더 강렬하다. 그러나 이러한 이유로 민속학은 민속을 '잔존물'이나 '뒤만 돌아보는' 것으로 간주하는 기존 관점에서 쉽게 탈피하여 현재를 직시하는 태도로 학문적 방향을 결정하고, 살아 있는 생활문화에 관심을 기울일 수 있다. 구체적으로 보면 고향민속학은 풍부하고 살아 있는 민속 자료를 이용하여 서로 다른 역사 시기, 서로 다른 사회 조건하에서 서로 다른 향수의 면모를 보여 주고, 그 속에 포함된 국가적·역사적 감정을 분석하며, 아울러 '향수'라는 특수한 시각에서 관련 생활문화 전통을 해석한다. 그리고 동질감을 바탕으로 도시화 과정에서 새롭게 출현한 현대사회의 향수를 어떻게 속도 조절할지에 대해 학문적 입장과 실천에 기초한 참고 기준을 제공해 준다.

한편 향수 정서를 탈피하여 현재를 지향하는 고향민속학은 연구자의 시선이 더 이상 멀리 떨어진 농촌에만 국한되지 않고, '전통' 농촌지역 외의 생활문화 현상에 대해 관심을 갖게 하였다. 이로 인해 '민속' 혹은 '민간문화' 개념의 새로운 이해가 촉발되었다. 즉 기왕의 본질주의적 이해 구도 속에서 규정된 것처럼 '민속'이 오래된, 심지어 반드시 몇 대를 전승해 온 문화현상만 가리키는 것이 아니며, 우리 신변에서 발생하는 구체적이고 살아 있는 생활문화가 민속의 더 많은 부분을 차지한다는 것이다. 따라서 고향민속학은, 민속학의 목적이 공감적 이해의 시선을 통해 새로운 사회적 맥락하에서 '향수'를 포함하는 각종 전통 문화현상을 검시(檢視)하고, 빠르게 현대화하는 시대에 전통과 현대, 심지어는 현대와 미래 사이에 더욱 나은 교량을 만들며, 이로써 사회가 양호하게 발전하도록 학문적 역량 도모에 기여하는 것임을 증명하고 있다.

종합해 보면 고향민속학이 표방하는 '평등 교류, 상호 존중, 공감 이해, 이성 비판, 현재 지향'의 원칙과 경향은, 그것이 단지 민속학의 특정 역사 조류에 그치지 않고, 민속문화 현상을 고찰하는 일종의 관점이 될 수 있게 한다. 이 관점은 고향 문화와 관련된 고찰에 있어서도 유효할 뿐 아니라, 일반적인 문화적 문제의 관찰과 사고에 있어서도 중요한 역할을 한다. 예를 들면 무형문화유산 보호와 관련된 공동체 문제를 고향민속학의 관점에 입각해서 탐구한다면, 우리는 더욱 심도 있는 이해를 얻을 수 있을 것이다.[14]

4. 고향민속학의 특징 : 문화교류로서의 입장과 태도

고향민속학은 또한 일종의 입장과 태도다. 이러한 태도는 비교적 관점에 기초한 선명한 '상호주관성'을 특징으로 갖고 있기 때문에 민간문화의 비교 연구를 촉진할 뿐만 아니라, 일반적인 문화교류 범주의 이론과 실천 문제

14 安德明(2018), 「以社区参与为基础构建人类命运共同体：社区在非物质文化遗产保护中的重要地位」, 『西北民族研究』 2018年 夏季刊, 5~11쪽.

를 이해하고 처리하는 데 있어서도 유익한 정보를 제공할 수 있다.

뚜렷한 '현재지향적' 특징을 가진 고향민속학은 현실에 대한 적극적 관심을 바탕으로 연구자의 과거 생활경험과 현재의 학술연구를 결합하고, 고향 사람들과의 상호 교류 속에서 전통적인 민속문화가 어떻게 현대 사회생활 속에서 살아 있는 '생존필수품'[15]의 역할을 발휘하는지 탐구한다. 이렇게 과거에 입각하여 현재에 눈을 돌리는 연구 경향은 '보수(保守)', '회고(懷古)'의 낙인이 찍힌 전통 민속학의 '뒤를 돌아보는' 한계를 반성하고 돌파함으로써 민속학의 현대적 전환을 가능케 한다.

앞에서 서술한 바와 같이 '고향'은 타향과의 비교 속에서 구축된 하나의 범주로서, 그것이 포함하는 범주는 강한 신축성을 지닌다. 이러한 (범주의) 구축에 고향 민속학자는 중요한 역할을 한다. 한편으로 그(그녀)는 '내부자'의 지식 배경과 '지식 보관소'를 잘 알기 때문에 현지의 문화 전통을 이해하는 데 별다른 장애가 없다. 여기에서 말하는 지식 보관소라 함은 개인 혹은 단체가 어떤 특정한 영역에 공동으로 구비한 전문 지식의 축적 또는 비축을 말하며, 필요에 따라 언제든지 끌어다 쓰고 조합할 수 있으며, 사람들이 이 영역에서 상호교류를 실현하도록 돕는다. 영문으로는 '레퍼토리(repertoire)'라 하며 '데이터베이스'·'음악 보관소'·'지식 보관소' 또는 '지식 보유' 등으로 번역된다. 대체적으로 동일한 지식 보관소를 갖고 있다면, 서로 다른 사람들이라도 서로 이해하고 소통할 수 있는 기초를 갖추고 있다 말할 수 있다.[16] 이에 대해 혹자는 언어가 갖고 있지 않는 기능을 보충한다고 여겨 '암묵지식(tacit knowledge)'이라는 말을 사용하여 정리하기도 한다.[17]

---

15 理查德·鲍曼著(2008), 『作为表演的口头艺术』, 杨利慧·安德明译, 广西师范大学出版社, 96쪽, 234~235쪽.

16 Dell Hymes(1981), *"In Vain I Tried to Tell You": Essays in Native American Ethnopoetics*, Philadelphia : University of Pennsylvania Press, p.6 참조.

17 田村和彦(2006), 앞의 논문, 456~485쪽.

또 다른 한편으로, 그(그녀)는 학술적 시각과 수단을 빌려 '외부자'의 시각으로 익숙한 지역의 문화를 인식하고, 또 이러한 인식을 더 큰 범위의 사회와 문화 영역에 적용하고 전시(展示)하기도 한다. 고향 민속학자는 고향과 타향의 민속 간 비교를 통해 그 속에서 '민속'으로 개괄되는 공통적 속성과, 공통의 '민속'에서 나타나는 지역 혹은 공동체의 차이를 발견하고, 그것을 고향 이외의 지역에 보여 줌으로써 서로 다른 문화와 서로 다른 주체 사이에 상호교류와 상호이해의 교량을 세운다. 이 교량은 작은 지역이 큰 구역과 국가, 심지어 더 큰 범위의 전 지구와 소통·융합할 수 있는 길에 도달하게 해준다.

고향민속학에 대한 조사, 서술, 분석과 해석을 통해 고향 민속학자는 '문화 중개인'[18]의 역할을 담당한다. 그(그녀)는 자신의 노력에 의지하여 고향에 발붙이고 또 광활한 외부세계를 향해 개방적인 교류 무대를 만들 수 있다. 이 무대에서 고향 민속학자는 주역을 담당하기도 하지만, 그(그녀)는 또 학술규범과 고향의 생활전통 윤리의 이중제약을 받기도 한다. 즉 고향민속에 관한 전시와 해석은 고향민속학 시각에서 만들어지거나 규정된 기본 틀의 제약을 받을 수밖에 없다.

요컨대 고향 민속학자는 '고향의 정서'와 '학술적 이지(理智)' 간의 협상과 타협을 통해 양자를 모두 수용할 수 있는 종합적 인식에 도달하고, 그것을 고향 이외의 독자에게 보여 주는 것이다. 여기에서 말하는 '고향의 정서'는 감성적인 정감뿐만 아니라 이성적인 판단도 포괄한다. 전자는 이곳에서 태어나 자랐기 때문에 길러진, 피는 물보다 진하다는 감정이다. 후자는 외부와의 비교에서 형성된 고향문화의 내용에 관한 판별과 분석, 즉 어떤 내용 혹은 그 내용 중 어떤 요소를 고향 외의 사람들에게 보여 줄 것인가에 대한

---

18 Richard Kurin(1997), *Reflections of a Culture Broker : A View from the Smithsonian*, Washington : Smithsonian Institution Press, pp.21~30.

판단이다.

그렇다면 여기서 판별과 판단의 기준은 무엇이고, 또 누가 그것을 확정하는가? 사실 구체적 정황으로 볼 때 고향민속의 어떤 내용과 특징이 대외적으로 보여 주기 적합한지, 시대에 따라 사람들의 이해는 아주 큰 편차가 있었다. 예를 들면 중국민속학이 막 시작된 1910~1920년대에는 적지 않은 조사자가 민요 등 민간문학 작품을 수집하고 발표해서 동향 사람들의 오해를 받았고, 심지어는 욕을 먹기도 하였다. 왜냐하면 그들은 자신들이 부른 민요가 우아한 자리에 오를 수 없다고 여겼는데, 수집자가 그것을 '양보(洋報)'에 발표함으로써 자신의 마을이 전국적으로 체면을 구겼다고 생각했기 때문이다.[19] 만약 이러한 사정이 21세기 오늘날에 발생했다면 아주 다른 반응이 나왔을 것이다. 인터뷰에 참여하는 사람이 여자든 남자든, 그들은 민요나 민담의 주인공인 자신들이 '민간문화유산'이나 '무형문화유산'으로 여겨지는 자료를 제공하는 것에 아주 대담하고 적극적으로 참여할 뿐 아니라, 자신이 그 민요의 주인공이라는 것을 자랑스럽게 인정할 것이다. 그러나 모든 것이 변해도 그 근본에는 변함이 없듯이, 결국 사람들이 관련 자료의 가치와 의미를 사고하고 판단하는 출발점은, 언제나 이 자료가 공동체 밖 더욱 큰 범위의 사람들이 인정하는 주류적 가치관에 부합하는지, 이 자료들의 대외적 전시가 자신과 자신의 공동체에 어떤 영향을 가져올지에 대한 판단 여부다.

이러한 상황에서 공동체 밖에서 온 귀향 민속학자는 대개 이 공동체에서 생활하는 민간문화 실천자와 동일한 심리와 행동방식을 보이는데, 이는 작가 쑨리(孫犁)의 말과도 상통한다. "나는 더욱더 나의 고향을 생각하고, 더욱더 나의 고향을 존중한다. 얼마 전 나는 한 청년작가에게 편지를 써서 말했다. '글을 쓰면서 사람들에게 죄를 짓는 것을 피할 수는 없다. 하지만

19 安德明(2018), 앞의 논문, 25~31쪽.

나는 글을 써서 고향에 누가 되는 일이 생기는 것을 결코 바라지 않는다. 만약 이런 상황을 만난다면 반드시 나에게 주의를 환기시켜 달라.'"[20] 이러한 태도는 앞에서 언급했듯이, 중국민속학 초기에 조사자가 학술 목적으로 고향의 정서를 고려하지 않아 결국 고향사람들이 불만을 갖게 된 경우와는 대단히 큰 차이가 있다. 비록 처음 의도는 좋았지만, 오랫동안 외지에서 생활하여 작가 본인도 어떤 것이 사람들에게 누가 되는지, 안 되는지 정확하게 파악하기 쉽지 않았기 때문에 젊은 작가의 환기가 필요했던 것이다. 당연히 이 과정에는 뚜렷한 비교적 시각이 존재하는바, 이것을 '상호주관성'이라고 말할 수 있다. 그는 자신이 공유한 민속문화와 외부의 주류적 관념을 비교함으로써 그 문화에 대해 일종의 '현지인'으로서의 감정을 가지는 한편, 타자(他者) 시각에 기초한 판단도 갖고 있기 때문에, 해당 문화를 의식적으로 거르고 가공해서 더욱더 '격에 맞게' 외부인에게 보여 줄 수 있다.

현재의 민족지 보고서는 민족지 연구 영역에서 형성된 학술윤리에 대한 공통된 인식을 토대로 정보를 처리한다. 이러한 인식과 처리는 학문 초창기의 쓰라린 교훈을 대가로 한 것이다. 오늘날의 연구자들 대부분은 선교사나 초창기 인류학자들이 행한 토착 원주민 마을의 조사가 현지인에게 아주 심각한 간섭을 초래했음을 지적하고 있다. 예를 들어 1890년대 초기 아미시파(Amish) 선교사 헨리 보스(Henry Voth)는 호피(Hopi) 인디안 부족에서 생활했던 몇 년 동안 이 민족의 일상생활과 농업노동 등을 문자나 사진으로 상세하게 기록하였다. 이 중에는 종교활동에 관한 사진들도 다수 들어있었다. 후에 그는 이 내용을 전부 발표하였고, 관련 성과를 끊임없이 재판(再版)하여 결국은 호피족에게 심대한 정신적 피해를 입혔다.

무엇보다도 그는 호피족의 중요 의식에 관한 사진을 외부에 공개함으로

20 孙犁(2009), 「老家」, 金梅编, 『孙犁散文选集』, 天津：百花文艺出版社, 294~296쪽.

써 그들의 신성한 지식과 전통신앙에 무례를 범했다.[21] 유사한 상황이 수많은 인디언 부족에서 발생하였다. 현재 우리가 인디언의 생활 지역을 참관할 때, 그들이 언제나 적어도 표면적으로 보이는 극히 조심스럽고도 보수적인 태도는 모두 이 문제와 관련이 있다. 2014년 봄, 필자는 미국 뉴멕시코주 인디언 보호구역의 박물관에서 관장으로부터 최근 주목받는 한 젊은 예술가에 대한 소개를 들었다. 그는 현대적 예술교육을 받았고 동시에 인디언 전통에 대해서도 깊은 깨달음과 이해를 가지고 있었다. 그는 두 스타일을 결합하여 인디언 문화가 서방 문명과 접촉·교류·충돌하는 과정에서 동포가 겪었던 심적인 고통과 압박, 그러나 그런 가운데에서도 끊임없이 평형을 조율하며 추구해 갔던 과정을 그렸다고 한다. 분명 필자는 그의 작품 속에서 이러한 정서가 강렬하게 표현되어 있음을 느낄 수 있었다. 하지만 관장은 그 예술가가 현재 매우 큰 심적 시련에 직면하게 되었다고 말했다. 왜냐하면 그가 전시해도 되는 것과 전시해서는 안되는 것 간의 적절한 균형감각을 잃었기 때문이었다. 그가 소속된 공동체의 전통에 비추어 볼 때, 어떤 내용은 외부에 보여 주어서는 안 되었다. 그러나 그는 자문화에 대한 표현의 열정과 예술 이념에 입각하여 그림을 그렸고, 또 그것들을 작품 속에 녹여 내야 했다. 결국 그의 그림은 집단 내 구성원들의 견책과 비판을 초래했고, 그에게는 심각한 심리적 모순과 정신적 부담을 가져다주었다. 필자는 "문화는 본디 끊임없이 변화하는 것이며, 끊임없이 적응하는 것"인데, 사람들이 왜 그렇게 민감한지 관장에게 물었다. 관장은 솔직하게 말했다. "왜냐하면 우리는 매우 큰 쓰라린 대가를 치렀고, 초창기 선교사와 조사자가 우리에게 준 상처가 너무 크기 때문이다. 비록 대부분의 상처가 의도적인 것은 아니었을지라도."

---

21 Michael Brown(2003), *Who Owns Native Culture?*, Cambridge : Harvard University Press, pp.11~6.

초창기 현지 연구자의 이러한 실수와 소홀함을 반성하면서 민족지 연구자들은 현지조사와 민족지 보고서의 서술과 관련된 윤리규범을 명확하게 만들어 갔다. 필드 과정에서 연구자와 인터뷰 대상자 간 상호존중의 원칙은 더욱 강조되었고, 민족지 보고서 서술과 발표에 있어서도 일련의 기술적 요구, 즉 연구 대상의 프라이버시와 공동체 내부지식의 비밀 유지 등도 더욱 강조되고 있다. 이러한 윤리적 요구는 고향 민속학자에게 중요한 영향을 미쳤다. 게다가 고향민속 연구자는 고향의 전통과 인간관계 등 자체적인 제약으로 인해 관련 요구 준수에 훨씬 더 자각적이고 철저할 수밖에 없게 되었다.

물론 고향, 타향을 막론하고 민족지의 기술과 가공은 모두 학술 표준에서 허락하는 범위를 경계로 삼아야 하고, 반드시 기본적인 학술규범에 부합해야 한다. 그 토대 위에서 고향 연구자는 자신의 문화 중 주류적 가치관과 일치하지 않는 요소를 여과해야 한다. 비록 '추함을 가리기' 위함일지라도, 민족지 기술은 문화 비교의 차원에서 자아성찰과 자아 보정의 역할을 수행해야 한다. 종국적으로 그것은 '고향' 지역 혹은 집단의 문화적 자각을 촉진하고, 문화적 자부심을 강화하여 더 큰 범위의 문화 간 교류, 융합에 견실한 기초를 만들기 위함이다.[22]

정리하면, 상호주관적 비교의 시각에서 고향민속학은 한편으로는 과거의 생활경험과 현재의 학술적 실천을 결합하고, 역사와 현실의 복잡한 관계를 발견하고 드러냄으로써, '뒤를 바라보는' 과거 민속학의 문제와 한계를 성찰하고, 민속학이 더욱더 '앞을 바라보고' 미래를 향하도록 돕는다. 다른 한편 고향민속학은 타향과 타자와의 비교 중에 형성된 고향의, 혹은 자아의 특성을 연구하는 것이다. 따라서 고향민속학은, 연구자들이 자기 자신에 입각하여 자신 즉 '나'를 인식하도록 함으로써, '그'와의 교류 과정 속

22 金惠敏(2017),「文化自信与星丛共同体」,『哲学研究』2017-4, 119~126쪽 참조.

'나'의 위치를 보다 뚜렷하게 인식하도록 만든다. 그리하여 더욱 적절하고 전면적으로 '나와 그'의 관계를 이해하고, 더 많은 '나', '너', '그'와 미래를 향한 '우리'를 더욱 효과적으로 건설하게 한다. 소위 인류 운명공동체인 것이다. 고향민속학의 핵심개념으로서 '고향'이 포함하는 범위의 신축성은 특히 이러한 목표 달성의 가능성을 제공해 준다.

버내큘러 문화와 민속, 민속학

정수진(丁秀珍, Jung Soo-Jin)

한림대학교 일본학연구소 HK교수. 문화사회학, 민속학 전공.
문화유산의 사회학, 문화권력과 일상 연구에 관심을 갖고 있다. 주요 저작물로 『무형문화재의 탄생』(2008), 「무형문화유산의 문화정치학 : 유네스코 체제에 대한 한국의 대응을 중심으로」(2015), 「무형문화유산의 박물관 전시 : 문화의 다양성과 보편성 사이에서」(2018) 등이 있다.

1. 들어가며 : 민속학의 위기

20세기의 끝자락에서 바바라 커센블랫김블렛(B. Kirshenblatt-Gimblett)은 민속학이라는 학문 명칭과 그것이 의미하는 것 사이의 간극이 갈수록 넓어지고 있는 '주제 표류(topic drift)' 상황을 미국민속학의 위기라고 진단한 바 있다.[1] 민속학에서 훈련받은 학자들은 이미 다른 학문으로 떠났거나 다른 학문 영역으로 자신의 연구를 분류하고 있고, 민속학자라고 자칭하는 학자들은 정작 민속이 아닌 다른 것들을 연구하고 있다는 것이다. 그가 지적하듯이 민속학자들이 민속 아닌 다른 것, 즉 상업 문화나 관광업과 같이 실용적인 영역에 종사하는 것이 비단 미국만의 경우가 아니라면, 우리는 이 같은 상황을 어떻게 보아야 할 것인가? 그가 지적하듯이 이 상황을 위기라고 진단한다면, 민속학이 그리 된 까닭은 무엇인가?

커센블랫김블렛이 제기한 오늘의 문제 중심에는 민속학이 연구 대상으로 삼아 온 민속이란 개념이 놓여 있다. 남근우 역시 한국민속학의 위기 담론을 민속 개념과 연결하여 다음의 세 가지 문제를 고찰한 바 있다.[2] 즉 민속의 소멸 이야기와 잔존문화론, 그리고 기층적 민족문화론의 고착화이다. 그의 고찰 결과가 커센블랫김블렛의 지적과 몇 가지 지점에서 공명하

---

1 B. Kirshenblatt-Gimblett(1998), "Folklore's Crisis," *The Journal of American Folklore*, 111(441), p.281.

2 남근우(2013b), 「민속 개념 재고」, 『실천민속학연구』 21, 실천민속학회.

고 있다는 판단하에, 잠시 그가 제기한 세 문제를 중심으로 현재 민속 개념이 가진 한계를 되짚어 보겠다.

남근우에 따르면, 한국민속학에서 민속은 늘 사라질 위험에 놓인 것으로 개념화되었다. 가령 "사라지는 것에 대한 아쉬움과 초조함", "그것을 인멸의 위기로부터 구해 내겠다는 의지와 욕망" 같은 것이 실은 민속학의 학문적 존재 이유를 뒷받침하는 명분으로 지속되어 왔다.[3] 여기에서 주목할 점은 바로 그 같은 민속의 인멸론이 민속학이라는 학문 자체의 인멸로 귀결될 수밖에 없다는 자가당착의 역설이다.

1980년대 김태곤이 이미 이 문제를 지적하면서 민속의 개념 확대를 주장했거니와,[4] 커셴블랫김블렛은 "한때 전설과 민요, 혹은 그것들을 떠받치던 생활양식의 인멸을 부르짖던 민속학"이 정작 "그 민속의 인멸과 함께 사라질 위기에 처했다"[5]는 민속학자들의 오랜 탄식을 민속학 위기론의 한 배경으로 지적했다.

다음은 '민속=잔존문화'라는 공식의 고착화 문제이다. 이 공식은 'folklore'라는 개념 속에 내장된 진화주의가 민속 개념에 그대로 번역 수용된 결과라고 할 수 있다. 문제는, 이 공식이 고착화되면서 민속을 당대의 시공간으로부터 벗어나 있거나 뒤떨어진 것으로 인식하도록 만들었다는 데 있다. 이로 인해 민속은 근대와 전근대, 문자 언어와 구술 언어, 문명과 미개, 세련과 단순 등의 이분법에서 늘 후자에 위치한 것으로 개념화되었고, 이는 사회 영역이나 학문 영역 모두에서 민속이 부정적인 의미를 갖도록 만드는 근거가 되었다. 그리하여 미국에서는 오래전부터 민속이라는 용어의 대체를 주장해 왔는데, 그 이유는 그것이 연구 대상의 주체들을 불쾌하게 만드

3 남근우(2013b), 앞의 논문, 92쪽.

4 김태곤(1988), 『민속학 원론』, 시인사, 187쪽.

5 B. Kirshenblatt-Gimblett(1998), 앞의 논문, p.281.

는 "경멸적인 차이"와 의미를 함축하고 있기 때문이었다. 즉 민속은 민속학의 역사적 전개 과정에서 "단순한", "덜 세련된", "덜 문명화된" 것 등과 같은 부정적인 연관어로 착색되어 온바,[6] 민속학자들 역시 그런 결과를 초래하는 데 적지 않은 영향을 끼쳤음은 부정하기 어려울 것이다.

마지막으로 '기층적 민족문화 담론'의 고착화 문제이다. 한국민속학에서 민속은 "민족문화의 근간을 이루는 전통적인 고유문화"[7]를 뜻하는 것으로 통설화되어 왔다. 남근우는 이 담론이 일본민속학을 경유한 나치즘 민속학의 기층문화론에 해방 후 손진태가 내세운 '민족문화학'의 수사가 결합된 것이라고 지적했다.[8]

결과적으로 민속은 앞에서 언급한 부정적 이미지와 전혀 다른 의미를 부여받게 되었는데, 근대화 과정에서 '사라질 위기'에 놓인 '저급한' 문화가 보존해야 할 문화유산으로 탈바꿈한 것은 바로 그러한 통설화의 결과라고 하겠다. 식민지를 경험한 많은 국가에서 민속에 대한 이 같은 의미 부여는 탈식민주의의 국가 정체성을 확립하는 문화 실천 프로젝트의 하나로 여겨져 왔다. 그러나 문제는 이로 인해 민속이 "어떤 분석적인 범주가 아니라 하나의 결정된 범주", 즉 "과학적 정밀성을 상실"한 "낭만주의적·민족주의적 이데올로기"로 귀속될 운명에 놓이게 되었다는 것이다.[9] 커셴블랫김블렛은 민속과 민속학이 이러한 위험 앞에서 취약하다고 지적했다. 요컨대 민속은 당대의 정치 논리나 지배 권력의 도구로 활용될 위험, 특히 "허구적이고도 반동적인 문화 분석의 카테고리로 구성될 위험"[10]에 노출되어

6 W. P. Murphy(1978), "Oral Literature," *Annual Review of Anthropology*, 7, p.114.

7 임재해(1986), 『민속문화론』, 문학과지성사, 146쪽.

8 남근우(2013b), 앞의 논문, 103쪽.

9 이장섭(1989), 「한국민속학의 비판적 검토」, 『두산김택규박사화갑기념 문화인류학논총』, 두산김택규박사화갑기념 논문집간행위원회, 484쪽 ; 남근우(2013b), 앞의 논문, 111쪽.

10 B. Kirshenblatt-Gimblett(1998), 앞의 논문, p.299.

있다는 것이다.

결국 두 사람의 논의를 종합해 보면, 앞에서 언급한 민속 개념의 문제들은 비단 한국민속학에만 해당하는 것이 아니겠다. 그뿐만 아니라 이러한 문제들은 민속 자체의 문제라기보다는 민속학이라는 학문의 역사적 전개 과정에서 이 학문이 구성하고 만들어 온 민속 개념의 문제라고 하겠다. 독일 민속학자 바우징거(H. Bausinger)는, 근대화와 산업화의 과정에서 민속이 소멸된다고 간주하는 것은 "민속학자들의 과거 전통에 대한 순진한 열정"에 불과하다고 비판했다.[11]

커센블랫김블렛 역시 민속학자들이 "민속을 구술 전통으로 이해하다 보니 그것을 문자, 인쇄, 녹음, 방송, 디지털 매체 등 근대 미디어 기술 반대편에 설정하는 경향"이 있었지만, "그 기술들에도 불구하고 민속은 지속되고, 또 생산되어 왔다"[12]고 강조했다. 남근우의 표현을 빌리면, "민속의 소멸이 위기인 게 아니라, …… 그것을 '위기'로 인식하는 (한국)민속학의 폐색 상황이 실은 위기"[13]라는 것이다.

이 일련의 주장들은, 오늘의 민속학이 직면한 위기를 극복하기 위해 기왕의 민속학이 자명시한 민속 개념을 재고할 것을 요구한다. 특히 커센블랫김블렛은 그 재고 작업을 바탕으로 민속학의 지성사를 고쳐 이을 새로운 방법을 모색하고 있다. 그가 주목하는 대상이 다름 아닌 "디지털 버내큘러"인바, 이하 그의 논의를 창구 삼아 '버내큘러'에 대한 민속학적 이해의 실마리를 천착해 보겠다.

---

11 H. Bausinger(1990), *Folk Culture in a World of Technology*, E. Dettmer trans., Indiana University Press, p.vii.

12 B. Kirshenblatt-Gimblett(1998), 앞의 논문, p.283.

13 남근우(2013b), 앞의 논문, 95쪽.

2. 버내큘러와 민속

일본의 민속학자인 시마무라 다카노리(島村恭則)는 버내큘러를 포클로어에 대한 대안으로 제시하고, 민속학의 영어 명칭도 'folklore studies' 혹은 'folkloristics'에서 'vernacular studies'로 바꾸어야 한다고 주장한 바 있다. 그가 이렇게 주장한 배경 역시 앞에서 언급한 민속학자들의 문제의식과 별반 다르지 않다. 그는 1930년대 이후 일본의 민속학이 민간전승의 기원이나 역사적 변천, 혹은 그 본질주의적 의미 탐구로 점철되어 왔다고 비판하고, 초창기 민속학을 주도한 야나기타 구니오(柳田国男)의 연구를 다시 복기(復棋)함으로써 그 초심을 회복하고자 했다.

그에 따르면, 야나기타가 향토연구라는 이름으로 추구했던 민속학은 실은 오늘의 민속학과는 매우 다른 문제의식에서 출발한 것이었다. 야나기타는 사람들의 일상 세계가 사회의 구조적 변동 과정에서 어떻게 변화하고 있는지를 그들의 삶 속에서 만들어지고 체험되는 민간전승을 통해 포착하고자 했다. 그런 점에서 그가 구상했던 사회변동론으로서의 민속학은 "서구의 근대화를 보편적 척도로 삼는 서구산(産) '근대화론'의 단순한 적용"이 아니었으며, 또 "사회학의 근대화론"과도 다른 것,[14] 다시 말하면 그 담론 자체를 복수화하는 대안적 사회변동론이었다.

반면 커셴블랫김블렛은 미국민속학이 맞닥뜨린 위기에 대처하는 방법으로, 민속학자들이 민속 개념에 관한 일반의 오해를 나무라며 그 용어를 고집하는 것에 대해 부정적이었지만, 그렇다고 포클로어를 다른 용어로 대체하는 것에도 동의하지 않았다. 이를테면 미국의 민속학자들은 일찍이 용어상의 한계를 들어 그 연구 대상을 일상으로 확대해 왔다. 이로써 모든 사람

14 島村恭則(2018), 「社会変動・生世界・民俗」, 『日常と文化』 6, 日常と文化研究会, 28쪽.

의 모든 일상이 미국민속학의 현대적 주제가 되었지만, 그로 인해 민속학의 연구 대상을 권력의 경계, 사회적 하층에 자리매김한 기왕의 위계구조가 평평해지고 말았다고 비판했다. 특히 문화 영역에서는 여러 가지 이유로 '민속'이나 '민중의 것', 혹은 '세련되지 못한', '저속한' 것으로 이해될 만한 사안들이나 사상(事象)들이 지속적으로 생산되고 있는바, 거기에서 발생하는 불연속을 주목하는 것이 여전히 중요하다고 강조했다.[15]

이렇듯 위 두 학자의 주장은 표면상으로만 보자면 상이한 것처럼 보인다. 그러나 언어권이 다른 두 학자의 입장을 감안하면, 두 주장은 기실 동일선상에 있다고 보는 것이 타당하겠다. 애초 "권위 있는 라틴어에 대해 세속적인 말"을 뜻하는 것으로 정의되는 버내큘러는 1950년대 이후 민속학적 건축 연구에 처음 도입되었고, 이후 건축뿐만 아니라 놀이, 공예, 음악 등 광범위한 대상에 적용되는 일반 용어가 되었다.[16] 그 결과 미국민속학에서 버내큘러는 '지배적인 것' 혹은 '제도적인 것'과 반대편에 놓인 것들을 지칭하는 용어로 정착되었다. 즉 어떤 담론과 대상이 특정한 집단의 국지적이고도 비공식적인 기대를 충족시킬 때 그것은 버내큘러라고 지칭된다.[17] 그런 점에서 보자면, 버내큘러는 포클로어의 다른 이름이라고도 할 수 있겠다.[18] 우리 입장에서도 버내큘러를 한국어로 번역하고자 할 때, 포클로어를 번역

---

15 B. Kirshenblatt-Gimblett(1998), 앞의 논문, p.308.

16 島村恭則(2018), 앞의 논문, 32쪽.

17 R. G. Howard(2008), "Electronic Hybridity : The Persistent Precesses of the Vernacular Web," *Journal of American Folklore*, 121, p.203.

18 한편 1960년대 '버내큘러 문화'라는 표현을 처음 소개했던 랜티스는 일상문화를 주목하고자 할 때, 그것을 민속이나 관습으로 표현하는 사례들이 종종 있지만, 이는 부적절하므로 그 대안으로 '버내큘러 문화'라는 용어를 쓸 것을 제안했다. 앞에서 언급했던 내용들과 함께 이 두 개념이 모두 주관적·가치 평가적 의미를 포함하고 있다는 것이 그 이유였다[M. Lantis(1960), "Vernacular Culture," *American Anthropology*, 62, pp.202~3].

한 '민속'이 아닌 다른 말로 그것을 번역할 방도는 마땅히 없다.

결국 시마무라가 버내큘러라는 용어를 강조했던 까닭은 각국의 민속학이 전개되는 과정에서 공히 노정했던 문제점, 즉 특정 방향으로 경도되고 고착화된 포클로어와 민속이라는 개념으로부터 거리를 두고, 그 개념에 내장된 또 다른 차원을 부각시킴으로써 민속학 고유의 지성사를 회복하려 했다는 데 있다. 이 방법은 미국민속학의 위기를 극복하기 위해 커셴블랫김블렛이 추구했던 방법과 상통하는 것이며, 이 글이 버내큘러를 주목하는 이유이기도 하다.

그렇다면 민속을 버내큘러의 차원에서 주목하는 것은 어떤 방법론상의 장점을 가지는가? 그리고 그 장점이 민속학의 위기를 극복하는 데 어떤 도움을 줄 것인가? 우선 이 글 서두에서 거론한 세 가지 사안을 떠올려 보자. 종래의 민속학은 민속에 대해 적어도 세 가지 의미, 즉 인멸의 위기에 놓인 문화, 진화론적 관점에서 당대로부터 벗어나거나 뒤떨어진 잔존문화, 보존해야 할 민족의 고유문화 등의 의미들을 부여해 왔다. 하지만 앞에서도 지적했듯이, 그것들은 버내큘러 문화로서 민속이 가진 내재적인 특성이라기보다는 민속학자들이 부가한 외재적 의미, 즉 해석의 산물에 불과하다.

게다가 민속학이 민속에 부여한 이러한 의미들은 버내큘러 문화로서 민속이 가진 내재적인 특성을 제한하는 문제를 노정한다. 이를테면 민속을 국가적 차원에서 보존해야 할 민족의 고유문화, 즉 문화유산으로 정의하는 순간 민속은 버내큘러적인 성격을 상실하고 만다. 하워드에 따르면, 민속의 문화유산화는 버내큘러를 우월한 어떤 것으로 상정하는 일방적인 담론과 제도를 작동시킴으로써, 그리하여 버내큘러를 지배적인 것과 통합함으로써 버내큘러 문화가 가진 본래의 특성, 즉 "대화적(dialogic)"이고도 "헤테로글로시아(heteroglossia)"로서의 특성을 제한하게 된다.[19] 요컨대 민속의

---

19 R. G. Howard(2008), 앞의 논문, pp.205~6. 그가 버내큘러를 대화적인 것, 또는 헤테

문화유산화는 버내큘러를 제도적이고도 지배적인 관념의 영역으로 편입시킴으로써 그것이 가진 일상적 삶의 구체성과 역동성을 상실케 한다.

바우징거와 커셴블랫김블렛이 산업화와 근대화에도 불구하고 민속은 지속되고 또 생산되어 왔다고 주장했던 것도 이러한 문제의식과 연동한다. 이들은 특히 매체와 민속 간의 관계를 주목했는데, 커셴블랫김블렛은 인쇄술의 발명이 민속학이라는 학문의 성립과 밀접한 관계를 가지고 있다는 점을 강조했다. 나아가 그 발명을 변곡점으로 민속학의 연구 대상인 구술문화가 비로소 발견되고 구성되었다고 지적했다.

여기에서 잠깐 앤더슨(B. Anderson)의 논의를 상기해 보자. 그는 각 지역의 버내큘러, 즉 토착 언어가 라틴어 같은 신성한 언어들과 동등한 위치를 확보하게 되는 역사적 과정을, '상상의 공동체'로서 민족이 구성되는 과정과 결부시켜 고찰했다. 그는 토착 언어가 인쇄 자본주의의 등장으로 정기간행물, 문법책, 사전과 민중적 서사물들로 연속적으로 출판되면서 표준화되었으며, 이로써 당대의 자본가들은 상상의 기반 위에서 국가적 결속력을

로글로시아로 규정한 것은 말에 대한 바흐친의 이론을 토대로 한다. 바흐친은 말이 "사회적 성격을 지닌 현상"이라는 데 착목했다. 즉 말은 기본적으로 복수적이고 타자지향적이라는 것이다. 말은 단독적이고 자족적으로 성립될 수 없고, 말을 듣는 대상을 향해 수행되는 사회적 행위이다. 바흐친은 "언어활동의 현실은 언어형태들의 추상적 체계도, 독립된 독백적 발화도, 그것을 수행하는 생리적인 행위도 아니다. 그것은 하나의 발화 혹은 여러 발화들 속에서 수행된 언어적 상호작용의 사회적 사건"이라고 보았다. 그런 점에서 "언어가 생명을 얻고 역사적으로 진화하는 곳은 언어형태들의 추상적인 언어학적 체계나 화자의 개인적인 심리 속에서가 아니라 바로 여기, 즉 구체적인 언어적 의사소통 속에서"이다〔M. 바흐친 · V. N. 블로쉬노프(1988), 송기한 옮김, 『마르크스주의와 언어철학』, 한겨레, 131~132쪽〕. 한편 헤테로글로시아란 통상 '언어적 다양성' 혹은 '이어성(異語性)'으로 번역되는데, 이는 대화를 촉진하는 동력원이자, 그것으로부터 생겨난 말의 운동 방식이기도 하다. 요컨대 말은 복수적이고도 이질적인 발화들이 서로 교차 · 발산 · 분석 · 종합되면서 항상적으로 재구성되는 과정에 있는 사회적 사건이다〔최진석(2016), 「말과 사건, 또는 문학의 역사적 운명 : 미하일 바흐틴의 유물론적 문학이론」, 『서강인문논총』 45, 서강대 인문과학연구소, 338~340쪽〕.

성취한 최초의 계급이 되었다고 기술했다.[20]

커셴블랫김블렛은, 이처럼 토착 언어는 인쇄물을 통해 비로소 가시화되었으며, 민속학자들은 그 과정에서 토착 언어를 국가 · 민족 구성의 도구로 만드는 데 깊이 관여했다고 지적했다. 결국 민속학의 연구 대상인 민속은 이러한 '버내큘러화(vernacularization)'가 꽃피던 19세기 황금기의 대표적인 사례인 셈이다.[21] 민속학자들은 자신들의 연구 대상을 소멸시킨다고 여긴 바로 그 기술을 도구로 이용해서 민속을 수집했으니, 그 기술이야말로 민속학과 민속이 구성되는 데 직접적인 영향을 미쳤던 것이다.[22]

미디어 기술은 인쇄술의 발명 이후 눈부신 발전을 거듭했다. 전화와 라디오, 텔레비전, 인터넷 등의 매체들이 전자 · 전기 기술의 진보와 함께 속속 등장했거니와, 커셴블랫김블렛은 이러한 매체 기술들 역시 버내큘러 문화를 소멸시키기보다는 오히려 생산하는 데 기여하고 있다고 지적했다. 특히 인터넷은 버내큘러 문화가 생성되는 데 중요한 환경을 제공하고 있다. 미국민속학의 연구 경향을 일별(一瞥)하면, 이러한 관점이 민속학자들 사이에서 폭넓게 공유되고 있는 것으로 보인다. 1990년대 이래 인터넷과 민속의 관계성을 주목하는 연구들이 미국민속학의 주류를 형성해 왔기 때문이

---

20 베네딕트 앤더슨(1991), 윤형숙 옮김, 『상상의 공동체 : 민족주의의 기원과 전파에 대한 성찰』, 나남, 99~111쪽.

21 B. Kirshenblatt-Gimblett(1998), 앞의 논문, p.310. 여기에서 '버내큘러화'란 지역의 언어를 문자로 옮김으로써 그것을 가시화하는 것을 지칭한다.

22 한국민속학도 사정은 마찬가지이다. 한국민속학은 그 성립 초기부터 민속에 부여한 한시성, 즉 소멸의 담론을 토대로 그것이 사라지기 전에 수집 · 기록하는 것을 학문의 제일 목적으로 설정해 왔다. 학문적 차원에서, 또는 국가적 차원에서 이루어진 대대적인 민속 기록 사업을 주도하면서 천편일률적으로 강조해 온 것이 바로 인멸의 위기 앞에 놓인 민속에 대한 기록의 중차대함이었다. 즉 한편에서는 매체와 매체 기술의 등장이 민속의 소멸을 가져왔다고 비판하면서도, 또 한편으로는 민속의 소멸을 막는 방법으로 그것을 문자화하는 데 앞장선 것이 바로 민속학이었다[정수진(2017), 「민속과 대중매체의 관계 재고」, 『비교민속학』 64, 비교민속학회, 127~128쪽].

다. 그러나 그 둘 간의 관계를 어떻게 볼 것인가 하는 문제에 대해서는 학자마다 견해를 달리하고 있다. 각기 다른 그 견해들의 지평을 여기에서 다루는 것은 지면상의 문제도 있거니와, 필자의 능력 밖의 일이기도 하다. 다만 여기에서는 1990년대 초반 도스트(J. Dorst)가 제기했던 문제를 특별히 주목해 보겠다.

미국의 많은 민속학자들은 인터넷상에서 생산 · 유통되는 농담, 도시전설, 루머와 민속 신앙, 음악 등 민속학의 익숙한 연구 대상들을 수집하고 기록하는 데 집중해 왔다. 그러나 도스트는 기왕의 민속학이 그랬던 것처럼 민속학자들이 그 연구 대상을 수집하는 과정에서 인터넷 매체가 가진 위력을 간과하고 있다고 비판했다. 인터넷은 민속을 수집하고, 발전시키는 데 필요한 단순한 도구 이상의 의미를 가지고 있기 때문이다. 물론 온라인상에서뿐만 아니라 직접적인 대면 상황에서도 민속은 여전히 생산된다. 그러나 '전자기술 시대(telectronic age)', 즉 인터넷이 일상화된 세계에서 민속은 이미 미디어로부터 구성된 의미와 생산 관계를 배태하면서 생산 · 유통된다. 따라서 인터넷 매체는 단순히 민속에 외재하는 물질적 도구이기보다는 오히려 그 민속 안에 머물면서 그것을 구조적으로 혹은 이데올로기적으로 틀 지우는 생산 조건이다.[23]

요컨대 그는 오늘의 인터넷 매체가 상호소통의 버내큘러적 유형과 제도적 유형, 거기에 상품적 이해관계까지 혼융함으로써 민속과 민속 아닌 것 간의 구별을 모호하게 만들고 있다고 지적했다. 도스트의 다음과 같은 경고는 그래서 의미심장하다. "우리는 버내큘러의 국면에서 이루어지고 있는 열광적인 (그리고 왜곡된) 신격화의 새로운 징후를 보기 시작했다. 민속학자로서 내가 마주한 딜레마는 우리가 어떤 역사적 순간에 놓여 있을지도 모

23 J. Dorst(1990), "Tags and Burner, Cycles and Networks : Folklore in the Telectronic Age," *Journal of Folklore Research*, 27, p.181. 이러한 관점은 인쇄술을 통해 민속이 문자화되던 당시의 상황에도 동일하게 적용될 수 있다.

른다는 가능성이다. 민속 문화 또는 버내큘러적인 생산 유형의 종말뿐만 아니라 버내큘러, 민속, 주변적인 것과 지배적인 것, 주류, 공적인 것, 대중적인 것 등을 구별해 온 담론적 실천이 종언을 고하는 순간 말이다."[24]

그의 이러한 경고는 민속학의 위기에 대한 앞의 지적들과 공명한다. 그러나 더 나아가 그 위기를 극복하기 위해 버내큘러를 주목하고 있는 지금, 우리의 시도조차도 어쩌면 헛된 희망일지 모른다는 우려를 불러일으킨다. 그런데 문제는, 이 같은 도스트의 경고가 그 역시 민속 개념에 대한 기존의 고정관념을 버리지 못한 결과는 아닌지 하는 데 있다. 이러한 의문이 타당하다면, 민속의 소멸이 위기인 게 아니라 그것을 위기로 인식하는 관점이 위기라고 했던 남근우의 지적을 다시 상기해 볼 만하다. 기존의 민속학이 그래 왔듯이, 버내큘러와 민속, 구술문화를 지나치게 낭만적으로 이상화하는 것도 문제이지만, 반대로 지배적인 힘과 제도적인 권력을 전지전능한 것으로 지나치게 확대 해석하는 것도 문제일 것이다.

커셴블랫김블렛은 버내큘러와 지배적인 것을 이분법적으로 구별하고 버내큘러를 너무나 쉽게 문화적 저항으로 해석해 버리는 민속학의 고정관념이 실은 인터넷 매체가 가진 헤게모니를 제대로 포착하지 못하게 한다는 도스트의 주장에 동의했다.[25] 그러나 도스트가 인터넷을 통해 생산되는 소통 과정의 '동시성'과 '연속성'을 인쇄, 방송, 대중매체 등이 가진 일방적인 상품화의 논리와 너무 쉽게 동일시한 것은 아닌지 반문했다.[26] 게다가 도스트는 디지털 기술이 만들어 내는 문화 생산 유형은 예견할 수 없는 복잡한 방식으로 전개되는 까닭에 민속학자들의 기왕의 연구방법은 그 문화 생산 유형을 다루는 데 적합하지 않다고 지적했다. 이에 대해 커셴블랫김블

---

24 J. Dorst(1990), 앞의 논문, p.189.

25 B. Kirshenblatt-Gimblett(1998), 앞의 논문, p.320.

26 B. Kirshenblatt-Gimblett(1998), 앞의 논문, p.320.

렛은 상호소통의 동시성과 연속성이야말로 민속학이 핵심 이슈로 삼아 온 문화적 특성인 만큼, 이 또한 '디지털 버내큘러'의 관점에 입각해서 재고되어야 할 문제라고 역설했다.[27] 하워드 역시 민속학이 천착해 온 연구 주제들이 지역적 · 국지적 · 비공식적 차원에서 생성되어 공동체가 공유해 온 표현들이었다는 점을 감안하면, 민속학이 디지털 공간의 의사소통을 다루는 데 가장 적합하다고 피력했다.[28]

그렇다면 그들은 이 같은 '디지털 버내큘러'를 어떻게 포착하고 있는가? 그들은, 민속학이 디지털 버내큘러를 연구 대상으로 삼기 위해서는 구술문화에 대한 민속학의 고정관념을 재조정하지 않으면 안 된다고 지적했다. 우선 민속학은 구술문화를, 청각과 음성에 특권을 부여하면서 문자 매체와 대립되는 것으로 정의해 왔다. 그러나 디지털 공간에서는 구술문화를 글쓰기의 반대편에 있는 말하기에 오롯이 위치시킬 수 없다. 오히려 그것은 "말하기와 글쓰기 사이"에 위치하며, "디지털 기술이 수렴되어 갈수록 더욱더 멀티미디어화되"는 특성을 가진다.[29] 앞에서 언급했듯이 많은 민속학자들은 기왕의 민속학이 주목해 온 익숙한 대상들이 인터넷상에서 어떻게 생산 · 유통되는지를 주목했지만, 하워드는 네트워크 기술에 힘입어 버내큘러 문화가 이전과는 다른 고유한 표현 양식들로 생산되고 있다는 데 주목할 것을 제안했다. 디지털 버내큘러는 텍스트뿐만 아니라 그래픽, 소리와 비디오, 그 외 다른 미디어들을 복잡하게 혼합하면서 생산되고 있는 까닭이다.[30] 그 대표적인 사례가 사적인 일기, 사진, 여행, 먹방, 유머들을 올리는 개인들의 블로그나 SNS들이다.

---

27 B. Kirshenblatt-Gimblett(1998), 앞의 논문, p.320.

28 R. G. Howard(2008), 앞의 논문, p.194.

29 B. Kirshenblatt-Gimblett(1998), 앞의 논문, p.284.

30 R. G. Howard(2008), 앞의 논문, p.193.

둘째, 기왕의 민속학은 민속을 고정된 텍스트로 상정하고 객체 지향적 방법으로 접근하는 경향이 강했다. 이러한 연구 경향은 온라인상에서 생산되는 민속을 다룰 때에도 여전히 지속되고 있다. 그러나 하워드는, 디지털 버내큘러를 제대로 이해하기 위해서는 그것을 고정된 형태의 객체이기보다는 항상적인 변화에 노출되어 있는 과정, 그 자체로 보아야 한다고 강조했다.[31] 인터넷상의 소통은 생산자가 텍스트를 올리고 그것을 바꾸려고 하지 않는 한 정태적이다. 그러나 그것은 출판물이나 음반이 정태적인 것과는 전혀 다른 차원의 것이다. 그것은 네트워크상의 특정한 위치에 존재하며, 개인들은 언제든 그 위치로 되돌아올 수 있다. 그 위치로의 지속적인 방문은 콘텐츠가 언제든 변할 수 있다는 것을 의미한다. 게다가 다른 사람들은 각기 다른 위치에서 콘텐츠에 자신들의 코멘트를 달면서 소통 과정에 참여한다. "이러한 소통은 따라서 항상적이고 변화무쌍하다. 거기에 '단일한 버전', '최종 산물'로서 텍스트, '물리적 객체'로서 텍스트는 존재할 수 없다."[32]

셋째, 민속학이 민속을 대상화할 때 전제하는 지역과 공동체는 지리적으로 한정된 범주로 상정되어 왔다. 그러나 디지털 공간의 커뮤니티는 지리적 · 물리적 범주로 한정될 수 없으며, 각각의 범주를 구분할 수 있는 어떤 표지도 존재하지 않는다. 그런 점에서 온라인 커뮤니티를 생성 · 지속시키는 방법은 거기에 참여하는 개인들의 사회적 관계를 표현하는 담론적 행위에만 의존하는 경우가 대부분이다. 하워드의 설명을 다시 참조해 보자. 개인들은 비공식적인 의사소통에 참여함으로써 그들이 공유하는 기대를 학습하게 되는데, 이때 개인들이 자신만의 독특한 표현으로 대화에 참여할지라도 그것은 어디까지나 공유된 기대에 대한 인지를 전제로 한다. 그들은 "개인적이면서 동시에 공통적인 정체성을 상상"하면서 거기에 참여하는데,

31 R. G. Howard(2008), 앞의 논문, p.201.

32 R. G. Howard(2008), 앞의 논문, p.200.

그들이 "공유하는 기대와 그 기대에 대한 표현들은 동시적으로 생산되는 공통의 정체성을 지속시키면서 지속된다." 그리하여 이러한 상상의 버내큘러화 과정이 멈춘다면 그들을 한데 묶는 어떤 좌표상의 위치도 사라지게 된다.[33]

넷째, 이러한 버내큘러 문화는 어디까지나 제도적으로 구축된 네트워크 기술 위에서 펼쳐지는 것임을 유념할 필요가 있다. 민속학자들은 버내큘러를 제도적인 것으로부터 구별하는 데 주의를 기울여 왔지만, 이 같은 이분법에 대한 고정관념은 오히려 디지털 버내큘러가 가진 잠재력을 상당 부분 놓치는 원인이 될 수도 있다. 하워드는 "버내큘러 웹에서 지속적으로 생산되는 공유된 기대는 제도권으로부터 탄생한 것도 아니고 대중문화의 산물이라고도 할 수 없"으며, "일상적인 행위자들의 의지의 산물"이라고 지적했다. 다만 그것은 어디까지나 "기술적 메커니즘을 통해 걸러진" 결과물이라는 것이다.[34] 요컨대 디지털 버내큘러는 "제도적인 것과 구별되지만, 그것과 분리될 수는 없는 곳에서 생성된다."[35] 이러한 하워드의 주장은 앞에서 인용했던 도스트의 문제제기에 대한 반론이기도 하다. 특히 디지털 버내큘러가 가진 이 같은 혼종성, 그것이 필자가 다음 장에서 특별히 주목하려는 문제다.

3. 버내큘러의 혼종성

커센블랫김블렛은, "새로운 기술은 오래된 것을 낯설게 만듦으로써 그것

---

33 R. G. Howard(2008), 앞의 논문, p.202.

34 R. G. Howard(2008), 앞의 논문, p.195.

35 R. G. Howard(2008), 앞의 논문, p.195.

에 대한 새로운 사유 방식을 제공한다"고 역설했다.[36] 인쇄술이 구술 문화에 대해 새롭게 사유할 수 있는 계기를 만들었듯이, 인터넷도 버내큘러에 대한 새로운 사유 방식을 환기시켰다는 것이다. 이러한 지적을 교훈 삼아 그는 디지털 버내큘러가 생산되는 새로운 문화 생산 유형에 민속학의 일관된 학문적 관심을 접목시키고자 했다. 그가 민속학의 위기를 극복한다는 미래적 전망 속에서 버내큘러와 첨단 매체 기술의 관계에 착목하려는 취지는 충분히 공감할 수 있다. 하지만 미국이 아닌 한국의 입장에서 보면, 이러한 관점 역시 민속학의 연구 대상을 의도치 않게 한정시킬 위험이 있는 것은 아닌지 의문이 드는 것도 사실이다.

2018년 현재 전 세계 인터넷 사용자 수가 사상 최초로 전체 인구의 절반을 넘었다고 한다. 전 세계 인구의 51.2퍼센트에 해당하는 약 39억 명이 인터넷을 이용하고 있다는 것이다. 이러한 추세는 바야흐로 인터넷의 가상현실이 엄연한 우리의 일상 영역이 되었음을 말해 준다. 그러나 지역별 이용률을 보면, 유럽이 79.6퍼센트, 미주가 69.6퍼센트, 아랍이 54.7퍼센트, 아시아·태평양이 47퍼센트, 아프리카가 24.4퍼센트 순으로 나타나고 있다.[37] 이 중 이용률에서 가파른 상승세를 보이는 곳은 개발도상국과 아프리카 지역이지만, 결과적 수치만을 놓고 보면 여전히 선진국과 이 지역들 간의 차이가 크다는 것을 확인할 수 있다. 또한 2016년 자료에 따르면, 남성보다 여성이 인터넷을 사용하지 않는 비율이 더 높고, 그 격차는 점점 커지고 있다고 한다. 특히 선진국에서는 그 격차가 갈수록 줄어드는 추세이지만, 다른 국가에서는 오히려 더 증가하고 있다고 한다.[38] 한국의 경우, 인터넷 이용률이 전 연령층에서 매우 높은 수준으로 나타나고 있으며, 성

36 B. Kirshenblatt-Gimblett(1998), 앞의 논문, p.317.

37 ZDNet Korea, 2018. 12. 10.

38 ITWORLD, 2016. 7. 25.

별 · 연령별 격차도 갈수록 완화되는 추세이지만, 청년과 고령층 1인가구의 인터넷 이용률을 비교해 보면, 주요 인터넷 서비스 이용률에서 여전히 큰 차이를 보이고 있다.[39]

그리하여 민속학이 일상적 · 비공식적 · 주변적 위치로부터 버내큘러 문화가 생산되는 방식을 강조하면서도 그러한 문화 생산의 거점으로 디지털 공간만을 주목한다면, 이 또한 그 공간이 체계적으로 반영하고 있는, 혹은 재생산하고 있는 복합적인 차원의 위계구조를 간과하는 우를 범하게 될 것이다. 사실 커셴블랫김블렛이 디지털 매체에 주목하는 까닭은 미국민속학의 고유한 역사와 깊은 관련이 있다. 미국민속학은 애초 민속의 구술성과 한시성, 매체 기술 등을 하나의 망으로 직조하면서 특정한 문화 생산 유형을 분석하고 또 거기에 관여해 왔기 때문이다. 반면 한국의 민속학은 애초 그 연구 대상이 'lore'를 번역한 텍스트 문화에만 국한시킬 수 없는 것들이었던바, 이는 독일과 일본의 민속학으로부터 영향 받은 결과라고 할 수 있겠다.

따라서 인터넷뿐만 아니라 도스트가 지적했던 직접적인 대면의 상황, 즉 현실적 실천의 맥락에서 간단 없이 생산되고 있는 버내큘러 문화를 주목하고, 그것이 제도적인 것과 어떻게 뒤섞이면서 제도적인 것과는 구별되는 문화 지평을 만들어 내고 있는지, 그 지평의 중층성을 대상화하는 것은 여전히 중요하다고 하겠다. 그런 점에서 주목되는 것이 건축학과 디자인 연구 분야에서 전개되어 온 버내큘러 건축 및 디자인에 대한 관심이다. 버내큘러가 물질문화의 형태로 생산되어 온 측면을 주목하고 있기 때문이다. 2001년 세계산업디자인총회(ICSID 2001, SEOUL)의 부대행사였던 '20세기 세계디자인전'의 기획 책자 제목은 "버내큘러 거울 : 20세기의 디자인(The Vernacular Mirror : Twentieth-Century Design)"이었다. 당시 버내큘러에 대한 관심은 새로

39 대한민국 정책 브리핑, 2019. 2. 25.

움을 추구하는 모더니즘의 욕망으로부터 비롯된 것이었다고 보는 것이 중론이다. 제목에서 보이듯이 버내큘러 거울을 20세기 모던 디자인, 즉 지배적이고도 제도적인 관점에서 포착하고 있는 까닭이다. 이 도록에서는 버내큘러로 표현되는 사물들을 "전통적인 버내큘러 오브제", "근현대 버내큘러 오브제", "전유된 버내큘러 디자인" 등 세 가지로 구분했다. 전자의 두 오브제와 후자의 디자인을 구분한 기준은 정규적인 디자인 교육을 받은 디자이너에 의해 해석·전유된 버내큘러인가, 아닌가 하는 데 있었다.

사실 20세기 초 모던디자인이 등장하면서 버내큘러는 모던디자인이 배척해야 할 핵심 대상이었다. 모던디자인은 자본주의의 대량 생산 시스템에 조응하는 표준화된 디자인, 다시 말하면 기업의 요구와 전문가의 서비스에 맞추어 생산·소비되는 규격화된 디자인을 지향했던 까닭이다. 그런데 20세기 중반 이후 버내큘러에 대한 이전과는 다른 관심이 건축, 디자인, 대중문화 등 폭넓은 영역에서 확대되기 시작했다. 문제는 버내큘러를 부각시키면 시킬수록, 그것은 버내큘러를 지배적인 시장 논리로 포획하는 과정에 다름 아니었다는 데 있다. 무엇보다 버내큘러에 대한 관심은 1970년대 들어 '향수 산업(nostalgia industry)'과 '문화유산 산업(heritage industry)'이 확산하던 국면과 긴밀하게 연동했다.

그리하여 안영주는 럽튼(E. Lupton)의 주장을 인용하면서, "오늘날 버내큘러를 다양한 스타일로 차용하는 것은 시장 가치를 높이기 위한 재포장일 뿐이며, 그 안에서 작동하는 '〔세련된〕 우리'와 '〔소박한〕 그들' 간의 이원론적 대립은 여전히 존재한다"[40]고 강조했다. 앞에서 언급한 2001년의 세계디자인전이 버내큘러 오브제와 버내큘러 디자인을 구분했던 것도 이러한 이원론의 연장선상에서 해석된다. 그는, "버내큘러는 과거에 대한 향수, 시

---

40 안영주(2016), 「탈식민주의 관점에서 본 버내큘러의 문화적 위상」, 『한국디자인문화학회지』 22-4, 한국디자인문화학회, 397쪽.

골의 전통적인 유산, 혹은 때 묻지 않은 가치관 등의 관념"을 부각시키는 "마케팅 수단"이었으며, 그런 점에서 "버내큘러 디자인은 '만들어진' 과거의 원본성을 재현하는 기술로서 전용되었"[41]다고 지적했다. 나아가 다양한 스타일 중 하나, 즉 문화적 다양성의 관점에서 버내큘러를 대상화하는 것은 한편으로는 매우 이상적인 것처럼 보일지 모르나, 그것은 어디까지나 "지배 권력이 허용하는 그리드 안에서"만 가능한 일이며, 따라서 "지배문화와 소수문화, 혹은 문화들 간의 분할선"을 공고히 함으로써 "지배문화를 재생산하는" 한 요소로서 버내큘러를 위치지우는 것이라고 강조했다.[42]

다시 민속학적 관점으로 되돌아와 보자. 버내큘러를 지배적인 것과 이분법적으로 대별하는 시각 자체에 대한 문제의식은 하워드에 의해 이미 제기되었다. 그는 버내큘러를 지배적인 것과 구별되는 것이기보다는 그것과 혼종화된 것으로 보아야 한다고 강조했다. 그 이유는 애초 버내큘러의 어원과도 관련된다. 라틴어로 "verna"는 "로마인의 집에서 태어나 자란 노예"를 가리킨다. 주인인 로마인과 비(非)로마 민족의 노예 사이에서 태어난 베르나는 한편으로는 로마 문화의 후예이면서, 또 한편 비로마 민족의 자손이기도 했다. 베르나는 일반 노예들과 달리 제도권의 언어를 구사하면서 동시에 노예가 된 문화의 언어도 구사할 수 있는 사람들이었다. "그런 점에서 그들은 하이브리드였다."[43]

반복건대 버내큘러는 제도적인 것과 구별되지만, 그것과 분리될 수는 없는 곳에서 생성된다. 특히 식민지배를 경험하고, 근대화가 서구화와 동일

41 안영주(2016), 앞의 논문, 397쪽.

42 안영주(2016), 앞의 논문, 398쪽.

43 G. W. Howard(2008), 앞의 논문, p.204. 그에 따르면, 하이브리드의 라틴어 어원인 "hibrida" 역시 길들여진 암돼지와 야생 멧돼지의 자손을 가리키는 것이라고 한다. 멧돼지는 그리스·로마에서 이상적인 남성성을 상징하는 것이었으니, 히브리다와 베르나는 서로 상통하는 말이었다고 하겠다.

시되었던 비서구, 가령 한국과 같은 곳에서 버내큘러를 혼종적인 것으로 재규정하는 것은 민속 연구가 탈식민주의적 방법론과 조우할 수 있는 가능성을 연다. 호미 바바(Homi K. Bhabha) 역시 순수하고 단일한 문화란 존재하지 않는다고 주장했기 때문이다.[44] 그에 따르면, 문화를 이렇게 상정하는 것 자체가 식민지배 담론의 기본 전제에 해당한다. 식민지배 담론은 순수한 문화들 간의 구분을 전제로 자아와 타자를 구분하고, 이러한 이분법을 토대로 식민지배를 정당화한다. 그러나 식민지 지배자와 피지배자의 만남은 이러한 이분법을 일방적으로 이식하는 형태로 이루어질 수 없으며, 문화적 텍스트나 의미 체계는 단순히 모방할 수 있을 만큼 결코 투명하지 않다.[45] 그런 점에서 바바는 불변의 민족적 원리가 아니라 "민중들이 살고 있는 은밀한 불안정성의 지역"을 주목할 것을 제안한다.[46] 인종차별적인 폭력이 삶의 세부에서 지속적인 힘으로 작용할 때, 그들이 경험하는 것은 "고향을 잃은 듯한 낯섦"이다. 이러한 경험은 문화적 차이의 힘들이 활동을 시작하도록 하는 토대이기도 한데, 그곳은 다름 아닌 가족의 삶, 출생, 혼사 등 평범한 일들이 시끌벅적하게 벌어지는 진부한 일상사 속에서다.[47] 우리가, "고향을 잃은 것과도 다르고, 그렇다고 공/사의 친숙한 분리에 안이하게 순응하는 것도 아닌"[48] 그 경계지점에서 혼종적인 형태로 버내큘러 문화를 생산하는 일상적 실천들을 주목해야 하는 이유이기도 하다.

거칠게나마 그 단편적인 사례들을 제시한다면, 다음과 같은 것들이 되겠다. 다음의 〈자료 1〉은 필자가 지난 5월 12일 대천항에서 직접 찍은 사진이다. 건어물 가게마다 가판에 생선을 말리고 있었는데, 소쿠리에 담긴 생

44 호미 바바(2002), 나병철 옮김, 『문화의 위치 : 탈식민주의 문화이론』, 소명, 88쪽.
45 호미 바바(2002), 앞의 책, 89쪽.
46 호미 바바(2002), 앞의 책, 88쪽.
47 호미 바바(2002), 앞의 책, 52쪽.
48 호미 바바(2002), 앞의 책, 41쪽.

〈자료 1〉 2019년 5월 12일 대천항

선들은 저마다 가격이 매겨져 손님을 기다리는 중이었다. 늘어선 생선들의 짠내로 파리와 날벌레들이 꼬이는 것은 어촌에서 으레 있는 흔한 풍경이다. 흥미로운 것은 최근 들어 위의 그림과 같은 전동식 파리채가 등장했다는 것이다. 연이어 늘어선 가게 세 곳이 동시에 동일한 형태로 파리채를 돌리고 있었는데, 겉으로 보기에는 동일한 형태를 취하고 있었지만, 파리채를 돌리는 모터, 텔레비전 안테나나 우산살, 쇠꼬챙이 등을 길게 이어 붙인 날개 등이 모두 제각각의 재료를 조합해서 만든 것들이었다.

매순간 달라붙는 파리들을 손으로 쫓아야 했던 것에 비하면, 전동 기술과 문명의 도구들을 편의적으로 조합한 브리콜라주는 매우 기발한 것이라고밖에 할 수 없다. 실제로 이 파리채는 지역 특유의 생활조건상 매우 필요한 기능을 가진 것이지만, 그에 대한 수요는 상품화할 수 있는 수준에까지 이르기에 턱없이 한정적이다. 버내큘러와 제도적인 것 간의 관계성을 주목해본다면, 이 물건들은 제도적인 것 혹은 상품화가 미치지 못하는 잔여 영역에서 여전히 창출되고 있는 버내큘러의 문화 생산 유형을 대변한다.

〈자료 2〉, 〈자료 3〉에 보이는 플라스틱 의자와 플라스틱 소쿠리는 이미

〈자료 2〉 2019년 5월 12일 대천항

〈자료 3〉 2019년 5월 12일 대천항

우리 일상 영역에 깊숙이 들어와 있는 생활용품들이다. 플라스틱은 그 가벼운 재질과 저렴한 가격, 내구성, 실용성, 유연성 등으로 인해 20세기 초 처음 등장한 이래 우리의 일상 도구들을 폭넓게 대체해 왔다. 특히 플라스틱은 바닥에 물기가 마를 날 없는 생선가게 주인이 쓰는 의자, 젖은 생선을 말리는 소쿠리의 재질로 제격이다. 사실 플라스틱이야말로 자본주의 대량 생산 시스템의 적자(嫡子)라고 할 수 있다. 그런데 플라스틱이 바로 그러한 대량생산 시스템의 규격화된 산물인 까닭에, 다종다양한 현실적 맥락의 사용자들이 필요로 하는 요구를 모두 충족시키기에는 부족하다. 이것이야말로 상품적 효율성의 비효율성이라고 하겠다.

사진 속 의자에 앉아 있는 생선가게 사장님은 자동차에서 떼어 낸 머리받침이 젖을까 비닐을 씌운 채 의자에 덧붙여, 손님이 생선을 고르는 동안 몸을 기댈 수 있는 안락함을 더하고 있다. 한편 저 의자는 바로 그 머리받침 덕분에 지나가는 과객들이 쉽게 앉을 수 있는 의자가 아니라는 것을 무언으로 시위한다. 버내큘러와 제도적인 것 간의 관계성을 다시 주목해 보면,

〈자료 4〉 유튜브, "죽입시다 미세먼지!"(Zeezle, https://www.youtube.com/watch?v=DI3ZF_whPHI)

〈자료 5〉 유튜브, "공기청정기 2백만 원 달라고 해서 열받아 만들어버림!! 기술전수합니다"(공대생네 가족, https://www.youtube.com/watch?v=fOcfZb2LmFY)

이 플라스틱 의자야말로 버내큘러가 제도적인 것들을 어떻게 전유·보완하면서 지속되는지, 나아가 그 혼종화가 제도적인 것들을 넘어 만들어 내는 이질적인 권위에 대해 환기시키고 있다.

오늘날 한국 사회에서 가장 위협적인 사회적 이슈는 단연 미세먼지다. 국가적 재난의 하나로 미세먼지가 이슈화되기 시작한 것은 2013년 말부터였는데, 겨울과 봄철의 미세먼지 농도는 현재로 올수록 더 짙어지는 추세이다. 미세먼지가 처음으로 국민적 관심사가 되었던 당시, 미세먼지의 예측기관인 국립환경과학원은 그에 대한 예측조차 제대로 하지 못하는 기술력 탓에 여론의 뭇매를 맞아야 했다. 현재 미세먼지에 대한 예측력은 당시와 비교할 때 상당히 진보했지만, 정작 미세먼지에 대한 대처법은 아직도 "호흡기·심질환자, 노약자들의 실외 활동 자제", "마스크 착용", "외출 후에는 목욕과 세척" 등이 전부인 실정이다. 이러한 총체적 난국 속에서 대기업들이 무언의 쾌재를 불렀을 것임은 충분히 짐작 가능하다. 이 기업들은 기술력과 자본력을 바탕으로 공기청정기를 앞다투어 개발했고, 그 결과 공기청정기는 100만 원을 호가하는 가격으로 발 빠르게 출시되었다. 주기적으로 교체해야 하는 필터 가격까지 포함한다면, 공기청정기는 족히

300만 원에 이르는 고가의 필수품이 되었다. 그리하여 미세먼지는 모두에게 공평한 위험을 초래했지만, 그로 인한 피해는 모든 사람에게 공평하게 배분되지 않았으며, 매우 극명한 형태로 한국 사회의 불평등 구조를 반영했다.

이런 상황에서 유튜브(YouTube)는 지배적인 것에 가장 효과적으로 저항하는 버내큘러 문화를 생산·확산하는 거점이 되고 있다. 유튜브는 개인이 만든 동영상을 손쉽게 유통하고 공유하기 위한 인터넷 플랫폼이다. 사람들은 아주 간단한 방법과 저렴한 가격으로 공기청정기를 만드는 방법을 유튜브에 올리고 광범하게 공유하는 방식으로 상품 시장의 논리에 틈새를 만들고 있는 것이다. 대기업이 만드는 제품이 일상을 깊숙이 지배하는 현실에서 상품화된 제품과 버내큘러적으로 만든 물건은 그 세련된 외양과 다양한 기능 면에서 현격한 차이가 있다. 그러나 미세먼지가 가하는 위협 앞에서 그런 것들은 그야말로 가격을 올리는 데에만 기여하는 불필요한 장식에 불과하다는 것을 미세먼지를 통해 사람들은 매우 확실하게 인지하게 되었다.

다음은 한국의 간판들이 모여 만들어 내는 특유의 풍경 사진이다. 저마다 형형색색으로 자신의 존재를 알리고 있는 간판들 사진을 블로그에 올린 일본 여성은, 이 광경을 보고 느낀 혼란스러운 느낌을 포스트잇이 잔뜩 붙어 있는 메모판에 비유했다. 그리고 이 간판들을 현재 한국 사회가 빚어내는 경쟁의 치열함으로 해석했다. 그가 느낀 혼란스러움과 경쟁의 치열함은 이 풍경으로부터 한 발 물러서 있는 한국인들이 느끼는 감정과도 별반 다르지 않을 것이라고 생각한다.

디자인하우스의 인터넷 매거진인 "디자인하우스M+"에서는 "버내큘러적 관점에서 본 한국 디자인"이라는 제목으로 관련 전문가들의 좌담 내용을 실은 바 있다. 여기에 참여한 전문가들 중 한 사람은 이 같은 간판 풍경을 일본 라멘집 간판의 세련미와 비교하면서, "과연 버내큘러는 미학의 바깥에 있는가, 어떤 모습을 해도 괜찮은가"라고 물었다. 이에 대해 오창섭은

〈자료 6〉 사야카의 일본어 강의 카페(https://sayaka.tistory.com/212)

"'세련미'라는 말은 제도화된 디자인에서 서열을 만드는 데 주로 활용되는 표현"이며, "따라서 버내큘러 디자인"에 적용할 수 없다고 지적했다. "오히려 버내큘러 디자인이 의미 있는 이유는 제도화된 디자인의 시각으로 보았을 때 견디기 힘들고 이질적인 요소가 있기 때문이라"는 것이다. 버내큘러의 특징은 제도적인 디자인의 코드와 미학으로는 읽어 낼 수 없다는 지적이다.[49]

요컨대 버내큘러의 문화 생산 유형을 주목하고 그것을 대상화한다는 것은 기본적으로 버내큘러에 대한 긍정을 전제로 한다. 그러나 그 같은 긍정이 버내큘러에 대한 낭만적인 예찬, 혹은 그에 대한 미적 평가와는 별개의 것임을 전제하는 것이 필요하다. 마페졸리 역시 일상을 적극적으로 긍정하고 이해해야 할 대상이라고 보았는데, 그의 이해는 어떠한 선험적 가치 평가나 도덕주의도 배격하면서 "열려진 전체성에 대한 관심"을 회복하는 것을 의미했다.[50] 즉 민속학의 연구 방법으로 버내큘러를 주목한다는 것은, 기존의 보편 이론들이 놓치고 간과했던 비가시적인 것, 유동적이고도 우연한 것, 비논리적이고도 이질적인 것, 나아가 이해 불가능한 것들까지도 전체적으로 포착하는 방법론인 것이다.

---

49 디자인하우스M+(2008. 7), "버내큘러적 관점에서 본 한국 디자인"(http://mdesign.designhouse.co.kr/article/article_view/101/44617).

50 김무경(2007), 『자연 회귀의 사회학 : 미셸 마페졸리』, 살림, 66~67쪽.

4. 나가며

커셴블랫김블렛은 오늘의 학문적 위태로움에 대한 질문이 궁극적으로 겨냥하는 곳은 민속학이라는 연구 영역이 처한 운명이 아니라 그것을 넘어선 분과학문으로서의 적절성 문제라고 지적했다.

> 도슨(R. Dorson)이 민속학을 하나의 학문으로 제도화하기 위해 노력을 기울였을 때, 중요했던 것은 뚜렷한 주제, 일관된 이론, 지적 일관성이었다. ……그러나 현재 우리는 학문과 학문적 대상의 동일성을 더 이상 상정할 수 없는 상황에 봉착해 있다. 민속학이 보조 학문인지, 독립 학문인지에 대한 1890년대의 논쟁, 민속과 민속학이 우리를 깎아내리려는 사람들이 생각하는 것보다 실질적 · 지적으로 더 포괄적이라는 것을 입증하는 것, 이런 것들은 지금 우리가 생각해야 할 문제가 아니다. 지금 관건은 우리의 연구를 포괄하는 명확한 지성사의 토대 위에서 탈 분과학문적인 형태로 열어갈 학문의 미래이다. 그 형태가 어떤 것인지 명확해질 때 우리는 학문의 이름을 찾을 수 있을 것이다.[51]

우리가 버내큘러를 주목하는 이유 또한 그가 미국에서 했던 학문적 고민과 동궤에 있다. 그간 필자는 한 · 중 · 일 삼국의 민속학자들과 공동의 연구회를 구성하고 그 연구 주제를 디지털 시대의 일상과 변화된 생활상 등으로 확장하면서 민속학의 패러다임을 새롭게 모색하는 시도들을 거듭해 왔다.[52] 그 시도들이 국가 간의 서로 다른 역사적 · 사회적 맥락을 확인하고 또 그에 따른 시행착오들을 반복하는 과정이었듯이, 버내큘러에 대한

---

51 B. Kirshenblatt-Gimblett(1998), 앞의 논문, p.321.

52 이 글을 발표한 실천민속학회의 전국학술대회는 이 연구회(일상과 문화 연구회) 및 한림대 일본학연구소 HK+팀과 공동 주최한 대회였다.

오늘의 민속학적 논의들 또한 여러 가지 예기치 못한 시행착오들을 노정하게 될 것이다. 그럼에도 불구하고 그 논의들이 민속학의 학문적 영역을 학제적으로 확장시킴으로써, 우리가 마주하고 있는 현재적 이슈들을 민속학과 접속시켜 사유할 수 있는 가능성을 열어 가는 과정임에는 이론의 여지가 없다.

다만 마지막으로 언급하고 싶은 것은 버내큘러(론)의 자리매김과 관련된 문제이다. 민속학의 연구 대상으로 버내큘러 문화와 그 생산 유형을 주목한다는 것은 단지 그것을 지배적인 문화 생산 유형 옆에 나란히 배치함으로써 그 유형을 복수화하는 데에만 목적을 두지 않는다. 무엇보다 버내큘러의 혼종성에 대한 강조는 그 문화 생산 유형에 대한 기존의 시각을 교정하는 것 이상의 의미를 가진다. 요컨대 앞에서 지적했듯이 문화적 다양성을 문화적 차이와 구별하고, 문화적 차이로서 버내큘러를 위치지우는 것이라고 하겠다.

바바의 지적에 따르면, 문화적 다양성이 인식론적 대상과 관련된 문제라면, 문화적 차이는 문화적 정체성을 구성하는 언설 행위와 관련된다. 문화적 다양성은 비교연구나 인종학의 범주로, 상대주의나 다문화주의 등 자유주의적 개념을 환기시킨다. 반면 문화적 차이는 그러한 개념들이 공통적으로 전제하면서도 잃어버린 영역, 즉 문화들 간의 상호작용이 이루어지는 경계지점을 일깨운다. 문화적 정체성을 구성하는 담론이 시작되는 곳은 바로 그 경계지점이며, 그 지점 이른바 '사이에 낀 공간'에서 전통적인 요구와 새로운 요구의 불확실성이 서로 교섭·접합하는 과정은 의미의 소실을 불가피하게 수반한다.[53]

결국 문화적 차이에 입각해서 버내큘러의 혼종성을 주목한다는 것은 문화적 동일화가 수행되는 현재 속에 틈입하는 분열을 드러내는 일이며, 그

53 호미 바바(2002), 앞의 책, 88쪽.

러한 언설이 터한 문화적 위치로서 "지금 여기"로 되돌아오는 일이기도 하다. 나아가 문화적 상징과 표상의 동질화 효과에 대한 우리의 감각을 해체함으로써 과거와 현재, 전통과 근대의 이항대립을, 문화적 표상 작용과 거기에 권위를 부여하는 언설의 차원에서 문제시하는 것이다.[54] 종국적으로 이러한 작업을 통해 그 이항대립이 토대로 하는 권력의 위상학적 구조를 해체하는 것이 가능하다면, 근대 문명에 대한 비판을 입각점으로 삼아 온 민속학 본연의 지성사를 새롭게 이어 가는 것도 가능할 것이다.

---

54 호미 바바(2002), 앞의 책, 88쪽.

제3부

버내큘러와 일상의 정치학

식민지 대중의 서구생활문화 수용과 전용 맥락

김정하(金楨夏, Kim Jung-Ha)

한국해양대학교 동아시아학과 교수. 민속학 전공.

도시민속과 근대화유산, 지역 연구에 관심을 갖고 있다. 주요 저작물로 『이향과 경계의 땅 부산의 아미동, 아미동 사람들』(공저 · 2011), 「개항지 도시민속의 식민주의에 대한 비판적 고찰」(2012), 「근대산업화기 여성근로자의 산업민속 : '조선소거리'의 '깡깡이 아지매'를 중심으로」(2014), 「근대식민주의에 대응한 생활문화 : 초상사진」(2018) 등이 있다.

1. 서론

오늘날 한국인의 일상에서 주류처럼 여겨지는 서구식 생활문화는 언제 어떤 식으로 들어와 자리를 잡게 되었을까.

'근대기'에 본격 이입된 서구의 '선진문명'이 그 매력과 기능에 힘입어 '후진사회'였던 한국에 파급되었다는 설명은 지나치게 평면적이다. 서구와 한국이라는 중심부와 주변부 사이의 일상문화 전파를 '객체로서의 내부/주체로서의 외부'로 단순화시켜 전개한 설명[1] 역시 도식적이다. 그런 설명 방식으로는 '서구' 혹은 '유사서구'가 '서구화'나 '근대화', '선진화', '과학화'를 빌미삼아 정치적으로뿐만이 아니라 문화적으로 차별과 억압을 자행한 '식민화'와 그로 인한 실상을 제대로 파악하기 어렵다고 본다.

그 실상을 제대로 밝히려면 서구식 생활문화를 수용한 주체로서의 한국인 대중이 경험하고 느끼고 생각한 맥락을 철저하게 구명해야 하리라 본다. 즉 근대 식민지기 한국의 대중이 서구생활문화의 충격에 반응하는 과정에서 어떤 사고와 욕구, 어떤 자아의식을 갖게 되었는지를 살펴야 비로소 당대 일상에서의 서구적 생활문화 수용 내지 전용(appropriation, 轉用)의 맥락을 파악할 수 있다고 본다.

물론 기왕에도 이처럼 서구생활문화를 이입하고 수용한 양상에 대해서

---

1 홍선표 외(2006), 『근대의 첫 경험 : 개화기 일상문화를 중심으로』, 이화여자대학교 출판부, 171쪽.

는 민속학을 비롯한 역사학, 사회학, 문화론, 문학비평론 등에서 많은 연구 성과가 축적되어 왔다.[2] 그 내용들은 주로 이입주체로서의 식민제국주의에 대한 민족주의적 비판, 문화연구로서의 객관적 양상 고찰, 저항과 수용이 혼재된 대중의 반응 고찰, 공간구조나 거리풍경 등에 대한 분석 등이다. 그런 기존 논의에서처럼 의식주를 비롯한 문명, 취미, 특히 도시공간에서의 대중적 일상문화와[3] 서구문물의 소비[4] 등은 민속연구의 대상으로도 적절하다고 할 수 있다.

물론 기왕에도 여성의 소비행태나[5] 대중의 일상,[6] 백화점이나 영화 등 디테일한 근대문물을 대상으로 삼은 연구는 지속적으로 전개되어 왔다.[7]

---

2 김진송(1999)을 위시한 김영근(1999), 권보드래(2000), 이성욱(2002), 신명직(2003), 이경훈(2003), 천정환(2003), 전봉관(2005), 조이담, 박태원(2009), 박윤석(2014) 등의 저술 참조.

3 김영근(1999), 「일제하 일상생활의 변화와 그 성격에 관한 연구 : 경성의 도시공간을 중심으로」, 연세대학교 대학원 박사학위논문 ; 이화형 외(2004), 『한국근대여성의 일상문화 : 근대여성의 삶을 만나러 가는 길』, 국학자료원 ; 김동노(2004), 『일제의 식민지배와 일상생활』, 혜안 ; 강영심(2008), 『일제 시기 근대적 일상과 식민지 문화』, 이화여자대학교출판부 ; 최병택 외(2009), 『경성 리포트 : 식민지 일상에서 오늘의 우리를 보다』, 시공사.

4 이경훈(2001), 「미쓰코시, 근대의 쇼윈도우」, 『한국근대문학과 일본문학』, 국학자료원 ; 김경일(2002), 「서울의 소비문화와 신여성 : 1920~1930년대를 중심으로」, 『서울학연구』 19, 서울시립대학교 서울학연구소 ; 김성환(2002), 「1930년대 대중소설과 소비문화의 관계양상 연구」, 한국현대문학회 편, 『한국문학과 풍속』, 국학자료원 ; 강심호 외(2003), 「일제식민지 치하 경성부민의 도시적 감수성 형성과정 연구 : 1930년대 한국소설에 나타난 도시적 소비문화의 성립을 중심으로」, 『서울학연구』 21, 서울시립대학교 서울학연구소.

5 김경일(2002), 앞의 논문, 227~262쪽 참조.

6 공제욱 · 정근식(2006), 『식민지의 일상, 지배와 균열』, 문화과학사 ; 최병택 외(2009), 『경성 리포트 : 식민지 일상에서 오늘의 우리를 보다』, 시공사 ; 강영심(2008), 『일제 시기 근대적 일상과 식민지 문화』, 이화여자대학교출판부 ; 김동노(2004), 앞의 책 참조.

7 김시덕(2015), 「서울의 근대 민속, 신문명과 식민지 문화의 남촌」, 『서울민속학』 2, 서울민속학회 : 실천민속학회 시리즈(1999), 『민속문화의 수용과 변용』, 집문당 ; 실천민속학회 시리즈(2000), 『민속문화, 무엇이 어떻게 변하는가』, 집문당 ; 실천민속학회

하지만 그런 기존 논의는 식민통치나 식민자본주의를 비판하는 경성적 접근 방식, 대중적 기호에 치중한 분석, 혹은 연성적 접근으로 대중에 영합하는 풍속연구의 한계와 문제점 등을 지니고 있었다.[8]

물론 여기에서 소환하려는 '대중'을 오늘날의 정의에서처럼 "포퓰러 컬처(popular culture)를 소비하는 취향공중(taste public)으로서 취향이나 가치를 추구하는[9] 존재"였다고 보기는 어렵다. 근대기에 이르러 비로소 존재를 드러낸 그들은 특권층과 상류층이 주도하는 유행과 소비의 간접경험자이거나 선망이나 동경의 담지자에 그친 존재일 수도 있다. 하지만 그들은 서구생활문화로 인한 충격[10]과 동경[11]으로부터 나름의 사고와 의식, 심리를 갖게 된 식민지의 경험주체임에 분명했다.[12] 따라서 그들의 사고와 의식, 심리의 특성을 파악함으로써 어떻게, 그리고 왜 근대기에 이입된 서구생활문화가 일제말기와 해방기, 산업화기를 거친 오늘날까지 대중적 일상문화를 지배하게 되었는지를 구명할 단초를 제공하리라 본다.

이를 위해 대략 1920년대 중반부터 1930년대 중반까지의 신문이나 잡지 등에 실린 기사나 사회비평을 비롯해 문학작품 등을 두루 참고하고자 한다. 복합적 배경으로 점철된 근대기의 서구생활문화와 관련하여 식민지 대중

시리즈(2001), 『민속문화의 지속과 변화』 ; 실천민속학회 시리즈(2002), 『민속문화의 전통과 외래문화』, 집문당 ; 정형호(2008), 『한국민속문화의 지속과 변화』, 민속원 ; 단국대 동양학연구소(2008), 『한국 근대민속의 이해』 I, 민속원 ; 단국대 동양학연구소(2009), 『한국 민속문화의 근대적 변용』, 민속원 등에 실린 논문 참조.

8 공제욱 · 정근식(2006), 앞의 책, 71쪽.

9 허버트 J. 갠스(1998), 강현두 옮김, 『대중문화와 고급문화』, 나남출판, 21~35쪽.

10 강심호 외(2003), 「일제식민지 치하 경성부민의 도시적 감수성 형성과정 연구 : 1930년대 한국소설에 나타난 도시적 소비문화의 성립을 중심으로」, 『서울학연구』 21, 서울시립대학교 서울학연구소. 101~148쪽.

11 小林多加士(1991), 『文明の歴史学』, 同文舘, 241쪽.

12 김진송(1999)을 비롯한 김영근(1999), 권보드래(2000), 이성욱(2002), 이경훈(2003), 천정환(2003), 전봉관(2005) 등의 논문과 저술 참조.

의 사고와 심리, 의식 등을 논하기 위해서는 범주의 오류를 무릅쓰고라도 학제적 이론의 원용이 필요함도 미리 전제하고자 한다.

2. 서구생활문화의 이입

1) 일제의 의도적 이입

한국에서의 서구생활문화는 조선시대 후기부터 청나라를 통해 이입되었으나 그 종류가 제한적이었고 그나마 역관이나 상류층의 전유물에 불과했다.

19세기 말엽 서구강대국의 뒤를 따라 국제무역과 식민제국 건설에 뛰어든 일본은 뒤늦게 개척한 식민지에 서구생활문화를 소개·이입하기 시작했다. 서구에 문을 연 일본은 이상화(理想化)한 서구의 역상(逆像)을 자신에게 투사해 "서구화가 바로 문명화" 혹은 "서양이 곧 문명"이라는 서구제국의 슬로건[13]을 곧이곧대로 추종하며 그 문화의 수용에 힘썼다.[14] 그들의 서구생활문화 수용에도 나름의 일관성은 있어 '부국강병 모델 방식', '외국 모델 방식'과 더불어 대중의 생활개선을 위한 '생활합리화 모델 방식'을 일단의 목표로 삼았다. 그래서 "과학적 합리화"와 "국민교화", "솔선수범"을 도모하기 위해서라며 고기와 빵을 천황의 식탁에 올리고 "구미 각국과 견줄 기술과 위생을 갖추는 수단"으로 천황을 비롯한 국민들에게 단발을 권했다.

하지만 일본은 서구적 근대를 수입하면서도 그 원리를 제대로 이해하지는 못했기 때문에 다른 한편으로는 '민족'과 '역사'를 앞세운 '국민문화'를 강조하고 "風俗의 秩序化 내지 整備"를 가시화하면서 '천황숭배'와 복고풍

---

13 이재원(2017), 『제국의 시선, 문화의 기억』, 서강대학교출판부, 24~30쪽.

14 鹿野政直(1973), 『日本近代化の思想』, 研究社. 144쪽.

속을 강제했다.[15] 그러다 보니 1920~1930년대에 걸쳐 도쿄를 중심으로 펼쳐진 일상생활의 서구화와 근대화는[16] 그 의미나 속도를 완전히 체득하지 못한 미성숙하고 불완전한 것이었다.[17] 실제로 일본은 구미만국박람회에는 전통공예물을 출품해 '비(非)근대의 나라'로 처신하면서도 동양의 식민지에서는 '구미열강과 동등한 근대공업국가'임을 자처하는 이중성을 드러냈다.[18]

일본이 안고 있던 이러한 문제점은 그들이 '미개사회' 혹은 '문명화 대상'으로 발명한[19] 한국에서의 식민지배에서도 드러났다. 즉 한일합방 이전부터 그들이 주도적으로 시행한 '단발령'과 '공동묘지제도', '색의(色衣) 입기' 등의 정책은 근대적이고 자율적인 시민사회문화의 구축이나 장려와는 무관한 통치수단임이 드러나면서 한국인들의 격렬한 저항에 직면했다.

그러자 일본은 서구에서 직수입하거나 그것을 모방하여 일본 국내에서 생산한 생활용품을 식민지에서 판매하는 방법을 대안으로 택했다. 후자의 방법이 도리어 식민지인의 생활을 변화시킴으로써 식민지의 순치(馴致)에 더 적절할 뿐만 아니라 그 판매로부터 차익을 거둘 수 있음을 깨달은 일본은 이로써 지배나 착취라는 두 가지 목적을 이루려 했다.[20] 그래서 식민당국은 자국의 기업과 상인들을 비호하여 특히 기차가 지나가는 '문명의 접촉지대'를 중심으로[21] '냄비', '석유', '왜못', '염료', '전깃불', '남폿불', '비누' 등

15 鹿野政直(1973), 앞의 책, 144쪽.

16 함동주(2018), 「1923년 관동대지진과 '모던' 도쿄의 시대감각 : 곤 와지로의 고현학을 중심으로」, 『동아시아의 '근대' 체감』, 한울아카데미, 162쪽.

17 고야스 노부쿠니(2007), 김석근 옮김, 『일본근대사상비판』, 역사비평사, 219~235쪽.

18 요시미 순야(2004), 이태문 옮김, 『박람회 : 근대의 시선』, 논형, 292쪽.

19 山田順造(1989), 「なぜ『未開』概念お問題にするか」, 山田順造 編, 『「未開」概念の再検討 I』, 株式会社リブロポート, 8쪽.

20 알프 뤼트케 외(2002), 나종석 옮김, 『일상사란 무엇인가』, 청년사, 104쪽.

21 허영란(2001), 「근대적 소비생활과 식민지적 소외」, 『전통과 서구의 충돌』, 역사비평사, 76쪽.

자잘한 생활용품을 포함한 서구생활문화의 유포를 부추겼고, 그 결과는 기대 이상의 성과로 돌아왔다.

2) 식민지 대중의 반응

그처럼 식민지배자에게 성공적이었던 식민지 한국에서의 서구생활문화 이입이 낳은 현상에 대해서는 기존 논의도 숱하게 다룬 바 있다. 여기에서는 식민지 한국인 대중의 어떤 사고와 심리, 의식으로 인해 서구생활문화 이입이 예상한 것 이상의 결과를 거두게 되었는지를 주로 한국 내부의 시각에서 살펴보고자 한다.

식민지 한국에서의 서구생활문화가 이입 초기 총독부관리를 비롯한 권력자와 지식인, 유학자 출신 인텔리여성 등의 전유물이었음은 앞에서 언급한 바와 같다.

그런 서구생활문화에 1920년대 무렵의 식민지 대중이 호감을 갖고 적극 수용하게 된 배경에는 몇 가지 이유가 있다고 본다. 우선 서구생활문화의 기능과 효율을 소유하고 향유하려는 욕구가 대중의 일상 속으로 파고드는 빌미를 제공했기 때문이라 볼 수 있다. 다음으로 믿고 따를 만한 시대적 이념이 불분명한 사회분위기 속에서 공진회와 박람회 등이 전파한, 과학과 기술의 우위를 앞세운 서구화가 시대적 흐름이라는[22] 메시지가 대중에게 먹혀들었기 때문이라 볼 수 있다. 그 위에 1920년대 중반 지식인과 유학자, 인텔리 등 당대의 지도자를 자처하는 사람들이 "삶의 개선"을 주장하며 대중의 각성을 촉구한 '생활개선운동'[23]이나 '실력양성운동'[24]도 적지 않은 영

22 김백영(2007), 「제국의 스펙터클 효과와 식민지 대중의 도시경험 : 1930년대 서울의 백화점과 소비문화」, 『사회와 역사』 75, 한국사회사학회, 99쪽.

23 공제욱 · 정근식(2006), 앞의 책, 20~28쪽.

24 김백영(2007), 앞의 논문, 99쪽.

향을 끼쳤을 것이라 본다.[25]

그런 이유로 인해 한국인 대중은 '해방의 근대'가 무엇인지에 대한 진지한 성찰은 덮어 둔 채 '기술의 근대'부터 수용하게 되었다고 볼 수 있다. 오로지 서구생활문화를 받아들임으로써 시대적 감각을 향유하고 근대화의 흐름에 따라간다는 생각이 앞섰던 것이다. 그러다 보니 시대적 흐름을 잘 활용해 입신출세한 인물을 '하이카라'라 부르며 추켜세우는 반면 그에 뒤처진 사람은 '바지저고리'라 부르며 낮추어 보았다. 서구 음식이나 생활용품인 '케이크'나 '커피', '포크'에 비해 '김치'나 '숭늉', '젓가락'은 격이 낮은 것으로 치부했다. 식민지 한국의 것들은 "후진(後進)"이자 "구식(舊式)"으로 여기게 된 터라 "선진(先進)"이자 "신식"인 서구생활문화를 당연히 우월하다고 보았다. 그런 터라 앞에 '양(洋)' 자가 붙은 '양의(洋醫)', '양의학(洋醫學)' 등 명칭을 '한(韓)' 자가 붙은 '한의원(韓醫院)'이나 '한의학(韓醫學)'에 비해 우월한 생활문화라는 뜻의 단어로 사용했다. 마찬가지로 '양악(洋樂)'과 '양화(洋畫)' 등 역시 그 예술을 낳은 특성은 고려하지 않은 채 "선진문명의 일부"로 여기는 데 비해 한국 전래의 '국악(國樂)'이나 '민속음악',[26] '민속씨름', '민속활쏘기' 등은 상대적으로 격이 낮은 문물로 취급했다. 그런 상황인지라 일제가 주세(酒稅)를 거두기 위해 주조(酒造)를 금지한 '민속주'를 '밀주(密酒)'라 부르는 것 역시 불가피한 근대의 분위기로 여겨지는 터였다.

하지만 대중의 일상이란 본시 끈질긴 지속성을 지니고 있고 변화를 거부하는 것이므로 하루아침에 특정한 생활문화가 유포·정착되었다고 보기는 어렵다. 그럼에도 불구하고 1920년대 중반 이래 서구생활문화가 급속도로

---

25 기존 논의 중 경성적 분석을 시도한 견해는 이를 정치적 포퓔리슴과 자본주의적 침탈로 보거나〔Yi-Fu Tuan(1941), *Topophilia*, Columbia University Press, p.171〕 '국민문화'를 이식하려는 식민통치 정책〔阿部一(2000), 『空間 比較文化誌』, せりか書房, 212쪽〕으로 보았다.

26 주강현(1999), 『21세기 우리문화』, 한겨레신문사, 243쪽.

식민지 대중의 일상을 뚫고 들어가 파급되었다면 그만큼 그 영향력이 강력했다는 증좌다. 그리고 충격적인 서구생활문화의 위력을 사실상 무방비상태에서 접한[27] 대중은 그것을 현실로 받아들이는 것 외에 달리 방법이 없었으리라 본다.

그처럼 결코 자연스럽거나 순탄하거나 자발적이지 않은 상태에서 서구생활문화 이입을 강제당한[28] 대중은 "그 앗슬앗슬한 묘기와 짜릿짜릿한 몸짓에 황홀히 정신을 잃"는 "놀람과 경악, 몽환과 심취"[29]에 젖어 "미친 듯이 그의 일거일동(一擧一動)과 아릿광대적 복색(服色)까지도 모방하려는"[30] 충동에 사로잡혔다고 토로하고 있다. 그리하여 "놀라움과 찬탄이 드디어 부러움과 동경"으로 바뀌자 마침내 "그 조흔 물건이나 맛조흔 것을 사보"는 것을 평생소원[31]으로 여기기에 이르렀다.

위와 같은 술회에 담긴 심리가 다분히 과장된 일부 대중만의 것이라 볼 수도 있겠으나, 1920년 중반 이래가 되면 그것은 서구생활문화 수용의 거대한 흐름이 되었다. 그 원인과 양상을 식민지 대중의 입장과 사고를 통해 살펴보기로 하자.

3) 의식주용품의 이입과 파급, 정착

이름 앞에 '양' 자를 붙인 서구생활문화 중에서도 양복을 비롯한 양옥,

---

27 윤해동(2000), 「'일제잔재' 청산과 관련하여 제기되는 몇 가지 문제」, 민족문제연구소 편, 『한국근현대사와 친일파 문제』, 아세아문화사, 238쪽.

28 신명직(2003), 『모던 뽀이, 경성을 거닐다』, 현실문화연구, 16쪽.

29 "실로 별텬지(別天地)에 들어슨 늣김", 鄭秀日, 「진고개, 서울맛 서울情調」, 『별건곤』 1929. 9.호.

30 朴露兒, 「십년 후 유행」, 『별건곤』 1930. 1.호.

31 『별건곤』 1929. 9.호.

양식 등 의식주 용품은 다른 어떤 생활문화보다 일상생활에 요긴한 터라 식민지 대중의 수요를 이끌어 내면서 빠르고 강력하게 대중의 일상생활에 이입·파급·정착되었다. 그리하여 본격적으로 서구생활문화가 이입된 1920년대 중반에 이르자 "서양 것이라 하면 덮어놓고 좋다 하여 의복, 음식, 심지어 '삐트'까지라도 놓지 못해 하는"[32] 풍조가 식민지 대중 사이에 만연하게 되었다.

양복의 경우 구한말 일본 외교관이 처음 선보인 이래 대한제국의 군인과 관리들이 유럽식 복제를 따르고 영국식 대례복을 입으면서 "권력의 표상"으로 인식되었다. 그리하여 1910년대 말까지도 외교관, 유학파, 신여성의 전유물로 대중과 유리된 양복은 1920년대 초반이 되어도 소위 '모던보이'와 '모던걸'이 차려입은 "신기한 옷차림"[33]에 불과했다. 1921년 양복차림을 우대하고 한복차림을 박대하는 당대의 풍조를 맹렬하게 비난한 『개벽』지의 기사에서도 그런 사고의 일단을 엿볼 수 있다.

하지만 1920년대 후반에 이르자 "『하롤드, 로이드』의 대모테 안경"과 "『빠스터 키-톤』의 젬병모자", "『카-보이』의 가죽바지"[34]가 파격적으로 유행했다. 1929년에는 프랑스 영화 「몽 파리」에 등장하는 '모던걸' 패션이 일대 선풍을 일으키면서 마치 벌거벗고 나다니는 것처럼 보이는 "뽀일, 불란사, 은조사, 아사, 당황라 등 거미줄보다 설핏한" 옷을 입은 여성들이 경성 시내를 뒤덮었다.[35] 차츰 "100원짜리 양복에 닦지 않은 구두, 풀린 구두끈, 번지르르한 디자인의 넥타이"가 식민지형 청년의 전형적 차림새로 여겨지

32 최학송, 「데카당의 상징」, 『별건곤』 1927. 12.호.

33 목수현(2003), 「'남촌'문화 : 식민지 문화의 흔적」, 『서울학 연구총서』 14, 서울시립대학교 서울학연구소, 247쪽.

34 안生, 「모-던뽀이의 散步」, 『조선일보』 1928. 2. 7.자.

35 신명직(2003), 앞의 책, 144쪽.

더니[36] 1930년대가 되자 “봄철이 되면 실크 보라 춘추복이라도 갈아입어야겠고 겨울이면 낙타털 외투까지는 못 갈지라도 스콧치 외투 하나만은 껴입”기를 바라는 욕구가 대중들 사이에 퍼져 나갔다.[37]

또 양옥 역시 이입 초기에는 한국인 대중이 비아냥거리는 대상이었으나,[38] 1920년대 중반이 되자 ‘문화주택’이라 불리는, 벽돌 조에 ‘다다미’, ‘이로리(囲爐裏)’, ‘뻬치카’, ‘계단’을 갖춘 ‘화양절충형(和洋折衷型)’ 건축이 대대적으로 유행하기 시작했다.

그리하여 “구미(歐美)의 대학 방청석 한 귀퉁이에 안저서 졸다가 온 친구와 일본 긴자(銀座) 통만 갓다온 친구들과 혹은 A, B, C나 겨우 아라볼 마치된 아가씨와 결혼만 하면 문화주택! 문화주택! 하고 떠든다”고 할 정도로[39] 대중에게서 인기를 끌었다. 그처럼 양옥의 인기가 높아지는 데는 서구유학 경험자들이 역설한 한국식 가옥의 불편함과 불결함에 대한 비난도[40] 큰 몫을 했다.

이에 비해 양식은 이미 1910년대 이래부터 일본식 간장인 ‘장유(醬油)’를 비롯하여 ‘설탕’, ‘MSG(아지노모토)’ 등이 한국인의 밥상을 점령한 상황이었다.[41] 1920년대 중반이 되자 그에 더하여 양식과 일식의 혼합물인 ‘안코빵’(안팡)을 비롯한 ‘돈까스’, ‘하이라이스’, ‘오무라이스’ 등의 음식이 식민지 대중의 입맛을 자극하기 시작했다. 드디어 1930년대가 되자 “입맛만흔 부잣집 삽사리뻰으로 백화점 식당이나 양료릿집 아니면 먹을 것이 업”[42]다는 외식

36 김문집, 「의상의 고현학 4 : 시정에서 본 植民地型 靑年」, 『동아일보』 1936. 6. 6.자.
37 강사 모던 모세, 「도시생활 5계명」, 『별건곤』 1930. 6.호.
38 夕影, 「1931년이 오면」(4), 『조선일보』 1930. 11. 28.자.
39 『조선일보』 1930. 11. 28.자.
40 「現下問題 名士意見, 生活改善案提議」, 『별건곤』 1928. 12.호.
41 고영, 「[직설]민족주의 이전의 ‘민족성’」, 『경향신문』 2019. 6. 26.자.
42 夕影, 「一日一畵」(8), 『조선일보』 1930. 4. 14.자.

이 대중이 선망하는 생활문화가 되었다.

급기야 "양식 먹는 법을 몰라 실수했을 때 남자들끼리는 한 번 웃어치우면 그만이라고나 하지만 묘령의 숙녀가—"[43]처럼 '양식 매너'를 강조하는 기사가 신문에 실리기도 했다. 특히 "정장(正裝) 입은 상류층이 호텔에서 먹는 술"로 알려진 맥주는 1930년대가 되자 '소화기린맥주주식회사'가 직접 한국에 공장을 설립해 대량 생산과 판매에 나설[44] 정도로 대중 사이에서 인기를 끌었다.

3. 주술적 사고에 의한 반응

1) 주술적 사고의 동원

서구생활문화를 접한 식민지 한국의 대중은 일차적으로 그것을 '모종의 영적(靈的) 힘을 지닌 주술적 물건'으로 이해하려 들었다.[45] 그것이 예전에는 본 적도 들은 적도 없고 그 원리를 알 수도 없지만 싫든 좋든 현실적 실재로 인정해야 하는[46] 서구생활문화의 낯선 이미지를 파악하는 식민지 대중 나름의 대응방식이었다. 과학과 기술에 대한 이해가 부족한 그 피동적 상황에 최대한 능동적으로 대응하기 위하여 그나마 편하고 친숙한 전래의 주술적 사고를 떠올려 그에 의지했던 것이다.

그 좋은 예가, 장기간 병원에 입원했다 퇴원해 경성 시내의 백화점을 돌

---

43 夕影, 『조선일보』 1937. 2. 4.자.

44 한복진(2001), 『우리 생활 100년 · 음식』, 현암사, 193~195쪽.

45 이의정 · 양숙희(1987), 『페티시즘』, 경춘사, 44쪽, 49쪽 ; 요하임 패티(1997), 임정택 옮김, 『영화와 문학에 대하여』, 민음사, 122쪽.

46 유선영(2017), 『식민지 트라우마』, 푸른역사, 324쪽.

아본 사내는 '광고 간판'을 비롯한 '레코-드', '런취-', '토마도', '양배추', '엘레베다' 등 서구생활문화를 모두 '마술의 산물'이라 생각하는 모습이다.[47] 단 하루 동안의 나들이에서도 그런 생각이 들 정도였으니 박람회처럼 별난 기물을 전시하여 기존의 사고를 온통 뒤흔들어 놓는 "극적 스펙터클"[48]을 접하면 주술의 산물로 여길 수밖에 없었을 것이다.[49]

그런 주술적 사고는 16~17세기 포르투갈인들이 목도하였듯 목걸이나 팔찌 등을 부적(符籍)으로 삼아 마녀에게 기원을 올리던 아프리카인들의 '페티시즘'과 흡사하다. '참(charm)'이라고도 부르는 그 물건들을 '신의 형상화'라 보는 아프리카인들의 사고에서 프로이트는 성적 만족을 얻고자 물건에 의지하는 환자의 의식을 설명할 '페티시(fetish 혹은 fetich)'[50] 개념을 추출했던 것이다.

그와 마찬가지로 자신들에게 충격을 안겨 준 서구생활문화를 이해하고자 그것을 '주물(呪物)'이라 본 식민지 대중의 사고 역시 '페티시즘'과 유사한 것이었다. 설령 그것이 '과학'이라는 이름으로 소개된다 해도 당대의 식민지 대중들은 여전히 "과학이란 새로운 신이 이름"이라는 설명을 믿고 따르며 '문명'이나 '과학'을 '주술'이나 '신앙'과 동일시하였을 것이다.[51]

2) 서구생활문화에 대한 주술적 이해

특히 사진은 근대 초기 처음 전래되던 때부터 영락없는 주물로 여겨졌기

---

47 夕影, 「病室에서 病室에」(上), 『조선일보』 1934. 7. 26.자.

48 주윤정(2006), 「일상생활 연구와 식민주의」, 공제욱 · 정근식, 『식민지의 일상, 지배와 균열』, 문화과학사, 94~95쪽.

49 유선영(2017), 앞의 책, 324쪽.

50 이의정 · 양숙희(1987), 앞의 책, 44쪽, 49쪽.

51 승일, 「라디오, 스포츠, 키네마」, 『별건곤』 1926. 1.호.

에, "사진 현상액은 어린아이를 잡아 솥에서 삶아서 만든다"거나 "어린아이 눈으로 사진기 렌즈를 만든다" 등의 괴담이 따라다니던 물건이었다. 그 괴담에서 어린아이의 등장은 한국 전래의 민간신앙에서 어린아이를 희생시켜 점을 치는 '명도'로부터 비롯된 연상임이 분명하다.[52]

차차 사진을 촬영하는 방식에도 각종 금기가 곁들여져 "망자의 사진을 찍으면 영혼이 이승을 떠나지 못하고 사진에 갇혀 버린다"는 믿음이 대중 사이에 일반화되었다. 그에 따라 이후로도 오랫동안 대중들은 잠자는 사람의 모습이나 눈을 감은 사람의 모습을 사진에 담는 일은 금기로 여겼다. 필시 그런 사고가 영향을 미쳤기에 대중들이 사진을 애용하게 된 1920년대 중·후반 이후 "사진 범남시대"[53]에 이르러 사진에 '안녕'과 '권위', '존재증명'[54] 등의 기원을 담으려 했다고 볼 수 있다.

또 인단 역시 구강청결제에 불과한 물품이었지만 "心身을 爽快히 하고 胃腸을 強健히 하야 惡疾을 豫防"한다는 선전이 대중 사이에 퍼지면서 숫제 "만병통치약"으로 여겨졌다.[55] 급기야 겉면에 '인(仁)' 자가 쓰여 있고 대례복을 입은 근엄한 황제의 모습이 그려진 포장지와 광고지는 말라리아 치료나 난산(難産) 해결에 효험을 보이는 부적(符籍)으로 다루어졌다. 그처럼 인단은 치병(治病)과 제액(除厄)의 주력(呪力)을 지녔을 뿐만 아니라 빈 봉지 서른 장을 모아 보내면 부모님에게 선물할 요강까지 받을 수 있어 '효(孝)'[56]

52 이처럼 서구 생활문물을 주술적 사고로 이해하려는 시도는 일본에서도 유행해, 사진을 사람의 혼을 빨아들이는 물건이라 여기고 그에 관한 여러 일화가 만들어졌다[유모토 고이치(2004), 연구공간 수유+너머 동아시아 근대 세미나팀 옮김, 『일본 근대의 풍경』, 그린비, 186쪽].

53 『동아일보』 1935. 2. 12.자.

54 김정하(2018), 「근대식민주의에 대응한 생활문화 : 초상사진」, 『실천민속학연구』 제32호, 실천민속학회. 참조.

55 『만세보』 1907. 5. 28.자.

56 황경선(2009), 「'인단(仁丹)' 광고를 통해 본 근대」, 『생활문물연구』 제25호, 국립민속

의 상징성물로도 인식되었다.

마찬가지로 서구에서 전래된 양약 역시 그와 유사한 주물로 인식되었다. 부산의 의료선교사였던 어을빈은 1893년 병원을 세운 후 '만병정수(萬病錠水)'라는 위장약을 만들어 판매하기 시작했다. 그런데 그 약이 한국인 대중 사이에 감기와 두통, 치질뿐만 아니라 임질 등 성병에도 효력을 지녔다는 소문이 나면서 전국 각지에서 주문이 쇄도했다.[57]

그런가 하면 천지사방을 돌아다니며 소식을 전해 주는 우표 역시 우편제도를 정확하게 이해하지 못하던 한국인 대중 사이에서 주물로 여겨졌다. 그래서 무라야마 지준이 『조선의 귀신』에 기록하였듯 당대의 대중들은 어린아이가 고뿔에 걸리면 '우표 태운 재를 물에 우려 먹이는 비방'을 행하곤 했다. 식민지 대중들이 생각하기에는 우표에 찍힌 소인이 우체국장이라는 관장(官長)이니 그 위력이면 '고뿔귀신' 쯤은 쉽게 물리칠 것이라 여겼던 것이다. 그와 함께 금테 두른 모자를 쓰고 검은 정장을 입은 모습으로 우편물을 전해 주는 '우편배달부' 역시 대중들 사이에서 먼 곳의 소식을 일러 주는 주력(呪力)의 보유자로 여겨졌다.

그런 근대적 제도만이 아니라 과학적 기기와 교통수단이 보여 준 기능과 성능에 대해서도 주술적 이해방식이 동원되었다.

특히 라디오는 세계 각지의 움직임에 관한 수수께끼 같은 이야기를 전해 주는 물건인지라 그곳에서 흘러나오는 방송은 "귀신의 장난"으로 여겨졌다.

그런가 하면 전차는 식민지 대중에게 선망과 공포를 동시에 안겨 준 대표적인 서구문명의 이기였다. 전차를 본 식민지 대중은 이를 "성문 밖에서 잠자는 돌 거북의 잠을 방해하는 귀신"이라 여겼다.[58] 나라에 가뭄이 들자

박물관, 113~127쪽.

57 수이재(http://cafe.daum.net/Su-space/GsWp/12?q=%EC%96%B4%EC%9D%84%EB%B9%88).

58 F. A. 매켄지(1999), 신복룡 옮김, 『대한제국의 비극』, 집문당, 102~103쪽.

그 원인 역시 "전기를 잡아먹거나 가뭄을 일으키는 괴물"인 전차 때문이라 생각해[59] 돌을 던져 저주를 하거나 차체를 뒤엎어 운행을 저지하기도 했다.

3) 주술적 사고의 향배(向背)

이처럼 서구생활문화로 충격과 강박관념을 갖게 된 식민지 대중은 기왕에 자신들에게 익숙했던 전래의 주술적 사고로 이를 이해하고자 했다. 미처 서구생활문화의 원리를 파악하지 못한 채 그 기능이나 성능에 압도당하는 입장에서는 복잡한 과학이나 기술의 원리보다 그런 직관적 이해가 마음을 편하게 했으리라 본다.

아마도 그래서인지 당대의 지식인을 자처하던 비평가조차 주술적 시각으로 '서양무용'에 대한 설명을 시도했다. 예컨대 재즈 댄스에 대해서도 "이것의 원산지는 양키-국이다. 양키들은 니그로들의 원시적 무악에서 본떴다. ……원시무용과 악곡이란 그 대개가 다신적 숭배의 표현이거나 혹은 금기의 행동이었으며 또 원시적 종교대상에는 생식기 숭배가 있었다고 하니……"라는 나름의 비평이 설득력을 인정받았다.[60]

그처럼 한국인 대중이 서구생활문화 이해에 동원한 주술적 사고는 같은 동아시아권에 두루 편만한 것이었다. 하지만 다른 나라, 특히 식민본국인 일본에서보다 식민지 한국에서 더 뚜렷하게 나타났다고 본다. 서구생활문화를 스스로 소개하고 이입하면서 서구적 과학과 기술, 근대적 제도를 강조한 일본에 비해 한국에는 과거를 부정당하고 불합리한 식민통치로 불안감과 박탈감이 만연해 있었기 때문이다. 근대로 이행하는 과도기의 불합리

---

59 『부산일보』 1916. 9. 15.자.

60 오천석, 「모더니즘 희론(戲論)」, 『신민』 1931. 6.호.

와 몰이해[61]로 곤경에 처한 식민지 한국의 대중으로서는 그 상황에 대한 대처와 그로부터의 초월에 주술적 사고를 동원할 수밖에 없었을 것이다.

4. 욕구의 발현과 투사

1) 서구생활문화를 통한 자각

1920년대 초반에 이르자 식민지 한국에서도 이전까지는 원거리에 머물던 서구생활문화가 대중에게 한층 가까워졌다. 대중들로선 사용이 어려웠던 '전신(電信)'과 '전어기(傳語機, 전화기)', '상수도', '전등', 심지어 '전차' 등 문명의 이기를 어렵지 않게 일상에서 접할 수 있게 되었다. 이어 1920년대 중반으로 접어들자 '활동사진'이 '영화'라는 장르로 정착했고 '라디오'가 대중매체로 이용되었으며 선교사들에 의해 소개된 '서양스포츠'도 대중의 오락거리가 되었다.[62]

물론 1920년대 중반에 이르러서도 서구생활문화 대부분은 아직 "양행(洋行)꾼"이라 불리던 특권층이나 상류층의 사치와 낭비의 대상이었다. 하지만 백화점이나 일본상점은 전에 없던 '쇼윈도 전시방식'을 선보이며 대중의 관심과 눈길을 자극했다. 특히 주로 일본인들이 드나드는 진고개 일본상점들은 "모다 갑진 물건과 찬란한 물품이 사람의 눈을 현혹하며 발길을 끌지 안는 것이 업"는 "활긔가 잇고 풍성풍성하며 진렬창(陳列窓)"[63]으로 식민지 대중의 이목을 집중시켰다.

---

61 제베데이 바르부(1990), 임철규 옮김, 『역사심리학』, 창작과비평사, 67~100쪽.

62 조형근(2016), 「식민지 대중문화와 대중의 부상 : 취향과 유행의 혼종성을 중심으로」, 『사회와 역사』 111, 한국사회사학회, 91~93쪽.

63 鄭秀日, 「진고개, 서울맛 서울情調」, 『별건곤』 1929. 9.호.

그와 더불어 날로 늘어나는 잡지나 신문, 영화 등 대중매체들은 서구생활문화에 대한 정보와 광고를 무한정 쏟아 내면서 대중의 일상에 직간접적 영향을 미치기 시작했다.[64] 특히 『신여성』이나 『여성』, 『별건곤』, 『삼천리』 등 여성이 즐겨 보는 잡지는 '화장품 고르는 법', '우산 빠는 법', '옷 입는 법', '다이어트 법' 등 자질구레한 일상에 서구생활문화 방식을 소개하는 광고로 대중의 욕구를 부추겼다.

그 시대에 작성된 잡지의 영어단어가 뒤섞인 기사를 보면 "최근에는 스케이트와 스키이 힐이 유행되고 있는 것도 흥미 있습니다. 대체로 옷감이 러프한 때에는 구두는 플레인토에 굵은 스트랩과 레이싱뿐이 좋은 것"이란 어투가[65] 오늘날의 패션잡지의 그것과 크게 다르지 않음을 알 수 있다. 마찬가지로 당대의 대중들에게서 큰 반향을 불러일으킨 소설의 "새몬 핑크색 화려한 오버, 토오크형 모자, 모르타르를 바른 벽과 하얀 화강석 기둥을 가진 문화주택, 피아노와 장식으로 만든 맨틀 피이스, 센또루이스, 부루우스와 파아납, 벤다아, 룸바 등의 춤과 음식, 그리고 막스 패터 클렌싱 크림과 립스틱" 등의 묘사 역시 당대 대중의 욕구를 자극하는 서구생활문화 일색의 배경을 스스럼없이 그려 내고 있다.[66] 그런 당대 대중의 욕구가 투사된 서구생활용품의 진설(陳設)을 현진건의 소설 「피아노」의 배경 묘사에서 찾아보면 다음과 같다.

> 마루는 한복판에 도화심목(桃花心木) 테이블을 놓고, 그 주위를 소파로 둘

64 이 무렵에도 레코드 제조회사의 자본력과 판매망, 선전에 의해 유행가를 유포하는 스타시스템이 사회적 욕망을 재배치했다(『조광』 1937. 11.호 ; 김진송(1999), 『서울에 딴스홀을 許하라』, 현실문화연구, 168쪽).

65 『여성』 1936. 4.호.

66 김성환(2002), 「1930년대 대중소설과 소비문화의 관계양상 연구」, 한국현대문학회 편, 『한국문학과 풍속』, 국학자료원, 140쪽.

> 러 응접실로 맨들었다. 그리고 안방은 침실, 건넌방은 서재, 뜰아랫방은 식당으로 정하였다. 놋그릇은 위생에 해롭다 하여 사기그릇, 유리그릇만 사용하기로 하고, 세간도 조선의(朝鮮衣)걸이, 삼층장 같은 것은 거창스럽다 하여 전부 폐지하였다. 누구든지 그 집에 들어 서면 첫눈에 뜨이는 것은 마루 정면 바람벽 한가운데 놓인, 큰 체경 박힌 양복장과 그 양편, 화류목으로 맨든 소쇄한 탁자에 아기자기하게 얹힌 사기그릇, 유리그릇이리라.[67]

그처럼 서구생활문화가 일단 대중의 가시권에 들어왔지만 대중들 누구나가 그것을 소유하고 향유하기는 어려웠고 그 실제적 소유 내지 향유 계층은 극소수에 불과했다.[68] 하지만 그렇기 때문에 도리어 대중들의 심리적 욕구는 한층 심화되고 그로 인한 갈등은 증폭되었으리라 본다. 구매력을 갖추지는 못했지만 그들은 단지 '보기만 하는' 게 아니라 '무언가를 욕구하며 바라보는' 의식을 갖게 되었다. 그 욕구를 통해 대중은 이전과는 전혀 다른 '욕구하는 주체'로서의 자신의 존재를 자각하게 된 것이다. 자본주의 체제 안에서의 생활문화란 특권층과 상류층으로부터 대중에게 전해지는 '상향전파'[69]에 누구나 누릴 수 있음을 깨닫게 되었다고도 말할 수 있다. 그런 자각에 힘입어 식민지 대중은 서구생활문화의 이입과 수용, 일상화의 방식을 자신들에게 유리한 식으로 해석하기 시작했다. 즉 "물질적 대상이란 소유만 하면 누구나 평등하게 만들어 준다"는 '자본주의적 균질성'을 획득할 수 있다면 '대중사회의 도래'와 '평등계약의 확산'도 기대할 수 있다는 희망[70]을 갖게 되었다.

---

67 『개벽』 1922. 11.호.

68 김백영(2007), 앞의 논문, 99~100쪽.

69 박기웅 외(2010), 「현대소비사회에서의 취향과 유행의 상관성과 대중문화의 역할」, 『한국콘텐츠학회논문지』 10, 한국콘텐츠학회, 170쪽.

70 신명직(2003), 앞의 책, 37쪽, 40쪽.

2) 서구생활문화 향유 욕구

식민지 한국의 대중이 서구생활문화 소비를 주체적 의식으로 대하면서 더욱 다양한 심리적 욕구가 싹트기 시작했다. 그리하여 소비 욕구가 지나쳐 과시와 허영으로 흐르는 것마저도 당연한 권리로 여기게 되었다. 그런 대중들의 서구생활문화 향유를 부추기는 "청신한 감각의 세계, 기분적인 도취의 세계"가 만들어 낸 "아름다운 근대의 무지개"라는 예찬[71]도 등장했다.

식민지 한국에서도 특히 대중의 서구생활문화 소비는 경성을 비롯한 도시를 배경으로 급격하고 야단스럽게 전개되었다. 1930년대 초반 무렵의 경성을 비롯한 도시의 번화가는 '삘딩', '아스팔트', '전차', '백화점의 쇼윈도우', '가로등' 등 서구적 분위기[72]로 장식되었다. 그런 공간에서 식민지 대중들은 '연애', '데이트', '산보', '벚꽃놀이' 등의 행락을 즐기고 '빵'과 '설탕', '빠나나', '어름사탕', '라무네드', '파피스', '껌', '파우다' 등을 먹고 마시며 '라파로마' 등의 서양노래를 부르고 '영화'를 보는 것을 멋진 일상으로 꼽았다.[73]

하지만 그런 대중의 욕구가 무분별해지면서 자칫 가벼운 '정서'와 '분위기', '기분'으로 흐르기도 했다. 당시 도시인들 사이에서 유난히 인기를 끄는 공간이었던 카페에 대해 그 "정조(情調)"가 무엇이냐는 질문에는 "카페에 모아드는 客들의 기분과 정서"라는 대꾸가 정답으로 여겨졌다. 말하자면 카페에서 '정서'와 '분위기', '기분' 등 심리적 욕구를 충족하는 것이야말로 서구생활문화를 만끽하는 방식이라 여겼던 것이다.[74] 그러다 보니 서구로

---

71 『별건곤』 1929. 9.호.

72 夕影, 「아스팔트의딸」(一), 『조선일보』 1934. 1. 1.자.

73 이서구, 「모뽀 모걸의 신춘 행락 경제학」, 『별건곤』 1932. 5.호.

74 그러다 보니 인텔리여성이 남의 첩이 되는 동기마저 "기분('그 여자는 언제나 기모찌라고 한다')"이라고 대수롭지 않게 말하는 경우도 있었다(朴露兒, 「카페의 情調, 서울맛 서울情調」, 『별건곤』 1929. 9.호).

부터 흘러들어 온 문예사조 데카당스의 영향을 받아 '룸펜'으로 도시를 떠돌며 "십오전짜리 차 한잔 시켜 놓고 센치한 레코-딩에 취하여 멀거니 앉어 있는"[75] 부류도 대중 가운데 나타났다. 그들을 "게을음백이요 낭비성이 만코 무기력하다. 허식적이요 무목적이며 소비일면적"인 "불건전한 몽유병자들"[76]이자 "정신병자이자며 변태성욕자인 문명병자들"이라[77] 본 비판마저 그 역시 서구생활문화를 따르는 대중적 행태임을 은연중에 인정하고 있었다.

그처럼 심리적 욕구가 강조되면서 차차 서구생활문화의 실용적 측면보다 대중 자신의 체면이나 위신, 허영 등을 중시하는 풍조가 퍼져 나갔다. 급기야 소설 「피아노」에서처럼 연주할 줄도 모르는 피아노를 거금에 사들여 과시용으로 삼거나[78] 기능은 엇비슷해도 구태여 크고 값비싼 자동차를 구매하는 풍조가 유행했다.

3) 원초적 사고에의 의지(依支)

서구생활문화를 향유하려는 욕구는 열렬하지만 현실적으로 그 실현이 어려워진 식민지 한국의 대중은 서구적 근대의 합리성에 대한 이해는커녕 그 외면의 모방에 집착했다.[79] 당연히 그 방식으로는 서구생활문화로부터의 충격과 선망에 상응하는 만족을 구하기 어려웠으므로 대중들은 다분히 페티시즘적인[80] 원초적 사고에 의지해 욕구를 충족시키고자 했다.

당대 대중매체의 광고나 선전은 대중들이 서구생활문화를 받아들이는

75 최영수, 「장소가 씌우는 일기」, 『사해공론』 1936. 11.호.
76 김기림(1988), 『김기림 전집』 5, 심설당, 386~389쪽.
77 『별건곤』 1930. 1.호.
78 『개벽』, 1922. 11.호.
79 강심호(2005), 『대중적 감수성의 탄생 : 도박, 백화점, 유행』, 살림, 39쪽.
80 이의정 · 양숙희(1987), 앞의 책, 44쪽, 49쪽 ; 요하임 패티(1997). 앞의 책, 122쪽.

사고방식을 정확하게 파악하고 이를 이용했다. 예를 들어 "'〈모던 심청전(深靑傳)〉 광고"에서는 안방에 벽지삼아 붙인 신문지 광고를 통해 강림한 "불란서 파리 〈조세핀 베-카-〉의 넉"이 "부인의 기원"인 "잉태"를 이루어 주겠노라는 신탁(神託)을 내려 준다.[81]

그처럼 당대의 대중의 서구생활문화 향유는 원초적 사고로 치르는 제의와 같았다. 즉 '소비자'라는 성도(聖徒)가 '광고'를 경전으로 '백화점'을 성전(聖殿)으로 삼아 '쑙껄'이라는 사제의 인도를 받아 '대매출(大賣出)'이라는 의례에 참가하는 식[82]이었다. 그처럼 원초적 사고에 의지하는 식민지 한국인 대중의 태도는 제2차 세계대전 중 남태평양인들의 '카고 컬트(cargo cult)'[83]와도 흡사한 면을 지니고 있다. 미군비행기에서 쏟아져 내려오는 신기하고 유용한 화물을 반기는 그들의 태도 역시 그것을 '신의 선물'이라 여기는 원초적 사고에서 비롯된 것이었다.

하지만 그처럼 원초적 사고에 의지한 서구생활문화 소비방식은 인간, 주로 여성을 성적 환상과 육욕(肉慾)의 대상으로 전락시켰다. 이는 필시 당대의 식민지 대중이 '사랑'이나 '연애' 같은 서구생활문화는 받아들였지만 그 진정한 의미에 대하여 음미하거나 성찰할 기회는 얻지 못했기 때문이라 할 수 있다. 혹은 그 역시 근대적 이성에 역행하는 원초적 사고로서의 성을 탐닉하는 태도라 할 수 있다.

---

81 김진송(1999), 앞의 책, 319~321쪽.

82 빅토 터너(2005), 『의례의 과정』, 박근원 옮김, 한국심리치료연구소, 282쪽.

83 성시정(1997), 「UFO와 카고 컬트(CARGO CULT) : 천년왕국 운동에 관한 종교인류학적 접근」, 『한국문화인류학』 30-2, 한국문화인류학회. 원주민들은 전쟁이 끝난 후에도 매년 2월 15일마다 'USA'란 글자를 땅 위에 써놓고 성조기를 게양하고 비행기와 관제탑 모형을 만든 다음 막대기총을 걸치고 사열을 하며 화물이 내려오기를 기원했다. 미국인들이 그들의 오해를 풀어 주고자 애썼음에도 불구하고 그 신앙은 상당기간 지속되었다.

당대의 대중남성들은 감각적 혼란[84]이 곁들여진 이성관으로 여성을 상품화[85]하면서도 그들로부터 서비스 받는 일을 '사랑'이나 '연애'라 부르며 무차별적인 소비에 나섰다.[86] 자신들의 성적 욕구를 충족시키기 위해 "숍 걸, 데파트 걸, 바 걸, 웨이트레스, 버스 걸, 엘리베이터 걸, 헬로 걸, 티넷 걸, 가이드 걸" 등 영어식 이름을 붙인 직업여성을 만들어 내는가 하면, 한층 변태적 요소를 가미한 "스틱걸, 핸드걸, 키스걸, 마네킹걸(백의껄), 스튜릿트껄" 등 직업여성을 만들어 그 서비스를 소비했다.

그런 성적 일탈로 인하여 멀쩡한 사교의 공간으로 여겨지던 '카페'는 '여급'이 성을 매매하는 '유곽'[87]이 되고 행락지로 유명해진 온천을 비롯하여 전국 곳곳에 "인육시장(人肉市場)"이 개설되었다.[88] 1920년대에 이르러 그런 일탈이 극에 달하자 모르핀을 조직적으로 밀매하는 "아편굴"까지 나타나 사회문제가 되었다.[89] 이 지경이 되자 마침내 식민지 한국이 "겻치장만 하고 속은 썩어 드러가는 마굴(魔窟)"[90]이라는 비판이 제기되었다.

---

84 소래섭(2005),『에로 그로 넌센스 : 근대적 자극의 탄생』, 살림, 15~21쪽.

85 북학학인,『삼천리』1935. 11.호.

86 서지영(2010),「소비하는 여성들 : 1920~30년대 경성과 욕망의 경제학」,『한국여성학』26-1, 한국여성학회, 141쪽.

87 1911년 '타이거' 카페 이래 1930년대 후반 전시체제기에 접어들기 전까지 1920~1930년대는 '카페 전성기'였다〔소래섭(2005), 앞의 책, 40~48쪽〕. 경성에 1936년 술과 음식, 환락을 제공하는 일본인카페 96개소, 바 2개소, 조선인카페 20개소, 바 16개소에 여성 종사자 약 1천여 명이 있었다〔矢野干城(1936),『新版大京城案内』, 京城都市文化研究所, 187~188쪽〕.

88 유광열,「대경성의 점경」,『사해공론』1935. 10.호.

89 「자아의 반성과 성의 있는 취체해야」,「그 정책을 의심한다」,「사회와 가족이 협력하자」,「법률적 제재를 기다릴 뿐이다」(『신민』1927. 9.호).

90 『별건곤』1929. 9.호.

5. 자아분열과 주체적 의식

1) 서구생활문화에 은폐된 '문화적 폭력'

식민지 한국의 대중이 받아야 했던 고통은 식민통치로 인한 전래가치 부정과 정체성 상실에서 기인한 것 못지않게 서구생활문화 이입의 충격과 욕구에서 비롯된 것 역시 컸으리라 본다.

그러나 당대의 대중이 서구생활문화를 향유함으로써 '대중사회 대두'와 '평등계약'을 기대하고 희망하기에는 식민지 한국의 사회적·경제적 바탕이 너무도 취약했다. 그러므로 식민지 대중이 서구생활문화를 향유하려는 욕구에 대해 "노동의 균형이 없는 생활이 낳은 취미성"에 불과하다고 비판할 수 있을지 모르나, 취업기회조차 얻지 못한 사람들을 "노동을 혐기하고 생산을 도회(韜晦)한 방랑군"[91]이라고 매도하는 것은 타당치 않다. 식민지 한국의 경제상황에 대한 진단은 1930년대 중반에 이르러서조차 "生産力의 發展에 있어서 桎梏으로 轉化하고 있다"고 보는 견해가 정확했다. 즉 "生産力의 보담높은 階段으로의 發展은 現今의 生産關係가 存在하는 限 絶對的으로 不可能"했기 때문에 "文化形態를 決定하는 原因으로서의 社會關係는 이 文化로 하여금 後退的保守的인 것"에 불과했던 것이다.[92]

식민지 한국인 대중은 고등교육을 받아도 고용기회를 얻지 못해 "대학졸업생 거지 반이 취직을 못하야 거리로 방황하"였고,[93] 취업의 기회를 얻는다 해도 신분상승과 권력, 지위를 누릴 기회는 고사하고 수송(輸送)이나 공중위생의 혜택마저 박탈[94]되기 일쑤였다.

---

91 적라산인, 「모던 수제數題」, 『신민』 1930. 7.호.

92 李淸源, 「現代文化에 對하야」, 『朝鮮中央日報』 1936. 2. 6.자.

93 安夕影, 「어디서 그 돈이 생길가」, 『조선일보』 1930. 4. 8.자.

94 이명재(1999), 「식민지 체험과 풍자의 미학 : 채만식론」, 문학과 비평 연구회, 『1930년

그런 식민지 한국에 이입된 서구생활문화에는 구조적인 '문화적 폭력'이 은폐되어 있었다. 그것은 기존도덕의 기준을 바꾸고 현실인식을 불투명하게 만들어 장기화·정당화·합리화하면서도 대중에게는 그 위험성을 알아채지 못하게 만드는 속성을 함께 지니고 있었다. 이로 인해 당대 식민지 한국의 대중은 내면적·심리적 내상(內傷)에 시달리면서도 외부적 사회상황에 대해선 도리어 무기력과 무관심으로 일관하는 모습을 보였다.[95]

예컨대 현진건의 소설 「빈처」에 등장하는 가난한 문필가의 아내는 평소 가난을 인내하며 살아왔지만 '양산'으로 상징되는 "강(强)한 물질"을 욕구하게 되면서 "살 도리를 마련하라"며 남편을 다그치기에 이른다. 그러면서도 정작 "월급과 주권(株券), 사무원 경기대회에서의 우월한 성적"이 "보수(報酬) 없는 독서와 가치(價値) 없는 창작(創作)"을 터무니없이 압도하는 사회적 모순에 대해서는 무지하고 무관심하다. 그처럼 당대의 대중들은 서구계몽주의가 낳은 과학주의나 보편적 도덕, 혹은 자율적 예술에 대한 감각은 물론 계급투쟁에 대한 의식을 주체적으로 터득하기 어려웠다.[96] 그리하여 기술의 진보나 과학문명 발달, 사회제도와 생산체제 수립 모두가 미약한 상황에서 서구생활문화로 인한 '문화적 폭력'에 노출되었다.[97]

그 결과 식민지 한국의 대중은 "富의 集積과 문화적 爛熟도 없이 오직 그 結果인 頹廢的인 思潮만 合流하려"는 "얼치기의 감"[98]을 갖고 살게 되었다. "철 지난 양복, 마누라의 반지, 회중시계, 심하면 마누라의 단 한 벌 있는 비단치마라도 잡혀"[99] 근근이 살아가는 삶에 허위의식이 더해지면 "구

대 문학과 근대체험』, 30쪽.

95 유선영(2017), 앞의 책, 294~295쪽.

96 김진송(1999), 앞의 책, 15쪽.

97 김진송(1999), 앞의 책, 33~34쪽.

98 『여성』 1938. 3.호.

99 남일, 「월급쟁이의 철학」, 『혜성』 1931. 8.호.

멍난 양말을 반짝거리는 구두에 감추어 신"[100]고 야시(夜市)에서 값싼 모조품을 구해 치장하며, 백화점 '대매출' 기회에 얻은 '미끼상품'에 열광하거나, 백화점의 '승강기'를 타고 코에 바람을 넣는 것으로 욕구불만을 달래기도 했다.[101]

2) '타자화'로 인한 '자아분열'

서구생활문화에 대한 욕구를 갖게 된 식민지 대중은 그와 더불어 과도한 자의식에 빠지게 되었는데, 그 원인은 한마디로 '타자화(他者化)'라 할 수 있다. 즉 식민지 한국의 대중은 서구생활문화를 실제적으로 향유할 능력을 갖추지 못한 처지임에도 불구하고 "他者의 慾望을 慾望하고", "他者에 의해 慾望되는 價値를 지닌 存在가 되기를 원하며", "他者가 나를 自律的 價値로 認定하기를"[102] 원하다 보니 자신도 모르게 '타자 의존적 인간형'이 되었던 것이다.

그러한 식민지 대중의 '타자화'에는 당대의 한국에 열광적으로 받아들여지고 애호된 서구영화가 지대한 영향을 미쳤다. 그래서 당대의 한국인 대중들 사이에는 서구영화 주인공들의 태도와 외모를 모방하고 그에 비추어 한국인을 평가하는 풍조가 널리 퍼져 있었다. 당대에 "세계의 애인"이라 일컬어지던 "메리이 픽풔드나 가르보, 웨스트, 디트리히" 등의[103] 연애 방식이나 생활 모습 모두가 모방의 대상이었다.[104] 또 박태원의 소설 「애욕」에서처럼 "레지놀드 데니같이 생겼다", "콘스탠스 베넷 비슷하다", "초즈랩트 비슷하나", "로버트 몽고메리를 제법 닮았는데" 식으로 서구인의 외모를 들

100 이서구, 앞의 글.

101 최병택 외(2009), 『경성리포트』, 시공사, 139쪽.

102 『여성』 1938. 3.호.

103 하소(夏蘇), 「영화가 백면상(百面相)」, 『조광』 1937. 12.호.

104 강심호(2005), 『대중적 감수성의 탄생 : 도박, 백화점, 유행』, 살림, 36~37쪽, 45쪽.

어 한국인을 묘사하기도 했다.

급기야 서구인의 체형과 얼굴생김새를 표준이자 모델로 삼아 "키는 두부(頭部) 전체의 기리의 팔배(八部) 얼골 기리의 십배, 얼골은 머리 난 데서부터 눈썹까지 눈썹에서 코밋까지 코밋에서 아래턱까지가 갓(等分)고, 안면은 손바닥과 거리가 갓고, 두팔을 벌려서 그 기리가 키와 갓다"는 인체와 안면의 비례를 제시하고 그에 맞아야 미남, 미인의 조건을 갖추었다고 인정했다.[105]

문제는 그런 동양인과 서양인 간의 외형적 신체의 차이를 엉뚱하게 지혜나 상식, 품성에 대한 평가의 근거로 삼아 양자 간의 우열을 판정했다는 데 있다. 즉 "구미여자는 대체에 있어서 동양여자에 비해 색이 희고 키가 크고 코가 높고 눈이 깊으며 그 행동은 분명하고 진취성이 많으며 행동이 많고 상식이 많고 매사에 총명하다. ……동양남성은 딱딱하고 거칠은 반대로 서양남성은 부드럽고 친절하다. 동양여성은 의지가 박약한 반대로 서양여성은 의지가 강하다. 동양남성이나 여성은 몰상식한 반대로 서양남성이나 여성은 상식이 풍부하다"는 주장이 소위 '여성계 지도자'임을 자처하는 인사가 공공매체를 통해 발표한 견해였다.[106]

그러다 보니 피부미용치료제 선전을 위한 신문광고에서마저 "흑인이 변하여 미인이 된다"는 인종차별적 문구를 버젓이 사용하기도 했다.[107] 말할 것도 없이 그에 담긴 사고는 서구중심적인 정도가 아니라 인종차별의 편견을 부추기는 것이었다. 그에 담긴 생각은 '우위'와 '정상', '중심'의 상징인 서구생활문화를 향유하려는 욕구, 혹은 서구인과 마찬가지로 '근대인'이자 '문명인', '각성한 자'가 되기를 바라는 희망이었다.[108]

---

105 김주리(2005), 『모던 걸, 여우 목도리를 버려라』, 살림, 78~79쪽.

106 나혜석, 「반도여성에게」, 『삼천리』 1935. 6.호.

107 김진송(1999), 앞의 책, 301쪽.

108 이는 서구인들이 동양인을 동물원에 가두어 놓고 인종적 우월감을 즐기고 식민지배를 정당화하던 논리에 휘말려 들어간 결과다[이재원(2017), 앞의 책, 153~155쪽].

하지만 식민지 대중으로서 그처럼 표피적인 서구생활문화의 속성에 맞추어 자신의 삶을 재단하고 치장하는[109] '타자화'는 당대의 한국인에게 '자아분열'을 안겨 주었다. 그런 '자아분열'은 당대 한국에서 자타가 인정하던 "선각자" 이광수마저 피할 도리가 없었다.[110] 자기 스스로는 충분히 서구생활문화를 체득하여 이미 서구화가 되었노라 자부하던 그였지만 막상 외국에 나가 서구에서 온 백인을 만나자 속절없이 자기부정에 빠지고 말았던 것이다.[111]

3) '자아분열'로부터 주체적 전용으로

서구생활문화로 인한 식민지 대중의 '자아분열'은 만족과 불만, 애호와 거부가 뒤섞인 착종(錯綜)을 불러왔으며, 다시 그것은 서구생활문화를 받아들여 향유하는 부류와 그렇지 않은 부류 사이에 심각한 분열과 갈등으로 이어졌다.

하지만 자아는 '주체(바라보는 자아)'와 '대상(바라보이는 자아)'으로 나누어지는 '자아분열'로 인해 반드시 자기비하나 모멸에 빠지기만 하는 것은 아니다. '자아분열'은 현재의 자아를 반성하고 객관적으로 평가하여[112] 새로운 자아를 창조하는 계기가 될 수도 있는 것이다.

과연 한국인 대중은 서구생활문화로 인한 충격과 향유에 대한 욕구로 '자아분열'을 겪었지만, 다시 이를 극복하고 '전용'을 도모했다. 그 결과가

---

109 강심호 외(2003), 앞의 논문, 146쪽.

110 「거울과 마조 안자」, 『청춘』 1917. 5.호.

111 유선영(2006), 앞의 책, 66~74쪽.

112 후설은 인간의 반성적 자질에 대해 "나는 돌아봄으로써(in reflection) 인간존재로서의(the human being that I am) 나 자신을 이해한다"고 말했다〔Edmond Husserl (1969), *Ideas*, Boyce Gibons W. R. trans., George Allen & Unwin Ltd. : 박해용(2004), 「반성된 자아의식의 사회성」, 『사회와 철학』 7, 사회와철학연구회, 246쪽〕.

서양식 조끼에 중절모자, 구두를 곁들여 신는 한국인 남성의 차림새처럼 서구문화와 한국문화가 뒤섞인 혼종(混種, hybrid)이었다. 즉 1920년대 중반 이후가 되자 "한복 입고 부츠 신은 여인", "단발 양장에 아이 업은 여인, 쓰러져 가는 초가집에서 나오는 단발 칠피 구두 신은 여인"[113]이 속속 등장했다. 혹은 "평안도식 머리로 소위 꼬도리채"에 "시체(時體) 치마", "하얀 양말"과 "검은고무신"[114]을 갖춰 신은 여성의 차림새도 나타났다. 이는 기존논의에서처럼 "꼴불견이고 그로테스크한 모습"이라 질타할 게 아니라 서구생활문화와의 교섭(negotiation)에 의해 탄생된 전략적이고 능동적인 전용의 결과이자 혼종[115]의 산물로 보아야 한다.[116]

더불어 식민지 한국의 대중은 그 전용 과정에서 서구생활문화의 정체성과 이입 과정을 파악한 후 그 과정에서의 일본은 전달자 아니면 그 역시 서구문화 수용의 객체에 불과함을 인식하기에 이르렀다. 즉 가깝게 접해 보니 일제가 주도하여 식민지에 이입한 서구생활문화인즉 "아메리카니즘을 모체로 하고 이 세상에 생겨난 일부 소비계급의 문화적 생활 형식"[117]이라고 새롭게 규정한 것이다.

나아가 한국의 대중은 대중문화와 청교도 정신, 선교 사업 등 소프트파워[118]를 미국을 비롯한 서구에서 직수입하기 시작했다.[119] 특히 라틴음악,

113 김주리(2005), 앞의 책, 62쪽.

114 김안서, 「가을 거리의 남녀 풍경 : 시골 여인의」, 『별건곤』 1930. 11.호.

115 호미 바바(2002), 『문화의 위치』, 나병철 옮김, 소명출판, 390쪽.

116 "문화에는 확실한 경계가 없으며 오버 랩 되는 부분이 있으므로 사람은 어느 문화에만 속하는 게 아니라 두 가지 이상의 문화적 영향을 받을 수 있다"〔船曳建夫(1989), 「さざなみとしての文化,うねりとしての文明」, 山田順造 編, 『「未開」概念の再検討』 I, 株式会社リブロポート, 97쪽〕.

117 『별건곤』 1930. 1.호.

118 "일제의 식민통치로 인한 분노와 모욕을 견뎌 내기 우회적 반감의 표현이자 민주주의와 인도주의, 풍요와 자유, 노예해방의 나라 미국에 투사한 기대감의 발로—"〔유선영(2017), 앞의 책, 190~196쪽〕.

상송, 재즈 등 서양음악 일체를 '미국음악'이라는 의미에서 "쟈즈(ジャズ)"라 부르기 시작했다. 이는 미국음악을 '적성음악(敵性音樂)'[120]이라 규정하면서 '박멸 캠페인'[121]까지 벌이는 일제에 간접적이고 우회적으로나마 길항(拮抗)하는 방법이었다.

식민지 한국의 대중이 전용을 통해 길항의 수단으로 활용한 서구생활문화는 "쟈즈"만이 아니었다. 레코드를 비롯한 대중매체[122]와 영화[123] 역시 식민지인의 박탈감과 소외감을 달래 주는 훌륭한 수단으로 대중의 열렬한 사랑을 받았다.[124] 특히 1922년에 제작된 영화 〈춘향전〉과 1926년의 〈아리랑〉은 "과거의 조선의 영화를 모조리 불살라 버리고"라는 찬사를 받으며 인기리에 상영되었다.[125] 가수들의 공연 역시 식민지 대중들의 애호를 받아 이난영의 〈목포의 눈물〉 공연은 걸핏하면 관중들이 집단적 히스테리를 일으켜 검열당국으로부터 제지를 받기도 했다.[126]

---

119 "황인종 일본의 식민지배에 대한 문화적 부정이자 거부이며 식민지배라는 현실의 중압감을 덜어내는 집단적 탈주, 문화 심리적 탈주"〔유선영(2006), 「황색식민지의 근대성과 아메리카나이제이션」, 장석만 외, 『한국 근대성연구의 길을 묻다』, 돌베개, 283쪽〕. 홍난파, 현제명 등 '한국근대음악 선구자' 대개는 미국유학파였고 민족의식을 강조하는 교회와 학교는 주로 서양음악을 교육했다.

120 김예림(2008), 「전시기 오락정책과 '문화'로서의 우생학」, 정용화 외, 『일제하 서구문명의 수용과 근대성』, 혜안, 235~236쪽.

121 박흥원(2007), 「대중가요의 변화 : 금지곡의 사회사」, 부산대민족문화연구소, 『기록으로 보는 생활사』, 국가기록원, 254쪽.

122 대중들의 선호에 힘입어 『삼천리』사가 만든 가정용 '교육 레코드'는 발매 수개월 만에 4만~5만 매를 판매하는 실적을 거두었다〔「신춘에는 어떤 노래가 유행할까」, 『삼천리』 1933. 3.호〕.

123 J. H. スチュワード(1979), 米山俊直 · 石田紀子 訳, 『文化変化の理論 : 多系進化の方法論』, 弘文堂, 80쪽.

124 소래섭(2005), 앞의 책, 30쪽.

125 승일, 「라디오, 스포츠, 키네마」, 『별건곤』 1926. 1.호.

126 조형근(2016), 앞의 논문, 109~112쪽.

한편으로 한국인 대중들은 전래민속의 재창조물[127] 혹은 '의사전통(疑似傳統)'[128]도 식민통치 극복과[129] 자아정체성 재정립에 활용했다. '민요'를 재창작한 '신민요'를 레코드에 담아 한국인 대중들 사이에 퍼뜨린 사례가 이에 해당하며,[130] 다시 '민요'도 '신민요'도 아닌 '속요' 역시 "서양곡보나 악기를 사용"한 반주를 곁들여 녹음을 하고도 "가장 우리의 향토미를 발휘할 수 있는 곡"[131]이라는 대중들의 호응을 얻어 냈다.

이처럼 서구생활문화의 이념과 기술을 전용하여 활용한 대중문화와 전래민속의 재창조물(의사전통)은 식민지배자에게 배운 방식으로 다시 그들에 맞서 싸우는 '저항적 혼종'에 해당한다. 이를 무기로 식민지 한국의 대중은 국권 상실과 전래가치 붕괴, 정체성 상실로 인한 위기를 극복하려는 저항과 전복(顚覆)을 나름대로 추구하면서 서구생활문화의 주체적 수용과 전용을 이루어 냈던 것이다.

6. 결론

이 글로 대략 1920년대 중반 이래 1930년대 중반까지 식민지 한국의 대중이 일제에 의해 이입된 서구생활문화를 수용하고 전용하는 맥락을 살펴보았다. 즉 한국인 대중이 서구생활문화를 접한 충격에 피동적으로 대응하

---

127 Richard M. Dorson(1978), *Folklore in the Modern World*, Mouton Publisher, pp.23~37.

128 岩竹美加子(1996), 『民俗学の政治性 : アメリカ民俗学100年目の省察から』, 未来社, 25~30쪽.

129 고부응(2003), 『탈식민주의 : 이론과 쟁점』, 문학과지성사, 255쪽.

130 이하윤, 「조선사람 심금을 울니는 노래」, 『삼천리』 1933. 3.호.

131 「신춘에는 어떤 노래가 유행할까」, 『삼천리』 1933. 3.호.

다 차차 주체적 향유의 욕구를 갖게 되고, 나아가 '자아분열'을 거쳐 의도적이고 전략적 전용에 이르는 사고와 심리, 의식의 변화가 맥락을 이루며 전개되었음을 파악할 수 있었다. 그 맥락 가운데 식민지 한국의 대중이 서구생활문화의 충격에 주술적 사고로 반응하거나 그 생활문화를 향유하려는 욕구, 여성을 상품화하는 일탈심리는 페티시즘이나 성적 욕망 등의 원초적 심리에 의지한다는 것을 알 수 있었다.

하지만 그와 함께 한국인 대중은 서구생활문화에 대한 욕구를 통해 주체적 자아를 발견하여 '자본주의적 균질성 획득'과 '대중사회 도래', '평등계약 확산'을 희망하였고, '타자화'로 인한 '자아분열'을 주체적 전용 내지 '저항적 혼종'으로 극복하고자 했다. 그처럼 당대의 대중들은 '식민화'에 부수된 서구생활문화를 피동적 객체로서만 수용한 게 아니라 욕구하고 전용하는 주체로서 저항적 혼종문화를 창출, 식민통치에 길항했다. 필시 당대에 이미 그러한 주체적 서구생활문화 수용과 전용의 맥락이 마련되었기에 그로부터 오늘날까지 서구문화의 흐름이 이어질 단초가 마련되었으리라 본다.

대만 일본식민지기 건조물의 문화유산화와 전후 기억의 행방

무라시마 겐지(村島健司, Murashima Kenji)

한림대학교 일본학연구소 HK연구교수. 문화사회학, 동아시아연구 전공.
대만을 중심으로 한 재해 부흥과 종교, 제국일본 건조물의 문화유산화에 관심을 갖고 있다. 주요 저작물로 「종교에 의한 재해 부흥 지원과 그 정당성 : 대만 불교에 의한 다른 두 개의 재해 부흥 지원으로부터」(2017), 『중국 운남성 소수민족으로 보는 다원적 세계 : 국가의 틈새를 살아가는 사람들』(공저 · 2017), 「제국 일본의 개발과 문화유산으로서의 댐 : 전후 대만 문화유산의 변천과 지역사회에 의한 실천을 중심으로」(2019) 등이 있다.

1. 서론

대만사회는 오스트로네시아 어족 계열의 선주민족들을 기반으로 하면서, 17세기 이후 단계적으로 이주해 온 한족 이외의 다양한 민족들로 구성되어 있다. 원주민들을 제외하면 대부분 이민자로 구성된 대만은, 1624년 네덜란드가 통치를 시작한 후 정씨(鄭氏) 정권과 청의 지배하에 있었고, 전후에는 중국 대륙에서 온 국민당이 정권을 잡았으며, 장제스(蔣介石)와 장징궈(蔣經國)의 죽음 이후 민주화가 진행될 때까지 외래 정권에 의한 통치가 반복되었다. 최근에 이르러 비로소 맞이하게 된 민주화 시대 이전까지 대만은 외래자가 지배자로서 재래자를 지배하는 이층 구조가 존재했던 것이다.[1]

이러한 역사적 배경으로 인해 대만에서 문화유산으로 인정되는 건조물 대부분은 과거 대만을 통치한 외래 정권의 손에 의해 건조되었다. 각 시대의 건조물은 당시 대만을 지배하던 외래자에 의해 만들어지고 외래자에 의해 이용되었다. 그리고 그 대부분은 농업 개발을 위한 댐처럼 재래자를 지배하기 위한 장치로 기능해 왔다.[2]

정권이 바뀌고 종래의 지배자가 대만을 떠나고 나면, 새로 도래한 지배자가 그 건조물의 관리자가 되었다. 대만에 현존하는 다수의 역사적 건조

---

1 沼崎一郎(2014),『台湾社会の形成と変容』, 宮城 : 東北大学出版会.

2 清水美里(2015),『帝国日本の「開発」と植民地台湾 : 台湾の大圳と日月潭発電発電所』, 東京 : 有志舎.

물은 건축된 당초와는 다른 관리자에 의해, 또 때로는 다른 의미가 부여되어 관리 · 운영된 것이다. 본 논문에서는 이 같은 건조물이 오늘날 문화유산으로 인정받을 때 과연 어떤 관리자의 기억으로 보존되는지, 또 어떻게 상기되는지를 고찰하고자 한다.

이 글에서는 일본식민지기 건조물을 사례로 위의 과제를 검토해 보겠다. 전후 대만에서 유형문화재는 고궁박물관의 문물 등 대륙으로부터 옮겨 온 '중원문물'을 지칭하는 경향이 강했고 또 고적의 상당수가 대륙의 것이었으므로 대만에서 건조된 고적에 대한 주목도는 높지 않았다.[3] 1982년 문화자원보호법이 제정되자 대만에 현존하는 역사적 건조물과 유적 일부가 보존 대상이 되기는 했다. 하지만 국민당정권이 추진한 탈일본화의 정책으로 인해 일본식민지기 건조물은 보존 대상이 되지 못했다. 일본식민지기 건조물이 보존되기 시작한 것은 1990년대 후반부터이다. 이때부터 대만사회의 '본토화(대만화)'가 추진되었고 대만 역사의 독자성을 구성하는 요소로서 일본이 재발견되었다. 이로써 당대의 건조물 역시 보존될 수 있었다.[4]

1990년대 후반부터 2000년대에 걸쳐 수많은 일본식민지기의 건조물이 문화유산으로서 보존의 대상이 되었다. 민속학 · 인류학 · 사회학 등 다수의 연구자들이 건조물의 보존 양상을 주목하고 과거 일본에 대한 기억이 어떻게 상기되는가를 고찰하는 연구를 행하고 있다. 가령 마쓰다 히로코(松田ヒロ子)는 1920년대 말에 개발된 타이베이시의 일본인 거리, 특히 단층집들이 늘어서 있으며 전후에는 칭텐제(靑田街)라고 불렸던 쇼와초(昭和町) 일대를 연구 소재로 삼았다. 그는 전후 대만인 거주자들 사이에서 일본가옥의 보

3 菅野敦志(2011), 『台湾の国家と文化 : 「脱日本化」·「中国化」·「本土化」』, 東京 : 勁草書房, 329쪽.

4 上水流久彦(2007), 「台湾の古蹟指定にみる歴史認識に関する一考察」, 『アジア社会文化研究』 8, 広島大学アジア社会文化研究会, 103쪽.

존활동을 위해 형성된 커뮤니티와 식민지기 거주자인 일본인 귀환자(引揚者)들과 현재 보존활동에 참여하고 있는 대만인 거주자들의 관계 속에서 새롭게 상기되고 창출된 식민지기의 기억을 주목했다.[5] 한편 린추메이(林初梅)는 향토의식이 고조되던 1990년대 이후 대만사회와 일본인 귀환자들이 관계를 맺으면서 일본식민지기의 기억 또한 재구축되었다고 지적했다.[6]

칭톈가의 사례를 화롄시(花蓮市)의 일본식 가옥군 장준푸(將軍府)와 비교하여 분석한 이시이 세이키(石井清輝)는 모리스 알박스(Maurice Allbwachs)로부터 피에르 노라(Pierre Nora)의 연구로 이어지는 집합적 기억론을 바탕으로 일본가옥군을 지역사회의 자본으로 해석했다. 그것들은 국민당정권 때에는 제한되어 있던 일본에 관한 집합적 기억을 상기시키는 공간적 구조, 바꾸어 말해 '기억의 장소'라고 할 수 있다. 그러나 또 한편으로 일본가옥군을 둘러싼 식민지기의 기억은 당시의 기억을 공유할 수 없는 사람에게는 타자성 · 이질성의 원천이 된다. 따라서 그것들을 지역 유산으로 보존하려는 관계자는 그 간극을 좁히기 위해 노력해야 한다고 주장했다.[7]

---

5 松田ヒロ子(2011), 「『故郷』としての台湾：台北市青田街のコミュニティ活動と植民地の記憶」, 蘭信三　編, 『帝国崩壊とひとの再移動：引揚げ, 送還, そして残留』, 東京：勉誠出版, 170~180쪽；松田ヒロ子(2013), 「台湾における日本統治期の遺構の保存と再生：台北市青田街の日本式木造家屋を中心に」, 蘭信三　編, 『帝国以後の人の移動：ポストコロニアリズムとグローバリズムの交錯点』, 東京：勉誠出版, 833~865쪽.

6 린은 일본식민지기에 설립된 학교를 사례로 들어 일본인 졸업생의 향수와 오늘날 대만에서 강조되는 향토교육 열기가 맞물리는 현상을 조명했다. 일본인 졸업생들이 동창회를 조직하고 모교와 교류함으로써 일본식민지기의 기억이 오늘날 대만에서 새롭게 상기되는 것을 규명하였다. 학교를 기억의 장으로 논하고 있는 것이다[林初梅(2016), 「湾生日本人同窓会とその台湾母校：日本人引揚者の故郷の念と台湾人の共同意識が織りなす学校記憶」, 所沢潤 · 林初梅 編, 『台湾の中の日本記憶：戦後の「再会」による新たなイメージの構築』, 東京：三元社, 253~297쪽].

7 石井清輝(2016), 「植民地時代の遺構をめぐる価値の生成と『日本』の位相：台湾における日本式木造家屋群の保存活動を事例として」, 所沢潤 · 林初梅 編, 『台湾の中の日本記憶：戦後の「再会」による新たなイメージの構築』, 東京：三元社.

이시이는 이 이질성을 어떻게 활용하느냐에 따라 문화적 가치만이 아닌 경제적 가치까지도 창출할 수 있다고 보았다. 그 사례로 일본가옥을 개조한 레스토랑·카페·갤러리 등이 오늘날 대만사회에서 인기를 끌고 있는 것과 같은 현상들을 긍정적으로 평가했다.[8] 그러나 알박스가 그의 저서 『기억의 사회적 구조』에서 언급했듯이 사회집단에 있어 집합적 기억이라는 것은 사람들을 통합하면서도, 때로는 분리를 촉진하는 기능을 가지고 있다.[9]

이 글은 대만화가 진행되고 있는 현재의 대만에서 문화유산으로 인정되고 있는 일본식민지기 건조물을 소재로 한다. 그것의 보존과 활용에 관한 기억이 어떤 담당자에 의해 어떻게 상기되는가를 고찰하면서, 미처 통합되지 못한 소외된 담당자들의 목소리를 필드워크를 통해 밝혀내는 것을 목표로 한다. 그 구체적인 사례로 대만 동부 화롄현 지안향(吉安鄉)에 있는 칭슈위엔(慶修院)이라는 사원을 주목한다. 지안향은 제국 일본인들이 선주민족을 무력으로 진압한 후 요시노무라(吉野村)라는 관영이민촌을 만들어 개척한 곳이다. 이 요시노무라에 설치된 포교소가 칭슈위엔의 기원이다. 이 요시노포교소가 전후에 칭슈위엔으로 개칭되었고 1997년에는 문화유산으로 인정되었다. 요시노포교소가 건설된 당초에는 일본인이 관리하였지만, 전후 일본인이 물러간 후에는 칭슈위엔으로 개칭하고 대만인이 관리하였다. 그러나 대만정부에 의해 문화유산으로 인정될 때 상기된 기억이 과연 어느 담당자의 것인지는 불분명하다. 이 글에서는 우선 전전과 전후의 요시노포교소와 칭슈위엔을 개관하겠다. 다음 대만에서 문화유산 보존의 역사가 전개된 과정과 함께 칭슈위엔이 문화유산으로 인정되는 과정과 보존 및 활용 상황에 대해 분석하겠다. 그리고 나서 칭슈위엔이 문화유산으로 인정

---

8 石井清輝(2016), 앞의 글, 244~245쪽.

9 Maurice Halbwachs(1994〔1925〕), *Les Cadres Sociaux de la Mémoire*, Albin Michel〔鈴木智之 訳(2018), 『記憶の社会的枠組み』, 東京 : 青弓社〕.

되는 과정에서 상기된 기억이 어떤 것인지, 그리고 상기되지 않은 기억은 어떤 것인지 필드워크를 통해 밝히겠다. 또한 칭슈위엔에 대한 기억이 상기됨으로써 어떤 이유로 사람들 간에 분리와 소외가 발생하는지에 대해서도 살펴보겠다.

2. 요시노포교소와 칭슈위엔

일본식민지 초기의 대만에서는 대만총독부의 주도로 일본인의 대만이민이 독려되었다. 요시노무라는 도요타무라(豊田村), 하야시다무라(林田村)와 함께 가장 이른 시기인 메이지 말기부터 다이쇼 초기에 걸쳐 현재의 화롄현에 건설된 관영이민촌이다. 『대만총독부 관영이민사업보고서(台湾総督府官営移民事業報告書)』에 따르면 이민자의 상당수는 도쿠시마(徳島)현 요시노강(吉野川) 유역의 출신자였기에 요시노무라라고 명명되었다고 한다. 이민자들은 대부분 불교 신자였다. 그중에서 진종(眞宗) 신도가 가장 많았고, 다음으로는 도쿠시마현이나 가가와(香川)현 출신도 다수였기에 진언종(眞言宗) 신도가 많았다고 한다. 진종에서는 일찍이 조직적인 포교를 실행했으므로 마을 내 사원을 소유하고 있었지만, 진언종은 그다음으로 많은 신도를 확보하고 있었음에도 불구하고, 위 보고서가 집필된 1916년에도 포교의 거점조차 마련하지 못했다.[10]

칭슈위엔을 문화유산으로 인정할 것을 정부에 요청하고 2010년까지 문화유산이 된 칭슈위엔의 운영에도 직접 관여했던 웽춘민(翁純敏)에 따르면, 진언종 신도인 가와바타 만지(川端満二) 씨의 요청으로 고야산(高野山) 총본산으로부터 요시노무라에 시치밍(釈智猛) 법사가 파견되었다고 한다. 법사

10 台湾総督府篇(1919), 『台湾総督府官營移民事業報告書』, 台北 : 台湾総督府, 130~154쪽.

를 중심으로 1917년부터 마을의 중심지에 요시노포교소를 짓기 시작해 1922년에 현재의 칭슈위엔의 기초가 된 사원을 완공했다고 한다.[11] 본당에는 홍법대사(弘法大使)상이 모셔졌고 포교소 내에는 백도석(百度石)과 광명진언백만편(光明眞言百萬遍)의 비석 이외 88개소의 영장(靈場)을 재현한 88개의 석불 등이 배치되었다.

당시 주지의 손자는 "요시노무라에서 약 80호가 포교소의 단가(檀家)가 되었고 마을 내에 장례가 있으면 부친만이 아니라 어머니까지 염불을 외워야만 했다"[12]고 회고했다. 한편 요시노무라의 일본인 호수가 1917년 최대 327호였던 것을 보면[13] 요시노무라에서 일본인의 4분의 1에 해당되는 가정이 요시노포교소의 단가였음을 알 수 있다. 요시노포교소는 많은 신도를 확보하면서 요시노무라 진언종도의 종교적 거점으로 기능했다. 이민자들 대부분의 출신지였던 도쿠시마나 카가와현 사람들에게는 향수를 달래는 장소가 되었을 것이다.[14]

그러나 일본이 패전한 후 주지를 비롯한 일본인들 모두가 요시노무라를 떠나게 되어 요시노포교소는 담당자가 없어진다. 방치상태였던 요시노포교소를 관리·운영한 것은 대만 북서부의 사원에서 수업(修業)을 하던 거사(居士) 우티엔메이(吳添妹)였다. 그녀의 형부가 요시노무라에서 일본인한테

11 翁純敏(2006), 『吉野移民村與慶修院』, 花蓮 : 花蓮県青少年公益組織協会, 120쪽.

12 翁純敏(2006), 앞의 책, 124~126쪽.

13 요시노무라의 일본인 인구수는 1922년 1,752명으로 최대였으며 그 후에는 점차 감소되었다. 한편 대만인 인구는 1922년에는 겨우 8명이었으나 그 후 증가하여 1932년에는 1,675명을 기록해 일본인을 상회하였다〔中華綜合發展研究院應用史學研究所 總編(2002), 『吉安鄕志』, 花蓮 : 吉安郷公所, 463~474쪽〕.

14 이는 본 저자의 논문〔村島健司(2016), 「戦後台湾における日本統治期官営移民村の文化遺産化 : 戦前·戦後の記憶の表象をめぐって」, 好井裕明·関礼子 編著, 『戦争社会学 : 理論·大衆社会·表象文化』, 東京 : 明石書店〕을 정리한 것으로 일본식민지기의 관영이민촌 요시노무라에 관한 상세한 내용은 논문을 참조할 것.

토지를 이어받는 과정에서 통역을 맡았었기에 그녀가 요시노포교소를 계승하여 관리할 수 있었다.[15] 그녀는 정당(正堂)에 모셔진 부동명왕상(不動明王像)을 측실로 옮기고 석가상과 대만 민간에서 널리 믿어지는 관음보살상을 정당으로 모셨다. 1948년 국민당 정부가 시행한 탈일본화 정책의 영향으로 요시노무라의 지명이 지안향으로 바뀌었고, 이때 요시노포교소도 칭슈위엔으로 개칭되었다.

이러한 과정을 통해서 우티엔메이는 칭슈위엔을 전담하였다. 그러나 이전 관영이민촌의 토지였던 칭슈위엔의 토지소유권은 국민당 정부에 귀속되었다. 그 때문에 그녀는 매년 토지대금을 현(縣)정부에 치렀다. 그리고 조카 우쉬두안(吳仕端)과 칭슈위엔의 종무소에 거주하면서 종교활동을 이어갔다.

우티엔메이는 1982년 타계할 때까지 칭슈위엔의 운영을 맡았고, 이후에는 조카였던 우쉬두안을 양자로 삼아 잇게 하였다. 그러나 우쉬두안도 교통사고로 급사했다. 우쉬두안의 아내 B씨는 7명의 자식을 혼자 양육하고 있었기 때문에 칭슈위엔을 관리하기 어려웠다. 또한 현정부가 요구하는 칭슈위엔의 지대도 해마다 급등했기에 결국은 칭슈위엔을 처분하기로 결정한다.

담당자를 잃은 칭슈위엔은 폐허와 다름없는 상태로 10년이나 방치되었다. 그 후 1990년대 후반이 되어서야 보호 대상이 되었다. 화롄현 지역사회에서 역사적 · 문화적 가치를 지닌 유산들을 발굴하고 보호 활동을 벌였던 웽춘민의 공로였다. 정부의 심사 결과 칭슈위엔은 3급 고적으로 지정되었고 복원을 위한 조사가 개시되었다.[16] 그리하여 2003년 가을, 복원공사가 종료되어 문화유산으로서 현재의 모습을 갖추게 되었다.

---

15 한편 가장 많은 신도수를 자랑했던 진종의 사원은 일본인이 물러간 후 관리자 부재의 상태가 지속되었다. 결국 건물은 1984년에 철거되어〔翁純敏(2006), 앞의 논문, 114쪽〕 현재 흔적이 남아 있지 않다.

16 花蓮縣政府(1999),『花蓮縣第三級古蹟吉安慶修院調查研究』, 花蓮：中國工商專校.

3. 문화유산으로서의 '칭슈위엔'과 상기되는 기억

관리자가 없었던 칭슈위엔은 정부가 문화유산으로 인정하면서 다시 빛을 보게 되었다. 칭슈위엔 복구공사를 앞두고 화롄현 정부는 "화롄현과 지안향의 향토 역사를 인식하고 커뮤니티를 창출하기 위해 칭슈위엔을 복구할 필요가 있다"[17]고 강조했다. 이와 관련하여 전후 대만에서 펼쳐진 문화유산 인정을 둘러싼 움직임을 우선 종합해 보겠다. 그리고 칭슈위엔이 문화유산으로 인정되기까지의 배경을 정리한 후, 현재 문화유산으로 인정받고 있는 칭슈위엔의 상기되는 기억에 대해 밝히고자 한다.

1) 전후 일본식민지기 건조물의 문화유산 인정

대만에서는 1982년 문화유산보존법이 시행되면서 문화유산의 인정, 보호활동이 본격화되었다. 문화유산법 제1조에는 '문화유산 보존'에 의한 '국민정신생활의 충실과 중화문화의 발양'이 법 제정의 목적으로 명시되어 있다.[18]

문화유산보존법은 2005년과 2016년에 대폭 개정되었다. 그 가운데에서도 2005년 개정에 의한 제2판 이후 법령의 제1조에 따라 그 목적이 기존의 '문화유산의 보존'에서 '문화유산의 보존 및 활용'으로, '국민정신의 충실과 중화문화의 발양'에서 '국민정신생활의 충실과 다원문화의 발양'으로 개정되었다.[19] 이 개정에 주목해 개정 이후 어떠한 변화가 있었는지 확인하고

---

17 花蓮縣政府(1999), 앞의 책, 1쪽.

18 宮畑加奈子(2015), 「台湾文化資産保存法における歴史的, 文化的価値を有する『建築物』概念の変容について：植民統治期の遺物から土地の記憶へ」, 『広島経済大学研究論集』 37-4, 99쪽.

19 宮畑加奈子(2015), 앞의 논문, 99쪽.

자 한다.

중국대륙에서 정통성을 구하는 국민당 독재 국가인 중화민국이 성립된 전후 대만에서는 매우 천천히 민주화 및 대만화가 이루어졌다.[20] 대만의 민주화와 대만화는 문화자산보존법, 특히 그 제1판이 공포된 1982년부터 제2판이 공포된 2005년까지의 기간에 급속하게 진행되었다. 1949년에 공포되어 이후 38년이라는 장기간에 걸쳐 시행된 계엄령이 1987년에 해제되고 다음해 1988년에는 장제스의 아들이자 당시의 중화민국총통이었던 장징궈가 사거하여 대만 출신인 이른바 '본성인' 리덩후이(李登輝)가 총통으로 취임한다. 1996년에 직접선거로 총통선거가 실시되어 리덩후이가 총통직을 재임하였고 2000년에는 민진당 소속의 천수이볜(陳水扁)이 총통으로 선출되어 정권교체와 함께 장기간에 걸친 국민당 정권이 막을 내린다.

국민당의 관점으로 중화민국사를 보면, 일본식민지기는 불법으로 점거된 시대였고 일본은 부정해야만 하는 과거 이외의 의미는 없으며[21] 어떠한 문화적 가치도 부여할 수 없는 시대였다. 문화유산과 관련해서도 전후 국민당 정부는 일본식민지기의 건조물을 배제하고, 중화문화에서 유래된 건조물만을 보존했다. 이를 통해 정부는 탈일본화와 중국화를 꾀하였다. 민주화 이전인 1982년에 제정된 문화자산보존법에도 정부의 목적이 고스란히 담겨 있었다. 따라서 당시의 문화유산이란 '중화문화의 발양'으로 연결될 수 있는 명·청 시대의 건조물일 뿐, 일본식민지기 건조물은 외면되었다.

한편 1990년대 이후의 민주화와 그에 따른 대만화는 중화민국사에서 대만본토사에 대한 역사 인식의 큰 전환을 일으켰다. 대만은 선주민족의 문화로부터 시작하여, 명·청 초기 이민에 의해 유래한 대륙의 문화, 일본식민

20 若林正丈(2008), 『台湾の政治：中華民国台湾化の戦後史』, 東京：東京大学出版会.

21 上水流久彦(2007), 「台湾の古蹟指定にみる歴史認識に関する一考察」, 『アジア社会文化研究』 8, 103쪽.

지기와 전후까지를 아우르는 다원적인 문화를 향유해 왔다는 인식이 확대되었다. 따라서 일본식민지기 건조물도 중화본토와 다른 대만만의 독자적이면서도 다원적인 문화를 구성하는 중요한 요소로 인식되었다.[22] 그 때문에 민주화와 대만화가 급속히 진행되는 1990년대 후반 이후에 속속 문화유산으로서 인정되었다. 2005년 개정 이후 문화자산보존법 제1조에 명시된 보존의 목적이 '중화문화의 발양'에서 '다문화의 발양'으로 개정된 것은 이러한 변화에 영향 받은 것이다.[23]

2) 칭슈위엔의 문화유산 인정과 상기되는 기억

본 논문이 주목한 칭슈위엔도 대만화가 진행된 1997년에 문화유산으로 인정되었다. 그 이유는 '일본의 전통적 건축양식에 의해 세워졌고 사각형 형태의 구리지붕으로 향배(向拝), 목조의 난간을 가진 불교건축물'[24]이었기 때문이다. 여기서도 알 수 있듯이 그것이 문화유산으로 인정된 이유는 건축물 즉 유물로서의 가치일 뿐, 기억과 같은 의미는 배제되어 있었다. 문화유산 인정 운동에 깊이 관여한 웽춘민은 다음과 같이 이야기하고 있다.

> 화롄은 대만에서 가장 발전이 뒤처진 지역이고 이 지역의 많은 젊은이는 타이베이 등 도시로 나가 돌아오지 않는다. 자랑할 만한 향토문화가 있다면 상황이 나아질 것이라고 생각하여 향토를 조사하기 시작했는데, 이 과정에서 이 지

---

22 上水流久彦(2007), 앞의 논문, 103쪽.

23 村島健司(2019), 「帝国日本の開発と文化遺産としてのダム：戦後台湾における文化遺産の変遷と地域社会による実践を中心に」, 『日本研究』 51, 中央大学校日本研究所, 176~180쪽.

24 文化部文化資産局HP 「国家文化資産網：吉安慶修院」(https://nchdb.boch.gov.tw/assets/overview/monument/19970401000001, 검색일：2019. 5. 28).

> 역이 일본인의 이민촌이었다는 것을 알게 되었고 칭슈위엔이 관리되고 있지 않다는 것도 알게 되었다. 이후 칭슈위엔 보호를 정부에 요청하였다.[25]

글머리에 인용한 보고서는 그녀가 작성한 것이고 칭슈위엔의 보존이유는 '화롄과 지안의 향토 역사를 재인식하고 커뮤니티를 창출하기 위함'이었다. 대만화가 진행되는 대만사회에서 중국이 아닌 대만만의 향토 역사를 찾기 위해 폐허로 매몰되어 있던 칭슈위엔이 발견되고 문화유산으로 주목받은 것이다.

문화유산으로 인정된 후 화롄현 문화국은 웡(翁)이 간사를 맡고 있는 비영리단체에 칭슈위엔 관리를 위탁하였다. 2010년까지 칭슈위엔은 이 단체의 주도로 보존되었고 관광객에게 공개되었다.[26] 문화유산으로 인정받게 된 결정적 요인이었던 일본의 전통적 건물 양식을 따른 건축물로서 칭슈위엔만이 아닌, 88개의 석불 부동명왕상 · 홍법대사상 등 당시의 양식을 재현한 다양한 조각도 같이 전시되었다. 이 조각들은 칭슈위엔이 문화유산으로 인정된 것을 계기로 화롄현과 일본통치기 요시노포교소의 담당자였던 진언종의 주지일가(住職一家) 사이에 교류가 시작되면서 당대 모습을 바탕으로 재현되었다. 특히 홍법대사상은 주지일가와 교류하면서 진언종의 본산인 고야산(高野山)이 기증한 것이다. 칭슈위엔에서는 정기적으로 당시의 주지의 자손을 비롯한 요시노무라 출신의 일본인을 초대하고 있다. 이를 통해 그들과 지안향 간의 교류를 지속하며 관련 행사도 개최하고 있다.

칭슈위엔 내부에는 목조건물양식과 석불 88개 등이 전시되어 있고 관광객을 위해 중국어, 일본어, 영어로 되어 있는 해설도 준비해 놓았다. 또 칭

---

25 필자에 의한 서술이다(2016. 2).

26 2010년부터는 관광 개발을 추진하려는 정부의 의향이 반영되어 당초의 이념을 이으면서도 보다 상업성을 추구하는 단체에 위탁되었다.

슈위엔 자체의 역사적 배경을 설명하고 있는 안내에는 일본이 대만으로 입식(入植)해 온 경위, 관영이민촌인 요시노무라가 조성된 유래, 이민자가 이 주변 일대를 개척하고 농업발전에 공헌한 것, 이민자의 생활 터전이었던, 칭슈위엔의 전신인 요시노포교소가 이 지역에 건설된 이유가 적혀 있다. 아울러 이민자 대부분이 일본 도쿠시마현 요시노가와 부근 출신이기에 요시노무라라는 명칭이 붙여졌고, 시코쿠에 관한 자료도 많이 전시되어 있다고 적혀 있다. 또한 전후 일본인이 물러가고 칭슈위엔으로 이름이 바뀌었음에도 일본과의 교류가 이어져 일본의 고야산에서 홍법대사상을 보냈다는 내용도 기록되어 있다.

이 점에 비추어 알 수 있는 것은 칭슈위엔의 문화유산 인정 이후 상기되는 기억의 대부분은 일본식민지기 요시노무라의 생활에 관한 것이다. 당시의 요시노포교소를 둘러싼 생활실태가 그대로 문화유산 칭슈위엔에 보존되고 있을 리는 없다. 모두에 언급한 선행연구가 지적했듯이 일본식민지기 건조물이 문화유산으로 지정될 때 상기된 기억은 예전 그대로의 것이라고 할 수 없다. 오히려 그것은 향토의식이 높아지는 1990년대 대만사회에서의 대만인과 일본식민지기의 일본인 사이에서 재구성된 기억이다.[27] 그렇기에 칭슈위엔의 기억도 그 시대만의 기억이 아닌 요시노무라 출신의 일본인, 웽을 비롯해서 화롄현과 지안향에 있는 대만사회 사이에서 재구성된 결과인 것이다.

그러나 그 기억 속에 일본인 이민자가 물러간 후, 요시노포교소가 칭슈위엔으로 이어지며 문화유산이 되는 과정에서 만들어진 기억은 반영되지 않았다. 다음 절에서는 칭슈위엔이 문화유산화될 때 반영되지 않은 기억을, 칭슈위엔을 도맡았던 가족과의 대담 및 현지 인터뷰 조사를 통해 검토해 보고자 한다.

27 林初梅(2016), 앞의 논문 ; 石井清輝(2016), 앞의 논문.

4. 칭슈위엔과 전후 가족의 기억

제2차 세계대전 이후 주지를 비롯한 사찰의 담당자였던 일본인들이 물러가고 우티엔메이가 요시노포교소를 관리하게 되었다. 정식으로 출가한 그녀는 요시노포교소를 칭슈위엔으로 이름을 바꾸었다. 석가상과 관음보살상을 주신으로 본당에 모시고, 88개의 석불을 외벽에 두어 일본식민지시기와는 다른 방식으로 사원을 운영했다. 대만불교는 일본불교처럼 단가제도로 지역사회와 깊게 관계를 맺지는 않지만 매월 법회, 석가와 관음의 탄신을 기념하는 축제 그리고 백중절(盆) 등의 행사를 개최하여 많은 신도가 사원을 찾게 한다. 우티엔메이도 다양한 행사를 개최하여 점차 더 많은 이들이 칭슈위엔을 방문할 수 있도록 하였다.

1950년대에서 1960년에 걸친 기간은 사원으로서 칭슈위엔의 전성기였다. 법회 등의 행사가 개최될 때에는 많은 사람들이 사원에 모여들었다. 우티엔메이는 칭슈위엔에서 조카의 가족과 함께 살았고 이외의 가족도 같이 지안향에 거주하며, 백중절과 법회 등의 행사가 개최될 때에는 모두 동참하여 밤을 새워 행사를 준비했다고 한다. 그녀의 조카이자 양자였던 우쉬두안의 아내로 칭슈위엔에서 오래 생활했던 B씨는 법회 준비 모습을 다음과 같이 떠올렸다.

> 법회가 개최될 때는 많은 신도가 칭슈위엔에 모여들어 우리는 전날 밤부터 근처에 사는 가족들과 밤을 새워 참배하는 신도들에게 제공할 식사를 준비해야 했다.[28]

---

28 필자에 의한 서술이다(2016. 3). 여기서 가족의 기억이란 필자가 2016년에 행한 조사 데이터를 기억과 기억의 분리라는 관점에서 새롭게 분석한 것이다.

큰 행사가 개최될 때에는 우티엔메이와 동거하는 우쉬두안의 가족만이 아닌 인근에 거주하는 그녀의 가족 모두가 서로 도우며 준비를 한 것이다. A씨도 다음과 같이 이야기하며 당시에는 많은 이가 칭슈위엔에 몰렸음을 알게 한다.

> 법사인 고모할머니(우티엔메이)로는 부족하여 행사가 개최될 때에는 화롄 시내의 큰 사원에서 2~3명이 행사 준비를 돕기 위해 왔었다. 마찬가지로 그쪽의 행사에 일손이 부족할 때에는 고모할머니가 도우러 갔다.

당시 칭슈위엔의 건물은 건축된 지 40년이나 지났기에 이곳저곳 훼손된 부분이 많았다. 본당과 가옥을 수리하는 것 또한 가족의 역할이었다. 우티엔메이의 큰오빠의 손자 A씨는 손자 세대임에도 나이가 많은 편이다. 그는 어린 시절부터 많은 시간을 칭슈위엔에서 보냈고 현재도 칭슈위엔에서 걸어서 1분 정도에 위치한 관사에 살고 있다. 그 역시 당시의 모습을 다음과 같이 회상한다.

> 목조로 된 낡은 건물이고 석조 건물도 많이 있어서 유지하는 데 대단히 힘들었다. 태풍이 오거나 많은 비가 내릴 때를 대비한 준비도 해야 했다. 해마다 한 번씩은 가족이 모두 대대적으로 보수작업을 했는데 그 비용은 우리가 감당해야 했다. 특히 아티엔구(阿添姑)의 조카가 건축업에 종사해서 정기적으로 수리를 하러 왔다.

법회의 준비와 건물의 수리는 고된 작업인 한편, 가족이 함께 모이는 기회이기도 했다. 수리를 할 때, 법회가 개최될 때 그리고 구 정월(旧正月)에는 가족 모두가 모여 우티엔메이와 식사를 함께 하기도 했다.

> 정월의 추억이 종종 떠오른다. 모두가 칭슈위엔에 모여 매년 고모할머니와 새해를 맞이했다. 가족이 모두 신도인 것은 아니었지만, 칭슈위엔에서 함께 모여 채식을 했다.

우티엔메이가 전후의 혼란한 시기에 우연히 요시노포교소를 이어받은 후, 1980년대 중반까지 칭슈위엔은 약 35년간에 걸쳐 그녀를 비롯한 우씨 가족에 의해 관리되어 왔다. 대만불교사원 칭슈위엔을 둘러싸고 다양한 가족의 모습이 남아 있었다. 그러나 이러한 가족의 삶은 문화유산화된 현재의 칭슈위엔에서는 상기되지 않고 있다. A씨는 이에 분노하면서 다음과 같이 말한다.

> 일본인이 물러가고 35년간 우리 가족이 칭슈위엔을 관리했다. 우리가 정성을 다해 관리했기에 50년이 지났음에도 현재까지 유지될 수 있었다. 그럼에도 정부의 관광 안내에는 일본식민지 시대의 역사만 표기되어 있고 칭슈위엔이 전후에는 폐허였다고만 소개되어 있다. 정말 참담한 심정이다.

또 칭슈위엔에서 우티엔메이와 동거했던 B씨는 우씨 가족이 칭슈위엔 관리를 포기한 이유를 다음과 같이 말하고 있다.

> 우리는 현 정부에 지대를 치르면서 칭슈위엔을 관리하고 생활했다. 남편의 사후 일곱이나 되는 아이들을 돌보기에도 벅찼는데, 해마다 높아지는 지대를 내며 칭슈위엔을 관리할 엄두가 나지 않았다. 칭슈위엔을 포기할 수밖에 없는 상황이었다. 그런데도 마치 내가 칭슈위엔을 방치하여 폐허로 만든 장본인인 것처럼 이야기될 때는 마음이 너무 아프다.

그들은 태풍 등으로 손상을 입고 서서히 낡아 가는 일본시대의 건축물과 문화재를 모든 가족이 힘을 합치면서, 혹은 지역 사회와 연계하여 유지 · 관리했다. 결과적으로는 우티엔메이의 사후에 칭슈위엔 관리를 포기할 수밖에 없었지만 우씨 일가의 자금 마련과 노력이 있었기에 1997년 문화유산 신청의 기운이 무르익었을 때 칭슈위엔이 문화유산 지정 대상 중 유력 후보가 될 수 있었던 것이다. 이와는 대조적으로, 보다 이전에 요시노무라에 있었던 대규모의 진종 사원은 전후 관리 계승자가 나타나지 않았기에 흔적도 없이 사라졌다.

A씨와 B씨는 현재도 칭슈위엔의 인근에서 생활하고 있지만 칭슈위엔을 들르는 일은 거의 없다고 말한다. 현재의 모습이 과거의 것과 크게 달라졌기 때문에 가고 싶지 않다는 것이다. A씨는 다음과 같이 말한다.

> 문과 건물의 모습이 우리가 관리하던 때의 것과는 완전히 다르다. 정부는 문화유산을 지정하는 과정에서 문의조차 해오지 않았다. 현 정부의 문화국에 몇 번이나 항의해 보았지만 그들은 우리의 말을 듣지 않았다. 의도적으로 우리가 관리하던 때를 무시한 것이다.

우티엔메이를 비롯한 우씨 가족의 칭슈위엔에 대한 기억은 현재의 문화유산 칭슈위엔에서 상기되는 기억과는 다르다. 문화유산을 통해 일본식민지기를 떠올리게 하기 위해서 그 기억은 불필요하다. 우씨 가족의 기억은 일본식민지기의 담당자의 것이 아니기 때문이다.

> 우리는 현재의 칭슈위엔에 가고 싶지 않다. 나는 칭슈위엔을 볼 때마다 정말 마음이 괴롭다. 심지어 최근에는 상업화마저 진행되고 있다. 문화라고는 찾아볼 수 없는 상업시설이다. 칭슈위엔에서는 반드시 채식을 해야 한다. 그런데 작년에는 정문에서 가다랑어가 제공되는 것을 보았다. 정말 마음이 아팠다.

가다랑어는 현재 칭슈위엔을 관리하는 단체가 요시노무라 시절의 요리를 접할 수 있도록 관광객에게 제공한 것이다. 요시노무라의 많은 사람이 시코쿠 출신이라는 것에 착안하여 시코쿠의 특산물인 가다랑어 요리가 선택된 듯하다. 제3장에서 보았듯이 문화유산으로서 칭슈위엔을 통해 요시노무라의 기억을 떠올리려는 하나의 예이다. 그러나 채식 문화를 엄격히 고수하는 대만불교사원으로서의 칭슈위엔을 기억하는 A씨이기에 그 사실은 받아들일 수 없는 것이다.

우씨 일가가 칭슈위엔의 전후 역사에서 중요한 역할을 했음에도 이들의 기억은 문화유산인 칭슈위엔에서 드러나지 않는다. 칭슈위엔이 문화유산으로 인정된 이유는 그것이 일본식민지기의 건조물, 다시 말해 요시노포교소였기 때문이다. 서론에서 언급한 일본식민지기 건조물의 문화유산화를 다루는 선행 연구에서 논한 것 역시 어떻게 일본식민지기의 기억이 오늘의 대만에서 상기되느냐 하는 문제였다.

그러나 그 연구에서 전후의 기억에 관한 논의는 이루어지지 않았다. 특히 칭슈위엔의 사례처럼 일본식민지기와 전후를 거친 건조물들은 시대마다 그것들을 관리한 담당자들의 기억이 서로 다른 경우가 존재한다. 저마다의 의미를 부여하여 관리했기에 같은 건조물에 얽힌 기억들도 저마다 다르고 때로는 대립하게 된다. 그러나 일본식민지기의 기억을 내세우며 인정된 문화유산은 동시에 그것과 어울리지 않는 전후 관리자들의 기억을 "의도적으로 말소"했다.

5. 결론

이 글에서는 문화유산을 둘러싸고 일본식민지기의 기억이 상기되고 긍정적으로 재인식되는 현재의 대만사회에서 상대적으로 소외된 전후 담당자들의 기억을 필드워크를 통해 밝혀 보았다.

정부의 인정을 받아 문화유산이 된 칭슈위엔을 둘러싸고 상기되는 것은 전후 칭수위엔의 기억이 아니라 요시노무라 시절 요시노포교소의 기억이다. 대만화가 진행되고 있는 오늘날의 대만사회에서는 일본식민지기 건축물에 대한 재평가가 이루어지고 있고, 그 결과 대만의 역사를 증명하는 긍정적 가치를 지닌 고적 · 문화유산으로 공인되고 있다. 관리자가 부재했던 칭슈위엔이 문화유산으로 인정된 이유도 거기에 있으며, 이때 칭슈위엔은 일본식민지기의 관영이민촌 진언종 사원인 요시노포교소에 대한 기억이 상기되는 장소이다.

한편 문화유산으로 지정된 후 상기되지 않은 기억은 전후 지안향 사람들 사이에서 칭슈위엔을 중심으로 공유된 기억이라 할 수 있다. 전후의 칭슈위엔은 대만불교의 사원으로서 우티엔메이 일가가 모여 생활한 장소로 현재의 문화유산 칭슈위엔을 통해 상기되는 기억과는 관계가 없다.

가족의 생활 터전이었던 칭슈위엔에서는 출가자인 우티엔메이를 지지하는 사람들이 모여 생활을 영위했는데 그 모습은 A씨와 B씨의 이야기를 통해 확인할 수 있었다. 우씨 가족은 칭슈위엔의 전후 역사에서 중요한 관리자였음에도 그들의 기억은 문화유산으로서의 칭슈위엔에서는 상기되지 않는다. 문화유산으로서 칭슈위엔에서는 가족들의 기억과 상응되지 않는 기억만이 남아 있는 것이다.

알박스가 집합적 기억의 사례로 처음 언급하는 것이 가족의 집합적 기억이다.[29] 전후의 담당자로서 칭슈위엔을 관리해 온 우씨 일가의 집합적 기억은 현재 문화유산으로서 칭슈위엔의 보존활동 가운데 상기되지 않고 있다. 일본식민지기 요시노무라에 요시노포교소가 존재한 기간은 30년에 지나지 않는다. 그러나 전후에 개명되고 대만인이 운영한 칭슈위엔은 그 이상의

29 Maurice Halbwachs(1994[1925]), 앞의 책, p.199.

세월을 걸쳐 지안향에 남아 있다. 바꾸어 말하면 요시노포교소의 기억보다 더 많은 기억이 칭슈위엔에 남아 있는 것이다. 대만화로 나아가고 있는 현재의 대만사회는 자신의 역사를 인식하는 중요한 요소로서 일본식민지기의 기억만을 조명하고 있다. 대만사회의 역사적 한 축을 담당했던 전후의 집합적 기억도 보존해야 마땅할 것이다.

탄광 희생자의 공양과 일(日)·한(韓)·조(朝)의 '우호'

일본의 옛 채굴지 지쿠호(筑豊)의 주민 실천을 사례로

가와마쓰 아카리(川松あかり, Kawamatsu Akari)

도쿄대학 대학원 총합문화연구과 초역문화과학 전공(문화인류학 분야) 박사과정.
이야기, 기억 연구에 관심을 갖고 있다. 주요 저작물로 「『世界文化遺産』,『世界の記憶』, そして『世間遺産』: 旧産炭地筑豊, 田川市にもたらされた『遺産』概念と地域住民の語り口」(2016), *The Study of Narrative and 'the Everyday Ethnographic Practices': Heritage and Memory in Chikuho, a Former Coal Mining Area in Japan*(2018), 「『語り部』生成の民俗誌にむけて：『語り部』の死と誕生, そして継承」(2018), 「上野英信の記録文学成立過程と民俗学：『〈ただ中で〉書く / 生み出す』という方法」(2019) 등이 있다.

김광식 옮김(릿쿄대학 강사)

1. 서론

2018년 10월, 한국 대법원이 신일철주금(옛 신일본제철)에 대해 징용공의 손해 배상을 인정하는 판결을 내린 것을 발단으로, 같은 판결이 잇따르고 있다. 일본정부는 이 문제가 "1965년 한일 청구권 협정을 통해 완전하고 최종적으로 해결되었다는 입장을 취"하며,[1] 오히려 한국 정부를 비난하는 자세를 보이고 있다.

그러나 일본에서도 코리안[2]의 흔적이 남은 지역의 주민에게 식민지기 역사는 '해결'되지 않았다. 일본제국하에서 많은 코리안이 노동한 옛 채굴지 지쿠호에는 곳곳에 무수한 무연묘표(無緣墓標)가 남아 있다(〈자료 1~2〉). 보타[3]만이 놓인 무연묘표로는 무덤 주인을 확인할 수 없지만, 사람들은 "조선인의 것이 아닐까" 하고 말하는 경우가 많다. 대개 수풀 속에 있는 그 묘표들이 어떤 계기로 사람들 앞에 모습을 드러내면, 누군가가 그것을 공

---

1 「河野外相「毅然とした対応を」韓国外相に要求 元徴用工判決」, 『朝日新聞』 2018. 10. 31, 夕刊 1면.

2 본고에서는 현재 대한민국 또는 조선민주주의인민공화국에 연고를 지닌 사람들에 대해 언급할 때, 기본적으로 '코리안'이라는 호칭을 사용한다. 단 발언의 인용이나 한국/조선의 어느 한쪽에 명확한 아이덴티티를 지닌 (필자가 직접 아는) 인물에 대해 언급할 때는 본인이 사용하는 호칭을 그대로 사용한다.

3 석탄에 섞여 채굴되는 암석이나 질이 낮아 상품화하지 않고 버리는 것을 규슈 지방에서는 '보타(ボタ)'라고 한다. 이 중에도 특히 석탄층에 혼합된 나무 화석을 '마쓰이와'라고 하며, 지쿠호 탄광에 많았다고 한다〔小竹町合盟供養塔管理組合(1995), 『野あざみ』, 小竹町合盟供養塔管理組合〕.

〈자료 1〉 지쿠호 고타케마치(筑豊小竹町) 쇼간보리 공양탑 부근 수풀 속 마쓰이와 무연 묘표(2016. 5. 31. 촬영)

양하게 된다. 논쟁이 되는 역사를 짊어진 무연불(無緣佛. 연고를 알 수 없는 사망자 — 옮긴이 주)의 공양인 만큼, 거기에는 다양한 정치적·사회적·문화적, 그리고 자연스러운 압력도 부과된다. 본론에서는 그러한 무연불 공양을 하는 장(場)의 하나인 쇼간보리공양탑(松岩菩提供養塔)을 사례로, 무연불을 공양하는 주민 실천을 논하고자 한다. 이를 통해 옛 채굴지의 무연불 공양이라는 실천이 어떻게 일본인과 분단된 코리안과의 우호의 실천장이 되었는지를 고찰하고자 한다.

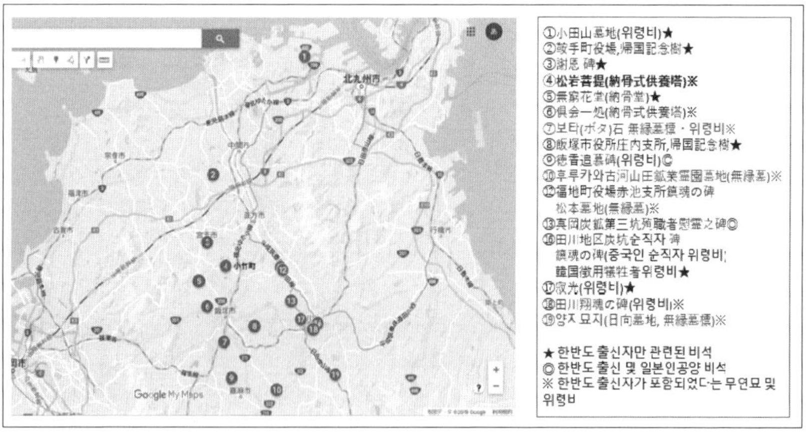

〈자료 2〉 지쿠호 지역의 한반도 출신자와 관련된 위령비·무연묘지

2. 선행 연구·문제의 소산

본론에서는 1980년대 이후 활발히 전개되어 온 집합적 기억론의 흐름을 짚어 보고자 한다. '집합적 기억'은, 과거를 현재의 어떤 장소·공간과의 관계 속에서 다시 파악하는 것을 촉진시킨다.[4] 기억의 집합적인 성질을 논한 모리스 알박스가 발견한 것은, 과거가 시간과 공간의 틀 외부에서 유지된다는 것이었다.[5] 피에르 노라는 '기억의 장'을 물질적·상징적·기능적인 '장'으로 파악하고, 그것이 시간이 경과하면서 의미부여되고, 재독(再讀)되고, 재이용되거나 쇠퇴하는 양상을 파악하고자 했다.[6] 노라의 이러한 모색은 특정한 장소에 아이덴티티를 결부시키려는 기념(commemoration)의 먹이가 되고 말았다는 비판을 받는데,[7] 그것은 기억을 보유하는 장소가 불가피하게 과거를 둘러싼 폴리틱스에 말려들기 때문이다. 문화인류학자 요네야마 리사는 피폭지 히로시마를 무대로 그러한 기억의 폴리틱스와 장소·공간의 관계를 고찰하였다. 요네야마는 1990년 한국인 원폭희생자 위령비 이설(移設)을 둘러싸고 일어난 논의를, 히로시마의 기존 기억의 지형도에 이의를 제기하는 것으로 파악했다. 평화기념공원 밖에 있던 한국인 위령비를 공원 내 공적 기억 영역에 이설하는 것은, 원폭희생자 중에서 코리안이라는 에스닉 집단을 차이화해, 지(知)의 질서 속에 복권할 가능성을 의미했다.

---

4 예를 들면 2010년『사회학평론』60-4는 '기억과 장소(記憶と場所：近代的時間·空間の変容)'라는 특집을 마련했다[浜日出夫(2010b),「特集によせて」,『社会学評論』60-4, 九州大学大学院比較社会文化研究院, 462~464쪽].

5 浜日出夫(2010a),「記憶と場所：近代的時間·空間の変容」,『社会学評論』60-4, 九州大学大学院比較社会文化研究院, 475~477쪽.

6 ピエール·ノラ(2002),『記憶の場：フランス国民意識の文化=社会史 1：対立』, 谷川稔 監修, 岩波書店, 27~28쪽, 48쪽.

7 ポール·リクール(2005), 久米博 訳,『記憶·歴史·忘却 下』, 新曜社, 179쪽. 노라에 관한 기술은 直野章子(2010),「ヒロシマの記憶風景：国民の創作と不気味な時空間」,『社会学評論』60-4, 九州大学大学院比較社会文化研究院, 500~515쪽 참고.

그렇지만 이의를 제기한 사람들은 단순히 '재일코리안'으로 일괄할 수 있는 존재가 아니었다. 요네야마의 논의는 '재일코리안' 내부에 다양한 차이가 생겨나고 있음을 부각시켰다. 그러한 차이에도 불구하고 코리안들에게 '민족으로서'의 기억의 장을 되찾는 것이 중요했던 것이다.[8] 요네야마는 이 논의를 통해 기억을 보존하는 공간을 둘러싼 투쟁에 참여한 이들의 다양성이나, 이 다양한 이들이 연결되는 버내큘러한 존재방식을 천착했다. 버내큘러의 어원이 '토착성'이라는 토지, 장소 등의 의미와 결부된 것임을 상기하면,[9] 사망자에 관한 기억의 전형적 장인 위령비, 공양탑, 묘지를 둘러싼 개별 지역 주민의 실천은 버내큘러에 대한 사유를 심화시키는 실마리를 제공해 줄 것이라고 예측할 수 있다.

옛 채굴지 지쿠호를 구체적으로 살펴보자. 약 787km²[10]의 지역에 점재하는 위령비나 무연모지(無縁墓地)는 같은 지쿠호에 있으면서도 각각 다른 힘의 밸런스 속에 세워져 있다. 다가와시(田川市)의 석탄기념공원에는 탄갱(炭坑)순직자 위령비, 한국징용희생자 위령비, 중국인희생자비가 각기 따로 건립되어 있다(〈그림 1〉의 ⑯). 한국징용희생자 위령비에는 '강제연행'이라는 문자가 새겨져 있다. 한편 탄갱순직자 위령비에는 "전시 중에는 징용이나 각국 포로 등, 남녀노소를 막론하고 석탄 증산에 광분(狂奔)"했다고 기록되어 있다. 이에 대해 코리안이나 중국인의 존재를 기록하지 않았을 뿐만 아니라 모두가 '광분했다'고 하면 공양이 안 된다며 수정을 요청했지만 받아들여지지 않았다.[11] 이즈카시(飯塚市)에 있는 무궁화당(〈그림 1〉의 ⑤)은,

---

8 米山リサ(2005), 小沢弘明・小沢祥子・小田島勝浩 訳, 『広島：記憶のポリティクス』, 岩波書店, 213~252쪽.

9 小長谷英代(2017), 『〈フォーク〉からの展回：文化批判と領域史』, 春風社, 28쪽.

10 直方市石炭記念館, 「지쿠호 탄전에 대해서(筑豊炭田について)」(http://yumenity.jp/sekitan/chikuhoutanden.html, 검색：2019. 5. 13).

11 田川地区人権センター, 『田川地区フィールドワーク：炭鉱と強制連行』, 田川地区人権センター.

강제연행에는 행정 책임도 있다는 신념으로 행정기관과 함께 납골당을 만든 것으로 평가된다.[12] 그러나 우파 시민단체가 이를 계속 비판해 왔고, 2015년에는 시의회에서도 문제가 되었다. 위령제에는 우파 시민단체의 회원이 나타나 비디오카메라를 들고 위협하기도 했다. 한편 다가와군(田川郡)의 통칭 '양지묘지(日向墓地)'에는 많은 보타의 무연묘가 지금도 그대로 남아 있다(〈그림 2〉의 ⑲). 이곳이 동포의 무덤이라고 증언한 코리안이 있었기에 강제연행 관련 답사 때 필수 코스 중 하나가 되었지만, 현재 안내판조차 세워지지 않았다. 토지 소유자나 근린 주민들은 단체로 방문하는 것을 좋아하지 않는 듯하며,[13] 무연묘 사이에 새 무덤이 증가했다고도 한다.[14]

이처럼 많은 무연묘나 공양탑의 토지/장소가 지역사회에 다양한 대립을 낳는 와중에서 고타케마치 쇼간보리공양탑의 실천은 기묘할 정도로 잘 진행되는 듯이 보인다. 이 공양탑에서도 강제연행에 의한 코리안 희생자의 존재가 강조되고, '일본인과 재일코리아 동포와의 친선'이 활동 목적으로 강조되지만, 공양탑에 안치된 유골 중 실제로 코리안이 얼마나 포함되어 있는지는 '알 수 없다'고 적혀 있다. 이에 본론에서는 쇼간보리공양탑을 둘러싼 실천이 지닌 버내큘러한 특징을 분석함으로써, 왜 이 토지/장소에서는 기억을 둘러싼 대립이 첨예하지 않고, 오늘날에도 계속 '평화'롭고 '우호'적인 광경을 확인할 수 있는지를 밝히고자 한다.

---

12 伊藤智永(2015), 『忘却された支配：日本のなかの植民地朝鮮』, 岩波書店, 65~66쪽.

13 2019년 1월 12일, 한국 노동조합단체의 필드워크 안내자(재일조선인2세)의 이야기.

14 2016년 6월 3일, '강제연행을 생각하는 모임'의 '지쿠호로부터 일본인과 한국 · 조선인의 역사를 방문하는 모임'에서의 설명 참고.

3. 조사지 개요

1) 지쿠호탄전(筑豊炭田)

지쿠호탄전은 일본 규슈지방 북부에 위치한다. 19세기 말부터 일본이 근대 국가로 산업화를 추진할 때 기초가 된 석탄 공급지였다. 1890년경부터 중앙자본(미쓰이, 미쓰비시, 후루카와, 스미토모)이 진출해 현지 유력자본(야스카와, 가이지마, 아소)과 경합하며 대규모 경영을 하게 되었고, 1897년에는 석탄 산출량이 전국 석탄 산출량의 50퍼센트를 넘었다.[15] 그러나 1937년 중일전쟁이 시작되자 탄광노동자들이 군사로 동원되면서 노동력 부족에 빠진다. 이 과정에서 1939년 코리안 노동자의 모집이 개시되었고 1945년에 이르기까지 일본 내지의 70만여 명이 동원되었다고 한다.[16] 이때 지쿠호광산에는 약 15만 명의 코리안이 동원되었다.[17] 석탄 산업은 전후 경제부흥을 위해 정책적으로 우대되었지만, 1950년대에 접어들어 석유로 에너지 정책이 전환되면서 피해를 입은 지쿠호에서는 1976년에 모든 탄광이 폐광되었다.[18]

2) 쇼간보리공양탑이 세워진 장소

쇼간보리공양탑은 현재 지쿠호 고타케마치의 구 후루카와 샤카노오(舊古河目尾) 탄광의 공동묘지 자리에 세워져 있다. 고타케마치는 지쿠호 조쿠안

15 田中直樹(2014), 「山本作兵衛と筑豊地域社会」, 有馬学 / マイケル・ピアソン / 福本寛 / 田中直樹 / 菊畑茂久馬 編著, 『山本作兵衛と日本の近代』, 弦書房, 91~97쪽.

16 外村大(2012), 『朝鮮人強制連行』, 岩波書店, 210~211쪽.

17 다가와지구인권센터, 「다가와지구 필드워크 탄광과 강제연행(田川地区フィールドワーク)」, 2016년 10월 10일 국제교류광장 무궁화당 우호친선모임 사무국장 하라나카(原中誠志) 씨의 강연 자료 참고.

18 小竹町史編さん委員会(1985), 『小竹町史』, 小竹町, 833쪽.

지구(直鞍地區)에 속하며 총면적 14.14km^{2}의 소도시로,[19] 2019년 4월 현재 인구는 7,666명이다.[20] 후루카와광업은 1890년대에 이 지구에 진출해 왔다. 마을 내 여러 군데 있었던 탄광은 1962년경부터 차례로 폐광되었고, 후루카와 샤카노오탄광은 1969년에 조업을 끝냈다.[21] 후쿠오카지방 직업소개사무국의 『관내재주(管內在住) 조선인노동사정』에 따르면, 조선인의 일본 도항이 제한되던 1928년 말 일본 내지에 재류하던 코리안은 약 24만 명으로, 당시 고타케마치 후루카와 탄광에서는 갱외부(坑外夫) 56명, 갱내부 5명의 코리안이 일했다고 한다.[22] 전시(戰時) 중에는 후루카와 샤카노오 탄광에서도 코리안의 징용이 행해졌고, 국가총동원 체제하 석탄통제회의 통계자료에 의하면, 1945년 1월 샤카노오 탄광의 모든 노동자 3,030명 중 657명(22퍼센트)이 징용된 코리안이었다.[23] 한편 1944년 1월 현재, 특별고등과 「이입반도(移入半島)노무자에 관한 조사표」에 의하면, 후루카와 샤카노오 탄광에 징용된 코리안 수는 2,476명, 그중 1,551명(62.6퍼센트)이 도주, 323명이 발견되어 재취직, 10명이 사망으로 기록되어 있다.[24] 전시 중에는 징용된 코리안의 숙소가 있었다고 하는데, 그 근처에는 전후에도 코리안의 집주 부락이 있었다.[25]

코리안의 숙소나 코리안 집주 지구에 근접한 구 탄광 사택가(社宅街)에서

19 小竹町史編さん委員会(1985), 앞의 책, 4쪽.

20 고타케마치HP '사람의 움직임(ひとのうごき)'(http://town.kotake.lg.jp/toukei3/pub/default.aspx?c_id=20, 검색 : 2019. 5. 16).

21 小竹町史編さん委員会(1985), 앞의 책, 807~833쪽.

22 福岡地方職業紹介事務局(1929), 『福岡地方職業紹介事務局 編 労働調査 8 : 管内在住朝鮮人労働事情』, 福岡地方職業紹介事務局, 6쪽, 85쪽.

23 2015년 8월 28일 다가와시 석탄기념관 교직원대상 연수 자료 인용.

24 山田昭次 編(2012), 『朝鮮人強制動員関係資料』 2, 緑蔭書房, 40쪽.

25 2019년 4월 10일 공양탑 관리조합고문 A씨와 '강제연행을 생각하는 모임' 사무국장의 U씨의 대화.

200m 정도 떨어진 산중에 있던 것이, 후루카와 샤카노오 탄광의 공동묘지, 통칭 합맹묘지다. 『고타케마치사』(1985)에는 사진과 함께 1987년 후루카와 석탄광업의 '초혼지비(招魂之碑)'나 20기(基)의 광부 무덤, 그리고 전후의 코리안 노동자 무덤 2기 등이 있었다.[26] 이 묘지를 파괴하는 사건이 일어나면서, 후술하는 쇼간보리공양탑 건립운동이 시작된다.

3) 조사 개요

이하에서는 쇼간보리공양탑을 둘러싼 지역 주민 활동에 대한 참여 관찰과, 쇼간보리공양탑을 관리하는 고타케마치 합맹공양탑 관리조합의 중심 멤버에 대한 인터뷰를 바탕으로, 쇼간보리공양탑의 건립 경위를 개관하고, 공양탑을 건립해 25년간 유지 · 관리해 온 주민 실천이 지닌 버내큘러한 특징에 대해 고찰한다.

필자는 2016년 4월에서 1년간 지쿠호에 살며 탄광 역사를 전하려는 사람들을 대상으로 필드워크를 행했다. 2016년 5월부터 고타케마치 합맹공양탑 관리조합 사무국회의, 공양탑의 정비작업 · 가을 공양제에 참가해 현지 초등학생 · 중학생 학습 견학이나 방문객 안내에도 동행했다. 2017년 4월 이후에도 현재까지 가능한 한 정비 작업(총 4회)과 가을 · 봄의 공양제(총 4회)에 참가하고자 노력했다. 특히 추계 공양제에서는 4년간 '문화교류의 부' 사회를 담당했고, 2016년과 2018년 공양제에서는 재일조선인총연합회(이하 총련) 지쿠호지부 청년부가 같은 세대의 일본인들과 결성한 민족타악기서클 일원으로 출연도 했다. 2018년에는 후쿠오카현 교직원조합 조쿠안지부 청년부가 쇼간보리공양탑 노래를 작사하는 기획에도 참가했다. 또한 시민단체 '강제연행을 생각하는 모임'의 현 사무국장 U씨, 전 사무국장 O씨, 공

26 小竹町史編さん委員会(1985), 앞의 책, 880~885쪽.

양탑 관리조합 고문 A씨, 유족대표 T씨, 현 유족대표대리 R씨에게는 자택이나 직장을 수차례 방문해 개별적으로 이야기를 들었다. 필자가 하숙한 교직원조합원 N씨를 필두로 하여, 쇼간보리공양탑 실천에 관여한 수많은 사람들과는 조사 중 여러 곳에서 대면했다. 필자 역시 이들과의 관계 속에서 쇼간보리공양탑과 '유연(有緣)'[27]이 된 사람 중 하나다. 본론의 내용은 쇼간보리공양탑과 차근차근 '유연'을 맺어 온 필자의 개인적 경험 과정을 따라 구성되었음을 부기해 두고자 한다.[28]

4. 쇼간보리공양탑의 역사와 이념

1) 쇼간보리공양탑 전사(前史) : 출발점 덕향(德香)추모비

쇼간보리공양탑(〈그림 2〉의 ④)은 현재 '고타케마치 합맹공양탑 관리조합'(이하 관리조합)에 의해 유지 · 관리되고 있다. 그 구성단체 중 하나인 '강제연행을 생각하는 모임'(이하 생각하는 모임)의 간사대표이자 전직 교원 U씨는 쇼간보리공양탑 건립의 의미는 "쇼간보리만으로는 설명할 수 없다"며, '생각하는 모임'의 출발점이 된 덕향추모비의 역사를 들려주었다.[29]

27 쇼간보리공양탑의 '유연'이라는 말의 의의는 본고 제5장 참고.

28 쇼간보리공양탑에 대해서 미숙하지만 필자가 지금까지 쇼간보리공양탑에 참여하면서 개인적으로 배운 내용을 기술한 것이다. 따라서 본론의 고찰은 쇼간보리공양탑에 관여해 온 주민들이 모두 납득한다고 볼 수 없는 부분이 있을 수 있다. 이 점을 여기에 강조해 두고자 한다.

29 2019년 2월 4일, U씨 자택에서 필자는 2016년 5월에서 2019년 6월까지 다음과 같은 역사를 U씨에게 들었다. 이하는 U씨 이야기를 바탕으로, 『德香追慕碑供養30年祭』기념책자, 2019년 4월 19일, 21일에 O씨 이야기, O씨 및 U씨 제공 자료를 참고해 필자가 구성.

덕향추모비는 지쿠호 게이센마치(桂川町)의 아소요시쿠마(麻生吉隈)탄광의 부지 내에 세워져 있던 석비다(〈그림 2〉의 ⑨). 1980년에 단지조성이 시작되면서 이 석비가 철거된다. 야에이구(弥栄区)와 야에이구 부인회는 고향 만들기에 탄광유적을 남기려고 비석의 재건을 회사에 요청하고, 당시 상황을 기억하는 지역 주민들의 인터뷰 조사도 시작한다. 그 과정에서 1936년 29명이 사망한 갱내 화재사고가 발생했고, 사망자 중 25명이 코리안이었음을 확인한다. 나중에 결성된 '생각하는 모임'의 대표 야에이구 주민 O씨(1926년생)는 "알게 된 이상 공양하는 것이 내 책무라고 생각했다"고 한다. O씨 등의 요청은 게이센마치나 토지를 관리하던 아소 계열의 아소 지소(地所)도 납득해, 1982년에 '덕향추모비'가 재건되어 매년 공양이 행해지게 된다.

1984년 12월, 교사로서 재일코리안 학생을 지도한 U씨와 그 동료들은 주민 O씨를 소개받게 되는데, 그는 "절체절명의 노동 현장에서 똑같은 탄광꾼(たんこうもん)으로 같이 일했으니, 죽은 후에도 똑같은 탄광꾼으로 제사 지내자며, 사람들이 모여들어 누구 할 것 없이 제사를" 지낸 사람 중 하나였다. 감명을 받은 U씨 등도 공양을 돕게 되었다. U씨는 덕향추모비나 쇼간보리공양탑에 대해 설명할 때, O씨가 말했다고 하는 '모두 똑같은 탄광꾼'이라는 것을 강조한다. O씨에게 그 의도를 묻자,

> '탄광꾼'이라고 하면, 일본인들이 차별하고 가장 밑바닥으로 봤지. 탄광 출신은 (내) 남편도 탄광에서 일했지만, 모두들 감췄지. 그러니까 일본인도 한국인도 조선인도 모두 똑같은 탄광꾼이라고 했지. 탄광꾼이라고 말하면, 차별하는 일본인이 많아. 많아도 굳이 그 말을 사용한 게지.[30]

---

30 2019년 4월 19일 O씨 자택 면담. 필자의 필드노트 참고.

하고 이야기했다.

마침 1984년 12월 하순에, 아소요시쿠마 탄광의 공동묘지 자리가 "강제 연행된 조선인의 사체 5백 구가 매장된 장소"라는 허위증언[31]이 신문 각지에 보도되는 사태가 발생했다. 1985년 2월 중의원 예산위원회에서 사회당 의원이 덕향추모비에 대한 질문을 했다. 나카소네 수상은 "실태조사를 하겠다. 후생성·노동성 등에 명해 유골을 발굴하고 공양하고자 한다"고 답했다. O씨 등 지역 주민과 U씨 등 '방문하는 모임' 참가자들은 정부의 실태조사나 유골 발굴 등에 대응하기 위해, 1985년 3월 21일 '생각하는 모임'을 결성했다. 모임은 30년이 지난 지금도 계속되고 있지만, 이후 정부가 실태조사에 나선 적은 없었다.

한편 야에이 부인회 활동에 공감한 지역 총련 여성부도 공양 활동에 참가하게 되었다. 1993년 덕향추모비 안내판이 낡은 것을 보고 재일본대한민국거류민단(이하 민단) 지부는, 자신들이 이 안내판을 화강암으로 새로 건립하겠다고 제안했다. 이에 대해 총련과 함께 활동해 온 덕향추모비 측은 가능하다면 민단·총련이 공동으로 기부를 해주면 좋겠다고 회답했다. 이를 통해 현지 민단과 총련 대표가 대화를 거듭해 '가한잔(嘉飯山)[32] 재일코리아 동포'라는 이름을 만들면서 지쿠호 지역에서 처음으로 민단·총련이 공동으로 공양을 하게 되었다. 제막식에는 한국 KBS도 방문 취재했는데, 카메라를 향해 민단 대표는 "여기에서 조국통일을 향해 활동해 나갈 것을 선언한다"고 공표했다. 당일 접수창구를 따로 마련한 민단·총련의 청년부를 향해, 민단 부지단장이 "오늘은 우리가 하나가 되는 날이잖아" 하고 일갈(一喝)한 장면을, U씨는 감동하며 기억하고 있었다. 덕향추모비를 둘러싼 주

31 실제로는 일본인 유골도 많이 포함된 500구가 매장된 탄광 공동묘지였다.

32 덕향추모비가 세워진 지구는 지쿠호에서도 가호군, 이즈카시, 야마다시 2개시 1개군에 한정된 지역이었기에 그 한자 이니셜을 사용해 嘉飯山지구라 부른다. 참고로 현재는 자치단체 합병으로 가마시, 이즈카시, 가호군 게이센마치로 바뀌었다.

민 실천에서 생겨난 ‘재일코리아 동포’라는 표현은, 가해자인 일본인의 공양 활동에 공감한 총련 · 민단 사람들이 과거의 기억을 민족 대립 극복과 연결시키면서 만들어 낸 것이었다.

2) 덕향추모비에서 쇼간보리공양탑으로[33]

1992년 봄 ‘생각하는 모임’이 매년 개최해 온 ‘지쿠호에서 일본인과 재일조선인 · 한국인의 역사를 방문하는 모임’의 사전 답사를 위해 전술한 고타케마치 합맹묘지를 방문하였다. 거기에서 멤버들은 파헤쳐져 산란된 묘석과 납골을 직접 목격하였다. 합맹묘지를 포함한 후루카와 샤카노오 탄광의 토지가 골프 회사에 매각되자, 골프장은 합맹묘지가 있는 장소에 관리동을 건설하기 위해 중장기로 묘지를 파헤친 것이었다. ‘생각하는 모임’은 이곳에 위령비를 건립해 보존하겠다며 이웃주민에 대한 인터뷰를 시작했다. 묘지 뒤편에 사는 주민들은 “자신들의 회사 순직자의 묘지를 판 것 자체를 용납할 수 없다”[34]고 반발했다. 또 인터뷰 과정에서 U씨 등은 자신의 남동생 · 여동생과 삼촌이 매장되었다고 말하는 재일코리안 T씨를 만났다. T씨도 “모처럼 편안하게 잠든 유골을 파헤치다니 죽어서까지도 조선인은 차별받는가” 하고 화를 냈다. 이러한 주민들의 목소리를 듣고 ‘생각하는 모임’은 그저 위령지를 건립하는 게 아니라 한번 파헤쳐진 유골을 현지에 되돌리도록 요구하기로 결정하고 납골식 공양탑을 건립하는 운동을 개시했다.

그러나 얼핏 보기에 골프장의 유골 취급은 허술함이 전혀 없어 보였다.

---

33 쇼간보리공양탑 건립 경위에 대해서는 O씨 · U씨 이야기와, 필자가 지금까지 견문한 이야기, ‘쇼간보리’ 공양제에서 매회 배포된 「‘쇼간보리’ 공양탑 건립의 도정」(「『松岩菩提』供養塔建立のあゆみ」) 참조.

34 「戦後処理いつの日　炭鉱無縁仏は問う　朝鮮人労働者進まぬ解明　地元住民ら保存運動」, 『朝日新聞』 1992. 12. 11.

골프장은 법률에 따라 1년간 묘지 개장(改葬) 계획 광고를 기사로 실어 유족에게 알렸고, 이후 개장 허가를 얻어 파헤친 유골 234주를 묘지 근처 E절에 영대공양료(永代供養料)를 지불하면서 맡겼다. E절에서는 이 무연불을 위해 새로운 납골당을 건립했다. 개장을 마친 합맹묘지는 법적으로도 '잡종지(雜種地)'가 되어 '묘지'에서 제외되었다. 그럼에도 불구하고 주민들과 '생각하는 모임'은 현지에 납골식 공양탑을 세울 것을 주장한 것이다. 이듬해 1993년 6월에는 고타케마치 의회에 '현지 위령비에 납골'을 명기한 위령비 건립 청원서를 제출했다. 이후에 관리조합 조합장이 된 고타케마치 전 교원 K씨나 현재 고문을 맡고 있는 전 의회의원 A씨는 마을 내의 의사통일을 위해 진력했다.[35] 같은 달 의회에서 청원서가 전회 일치로 채택되었다. 12월에는 운동에 찬동한 총련 조쿠안지부 대표와 민단 조쿠안지부 대표가 연이어서 고타케마치 단체장에게 현지에 납골식 위령비를 건립하도록 요청했다. 그러나 E절 측은 유골 반환에 응하지 않았다. 법적으로 '잡종지'가 된 토지에 '묘지'를 만드는 자격을 지닌 것은 종교단체나 이에 준하는 단체로 정해져 있었다. 종교단체가 아닌 시민들에게는 '묘지'를 만들 자격이 없었던 것이다. 보건소에서 그 설명을 듣고 낙담해 돌아가려는 U씨와 K씨에게 보건소 직원이 황급히 달려왔다. 직원은 "한 가지 방법이 있습니다"라고 말했다. 그것은 연속성이 있는 복수의 단체가 '묘지관리조합'을 만드는 방법이었다. 이렇게 해서 1994년 1월 17일 다음의 7개 구성단체에 의한 '고타케마치 합맹공양탑 관리조합'이 결성되었다.[36] ① 유족, ② 니다구(新多区), ③ 후쿠오카현 퇴직교직협의회 조쿠안지부, ④ 강제연행을 생각하는 모임,

---

35 2019년 4월 10일 A씨 자택의 A씨 · O씨 이야기. 필드노트에서 인용.

36 후쿠오카현 교직원조합 조쿠안지부는 같은 해 4월에 가입했다. 또 현재는 자원봉사단체 고타케 만남의 모임(小竹ふれあいの会), 후쿠오카현 고등학교 교직원조합 조쿠안지부, 후쿠오카현 고등학교 퇴직교직원의 모임 조쿠안지부, 일본의 피차별민문제 부락문제를 문제 삼는 부락해방 구라테지구 공동투쟁회의, 후쿠오카현 퇴직교직원협회 노가타구라테지회 등 네 단체가 '협찬 단체'라는 형태로 관리조합에 참여했다.

⑤ 재일본대한민국거류민단 조쿠안지부, ⑥ 재일본조선인총연합회 조쿠안지부, ⑦ 후쿠오카현 교직원조합 조쿠안지부 등이었다. 같은 날, 토지소유자인 골프장 및 E절과 협상을 했다. U씨에 의하면, 합맹묘지 공양탑의 현재지 건립에 반대하는 E절 관계자는 "조선인이라면 몰라도 일본인의 유골을 그런 곳에 가져가면, 풀만 무성해지고 풍화되어 버리는 건 시간문제"라는 전단지를 배포했다. 관리조합 측은 "조선인이라면 산속 깊이 매장해도 된다는 것은 차별이 아닌가"라고 항의했다. E절도 이를 인정해 결국 납골을 승인했다.

이렇게 납골식 공양탑 건립 계획은 구체화되었다. 여기에도 덕향추모비에 이어 '재일코리아 동포'라는 이름이 사용되면서, 총련과 민단 대표가 함께 활동하게 되었다. 공양탑의 이름은 O씨가 제시한 "쇼간에만 매장되어 왔던 유골을 공양의 중심에 두고 제사 지내자"는 제안을 받아들여 '쇼간보리'라고 결정했다. 비용은 가해 책임이 있는 일본인이 부담한다는 방법을 고수했고, 민단 · 총련의 자금은 받지 않고 진행되었다. 그 대신 민단은 한국에서 싸게 석재를 수입할 것을 제안해 채택되었다. 공양탑 건립은 고타케마치의 건설 회사가 맡았고, 유족이라고 자칭한 T씨는 현장감독을 맡았다. 지역의 재일코리안 S씨는 자신도 뭔가 돕고 싶다며 사비로 화장실을 기증했다.

1994년 8월 21일 고타케마치 합맹묘지 '쇼간보리' 제막식 및 제1회 공양제가 행해졌다. U씨에 의하면, 당시 O씨가 "쇼간보리공양탑은 '강제연행을 생각하는 모임' 10년의 총결산이다"라고 말했다고 한다. 이듬해 1995년 1월 7일에는 231주의 유골이 쇼간보리공양탑에 납골되었다.[37] 이후 현재까지

37 그중 3주는 일본인 유족의 의향으로 E절에 남겨졌다. 또 현재는 공양탑 건립 중에 새롭게 발견된 유골이나, 25년간 개인적으로 유족으로부터 맡겨지거나 이웃 절에서 맡겨진 유골, 그리고 2017년에 오랜 세월 유족대표를 맡은 T씨 부부의 유골도 안치되어 254주가 납골되었다.

약 25년간 춘분과 추분 시기에 맞추어 공양제가 계속되고 있다.

3) 쇼간보리공양탑의 이념

덕향추모비에서 쇼간보리공양탑 건립에 이르는 과정에서 지쿠호의 무연불 공양에 관여한 다양한 사람들이 필자에게 되풀이해 강조한 것은, 협동하기 어려운 관계에 있던 민단과 총련이 '재일코리아 동포'로서 하나가 된 감동과 그 의미였다. 공양탑을 관리하는 '고타케마치 합맹공양탑 관리조합' 규약에는 "본 조합은 쇼간보리에 제사 지내는 무연불을 공양하는 동시에, 재일코리아 동포와의 친선을 깊이 함을 목적으로 한다"고 적혀 있다. 완성된 쇼간보리공양탑의 공양과 기억의 중심에 둔 것으로, 코리안을 상기시키는 "쇼간에서만 공양되는 유골"과 현재와 미래로 이어질 "재일코리아 동포와의 친선"이라는 일본인의 행위수행적 의지가 표명되었다.[38]

이러한 기억의 장 재건에 임하는 '재일코리아 동포'의 전경화(前景化)는 U씨가 필자에게 이야기한 쇼간보리공양탑의 이념에도 현저하게 나타난다. U씨는 쇼간보리공양탑에는 2개의 이념이 있다고 한다. 첫 번째, '생각하는 모임'은 역사의 가해자인 일본인의 책임과 그 보상으로서 공양의 장이라는 이념을 가진다. U씨나 O씨는, 한반도가 애초 일본의 군사경계선이었던 38도선에서 분단된 것도 일본에 그 책임의 일단이 있다고 이야기한다. '생각하는 모임'은 이렇듯 일본인에게 가해 책임이 있으므로 일본인이 그 배상 비용을 부담해 공양탑을 건립하고, 민단과 총련이 함께 활동할 수 있는 장을 창출함으로써 남북통일이라는 지역사회 재일코리안의 소망을 구현하고자 했다.

38 민속학자 잭 산티노는 민중의 자연발생적인 제단에서 죽음을 기념하는 행위에 대해 논하고, 사망자를 추도해 기념하는 현상이 지닌 수행성(performative)에 대해 지적하였다〔ジャック・サンティーノ(2018),「民衆による死の記念化」, ウェルズ恵子 編,『ヴァナキュラー文化と現代社会』, 思文閣出版, 32~46쪽〕.

두 번째, 초대조합장 K씨가 강력히 주장했듯이 자신들만의 반전 평화교육의 현장을 가진다는 이념이다. 쇼간보리공양탑의 옆에 세워진 비문에는 전쟁 상황의 악화로 탄광노동자가 부족해져, "한반도에서 젊은이를 잇달아 강제연행해 왔다"고 명기하였다. 일본이 전쟁 수행을 위해 탄광으로 '강제연행'한 사실을 비문에 새겨 명확히 시인하고, 어린이들이 반전 평화를 배우는 장으로 만들 것을 주창한 것이다.

쇼간보리공양탑은 분명히 현재에도 일본인과 '재일코리안 동포'의 우호의 장으로, 또 반전 평화를 배우는 장으로 기능하고 있다. 동생들 묘가 파헤쳐진 재일코리안 T씨의 이야기는 후쿠오카현의 인권 동화(同和. 일본의 피차별 부락민 동화 문제—옮긴이 주) 교육 부교재에 포함되었다. 공양제에서는 민단 · 총련 대표가 개회 · 폐회 인사를 담당하고, 공양제 이후에 행해지는 문화교류회는 한국 무용이나 노래 등이 피로되고, 회장을 두 그룹으로 나누어 일본의 동요 〈고추잠자리(아카톤보)〉와 한반도의 민요 〈아리랑〉을 동시에 부르는 〈고추잠자리 아리랑〉으로 마무리된다.[39]

한편 관리조합은 쇼간보리공양탑에 안치된 유골 모두가 코리안이 아니라는 점, 안치된 유골 중 코리안이 얼마나 포함되어 있는지 '알 수 없다'는 점도 강조한다. "여기에 안치된 대부분이 코리안이라고 생각한다"고 진술한 사무국원에게 U씨는 '알 수 없다'고 말하는 것이야말로 역사의 진실을 지키는 것이라고 지적한 적이 있다.[40] 이처럼 쇼간보리공양탑에 관한 얼핏 보면 모순되는 듯한 두 언설과 실천이 기억을 둘러싼 투쟁을 첨예화하지 않고 공존시켜 온 것은 왜일까? 이 점도 쇼간보리공양탑을 둘러싼 주민 실천의 버내큘러한 특징에 대한 고찰로 밝혀질 것이다.

---

39 〈아리랑〉과 〈고추잠자리(아카톤보)〉는 코드 진행이 같아, 함께 노래하면 마치 합창을 하는 듯이 아름다운 하모니가 연출된다.

40 2016년 10월 1일 관리조합의 사무국 회의 발언.

5. 쇼간보리공양탑의 버내큘러

본 장에서는 지금까지 논해 온 쇼간보리공양탑 건립의 경위와 이념을 바탕으로, 필자의 참여 관찰과 관련자들의 이야기에 근거해, 쇼간보리공양탑을 둘러싼 주민 실천의 버내큘러한 특징을 고찰하고자 한다. 이하에 제시하는 바와 같이 버내큘러의 어원에 있는 '토지/장소'와 관련하여, 쇼간보리공양탑을 둘러싼 주민의 실천으로부터 세 가지 특징을 찾아낼 수 있겠다.

1) 토지/장소를 되찾는다는 것, 유연이 된다는 것

버내큘러라는 말은 '언어'와 더불어 '토착성'과 관련되는데,[41] 버내큘러 어원을 살펴보면, 거기에 '토착성(indigenous)'이나 '지방(country)'이라는 '토지(land)'를 배경으로 하는 관련 어휘를 찾아낼 수 있다.[42] 쇼간보리공양탑을 둘러싼 이들의 기억 실천을 통해 첫째, 토지/장소에 뿌리내린 것으로서 버내큘러의 초기 어의(語義)를 다시 강조하고자 한다. 앞 장에서 살펴본 쇼간보리공양탑 건립에 이르는 경위를 보면, 한번 파괴된 공동묘지에 다시 유골을 되돌려 납골식 공양탑을 건립하려 한 주민 실천의 의의는, 무엇보다 버내큘러의 원천이 되는 토지/장소를 되찾는 데 있었다고 할 수 있다. 다양하게 발전되어 온 버내큘러 개념의 가능성은 오늘날 그 잡종성이나 혼종성, 개개인의 창조성, 기존 제도나 권력관계를 교란하는 동태성,[43] 또는 '디오니소스적인 것'[44]에서 찾을 수 있는데, 그것들은 구체적인 토지/장소 위에서 비로소 성립할 수 있는 것이다.

---

41 小長谷英代(2017), 앞의 책, 28쪽.

42 *Oxford English Dictionary* 참고.

43 이들 용어에 대해서는 小長谷英代(2017), 앞의 책 참고.

44 시마무라(島村恭則)의 글 참고.

이렇게 말하면 버내큘러가 포스트모던이 극복하려 한 '네이션'이나 '네이티브', '폴크' 개념의 본질주의적인 면을 다시 호출하는 듯 보이기도 한다. 그러나 쇼간보리공양탑의 경우, 되찾은 토지의 관리주체가 된 것은 '고타케 마치 합맹공양탑 관리조합'의 구성 단체 · 협찬 단체가 된 다양한 지역 주민의 조직들이다. 이 조직들을 통해 다양한 지역 주민들은, 골프장 건설로 탄광에서 사망한 이들의 묘지가 파괴된 것에 대한 분노를 공유하고, 묘지와 유골을 되돌리겠다는 목표로 대동단결함으로써 '공양탑 관리조합'의 구성 단체가 되었다. 그리고 각자의 역할을 발휘하여 행동함으로써 법적으로 '잡종지'가 된 토지를 다시 '묘지'로 되찾는 위업을 성취했다.

여기에서 쇼간보리공양탑에서 부각되는 버내큘러의 두 번째 특징은 이 토지 / 장소에 안치된 유골들이 무연인 까닭에 다양한 사람들이 이 토지 / 장소에 '유연'이 될 수 있었다는 점이다. 쇼간보리공양탑의 실천은, 가해자 '일본인'의 가해 책임 명기, '민단'과 '총련'의 공동 행동, '조선' 민족음악, '일본' 동요, '코리안' 민요 등을 문화교류의 중심 소재로 강조함으로써 분명하게도 '민족(nation)', '민족성(ethnicity)', '민속(folklore)'을 본질화하는 특징을 보인다. 그러나 쇼간보리공양탑에는 "쇼간에만 매장되었던 유골을 공양의 중심에 두고", "똑같은 탄광꾼으로 제사 지내자"는, 즉 '민족'이나 '민족성'을 무너뜨리는 이념도 존재한다. '탄광꾼'들은 본래 농촌지대였던 지쿠호에 일자리를 찾아오거나 동원되었다. 반면 침입당한 지쿠호 '원주민(native)'의 입장에서 그들은 '외부인'들이었다. 포스트 식민주의적인 관점에서 문화인류학자 이마후쿠는, 버내큘러라는 개념에 내포된 '문화'나 '토지' 자체의 비(非)정통성 · 비본질성에 입각한 '토지성'을 제시했다. 그런 다음 사람들이 교차하면서 복합적이고 혼종적인 문화를 창출해 나가는 '무장소성(無場所性)'의 '여행하는 이론'으로 버내큘러 개념을 재규정하고자 했다.[45] 쇼간보리공양

45 今福竜太(2017),『クレオール主義 : パルティータ』1, 水声社, 135~150쪽.

탑이 보여 주는 것은, '여행하는' 다양한 사람들이 폐광되어 쇠퇴된 이 지역에 들어와 다시 '토지성/장소성'을 개척해 나가는 과정이다.

일본의 코리안 유골과 관련된 운동은 그 유골을 고향에 반환하는 것을 목표로 삼아 왔다. U씨를 포함한 지쿠호 활동가들은 현재도 지쿠호 각지에 남겨진 유골의 신원을 밝혀내고, 유족을 찾아 반환하는 작업을 계속하고 있다. 그러나 쇼간보리공양탑의 경우, 파헤쳐지고 파괴된 유골을 고향에 반환하는 것은 절망적인 일일 수밖에 없다. 쇼간보리공양탑에 매장된 유골은 철저하게 '무연'이기 때문이다. 그리하여 A씨와 U씨가 필자에게 강조한 내용은 '낙지생근(落地生根)'(A씨), 비로소 생긴 '유연의 땅'에서 공양하겠다(U씨)는 것이었다.[46]

A씨는 '낙지생근'이 멀리 고향을 떠나 머문 곳을 성장한 곳, 결실을 맺은 고향으로 정한다는 의미라고 가르쳐 주었다.[47] 또 덕향추모비까지 거슬러 올라 생각하면, 폐광 후 과소화된 탄광 사택가에 남아 있던 야에이구 부인회 역시 '고향 만들기'를 위한 유산으로 덕향추모비의 재건을 청원하였던 것이다. "똑같은 탄광꾼으로 같이 일했으니, 똑같은 탄광꾼으로 제사 지내자"는 O씨의 발언에서는 자신을 지역의 외부자이자, 피차별자인 '탄광꾼'의 계보에 자리매김하면서도, 무연 사망자들과 '똑같은 탄광꾼'으로 '유연'이 되고자 하는 의지를 엿볼 수 있다. 그녀들은 혈연관계가 없는 코리안 희생

---

46 2019년 1월 19일 쇼간보리공양탑 관리조합 대표자 회의 후 친목회에서의 발언. 필드노트에서 인용.

47 2019년 4월 10일 A씨 이야기 취재 시의 발언. 필드노트에서 인용. 한편 『中日事典』(小学館) 제2판에는 "토지에 뿌리를 내리다(土地に根を張る)"가 변형되어 "화교 등이 여행지(행선지) 토지에 정착하는 것"이라고 적혀 있다. 필자는 '낙지생혼(落地生魂)'이라 표기했다. 이에 대해 A씨는 필자에게 '낙지생혼'〔일본어로 생근(生根)과 생혼(生魂)은 쇼콘으로 발음이 같다 — 옮긴이 주〕은 적절하지 않다고 지적해 수정하였다. A씨나 U씨도 구두로 전해 들은 이 말의 정확한 한자나 유래는 모르는 듯하다. 그러나 '낙지생혼', 즉 혼이라는 한자 사용에는 이 말을 내면화한 A씨의 감정도 담겨 있다고 생각된다.

자를 포함한 '탄광꾼'을, 자신들의 루트, 공양해야 할 '선조'로 발견했던 것이다. 쇼간보리공양탑의 현 조합장 Y씨는 자주 쇼간보리를 무연불들의 '성지(聖地)'라고 표현한다. 쇼간보리 건립 운동은 '원주민'들로부터 차별받으면서도 이 땅에 정착한 다양한 피차별적인 외부인들과 '유연'인(연고 있는) 사람들이 쇠퇴해 가는 옛 채굴지에 무연불들의 '고향'을 창출하고, 동시에 자신들의 '고향'을 창출하는 운동이었다고도 할 수 있다. 쇼간보리공양탑 건립 운동은, 무엇보다 탄광의 무연불 묘지로서 토지 / 장소를 탈환하는 운동이었으며, 그와 관련된 사람들이 무연 사망자들이 매장된 토지 / 장소와 '유연'이 되어 가는 과정이었다고 판단된다.

(1) 쇼간보리의 '유족'이 된다는 것

쇼간보리공양탑 운동에 참여하는 데 있어 사람들은 각자의 방식으로 쇼간보리와 '유연'을 맺어 간다. 이 '유연'이 되는 과정을 가장 극적으로 보여주는 이가 오랫동안 쇼간보리공양탑의 유일한 유족이었던 재일코리안 2세 T씨다. T씨는 합맹묘지를 뒷산으로 하는 주택가에 살았는데, '생각하는 모임' 사람들의 방문을 통해 자신의 삼촌과 어린 남동생 · 여동생이 잠든 묘지가 파괴된 사실을 알게 되었다. U씨에 의하면, 당시 암초에 걸려 있던 현장의 공양탑 건립은 T씨가 "회사가 위탁한 절에서 공양되기를 원치 않는다. 원상태로 돌려 달라"고 강력히 주장한 것에 힘을 얻어 움직이기 시작했다고 한다.[48] T씨는 쇼간보리공양탑 건립 시 현장감독을 맡았고 매일 아내와 음료수를 가져와 작업에도 합류했다. 공양탑 건립 중에도 유골 11주가 나왔는데, T씨는 이후에도 생애 유족으로서 무덤지기를 계속했다. 또 쇼간보리공양탑 건립에 관여한 것이 계기가 되어, 재일코리안으로서 자신이 받은

48 T씨 사망 후인 2017년 12월 16일, N씨가 의견을 제시하고 N씨와 필자가 개최한 'T씨를 추도하는 모임'에서 U씨의 발언. 필드노트에서 인용.

차별에 대해 강연 활동도 하였다. 필자와 알고 지낸 말년에는 자주 입원하는 상태였는데, 관리조합 사무국 회의나 공양제에는 외출 허가를 받아 빠짐없이 참가했다. 병문안을 가면 "모두가 기다리고 있다"며,[49] 즉 쇼간보리공양탑에서 수행할 역할이 있다고 말해 주는 것이야말로 T씨를 지탱해 주는 원동력처럼 보였다. T씨의 친족과 전처는 모두 북한과 한국으로 귀국해 버렸고, 재혼한 일본인 처 외에 친척이라 할 만한 사람은 없었다. 그러나 T씨는 쇼간보리공양탑에서 절대로 없어서는 안 될 인물로 활동했다.

2017년 10월 T씨는 95세로 타계했고, 이로써 쇼간보리공양탑 유족은 모두 사망했다. 2019년 1월 결원을 채울 '유족대표대리'로 요청받은 이는 T씨 옆집에 살면서, T씨 병간호와 사후 정리를 맡았던 R씨였다. R씨는 그때까지는 쇼간보리공양탑에 깊이 관여하지 않았다. 그러나 그는 쇼간보리공양탑이 세워진 지구의 구장(區長)이었다. R씨는 "T 할아버지께 큰 신세를 졌다"고 이야기하고, T씨에게서 사후 일처리를 부탁받았을 때와 최후의 모습을 이야기할 때마다 눈물을 글썽였다. R씨는 많은 자원봉사 단체에 가입하였고 사회공헌에 대한 의욕도 강하다. 2019년 1월 한국에서 운동 단체가 방문했을 때, 쇼간보리공양탑에 오르는 참배 길의 낙엽을 깨끗하게 청소하고 기다려 주었다. 현재 R씨의 적극적 활동은 T씨를 간호한 이웃으로서의 사명감과 지역 자원봉사 활동 전반에 대한 관심의 일환이라고 여겨진다.

T씨는 쇼간보리공양탑에서 남동생·여동생·삼촌의 '유족'이었을 뿐만 아니라 쇼간보리공양탑 전체의 '유족대표'였다. T씨 유골은 아내와 함께 현재 쇼간보리공양탑에 안치되어 있다. T씨가 쇼간보리공양탑에 납골된 지금, T씨는 자신의 친척뿐만 아니라 쇼간보리공양탑의 무연불 모두의 '유족'이 되었다. 바꾸어 말하면 그는 사후 무연불들과 '유연'이 됨으로써, 쇼간보리공양탑에 관여하는 모든 사람들과의 '인연'도 획득했던 것이다. R씨도 T씨

49 2017년 1월 31일 입원한 병원에서 들은 이야기. 조사일기에서 인용.

를 간호하면서 이를 자각하게 되었고, 쇼간보리공양탑과 '유연'이 되었다.

(2) 쇼간보리와 '유연'을 맺어 온 사람들

그 외에 쇼간보리공양탑과 관련된 이들도 각자의 방식으로 이 장소와 '유연'이 되었다. 현재 관리조합 조합장인 Y씨는 고타케마치 사람으로 전직 교원이다. 초대조합장 K씨가 병이 난 이후 조합장을 맡았다. 이후 20년이 지난 지금도 Y씨는, 고령으로 임무에 부담감을 느끼면서도 누군가 이곳을 유지해야 한다고 말하며 활동을 계속한다. Y씨는 고타케마치 교육위원회에도 관여하여 고타케마치 내의 모든 초중학교가 매년 쇼간보리공양탑에 대해 학습하는 시간을 확보했다고 한다.

관리조합 고문 A씨[50]는 '강제연행'이라는 용어에 찬성하지 않는다. A씨에게 어떻게 쇼간보리에 관여하게 되었느냐고 묻자, "자신은 어릴 적부터 조선인 촌락 옆에 살았고 차별이 없었"으며, "초대조합장 K씨와 민단 S씨는 남자로서 매력이 있었다"고 답했다. 그는 한일(韓日)우호친선협회 이사도 역임했다고 한다. 대학 시절 일본인으로서 민족운동을 했다고 말하는 A씨도 한국·조선의 민족통일을 강하게 소망했으며, 쇼간보리공양탑에서는 민단과 총련이 함께 활동하는 것이 중요하다고 강조했다.

관리조합의 구성단체인 후쿠오카현 교직원조합 조쿠안지부는 고령화가 진행되는 관리조합 중에서 유일하게 새로운 멤버가 입회하는 조직이다. 현재 50대인 N교원은 필자에게 쇼간보리공양탑에서 제초하는 선배조합원들이야말로 일본인으로서의 자부심이라고 이야기한 적이 있다. 고타케마치와 같은 조쿠안지구 출신 N씨 역시 쇼간보리공양탑에 평생토록 관여하고자 한다. N씨는 2018년 쇼간보리공양탑의 실천을 어떻게든 계승하기 위해,

50 이하 A씨에 대한 기술은 주로 2019년 4월 10일에 A씨 자택에서 취재한 내용과, 2017년과 2019년 1월 관리조합 대표자 회의 후 친목회에서의 발언을 통해 구성하였다.

조합청년부 젊은 교원들을 모아 쇼간보리에 대한 새로운 테마곡 만들기를 제안했다. 모인 멤버들 중, 조합원 경력이 일정 정도에 달한 30대 교원들은 "쇼간보리공양탑을 지키려는 선배 교원의 모습을 통해 쇼간보리공양탑에 대해 알게 되었다"고 강조했다. 완성된 가사에는 "왜 여러분은 이 땅에 모이나요?", "이곳을 계속해서 지키는 의지를, 여기에서 확산되는 사람들의 연대를 동료들이 말해 주었네. 흐르는 땀으로 전해 주었네"라고 쓰여 있다. 이전 N씨가 작사한 쇼간보리의 노래 〈엉겅퀴〉에도 "엉거퀴가 피었네, 평화의 언덕에 땀을 흘려 이곳을 지키는 사람들 웃음소리가 끊이지 않네"라는 가사가 있다. N씨가 쇼간보리공양탑에서 땀 흘려 제초하는 선배 교원을 보고 공양탑과 '유연'이 된 것과 마찬가지로, 젊은 교원들도 선배 교원의 활동에 영향을 받아 이곳과 '유연'이 되어 간다.

이처럼 쇼간보리공양탑에 모인 사람들의 이야기를 통해 다양한 사회적 인간관계(지역, 민족, 직업조직)에 의해 유도되면서도, 쇼간보리공양탑과 자신의 관계성을 필연적인 것으로 자리매김해 가는 모습을 볼 수 있다. 특정 인물과의 개인적 관계를 이야기하는 사람도 있다. 이처럼 쇼간보리공양탑에서 공양되는 사람들의 절망적인 무연성은 오히려 다양한 입장의 사람들이 관계를 맺는 토대가 되었고, 그들 역시 각각의 인간관계를 통해 '유연'인 존재가 되어 이 토지/장소와 연결되어 왔던 것이다. 이것이 쇼간보리공양탑이 공격 대상이 되지 않고 지역사회에서 계속해서 받아들여진 최대의 이유라고 생각된다.

2) 쇼간보리공양탑이라는 장(場)의 상상력

그렇게 탈환해 '유연'이 된 사람들이 지켜 온 쇼간보리공양탑의 토지/장소에서 사람들의 버내큘러한 상상력, 창조성이 발휘된다. 버내큘러 개념에서 중요한 토지/장소의 문제는, 독일 민속학자 알프레히트 레만이 이야기

연구와 결부시킨 '분위기의 현상학(現象學)'과 연결시켜 생각할 수 있을 것이다. 이마후쿠는 버내큘러를 사회환경 속에서 영위되는 민중의 일상적인 조형적 실천을 파악하기 위한 전략적 개념이라 하였다.[51] 레너드 노먼 프리미아노는 버내큘러의 개인적·사적, 창조적·예술적 측면을 중시하면서 살아 있는 종교를 이해하려 했다. 쇼간보리공양탑에 모인 사람들도 사적이고 창조적·예술적인 텍스트를 생산하고 있다. 쇼간보리공양탑을 둘러싼 주민 실천으로부터 파악할 수 있는 제3의 버내큘러한 특징은, 그러한 사적이고도 창조적·예술적인 텍스트가, 쇼간보리공양탑이 세워진 토지/장소가 있기에 비로소 창출될 수 있었다는 점이다. 사람들의 상상력은 쇼간보리공양탑이 세워진 광장을 둘러싼 환경이 만들어 내는 분위기 속에서 곧바로 환기되는 것이다.

(1) 쇼간보리공양탑이 세워진 토지/장소

먼저 쇼간보리공양탑이 어떤 장소인지를 묘사해 보고자 한다.

쇼간보리공양탑에 가기 위해서는 T씨나 R씨의 자택 근처에 있는 산길을 올라가야 한다. 나무들로 뒤덮인 빛이 들지 않는 길이다. 떨어진 낙엽을 밟으면서 올라간다. 3분 30초 정도 걸으면 돌연 뻥 뚫린 작은 광장에 둥근 하늘을 향해 우뚝 솟은 쇼간보리공양탑이 모습을 드러낸다. 공양탑 앞에 있는 샛길을 내려가면, 아직 정비되지 않은 마쓰이와(松岩, 화석) 묘비도 보인다. 공양탑 맞은편 오른쪽 언덕길에는 무궁화가 몇 그루 심어져 있어 분홍색, 흰색 꽃을 피운다. 5월 말에는 그 아래에 엉겅퀴가 핀다. 공양탑 주변은 사각형 모양으로 콘크리트 포장이 되어 있고, 양측에 묘석으로 놓인 마쓰이와가 늘어서 있다. 공양탑 옆에는 쇼간보리 비문이 있다. 공양탑 옆에서 뒤편으로 가보면, 마쓰이와와 함께 메이지 시대의 것으로 보이는 '갱

51 今福龍太(2017), 앞의 책, 140쪽.

〈자료 3〉 쇼간보리공양탑으로 향하는 낙엽이 쌓인 산길 (2018. 8. 9. 촬영)

부 모씨'라고 새겨진 묘석, '초혼지비' 등도 나란히 늘어서 있다. 광장 변두리에는 훌륭한 무덤도 2기 정도 남아 있는데, 지금도 유족이 성묘하러 온다. 광장 주위에는 몇 개의 마쓰이와 묘비가 남아 있고, 단단해서 갱부들을 애먹였다는 마쓰이와에 대한 안내판이 있다. 공양탑을 넘어 안쪽으로 들어가면, 민단 S씨가 기증한 화장실이 있고, S씨가 쓴 시가 새겨져 있다. U씨 등이 한국에서 방문한 사람들을 안내할 때 이 시를 읽고 쓰러져 운 젊은 한국인 여성의 모습이 지금도 회자된다.[52] 귀를 기울이면 주위의 대나무와 나뭇잎 소리, 새소리 등이 뒤섞여 들리고, 숲 저편에서 골프공을 치는 소리와 사람들 목소리가 들려올 때도 있다.

이러한 쇼간보리공양탑이라는 장은 T씨가 현장감독을 맡고 지역 건설회사가 한국에서 수입해 온 비석으로 만들었다. 거기에 가면, 먼저 한국제(韓國製) '쇼간보리'라고 새겨진 탑과 즐비한 마쓰이와 묘비를 볼 수 있다. S씨가 기증한 화장실 앞의 시도 우리의 감정을 자극한다. 그 앞에 심어진 무궁화는 A씨가 한국과 교류하면서 벚나무를 기증한 답례로 받아 온 것이라고 한다.[53] 두말할 필요도 없이 무궁화는 한국의 국화이다. 그것으로 코리안과 쇼간으로 대표되는 무연 사망자의 존재가 강조되고 가시화된다. 쇼간보리공양탑이라는 토지/장소의 상상력을 환기시키는 사물의 배열은 공양

52 2016년 8월 6일 필자도 동행했다. 그 후 U씨나 U씨에게서 그 이야기를 들은 Y씨도 사람들을 안내할 때 그녀 이야기를 하였다.

53 2019년 4월 10일 A씨 이야기.

〈자료 4〉 산길을 오르면 탁 트인 공간에 우뚝 솟은 쇼간보리공양탑이 보인다. 그 앞에 보이는 나무 두 그루는 무궁화(2019. 8. 9. 촬영)

탑을 만들고 화장실을 설치하고 무궁화를 심은 사람들에 의해 창출된 것이다. 쇼간보리공양탑 건립 과정에서 이 사람들의 버내큘러한 창조성이 작용했다고 할 수 있다. 방문자는 그렇게 창출된 토지/장소가 빚어내는 분위기에 힘입어 개개인의 상상력을 발휘하는 것이다.

(2) 쇼간보리공양탑이라는 토지/장소를 지키다

쇼간보리공양탑 관리조합의 사업계획에 구체적으로 적시된 주요 사업은, 공양제 운영과 연 4회의 정비 작업 등 공양탑이라는 토지/장소의 유지·관리다. 이와 관련한 사무국 회의에서는 언제나 날씨와 토지의 관리 방법이 화제가 된다. 조합장 Y씨는 필자에게 몇 번이고 "E절의 관계자들이 그런 산속에 납골당을 세워도 풀만 무성해질 거라고 말했지. 그래서 어떻게든 여기만은 깨끗하게 유지하겠다"고 이야기한 적이 있다.

필자는 지금까지 총 다섯 차례 공양제에 참가했는데, 비가 안 내린 해는 2017년 가을뿐이었다. 관리조합의 멤버는 현지에서 공양제를 여는 것의 중요성을 강조하며, 매회 우천 시의 대응을 큰 걱정으로 여겼다. 2016년, 2018년 공양제는 태풍으로 고타케마치 중앙시민회관에서 개최되었다. 한편 2019년 3월 봄의 공양은 비가 와도 현지에서 개최하기로 했다. 비가 왔지만 아침부터 자발적으로 모인 많은 사람들이 청소를 했고, 식전을 현지에서 행할 수 있는 기쁨과 감사를 몇 번이고 말했다. 날씨에 좌우되는 현장의 분위기를 자연스럽게 조정하고 유지하는 것으로, 쇼간보리공양탑이라는 토지/장소는 지켜지고 있다.

(3) 쇼간보리공양탑이라는 토지/장소에 깃든 창조성

필자는 쇼간보리공양탑과 관련된 사람들과 제초 작업을 함께 하면서, 이 공양탑에 공헌했다는 작은 충족감을 얻었다. 또 공양탑의 돌을 직접 손으로 닦고 주위의 마쓰이와에 쳐진 거미집을 하나하나 걷어 내면서, 여기에 안치된 사람들에게 받아들여진 듯한 느낌을 받았다. 쇼간보리공양탑이라는 토지/장소의 분위기에 우리의 상상력과 창조력이 환기되었던 것이다.

젊은 교직원조합원이 쇼간보리의 노래를 만들었다고 전술하였다. 쇼간보리에 관한 노래는 이외에 2곡, 이미 선배 교원들이 만든 것이 존재한다. 전 교사 I씨가 작사한 〈쇼간보리〉, 2018년에 젊은 교사들과 필자가 만든 〈쇼간보리와……〉는 각각 "하늘은 푸르고 구름 떠오르네", "부드러운 바람이 부는 이 언덕에서"와 같이 쇼간보리공양탑의 공기(무드—옮긴이 주)와 하늘을 노래하는 것으로 시작된다. 이상의 3곡은 공통적으로 쇼간보리공양탑(장소)에 대한 풍경묘사로부터 시작되어, 거기에서 과거나 먼 고향에 대한 상상력을 펼치는 가사로 구성되었다.

또 쇼간보리공양탑을 노래하는 3곡은 모두 엉겅퀴, 무궁화, 석산(石蒜) 등 이 언덕에서 볼 수 있는 꽃을 가사에 포함시켰다. 꽃은 사망자의 영혼의 상징이기도 하다. 어느 공양제 날 U씨가 쇼간보리공양탑을 향하는 길에서 필자 일행과 스쳐 지나갈 때, 익살맞게 "꽃구경 왔어요? 저쪽 무궁화는 영령이 머물고 있기 때문에 예쁘죠"라며 말을 걸어 온 적이 있다. '엉겅퀴'는 관리조합이 만든 자료집의 제목이 되었다.

필자가 5월 말에 방문했을 때, 확실히 많은 엉겅퀴가 피어 있었다. 엉겅퀴 옆에서 사진을 찍어 달라고 필자에게 부탁한 재일조선인 2세 P씨는 엉겅퀴 가시에 찔려 아픈 것은 동포들의 '잊지 말아요'라는 메시지라고 생각된다고 말했다.[54] 거기에 핀 꽃을 통해 사람들은 사망자의 메시지를 받기도 하는 것이다.

U씨는 쇼간보리공양탑 수업을 들은 초등학생이 다시 이곳을 방문해, 공양탑 앞에 놓인 방명록에 "여기에 오면 마음이 안정됩니다"라고 적은 에피소드를 소개했다. U씨는, 취재차 방문한 재일조선인 젊은이에게 산길을 걸어가면 쇼간보리 광장이 나오는데, 거기서 자네가 무언가 느낀다면 분명히 마음이 담긴 문장을 쓸 수 있을 거라고 말한 적이 있다고 한다.[55] 쇼간보리로 가는 도중 무성한 낙엽이 화제가 되었을 때, A씨는 "나는 그건 그대로 분위기가 있어 좋겠다고 말한 적이 있어. 한국에서 방문한 사람들이 낙엽을 밟으며 걷는다면, 분명 선조의 한을 느낄 거라 생각해" 하고 말했다.[56] 산길을 걷다가 하늘을 향해 확 열려진 우뚝 솟은 쇼간보리공양탑, 주위에 잘 정비된 마쓰이와, 무궁화 꽃은 물론 광장을 둘러싼 나무들이 바람에 나부끼는 소리, 새나 벌레 소리 등 자연 환경도 쇼간보리공양탑(장소)의 독특한 분위기를 창출하고 있다. 여기에서 사람들은 기분이 좋아짐을 느끼게 된다. 한편, 거기에 이르는 산길이나 옆길에 남겨진 마쓰이와 묘표는, 어두운 산속에서만 공양되는 무연 사망자에 대한 애처로운 기분을 환기시킨다. 무더운 여름에 제초하러 와서 무성하게 자란 잡초나 수북한 낙엽을 보면, 풀이 무성해져 풍화되어 버리고 말 거라는 E절 사람들의 말을 상기하며 열심히 청소하게 된다. 그리고 어김없이 비가 오는 공양제 때마다 사람들은 지역의 소중함을 재차 확인하게 된다.

안도간(安道幹)은 홋카이도 공사 현장 근처 공동묘지에서 발굴된 유골에 대해, 사람들이 유골의 해석범위를 일정하게 한정하는 것은 하나의 수용방

54 2016년 5월 30일 조사일기 참고. 본고의 서술은 집필 시에 발언 의도를 전화로 확인했을 때의 설명.

55 2019년 4월 10일.

56 2019년 4월 10일 필드 노트 참고.

식일 뿐, 그것이 곧바로 사망자의 생각처럼 인식되는 것의 가능성과 위험성을 동시에 지적했다.[57] 쇼간보리공양탑에서 사람들이 유골 그 자체에 대해 직접 언급하는 일은 별로 없지만, 그들은 공간 속에 배치된 사물, 주위를 나는 새나 벌레, 바람, 날씨 등을 통해 사망자의 메시지를 받아들인다. 사물의 배열이나 토지/장소의 분위기는 쇼간보리공양탑과 관련된 사람들에 의해 창출·조정·유지된다. 물론 그 분위기는 항상 날씨나 계절에 의해 좌우된다. 그러나 그것 역시 운동의 이념이나 공양탑을 세운 사람들의 인식으로 유도된다. 요컨대 쇼간보리공양탑에서도 사망자의 해석에는 일정한 제약이 있지만, 쇼간보리공양탑이라는 토지/장소가 만들어 내는 분위기 속에는 그것을 만들어 온 사람들의 버내큘러한 창조성과 거기에서 새로운 노래나 우정을 만들어 가는 사람들의 버내큘러한 창조성이 깃들어 있다.

6. 결론 : 쇼간보리공양탑 장소성·토지성과 버내큘러

본문에서는 옛 채굴지 지쿠호에 점재하는 무연불 중 쇼간보리공양탑을 사례로 하여 공양탑 건립의 경위, 운동의 이념에 대해 논하였다. 그리고 이 공양탑을 둘러싼 주민들의 실천을 버내큘러한 것으로 자리매김하고 그 특징을 분석했다. 이하에서는 쇼간보리공양탑을 둘러싼 실천의 특징을 버내큘러와 결부시켜 재정리하고자 한다.

1990년 전후 일본에서는 식민지 지배에서 비롯된 코리안 유골들을 수습해 추도 비석을 건립하는 운동이 성행했다.[58] 쇼간보리공양탑의 실천 역시

57 安道幹(2007),「遺骨と追悼：北海道朱鞠内における遺骨発掘運動を事例として」,『日本オーラル·ヒストリー研究』3, 日本オーラル·ヒストリー学会, 125~144쪽.

58 大和裕美子(2015),『長生炭鉱水没事故をめぐる記憶実践：日韓市民の試みから』, 花書院, 3쪽.

그 큰 흐름 속에 있고, 쇼간보리공양탑 건립의 역사는 일본 공권력의 견해에 이의를 제기하고, 강제연행의 흔적을 지우려는 권력에 저항하는 주민의 사회운동이었다고 할 수 있다.

그러나 쇼간보리공양탑 건립 이래 지금까지의 경위를 개관하면서 무엇보다 먼저 강조하고 싶었던 것은, 파괴된 묘지 현장에 유골을 되돌리고, 납골식 공양탑을 건립하고자 했던 주민들의 실천은, 버내큘러의 어원과 관련된 '토지 / 장소'를 되찾고 재창출하며, 그것을 지켜 나가고자 한 운동이었다는 점이다.

이 토지 / 장소에 매장된 유골은 파헤쳐지고 뿔뿔이 흩어져 절망적으로 무연화되었다. 쇼간보리공양탑을 둘러싼 실천의 버내큘러성, 그 두 번째 특징은, 이 토지 / 장소에 안치된 유골들이 무연이기 때문에 다양한 사람들이 이 토지 / 장소와 '유연이 될' 수 있었다는 것이다. 운동의 중심이 된 사람들은, 쇼간보리공양탑이라는 토지 / 장소가, 고향에 돌아가지 못하고 사망해 쇼간에서만 공양되는 무연불의 '유연의 땅'임을 강조한다. 그리고 본래 외부인인 탄광노동자에 대해 '탄광꾼'이라는 멸칭을 굳이 사용하면서까지 자신들(일본인)도 코리안도 '모두 똑같은 탄광꾼'인 것을 강조하면서, 공양하는 자신과 무연 사망자를 '유연'이 되게 하였다. 현재 쇼간보리공양탑 공양에 참여하는 이들의 이야기를 통해서도 그 / 그녀들이 개별적 · 사회적인 인간관계를 통해 실천에 가담하게 되었고, 점차 쇼간보리공양탑과 자신의 관계의 필연성을 발견하면서, 이 토지 / 장소와 '유연'을 맺게 되었음을 확인할 수 있었다.

세 번째로, 본론에서는 쇼간보리공양탑이라는 토지와 '유연'이 된 다양한 주민들이 이 토지 / 장소를 탈환 · 창출, 그리고 유지하는 과정에서 비로소 그것을 둘러싼 버내큘러한 상상력과 창조성이 발휘된다는 사실을 제시하였다.

사람들이 탈환해 재건한 공양탑이라는 토지 / 장소는 숲에 둘러싸인 언덕 위에 쾌적한 분위기의 광장을 형성하였다. 그 토지/장소의 사물의 배열은 쇼간보리공양탑의 현장을 되찾은 사람들 스스로 창출한 것이다. 마쓰이와를 주위에 늘어놓고, 한국산 석재로 공양탑을 세우고, 거기에 무궁화를 심은 것은, 쇼간보리공양탑에 종사한 사람들이 그 장(場)에 자기의 이념을 각인하고 버내큘러한 상상력의 원천을 창출하는 것이었다. 비바람에 노출되어 나뭇잎이 떨어지고, 잡초가 무성한 환경 속에 위치한 쇼간보리공양탑이라는 장에서 느끼는 쾌적한 분위기는 25년 간 계속해서 쇼간보리공양탑과 '유연'이 된 사람들에 의해 정비되고 보존되어 왔다. 그렇게 창출된 토지/장소에 깃든 분위기에 환기되어 사람들은 무연 사망자에 대한 상상력을 발휘하여 새 노래와 이야기를 만들어 내는 것이다.

공양제에서 민단과 총련 대표가 함께 인사말을 하고, 조선학교 학생들과 지역 젊은이들의 춤과 합창 장단에 맞추어 모두가 "좋다!" 하며 사진을 찍는 쇼간보리공양탑, 거기서 현재 볼 수 있는 '일본인과 재일코리아 동포의 우호'의 풍경도 '유연의 땅'으로 탈환되어, 창출되고 유지되어 온 쇼간보리공양탑이라는 토지/장소와 사람들의 버내큘러한 상상력·창조력이 상호작용한 결과이다. 전직 교원인 한 사무국원은 관리조합의 친목회 인사말로 다음과 같이 이야기했다.

> 오늘 이야기를 계속 들으면서 신념을 갖고 살아야겠다고 생각했어요. 왜냐하면 그것이 사람을 정말 사랑하는 것이라고 생각해요. 그래서 쇼간보리도 의리 때문에 제초하러 가는 것이 아니고, 진지하게 거기에 가서 제초 작업을 하고 싶다는 생각으로 가는 거죠. 오늘은 그러한 분위기를 여러분을 통해 느낄 수 있어 큰 힘을 얻었습니다.[59]

59 2017년 1월 21일 쇼간보리공양탑 대표자회의 후의 친목회의 인사. 조사일기 참고.

7. 한계와 전망 : 상상력의 가능성

그러나 여기서의 경험은 불안정한 측면도 있음을 끝으로 제시해 두고자 한다. 이는 쇼간보리공양탑 실천의 한계와 함께 그 장소가 지닌 버내큘러한 가능성과 관련된다.

A씨는 필자에게 이런 이야기를 했다. 쇼간보리공양탑에서 뒤편으로 향하는 길이 있는데, 거기를 통하면 영령이 따라온다. 이전에 거기를 걸은 적이 있는데, 한 동행자가 3일간 원인불명의 병으로 입원했다. “자신들은 쇼간보리에 안치되지 않았다며 빙의(憑依)한 것이지. 쇼간보리 뒤쪽도 묘지니까.”

또 병문안을 간 어느 날 병원 침대에서, T씨는 “아직도 많은 유골이 산재해 있어. 하지만 그 누구도 그런 이야기 들으려고 하지 않아”라고 말했다. 또 T씨는 “그곳에는 중국인도 묻혀 있지. 출정한 병사의 아내가 간통해서 낳은 태아를 몰래 묻은 것도 있지”라고 말했다. T씨의 기억만이 유일한 증거라서 관리조합은 이것을 사실로 인정하지 않고 있다.

현재 쇼간보리공양탑이라는 장은 254주의 코리안 사망자를 중심으로 공양하는 장이 되고 있으며, 그 외 무연 사망자를 상상하는 것은 어렵게 되었다. 그러나 그렇기 때문에 앞에서 소개한 두 사람의 이야기처럼 쇼간보리공양탑을 둘러싼 분위기 속에서 탑과 개인 간 관계의 불안정성이 생겨 난다. 여기에서 영령으로 빙의한 이는 누구일까? 이 땅 주위나 발밑에는 아직도 얼마나 많은 사람이 매장되어 있을까? 이 탄광촌에는 어떤 사람들이 살았고, 그 사람들은 어디로 갔을까?

다양한 사람들에 의해 지켜져 온 쇼간보리공양탑이라는 토지 / 장소에는 새로운 산업 · 경제발전의 도정으로 전환되는 과정에서 남겨진, 옛 채굴지에서 살고 죽어 간 사람들의 흔적이, 간신히 남아 있다. 이웃 자치단체에서는 탄광 지대였던 산 일대가 골프장이 되었다. 공업단지나 주택이 된 곳, 반대로 잡목림이 된 곳도 있다. 쇼간보리공양탑을 둘러싼 사람들의 실천은,

통째로 지워지고 잊힌 탄광과 거기에서 산 이들의 흔적을 망각으로부터 지켜 내는(사수하는) 것이었다. 이러한 실천은 일본인의 가해 책임 위에서 성립한 '재일코리아 동포'들과, 차별받는 외지인으로 자신을 규정하고 '모두 똑같은 탄광꾼'임을 강조했던 일본인의 협력으로 실현되었다. 재일코리안과 일본인의 우호를 지향하는 운동은, 코리안에 한정되지 않는 무연 '탄광꾼'들을 공양하고, 그들에 대한 상상력으로 열린 장소를 지키는 일이기도 하다. 쇼간보리공양탑이 묻는 것은, 다양한 권력관계가 존재하는 상황에서도 일본인과 코리안의 우호, 남북 코리아의 통일을 내건 운동을 통해 일본의 근대 산업혁명과 제국주의적 침략의 역사, 그리고 전후의 경제성장으로 나아가는 과정에서 남겨지고 지워진 다양한 사람들의 버내큘러한 상상력의 원천을 비축한 장소를 되찾고 지키는 일일 것이다.

* 실명을 일일이 거론하는 것은 삼가지만, 본고를 집필하는 데 흔쾌히 지원해 준 고타케마치 합맹공양탑관리조합(小竹町合盟供養塔管理組合) 관계자 여러분께 감사드린다. 특히 강제연행을 생각하는 모임 사무국장 U씨는 초고를 읽고 의견을 피력해 주셨다. 본고를 재차 번역해 준 김광식 박사에게도 감사드린다.

‘안동내방가사전승보존회’의 지역전통 이해와 활용

이상현(李相賢, Lee Sang-Hyun)

안동대학교 민속학과 교수. 민속학 전공.

사회민속, 영상 민속학에 관심을 갖고 있다. 주요 저작물로 「전전(戰前) 독일민속학의 현지조사 방법의 특징과 한계」(2017), 「독일의 근대화와 고향의 발견 그리고 민속학연구」(2018), 『마곡서당과 당고사의 마을 사신』(공저·2019), 『가야진·가야진사·가야진 용신제』(공저·2018), 「권력과 저항 사이에서 : 1980년대 민속의 정치적 의미 변화와 과정」(2019) 등이 있다.

1. 연구 대상과 목적

조선시대 이후 여성들, 특히 경상도 양반 여성들이 즐겨 부른 가사를 내방(內房)가사 혹은 규방(閨房)가사라고 부른다.[1] 이 용어는 주로 전문연구자들이 사용하는데, 가사의 전승자들인 여성들은 이를 '가사' 혹은 '두루마리'라고 칭한다.

내방가사는 여성에 의하여 창작되고 전승되었기 때문에 가사의 내용도 여성들이 처한 정치적 · 경제적 배경과 관련이 깊다. 내방가사가 본격적으로 창작되고 전승되기 시작한 조선 후기의 여성들은 유교 규범과 봉건적인 가부장제 아래 상속권이라는 재산권도 행사하지 못했고 가정 내부의 살림을 전적으로 책임지는 지위와 역할만을 담당하였다. 이러한 환경 속에서 창작 · 전승된 내방가사의 내용에는 당시 여성들의 생활과 애환을 담은 것

---

1 이외에도 학계에서는 규중가도, 규방문학, 규중가사 등의 명칭이 사용된다. 명칭의 통일성에 대한 문제는 이미 1970년대부터 제기되었으나 아직 합의가 이루어지지 않고 있다. 내방가사를 주장하는 연구자들은 여성의 거주공간인 내방이 가사의 주요 향유 및 창작 공간이라는 점과 시대가 변화하면서 양반 이외 계층의 여성들도 불렀다는 점을 강조하고 있다. 반면 규방가사라는 명칭 사용을 주장하는 연구자들은, 내방가사라는 명칭에는 화전가처럼 집 밖에서 불리는 가사를 포함하기 어렵고, 여성들의 가사 중에는 남성들이 창작한 가사가 포함되어 있다는 점을 들어 내방가사라는 명칭 사용을 문제시하고 있다. 명칭 논란은 분명 여성가사문학 전문가들의 학문적 근거에 기반하고 있으나, 본 연구에서는 혼란을 방지하기 위하여 내방가사라는 명칭을 사용한다. 참고로 가사의 명칭에 관해서는 이정옥(1999), 『내방가사의 향유자 연구』, 박이정, 129~132쪽, 그리고 최규수(2014), 『규방가사의 '글하기' 전략과 소통의 수사학』, 명지대학교출판부, 16~20쪽을 주로 참고하였다.

이 많다.

또한 내방가사에는 여성들을 위한 규범 혹은 집안의 가훈을 담은 가사가 많이 남아 있는데, 이는 당시 교육 기회가 적은 여성들이 내방가사를 통해 이를 자녀들에게 전달하기 위해 제작했기 때문이다. 이외에도 여성들의 놀이와 관련된 화전가 혹은 기행 내용을 담은 내방가사도 전승되고 있다.

내방가사의 내용적 특징을 바탕으로 연구자들은 내방가사를 크게 교훈류·송축류·탄식류·풍류류 혹은 부녀교훈류·부녀탄신류·풍류기행문·송경출원류 등으로 분류하고 있다.[2] 근대 이후에는 독립운동과 같이 정치적 내용을 담은 가사도 전승되고 있다. 이외에도 여성들의 다양한 관심을 표현한 내방가사들이 지속적으로 창작되고 있어 기왕의 유형 분류에 대해서는 많은 비판이 제기되고 있는 실정이다. 게다가 특정 유형으로 분류된 가사에도 그렇게만 분류할 수 없는 다양한 내용들이 함축되어 있고, 또 새로운 유형 분류 혹은 연구 방법이 요구되어 현재 이와 관련된 다양한 연구가 진행되고 있다.

내방가사에 대한 새로운 연구 방향의 특징은 기존 연구처럼 가사 자체에 한정하지 않고 가사의 전승과 창작 배경 및 과정 그리고 향유자의 특성이 고려된다는 점이다. 내방가사는 주로 여성 가족 구성원 단위로, 그 방법은 필사나 낭송의 형태로 전승되었다. 가사의 낭송 혹은 필사 과정에서 단순히 기존 가사 그대로 낭송하거나 필사하는 것에 머물지 않고 창작하는 경우가 많기 때문에 많은 가사에는 다양한 이본(異本)이 존재한다.

연구자들은 가사의 전승, 창작 및 그 배경, 향유 과정, 향유자의 경험과 사회 인식 등을 조사·분석하기 위하여 '글하기'라는 개념을 활용하고 있

2 내방가사 분류에 관해서는 다양한 연구가 시도되었으나, 본 발표에서는 이정옥(2009a), 「경북여성의 글하기」, 『경북의 민속문화』, 경상북도·국립민속박물관 ; 이정옥(2017), 『내방가사 현장연구』, 역락을 참조하였다. 덧붙여 최근에 내방가사의 유형 분류의 문제점을 제기한 연구도 진행되고 있다〔최규수(2014), 앞의 책〕.

다. '글하기'를 학술적 연구에 최초로 활용한 이정옥은, 내방가사는 기본적으로 창작, 향유, 전승하는 과정에서 주체인 여성들이 자신들의 살아온 삶을 성찰하는 글쓰기라는 점을 강조하였다. 그리고 이러한 특징을 분석하기 위하여 글하기 개념을 연구에 활용할 것을 주장하였다. 또한 글하기를 통하여 기존 가사의 유형적 연구의 문제점을 극복하고 내방가사의 창작, 향유, 전승의 역사적·지역적 맥락에 대한 연구 그리고 현재에도 지속적으로 창작되고 전승되는 배경 연구의 가능성을 제시하였다.[3]

본 연구 대상은 '안동내방가사전승보존회'(이하 가사보존회)이다. 가사보존회는 내방가사를 정리하고 창작하기 위한 목적으로 1997년에 조직된 사회단체이다. 현재 회원은 345명이 등록되어 있고 적극적으로 활동하는 회원은 약 70명 정도이며 대부분 안동에 거주하고 있는 70대 이상의 여성들이다.

가사보존회 사무실은 안동시 용상동에 위치해 있으며 회원들은 매주 수요일에 모여 내방가사를 읊고 창작하는 작업을 진행하고 있다. 또한 가사보존회에서는 전국내방가사경창대회를 개최하고 방송 프로그램, 민속박물관 등에서 시연 공연 활동도 하고 있다.

특히 최근 가사보존회에서는 내방가사의 유네스코 기록문화유산 지정에 많은 관심을 갖고 다양한 활동을 펼치고 있다. 내방가사의 유네스코 등재 작업은 전문연구자들이 주축이 되어 경상북도와 안동시에서 지원하는 형식으로 진행되고 있다. 구체적으로 2018년에 유네스코 기록문화유산으로 등재하기 위하여 4차례에 걸쳐서 회의를 진행하였고[4] 2019년 7월에는 이와

3 글하기에 관해서는 이정옥(2002), 「내방가사의 청자호명의 기능과 사회적 의미 : 영남의 내방가사를 중심으로」, 『어문학』 78, 어문학회, 441~466쪽 ; 이정옥(2009a), 「경북여성의 글하기」, 경상북도·국립민속박물관 공편, 『경북의 민속문화』, 국립민속박물관 참조. 최근 내방가사의 맥락연구와 더불어 내방가사의 문학적 특징을 고려하여 글하기의 특징을 분석하려는 연구도 등장하였다. 이에 관해서는 최규수(2014), 앞의 책 참조.

4 이정옥 외(2018), 『한국국학진흥원 기록유산 등재를 위한 내방가사 워크숍 결과보고서』, 한국국학진흥원·안동시.

관련된 국제학술대회를 개최하였다.[5] 당시 회의에서는 등재를 위한 다양한 안건이 논의되었는데, 유네스코 기록문화유산 선정 기준에 적합한 내방가사의 특징 특히 기록문화유산으로서 내방가사의 가치가 집중적으로 논의되었다.

내방가사가 유네스코에 등재될 수 있는 강점으로, 전통시대의 소외집단인 여성들의 문학 기록이라는 점, 낭독과 필사라는 독특한 전승방식, 현실인식에 대한 사실적 표현, 집단 기억의 기록 그리고 서체와 두루마리에 예술적 가치가 있다는 점 등이 제시되었다. 더불어 내방가사의 중요한 요소인 창작이 강조될 경우 기록유산보다 무형유산의 성격이 강조될 수 있어, 이에 대한 논의가 필요하다는 점이 제시되었다.

본 연구는 가사보존회의 활동을 통해 안동 지역에서 최초로 사회단체를 결성하고 다양한 활동을 전개할 수 있었던 배경과 목적 그리고 내방가사 회원들의 일상과 활동을 통해 내방가사가 안동에서 지속되는 배경을 살펴보고자 한다.

또한 본 연구는 버내큘러(vernacular)에 대한 최근 민속학계의 논의와 관련하여 연구자의 입장을 정리하기 위하여 작성되었다. 버내큘러는 일반적으로 토속적인 것을 의미하며, 이를 연구에 적극적으로 활용하고 있는 건축학에서는 토속적인 양식과 디자인을 지칭하고 있다. 미국 민속학계에서는 버내큘러를 기존의 '포클로어(folklore)'를 대체하는 개념으로 인식하고 다양한 연구에 활용하고 있다. 주로 전통적 생활양식이 현대 생활에서 가지는 의미와 기능을 분석하고 관련된 문화정책을 분석하는 데 이 개념을 활용하고 있다. 한국 민속학계에서도 미국 민속학계와 유사하게 민속과 같은 전통 문화의 일상적 의미와 기능 그리고 관련 문화정책을 비판적으로

---

5 한국국학진흥원 주관 · 안동시 주최, 「내방가사의 기록 유산적 가치 : 문학 / 역사 / 서체미학」(2019. 7. 9, 안동 문화예술의 전당).

점검하기 위한 목적으로 버내큘러와 관련된 논의를 시작했다고 생각한다.

본 연구를 위하여 참고한 선행 연구들은 대부분 내방가사를 가장 많이 연구한 국문학계의 연구들이다. 특히 글하기로 내방가사의 전승, 창작, 향유를 분석한 연구는 본 연구에 많은 도움을 주었다. 그 연구는 글하기 개념을 바탕으로 내방가사의 문학적 텍스트에 대한 분석에 머물지 않고, 내방가사의 창작, 향유 그리고 전승 과정과 주체들에 대하여 분석했다. 특히 본 연구의 대상인 가사보존회의 활동을 글하기의 전통이 현재적 방법으로 계승되는 사례로 주목했다.

관련 연구자들은 가사보존회가 주최하고 있는 가사경창대회를 주목하고 이 행사를 내방가사의 글하기 전통을 구성하는 여러 요소들이 지속·변화하는 현장이라고 강조하고 있다. 우선 청자 호명 방식의 지속과 변화를 들고 있다. 전통적인 내방가사에서는 청자 호명이 도입부의 상투적인 문구에 불과했으나, 경창대회에서 낭송되는 내방가사에는 청자가 구체적으로 지시된다. 이러한 변화는 경창대회에 참여하는 여성들의 전략, 즉 청자들과 공동체를 구축하기 위해 자기 존재를 드러내는 전략과 연관되어 있다.[6] 내방가사의 내용뿐만 아니라 그 형식도 변화했다. 기존 내방가사는 주로 가족 혹은 마을 단위의 사적인 영역 즉 내방에서 진행되었던 반면에 경창대회는 경연장에서 무대화된 양식으로 진행되고 있기 때문이다.[7]

내방가사의 글하기 전통과 변화 양상에 대한 기존 연구들은 가사보존회의 전반적 활동 특히 경창대회를 분석하는 데에도 도움이 된다. 다만 기존 연구에서는 여성문학인 가사문학과 관련된 집단으로서 가사보존회를 주목하고 있어서 안동이라는 도시에서 생활하는 여성들의 모임으로서 가사보존회를 분석하는 데에는 분명 한계가 있다.

---

6 이정옥(2009a), 앞의 논문, 441~466쪽.

7 이정옥(2009a), 앞의 논문, 425~426쪽.

특정 가사를 향유하고 창작하는 문화현상을 보존회와 같은 사회단체 혹은 조직과 연관하여 해석하는 방법은 기존 민속학 연구를 참고할 수 있다. 다만 기왕의 민속학에서는 이러한 연구가 활발하게 진행되지 않았다. 문화재로 지정된 민속의 전승과 그 지속성만을 탐구해 왔기 때문이다.[8] 일부 연구에서 보존회의 성립과 보존회원들의 참여 배경 및 목적을 논하고 있을 뿐이다. 예를 들어 외국의 특정 보존회 사례 연구[9] 혹은 역사보존회의 활동 배경과 역사에 대하여 분석한 연구[10] 등이다.

본 연구와 관련된 선행 연구로 안동의 전통문화에 관한 연구도 주목된다. 전통문화의 보고로 간주되는 안동의 민속에 관해서는 수많은 연구가 진행되고 있으나, 민속의 지속성에 대한 연구가 그 대부분을 차지한다. 본 연구처럼 도시화 과정에서 민속이 지속·변화되는 과정에 대한 연구는 상대적으로 적다. 주로 차전놀이 혹은 놋다리밟기 등 무형문화재가 지정되는 과정에 대한 연구[11] 혹은 문화원, 안동민속박물관 등의 민속 혹은 지역문화와 관련된 조직과 단체의 역사와 활동에 대한 연구[12]가 대부분이다.

이외에도 가사보존회의 글하기처럼 지역의 과거 유학적 전통이 전통문화로 인식되어 지속되는 배경에 대한 연구도[13] 주목할 만하다. 이 연구들

8 최자운(2013), 「전승 환경 변화에 따른 공주 봉현리 상여소리보존회의 대응과 생존 전략」, 『한국민요학』 37, 한국민요학회, 211~230쪽.

9 김현정(2007), 「향토의식의 형성과 지역 전통문화의 발견 : 일본 지방도시 이시오카 향토사가들 모임 이시오카 사적보존회 활동을 사례로」, 『한국민속학』 45, 한국민속학회, 65~98쪽.

10 최석영(2002), 「식민지 시대 고적보존회와 지방의 관광화」, 『아시아문화』 18, 한림대학교 아시아문화연구소, 11~121쪽.

11 이상현(2004), 「안동문화의 변화와 민속의 재창조」, 『비교민속학』 26, 비교민속학회, 523~567쪽.

12 이상현(2011), 「도시 속 민속의 창출과 지방문화원」, 『한국민속학』 53, 한국민속학회, 101~141쪽.

13 김광억(1994), 「문화공동체와 지방정치 : 씨족의 구조를 중심으로」, 『한국문화인류학』

은 가사보존회의 성립 배경과 활동 방향, 나아가 안동의 도시화 과정 속에서 전통문화가 창출되는 양상을 분석하는 데 도움을 줄 수 있다.

2. 핵심 개념과 연구 방법

본 연구는 기존 내방가사 혹은 그 보존회에 대한 연구처럼 가사 내용을 분석하거나 보존회의 발전 방안을 고찰하는 데 목적이 있지 않다. 본 연구는 가사보존회의 활동, 구체적으로 그 성립 배경과 활동 목적 그리고 회원들의 참여 배경을 분석하는 데 목적이 있다. 이 목적을 달성하기 위해 먼저 몇 가지 주요 개념을 설정할 필요가 있다.

우선 내방가사의 연행 현장의 변화를 주목해 보자. 전통적으로 내방가사는 가족적 범위 그리고 일부 마을 단위에서 연행되었으나 가사보존회에서 주관하는 가사경창대회에서는 인위적으로 마련된 무대에서 예선을 통과한 가사 작품이 낭송된다.

경창대회에서 내방가사는 다수의 청자들을 대상으로 연행되며, 그 내용도 청자들의 흥미를 끄는 것들로 구성된다. 또한 심사과정을 거치기 때문에 심사위원들의 관심사와도 관련될 수밖에 없다. 이러한 현상을 관련 연구자들은 '발화의 현장성'이라 명명하고, 이를 내방가사 향유자의 문학행위에 대한 자긍심이 강화되는 것으로 보았다.

가사향유자의 입장에서는 이 무대 공연을 통해 자긍심이 강화된다고 할 수 있다. 그러나 공연자들은 이 무대화된 양식에 대한 심사위원이나 주최측의 흥미에도 부합하도록 연행해야 한다. 따라서 무대화된 양식에 대한 종합적 검토가 필요하다.

25, 한국문화인류학회, 116~182쪽.

내방가사와 같은 구비문학이나 탈춤, 즉 민속이 전승 현장을 떠나서 특정 무대에서 공연되는 현상은 이미 일제강점기 당시 조선의 민속이 일제의 문화정책에 동원되면서 시작되었다. 예를 들어 1936년 사리원 역사 개원 기념 봉산탈춤공연 이후 일제의 여러 행사에 조선의 민속이 동원되었다.[14] 관제 행사에 민속이 동원되는 현상은 해방 이후에도 지속되었다. 1958년 이후 지속된 전국민속예술경연대회와 여러 지방에서 개최된 지방문화제에도 민속이 무대화되어 공연되었다.

무대화된 민속은 특정한 목적을 가지고 진행되기 때문에 그에 대한 주최측의 개최 배경 및 목적을 짐작하는 것이 가능하다. 또한 무대에 선 개인 혹은 집단의 공연 양식을 통해 민속에 대한 공연자의 인식 그리고 무대에 대한 이들의 생각도 읽어 낼 수 있다.

안동 민속의 무대화는 1958년 제1회 민속예술경연대회에 출연하면서 시작되었다. 더구나 하회별신굿탈놀이가 우승하면서 지역의 민속을 새롭게 인식하게 되었고, 민속축제 등의 행사에서 지역 민속을 무대화하기 시작하였다. 가사보존회의 가사경창대회 역시 무대화된 민속의 일환이라고 판단된다.

무대화된 민속은 다양한 목적으로 활용되지만 지역 행사에 동원할 때에는 주로 지역의 정체성을 구축하기 위한 목적으로 활용된다. 지역주민 특히 학교 학생들을 무대화된 행사에 참여시켜 지역의 전통문화라는 측면을 강조하고 이를 통하여 지역 정체성을 확보하려는 전략이다.

다만 내방가사의 무대화는 기존 민속의 무대화와 달리 문화재로 지정되지 않아 특정한 양식이 없고, 주로 내방가사의 형식 특히 청자 호명 방식을 활용한다. 낭송자가 속한 집단인 가족, 동기 혹은 문중 나아가 지역, 국가를 가사에 불러내어 이러한 조직과의 일체감을 형성하려는 노력을 내방가

---

14 김난주 · 송재용(2011), 「일제강점기 향토오락 진흥정책과 민속놀이의 전개양상」, 『개화기에서 일제강점기까지 민속놀이의 문화정책과 변모양상』, 단국대학교 출판부, 13~46쪽.

사를 통해 보여 주고 있다.

내방가사 관련 연구자들도 내방가사가 지역 전통문화임을 강조하며 가사보존회와 보존회 회원의 활동을 지원하고 있다. 연구자들은 다른 전통문화와의 차별성을 부각시키고 내방가사의 특수성을 내세우면서 지역의 또 다른 전통문화임을 강조한다.

안동은 전통문화의 고장으로 알려져 있고 실제로 안동 지역의 수많은 유무형의 전통문화가 문화유산으로 지정되었다. 예를 들어 하회별신굿, 차전놀이 등이 국가무형문화재로 지정받았다. 이외에도 국가의 대표적인 전통문화 범주에 속하는 유교 문화가 현재에도 일상적으로 중요한 역할을 하는 지역이 안동이다. 그런데 안동을 대표하는 전통문화는 양반 혹은 민중적 성격을 강조하는 것이 대부분이었다. 여성문화를 대변하는 것으로 놋다리밟기가 있으나, 이것도 민속놀이라는 범주에 속하는 무형문화재이다.

이 전통문화들과 비교했을 때, 내방가사는 마을 혹은 지역 공동체성이라는 성격이 상대적으로 약하고, 주로 여성 중심의 가족 단위 특히 양반가에서 전승된 여성 문학이자 여성 중심의 문화적 행위이다. 내방가사 연구자들은 내방가사가 지역을 아우르는 공동체적 성격은 비록 약하지만, 여성들의 자기 표현 혹은 자기서사 양식이기 때문에 지역의 중요한 전통문화라는 점을 강조하고 있다. 가사보존회에서는 전문가들의 의견을 바탕으로 지역의 전통문화로서 문화재로 지정받기 위하여 가사보존회 창립 이후 지속적이고도 다양한 노력을 기울였다. 개인 혹은 집단은 특정 문화를 전통문화로 인식하고 그 인식을 타인에게 인정받기 위해, 그 근거를 찾는 등 다양한 활동을 펼친다. 이러한 활동의 인식적 토대를 분석하는 데 많이 활용되는 개념이 정체성이다.

정체성에는 다양한 차원이 존재하는데, 우선 개인이 성장하면서 형성된 개인적 정체성과 특정 집단의 구성원을 하나로 묶는 집단적 정체성으로 나눌 수 있다. 전통문화란 주로 집단적 정체성을 담보하는 수단으로 활용된다. 안동의 민속처럼 지역 민속은 지역의 역사와 문화, 경우에 따라서는 민족의 역사와 문화를 함축하는 것으로 그 정체성을 제시해야 전통문화로 인정된다.

전통문화로 인정받는 데에 결정적 영향을 주는 것 중 하나가 무형문화재 제도이다. 특정 민속이 무형문화재로 지정될 경우 지역을 대표할 수 있는 민속으로 인정받게 되고 지역 주민들의 정체성 형성에 결정적인 영향을 준다.[15] 따라서 지역 민속의 전승자 혹은 지역 민속에 관심이 많은 사람들은 무형문화재로 지정받기 위하여 다양한 노력을 하게 된다.

가사보존회는 안동문화원의 여성민속축제 등 여러 행사에 적극적으로 참여하고 있으며, 이는 안동문화원의 행사에 참여하는 다른 집단과 같이 지역의 전통문화로 인정받으려는 활동의 일환이라고 할 수 있다. 연극적 요소를 동원하고 특정 가사를 선정하여 낭송하는 것 역시 전통문화로 인정받으려는 활동으로 이해할 수 있다. 따라서 정체성 개념을 활용하면 가사보존회 회원들의 창작, 향유 배경을 분석할 수 있다. 또한 가사보존회가 내방가사를 전통문화로 간주하려는 이유와 목적 그리고 가사보존회의 설립 배경, 활동 방향에 대해서도 분석할 수 있다.

한편 내방가사 연구자나 보존회를 운영하는 임원들은 내방가사의 전통성을 강조하고 있지만, 가사보존회의 회원들 모두가 내방가사를 지역의 전통문화로 인식하고 이를 전승하려는 목적으로 보존회 활동을 하고 있다고 보기는 어렵다. 이들은 여가 시간의 활용, 문예창작 활동, 낭송 교육 등 다양한 목적으로 보존회에 참여하고 있다.

따라서 개별 회원들의 참여 배경과 목적을 분석하기 위해서 가사보존회를 동호회의 한 형태로 볼 필요가 있다. 동호회는 동호회의 특징에 따라

---

15 안동의 무형문화재를 지역정체성 그리고 전통의 개념으로 분석한 연구로는 이상현(2004), 앞의 논문.

다양한 기능을 수행한다. 예를 들어 운동동호회나 음악동호회는 운동 및 음악 능력의 향상이 동호회의 가장 큰 기능이다. 그러나 동호회는 이외에도 도시생활의 적응, 여가활동, 사회 연결망의 확장, 정보 교환의 장 등 다양한 기능을 수행한다.

중소 규모의 도시 그리고 전통문화의 도시인 안동에서 가사보존회의 회원들에게 가사보존회의 가장 큰 기능은 친교라고 판단된다. 독일의 사회학자 짐멜(G. Simmel)은 친교(Geselligkeit)가 사회생활의 핵심적 특징, 특히 개인이 동호회에 참여하는 배경과 목적이라는 점을 강조하였다. 또한 친교는 도시 사람들로 하여금 단순 반복적인 일상생활에서 벗어나게 하는 동시에 도시적 삶에 대한 적응 기제로 기능한다. 게다가 그것은 도시에서 펼쳐지는 일반인들의 사회적 상호작용의 특징을 가장 잘 반영한다.[16] 이 같은 짐멜의 친교 개념은 동호회의 기능과 역할을 분석하는 데 효과적으로 활용할 수 있다. 본 연구에서는 친교라는 개념을 통해 가사보존회 회원들의 참여 및 활동을 분석해 보겠다.

본 연구를 위하여 연구자는 2019년 4~6월에 가사보존회의 일상적 활동을 조사하였고 보존회 회원들과 면담 조사를 실시하였다. 우선 가사보존회 회장과 접촉하여 보존회에 관한 기본적 정보를 얻었다. 연구자는 이 지역 출신이 아니지만 지역대학의 교수라는 신분으로 비교적 수월하게 그와 접촉할 수 있었다. 게다가 회장의 친척 중 일부가 연구자와 아는 사이였기 때문에 라포 형성 또한 어렵지 않았다. 다만 내방가사에 대한 기존 연구자들이 가사에만 관심을 가졌고, 회장이 조사자 역시 그럴 것이라 짐작했기 때문에, 그에게 조사자의 연구 목적을 이해시키는 데 많은 어려움이 있었다. 또한 최근 유네스코 등재와 연관된 활동이 전개되고 있고, 이런 활동에 대학교수가 일정한 역할을 할 수 있다는 것을 보존회에서 알고 있었기 때

16 김덕영(1999), 『현대의 현상학 게오르그 짐멜 연구』, 나남출판, 73~94쪽.

문에 조사 과정에서 이 문제를 염두에 두지 않을 수 없었다.

다음으로 매주 수요일에 열리는 보존회의 정기 모임에 참석하여 보존회의 일상적 모습을 관찰하였다. 조사자는 가사 내용에 대한 이해가 상대적으로 부족하고 또한 남성이어서 참여관찰이 여의치 않았기 때문에 주로 회원들의 낭송, 필사 혹은 친교 성향(친한 사이, 호칭) 등을 관찰하고 기술하는 수준에 머물렀다. 더구나 조사자가 회원들보다 젊은 남성, 특히 지역대학의 교수라는 점 때문에 그들과 적극적으로 소통하는 데에는 일정한 한계가 있었다.

이외에도 안동여성민속축제(이하 여성축제), 예천박물관 시연 행사 그리고 행사 참여 준비 과정을 관찰하였다. 이처럼 무대화된 행사들과 그 준비과정에 대한 관찰은 회원들의 내방가사에 대한 인식을 파악하는 데 도움이 되었다.

개별 회원들에 대한 면담 조사도 실시하였다. 우선 가사보존회의 임원들인 회장과 부회장 그리고 보존회 활동에 적극적으로 참여하고 있는 회원에 대한 면담 조사를 실시하였다. 그리고 보존회에서 상대적으로 젊고 취미활동의 일환으로 참여하는 회원과 회원 중 지역 문중의 종부들에 대한 면담 조사도 실시하였다. 종부들이 지역의 문중 모임이 아닌 안동 시내 일반 여성들의 모임에 참여하는 것은 드문 일일뿐더러, 이들이 참여한다는 것은 가사보존회가 지역 사회에서 차지하는 위상을 보여 주는 것이기도 했다.

질문 내용은 가사보존회 임원과 일반 회원을 구분하여 구성하였다. 공통적으로 성장 과정, 가족 사항, 내방가사를 접한 시기, 가사보존회 가입 시기와 동기, 현재의 일상생활 등에 대해 질문하였다. 임원들에게는 가사보존회의 역사, 지난 기간의 활동 상황 그리고 가사보존회의 문제점과 발전 방안에 대하여 추가적으로 질문하였다.

한편 가사보존회의 성립 배경과 활동 특징을 분석하기 위하여 안동 민속이 무대화된 역사에 관한 선행 연구와 자료들을 참고하였다. 가사보존회 활동과 직접 관련이 있는 안동문화원의 활동과 여성축제에 관한 자료도 수집하여 연구에 활용하였다.

이외에도 일반 회원들의 가사보존회 참여 배경과 일상생활을 분석하기 위하여 안동의 인구 변화, 문화 관련 단체의 현황과 역사에 대한 자료도 수집하였다. 정리는 가사보존회 활동의 성립과 운영의 특징, 개별 회원들의 가입 및 활동 배경과 목적 등 두 유형으로 나누었다. 가사보존회의 활동은 안동 민속의 무대화의 역사 그리고 현재 가사보존회 사무실의 일상적 모습에 대한 기술로 나누어 정리하였다.

3. 안동 민속의 창출과 가사보존회의 역사

안동의 민속은 다른 지역의 민속보다 일찍부터 외지인들의 관심을 받았다. 일제강점기 일본 민속학자들을 비롯하여 조선 민속학자들도 안동의 민속, 하회별신굿, 동제 등을 조사하였다. 이들이 안동의 민속을 조사한 이유와 목적은 달랐지만, 안동이 조선의 전통문화를 많이 간직한 지역이라는 인식은 동일했던 것으로 보인다.

해방 이후에도 안동의 민속은 지속적인 관심을 받았는데, 특히 1958년에 개최된 1회 전국민속예술경연대회에서 안동의 민속이 대통령상을 받으면서 전국적으로 알려지게 되었다. 이 행사 이후 외지인뿐만 아니라 안동사람들도 지역의 민속에 많은 관심을 갖게 되었다.

안동 민속에 관심을 가졌던 안동사람들은 지역민속을 되살리기 위하여 지역의 민속을 조사하고 이를 재현하는 노력을 전개하였다. 그 과정에서 외부 지식인들 특히 민속학자들의 도움을 많이 받았다. 당시 민속학자들은 무형문화재 제도 운용에 핵심적인 역할을 하였기 때문에 이들의 학문적 특징이 안동 민속 재현에 고스란히 반영되었다. 그런 점에서 국가의 문화정책도 지역 민속의 활용에서 반드시 고려해야 할 사항이겠다.

하회별신굿의 경우, 1930년대 후반에 일본 민속학자와 송석하가 조사하였으며 1958년 대통령상을 수상했다. 외부 전문 지식인들이 이 별신굿에 대한 조사를 주도했고 지역 내부 지식인들이 채록과 복원에 참여했다. 그러나 복원 과정에서 지역 지식인들이 외부 전문 지식인들의 비판을 받으면서, 그 복원은 전적으로 외부 전문가들의 관점에 따라 이루어졌다.

차전놀이의 경우 주로 지역 지식인들에 의해 재현 작업이 이루어졌다. 그들은 이 놀이를 문화재로 지정하기 위해 전문 지식인의 도움을 요청하고 놀이의 한 형태를 변형시켰다. 지역 지식인들은 차전놀이의 기원 혹은 과거 놀이의 재연보다는 전국민속예술경연대회라는 행사에 부합하는 화려한 형태의 차전놀이를 구현하였다. 민속학자들도 무형문화재 지정 조사보고서에서 상무정신이 함축된 놀이라는 측면을 강조하였고, 결과적으로 이 놀이는 1970년에 국가무형문화재로 지정되었다.

놋다리밟기는 일제강점기 송석하가 안동을 방문했을 당시에도 존재했던 만큼 오래된 여성민속으로 정평이 나 있다. 1958년 행사에도 하회별신굿과 함께 참여하였다. 이후 안동의 다른 민속처럼 지역 지식인들에 의한 복원 작업이 진행되었다. 이 작업은 여자학교 선생들의 주도하에 학생들을 동원하여 진행되었다. 그러나 복원 과정에서 민속학자와 갈등을 빚게 되는데, 그 원인은 놋다리밟기의 진행 형태에 관한 것이었다. 행정 당국이 전문연구자를 투입하여 조사할 정도로 격렬한 논쟁이 펼쳐졌다. 이후 이 놀이는 외부 지식인들이 주장한 방식으로 구성되었다.

민속 재현에는 다양한 주체들이 관여했지만 민속을 재현하는 장은 주로 지방문화원과 안동민속박물관이 주축이 되었다. 안동문화원은 1957년에 조직되었는데, 초창기에는 다른 지역의 문화원처럼 미국의 홍보물을 상영하는 업무를 담당하였으나 1960년대부터는 지역 문화계의 중심 공간 역할을 하고 있다. 임원들은 전직 안동시장, 병원 원장, 지역 기업체 사장, 약국 혹은 양조장 경영자, 중·고등학교 교사 등 지역 유지로 구성되어 운영되고 있다.

안동문화원은 다른 지방문화원처럼 지역 문화의 재현 작업에 중추적인 역할을 하였는데, 크게 향토문화연구활동, 지역문화행사활동, 사회교육활동, 문화체험활동, 문화예술활동, 지역문화교류활동 등의 활동을 전개하였다. 특히 안동문화원은 지역 민속과 관련된 많은 사업을 전개하였다. 1958년 대통령상을 수상하면서 풍년제가 개최되기 시작했는데, 이는 지역 민속에 많은 관심을 가진 지역문화계 인사들로 문화원의 임원진이 구성되었기 때문이었다. 이를테면 1958년 최초로 하회별신굿 대사를 전문 학술지에 투고하였고, 이후 하회별신굿 재현에 큰 역할을 하였던 류한상도 초창기부터 문화원 활동에 참여하였다. 놋다리밟기 재현에 많은 관심을 가지고 자신이 재직하던 안동여고에서 시연 작업을 주도했던 권영호도 안동문화원의 임원이었다.

안동문화원에서 진행하는 민속과 관련된 대표적 행사는 민속축제이다. 1960년 풍년제를 시작으로 축제 명칭과 행사 시기는 여러 번 바뀌었으나, 문화원이 주관한 시민축제라는 성격은 그대로 유지되고 있다. 특히 1968년부터는 안동시내의 초·중·고등학교 학생들과 시내의 여러 직능단체도 본 행사에 참여하였다. 당시 학생들이 참여하여 진행한 프로그램으로는 차전놀이, 놋다리밟기, 공민왕 어가행렬, 낙동강소금배, 양반 행렬, 줄불놀이 등이 있었다. 시내 학생들이 민속축제에 참여할 수 있었던 것은 안동문화원 회원으로 지역의 여러 학교 교사들이 참여하였기 때문이며 또한 향토교육이 당시 학교교육의 중요한 부분을 차지했기 때문이다.

안동문화원이 주관한 행사는 안동 민속의 전승과 창출에 많은 영향을 주었다. 무엇보다 안동민속이 시민축제라는 성격에 맞게 변화·창출되는 데 안동문화원이 핵심적인 역할을 하였다. 아울러 행사에 참여한 학생과 일반 시민들이 안동의 민속에 대하여 새롭게 이해하고 지역 정체성을 형성하는 데에도 도움을 주었다.

또한 민속축제에서는 하회별신굿처럼 무형문화재로 지정된 것뿐만 아니라 무형문화재로 지정받으려는 민속도 초청하여 공연토록 하였다. 예를 들어 현재 경상북도무형문화재인 〈저전농요〉의 경우 지속적으로 축제에 참가하면서 알려졌고 이후 무형문화재로 지정받게 되었다. 문화원은 무형문화재에 관심 있는 개인 혹은 단체를 지원하는 형태에 머물지 않고, 주도적으로 지역의 민속을 발굴하여 무형문화재 지정 작업을 진행하기도 하였다.

안동문화원은 2002년부터 '여성민속한마당'이라는 행사를 개최하고 있다. 여성민속한마당은 화전놀이, 천연염색, 한지공예, 그네뛰기 그리고 본 연구의 대상인 내방가사경창대회 등의 프로그램에서도 확인할 수 있듯이 지역 여성들을 위한 축제로 개최되었다. 이후 더 많은 여성단체가 참여하였고 놋다리밟기와 같은 무형문화재의 보존회에서도 참여하여 놋다리밟기 시연 행사와 노국공주선발대회를 개최하였다. 가사보존회는 1회 대회부터 2019년 17회 대회까지 지속적으로 참가하고 있다.

가사보존회는 1997년에 현 회장인 이선자의 주도로 창립되었다. 이선자는 1992년에 안동 최초로 용상에 노인대학이라는 사회단체를 조직하였는데, 이 단체는 경상북도에서도 최초로 조직된 사회단체이고, 설립 당시 300여 명 이상의 지역 노인들이 참가하였다고 한다. 이선자는 노인대학을 운영하는 과정에서 내방가사에 대한 관심을 갖게 되었고 이를 체계적으로 보존·전승하기 위하여 가사보존회를 조직하였다고 한다.

그러나 내방가사는 이 단체가 구성되었을 당시 전문연구자들이 사용하는 용어였다. 지역의 일반인들은 가사 혹은 두루마리라고 칭하였음에도 불구하고 단체 명칭에 내방가사라고 붙인 이유가 명확하지 않다. 다만 이 단체가 조직되기 이전에 내방가사경창대회가 의성문화원에서 개최되었고, 그 지역 사람이 내방가사를 무형문화재로 신청한 경우가 있었다. 그리고 1980~1990년대에는 경북지방의 특정 지역이나 문화단체에서 내방가사집을 편찬하기도 했다. 이를테면 1988년 영천시에서 『규방가사집』을 편찬했

고, 1995년에는 봉화문화원에서 『우리 지방의 민요와 규방가사』를 편찬하였다.[17]

즉 전문연구자가 아니어도 가사를 내방가사로 칭하는 경우가 이미 존재했던바, 특히 여기에서는 여성들의 가사를 보호하고 전승하기 위한 목적으로 '내방가사전승보존회'라는 명칭을 사용한 것으로 보인다. 또한 안동사람들은 무형문화재에 대해 관심이 많고 무형문화재 제도에 대해 잘 알고 있는 사람들이 문화원이나 문화예술계에서 활동하고 있었기 때문에, 무형문화재에 대한 이들의 관심이 명칭 선정에 영향을 준 것으로 보인다.

가사보존회는 1997년 5월 25일 용상노인대학에서 가사보존회의 발기 및 창립대회를 개최하였다. 당시 총 26명이 회원으로 참여하였고 이선자를 회장으로 선출하였다. 창립된 직후인 6월 9일에 가사경창대회를 개최하였다. 당시 노인대학에 출입하는 여성 노인 중에 30퍼센트 정도가 가사를 낭송할 수 있었으나, 경창대회에 응모하는 참여자가 상대적으로 적어 준비하는 데 어려움이 있었다고 한다. 대회에서 낭송하는 방식이 전통적 방식과 많은 차이가 있었기 때문이라고 쉽게 추측할 수 있다. 더구나 많은 사람 앞에서 순위를 매기는 대회 방식이 익숙하지 않고 어색하기에 출연자가 많지 않았던 것으로 보인다. 이러한 문제를 해결하기 위하여 회장이 출품작을 책으로 제작하여 배포하고 음식도 대접하였다고 한다.

회장의 이 같은 노력도 주효했지만, 1997년 제1회 안동국제탈춤페스티벌(이하 탈춤축제)에 참여하여 호응을 얻게 되면서 회원 수가 증가하였고, 이후 경창대회에도 많은 여성들이 출전하였던 것으로 생각된다. 당시 탈춤축제는 명칭에서 볼 수 있듯이 하회별신굿을 주제로 관광을 목적으로 개최된 행사였고, 주로 탈춤 공연을 중심으로 진행되었다.[18] 안동의 여러 민속도 초대

---

17 이정옥(2009a), 앞의 논문, 424쪽에서 재인용.

18 한양명(2008), 「지역축제의 전승과 민속의 변용」, 『비교민속학』 35, 비교민속학회,

공연을 했는데, 내방가사보존회도 초대를 받아 최초로 무대에서 공연하게 되었다.

당시 무대에는 총 16명이 출연하였고 진행은 1회 대회에서 수상한 7명이 돌아가면서 가사를 낭송하였다. 나머지 출연자들은 뒤편에 타원형으로 앉아 진행되었고 마지막에 회장이 칭칭이 소리를 낭송하였다. 낭송은 마이크를 이용하였고 출연진 옆에 베틀을 설치하였다. 관객들의 호응도 좋았는데 회장의 요청에 따라 관람객 일부가 무대로 올라와 함께 낭송하기도 하였다.

내방가사가 무대화되면서 가사보존회에서는 무대에 어울리는 가사를 선택하게 되었다. 예를 들어 교육기관 혹은 문화원 등 문화 단체의 공연에서는 시집가, 오륜가 등 주로 지역 여성들의 문화를 대표하는 내방가사를 낭송하고 양로원 위문 공연에서는 창작한 〈양로원방문가〉를 낭송하였다. 심지어 가사 낭송과 직접적인 관련이 없는 다듬이와 방망이를 설치하고 이를 두드리는 퍼포먼스를 하기도 했다. 그리고 안동시민회관에서 개최한 제5회 경연대회부터 단복을 맞추어 입고 무대에 출연하였는데, 이는 가사보존회 활동이 공연단의 성격으로 변화하는 것을 보여 주는 예라고 생각된다.

내방가사가 무대화된 양식으로 진행되고 호응을 얻게 되면서 가사보조회의 회원 수가 증가하게 되었고 여러 기관에 초청을 받게 된다. 특히 2002년 안동문화원이 주관한 여성축제에 참여하여 안동문화원의 재정적 지원을 받으면서부터는 경창대회의 참여 조건을 전국으로 확대하여 출연신청을 받아 전국대회로 진행하였다. 이 무렵부터 가사보존회의 경창대회는 언론보도를 통해 전국적으로 알려지게 되었다. 2000년 10월에 방영된 〈MBC 교양다큐멘터리〉, 2002년 4월 〈KBS 아침마당 생방송〉, 2005년 10월 〈NHK 한국여류문화세계〉 등에서 가사보존회의 활동과 경창대회를 소개하였다.

445~475쪽.

2010년 제14회 대회부터는 창작대회를 함께 개최하였다. 낭송 부분의 심사 기준은 내용, 읽는 모습, 음색(音色)과 전달, 관중의 호응도 등 5개 항목이며, 항목당 배점은 20점이었다. 창작 부분에서는 내방가사의 내용과 편성 등의 항목으로 평가 기준을 구성했다. 이러한 심사기준은 회장과 기획에 참여한 임원들이 수차례 논의하여 결정하였다.

배점 방식과 대회 운영 방식은 대회에 참석하는 사람들의 준비뿐만 아니라 가사보존회의 전승 방식에도 영향을 주었다. 가사 연구자들은 기존 내방가사와 창작대회의 내방가사의 가장 큰 차이점으로 청자 호명 방식을 들고 있다. 기존 가사는 개인 대 개인 혹은 개인 대 가족 혹은 친한 사이에서 낭송되었으나, 창작대회에서는 무대라는 공간에서 다중을 향해 낭송해야 하기 때문에 청자 호명 방식 또한 변화하였다.[19]

또 다른 변화로는 청자와의 공동체성이 강조되는 가사들이 창작·낭송된다는 점을 들 수 있다. 기존 가사와 달리 경창대회에서는 국가와 민족, 지역을 자랑하는 가사 특히 특정 문중을 자랑하는 가사들이 많이 창작·낭송되고 있다. 이는 새로운 시대적 흐름, 이를테면 가족 해체가 본격화되는 추세를 비판하고, 이러한 문제의식을 다양한 범주의 청자들에게 호소하기 위한 전략으로 보인다.[20] 경창대회에는 〈도청유치가〉, 〈세월호탄식가〉 등 지역 주민들의 새로운 관심 혹은 사회적 문제를 제기하는 내방가사도 포함되어 있다. 이는 내방가사 연구자들이 주장하는 '내방가사의 글하기' 전통이 유지되고 있음을 보여 주는 것이라고 판단된다. 그런 점에서 연구자들은 경창대회가 이러한 글하기의 전통을 유지하는 데 기여하고 있다고 평가하고 있다.

경창대회와 가사보존회의 여러 활동을 통해서 내방가사의 글하기 전통

---

19 이정옥(2009a), 앞의 논문, 427~429쪽.

20 이정옥(2009a), 앞의 논문, 430~433쪽.

이 지속되고 있지만, 다른 한편으로는 내방가사가 무대화 · 규격화되는 새로운 흐름을 맞이하고 있다. 내방가사 전통의 지속과 변화는 주로 보존회 회장, 심사위원으로 참여한 교수 그리고 내방가사 연구자 등에 의해 주도되었다. 하지만 가사보존회의 회원들은 이러한 내방가사 전통의 지속과 변화에 대해 관심을 갖기보다는 그와 다른 목적으로 가사 보존회에 참여하여 활동하고 있다.

4. 회원들의 참여 배경과 목적

1) 가사보존회의 일상

가사보존회 사무실은 안동시 용상동 회장 소유의 건물 2층에 위치하고 있다. 사무실 전면 중앙에는 '내방가사 여성공부방'이라는 현수막을 걸어 놓고 두루마리를 정리한 책장이 놓여 있다. 창가에는 회원들이 수상한 상장 특히 회장이 수상한 여러 상장들이 걸려 있다.

정기 모임은 수요일에 사무실 공간에서 이루어진다. 일부 회원들이 다른 요일에도 사용할 수 있도록 해달라고 요구했으나, 회장은 경로당으로 활용될 우려가 있어 거부했다고 한다. 오전 10시를 전후하여 회원들이 모이는데, 주로 나이가 많은 회원이 일찍 보존회 사무실에 나와 가사 낭송 연습을 하거나 친한 회원끼리 담소를 나눈다. 회원들은 대부분 편안한 외출복을 입고 오지만 일부 회원들 특히 나이가 많은 회원과 종부들은 한복을 입고 오기도 한다.

가사 낭송을 연습하는 회원들은 경창대회의 입상 경력이 있을 정도로 상당한 낭송 실력을 갖춘 것으로 보이는 반면, 담소를 나누는 회원들은 낭송 연습을 하면서 회장에게 지도를 받는다. 회장에게 지도를 받는 회원들은 상대적으로 젊은 60대 회원들과 최근에 가입한 종부들이다. 종부들은 개별적으로 연습을 하거나 그들끼리 담소하는 경우가 많다. 낭송 교육과 창작 지도는 주로 회장과 입상 경험이 있는 회원들이 담당하는데, 아직 교육을 위한 교재나 교안이 없어 개인적 경험을 바탕으로 지도하고 있다.

회장은 낭송 지도 이외에 회원들이 갖고 온 내방가사를 수정하는 작업을 하고, 특별한 행사 전에는 행사에 필요한 사전 준비 작업을 총괄한다. 조사자가 조사할 당시 가사보존회에서는 안동여성한마당 행사에 출연하기 위한 준비가 한창이었고, 회장은 구체적인 진행 계획과 주의할 사항 등을 설명하였다.

현재 회장은 '원이엄마 편지'를 내방가사 음률에 맞추어 일부 개작하여 박물관에서 낭송할 계획을 갖고 있다. '원이엄마 편지'는 1998년 안동시의 택지조성 과정에서 무연고 묘지를 발굴할 때 발견되었는데, 편지 내용이 애절한 사부곡으로 유명세를 탔다. 지역에서는 이를 활용한 다양한 콘텐츠를 개발하였고[21] 지역정체성의 새로운 상징으로 간주하고 있다.

회장은 조사자에게 이 편지에서 남편에게 '자네'라는 호칭을 사용한 점과 당시 여성들의 글쓰기 능력 등에 대해서 자세히 설명하였다. 다른 회원들에게도 이러한 점을 강조하였고 많은 회원이 회장의 생각에 동의를 표하였다. 이처럼 원이엄마에 대해 같은 지역 여성으로서 동질감을 느끼고, 또 그를 지역 정체성을 대표하는 인물로 생각하기 때문에, '원이엄마 편지'를 낭송하려는 것으로 파악된다.

회원들은 대부분 수요일 점심을 사무실에서 먹는다. 식자재 구입은 회비로 충당하지만 회원들이 보존회 사무실에 반찬을 갖고 오기도 한다. 점심 식사 준비와 설거지는 주로 젊은 회원들이 하며, 식사는 세대별로 혹은 친

21 정제호(2018), 「지역문화콘텐츠의 활용 양상과 미디어서사로의 전망」, *Journal of Korean Culture*, 41, 한국어문학국제학술포럼, 229~250쪽.

한 사람들끼리 모여 먹는다. 식사 후에는 담소를 나누거나 낭송 연습을 하다가 오후 2~3시경에 집으로 돌아간다.

가사보존회는 정식으로 무형문화재로 지정되어 있지 않아 전승 교육의 원칙이 명확하지 않다. 그래서 친정이나 시댁에서 가사를 배우면서 얻은 경험을 다른 회원들에게 전달하는 형식으로 이루어진다. 특히 회장의 내방가사에 대한 생각, 그리고 내방가사경창대회에서 심사위원들이 평가했던 기준과 내용이 이들의 낭송과 창작 방향에 많은 영향을 주고 있다.

가사보존회의 중요한 활동 중에 하나는 시연 행사이다. 행사를 위해서 따로 모임을 갖지 않고, 주로 회장이 행사가 있기 전 수요일에 구체적인 계획을 회원들에게 통보한다. 시연 행사 및 장소의 특징 그리고 시연할 가사를 회장이 회원들에게 설명하고 시연할 회원들을 지명한다. 이외에 행사 당일의 이동 방법 등 구체적인 사항도 설명한다.

예를 들어 올해 4월 27일 안동문화원이 개최한 '제17회 여성민속한마당'에 가사보존회가 참가하였다. 이 행사가 개최된 주 수요일에 회장은 낭송될 가사와 낭송자 명단을 발표하였다. 행사에는 총 14명이 무대에 올랐고 〈효행가〉, 〈시집살이가〉, 〈농부가〉, 〈화전가〉, 〈요양원방문가〉 등 총 다섯 편의 가사가 낭송되었다. 회장은 여성민속한마당 축제를 방문하는 사람들에게 가사를 낭송하는 세대, 여성들의 생활과 어려움을 알리고 젊은 세대에게 효를 깨우치게 하기 위해서 이 다섯 곡을 선정하였다고 한다.

행사의 개최 목적과 관객을 예상한 가사 선정은 다른 행사에서도 찾아볼 수 있다. 지난 2019년 6월 19일 경상북도 도립도서관에서 개최된 내방가사와 가사보존회를 소개하는 프로그램에서 회장을 비롯한 8명이 무대에 올라 〈시집살이가〉, 〈자탄가〉, 〈오륜가〉, 〈권효가〉 등 총 다섯 편을 낭송했다. 낭송한 가사는 시집살이의 어려움을 표현하고 규범을 권하는 전통적인 주제로 구성되어 있다. 이 행사는 국학진흥원이 지역의 역사 문화를 일반 시민들에게 알리기 위한 목적으로 개설한 국학아카데미의 한 프로그램이었다.

가사보존회의 일상을 살펴보면, 이 보존회는 보존회와 동호회의 성격을 공히 띠고 있다. 보존회는 문화유산과 관련된 활동을 하는 집단으로서 문화유산의 보존, 전승, 교육, 홍보 등 다양한 활동을 전개한다. 무형문화재와 관련된 보존회의 경우, 기본적으로 무형문화재 지침에 따른 전수 활동을 하고 회원들을 위한 교육, 지역 주민들을 위한 시연 공연 외에 무형문화재와 관련된 봉사 활동을 전개한다.

가사보존회는 무형문화재로 지정되지 않아 관에서 요구하는 전수 지침이 없고 주로 회장과 전문연구자들이 제안한 심사 기준에 의거하여 전수 활동을 한다. 다만 보존회는 무형문화재로 지정받기 위해서 다른 무형문화재 보존회처럼 시연 공연과 봉사 활동도 하고 있다. 예를 들어 안동의 다른 보존회처럼 문화원 혹은 안동시민축제에 적극적으로 참여하고 있으며 문화재와 관련된 다큐멘터리 방송에도 참여하여 홍보하고 있다.

이러한 활동을 통하여 가사보존회는 지역의 전통문화를 계승하는 집단으로 인식되고 있으며, 전통문화를 현대 여성들의 삶에 맞게 창조적으로 계승하는 데 큰 역할을 하는 집단으로 이해되고 있다. 아울러 지역의 문화재 전승 환경을 새롭게 조성함으로써 국가의 문화정책에도 적극적으로 동참하는 사회단체로 평가되고 있다.

가사보존회는 보존회라는 성격 이외에 내방가사에 관심 있는 60대 이상 안동여성들의 동호회라는 성격도 가지고 있다. 동호회는 기본적으로 특정 문화, 예술, 체육 등에 관심이 있는 사람들의 모임으로, 가장 큰 목적은 친목도모와 여가시간의 활용 등에 있다.[22] 동호회로서 가사보조회의 특성을 개별 회원들의 참여 배경과 목적을 통해 살펴보도록 하겠다.

---

22 윤소영(2010), 『동호회 활동 실태 및 활성화 방안 : 시설에 기반한 문화예술동호회를 중심으로』, 문화관광연구원, 17쪽.

2) 개별 회원들의 생애와 일상 속의 내방가사

(1) 개별 회원들의 생애경험과 내방가사

가사보존회 회원들의 내방가사에 대한 관심 배경과 목적을 전반적으로 조사하기는 쉽지 않았다. 다만 기존 내방가사 연구, 특히 글하기와 관련된 연구 중에 향유자에 대한 현장조사와 설문조사를 진행한 경우가 있어, 이를 참조하면서 회원들의 관심에 심도 깊게 접근하고자 했다. 특히 일부 연구 중 본 연구 대상인 가사보존회를 상대로 진행한 경우가 있어,[23] 그 자료를 활용함으로써 가사보존회 회원들의 삶 속에서 내방가사의 의미와 가사보존회의 참여 배경 등의 전반적인 윤곽을 파악할 수 있었다.

기존 연구는 내방가사과 관련된 개별 여성들의 경험을 생애경험, 예를 들어 처음 접한 시기, 많이 읽은 시기 등을 생애주기로 나누어 조사하였다. 조사질문지는 44문항으로 구성되었다.

질문지는 피조사자의 인적사항에 관련된 13문항의 질문과 함께 내방가사에 대한 질문, 예를 들어 내방가사의 입수경로, 가사 읽는 방법, 특정 내방가사의 선호도, 소장가사의 종류, 가사 창작 경험 등에 대한 항목으로 구성되었다. 또한 생애주기와 관련된 항목, 예를 들어 처음 접한 시기와 종류, 생애시기별 좋았던 가사, 가장 많이 읽었던 시기, 이외에 소실 가사의 유무 그리고 가사 발전방안에 대한 문항도 질문지에 포함되었다.

조사 항목 중에 가사보존회 회원들의 특징을 상대적으로 잘 보여 줄 수 있는 것으로 생애주기와 관련된 항목, 선호하는 가사와 그 이유, 가사의 발전 방안 등을 들 수 있다. 피조사자들이 내방가사를 가장 먼저 접한 시기는 1~10세까지가 22퍼센트 그리고 11~20세까지 32퍼센트로, 50퍼센트 이상

---

23 이정옥(2009b), 「방가사 향유자의 생애경험」, 『古詩歌硏究』 24, 한국고시가문학회, 197~234쪽. 본 조사는 2002~2003년 안동에 거주하고 있는 총 150명을 상대로 질문지를 통하여 실시되었다.

이 20세 전에 가사를 접하였다. 어린 시절 가사를 접한 경험은 가사에 지속적으로 관심을 갖게 되는 계기가 되었고, 이는 곧 가사보존회에 참가하는 배경이 되었다.

가장 많이 가사를 읽었던 시기를 환갑 후라고 대답한 피조사자가 68퍼센트로 가장 많았다. 이 시기 가장 좋았던 가사로는 〈회갑가〉, 〈이별가〉, 〈화전가〉, 〈회심곡〉 등 주로 노년의 인생을 돌아볼 수 있는 주제로 구성된 것과 여행과 관련된 것으로 조사되었다. 그리고 이 시기에 가사를 좋아한 이유로는 '혼자 있는 시간이 많아 심심해서', '이별이 슬퍼서', '하는 일이 없어서', '글씨를 알게 되니까', '뜻이 재미있어서' 등으로 나타났다.

가사의 발전방안에 대해서는 경창대회와 홍보를 가장 선호하는 것으로 대답했는데, 이는 피조사자가 가사보존회 회원이라는 배경과 관련이 있는 것으로 보인다. 당시 조사에서는 42퍼센트의 피조사자가 이에 대하여 응답을 하지 않았다. 취미 생활로 가사보존회의 참여하였기 때문에 그 방안에 대해서는 특별한 입장이 없었던 것으로 생각된다. 하지만 2019년 본 조사에서 이루어진 같은 질문에는 상대적으로 명확한 입장을 표명하는 피조사자가 많았다.

① 도시 생활의 적응 : A할머니의 경우

현재 80대 중반이며, 안동에서 태어나 줄곧 이곳에서 거주하였고 자녀는 3남 3녀를 두었다. 1990년대 초반까지 안동시 와룡면에서 농사를 지었으나 남편의 병 치료를 위해서 안동시로 이주하였다. 이주하고 몇 년 후에 남편이 사망하였고 이후 노래교실 등 복지관의 여러 프로그램에 참여하였다. 집안 친척의 소개로 가사보존회를 알게 되었고 회장과 면담 후에 가입하였다.

가입하기 전에는 내방가사에 대해서 몰랐다. 가입 당시 보존회 회장의 요청으로 집 안에 있던 사돈지를 필사해서 가져갔고 회장으로부터 내방가사에 대한 설명을 들었다고 한다. 가입 이후에 가사보존회의 두루마리를 빌려 열심히 쓰기 연습을 하면서 여러 내방가사를 이해할 수 있었고, 특히 한글을 확실히 쓸 수 있게 되었다고 한다. 낭송하는 방법도 회장한테 교육받았고 경창대회 심사위원의 평도 참조하여 꾸준히 연습한 결과 경창대회에서 입상하였다고 자랑하였다.

더구나 A 할머니는 가사 창작에도 관심이 있어 복지관에서 한문 배우는 프로그램에도 참여하였고, 전통적인 내방가사인 〈계녀가〉를 새롭게 개작하기도 하였다. 안동의 역사와 인물을 가사에 담은 〈애향가〉도 창작하였는데, 이 가사를 경창대회의 창작부분에 출품하여 입상하였다. 자신이 창작한 작품을 자녀들에게 보여 줄 정도로 자부심을 갖고 있으며, 심지어 국학진흥원에 본인이 창작한 가사의 기증을 요청하였을 정도이다.

A 할머니는 여가시간, 특히 노래를 부르는 취미 활동을 위한 프로그램을 찾다가 우연히 가사보존회를 알게 되었고 새로운 배움에 눈을 뜨게 해준 가사보존회의 회장에게 감사하다는 의견을 지속적으로 피력하였다. 내방가사와 가사보존회는 A 할머니에게 새로운 배움의 기회를 준 대상이며, 자신의 새로운 가능성을 알려 준 고마운 존재라고 인식하고 있다.

② 삶의 활력소 : B 할머니의 경우

B 할머니는 80대 초반이고 경상북도 영양의 동성마을 출신이다. 친정어머니는 가사를 잘했고 고전소설도 많이 읽어서 자녀들에게 소설 줄거리나 옛이야기를 곧잘 해주었다고 기억하고 있다. 친정집에는 가사가 많이 있었는데, 삼촌이 필체가 좋고 글쓰기를 좋아하여 가사를 필사하거나 창작했다고 한다. B 할머니는 9세 때 〈한양가〉를 처음 읽었으며 지금도 가사보존회 사무실에서 〈한양가〉를 자주 낭송한다.

20대 중반에 안동의 유명 문중으로 시집을 왔으나, 남편이 술을 좋아하고 가정 살림에는 전혀 신경을 쓰지 않았다. 더구나 시숙이 이혼한 후 자신이 시부모를 모셔야 했고 집안 제사를 책임져야 했는데, 심지어 시숙의 병환도 돌보아야 할 정도로 심한 시집살이를 했다. 젊은 시절부터 리어카 행상을 했고 지금도 비닐하우스에서 채소 농사를 지으면서 생활하고 있다.

할아버지는 현재 요양원에 입원해 있다.

가사보존회에는 2000년부터 참여하였다. 당시 농사일을 하면서 내방가사 특히 〈오륜가〉를 가끔 읊었는데, 용상장수대학에 다니던 사람이 가사를 듣고 가사보존회를 소개해서 가입하였다고 한다. 그리고 제4회 내방가사 경창대회에 참가하여 〈오륜가〉를 불러 입상했다. 지금도 열정적으로 가사보존회 활동에 참여하고 있고 자녀들 특히 시집간 딸이 B 할머니의 가사보존회 활동에 적극적으로 도와주고 있어 보존회 활동에 만족하고 있다.

비닐하우스 농사일로 힘이 드나 거의 매주 수요일 모임에 농사지은 채소를 싸가지고 참석한다. 사무실에서는 다른 회원들과 가사 읽는 일로 시간을 보내고 있고 시연행사에는 대부분 참석하여 가사 낭송 특히 〈오륜가〉를 자주 낭송하고 있다. 필사와 창작은 필체가 좋지 못해 거의 시도하지 못했으나 회장의 권유로 '나의 소회가'라는 제목의 가사를 창작한 경험이 있다. 가사보존회에 대한 관의 지원에 대해서 매우 아쉽게 생각하고 문화재 지정을 열망하고 있다.

B 할머니의 경우 내방가사는 그의 능력을 보여 줄 수 있는 몇 안 되는 대상 중 하나이며, 집안일이 어려울 때 힘이 되어 주었던 것으로 보인다. 그래서 바쁜 농사일에도 불구하고 여가로 활용할 수 있는 좋은 대상으로 가사보존회의 활동에 적극적으로 참여하는 것으로 파악된다.

③ 전통문화 관련 취미 활동 : C 할머니의 경우

현재 60대 후반이고 경북 예천이 고향이다. 부친이 교직에 근무하였고 시조에 관심이 많아 부친의 영향으로 어릴 적부터 문학에 관심이 많았다. 결혼 이후 1남 3녀의 자녀를 뒷바라지하면서 문학 활동을 하지 못하였다. 자녀들이 성장한 후 문학과 관련된 활동을 하고 싶어 도서관 시조 강좌에 등록하였고 이후 지속적으로 활동하여 시인으로 등단하였다. 현재까지 두 권의 시조집을 출간하였으며, 안동의 역사와 문화에도 관심이 많아 2007년부터 안동시 관광해설사로 근무하고 있다.

가사보존회는 2010년 창작 부분 특별상을 수상한 이후에 가입하였다. 어릴 적부터 가사를 들었으나 모친이 직접 부르지는 않아 가사에 대해 자세히 알지 못하였다. 하지만 내방가사가 시조와 형식이 비슷하여 창작에 큰 문제는 없다고 한다.

현재 안동의 역사와 문화를 소재로 한 가사 창작을 지속하고 있으며 낭송에도 관심이 많아 보존회 사무실에서 다른 회원들에게 낭송에 대한 수정을 받고 있다. 다만 아직 보존회에서의 수정 방향과 방법이 익숙하지 않아 개인적으로 낭송이 좋다고 생각되는 회원들의 낭송을 녹음하여 집에서 연습하고 있다.

C 할머니는 내방가사를 안동의 소중한 역사문화자원으로 인식하고 있고 내방가사 창작은 문학 작품 활동의 일환으로 이해하고 있다. 다만 가사보존회의 정형화되지 못한 내방가사 교육 방법과 무대화된 연출 방식에 대해서는 약간의 의문점을 갖고 있다.

④ 지역 전통의 자부심 : D 할머니의 경우

D 할머니는 70대 초반으로 경상북도 북부 동성마을 종가의 둘째딸로 태어났다. 남편 역시 안동의 유명 문중의 종손이다. 남편이 대구 소재 대학에서 교수로 활동하여 오랫동안 그곳에서 생활하였다. 자녀들이 어느 정도 성장한 후 대구의 여성박약회[24]에서 활동하였고 회장을 역임하였다.

D 할머니는 지역 문중 종부들로 구성된 종부회에도 적극적으로 참여하고 있고 회장도 역임하였다. 회장이었던 당시에 회원들과 함께 동유럽을 여행하기도 하였다. 종부로서 문중제사에 적극적으로 참여하고 있으며 제사의 필요성에 대해 여러 사회단체에서 강연하였고 조사자에게도 이 점을 강조하여 이야기하였다.

---

24 박약회는 1987년 도산서원에서 유교문화의 계승 · 보급을 위하여 조직된 단체이고 전국에 26개 지회에 4천 명이 회원으로 가입하여 활동하고 있으며 퇴계선생과 관련된 후손들이 만나는 공간으로도 활용되고 있다.

유림과 관련된 활동 이외에 문학 창작과 예술 활동에도 관심이 많아 시아버지 제문을 직접 쓰기 위하여 대구에서 서예를 배웠다고 한다. 내방가사도 이러한 활동의 일환으로 시작하였다고 한다. 특히 가사는 어린 시절부터 접했고 친정어머니가 시간 날 때마다 가사를 부르던 모습을 자주 보았다고 한다. 박약회 활동을 하면서 D 할머니가 12~13명 회원들로 내방가사 모임을 만들었다. 회원 중 일부가 가사 낭송을 잘해서 그 회원 중심으로 가사 낭송 교육을 받았다고 한다. 이 모임은 현재도 활동하고 있고 D 할머니도 참여하고 있다.

남편의 퇴직 후 안동에 정착하면서 가사보존회에 출입하였다. 2014년 경창대회에 '종부소회가'를 제출하여 입상하였고 현재까지도 지속적으로 내방가사를 창작하는 데 많은 관심을 갖고 가사보존회 활동에 참여하고 있다. 사회활동을 적극적으로 할 수 없는 나이에 친정어머니가 그러셨던 것처럼 여가활동의 일환으로 내방가사를 배우고 있다고 한다.

(2) 회원들의 일상 속 내방가사

개별적으로 면담 조사한 회원들은 다양한 이유로 내방가사에 관심을 가졌고 또한 가사보존회에 참여하고 있다. 유형별로는 거의 매주 참여하는 회원들과 시간이 있는 경우에 참석하는 회원들로 구분할 수 있고, 또한 가사보존회의 대외 행사에 적극적으로 참여하는 회원들과 전혀 참여하지 않거나 행사에 도움만 주는 회원들로 구분할 수 있다. 또한 일부 회원들은 가사에 대한 관심보다는 회원들과의 교류에 더 많은 관심을 갖고 가사보존회에 참여하는 경우도 보인다.

다양한 활동 유형에도 불구하고 가사보존회 활동은 도시 속의 다른 동호회처럼 다양한 기능을 수행하고 있다. 우선 회원들의 여가시간 활용, 대인관계 형성 그리고 회원들의 일상적 스트레스 해소 등도 가사보존회의 큰 기능으로 간주할 수 있다.

특히 안동은 밀접한 혈연관계로 연결되어 있어 다른 도시에 비해 익명성이 약하고 또한 회원들의 연령대에는 상대적으로 도시 생활 속 여가 활용에 대한 경험이 적은 지역이다. 그런데 이 가사보존회는 중년 여성들 특히 토박이 여성들이 쉽고 편하게 참여할 수 있는 동호회로서 기능하고 있는 것으로 보인다.

한편 동호회 특히 스포츠나 문화예술 관련 동호회의 중요한 기능 중 하나가 바로 지역정체성 구축이 있다.[25] 가사보존회는 지역의 전통문화의 하나로 간주되는 내방가사를 활용하는 모임이기 때문에 지역의 소속감과 정체성을 구축하는 데 큰 역할을 하고 있는 것으로 판단된다. 게다가 내방가사의 유네스코 유산 등재를 위해 활동이 본격적으로 전개되면서, 회원들은 내방가사를 전 세계가 인정하는 지역의 중요한 전통문화의 하나로 인식하고 있다.

5. 마무리

본 연구는 조선시대 주변인에 불과했던 여성들이 그들의 공간인 내방 혹은 규방에서 부른 가사를 지역의 전통으로 창출하는 과정과 배경을 기술하고 분석하기 위하여 작성되었다. 더불어 가사보존회 일반 회원들의 일상생활 속에서 내방가사의 의미와 기능도 함께 살펴보았다. 이를 위하여 안동의 민속이 새롭게 인식되고 활용되는 역사 그리고 가사보존회의 역사와 활동에 대한 자료를 조사하고 가사보존회 회원들의 특성을 기술하였다. 조사된 자료를 분석하기 위하여 무대화된 민속, 정체성, 사교와 같은 개념을 활

25 최성범(2009), 「지역사회 스포츠동우회 참가가 지역애착과 지역관여에 미치는 영향」, 『한국체육과학회지 : 인문사회과학편』 18-3, 한국체육과학회, 335~345쪽.

용하였다.

본 연구는 내방가사를 문학적 텍스트로 연구하는 기존 연구와 달리 그것을 구현하는 개인이나 집단의 생활과 연결시켜 분석하였다. 이를 통하여 새로운 전통에 대한 인식 특히 유교적 생활방식이 전통으로 인식되고 있는 안동지역에서 여성 중심의 전통이 형성되는 배경과 과정을 고찰하였다. 이러한 연구가 가사에 초점을 맞춘 국문학자들의 내방가사 연구 그리고 유교적 전통문화에 대한 기존 연구와의 차이라고 생각한다.

다만 가사보조회 회원들의 참여 배경과 목적을 조사하여 가사보조회의 기능을 분석하고 나아가 안동의 도시 문화 특히 토박이여성들의 도시문화를 분석하려는 것이 본 연구의 목적이었으나, 이를 제시하기에는 조사대상자가 상대적으로 적었다. 또한 필자가 가장 관심을 갖고 분석하려고 했던 대상은 일반 회원들의 일상생활에서 내방가사의 역할이었다. 그러나 이에 대한 조사도 많이 미흡한 것으로 판단된다. 추가 조사와 연구를 통해서 이를 구체적으로 살펴보도록 하겠다.

이외에도 가사보존회의 성립과 발전에 큰 역할을 한 이선자 회장에 대한 논의가 본 연구에 많은 도움을 줄 수 있음에도 불구하고 상대적으로 충분히 다루지 못했다. 본 연구가 지역 전통문화의 전승 양상을 살피고 안동 여성문화의 한 현장을 보기 위한 목적으로 작성되었기 때문에 특정 개인에 대한 논의는 그만큼 줄어들 수밖에 없었다. 추후에 다른 연구를 통해서 보완토록 하겠다.

마을사회의 위기와 의례적 대응

풍력발전 반대 '산신제'에 대한 민속지적 연구

이진교(李鎭敎, Lee Jin-Gyo)

안동대학교 민속학과 조교수. 민속학 전공.

농촌사회, 민속학의 실천적 연구에 관심을 갖고 있다. 주요 저작물로 「일제강점기 마을사회의 동향과 동계의 역동성 : 전남 곡성군 B마을의 사례연구」(2014), 「다문화가정 혼입여성의 농촌 적응전략과 마을사회의 반응」(2016), 「농민들의 저항과 마을 지식의 재구성 : 경북 영양군 H마을 풍력발전 반대운동의 민속지적 연구」(2018), 「투쟁 공동체에서 풀뿌리 공동체로 : 경북 영양군 귀농·귀촌인 한 모임에 대한 민속지적 연구」(2019) 등이 있다.

1. 개발의 현장과 민속학

2017년 3월 말 필자는 농촌의 근대화나 문화변동의 문제를 연구하기 위해 영양 군내의 마을들을 예비조사하고 있었다. 그러던 어느 날 영양군 석보면의 한 도로가에서 "내 몸에 손대는 놈! 큰 재앙이 올 것이다 — 주산 산신령"이라고 인쇄된 현수막을 목격하게 되었다. 며칠째 같은 길을 오가며 그 현수막을 마주칠 때마다 이상하게 신경이 쓰여 차를 세우고 수업시간의 참고자료로라도 활용할 목적으로 사진 촬영을 했다. 이후 지속적으로 발견되는 현수막을 통해 그것이 풍력발전 건설 반대 활동과 관련된 것임을 깨닫게 되었으며, 홍계리라는 마을에서 설치한 것임을 확인할 수 있었다. 그 사연이 궁금해진 필자는 별다른 정보 없이 무작정 홍계마을로 향하게 되었다.

그렇게 찾아간 마을에서 수소문 끝에 이장님을 만날 수 있었는데, "(마을에서) 신처럼 여겨, 함부로 건드리지 않는" 주산(主山, 681m)에 풍력발전단지가 들어서는 바람에 큰일이 났다는 이야기를 들을 수 있었다. 그날 이장님의 소개로 '홍계리 풍력발전 대책위원회'(이하 대책위) 분들을 소개받았고, 그분들과 함께 '풍력발전 반대 연석회의'(이하 연석회의)가 열리는 영양희망연대 사무실에 동행하게 되었다. 당시 연석회의에서 활발하게 이루어진 다양한 논의들을 통해, 필자는 풍력개발과 관련된 문제들이 현대 한국사회의 구조적 모순 그리고 농촌의 현실과 직결된 것임을 깨달을 수 있었다. 이날 필자가 현장에서 목격하고 들었던 목소리들이 바로 이 연구가 시작된 계기

가 되었다.[1]

인구가 밀집한 도시와는 달리 고령화와 인구감소 등으로 인해 자체의 대항력이 지극히 약화된 농어촌을 대상으로, 각종 기피 시설들이 우후죽순으로 들어서고 있는 것이 현대 한국사회의 현실이다. 막강한 힘을 가진 개발주체들에 의해 생산된 담론 속에서는 이러한 개발이야말로 지역발전을 위해 '진정' 필수불가결한 요소라고 주장되며,[2] 생존을 위한 주민들의 투쟁은 자칫 '지역이기주의' 또는 '님비현상'으로 매도되기 쉽다. 특히 지역발전을 명분으로 지방자치단체(이하 지자체)에 의해 의욕적으로 추진되는 각종 개발사업의 현장에서, 해당 지역 주민들이 소외되거나 의견수렴이 제한적일 경우 이는 심각한 사회문제로 이어질 수 있다. 이러한 수준에서 마을은 주민을 포함한 이해 당사자들의 관심과 그에 따른 실천이 맞부딪치는 갈등이나 분쟁의 시공간으로 존재하게 된다.

개발의 과정에서 주민들의 생존이나 이익이 침해되며 일방적 희생을 강요당할 때, 그것은 사회적 갈등의 중요한 원인으로 작용할 수 있다. 특히 '개발 독재(developmental dictatorship)'나 '치명적 개발(deadly developments)'의 형태를 띠고 있는 현상과 문제들은,[3] 마을의 존립기반뿐만 아니라 민속학

---

1 이후 필자는 일주일에 3~4회씩 홍계마을에 방문해 현지연구를 진행해 왔으며, 현재 다양한 차원의 주민들 풍력발전 반대활동에 참여 중에 있다. 연구 초창기에는 홍계마을에 집중했지만, 최근에는 연석회의나 연대활동에 적극적으로 참여하게 되었다. 이러한 활동을 통해 홍계 주민, 공대위나 희망연대 회원들과 자연스럽게 신뢰관계를 형성할 수 있었다.

2 Heyer 그리고 Galli 등은 '개발'에 대한 공식적인 담론이 '진정한 의도'로 표현되지만, 종종 그 의도를 은폐하는 이념적인 상을 제공해 준다고 보았다. 푸코가 주장하듯이 담론은 실천이며, 구조화되어 있는 것이다. 개발의 영역에서 담론은 단순히 신비화(mystification) 이상의 실제적 영향이라는 점을 주목할 필요가 있다. '개발'에 대한 행정 관료들의 행동과 사고는 삶 속에서 쉽게 받아들여질 수 있는 발화와 진술의 세계로 규정되어진다. James Ferguson(2002), "The Anti Politic Machine," in Joan Vincent ed., *The Anthropology of Politics*, Blackwell, p.400에서 재인용.

3 정부에 의해 주도되는 몇몇 형태의 '개발'은 당사자인 주민들 삶의 문제를 해결하거나

의 학문적 지향 및 정체성과 관련될 수 있기 때문에 매우 주의 깊게 지켜보아야 할 문제이다.[4] 문화라는 것도 결국은 주민들과 같은 주체의 의도와 실천 속에서 생성·전승된다는 점을 염두에 둔다면,[5] '바로 지금 이 순간의' 농촌에서 벌어지고 있는 현실문제에 보다 적극적으로 관심을 기울여야 할 필요가 있기 때문이다.[6] 그래야만 현재 한국 농촌이 처한 현실과 문화적 역동성에 대한 생생하고도 온전한 이해에 민속학이 접근·기여할 수 있을 것이다.

필자는 외부의 강제적 개발 압력에 직면한 농어촌을, 현대 한국사회의 모순과 갈등이 응축된 시공간으로서 주목할 필요가 있다고 생각한다. 이와 같은 시공간에서는 일반적인 마을에서 관찰이 어렵거나, 불가능한 수준의 사회구조 재편과 문화의 역동적 재구성이 집약적으로 나타날 수 있기 때문

복지를 향상시키는 대신 국가의 통제력만 강화하는, 다시 말해 국가권력의 확장이라는 결과만을 낳고 있다〔Marc Edelman(2002), "Peasants against Globalization," in Joan Vincent ed., *The Anthropology of Politics*, Blackwell, pp.409~23〕. 한국사회에서도 충분한 보상이나 주민 동의 없이 밀어붙이기식 개발방식은 주민들의 생존권과 재산권을 심각하게 침해하고 있는 것이 현실이다. 그 과정에서 주민들은 안전, 건강, 생업 등의 피해에 그대로 노출되기도 한다. 이 경우 '깨끗하고, 안전한'을 표방하는 풍력발전은 역설적으로 해당 지역 주민들에게는 공포와 두려움의 대상이 되는 '치명적 개발'이나 '개발 독재'의 형태를 띠게 된다.

4 이미 사회학이나 인류학과 같은 몇몇 인문사회 분야의 문화론적 연구는 주민들의 삶에 커다란 영향을 미칠 수밖에 없는 각종 개발과 관련된 사회적 이슈와 현실 문제에 적극적으로 반응하고 있다. 예를 들면 '새만금간척사업'과 '밀양송전탑건설' 등과 같은 특정 사례를 중심으로 활발하게 수행된 연구들이 그러하다. 여기에 대한 선행연구는 일일이 거론하지 않겠다.

5 Jean Comaroff and John Comaroff(2002), "Of Revelation and Revolution," in Joan Vincent ed., *The Anthropology of Politics*, Blackwell Publishers, p.208.

6 이와 같은 문제들을 정면으로 다룬 민속학적 연구는 여전히 소수에 불과한 실정이다. 개발의 문제에 초점을 맞추고 있는 민속학적 연구로 노상호(2011), 「서해안 갯벌 매립과 일상생활의 변화 : 인천 갯벌과 어촌계의 대응을 중심으로」, 『한국민속학』 56, 한국민속학회 ; 구혜경·강현정(2012), 「개발에 의한 생업환경의 변화와 공동체신앙의 적응 : 계화도를 중심으로」, 『실천민속학연구』 19, 실천민속학회 등이 주목된다.

이다. 이 글에서는 개발 독재의 형태를 띠고 진행되고 있는 풍력발전 건설의 현장에서, 반대 활동에 참여하고 있는 주민들의 문화적 실천을 다루려 한다.[7] 특히 초점을 맞추고 있는 대상은 주민들과 연대집단에 의해 실천된 주산 산신제 및 그와 관련된 상징적 저항의 형태들이다.

의례는 본질적으로 종교성에 기반하지만, 다른 한편으로 정치적 권위(authority)의 생산 기제 또는 문화정치의 실천 수단으로 활용될 수 있다.[8] 이와 같은 모습은 정부나 지역 엘리트에 의해 주도되는 현대사회의 의례나 축제 등에서 쉽게 확인할 수 있는데,[9] 지배 집단이나 기득권은 그것을 통해 자신들 권력의 정당성이나 권위를 효과적으로 표현할 수 있기 때문

---

7 풍력발전을 주제로 한 사회적·문화적 연구들은 아직 소수에 불과하다. 하지만 최근 들어 환경파괴나 주민 피해와 관계된 사회적 갈등의 양태에 대한 관심〔염미경(2008), 「풍력발전단지 건설과 지역수용성」, 『사회과학연구』 47-1, 강원대학교 사회과학연구원 ; 염미경(2009), 「신재생에너지시설 입지에 대한 지역주민들의 태도 : 풍력발전단지 입지지역 사례를 중심으로」, 『인문논총』 24, 경남대학교 인문과학연구소 ; 김동주(2015), 「자연의 수탈과 풍력발전 : 제주도 바람의 사유화, 상품화, 자본화」, 『환경사회학연구 ECO』 19-1, 한국환경사회학회 ; 한재각(2016), 「한국 풍력발전과 주민갈등 연구 : 제주 난산 및 경북 영양 풍력단지 개발 사례를 중심으로」, 『한국환경사회학회 학술대회 자료집』, 한국환경사회학회 등〕, 법제와 제도 정비에 대한 모색(이순자(2014), 「육상 풍력발전시설 개발에 있어서 공공성 강화 방안 : 제주특별법상 풍력자원의 공공적 관리 제도검토를 중심으로」, 『강원 법학』 42, 강원대학교 비교법학연구소〔이순자(2015), 「한국에서 재생에너지의 한계점 및 개선사항 : 풍력발전을 중심으로」, 『환경법과 정책』 15, 강원대학교 비교법학연구소 등〕, 공공자원화나 이익공유제와 같은 대안 마련〔김동주(2012), 「제주도 바람의 사회적 변형과 그 함의 : 자원화와 공유화」, 『환경사회학연구 ECO』 16-1, 한국환경사회학회 ; 최현·김선필(2015), 「제주의 바람 : 공동자원론적 관리 방식」, 『탐라문화』 19-1, 한국환경사회학회〕 등과 같은 연구가 증가하는 추세에 있다.

8 David I. Kertzer(1988), *Ritual, Politics & Power*, Yale University Press ; James M. Brophy(1997), "Carnival and Citizenship : The Politics of Carnival Culture in the Prussian Rhineland," *Journal of Social History*, 30(4), Oxford University Press 등 참조.

9 Jack Kugelmass(1991), "Wishes Come True : Designing the Greenwich Village Halloween Parade," *The Journal of American Folklore*, 104(414), pp.443~4.

이다.[10] 하지만 의례의 역할이 이미 확립된 사회적 질서나 지배 이념의 유지, 강화, 확대 재생산에 머무르는 것만은 아니다.

오히려 사회적 약자들에 의해 전략적으로 채택된 의례는 자신들의 내적 결속을 강화함과 동시에 기득권이나 지배 권력에 대한 상징적 저항의 힘을 만들어 낼 수 있음을 주목할 필요가 있다.[11] 이러한 수준에서 의례는 참여 주체들을 이념적 · 정치적 · 경제적으로 응축할 수 있게 만드는 기제이며, 그들을 집합적으로(collectively) 행동할 수 있게 만드는 시공간으로 존재한다.[12] 주체들은 이와 같은 의례를 통해 기존의 위계나 주어진 질서를 거부하고 새롭고 대안적인 형식과 의미를 추구하기도 하는데,[13] 이는 곧 자신들의 문화와 시공간에 대한 성찰적 자기인식과 관련될 수 있다.[14]

이 글에서는 풍력발전건설 반대 투쟁의 과정에서 사회적 약자에 속하는 마을 주민이나 그들의 연대집단이, 산신제와 같은 의례나 그와 관련된 상징적 장치들을 통해 대기업이나 정부(지자체)에 저항하는 모습을 다룬다. 좀 더 논의의 초점을 좁혀서 언급한다면 강제적 성격을 띤 외부의 개발 압력에 직면한 마을 또는 지역 주민들의 대응방식으로서 의례를 다루며, 특히 그것이 생산하는 상징적 힘의 구성(construction of ritually produced symbolic

10 Grederick Errington(1887), "Reflexivity Deflected : The Festival of Nations as an American Cultural Performance," *American Ethnologist*, 14(4) ; Ron Loewe (2003), "Marching with San Miguel : Festivity, Obligation, and Hierarchy in a Mexican Town," *Journal of Anthropological Research*, 59(4) 등 참조.

11 Dorothy C. Holland and Debra G. Skinner(1995), "Contested Ritual, Contested Femininities : (Re)Forming Self and Society in a Nepali Women's Festival," *American Ethnologist*, 22(2) ; David Holmberg(2000), "Derision, Exorcism, and the Ritual Production of Power," *American Ethnologist*, 27(4) 등 참조.

12 Abner Cohen(1993), *Masquerade Politics,* University of California Press, pp.92~105 참조.

13 Jack Kugelmass(1991), 앞의 논문, pp.443~4.

14 David M. Guss(1993), "The Selling of San Juan : The Performance of History in an Afro-Venezuelan Community," *American Ethnologist*, 20(3) 참조.

power) 문제에 집중할 것이다.[15]

이때 사회적 약자에 의해 수행된 주산 산신제 자체를 상징적 저항이나 진보적 의식의 실천으로만 파악하는 것은, 논의의 초점을 지나치게 단순화할 위험이 있다. 오히려 이 글에서 관심을 기울이는 부분은 주산 산신제의 구성에 작용하고 있는 사회적 · 문화적 힘 그리고 주체들의 의식과 실천의 상호작용과 같은 문제들이다. 이와 같은 의례의 구성 방식이 해명될 때, 그것이 지닌 사회적 · 문화적 의미가 좀 더 명확하고 구체적으로 해명될 것이라 생각한다.

2. 풍력 잡귀의 홍계마을 침입

온실가스 등과 같은 환경문제가 국제적 이슈로 부각되면서 풍력발전은 한국사회에서도 대표적 친환경재생에너지로 각광받게 되었으며,[16] 정부 및 지자체에 의해 의욕적으로 추진되고 있다.[17] 문제는 '풍력' 등과 같은 친환경재생에너지의 개발이 황금알을 낳는 거위로 인식되면서,[18] 대기업을 비

---

15 David Holmberg(2000), 앞의 논문.

16 현대사회에서 환경문제는 범지구적인 관심사와 국가적 의제가 되었다. 특히 2015년 12월 195개국이 참여한 '파리기후변화협약'을 계기로, 친환경재생에너지에 대한 관심과 개발은 폭발적으로 증가하고 있다.

17 "풍력발전소 건설 규제가 크게 완화된 것은 박근혜 정부 출범 이후다. 정부는 지난 2014년 풍력발전 인허가를 완화해 '생태자연도 2급지'에서만 가능하던 풍력발전소 건설을 '1급지'까지 허용했고, 산지전용 허가도 3만㎡ 이내로 제한하던 것을 10만㎡ 이내로 넓혔다. 규제 완화 이후 전국 곳곳에 풍력발전소 사업 허가가 크게 늘어났다"(『국민일보』 2017. 4. 11.자, http://news.kmib.co.kr/). 또한 새롭게 출범한 정부에서도 탈원전과 맞물려 친환경재생에너지 문제는 매우 중요한 의제로 설정되어 있다.

18 "용량 지금의 23배, 풍력발전시대 예고…… 업계 기대감 '한껏'"(『뉴스1』 2017. 5. 23.자, http://news1.kr/articles/?3000445).

롯한 거대자본이 무분별하게 유입되고 있다는 사실이다. 예를 들면 경상북도 영양군에는 2017년 7월 현재 운영 중인 59기를 비롯해 130기에 이르는 풍력발전기가 건설 · 입안 중에 있다.[19] 이러한 상황에서 풍력발전단지의 건설을 둘러싼 주민들의 찬반은 지역의 핵심 쟁점이기도 하다.

현재 '양구리 풍력발전단지' 건설이 한창 진행 중인 홍계마을은 경상북도 영양군 석보면의 산간지역에 위치하며 홍계(본동), 모배미, 정지터, 양두들 등 4개의 자연마을로 구성되어 있다.[20] 현재 약 30여 가구 50여 명의 주민이 거주하는 전형적 각성 마을인 홍계는 다른 농촌과 마찬가지로 고령화, 인구감소 등으로 인해 사회적 · 문화적으로 매우 취약한 상태이다. 산간 마을의 생태적 특성상 생업형태는 밭농사 중심인데, 과거에는 고추와 담배 재배가 왕성했으며 현재에는 배추, 양배추, 콩 등이 주요 작물이다. 또한 몇몇 농가에서는 양두들을 중심으로 사과 과수에 종사하고 있다.

마을 뒷산에 해당하는 주산은 석보면에서 가장 높은 곳인데, 군청 홈페이지에 "맑고 깨끗한 경관은 가히 일품"[21]이라고 소개될 정도이다. 주산은 홍계의 주거지 및 밭이나 과수원 등의 생업공간과 바로 인접해 있다. 과거 주민들은 주산에서 땔감 채취를 했으며 현재에도 송이버섯, 산나물 등과 같은 주요 임산물의 채취공간이다. 그래서 주산의 대부분이 국유림에 속해 있지만, 주민들은 이곳을 마을의 일부로 간주하고 있다.[22] 한편 '기우제'나

---

19 이외에도 77기는 허가 · 신청 단계에 있다[이상돈, 『〈무분별한 풍력발전단지 개발 관련 기자간담회〉 자료집』(2017. 4. 25), 4쪽].

20 이 글에서 '홍계' 또는 '홍계마을'은 본동만을 지칭하는 것이 아니며, 홍계(본동), 모배미, 정지터, 양두들 등 4개 마을 전체를 아우르는 용어로 사용할 것이다. 2017년 8월 현재 풍력발전 반대 활동에 대한 자연마을 간 미묘한 입장 차이가 일정하게 나타나고 있다. 하지만 주산 '산신제'를 지낼 당시에는 그러한 차이가 크게 부각되지 않은 상태였다.

21 〈홍계리의 이름과 유래〉, 영양군 홈페이지(http://www.yyg.go.kr/).

22 주산은 주민들에게 강한 정서적 반응을 불러일으키는 곳이다. 예를 들면 홍계 주민인 KS(남, 55세)는 주산의 나무들이 벌목된 것을 보고, 그 자리에 주저앉을 정도로 절망

'도장(盜葬) 금지', 그리고 '기자신앙(祈子信仰)'의 대상으로서 이 산이 지닌 상징성 역시 홍계 주민들에게는 대단히 중요하다.

① 이 산은요 진짜 영험 있는 산이다, 참. 옛날에 비가 안 오고 하면 무제 지내고 나면, 가물면 무제 지내고 하면, 비가 오는 산이라. 우리 동네 사람 모여 가지고, 장 봐가지고 산에 올라와 있으면, 내려오면 벌써 비가 오는 산이야. 그만큼 영험 있는 산이야…… 신같이 모시는 산이다.[23]

② 근데 하도 가물어 올라가 보니까, 거기 묘가 하나 써졌어. 그래서 파내고 그랬는데. 동네 사는 동장, 반장 같이 거기 올라갔어. (묘를 쓴 사람이) 삼일 안에 비 안 오면 나도 가만 안 있는다 이래 된 거야. 그래 가서 팠는데 비가 막, 소나기가 막 오는데 집에 오지도 못하고. 참말로 신비하더라카네, 그게 어떻게 그래 될 수 있나. 그래서 이 산이 우리가 뭐 산에 약초를 캐러 산에 올라가면, 먹을 것 좀 싸 가가잖아요. 꼭 이래 놔 놓았다 가요.[24]

특히 마을 내 고령의 노인들은 주산의 신성성과 영험에 대한 믿음이 상당히 강한 편이다. 그래서 "기우제를 지내고 산에서 내려오는 도중에 폭우가 내렸다"라든가 "(주산에) 몰래 쓴 무덤을 파내고 가뭄이 해갈되었다" 등의 이야기는 마을 전체에서 널리 공유되고 있다. 이를 통해 마을의 공공재(公共財) 또는 공동체성과 관련된 주산의 성격을 확인할 수 있을 것이다. 특히 공공재에 속하는 주산의 사적 전유(專有)를 방지하는 문화적 장치인 도장 금지는, 이 산에 대한 주민들의 공동체적 감정과 정서를 잘 보여 준다

적인 기분이었다고 말하는 것을 목격하기도 했다.

23 SJ, 여, 80대, 2017년 4월 29일.

24 NJ, 남, 78세.

고 할 수 있다.[25] 또한 '지네발 형국' 등과 같은 풍수적 믿음과 논리는 마을 및 출신 인사들의 흥망성쇠와도 관계된다고 믿어진다. 마을의 할머니들에게 주산은 기자를 위한 장소였으며, 출향한 자식들의 안녕을 위해 촛불을 켜놓고 빌던 신앙의 대상이기도 했다.[26] 한마디로 홍계 주민들에게 있어 주산은 생태적으로나 상징적으로 매우 중요한 시공간인 것이다.

산업자원부 전기위원회가 홍계마을 인근에 풍력발전단지 건설을 허가한 것은 2014년 3월의 일이다.[27] 그런데 주민들은 공사개시 직전인 2016년 12월이 되어서야 '풍력사업 착공설명회'를 위해 마을회관을 방문한 회사 관계자들에 의해서 그 사실을 알게 되었다. 문제는 주민 의견수렴이나 동의과정이 형식적으로 이루어져, 마을 사람들 대부분이 풍력발전단지 조성과 관련된 사실을 제대로 인지하지 못했다는 점이다.[28] 인허가와 관련한 의사결정

25 도장(盜葬)과 같은 금기의 위반으로 인해 심한 가뭄이 들었으며, 그것을 해소함으로써 비가 내렸다는 일화는 주민들의 경험담 수준에서 광범위하게 이야기되고 있다.

26 주산을 신성시하고 있는 홍계마을이지만 공동체 차원의 의례로서 산신제는 존재하지 않았다. 당제는 매년 정월 14일 새벽에 마을회관 앞에 위치한 당나무에서 지냈으나, 마을 인구의 감소 및 고령화 등으로 인해 2013년부터 더 이상 동제를 지내지 않기로 대동회를 통해 결정했다. 한편 주산의 기운이 너무 강하기 때문에 마을의 비보(裨補)를 위해 당나무를 심어 당제를 지냈다는 말이 전해 오기도 한다. "(시냇물이) 세 개가 몰려 가지고 여기에서 하나로 합쳐지고, 이 산의 기가 내려오는데, 이 기가 너무 세 갖고, 옛 어른들이 이 기를 막기 위해서 여기 당나무를 심어 가지고 당제를 지낸 거야. 그런 유래가 있어 가지고……"(YL, 여, 62세).

27 태양광, 풍력 등 친환경재생에너지로 분류된 사업에는 각종 정책적 지원, 세제 및 금융혜택이 집중되고 있다. 그리고 이와 같은 방식으로 생산한 전기는 국가의 지원을 통해 안정적인 수입을 보장받게 된다〔이순자(2015), 앞의 논문, 2~12쪽 참조〕. 문제는 친환경재생에너지에 대한 법률이 생산자(기업)의 이익을 뒷받침해 주는 데에 방점이 찍혀 있으며, 정작 해당 지역 주민들의 안전과 생존, 의견 수렴 등과 같은 보호 장치에는 무관심하다는 점이다. 최근에 풍력발전소가 입지한 지역구 국회의원이나 환경노동위원회 등에서 주민의 안전 및 보호를 위한 법제화를 시도하고 있다.

28 주민들은 주민설명회 개최 여부에 대한 정보공개신청을 군청에 할 정도였다. 행정절차상의 주민설명회는 2015년 7월 7일 석보면사무소에서 열렸는데, 정작 주민 중 그 사실을 인지한 사람은 없었다고 한다. 더 큰 문제는 풍력발전이 주민들에게 많은 영향

과정에서 직접적 영향을 받는 해당 마을이 소외되었다는 점에서, 주민들과 지자체 · 풍력회사 · 건설사간의 대립과 갈등은 이미 예견된 것이었다고 할 수 있다.

〈자료 1〉 홍계리 '주산' 일대 풍력발전 설치 예정지

* 출처 : 이상돈, 『〈무분별한 풍력발전단지 개발 관련 기자간담회〉 자료집』, 9쪽, 2017. 4. 25.

22기의 풍력발전기 중 주산에 세워지는 것은 〈자료 1〉의 17~19호로 총 3기이다. 현재 홍계 인근에 세우고 있는 풍력발전 1기의 기둥 높이는 약 100m 정도인데, 이를 지탱하기 위해서는 수십 미터의 땅을 파 철근 콘크리트 지지시설을 만들어야 한다. 특히 주산의 경우 지형상 매우 좁고 가파른 정상 부근에 세워지기 때문에, 산등성이를 깎아 낸 후 옹벽을 설치해야만 풍력 설치가 가능하다. 또한 풍력건설을 위한 임도개설의 과정에서, 산은

을 미치는 개발사업임에도 불구하고, 주민공청회가 법적인 의무사항이 아니라는 점이다.

본래의 형태를 잃게 되며 대규모의 산림파괴가 수반되기 마련이다.[29]

영산(靈山)으로 인식되는 주산에 풍력발전이 들어선다는 것 자체가 홍계 주민들의 정서 속에서는 쉽게 납득할 수 없는 일이었다. 또한 이미 인근 마을에서 가동 중인 풍력발전을 통해, 주민들은 자신들의 생존권과 생계문제를 포함한 재산권이 여기에 달려 있음을 알게 되었고,[30] 이에 대한 대책을 적극적으로 강구하게 되었다. 주민들은 예정대로 풍력발전단지가 완공될 경우, 홍계마을은 더 이상의 존립기반을 잃고 소멸·붕괴할 것이라고 이야기할 정도이다.

풍력발전 건설 대응의 과정에서 마을 자체의 힘만으로는 역부족임을 깨닫게 된 주민들은 '영양희망연대'(이하 희망연대)와 같은 NGO단체나 '영양·영덕 풍력발전 공동대책위원회'(이하 공대위) 등과 연대하게 되었다. 이를 통해 마을 주민들의 투쟁방식도 점차 체계화·정교화되어 가는 모습이 관찰된다. 현재 주민들은 공사현장을 중심으로 한 마을의 영역에서 풍력발전 건설 강행에 대항하여 물리적으로 저항하는 중이다. 한편으로는 국회, 지방의회, 군청, 영림소와 산림청 등 관계기관을 방문하여 다양한 차원의 반대 활동을 벌이기도 했다. 또한 촛불시위, 장날의 피켓시위나 사진전, 전단

29 실제로 주민들의 신고를 통해 영림서에서는 건설사의 대규모 불법 산림훼손을 확인했으며, 현재 사법당국의 수사가 진행되고 있다.

30 주민들이 주장하는 풍력발전 반대 이유를 간략히 요약하면 ① 산사태 등과 같은 안전문제, ② 과수나 농작물의 피해, ③ 저주파나 소음으로 인한 정신적·육체적 피해 등이다. 이러한 주장들은 타당성이 있다고 판단된다. 실제로 홍계 주민들은 태풍 매미와 루사 때 산사태로 인해 가옥 5채가 완파되고, 마을의 일부가 침수된 경험을 가지고 있다. 이러한 상황에서 산을 파헤치는 공사가 진행될 경우, 산사태 등으로 인해 자신들의 생명과 안전이 위협받을 것이라는 주장은 설득력을 지닌다. 또한 마을의 중요 생업인 사과 농사의 경우 꿀벌의 활동, 습도, 이슬의 맺힘, 풍량 등이 대단히 중요하다고 한다. 그런데 풍력발전이 들어설 경우 기존 생태환경의 변화로 심각한 피해가 예상된다고 걱정하고 있었다. 마지막으로 풍력발전 과정에서 발생하는 소음이나 저주파로 인한 문제는 이미 언론 등을 통해서 알려지고 있다. 또한 대규모 풍력발전단지가 들어서게 될 경우, 지가 하락 등과 같은 재산상의 손실 역시 예상된다.

지 배포 등과 같이 지역 내에서의 활동과 더불어, 방송이나 신문 등과 같은 언론을 통해 환경파괴나 예상되는 주민들의 피해를 외부에 알리는 등의 여론전을 병행하고 있다.

3. 산신제를 통한 상징적 저항

2017년 4월 10일 영양군수는 기자회견을 열어 풍력발전과 관련한 지역사회의 논란에 대해 자신의 입장을 밝히게 된다. 그 자리에서 군수는 풍력발전사업에 반대하는 사람들을 "지역발전은 등한시한 채 개발 자체를 반대하는 소수인"이라고 지칭하며 강한 비판을 시도했다.[31] 나아가 풍력발전단지 조성을 통한 일자리 창출, 주민복지사업 확대, 지역 세수 확보야말로 자신의 임기 중 소임이라고 주장했다.[32] 바로 다음 날인 4월 11일 영양군 풍력발전 반대에 관계된 단체들의 연석회의가 소집되었다. 당시 연석회의에서는 전날의 군수 기자회견에 대한 강한 반박을 시작으로,[33] 다양한 차원의 대응책을 논의했다. 이날 회의에서 참석자 다수의 지지와 호응 속에서 채택된 것이 바로 주산 산신제의 실행이었다.

---

31 〈영양군 풍력발전단지조성 기자회견〉(https://www.youtube.com/watch?v=JJRT2fiDeos).

32 영양군수의 '풍력발전'에 대한 공식적인 담론은 지역발전을 위한 '진정'으로 표현되고 있으며, 실제 해당 지역 주민들의 피해사항이나 고통 등이 은폐 또는 외면되고 있다. 개발의 현장에서 나타나는 이러한 방식의 담론은, 정치인이나 관료들의 발화에서 일반적으로 관찰되는 현상이다[James Ferguson(2002), 앞의 논문, p.400 참조].

33 이날 회의 서두에서 LS(남, 60세) 공대위 사무국장은 군수 기자회견에 대한 반박내용을 항목별로 상세히 정리해 발표했으며, 그 내용을 영양군 홈페이지 자유게시판에 몇 차례에 걸쳐 나누어 게시했다(영양군홈페이지 '자유게시판' 참고, http://www.yyg.go.kr/).

① 그 마을을 누가 이렇게 파괴할라고 그래요. 이것은 철저히, 이건 우리가 마을을 지키는 사람이 되어야 해요. 여기 모인 어떤, 풍력을 반대하는 어떤, 마을을 지키려고 하는 사람들의 그 마음을 모아서, 저 주산에 가서 고사를 한번 지내든가, 산신제를 지내서. 다 모아다 놓고 한번. 주산 같은 경우는 우리가 꼭 지켜야 될 산이잖아요. 그죠? …… 이참에 홍계에서 잔치도 한번 벌이고 해갖고. 그쪽으로 힘을 좀 모으고 그렇게…… 석보를 사랑하는 사람 정도 되면, 공무원이라도 뭐 그렇게 눈치 안 볼 수 있지 않겠나. 좀 이렇게 대규모로, 서로 눈치 안 보는 어떤 그런 것들을 이렇게 해가지고, 또 우리 힘을 또 결집시키고, 확산시켜 보자. 또 그런 걸 제 안건으로 저는 제의하고 싶습니다.[34]

② 싸움의 방식의 문제인데. 지금 건설업자들 저런 상황에서 촛불집회 의미가 없고요. 그다음에 법률적으로만 해서도, 우리 법치주의 사회 아니에요, 우리나라가. 제가 말씀 드리는 게 조금 그렇기는 하지만. 실제로 싸움이 일어날 때에는 싸움을 해야 하는 거예요. 그리고 중요한 게 이벤트. 군수도 (기자회견을) 이벤트로 하는 거고. 우리도 그러면 맞대응 이벤트를 하는 거예요.[35]

①, ②의 진술을 종합해 보면 마을과 주산을 지킨다는 상징적인 행사로서 산신제가 제안되었음이 확인된다. 다시 말해 군수의 기자회견에 대응하여 지역의 풍력발전 반대 여론을 환기시키며, 자신들의 정당성을 주장하는 수단으로 산신제를 주목하는 것이다. 특히 산신제는 의례의 형식을 갖추고 있었기 때문에 풍력에 반대하는 정치적 메시지를 분명하게 표현할 수 있으면서도, 초청자나 초대를 받는 사람 모두에게 심리적 부담이 덜한 행사라는 점이 고려되고 있었다.[36] 이는 무분별한 풍력발전단지 조성에 심정적으

---

34 KG, 남, 52세, 공대위, 2017년 4월 11일 연석회의.

35 JY, 남, 55세, 공대위 공동대표, 2017년 4월 11일 연석회의.

36 "……홍계리에 위치한 주산에서 군민 여러분을 모시고 산신제를 지내기로 하였습니다. 이날은 시위나 집회를 하는 자리가 아닙니다. 대대로 지역을 지켜 주던 주산이 사

로는 반대를 하지만, 정치적 집회라는 형식 속에서 지역 유지나 여론 주도층을 수용해 내기 어렵다는 현실적 한계에 대한 연석회의의 고민이 일정하게 반영되어 있다고 할 수 있다.[37]

비록 마을 공동체 차원의 산신제 전통은 존재하지 않았지만, 이러한 제안에 대해 홍계 주민들의 반응은 매우 긍정적인 것이었다. 예를 들면 회의가 끝난 직후 마을 주민 KH씨는 산신제를 지내는 것이 정말 좋은 생각이며, "오늘 나온 이야기 중에 가장 마음에 와 닿는다"고 하였다. 주산에 대한 주민들의 정서와 문화적 전통을 고려한다면, 이러한 반응은 지극히 자연스러운 것이라 할 수 있다. 연석회의에서 산신제의 실행이 결정된 이후의 준비는 온전히 홍계 주민들의 몫이었다. 갑작스럽게 치러지는 바람에 준비기간이 짧을 수밖에 없었던 주산 산신제는, 홍계마을의 역량을 총동원해야만 가능한 것이기도 했다.

〈사례 1〉 산신제 개최에 대한 마을회의와 준비과정

연석회의 다음 날인 4월 12일 저녁 8시 홍계리 마을회관에는 산신제 준비를 위한 회의가 소집되었다. 이날 회의에서 YG 대책위 위원장은 풍력발전 건설에 반대하는 사람들의 결집된 힘을 대내외에 과시하는 것을 목적으로, 산신제의

라지는 위기에 처해 있기 때문에 이제는 우리가 지켜 주어야 하는 상황에 놓여 있습니다. 뜻있는 군민 여러분 이날 하루 소중한 시간을 주산에 양보하시고 홍계리 주민들이 준비한 잔치를 함께 즐기는 시간이 되었으면 합니다. 주산이 어떤 산인지 직접 눈으로 확인하시고 인근의 풍력단지 개발 현장의 실태를 보고 나면 느낌이 달라질 것입니다"(정휘두, 〈"주산"의 산신제에 군민 여러분을 초대합니다〉, 영양군청 홈페이지 '자유게시판', http://www.yyg.go.kr/, 검색 : 2017. 4. 14).

37 "우리가 홍계에서 행사를 할 때, 최대한 인원을 동원해야 합니다. 그리고 (농촌지도사협의회) 회장님 또 지역의 사회지도층이 나서 주셔야 해요. 그렇다고 와서 머리띠 두르고 데모하라고 하는 게 아니고. 오셔 가지고 돼지고기라도 몇 점 드시고 가시고. 같이 걱정해 준다는 그 모양새만 갖춰 주면은……"(YW, 남, 2017년 4월 11일 연석회의). YW씨는 개인 자격으로 연석회의에 참석하고 있다. 그는 과거 농민운동에 참여한 경험이 있으며, 지역의 정치 사정에도 해박하다.

실행이 연석회의에서 결정되었음을 주민들에게 설명했다. 그리고 손님 접대를 위해 마을의 안어른들이 고생할 것을 송구스러워하는 모두발언을 시작으로 본격적인 회의가 진행되었다. 당시 주민들은 점차 길어지는 풍력반대활동에 지쳐 있었고, 마을 재정 상황이 어렵다는 걱정의 목소리 역시 존재했다. 하지만 산신제를 지내는 것 자체에는 우호적인 반응이 대부분이었다. 예를 들면 그날 참석한 노인회장은 "산신제를 지내기로 했다고? 참 좋은 일이야"라는 말로 주민들의 정서를 대변하고 있었다.

먼저 산신제 지낼 날짜를 4월 19일로 정했으며,[38] 이어서 주민들의 역할 분담 등과 같은 논의가 이어졌다. 산신제의 준비과정에서 가장 큰 어려움으로 토로되었던 것이 바로 주산 정상에 둘러칠 금줄에 필요한 짚 확보의 문제였다. 도시에서 귀촌한 지 얼마 되지 않은 한 주민이 구하기 힘든 짚 대신 '천'으로 대체할 것을 제안했는데, 금줄은 반드시 '짚'을 사용해야 한다며 다른 주민들은 단호하게 거부했다. 결국 LH씨가 자발적으로 그 일을 책임지겠다고 나섰으며, 다음 날 영덕의 된장 공장에 찾아가 짚을 구할 수 있었다. 노인회장과 마을 주민들은 그렇게 구한 짚을 며칠에 걸쳐 꼬아 결국 수백 미터에 달하는 금줄을 완성했다.

산신제 전날인 18일 오전 9시경 대책위 남성들을 중심으로 금줄을 치기 위해 주산에 올라갔다. 그들은 주산의 8봉과 9봉에 수백 미터에 이르는 금줄을 쳤고, 산 바깥의 먼 위치에서도 눈에 띌 수 있도록 절벽의 나무에 오방색 천을 내걸었다. 한편 마을회관에서는 부녀회를 중심으로 한 여성들이 산신제에 쓸 제수와 손님 접대에 사용할 육개장, 김치, 돼지고기 수육 등 음식 마련에 분주했다. 남성 주민들이 산에서 내려온 시간은 이미 해가 져 어둑해진 저녁 7시

38 처음에는 마을 노인들의 정서를 고려해 '손 없는 날'을 선택하려 했다. 하지만 주민들 개개인의 사정이나 일기예보 등을 종합적으로 고려하여, 최종적으로 결정된 것이 바로 4월 19일이었다.

무렵이었다. 그들은 마을회관에서 함께 저녁 식사를 했고, 이후에는 다음 날 화형식에 사용할 허제비와 오색 소원지 등을 만들었다. 완성된 허제비에는 '영양군수'라고 쓴 팻말이 붙여졌고 일곱 매듭으로 꽁꽁 묶었는데, 그것은 이미 죽은 사람임을 상징적으로 표현하는 것이었다. 일부 주민들은 허제비를 보고 "너무 잘(생기게) 만든 것 아니야?" 등과 같은 농담을 했다.

4월 12일의 마을회의에서 정해진 역할에 따라 주민들은 최선을 다해 자신의 임무를 수행하고자 했다. 마을의 기금이 부족하다는 말에 주민들은 십시일반으로 산신제의 찬조금을 냈으며, 출향 인사나 객지의 자식들도 여기에 적극적으로 동참하는 모습을 보였다. 또한 마을과 직간접적으로 관계맺고 있는 사람들 역시 성의껏 찬조나 후원을 했다. 그래서 비용문제에 대한 처음의 걱정과는 달리 산신제를 마치고 결산한 결과, 오히려 500만 원 이상의 기금이 남아 향후의 풍력발전 반대 활동에 사용할 수 있을 정도였다. 이를 통해 홍계마을의 인적 네트워크가 지닌 잠재적 역량을 재확인할 수 있었다.

이와 같이 마을 내외부의 결속을 강화하는 측면 못지않게 중요한 것이, 바로 산신제가 지닌 상징적 저항의 측면이다. 특히 〈사례 1〉에서 확인되듯이 주산 산신제에서 금줄은 풍력발전이나 군수 등과 같은 외부의 적을 막는 의미로 사용되었기 때문에, 다른 어떤 의례적 장치들보다 중요하게 여겨졌다. 다음은 산신제가 제안된 4월 11일의 연석회의에서 금줄의 의미를 설명한 공대위 공동위원장의 발언 내용이다.

③ 주산을 지키는 게. 일단 금줄을 치는 작업부터 해요. 금줄을 치고, 마지노선이 여기다. 여긴 우리 죽어도 지키겠다 그걸 선언을 하는 겁니다. 선언을 하고, 거기에 대해서 걔들이 침범하는 걸, 몸으로 저항하는 거죠. 그니까 중요한 것은 사람들한테 그런 이미지 작업. 금줄을 치는 것은 들어오지 말아라. 들어

오면 싸운다. 이 선언을 하는 거거든요.[39]

연석회의 당시 ㄷ의 발언이 이어지는 내내 홍계 주민들은 "그게 좋겠다" 등과 같은 맞장구를 치며, 긍정적인 반응을 보인다는 것을 주목할 필요가 있다. 평생을 농민으로 살아왔던 주민들은 '잡귀를 쫓아내고, 성스러운 시공간을 보호하는' 금줄의 상징적 의미와 중요성을 누구보다도 빠르고, 정확하게 이해하는 것처럼 보였다. 이렇게 그 중요성을 자각한 주민들은 어렵게 구한 짚을 며칠 동안 꼬아서 결국 수백 미터에 달하는 금줄을 완성할 수 있었다.

그리고 산신제 전날 아침부터 저녁 늦은 시간까지 중노동을 하여 주산의 8봉과 9봉에 금줄을 둘러쳤다. 특히 절벽에 위치한 나무에 금줄과 오방색 천을 매다는 일은 목숨을 걸 만큼 위험천만한 일이었음에도 불구하고, 주민들은 밧줄을 허리에 차고 실천에 옮겼다. 그것은 마을을 침범한 풍력 잡귀로 표상되는 풍력 회사, 토건 자본, 군수 등에 대하여, 금줄을 통해서 막아내고자 한 주민들의 단호한 의지와 절박함 그리고 염원을 상징적으로 보여 주는 것이었다. 다음은 주산 산신제 실행 당일 상황에 대한 묘사이다.

〈사례 2〉 주산 산신제의 실행

4월 19일 오전 8시경 마을 주민들 중 선발대에 해당하는 사람들은 마을회관에 모여 각종 물품을 트럭에 싣고, 풍력발전 공사현장 인근에 위치한 산신제 치러질 장소에 갔다. 남성들은 땅을 고르고 행사용 천막을 쳤으며, 전기를 끌어오는 등 아침부터 분주하게 일을 했다. 부녀회를 중심으로 비교적 젊은 층의 여성들 역시 손님 접대를 위한 음식준비에 바빴다. 시간이 지나면서 공대위와 희망연대 사람들이 속속 모여들었다. 그들이 가져온 스피커를 통해 〈임을 위한

---

39 YG, 남, 55세, 공대위 공동대표, 2017년 4월 11일 연석회의.

행진곡〉, 〈농민가〉, 〈얄미운 사랑〉을 코믹하게 개사한 〈얄미운 군수〉 등의 노래가 흘러나오면서, 산신제의 준비현장은 점점 활기를 띠어 갔다.

11시경이 되자 산신제가 시작되었다. 홍계마을 풍력발전 대책위원장이 초헌을 맡았고, 아헌은 마을 노인회장이, 그리고 종헌은 희망연대 회장의 몫이었다. 집사는 당시 전임이장이었던 KH씨가, 축관은 마을의 원로인 YH 어르신이 담당했다. 초헌, 아헌, 종헌이 끝나자 외부 손님들이 개별적으로 와서 재배를 했다. 일동 재배가 끝나자 홍계마을 대책위원장은 무릎을 꿇고 앉아 마이크를 잡고 "주산 산신령님! 우리가 숭배하고, 기도 올리는. 전에 가뭄 때 우리가 기도 올리면, 비를 내려 주던 그 영감으로 도와주십시오. 저 못된 짓 하는 놈들 저주해 주십시오. 산신령님! 부탁드립니다"라고 기원했으며, 이후 음복이 이어졌다.

산신제를 마치자 대책위 부위원장은 마이크를 잡고 내빈 소개를 했다.[40] 곧이어 영양녹색연대 풍물패가 풍물을 울리는 가운데, 어젯밤 만들어 놓은 허제비에 휘발유를 붓고 불태우는 화형식을 벌였다. 참석자들은 불타는 허제비를 향해 "거시기부터 태우라", "군수 타죽었다" 등과 같은 농담을 했다.[41] 주민들과 참석자들은 허제비를 불태움으로써, 영양군수와 풍력발전단지 조성에 대한

---

40 희망연대나 공대위 외에도 현직 군의원이나 전직 도의원과 같은 지역 정치인, 농촌지도사 영양군 연합회, 석보면 농업경영인 연합회 등과 같은 단체의 임원 및 회원의 참석을 통해 풍력에 대한 지역사회의 여론을 환기하는 데에 일정한 성과를 거두었다고 할 수 있다.

41 허제비의 화형식은 2월 24일 이웃의 청송군 풍력발전 반대집회의 형식을 주민들이 차용한 것이다. 앞에서 살펴본 대로 영양군수는 지역 발전이나 개발의 핵심이라고 주장하며 풍력 건설을 강하게 밀어붙이고 있었다. 이에 대하여 주민들은 자신들의 생명과 재산을 보호해야 할 의무가 있는 군수가 풍력 회사나 건설회사와 같은 토건 자본의 앞잡이 역할을 한다고 생각했다. 건설회사 사장 출신인 영양군수가 자신의 사욕을 채우기 위해 풍력 건설을 무분별하게 추진하고 있으며, 그것 때문에 주민들이 애꿎은 피해를 입게 된다는 것이었다. 특히 풍력에 반대하는 주민들 사이에서는 3선 군수가 자신의 사욕을 챙기고자, 인허가 관련 기관들에 부당한 압력을 행사했다는 의심이 광범위하게 퍼져 있기도 했다.

상징적 사형선고를 내리고 있는 것이다.

이어서 외부 참석자들과 주민들은 공사현장을 함께 답사했다. 그곳에 공사하는 사람들이 볼 수 있도록, 소원지를 맨 금줄을 거는 행사가 열렸다. 이때 글을 모르는 할머니들은 나에게 "풍력반대"와 같은 문구를 소원지에 대신 써달라고 부탁하기도 했다. 외부 참석자들은 무참하게 잘려 나간 나무들과 참혹하게 깎여 있는 공사현장의 모습을 보며 "도대체 이게 뭐 하는 짓인지"라고 한탄했으며, 일부는 군수에 대한 비난을 계속했다. 공사가 진행된 곳까지 답사한 사람들은 산신제를 지낸 곳으로 되돌아와 술과 음식을 마시며 대화를 나누었다.

정리하면 '주산 산신제'는 공대위 측에서 제안·제시한 이념적 기반과 저항의 논리가, 홍계마을 주민들의 주산에 대한 문화적 전통 및 정서와 만나는 지점에서 구성된 의례이다. 이 의례에서 군수, 풍력 회사, 건설사 등은 마을 공동체나 지역사회를 위협하는 '풍력 잡귀'로 표상된다. 주민들은 금줄 또는 화형식을 통해 그것들을 제거함으로써, 자신들의 마을과 공동체를 지켜 내겠다는 의지를 상징적으로 표현하는 것이다. 이는 풍력발전 찬반을 둘러싼 지역사회의 비대칭적인 권력 구도 속에서, 약자에 속하는 집단들의 저항방식을 잘 보여 주고 있다는 점에서 주목된다.

주산 산신제에 대한 마을 주민들의 평가는 대체로 긍정적인 것이었다.[42] 산신제 직후 주산의 '산신'을 일상에서의 대화 주제로 삼거나 특정한 사건과 연결시키는 언술이 빈번하게 관찰되기도 한다. 예를 들면 이 마을 주민인 JH씨는 공사현장에서 굴러 내려온 돌에 맞아 안동병원에 입원을 하게 되었는데, 당시의 급박했던 상황을 필자에게 설명하며 "(의사의 설명에 의하면 목숨이 위험할 뻔했는데) 산신령이 도와주셔서 이 정도로 끝났다"라고 대

42 "잘 지냈다고 생각하지요. 외지에 많이 알려지고, 이만큼 동민이 산을 사랑하고 있다, 그게 드러나잖아요"(NJ, 남, 78세).

답하는 것이 바로 그러한 모습이라 할 수 있다. 무엇보다도 주목할 만한 것은 주민들 사이에서는 주산 산신령이 도와서 이 싸움이 잘 풀릴 것이라는 어떤 믿음 또는 자기암시 같은 것들이 생겨나는 것처럼 보인다는 점이다.[43] 이는 주민들의 긍정적인 정서와 희망(기대)와 관계되어진다는 점에서 매우 주목할 만한 문화적 현상이라 할 수 있다. 이러한 수준에서 주산 산신제는 무분별한 풍력발전 건설에 대항하여, 주민들의 상징적 저항의 힘을 구성하는 기제로서 작동하고 있음을 확인할 수 있을 것이다.[44]

마지막으로 40대 후반에서 50대 중반의 공대위 중심인물들은 스스로가 인정하고 있듯이 저항의 상징으로서 민속이나 전통이 활발하게 재발견·실천되었던, 1980년대 문화와 정서에 익숙한 사람들이었다는 점을 짚고 넘어가야 할 필요가 있다.[45] 그들은 8년간에 걸친 영양댐건설 반대활동 과정에서 '장파천 문화제'(2013~2016)를 기획·개최함으로써, 농촌을 배경으로 한 투쟁의 현장에서 민속이나 전통을 채택한 의례나 축제의 의미와 중요성을 경험적으로 체득하고 있었다. 결국 공대위의 중심인물들에 의해 제안된 주산 산신제는 1980년대 저항의 상징으로서 채택되었던 민속이나 전통이, 다소 복잡한 경로를 거쳐 2017년 현재 위기에 처한 마을사회에 귀환하고 있

---

43 예를 들면 산신제 지내는 날 이상돈 의원이 마을을 방문한 것 자체를, 우연의 일치로 여기지 않는 분위기가 주민들 사이에서 감지되기도 했다. 이후 이상돈 의원은 영양군청에서의 기자회견, 국회 기자간담회, 환경부장관 청문회 등과 같이 기회가 있을 때마다, 풍력발전의 대표적인 난개발 사례로 '홍계리'를 제시하며 주민들의 입장을 적극 대변해 왔다. 풍력발전 반대 투쟁의 과정에서 마을에 유리한 일들이 발생할 때마다, 주민들은 그것을 주산 산신령의 영험과 연결짓는 경향이 나타나고 있음을 주목할 필요가 있다.

44 Dorothy C. Holland and Debra G. Skinner(1995), 앞의 논문 ; David Holmberg(2000), 앞의 논문 등 참조.

45 김광억(1991), 「저항문화와 무속의례 : 현대한국의 정치적 맥락」, 『한국문화인류학』 23, 한국문화인류학회 ; 조현범(1994), 「한국사회의 민속담론과 민속종교에 대한 연구 : 산업화 이후 전개과정을 중심으로」, 서울대학교 대학원 석사논문 ; 한양명(2004), 「축제 정치의 두 풍경 : 국풍81과 대학대동제」, 『비교민속학』 26, 비교민속학회 등 참조.

는 한 모습으로도 주목된다.

4. 저항의 논리와 문화적 실천

개발의 현장에서 대치하고 있는 한 마을 주민들과 풍력회사 · 건설업체의 역학관계는 비대칭적이라 할 수 있다. 이러한 상황을 타개해 나가기 위해 필요한 것이 바로 사회적 연대를 통한 저항이며, 한편으로는 여론조성을 통한 정치적 압박 및 해결의 모색이다. 그리고 무엇보다 중요한 것이 바로 마을 주민들의 지속적인 단결과 통합이라 할 수 있다. 무분별한 풍력개발을 반대하는 주민들의 입장과 정당성을 상징적으로 보여 주며, 마을 내부 및 연대 집단의 결집을 위한 의례라 할 수 있는 주산 산신제의 의미와 중요성은 바로 이 지점에 존재한다.

홍계마을 주민들은 풍력발전 반대과정에서 많은 좌절과 그에 따른 고립감을 경험해 왔다. 이미 인허가를 승인한 행정기관을 상대로 한 주민들의 민원제기나 반대 활동은 근본적인 한계를 지닐 수밖에 없었으며, 고소 · 고발과 같은 법적인 분쟁에서도 주민들은 절대적인 약자의 위치에 놓이게 된다.

> ① 산림청 가면요. 우리 한 날에는 가니까네. 저희 관할인데⋯⋯ 영덕관리소 가십시오. 우리가 관여할 게 아닙니다. 영덕관리소 가면 남부산림청 가십시오. 환경청 가면 영양군에 가십시오. 아니면 산자부에 가십시오. 이런 식이 되니까요. 그러니 약한 놈은 갈 길이 없어. 갈 길이 없어.[46]
>
> ② 저들 말하는 대로 법은 만인에게 평등해? 개좆 같은 소리 하지 말라고 해. 이게 법하고는 상관이 없어. 이게 우리가, 실제 우리 잣대를 기준으로 하면,

46 YG, 남, 67세, 2017년 4월 11일 연석회의를 마치고 마을로 돌아가는 승합차 안.

이건 당연히 안 되는 일이지. 그런데 예를 들어 이걸 법에 가가지고 심판을 받아 봐. 이건 아니라는 거지.[47]

홍계 주민들은 '의견수렴의 부재 또는 부적절함'과 '이해할 수 없는 또는 부실한 환경평가' 등의 이유를 들어, 풍력발전 인허가 과정의 적법성을 부정하고 있다.[48] 하지만 ①, ②의 진술에서 확인되듯이 주민들은 자신들의 잣대와 정서로는 도저히 이해할 수 없는 일들이, 적합한 절차를 거친 합법적인 결정이었다는 사실에 매우 분개하고 있었다. 문제는 시행사가 의뢰한 환경평가 등이 부실하게 이루어진다 해도, 행정적 형식과 절차를 거쳐 인허가를 획득하면 그 자체로 법적인 정당성을 갖게 된다는 점이다. 이러한 이유로 처음 반대 활동이 시작될 당시부터 주민들의 법적·행정적 대응은 절대적으로 불리할 수밖에 없었다.[49] 오히려 이 싸움에서 법은 주민들의 반발과 저항을 압박해 나가는 시행사나 건설사의 중요한 무기로 활용되고 있는 것이 냉정한 현실이었다.[50]

---

47 PL, 남, 60세, 4월 12일 대동회를 앞두고 주민들의 담소.

48 현재 풍력발전 허가나 설치와 관련된 법령에서 주민들의 의견 수렴이나 보호 장치가 제대로 정비되어 있지 않다. 특히 현행법상 풍력발전소 건설시 주민공청회가 의무사항이 아니라는 점은, 해당 지역민들에게 치명적으로 불리한 사안이다.

49 주민들은 '공사 중지 가처분 신청'을 위해서 변호사와 상담했었다. 하지만 환경평가 등이 합법적으로 이루어졌으며, 이미 인허가가 난 이상 그것의 취소는 거의 불가능하다고 조언했다고 한다. 오히려 공사 중지 가처분 신청을 했다가 실패하면, 그들의 정당성만을 확인시켜 준다고 변호사가 만류하는 상황이었다. 이는 주민들이 관계기관에 각종 민원을 제기하고 있음에도 불구하고, 한결같이 "적법적인 절차에 의해 이루어졌으며……"와 같은 답변으로 되돌아오고 있음에도 확인된다.

50 법적 고발에 대한 두려움 때문에 공사현장에서 주민들의 물리적 저항은 일정한 제약을 받을 수밖에 없었다. 실제로 현재 대책위의 중심인물들은 회사 측에 몇 건의 민형사상 고소·고발을 당한 상황이다. 특히 지난 5월에는 주민(공대위 회원 포함) 40명이 '공사방해금지가처분신청' 대상으로 고발되어, 현재 재판이 진행 중에 있다.

이런 상황에서 주민들은 법적 대응과 더불어 공사 현장에서의 반대활동을 병행하고 있지만, 여기에 대한 한계 역시 분명히 인지하고 있다. 결국 주민들은 이러한 상황을 종결할 수 방법은 연대를 통한 지속적인 투쟁과 여론 조성을 통한 '정치적 해결'[51]이라고 판단한다. 풍력발전 반대 활동이 법과 행정을 넘어 정치의 영역이라고 판단되자, 주민들은 지역민이나 언론의 관심을 환기시키며 자신들의 정당성을 뒷받침하는 다양한 논리와 명분이 필요하게 되었다. 그리고 바로 이 지점에서 저항의 상징으로서 주산 산신령이 주민들에게 재발견되고 있음을 주목할 필요가 있다.

③ 어제도 변호사랑 통화를 했는데, 우리는 저 주산이 성지다. 주민들의 성지인데. 늘 나간 자식들 위해 가지고, 팔십, 구십 노인네들이 촛불 켜놓고, 산을 보고 기도하는 곳인데. (변호사도) 그거는 주민들 이야기가 맞다고 그래. 근데 법이라는 잣대는 그게 아니라고. 그걸 인정을 그렇게 안 해준다고 그래. 토속신앙도 신앙인데. 그런데 법이라는 게 그게 아니라는 거지. 그런데 뭐 종교의 자유라는 것은 아무 권력도 못 건드린다고 하는데, 사이비 종교도 못 건드리는데…… 그러니 이 사건 자체는 어쩔 수 없이 언론하고, 정치 저걸로, 끌고 나갈 수밖에 없는 문제야.[52]

④ 석보면 홍계리 주산 산신제를 지냅니다. 뭔 산신제냐꼬요. 저는 풍력을 반대하는 사람으로서 홍계리에서 신성시 여기는 주산을 지키기 위해서 영양군수를 만나 뵌 적이 있습니다. 홍계리 주산은 석보면과 홍계리에서 신성시 여기는 산이라꼬. 주산에 풍력을 세우지 말아 달라고 부탁을 하니 미신을 갖고 뭐

51 실제로 국회 환경노동 분과의 이상돈·이정미 의원, 농림축산식품 해양수산위원회의 김현권 의원이 개입하고 난 이후, 주민들에 대한 '남부지방산림청' 등과 같은 행정기관의 대응이 달라지고 있음이 포착된다. 특히 이상돈 의원은 두 차례에 걸쳐 '홍계리'를 방문했으며, 이후 풍력발전 반대와 관련한 기자회견이나 기자간담회를 개최하기도 했다.

52 PL, 남, 60세, 2017년 4월 12일 대동회를 앞두고 주민들의 담소.

그러느냐꼬. 미신이라꼬 카네요. 군민 여러분 홍계동네 어르신들께서 한평생을 믿어 온 토속신앙을 군수는 왜 말살하는지요.[53]

③의 진술을 통해 '주산이 성지'라는 논리가 현실 세계의 법적 대응 논리로는 무력하다는 사실을 주민들 역시 인식하고 있음이 확인된다. 그럼에도 불구하고 주민들은 끊임없이 주산의 영험성과 신성성을 강조하며, 마을을 지키는 상징적 구심점으로 삼고 있다는 점을 주목할 필요가 있다. 그렇기 때문에 주민들은 ④의 진술처럼 군수나 토건업자들이 개발의 논리 속에서 주민들의 문화와 정서를 '미신'이라고 치부하는 것을 단호히 거부하는 모습을 보인다.[54] 풍력개발 반대 투쟁의 과정에서 주민들은 산신제나 주산에 대한 믿음이 단순한 미신이 아니며, 헌법에 보장된 '종교의 자유'와 연결시키며 자신들의 정당성을 주장하는 근거로 삼고 있다는 점 역시 주목할 만하다.

2016년 12월 말 홍계에서 풍력건설 반대 활동이 처음 시작되었을 당시만 해도, 주민들의 저항 담론에서 '산신령'에 대한 언급은 그렇게 뚜렷한 것이 아니었다.[55] 그런데 주민들은 친환경재생에너지를 표방한 풍력발전의 건설과정에서 무분별한 환경파괴와 무자비한 산림 훼손을 생생히 목격하게 되었다. 바로 이 점에 착안해 홍계 주민들은 전통적인 관념 속에서 산을

---

53 SI, 〈군민 여러분을 초대합니다〉, 2017년 4월 14일(영양군청 홈페이지 자유게시판, http://www.yyg.go.kr).

54 "군수가 우리 이야기를 미신이라고 이라는데. 우리가 예를 들어서 칠십 년, 팔십 년 한평생 믿고 살았는데. 그게 귀신이든지, 미신이든지 그걸 인정을 해줘야 됩니다. ……이제 우리가 이제 한평생 토속신앙이지만도, 그걸 의지해 왔는데, 그걸 인정을 해줘야 하는데…… 인정을 해줘야 해"(JH, 남, 62세, 2017년 4월 12일 대동회를 앞두고 주민들의 담소).

55 앞에서 언급했듯이 공동체 수준에서의 산신제는 홍계마을에 존재하지 않았다. 하지만 묘를 쓰는 등의 산일을 한다거나, 불가피하게 산을 훼손하게 될 일이 있을 경우 산신제를 지냈다고 한다. 이러한 모습은 홍계만의 특수한 문화가 아니고, 한국사회의 일반적인 민속이라 할 수 있다.

지키는 역할을 담당했던 신격인 산신을 소환하여, 무분별한 풍력개발에 대항하는 저항의 상징으로 재탄생시키게 된다.[56]

> ⑤ 왜냐하면 우리가 그 산을 신성시하고 있기 때문에 또 산신령이 있다고 믿고. 우리 주민들도 (전체가) 같이 동참을 할 수 있도록, 그래 가지고 채택이 되었어…… 또 그 산을 지키기 위해, 못 헐게…… 그러니까 왜냐하면 산신령이 있기 때문에, 그 산신령의 영험을 우리 동민들이 그것을 믿을 수 있고, 또 그렇게 함으로써 회사 쪽이나, 그것을 허가해 준 사람에게 심적인 부담이 갈 수 있도록…….[57]

이와 같이 홍계 주민들에 재발견된 '산신령'은, 연석회의를 거쳐 희망연대나 공대위 등의 연대집단에 의해서도 쉽게 승인·수용될 수 있었다. 왜냐하면 영양 지역의 풍력발전 대부분이 국유림을 중심으로 한 산지에 건설되기 때문에, 홍계 주민들이 제기했던 '산신령'이 가진 상징적 의미가 보편적으로 적용될 수 있었기 때문이다. 예를 들면 2014년부터 이미 풍력개발 반대활동을 벌이고 있던 공대위는 '멸종위기종의 보호' 등과 같은 '친환경'을 핵심적 저항의 논리로 삼고 있었는데, 산의 수호신인 '산신령'과의 결합은 의미적으로도 자연스럽게 공유될 수 있는 것이었다. 또한 최근에는 홍계리를 중심으로 '산사태 1등급지'와 같은 안전에 대한 담론이 부각되고 있는데, 이 경우에도 산신령이 가진 상징성은 여전히 유효하다. 인위적으로 산을 허물 경우 산사태와 같은 재해의 확률이 대폭 증가하기 마련인데, 이는 "내 몸에 손대지 말아라. 큰 재앙이 내릴 것이다! — 주산 산신령"과 사

---

56 대체로 3월 초를 전후로 마을에서는 '산신령 현수막'을 대량으로 주문·제작했으며, 동월 15일 홍계리 공사현장에서의 집회 때 그것을 활용하기 시작했다. '산신령'을 저항의 상징으로 제안한 사람은 PL 부위원장이다.

57 PL, 남, 62세, 2017년 7월 22일 전화 인터뷰.

〈자료 2〉 TV조선의 현장 보도(2017. 7. 3)

〈자료 3〉 영양군청 앞 1인 시위(2017. 4. 29)

〈자료 4〉 세종시 환경청 정문 앞 집회(2017. 6. 18)

〈자료 5〉 안동MBC의 집회 보도(2017. 3. 15)

실상 동일한 논리이기 때문이다.

〈자료 3〉와 〈자료 4〉에서 확인되듯 현재 산신령과 관련된 표어와 이미지는 장날의 피켓시위나 사진전, 전단지 배포 등에서 널리 활용되고 있다. 특히 3월 24일 '풍력사업저지 영양군민 집회'를 개최하면서, "산신령이 노하셨다! 풍력발전 고마해라!"와 같은 제목으로 취재요청을 할 정도였다. 또한 〈자료 2〉과 〈자료 5〉처럼 풍력개발로 인한 환경파괴나 산림 훼손의 심각성을 알리는 방송의 영상에서도 '산신령'의 이미지는, 전체적인 내용을 함축적으로 보여 주는 장면으로 강조되곤 한다. 이러한 과정을 거쳐 '산신령'은 현재 영양 지역 풍력발전 반대 투쟁의 가장 중요한 상징의 하나로 자리잡게 된다.

한편 저항의 상징으로 '산신령'을 채택하는 것과 같은 맥락에서 풍력발전은 '말뚝'이나 '철탑'으로 표상되고 있음을 주목할 필요가 있다. 전설이나 민담 등과 같은 구비 전승의 전통 속에서 민중들은 풍수적 사고와 논리가 결부된 '단혈전설'을 통해 지역이나 집단의 흥망성쇠를 해석해 왔다.[58] 실제로 석보면에서 가장 높은 주산은 면내의 주남초등학교나 석보중학교 등의 교가(校歌)에도 빠지지 않고 등장할 정도로, 지역의 정기와 관련된 명산으로 인식되고 있다. 따라서 풍력발전 건설로 주산이 훼손된다면, 결국은 지역사회를 쇠퇴·소멸시킬 것이라는 논리가 성립될 수 있을 것이다.

⑥ 석보 사람들한테 그 정기. 석보에서 유명한 사람들 일어난 게 다 주산 정기 받고 타고 난 것 아니겠습니까, 그죠? 그건 중요한 거니까, 그게 입암까지 가는 산맥일 겁니다, 주산 정기가. 입암까지 나가는 산맥인 거죠. 그럼 입암도

58 한양명(1990), 「외세경험의 형상화와 현실의 해명 : 이여송 단혈전설을 중심으로」, 『평사민제선생 화갑기념논문집』, 평사민제선생 화갑기념논문간행위 ; 임재해(1992), 「이여송 전설에 갈무리된 민중의 역사인식」, 『민족설화의 논리와 의식』, 지식산업사 등 참조.

마찬가지일 거예요. 그래 그걸 가지고 싸우는 거예요.[59]

⑦ 홍계리를 비롯한 인근 4개 마을에 백두대간을 헐어 만드는 풍력발전! 일제시대 쇠말뚝 박듯이 능선 따라 수십 미터 철기둥을 쑤셔 넣어, 백두대간 내 고향 영양군의 정기 훼손하는 군 당국은 각성하라! ……동식물은 물론 주민까지 멸종시키려는 영양군당국은 제정신인가?[60]

나아가 주산 산신령과 단혈전설 등이 결합되었을 때, 이 싸움은 단순히 홍계마을 수준에서 벗어나 석보면이나 영양군 전체를 포섭할 수 있는 구도가 성립될 수 있다. 이와 같은 맥락에서도 지역 여론조성을 위한 수단으로써 주산이 지닌 상징성은 유효하다고 판단되며, 산신제를 통한 저항의 논리 역시 지역민에게 일정한 설득력을 지닐 수 있다고 생각한다. 그리고 이러한 논리 속에서 군수나 토건 자본 등은 단혈의 주체인 외세에 비견될 수 있을 것이다.

한편 풍력발전 반대 활동의 과정이 길어지면서 홍계 주민들 사이에는 편가르기와 갈등의 양상이 증폭되는 경향 역시 감지되고 있다. 그럼에도 불구하고 투쟁의 동력이 꺼지지 않고, 마을의 통합력을 담보하는 것은 마을 내에서 주산이 지닌 상징성이었다. 투쟁의 방향성을 둘러싸고 심각한 갈등과 이견이 노출되고 있는 상황에서도, 주산만은 양보할 수 없다는 것이 주민들 사이에서 최소한의 공유되는 지점이기도 하다. 무엇보다도 주산에 대한 신성성의 주장은 “정당한 삶의 방식”에 대한 주민들의 성찰적 자기인식과 관계된다는 점에서 주목할 필요가 있다.[61] 이러한 점을 염두에 둔다면

59 JY, 남, 55세, 공대위 공동대표, 2017년 4월 11일 연석회의.

60 풍력발전 반대활동 유인물(2017. 3).

61 “우리가 7개월 동안 이 싸움이, 우리가 우리 잘 먹고, 잘살자고 이러는 거 아니잖니꺼? 우리가 산 아래 살면서, 이 산 하나 못 지키고, 나중에 우리가 역사의 죄인이 될 수 없니더. 나간 아들한테도 남사스럽고…… 그리고 우리가 이제까지 전국적으로 여

저항의 힘을 만들어 내는 기제로서 주산 산신제의 의미를 재확인할 수 있을 것이다.

이상에서 살펴보았듯이 홍계 주민들은 풍력발전 반대활동과정에서 자신들의 정당성과 투쟁의 논리를 스스로 만들어 나가고 있다. 주민들의 신앙을 미신이라고 치부하며 개발이라는 논리에 방점을 찍고 마을을 침범해 오는 군수나 토건 자본 등에 맞서, 자신들이 살아가는 마을과 지켜야 할 주산과 같은 시공간을 '친환경', '신성한' 등과 같은 의미들로 재발견하는 것이다. 투쟁의 과정에서 주민들은 자신들의 '전통'이나 '민속'을 저항의 수단으로 재발견하며, 이를 통해 자신들이 지켜야 할 '마을'이나 '공동체'가 가진 가치와 의미를 긍정하고 있다. 이렇게 재발견된 민속이나 전통은 홍계 주민들의 정체성을 강화하며, 자신들의 정당성과 투쟁의 지속성을 담보해 주는 역할을 하고 있다고 보인다. 그 정점에 위치한 것이 바로 주산 '산신령'이며, 산신제의 중요성은 바로 이 지점에 위치해 있다.[62]

5. 성찰적 비평과 전망

이 연구는 '바로 지금 이 순간의' 농촌을 배경으로 벌어지고 있는 현실문제에 대한 민속학적 반응으로 시작되었다. 2016년 12월 갑작스럽게 시작된

기가 풍력이 제일 중심이 되어 있어요. 그리고 우리로 인해서 대한민국의 풍력이 어떻게 하나의 밑그림이 그려진다는 거예요. 그러니 너무 기죽을 거 없고, 또 그러고 내 재산 내가 지킨다고 생각하시고. 내 재산 내가 안 지키는데, 옆의 사람이 누가 도와주겠어요. …… 우리가 싸우니까, 그(연대하는) 사람들이 왔다는 말이에요 …… 그러니 우리 힘이 들더라도 한번 싸워 봅시다. 싸우면 분명히 승산이 있습니다"(PL, 남, 62세, 2017년 7월 12일, 변호사 위임도장을 받기 위한 마을회의).

62 Dorothy C. Holland and Debra G. Skinner(1995), 앞의 논문 ; David Holmberg(2000), 앞의 논문 참조.

대규모의 풍력발전단지 조성공사는, 홍계마을 주민들 삶의 방식을 완전히 바꾸어 놓았다. 그들의 표현대로 '평범한 농민'에 불과했던 주민들은 하루아침에 풍력발전 반대 투쟁의 최전선에 서게 된 것이다. 이 과정에서 마을사회의 급격한 재편과 더불어 역동적 문화의 재구성이 관찰되고 있다. 특히 이 글에서는 풍력개발 건설에 대한 저항의 힘을 상징적으로 보여 주기 위해, 마을 주민들과 그들의 연대세력에 의해 채택된 주산 산신제 및 그와 관련된 몇몇 문화 형태들을 민속지적으로 기술·분석하고자 했다.

풍력개발을 둘러싼 현실사회의 역학관계에서 마을 주민들은 절대적 약자의 위치에 놓일 수밖에 없었다. 특히 주민들은 법적·행정적 대응과정에서 심한 무력감과 고립감을 경험해야만 했다. 마을 자체의 힘만으로 이러한 상황을 타개하는 것이 어렵다는 판단 속에서, 주민들은 영양희망연대 그리고 영양·영덕 풍력발전 공동대책위원회 등과 연대해 다양한 풍력발전 반대 활동을 실천하고 있다. 한편 풍력발전과 관련된 문제를 해결하는 방법이 결국은 지역 내외의 여론조성을 통한 정치적 해결임을 인식하게 된 주민들은, 자신들의 입장과 주장을 뒷받침할 명분과 논리를 스스로 만들어 나간다. 바로 이 지점에서 자신들이 지켜야 할 마을이나 주산과 같은 시공간에 대해 '신성한' 또는 '친환경'과 같은 주민들의 성찰적 재인식이 나타나고 있다는 점을 주목할 필요가 있다.[63]

주산 산신제는 공대위 측에서 제시한 기획과 제안이 홍계 주민들의 승인과 동의 속에서 수용된 문화적 실천이다.[64] 산신제의 이념적 기반과 지향이 공대위에 의해 기획되었다면, 그것을 실제로 가능하게 한 것은 주산의 신성성에 대한 홍계 주민들의 정서와 문화적 전통이라 할 수 있다. 2017년 4월

---

63 David M. Guss(1993), 앞의 논문 참조.

64 김광억(1991), 앞의 논문 ; 조현범(1994), 앞의 논문 ; 한양명(2004), 앞의 논문 등 참조.

19일 풍력발전 공사현장 인근에서 치러진 주산 산신제의 문화적 의미는 다음과 같다.

먼저 주민들은 이 의례를 통해 자신들에게 강제적으로 부과된 현실의 법과 사회적 질서를 단호히 거부하는 모습을 보이고 있다는 점을 주목할 필요가 있다.[65] 이러한 수준에서 '민속'이나 '전통'은 농민들의 상징적 저항 수단으로 효과적으로 활용될 수 있음을 보여 준다. 주산 산신제에서 풍력회사, 건설사, 지자체(군수) 등은 마을 및 지역사회를 침범하는 '풍력 잡귀'로 표상된다. 주민들은 금줄 또는 화형식을 통해서 그것들을 상징적으로 제거함으로써 마을을 지켜 내겠다는 단호한 의지와 염원을 표현한다.

이를 통해 주민들은 무분별한 풍력개발에 반대하는 자신들의 입장과 정당성을 의례적으로 표현하였으며, 마을 내부 및 연대집단 결집의 한 계기를 마련할 수 있었던 것으로 보인다.[66] 나아가 주산 산신제나 산신에 대한 주민들의 정서와 믿음은, 이 싸움에서 승리할 수 있다는 어떤 희망이나 기대와 같은 긍정적인 정서와 관계되는 것 같다. 나아가 주산의 신성성에 대한 주장은 '정당한 삶의 방식'과 관련한 주민들의 성찰적 자기인식과 관계되어 진다는 점에서 주목할 필요가 있다.

지난 7개월간의 싸움에서 홍계 주민들은 지쳐 갔고 때로는 극심한 내분에 휩싸이는 모습이 관찰되기도 했는데, 그때마다 마을 내에서는 '주산'의 가치와 신성성이 강조되고 있었다. 그들은 자신들 대(代)에서 신성한 주산이 훼손되는 것을 막지 못하는 것은 후손들에게 커다란 죄를 짓는 일이라며, 반대 활동에 대한 명분을 강화해 왔다. 결국 홍계 주민들이 이 싸움을 포기하지 않게 만드는 힘 중 하나가 바로 주산이 가진 상징성이라 할 수

---

65 Jack Kugelmass(1991), 앞의 논문, pp.443~4 참조.

66 Dorothy C. Holland and Debra G. Skinner(1995), 앞의 논문 ; David Holmberg(2000), 앞의 논문 등 참조.

있다. 그리고 이를 통해 주민들은 현실 세계의 여러 어려움 속에서도 지속적인 투쟁의 한 동력을 마련할 수 있었던 것으로 보인다.

나아가 홍계 주민들은 이 싸움이 단순히 자신들의 마을에 국한된 문제가 아니며, 풍력을 둘러싼 한국사회 전체의 논란 및 방향성과 관계된 것임을 주장할 수 있게 되었다. 또한 농촌을 둘러싼 한국사회의 모순과 갈등 문제에 눈을 뜨게 된다는 점 역시 주목할 만하다. 예를 들면 이전에는 뉴스 수준의 관심밖에 없었던 사드 배치 현장인 성주나 송전탑 문제로 극심한 고통을 겪었던 밀양 사람들에 대한 동질적 감정이 마을 내에서 자연스럽게 표출되기도 한다. 나아가 마을 주민들은 사회적 연대의 중요성에 눈을 뜨게 되며, 지역의 정서와는 변별적인 정치적 각성의 모습이 포착된다. 좀 더 지켜보아야 할 문제이지만 현대 한국사회의 모순과 그에 따른 갈등이 집약적으로 나타나고 있는 홍계마을에서, 주민들이 자신들의 삶과 문화에 대한 성찰과 실천을 지속해 나가고 있는 모습은 민속학적으로 매우 주목할 만한 현상이라고 생각한다.

서두에서 밝히고 있듯이 이 연구는 애초의 기획이나 의도와는 전혀 다른 방향으로 전개되었음을 짚고 넘어갈 필요가 있다. 주지하다시피 예비조사 단계에서 필자의 학문적 관심사나 초점은, 농촌의 근대화나 문화변동의 문제에 집중하고 있었다. 하지만 주민들과의 만남과 대화를 계기로 그것에서 벗어나, '바로 지금 이 순간의' 농촌 현실 문제와 그에 따른 문화적 실천 문제의 중요성을 직시할 수 있게 되었다. 그리고 그 결과물이라 할 수 있는 이 글을 통해 대규모 풍력발전단지 조성이라는 마을 사회의 위기 국면과 그에 대한 주민들의 대응 모습을 비교적 생동감 있는 민속지로 제시 · 분석할 수 있었다고 생각한다. 이러한 방식의 연구는 농촌 사회의 현실 문제와 농민들의 고민을 공유하며, 그들의 입장을 반영한 학문으로서 민속학의 방향성에 대한 일정한 시사점을 줄 수 있을 것이다.

초출일람

「문화와 일상 : 독일어권 '민속학', 유럽 민속학 / 인류학 전통에서의 에스노그래피적 문화 분석」, 베른하르트 초펜

「문화와 일상 : 독일어권 '민속학', 유럽 민속학 / 인류학 전통에서의 에스노그래피적 문화분석」(『실천민속학연구』 제35호, 실천민속학회, 2020)을 수정 · 보완하였다.

「'조선민속학≒민족문화학'에서 주체의 일상 연구로」, 남근우

「방법론의 동향과 쟁점」(『학문연구의 동향과 쟁점 : 고고학 · 민속학 · 인문지리학 · 문화인류학』, 대한민국학술원, 2017)을 수정 · 보완하였다.

「'토착'의 학문 : 세뤼(Paul Serruys, 1912～1999)의 중국민속학 연구」, 웨용이

「'토착'의 학문 : 세뤼(Paul Serruys, 1912～1999)의 중국민속학 연구」(『실천민속학연구』 제35호, 실천민속학회, 2020)를 수정 · 보완하였다.

「동아시아 민속학의 재정립 : '일상학'으로의 전회(轉回)」, 이와모토 미치야

「동아시아 민속학의 재정립 : '일상학으로서의 민속학'으로」(『실천민속학연구』 제35호, 실천민속학회, 2020)를 수정 · 보완하였다.

「버내큘러와 제도의 관계에 대한 미국에서의 연구」, 나수호

「버내큘러와 제도의 관계에 대한 미국에서의 연구」(『실천민속학연구』 제35호, 실천민속학회, 2020)를 수정 · 보완하였다.

「버내큘러의 방법론적 가능성」, 강성우

「방법으로서의 버내큘러」(『실천민속학연구』 제35호, 실천민속학회, 2020)를 수정 · 보완하였다.

「디오니소스와 버내큘러 : 민속학적 시각이란 무엇인가」, 시마무라 다카노리
「디오니소스와 버내큘러 : 민속학적 시각이란 무엇인가」(『실천민속학연구』 제35호, 실천민속학회, 2020)를 수정 · 보완하였다.

「범주와 시각 및 입장으로서의 고향민속학」, 안더밍
「범주와 시각 및 입장으로서의 고향민속학」(『실천민속학연구』 제35호, 실천민속학회, 2020)을 수정 · 보완하였다.

「버내큘러 문화와 민속, 민속학」, 정수진
「버내큘러 문화와 민속, 민속학」(『실천민속학연구』 제34호, 실천민속학회, 2019)을 수정 · 보완하였다.

「식민지 대중의 서구생활문화 수용과 전용 맥락」, 김정하
「근대 서구 생활문화 수용의 맥락」(『실천민속학연구』 제35호, 실천민속학회, 2020)을 수정 · 보완하였다.

「대만 일본식민지기 건조물의 문화유산화와 전후 기억의 행방」, 무라시마 겐지
「대만에서 일본식민지기 건조물의 문화유산화와 분단되는 가족의 기억」(『인문사회21』 제10권 제5호, 사단법인 아시아문화학술원, 2019)을 수정 · 보완하였다.

「탄광 희생자의 공양과 일(日) · 한(韓) · 조(朝)의 '우호' : 일본의 옛 채굴지 지쿠호(筑豊)의 주민 실천을 사례로」, 가와마쓰 아카리
「탄광 희생자의 공양과 일(日) · 한(韓) · 조(朝)의 '우호' : 일본의 옛 채굴지 지쿠호(筑豊)의 주민 실천을 사례로」(『실천민속학연구』 제35호, 실천민속학회, 2020)를 수정 · 보완하였다.

「'안동내방가사전승보존회'의 지역전통 이해와 활용」, 이상현

「'안동내방가사전승보존회'의 활동을 통해 본 안동지역 여성들의 지역전통의 이해와 활용」(『실천민속학연구』 제35호, 실천민속학회, 2020)을 수정 · 보완하였다.

「마을사회의 위기와 의례적 대응 : 풍력발전 반대 '산신제'에 대한 민속지적 연구」, 이진교

「마을사회의 위기와 의례적 대응 : 풍력발전 반대 '산신제'에 대한 민속지적 연구」(『민속연구』 제35집, 안동대학교 민속학연구소, 2017)를 수정 · 보완하였다.

참고문헌

1. 한국어

1) 논문

가오빙중(2017),「일상생활의 미래민속학 논강」,『일상과 문화』 4, 일상과 문화 연구회.

강성우(2016),「개항기 일본인의 부산 이주와 헤게모니 확장」,『지역과 역사』 33, 부경역사연구소.

강심호 외(2003),「일제식민지 치하 경성부민의 도시적 감수성 형성과정 연구 : 1930년대 한국소설에 나타난 도시적 소비문화의 성립을 중심으로」,『서울학연구』 21, 서울시립대학교 서울학연구소.

강정원(2012),「세계 민속학사 속에서의 한국민속학 80년」,『민속학 80년을 논하다』, 한국민속학회, 국립민속박물관.

강정원(2013),「민속인(民俗人 : Homo Folkloricus)과 탈식민주의」,『한국민속학』 57, 한국민속학회.

구혜경 · 강현정(2012),「개발에 의한 생업환경의 변화와 공동체신앙의 적응 : 계화도를 중심으로」,『실천민속학연구』 19, 실천민속학회.

김경일(2002),「서울의 소비문화와 신여성 : 1920~1930년대를 중심으로」,『서울학연구』 19, 서울시립대학교 서울학연구소.

김광억(1991),「저항문화와 무속의례 : 현대한국의 정치적 맥락」,『한국문화인류학』 23, 한국문화인류학회.

김광억(1994),「문화공동체와 지방정치 : 씨족의 구조를 중심으로」,『한국문화인류학』 25, 한국문화인류학회.

김동주(2012),「제주도 바람의 사회적 변형과 그 함의 : 자원화와 공유화」,『환경사회학연구 ECO』 16-1, 한국환경사회학회.

김동주(2015),「자연의 수탈과 풍력발전 : 제주도 바람의 사유화, 상품화, 자본화」,『환경사회학연구 ECO』 19-1, 한국환경사회학회.

김백영(2007), 「제국의 스펙터클 효과와 식민지 대중의 도시경험 : 1930년대 서울의 백화점과 소비문화」, 『사회와 역사』 75, 한국사회사학회.
김성례(1990), 「무속전통의 담론 분석 : 해체와 전망」, 『한국문화인류학』 22, 한국문화인류학회.
김성환(2002), 「1930년대 대중소설과 소비문화의 관계양상 연구」, 한국현대문학회 편, 『한국문학과 풍속』, 국학자료원.
김시덕(2015), 「서울의 근대 민속, 신문명과 식민지 문화의 남촌」, 『서울민속학』 2, 서울민속학회.
김예림(2008), 「전시기 오락정책과 '문화'로서의 우생학」, 정용화 외, 『일제하 서구문명의 수용과 근대성』, 혜안.
김정하(2018), 「근대식민주의에 대응한 생활문화 : 초상사진」, 『실천민속학연구』 32, 실천민속학회.
김현정(2007), 「향토의식의 형성과 지역 전통문화의 발견 : 일본 지방도시 이시오카 향토사가들 모임 이시오카 사적보존회 활동을 사례로」, 『한국민속학』 45, 한국민속학회.
나경수(2004), 「21세기 민속문화와 정책 방향」, 『한국민속학』 40, 한국민속학회.
나경수(2011), 「민속 개념의 재정립과 그 현재적 의미」, 『국립민속박물관 확대이전건립기본계획』, 문화체육관광부.
나경수(2012), 「민속 개념의 변화와 민속학」, 2012 한국민속학회 동계국제학술대회 자료집, 『21세기 민의 재해석과 민속학』, 한국민속학회.
남근우(1998a), 「손진태의 민족문화론과 만선사학」, 『역사와 현실』 28, 한국역사연구회
남근우(1998b), 「식민지주의 민속학의 일 고찰 : 신앙·의례 연구를 중심으로」, 『정신문화연구』 21-3, 정신문화연구원.
남근우(2002), 「'조선민속학'과 식민주의 : 송석하의 문화민족주의를 중심으로」, 『한국문화인류학』 35-2, 한국문화인류학회.
남근우(2003), 「'민속'의 근대, 탈근대의 민속학」, 『한국민속학』 38, 한국민속학회.
남근우(2004), 「조선민속학회 재고」 『정신문화연구』 27-3, 한국정신문화연구원.
남근우(2006), 「'신민족주의' 사관 재고 : 손진태와 식민주의」, 『정신문화연구』 29-4, 한국학중앙연구원.
남근우(2009a), 「민속의 경연과 예술화」, 『한국문학연구』 36, 동국대학교 한국문학연구소.
남근우(2009b), 「'민속학=민족문화학'의 탈신화화」, 『비교민속학』 40, 비교민속학회.
남근우(2010), 「한국 '역사민속학'의 방법론 재고」, 『한국민속학』 51, 한국민속학회.

남근우(2012), 「그린 투어리즘의 문화정치학 : B마을의 관광 실천을 중심으로」, 『한국민속학』 56, 한국민속학회.
남근우(2013a), 「누구의 무엇을 위한 '실용'인가? : 한국민속학의 실천성 재고」, 『민속학연구』 33, 국립민속박물관.
남근우(2013b), 「민속 개념 재고」, 『실천민속학연구』 21, 실천민속학회.
남근우(2017), 「민속학의 존립 기반을 다시 묻다 : '깔때기'독일 민속학사론을 중심으로」, 『실천민속학연구』 30, 실천민속학회.
남근우(2018), 「봉산 탈놀이의 근대」, 『비교민속학』 67, 비교민속학회.
남근우(2019a), 「손진태의 '조선민속학'과 '신민족주의' 재론」, 『문화권력 : 제국과 포스트제국의 연속과 비연속』, 소화.
남근우(2019b), 「'조선민속학회' 재론」, 『실천민속학연구』 34, 실천민속학회.
노상호(2011), 「서해안 갯벌 매립과 일상생활의 변화 : 인천 갯벌과 어촌계의 대응을 중심으로」, 『한국민속학』 56, 한국민속학회.
목수현(2003), 「'남촌'문화 : 식민지 문화의 흔적」, 『서울학 연구총서』 14, 서울시립대학교 서울학연구소.
민속학회 편(1972), 「민속학 전국대회 토론회 : 민속학의 역할」, 『한국민속학』 5, 민속학회.
박기웅 외(2010), 「현대소비사회에서의 취향과 유행의 상관성과 대중문화의 역할」, 『한국콘텐츠학회논문지』 10, 한국콘텐츠학회.
박해용(2004), 「반성된 자아의식의 사회성」, 『사회와 철학』 7, 사회와철학연구회.
박흥원(2007), 「대중가요의 변화 : 금지곡의 사회사」, 부산대민족문화연구소, 『기록으로 보는 생활사』, 국가기록원.
서지영(2010), 「소비하는 여성들 : 1920~30년대 경성과 욕망의 경제학」, 『한국여성학』 26(1), 한국여성학회.
성시정(1997), 「UFO와 카고 컬트(CARGO CULT) : 천년왕국 운동에 관한 종교인류학적 접근」, 『한국문화인류학』 30-2, 한국문화인류학회.
손진태(1981), 「자서」(1948), 『손진태선생전집』 2, 태학사.
안영주(2016), 「탈식민주의 관점에서 본 버내큘러의 문화적 위상」, 『한국디자인문화학회지』 22-4, 한국디자인문화학회.
염미경(2008), 「풍력발전단지 건설과 지역수용성」, 『사회과학연구』, 47-1, 강원대학교 사회과학연구원.
염미경(2009), 「신재생에너지시설 입지에 대한 지역주민들의 태도 : 풍력발전단지 입지

지역 사례를 중심으로」, 『인문논총』 24, 경남대학교 인문과학연구소.
유선영(2006), 「황색식민지의 근대성과 아메리카나이제이션」, 장석만 외, 『한국 근대성 연구의 길을 묻다』, 돌베개.
윤교임(2002), 「미국의 구술예술 연구」, 『구비문학연구』 15, 한국구비문학회.
윤해동(2000), 「'일제잔재' 청산과 관련하여 제기되는 몇 가지 문제」, 민족문제연구소 편, 『한국근현대사와 친일파 문제』, 아세아문화사.
이경훈(2001), 「미쓰코시, 근대의 쇼윈도우」, 『한국근대문학과 일본문학』, 국학자료원.
이명재(1999), 「식민지 체험과 풍자의 미학 : 채만식론」, 문학과 비평 연구회, 『1930년대 문학과 근대체험』, 이화문화사.
이상현(2004), 「안동 문화의 변화와 민속의 재창조 : '안동문화원'을 중심으로」, 『비교민속학』 26, 비교민속학회.
이상현(2011), 「도시 속 민속의 창출과 지방문화원」, 『한국민속학』 53, 한국민속학회.
이순자(2014), 「육상 풍력발전시설 개발에 있어서 공공성 강화 방안 : 제주특별법상 풍력자원의 공공적 관리제도검토를 중심으로」, 『강원 법학』 42, 강원대학교 비교법학연구소.
이순자(2015), 「한국에서 재생에너지의 한계점 및 개선사항 : 풍력발전을 중심으로」, 『환경법과 정책』 15, 강원대학교 비교법학연구소.
이와모토 미치야(2018), 「일본의 생활개선운동과 민속학」, 『실천민속학연구』 32, 실천민속학회.
이와모토 미치야(2019), 「신판(新版) '민속'을 대상으로 하기 때문에 민속학인가 : 민속학과 '근대' 혹은 현대 민속학에 대한 프롤로그」, 『일상과 문화』 7, 일상과 문화 연구회.
이장섭(1989), 「한국민속학의 비판적 검토」, 『두산김택규박사화갑기념 문화인류학논총』, 두산김택규박사화갑기념논문집간행위원회.
이정옥(2002), 「방가사의 청자호명의 기능과 사회적 의미 : 영남의 내방가사를 중심으로」, 『어문학』 78, 어문학회.
이정옥(2009a), 「방가사 향유자의 생애경험」, 『古詩歌硏究』 24, 한국고시가문학회.
이정옥(2009b), 「경북여성의 글하기」, 『경북의 민속문화』, 경상북도 · 국립민속박물관.
이필영(1985), 「남창 손진태의 역사민속학의 성격」, 『한국학보』 41, 일지사.
이필영(1996), 「역사의 변화 발전과 민속」, 『한국민속사논총』, 지식산업사.
이필영(2015), 「역사민속학의 민간신앙 연구관점」, 『역사민속학』 47, 한국역사민속학회.
이해준(1996), 「한국사의 전개와 민속사의 연관성」, 『한국민속사논총』, 지식산업사.

이해준(2005), 「향촌사회사 연구와 역사민속학」, 『역사민속학』 20, 한국역사민속학회.
이해준(2015), 「역사민속학과 기록자료 활용」, 『역사민속학』 47, 한국역사민속학회.
이훈상(1999), 「의도적 망각과 단선적 역사서술 : 일제시대 조선후기사 인식과 서술」, 『진단학보』 88, 진단학회.
임재해(1992), 「이여송 전설에 갈무리된 민중의 역사인식」, 『민족설화의 논리와 의식』, 지식산업사.
임재해(1997), 「민속학의 새 대상과 방법으로서 도시민속학의 인식」, 『한국민속학과 현실인식』, 집문당.
임재해(1999), 「민속신앙에서 발견되는 한국인의 자연관과 현대적 변용」, 『민속학연구』 6, 국립민속박물관.
임재해(2005), 「20세기 민속학을 보는 '현재학' 논의의 비판적 인식」, 『남도민속연구』 11, 남도민속학회.
임재해(2007a), 「도시 속의 민속문화 전승양상과 도시민속학의 새 지평」, 『실천민속학연구』 9, 실천민속학회.
임재해(2007b), 「민속신앙의 비교연구와 민족문화의 정체성」, 『비교민속학』 34, 비교민속학회.
임재해(2013), 「조선민속학회 창립의 산파 송석하와 한국 민속학의 길」, 『한국민속학』 57, 한국민속학회.
전경수(2013), 「조선민속학회와 『조선민속』의 식민지와 은항책 : 식민지 혼종론의 가능성」, 『민속학연구』 33, 국립민속박물관.
정수진(2008), 「민속학적 원형론의 기초연구」, 『한국민속학』 47, 한국민속학회.
정수진(2009a), 「농촌관광과 민속학 연구 재고 : 이천 자채방아 마을 사례로부터」, 『실천민속학연구』 13, 실천민속학회.
정수진(2009b), 「무형문화재의 관광자원화와 포클로리즘 : 안성의 아이콘, 남사당 바우덕이 풍물놀이를 중심으로」, 『한국민속학』 49, 한국민속학회.
정수진(2013), 「글로벌시대의 한국민속학과 로컬리티」, 『민속학연구』 33, 국립민속박물관.
정수진(2017), 「민속과 대중매체의 관계 재고」, 『비교민속학』 64, 비교민속학회.
정수진(2019), 「버내큘러 문화와 민속, 민속학」, 『실천민속학 연구』 34, 실천민속학회.
정제호(2018), 「지역문화콘텐츠의 활용 양상과 미디어서사로의 전망」, *Journal of Korean Culture*, 41, 한국어문학국제학술포럼.
조정우(2008), 「(서평) '탈식민' 민속학의 구축을 위하여」, 『사회와 역사』 78, 한국사회사학회.

조현범(1994), 「한국사회의 민속담론과 민속종교에 대한 연구 : 산업화 이후 전개과정을 중심으로」, 서울대학교 대학원 석사학위논문.

조형근(2016), 「식민지 대중문화와 대중의 부상 : 취향과 유행의 혼종성을 중심으로」, 『사회와 역사』 111, 한국사회사학회.

주강현(1990), 「역사와 민속 : 변혁의 문제 : 역사민속학으로서의 민속학 일고」, 한국역사민속학회 편, 『역사 속의 민중과 민속』, 도서출판 이론과실천.

주강현(2003), 「역사민속학의 단절과 복원: 역사민속학으로서의 민속학고(考)」, 『남창 손진태의 역사민속학 연구』, 민속원

주윤정(2006), 「일상생활 연구와 식민주의」, 공제욱 · 정근식, 『식민지의 일상, 지배와 균열』, 문화과학사.

차승기(2009), 「'토속'의 발견과 민족문화의 구성 : 손진태를 중심으로」, 『일제하 한국사회의 전통과 근대인식』, 혜안.

최길성(2010), 「아키바 다카시(秋葉隆)의 식민지주의 조선관」, 『한국민속학』 40, 한국민속학회.

최성범(2009), 「지역사회 스포츠동우회 참가가 지역애착과 지역관여에 미치는 영향」, 『한국체육과학회지 : 인문사회과학편』 18-3, 한국체육과학회.

최자운(2013), 「전승 환경 변화에 따른 공주 봉현리 상여소리보존회의 대응과 생존 전략」, 『한국민요학』 37, 한국민요학회.

최진석(2016), 「말과 사건, 또는 문학의 역사적 운명 : 미하일 바흐틴의 유물론적 문학이론」, 『서강인문논총』 45, 서강대 인문과학연구소.

최현 · 김선필(2015), 「제주의 바람 : 공동자원론적 관리 방식」, 『탐라문화』 19-1, 한국환경사회학회.

한양명(1990), 「외세경험의 형상화와 현실의 해명 : 이여송 단혈전설을 중심으로」, 『평사민제선생 화갑기념논문집』, 평사민제선생 화갑기념논문간행위.

한양명(2004), 「축제 정치의 두 풍경 : 국풍81과 대학대동제」, 『비교민속학 』 26, 비교민속학회.

한양명(2008), 「지역축제의 전승과 민속의 변용」, 『비교민속학』 35, 비교민속학회.

한재각(2016), 「한국 풍력발전과 주민갈등 연구 : 제주 난산 및 경북 영양 풍력단지 개발 사례를 중심으로」, 『한국환경사회학회 학술대회 자료집』, 한국환경사회학회.

함동주(2018), 「1923년 관동대지진과 '모던' 도쿄의 시대감각 : 곤 와지로의 고현학을 중

심으로」, 『동아시아의 '근대' 체감』, 한울아카데미.
허영란(2001), 「근대적 소비생활과 식민지적 소외」, 『전통과 서구의 충돌』, 역사비평사.
허용호(2012), 「엇갈린 행보 : 연행 중심론과 현장론의 비교 연구」, 『한국민속학』 56, 한국민속학회.
황경선(2009), 「'인단(仁丹)' 광고를 통해 본 근대」, 『생활문물연구』 25, 국립민속박물관.

2) 서적

강심호(2005), 『대중적 감수성의 탄생 : 도박, 백화점, 유행』, 살림.
고부응(2003), 『탈식민주의 : 이론과 쟁점』, 문학과 지성사.
공제욱 · 정근식(2006), 『식민지의 일상, 지배와 균열』, 문화과학사.
권기숙(2006), 『기억의 정치』, 문학과지성사.
김기림(1998), 『김기림 전집』 5, 심설당.
김덕영(1999), 『현대의 현상학 게오르그 짐멜 연구』, 나남출판.
김무경(2007), 『자연 회귀의 사회학 : 미셸 마페졸리』, 살림.
김주리(2005), 『모던 걸, 여우 목도리를 버려라』, 살림.
김진송(1999), 『서울에 딴스홀을 許하라』, 현실문화연구.
김태곤(1988), 『민속학 원론』, 시인사.
김택규(1985), 『한국 농경세시의 연구 : 농경의례의 문화인류학적 고찰』, 영남대학교 출판부.
남근우(2008), 『'조선민속학'과 식민주의』, 동국대학교출판부.
남근우(2014), 『한국민속학 재고 : 본질주의와 복원주의를 넘어서』, 민속원.
소래섭(2005), 『에로 그로 넌센스 : 근대적 자극의 탄생』, 살림.
신명직(2003), 『모던 뽀이, 경성을 거닐다』, 현실문화연구.
연세대 국학연구원 편(2004), 『일제의 식민지배와 일상생활』, 혜안.
원광대학교 민속학연구소 편(1973), 『한국민속학 : 원론적 대화』, 원광대학교출판국.
유선영(2017), 『식민지 트라우마』, 푸른역사.
윤소영(2010), 『동호회 활동 실태 및 활성화 방안 : 시설에 기반한 문화예술동호회를 중심으로』, 문화관광연구원.
이의정 · 양숙희(1987), 『페티시즘』, 경춘사.
이재원(2017), 『제국의 시선, 문화의 기억』, 서강대학교출판부.
이정옥(1999), 『내방가사의 향유자 연구』, 박이정.

이정옥(2017), 『내방가사 현장연구』, 역락.
이정옥 외(2018), 『한국국학진흥원 기록유산 등재를 위한 내방가사 워크숍 결과보고서』, 한국국학진흥원 · 안동시.
임재해(1986), 『민속문화론』, 문학과지성사.
임재해(1991), 『설화작품의 현장론적 분석』, 지식산업사.
전경수(1999), 『한국인류학 백년』, 일지사.
정수진(2008), 『무형문화재의 탄생』, 역사비평사.
조동탁(1964), 『한국문화사 서설』, 탐구당.
주강현(1999), 『21세기 우리문화』, 한겨레신문사.
최규수(2014), 『규방가사의 '글하기' 전략과 소통의 수사학』, 명지대학교출판부.
최병택 외(2009), 『경성리포트』, 시공사.
한국민속학술단체연합회 편(2010), 『민속학과 민족문화의 정체성』, 민속원.
한국민속학회 · 국립민속박물관(2012), 『민속학 80년을 논하다』, 한국민속학회 · 국립민속박물관.
한복진(2001), 『우리 생활 100년 · 음식』, 현암사.
현진건(2009), 『빈처』, 낙원도서.
홍선표 외(2006), 『근대의 첫경험 : 개화기 일상문화를 중심으로』, 이화여자대학교출판부.
고야스 노부쿠니(2007), 『일본근대사상비판』, 김석근 옮김, 역사비평사.
베네딕트 앤더슨(1991), 윤형숙 옮김, 『상상의 공동체 : 민족주의의 기원과 전파에 대한 성찰』, 나남.
빅토 터너(2005), 박근원 옮김, 『의례의 과정』, 한국심리치료연구소.
알프 뤼트케 외(2002), 나종석 옮김, 『일상사란 무엇인가』, 청년사.
요시미 순야(2004), 이태문 옮김, 『박람회 : 근대의 시선』, 논형.
요하임 패티(1997), 임정택 옮김, 『영화와 문학에 대하여』, 민음사.
유모토 고이치(2004), 연구공간 수유+너머 동아시아 근대 세미나팀 옮김, 『일본 근대의 풍경』, 그린비.
제베데이 바르부(1990), 임철규 옮김, 『역사심리학』, 창작과비평사.
허버트 J. 갠스(1998), 강현두 옮김, 『대중문화와 고급문화』, 나남출판.
호미 바바(2002), 나병철 옮김, 『문화의 위치』, 소명출판.
F. A. 매켄지(1999), 신복룡 옮김, 『대한제국의 비극』, 집문당.
M. 바흐친 · V. N. 블로쉬노프(1988), 송기한 옮김, 『마르크스주의와 언어철학』, 한겨레.

3) 신문, 잡지, 자료

ITWORLD.

TV조선, 2017년 7월 3일.

ZDNet Korea.

대한민국 정책 브리핑.

안동MBC, 2017년 3월 15일.

이상돈, 〈무분별한 풍력발전단지 개발 관련 기자간담회〉 자료집, 2017년 4월 25일.

『개벽』 1922년 11월호.

『경향신문』 2019년 6월 26일자.

『국민일보』 2017년 4월 11일

『동아일보』 1935년 2월 12일자, 1936년 6월 6일자.

『만세보』 1907년 5월 28일자.

『별건곤』 1926년 1월호, 1927년 12월호, 1928년 12월호, 1929년 9월호, 1930년 1월호, 1930년 6월호, 1930년 11월호, 1932년 5월호.

『부산일보』 1916년 9월 15일자.

『사해공론』 1935년 10월호, 1936년 11월호.

『삼천리』 1933년 3월호, 1935년 6월호, 1935년 11월호.

『신민』 1927년 9월호, 1930년 7월호, 1931년 6월호.

『여성』 1936년 4월호, 1938년 3월호.

『조광』 1937년 11월호, 1937년 12월호.

『조선일보』 1928년 2월 7일자, 1930년 4월 8일자, 1930년 4월 14일자, 1930년 11월 28일자, 1934년 1월 1일자, 1934년 7월 26일자, 1937년 2월 4일자.

『조선중앙일보』 1936년 2월 6일자.

『청춘』 1917년 5월호.

『혜성』 1931년 8월호.

4) 인터넷

뉴스1, 2017년 5월 23일(http://news1.kr/articles/?3000445).

디자인하우스M+(2008. 7), "버내큘러적 관점에서 본 한국 디자인"(http://mdesign.designhouse.co.kr/article/article_view/101/44617).

수이재(http://cafe.daum.net/Su-space/GsWp/12?q=%EC%96%B4%EC%9D%84%EB%

B9%88).
영양군 풍력발전단지조성 기자회견(https://www.youtube.com/watch?v=JJRT2fiDeos).
영양군 홈페이지(http://www.yyg.go.kr/).

2. 외국어

1) 논문

Abrahams, Roger D.(1993), "Phantoms of Romantic Nationalism in Folkloristics," *The Journal of American Folklore*, 106(4).

Barth, Fredrik(2002), "An Anthropology of Knowledge," *Current Anthropology*, 43(1).

Bauman, Richard(2016[2008]), "The Philology of the Vernacular," in Lee Haring ed., *Grand Theory in Folkloristics*, Bloomington : Indiana University Press.

Bausinger, Hermann(1959), "Verein als Gegenstand volkskundlicher Forschung," *Zeitschrift für Volkskunde*, 55. Jg.

Bausinger, Hermann(1984), "Konzepte der Gegenwartsvolkskunde," *Österrichishe Zeitschrift für Volkskunde*. NS.38[河野眞 訳(1988),「現代民俗學の輪郭」,『愛知大學一般教育論集』創刊号].

Bausinger, Hermann(1987), "Ungleichzeitigkeiten : Von der Volkskunde zur empirischen Kulturwissenschaft," *Der Deutschunterricht*, 39(6).

Ben-Amos, Dan(1971), "Toward a Definition of Folklore in Context," *The Journal of American Folklore*, 84(331).

Ben-Amos, Dan(1977), "The Context of Folklore," in William R. Bascom eds., *Frontiers of Folklore*, Boulder : Westview Press.

Ben-Amos, Dan(1975), "Folklore in African Society," *Research in African Literatures*, 6(2).

Bhabha, Homi K.(1994), "DissemiNation : Time, Narrative and the Margins of the Modern Nation," *The Location of Culture*, London ; New York : Routledge.

Bhabha, Homi K.(1996), "Unsatisfied : Notes on Vernacular Cosmopolitanism," in Laura Garcia-Morena and Peter C. Pfeifer eds., *Text and Nation*, London : Camden House.

Blank, Trevor J.(2013), "Hybridizing Folk Culture : Toward a Theory of New Media and Vernacular Discourse," *Western Folklore*, 72(2), Western States Folklore Society.

Bodnar, J.(1994), "Public Memory in an American City," in J. Gillis ed., *Commemorations : The Politics of National Identity*, New Jersey : Princeton.

Boie, Jenni(2009), "Volkskundliches Wissen und gesellschaftlicher Wissenstransfer : Zur Produktion kultureller Wissensformate im 20. Jahrhundert," in Michael Simon et al. eds., *Bilder. Bücher. Bytes : Zur Medialität des Alltags*, Münster.

Briggs, Charles L.(2008), "Disciplining Folkloristics," *Journal of Folklore Research*, 45(1).

Bronner, Simon J.(2012), "Practice Theory in Folklore and Folklife Studies," *Folklore*, 123(1), Routledge Journals ; Taylor & Francis.

Bronner, Simon J.(2019), "American Folk Buildings, Constructions, and Landscapes," in Simon J. Bronner ed., *The Oxford Handbook of American Folklife and Folklore Studies*, New York : Oxford University Press.

Brophy, James M.(1997), "Carnival and Citizenship : The Politics of Carnival Culture in the Prussian Rhineland, 1823~1848," *Journal of Social History*, 30(4), Oxford University Press.

Buccitelli, Anthony Bak(2013), "Virtually a Local : Folk Geography, Discourse, and Local Identity on the Geospatial Web," *Western Folklore*, 72(1), Western States Folklore Society.

Buccitelli, Anthony Bak(2015), "Hybrid Tactics and Locative Legends : Re-Reading de Certeau for the Future of Folkloristics," *Cultural Analysis*, 15(1), University of California.

Buccitelli, Anthony Bak(2017), "Locative Gaming, Folk Geographies, and the Experience of Cultural Heritage," *Cultural Analysis*, 16(1), University of California.

Cleaves, Francis, W.(1947), "(Reviewed Work) *'Fifteen Popular Tales : From the South of Tatung (Shansi)'* by Paul Serruys," *Harvard Journal of Asiatic Studies*, 10(2).

Coblin, South(1999), "Paul-M. Serruys, C.I.C.M. (1912~1999)," *Monumenta Serica*, 47.

Coleman, Gabriella E.(2010), "Ethnographic Approaches to Digital Media," *Annual Review of Anthropology*, 39, Annual Reviews.

Comaroff, Jean and Comaroff, John L.(2002), "Of Revelation and Revolution," in Joan Vincent ed., *The Anthropology of Politics*, Blackwell Publishers.

Confino, Alon(2006), "Collective Memory and Cultural History : Problems of Method," in Robert M. Burns ed., *Historiography : Critical Concepts in Historical Studies, IV :*

Culture, London ; New York : Routledge.

Dandes Renteln, Allison(2012), "Folklore : Legal and Constitutional Power," in Regina F. Bendix and Galit Hasan-Rokem eds., *A Companion to Folklore*, Blackwell.

Dorst, John(1990), "Tags and Burners, Cycles and Networks : Folklore in the Telectronic Age," *Journal of Folklore Research*, 27(3).

Edelman, Marc(2002), "Peasants against Globalization," in Joan Vincent ed., *The Anthropology of Politics*, Blackwell.

Eder, Mattias(1950), "Gedanken zur Methode der chinesischen Volkskundeforschung," *Folklore Studies*, 9.

Errington, Grederick(1887), "Reflexivity Deflected : The Festival of Nations as an American Cultural Performance," *American Ethnologist*, 14(4).

Fenske, Michaela(2011), "Kulturwissenschaftliches Wissen Goes Public : Einblicke in den Aktionsraum von Wissenschaft und Öffentlichkeit am Beispiel volkskundlicher Enzyklopädien," *Historische Anthropologie*, 19.

Ferguson, James(2002), "The Anti Politic Machine," in Joan Vincent ed., *The Anthropology of Politics*, Blackwell.

Garfinkel, Susan(2006 / 2007), "Recovering Performance for Vernacular Architecture Studies," *Perspectives in Vernacular Architecture*, 13(2), Vernacular Architecture Forum.

Glassie, Henry(1984), "Vernacular Architecture and Society," *Material Culture*, 16(1), International Society for Landscape, Place & Material Culture.

Goldstein, Diane(2015), "Vernacular Turns : Narrative, Local Knowledge, and the Changed Context of Folklore," *Journal of American Folklore*, 128(508), American Folklore Society.

Göttsch, Silke(2008), "UnGleichzeitigkeiten : Neue Perspektiven auf die ländliche Gesellschaft," in Ira Spieker et al. eds., *UnGleichzeitigkeiten : Transformationsprozesse in der ländlichen Gesellschaft der (Vor-) Moderne,* Dresden.

Göttsch, Silke(2018), "Europäische Ethnologie / Kulturanthropologie : Versuch einer Standortbestimmung," in Johannes Moser ed., *Themen und Tendenzen der deutshen und japonischen Volkskunde im Austausch,* Waxmann.

Grootaers, Willem A., Li Shih-Yü and Chang Chi-Wen(1948), "Temples and History of

Wanch' üan (Chahar) : The Geographical Method Applied to Folklore," *Monumenta Serica*, 13.

Grootaers, Willem A.(1945), "Les temples villageois de la région au Sudest de Tat'ong (Chansi Nord), leurs inscriptions et leur histoire (The Village Temples in the Southest of Tatung (Shansi), Their Inscriptions and Their History)," *Folklore Studies*, 4.

Grootaers, Willem A.(1948~1951), "Une séance de spiritisme dans une religion secrète a Péking en 1948," *Mélanges chinois et Bouddhiques*, 9.

Grootaers, Willem A., 李世瑜 and 王辅世(1951), "Rural Temples around Hsüan-Hua (South Chahar), Their Iconography and Their History," *Folklore Studies*, 10(1).

Guss, David M.(1993), "The Selling of San Juan : The Performance of History in an Afro-Venezuelan Community," *American Ethnologist*, 20(3).

Heath, Kingston Wm.(2003), "Defining the Nature of Vernacular," *Material Culture*, 35(2).

Holland, Dorothy C. and Debra G. Skinner(1995), "Contested Ritual, Contested Femininities : (Re)Forming Self and Society in a Nepali Women's Festiva," *American Ethnologist*, 22(2).

Holmberg, David(2000), "Derision, Exorcism, and the Ritual Production of Power," *American Ethnologist*, 27(4).

Howard, Robert G.(1997), "Apocalypse in Your In-Box : End-Times Communication on the Internet," *Western Folklore*, 56(3 / 4), Western States Folklore Society.

Howard, Robert G.(2005), "A Theory of Vernacular Rhetoric : The Case of the 'Sinner's Prayer' Online," *Folklore*, 116(2), Routledge Journals ; Taylor & Francis.

Howard, Robert G.(2008a), "Electronic Hybridity : The Persistent Processes of the Vernacular Web," *Journal of American Folklore*, 121.

Howard, Robert G.(2008b), "The Vernacular Web of Participatory Media," *Critical Studies in Media Communication*, 25(5).

Howard, Robert G.(2009), "Crusading on the Vernacular Web : The Folk Beliefs and Practices of Online Spiritual Warfare," in Trevor J. Blank ed., *Folklore and the Internet*, Logan, Utah : Utah State University Press.

Howard, Robert G.(2010), "The Vernacular Mode : Locating the Non-Institutional in the Practice of Citizenship," in Daniel C. Brouwer and Robert Asen eds., *Public*

Modalities : Rhetoric, Culture, Media, and the Shape of Public, Life, Tuscaloosa : University of Alabama Press.

Howard, Robert G.(2012), "How Counter-Culture Helped Put the 'Vernacular' in Vernacular Webs," in Trevor Blank ed., *Folk Culture in a Digital Age*, Logan, Utah : Utah State University Press.

Howard, Robert G.(2013), "Vernacular Authority : Critically Engaging 'Tradition'," in Robert Howard and Trevor Blank eds., *Tradition in the 21st Century : Locating the Role of the Past in the Present*, Logan : Utah State University Press.

Howard, Robert G.(2015), "Introduction : Why Digital Network Hybridity Is the New Normal (Hey! Check This Stuff Out)," *The Journal of American Folklore*, 128(5).

Howard, Robert G.(2017), "GunNets : Why a Theory of Heterogeneous Volition is Necessary in the Study of Digital Communication," *Cultural Analysis*, 16(1), University of California.

Illich, Ivan(1980), "Vernacular Values," *Philosophica*, 26(2).

Jeggle, Utz(1978), "Alltag," in Hermann Bausinger et al. eds., *Grundzüge der Volkskunde*, Darmstadt.

Jenkins, Henry(2001), "Convergence? I Diverge," *Technology Review*, 104(5), Massachusetts Institute of Technology.

Johler, Reinhard(2012), "Doing European Ethnology in a Time of Change : The Metamorphosis of a Discipline (in Germany and in Europe)," *Traditiones*, 41(2).

Kang, Sungwoo(2017), "Embracing Hygienic Modernity in Late Nineteenth-Century Korea : A View from the Periphery," *Asian Studies Review*, 41(2).

Keizer, Joost, Todd Richardson(2011), "Introduction," in Joost Keizer and Todd Richardson eds., *The Transformation of Vernacular Expression in Early Modern Arts*, Leiden : Brill.

Kim, Seong-nae(2013), "The Work of Memory : Ritual Laments of the Dead and Korea's Cheju Massacre," in Janice Boddy and Michael Lambek eds., *A Companion to the Anthropology of Religion*, West Sussex : John Wiley & Sons Ltd.

Kirshenblatt-Gimblett, Barbara(1998), "Folklore's Crisis," *The Journal of American Folklore*, 111(4).

Kirshenblatt-Gimblett, Barbara(2004), "Intangible Heritage as Metacultural Production,"

Museum International, 56(12).

Köhle-Hezinger, Christel(1978), "Gemeinde und Verein," *Rheinisches Jahrbuch für Volkskunde*, 22(2).

Korff, Gottfried(1996), "Namenswechsel als Paradigmenwechsel? Die Umbenennung des Faches Volkskunde an deutschen Universitäten als Versuch der 'Entnationalisierung'," in Sigrid Weigel and Birgit Erdle eds., *Fünfzig Jahre danach : Zur Nachgeschichte des Nationalsozialismus*, Zrich.

Kugelmass, Jack(1991), "Wishes Come True : Designing the Greenwich Village Halloween Parade," *The Journal of American Folklore*, 104(414).

Lafeber, Walter(1992), "An End to Which Cold War?," in Michael J. Hogan ed., *The End of the Cold War : Its Meaning and Implications*, New York : Cambridge University Press.

Lantis, Margaret(1960), "Vernacular Culture," *American Anthropologist*, 62(2).

Leimgruber, Walter(2018), "Die Migrationsforschung in der deutschsprachigen Kulturanthropologie," in Johannes Moser ed., *Themen und Tendenzen der deutshen und japonischen Volkskunde im Austausch*, Waxmann.

Lindner, Rolf(2002), "Konjunktur und Krise des Kulturkonzepts," in Lutz Musner and Gotthart Wunberg eds., *Kulturwissenschaften : Forschung, Praxis, Positionen*, Wien.

Loewe, Ron(2003), "Marching with San Miguel : Festivity, Obligation, and Hierarchy in a Mexican Town," *Journal of Anthropological Research*, 59(4).

Lüdtke, Alf(1989), "Introduction : What Is the History of Everyday Life and Who Are Its Practitioners," in Alf Lüdtke ed., *The History of Everyday Life : Reconstructing Historical Experiences and Ways of Life*, William Templer trans., New Jersey : Princeton University Press.

McNeill, Lynne S.(2009), "The End of the Internet : A Folk Response to the Provision of Infinite Choice," in Trevor J. Blank ed., *Folklore and the Internet : Vernacular Expression in a Digital World*, Logan, Utah : Utah State University Press.

Murphy, William P.(1978), "Oral Literature," *Annual Review of Anthropology*, 7.

Niedermüller, Peter(2002), "Europische Ethnologie : Deutungen, Optionen, Alternativen," in Konrad Köstlin, Peter Niedermüller and Herbert Nikitsch eds., *Die Wende als Wende? : Orientierungen Europäischer Ethnologen nach 1989*, Wien.

Noyes, Dorothy(2012), "The Social Base of Folklore," in Regina F. Bendix and Galit Hasan-Rokem eds., *A Companion to Folklore*, Wiley-Blackwell.

Olick, Jeffery K.(1999), "Collective Memory : The Two Cultures," *Sociological Theory*, 17(3).

Ono, Kent A. and John M. Sloop(1995), "The Critique of Vernacular Discourse," *Communication Monographs*, 62(1), Routledge Journals : Taylor & Francis.

Peck, Andrew M.(2014), "A Laugh Riot : Photoshopping as Vernacular Discursive Practice," *International Journal of Communication*, 8, USC Annenberg.

Peck, Andrew M.(2017), "Capturing the Slender Man : Online and Offline Vernacular Practice in the Digital Age," *Cultural Analysis*, 16(1), University of California.

Pettitt, Thomas(2013), "Media Dynamics and the Lessons of History : The 'Gutenberg Parenthesis' as Restoration Topos," in John Hartly, Jean Burgess and Axel Bruns eds., *A Companion to New Media Dynamics*, Chichester : John Wiley & Sons.

Phillips, Whitney(2018), "The Oxygen of Amplification : Better Practices for Reporting on Extremists, Antagonists, and Manipulators," *Data & Society* (May 22, 2018. https://datasociety.net/output/oxygen-of-amplification/).

Primiano, Leonard Norman(1995), "Vernacular Religion and the Search for Method in Religious Folklife," *Western Folklore*, 54(1).

Rolshoven, Johanna(2003), "Von der Kulturraum- zur Raumkulturforschung : Theoretische Herausforderungen an eine Kultur- und Sozialwissenschaft des Alltags," *Zeitschrift für Volkskunde*, 99.

Rowe, Shawn M., James V. Wertsch and Tatyana Y. Kosyaeva(2002), "Linking Little Narratives to Big Ones : Narrative and Public Memory in History Museums," *Culture & Psychology*, 8.

Rudolph, Richard C.(1948a), "Reviewed Work : 'Children's Riddles and Ditties from the South of Tatung' by Paul Serruys," *Western Folklore*, 7(1).

Rudolph, Richard C.(1948b), "Reviewed Work : 'Les cérémonies du mariage : Usages populaires et textes dialectaux du sud de la préfecture de Ta-t'oung (Chansi)' by Paul Serruys," *The Journal of American Folklore*, 61(241).

Schmitt, Casey R.(2013), "Asserting Tradition : Rhetoric of Tradition and the Defense of Chief Illiniwek," in Trevor Blank ed., *Folk Culture in a Digital Age*, Logan, Utah :

Utah State University Press.

Serruys, Paul(1938~1939), "Autour du marriage : Coutumes du pays du Sang-kan-ho," *Catecheticum : Pedagogical Quarterly of North China*, 1.

Serruys, Paul(1940~1941), "Autour du marriage : Coutumes du pays du Sang-kan-ho," *Catecheticum : Pedagogical Quarterly of North China*, 2.

Serruys, Paul(1944a), "Les cérémonies du mariage : Usages populaires et textes dialectaux du sud de la préfecture de Ta-t'oung (Chansi)," *Folklore Studies*, 3(1).

Serruys, Paul(1944b), "Les cérémonies du mariage : Usages populaires et textes dialectaux du sud de la préfecture de Ta-t'oung (Chansi)," *Folklore Studies*, 3(2).

Serruys, Paul(1945), "Children's Riddles and Ditties from the South of Tatung," *Folklore Studies*, 4.

Serruys, Paul(1946), "Fifteen Popular Tales : From the South of Tatung (Shansi)," *Folklore Studies*, 5.

Serruys, Paul(1947), "Folklore Contributions in Sino-Mongolica : Notes on Customs, Legends, Proverbs and Riddles of the Province of Jehol. Introduction and Translations," *Folklore Studies*, 6(2).

Serruys, Paul(1948a), "Christian Adaptation of the Chinese Marriage Ceremonies," *China Missionary*, 1.

Serruys, Paul(1948b), "Notes marginales sur le folklore des Mongols Ordos : Han-Hinue," *Bulletin du centre d'études sinologiques de Pékin*, 3(1-2).

Serruys, Paul(1974), "Studies in the Language of Shang Oracle Inscriptions," *T'oung Pao*, 60.

Shirokogoroff, Sergei M.(1942), "Ethnographic Investigation of China," *Folklore Studies*, 1.

Thompson, Tok(2011), "Beatboxing, Mashups, and Cyborg Identity : Folk Music for the Twenty-First Century," *Western Folklore*, 70(2), Western States Folklore Society.

Thompson, Tok(2012), "Netizens, Revolutionaries, and the Inalienable Right to the Internet," in Trevor Blank ed., *Folk, Culture in a Digital Age*, Logan, Utah : Utah State University Press.

Thoms, William(1990), "Folk-Lore," in Alan Dundes ed., *International Folkloristics : Classic, Contributions by the Founders of Folklore,* Lanham, Boulder : Rowman and Littlefield Publishers.

Tschofen, Bernhard(2011), "Volks-Kunde? : Wissenszirkulationen zwischen Kulturforschung und Selbstauslegung," in Jakob Tanner et al., *Nach Feierabend : Zürcher Jahrbuch für Wissensgeschichte*, 7.

Tschofen, Bernhard(2012), "Heritage-Contemporary Uses of Culture beyond the Everyday?" *Traditiones (Ljubljana)*, 41(2).

Tschofen, Bernhard(2013), "On Everyday Life : Fates of the Obvious in European Ethnology," in Monique Scheer et al., *Out of the Tower : Essays on Culture and Everyday Life*, Tübingen.

Tschofen, Bernhard(2017), "Lots Weib in der Welt der Gleichzeitigkeiten : Über Blickrichtungen der populären Geschichtskultur," in Markus Tauschek, *Widerständigkeit Handlungsmacht und kulturelle Ordnungen : Potenziale kulturwissenschaftlichen Denkens,* Münster: Waxmann.

Upton, Dell(2006 / 2007), "The VAF at 25 : What Now?," *Perspectives in Vernacular Architecture*, 13(2), Vernacular Architecture Forum.

Vellinga, Marcel(2006 / 2007), "The Inventiveness of Tradition : Vernacular Architecture and the Future," *Perspectives in Vernacular Architecture*, 13(2), Vernacular Architecture Forum.

Vellinga, Marcel(2011), "The End of the Vernacular : Anthropology and the Architecture of the Other," *Etnofoor*, 23(1), Stichting Etnofoor.

Vlach, John Michael(1996), "Vernacular," in Jan Harold Brunvand ed., *American Folklore : An Encyclopedia*, New York : Routledge.

Warneken, Bernd Jürgen(1999), "'Völkisch nicht beschränkte Volkskunde' : Eine Erinnerung an die Gründungsphase des Fachs vor 100 Jahren," *Zeitschrift für Volkskunde*, 95.

Warneken, Bernd Jürgen(2000), "Zum Kulturbegriff der Empirischen Kulturwissenschaft," in *Kultur : Ein interdisziplinäres Kolloquium zur Begrifflichkeit*, Halle (Saale).

Westerman, William(2009), "Epistemology, the Sociology of Knowledge, and the Wikipedia Userbox Controversy," in Trevor J. Blank ed., *Folklore and the Internet : Vernacular Expression in a Digital World*, Logan, Utah : Utah State University Press.

Wietschorke, Jens(2012), "Beziehungswissenschaft : Ein Versuch zur volkskundlich-kulturwissenschaftlichen Epistemologie," *Österreichische Zeitschrift für Volkskunde*,

115(3-4).
简涛(2006), 「德国民俗学的回顾与展望」, 周星 主编 :『民俗学的历史 : 理论与方法』, 北京商务印书馆.
金惠敏(2017), 「文化自信与星丛共同体」, 『哲学研究』 2017-4.
董作宾(1923), 「歌谣与方音问题」, 『歌谣』 32-1～4.
董作宾(1924) "研究婴孩发音"的提议」, 『歌谣』 50-3～5.
邓庆平(2014), 「贺登崧神父与中国民间文化研究」, 『民俗研究』 3.
吕微(2004), 「反思民俗学, 民间文学的学术伦理」, 『民间文化论坛』 5.
卢梦雅(2014), 「早期法国来华耶稣会士对中国民俗的辑录和研究」, 『民俗研究』 3.
卢梦雅 · 刘宗迪(2017), 「戴遂良与中国故事学」, 『民族文学研究』 2.
廖明君 · 巴莫曲布嫫(2004), 「田野研究的"五个在场" : 巴莫曲布嫫访谈录」, 『民族艺术』 2004-3.
娄子匡(1933), 「中国民俗学运动的昨夜和今晨」, 『民间月刊』 2-5.
刘铁梁(2011), 「民俗文化的内价值与外价值」, 『民俗研究』 6.
福田亚细男(2018), 「柳田国男文集 · 中文版序」, 『见柳田国男, 食物与心脏』 王京译. 北京 : 北京师范大学出版社.
北大歌谣研究会(1922), 「本会征集全国近世歌谣简章」, 『歌谣』 1-8.
桑山敬己(2010), 「柳田国男的"世界民俗学"再考 : 一个文化人类学者的视角」, 西村真志叶译 · 见王晓葵 · 何彬 主编, 『现代日本民俗学的理论与方法』, 北京 : 学苑出版社.
苏雪林(1934), 「周作人先生研究」, 『青年界』 6-5.
孙犁(2009), 「老家」, 见 : 金梅 编 : ≪孙犁散文选集≫, 天津 : 百花文艺出版社.
岳永逸(2018), 「学术"同工"杨堃的批评」, 『读书』 6.
安德明(2004), 「家乡 : 中国现代民俗学的一个起点和支点」, 『民族艺术』 2004-2.
安德明(2011), 「当家乡成为田野 : 民俗学家乡研究的伦理与方法问题」, 『东华汉学』 2011年 夏季特刊.
安德明(2018), 「以社区参与为基础构建人类命运共同体 : 社区在非物质文化遗产保护中的重要地位」, 『西北民族研究』 2018年 夏季刊.
杨堃(1948), 「我国民俗学运动史略」, 『民族学研究集刊』 6.
楊成志(1986), 「現代民俗學 : 歷史与名詞」, 『民俗』 復刊号(1936), 王文宝 編, 『中国民俗學論文選』, 中国民間文學出版社.
杨春时(2006), 「不同领域的主体间性与美学建构」, 『东方丛刊』 2006-1.

沃尔夫冈·卡舒巴(2010),「形象与想象：柏林的都市民族学」」, 安德明译,『民俗研究』2010-2.

沃尔夫冈·卡舒巴·安德明(2015),「从"民俗学"到"欧洲民族学"：研究对象与理论视角的转换, 德国民俗学家沃尔夫冈·卡舒巴教授访谈」,『民间文化论坛』2015-4.

王京(2018),『食物与心脏·译者后记』, 见柳田国男,『食物与心脏』, 王京译, 北京：北京师范大学出版社.

王晓葵(2016),「中国"民俗學"的发现：一个概念史的探求」,『华东师范大學學報(哲社版)』2016-4.

容肇祖(2002),「北大歌謡研究會及風俗調查會的経過」,『民俗』15·16合刊, 17·18合刊, 1928年7月11日, 25日, 宛利 主編,『二十世紀中国民俗學経典學術史卷』, 社會科學文献出版社.

张清水(1928),「谈谈重叠的故事」,『民俗』21·22合刊.

张香华(1985),「比裔美籍司礼义神父谈"丑陋的中国人"」,『自立晚报』6月 12日.

田村和彦(2006), 「文化人类学与民俗学的对话：围绕"田野工作"展开的讨论」, 周星翻译·载周星 主编,『民俗学的历史, 理论与方法』, 北京：商务印书馆.

钟敬文(1995),「一个外国人眼中的中国民俗·序言」, R. D. 詹姆森,『一个外国人眼中的中国民俗』, 田小杭·阎苹译, 上海：上海文艺出版社.

钟敬文(1999),「中国民间故事类型·中译本序」, 艾伯华,『中国民间故事类型』, 王燕生 周祖生译, 北京：商务印书馆.

钟敬文(2001),「民俗学：眼睛向下看的学问：在田传江同志与北师大研究生座谈会上的致辞」,『民俗研究』4.

周星(1998),「死给, 死给案与凉山社会」, 马戎 周星 主编『田野工作与文化自觉』, 北京：群言出版社.

周星(2018),「对话民众："民俗语汇"与乡土知识」, 北京大学中文系民间文学教研室 编,『从启蒙民众到对话民众：纪念中国民间文学学科100周年国际学术研讨会论文集』.

周作人(1923),「歌谣与方言调查」,『歌谣』31-1～3.

祝秀丽(2006),「家乡民俗研究者的角色冲突」,『民俗研究』2006-2.

彭端红(2018), 「他者镜像中的中国近代民间礼俗：法国传教士禄是遒对中国婚丧, 岁时风俗的书写与研究」,『民俗研究』4.

贺登崧(1948),「中国语言学及民俗学之地理的研究」,『燕京学报』35.

贺登崧(1949),「中国民间传统宗教之研究：辅仁大学方言地理学研究室地理调查报告之一」, 冯瓚璋译,『文藻月刊』2-1～2.
胡适(1922),「歌谣的比较的研究法的一个例」,『努力周报』31-2～3.
胡适(1924),「讨论：关于"看见她"的通讯」,『歌谣』70-4.
胡适(1925),「狸猫换太子故事的演变」,『现代评论』1-14.
户晓辉(2006),「德国民俗學者访谈录」,『民间文化论坛』2006-6.
黄鸣奋(2004),「网络间性：蕴含创新契机的学术范畴」,『附件论坛』2004-4.
黄华节(1934),「民俗社会学的三分法与四分法：论风俗礼制四者的关系」,『社会研究』5-12.
黄华节(1934),「怎样研究民间宗教」,『民间』1-10.
岡正雄(1935),「独墺に於ける民俗学的研究」, 柳田国男 編,『日本民俗学研究』, 岩波書店.
高丙中(2016),「生活世界：民俗学の領域とディシプリンとしての位置付け」,『日常と文化』2, 日常と文化研究会.
谷口貢(1996),「民俗学の目的と課題」, 谷口貢 他 編著,『現代民俗学入門』, 吉川弘文館.
関敬吾(1958),「歴史科学としての民俗学」,『日本民俗學大系』2, 平凡社.
宮畑加奈子(2015),「台湾文化資産保存法における歴史的, 文化的価値を有する『建築物』概念の変容について：植民統治期の遺物から土地の記憶へ」,『広島経済大学研究論集』37-4.
及川祥平・クリツチャン・ゲーラット(2018),「ドイツ語圏民俗学の日常学化をめぐって：その経緯と意義」,『日常と文化』6, 日常と文化研究会.
内田忠賢(2010),「『よさこい』をめぐる若者論の現在」, 谷口貢・鈴木明子 編著,『民俗文化の探究：倉石忠彦先生古稀記念論文集』, 岩田書院.
大原幽学(1911),「発教録」, 田尻稲次郎 編,『幽学全書』, 同文館.
島村恭則(2002),「近代」, 小松和彦・関一敏 編,『新らしい民俗学へ』, せりか書房.
島村恭則(2018a),「民俗学とは何か：多様な姿と一貫する視点」, 古家信平 編,『現代民俗学のフィールド』, 吉川弘文館.
島村恭則(2018b),「社会変動・生世界・民俗」,『日常と文化』6, 日常と文化研究会.
島村恭則(2019a),「民俗学的視角とは何か」,『日本民俗學』299, 日本民俗学会.
島村恭則(2019b),「現代民俗學」, 桑山敬己・島村恭則・鈴木慎一郎,『文化人類学と現代民俗学』, 風響社.
呂微(2017),「民俗学のデカルト的省察：高丙中『民俗文化と民俗生活』をめぐる論考」,『日常と文化』4, 日常と文化研究会.

柳田国男(1998a),「国史と民俗学」(1943),『柳田国男全集』第14巻, 筑摩書房.
柳田国男(1998b),「明治大正史世相篇」(1931),『柳田国男全集』第5巻, 筑摩書房.
柳田国男(1998c),「民間伝承論」(1934),『柳田国男全集』第8巻, 筑摩書房.
柳田国男(1998d),「民謡の今と昔」,『柳田国男全集』第4巻, 筑摩書房.
柳田国男(1998e),「日本の民俗學」(1926),『柳田国男全集』第4巻, 筑摩書房.
柳田国男(1998f),「郷土生活といふこと」(1925),『柳田国男全集』第4巻, 筑摩書房.
柳田国男(1998g),「郷土研究と郷土教育」(1933),『柳田国男全集』第14巻, 筑摩書房.
柳田国男(1998h),「Ethnologyとは何か」(1926),『柳田国男全集』第4巻, 筑摩書房.
柳田国男(1999a),「己が命の早使ひ」(1911),『柳田国男全集』第20巻, 筑摩書房.
柳田国男(1999b),「石神問答」(1910),『柳田国男全集』第1巻, 筑摩書房.
柳田国男(2000a),「民俗学上に於ける塚の価値」(1918),『柳田国男全集』第25巻, 筑摩書房.
柳田国男(2000b),「雑誌は採集者の栞」(1918),『柳田國男全集』第25巻, 筑摩書房.
柳田国男(2014),「常民の生活知識」(1950年代),『柳田國男全集』第34巻, 筑摩書房.
柳田国男・大藤時彦・直江広治ほか(1949),「民俗学の過去と将来 座談会(上)」,『民間伝承』13-1.
林初梅(2016),「湾生日本人同窓会とその台湾母校：日本人引揚者の故郷の念と台湾人の共同意識が織りなす学校記憶」, 所沢潤・林初梅 編,『台湾の中の日本記憶：戦後の「再会」による新たなイメージの構築』, 三元社.
福田アジオ(1998),「総説民俗学の方法」, 赤田光男 他編,『講座日本の民俗学1：民俗学の方法』, 雄山閣.
浜日出夫(2010a),「記憶と場所：近代的時間・空間の変容」,『社会学評論』60-4, 九州大学大学院比較社会文化研究院.
浜日出夫(2010b),「特集によせて」,『社会学評論』60-4, 九州大学大学院比較社会文化研究院.
山田順造(1989),「なぜ『未開』概念を問題にするか」, 山田順造 編,『「未開」概念の再検討』I, 株式会社リブロポート.
上水流久彦(2007),「台湾の古蹟指定にみる歴史認識に関する一考察」,『アジア社会文化研究』8, 広島大学アジア社会文化研究会.
上田敏(1979),「民俗伝説」, 上田敏全集刊行会 責任編集,『定本上田敏全集』第9巻, 教育出版センター.

西村真志葉(2016),「解題：高丙中『生活世界 — 民俗学の領域とディシプリンとしての位置付け』」,『日常と文化』2, 日常と文化研究会.
石井清輝(2016),「植民地時代の遺構をめぐる価値の生成と『日本』の位相：台湾における日本式木造家屋群の保存活動を事例として」, 所沢潤・林初梅 編,『台湾の中の日本記憶：戦後の「再会」による新たなイメージの構築』, 三元社.
船曳建夫(1989),「さざなみとしての文化, うねりとしての文明」, 山田順造 編,『「未開」概念の再検討』I, 株式會社リブロポート.
小長谷英代(2009),「『残存』からの脱却」,『現代民俗学研究』1, 現代民俗学会.
小長谷英代(2010),「パフォーマンス理論：『ポスト』領域の民俗学」,『日本民俗学』263, 日本民俗学会.
小池純一(2011),「共同研究『日本における民俗研究の形成と発展に関する基礎研究』の構想・経緯・成果」,『国立歴史民俗博物館研究報告』165, 国立歴史民俗博物館.
松田ヒロ子(2011),「『故郷』としての台湾：台北市青田街のコミュニティ活動と植民地の記憶」, 蘭信三 編,『帝国崩壊とひとの再移動：引揚げ, 送還, そして残留』, 勉誠出版.
松田ヒロ子(2013),「台湾における日本統治期の遺構の保存と再生：台北市青田街の日本式木造家屋を中心に」, 蘭信三 編,『帝国以後の人の移動：ポストコロニアリズムとグローバリズムの交錯点』, 勉誠出版.
安道幹(2007),「遺骨と追悼：北海道朱鞠内における遺骨発掘運動を事例として」,『日本オーラル・ヒストリー研究』3, 日本オーラル・ヒストリー学会.
岩本通弥(1998),「民俗・風俗・殊俗：都市文明史としての一国民俗学」, 宮田登 編,『民俗の思想』, 朝倉書店.
岩本通弥(2015),「"当たり前"と"生活疑問"と"日常"」,『日常と文化』1, 日常と文化研究会.
岩本通弥(2018),「珍奇なるものから平凡なものへ：柳田国男における民俗学と民族学の位相」,『超域文化科学紀要』23, 東京大学.
岩本通弥(2019),「問いかけるドイツの無形文化遺産：ゲルトラウト・コッホ論文の導入として」,『日本民俗学』299, 日本民俗学会.
田中直樹(2014),「山本作兵衛と筑豊地域社会」, 有馬学・マイケル・ピアソン・福本寛・田中直樹・菊畑茂久馬 編著,『山本作兵衛と日本の近代』, 弦書房.
折口信夫(1971),「民俗学から方俗学へ」,『折口信夫全集 ノート編』第7巻, 中央公論社.
丁秀珍(2016),「メディアの日常化, 日常のメディア化」, 中村和代 訳,『日常と文化』3, 日常と文化研究会.

丁田隆(2019),「弊習・民俗・文化財：済州島在来文化をめぐる相克」,『韓国朝鮮の文化と社会』18, 風響社.
佐藤健二(2011),「近代日本民俗学史の構築について / 覚書」,『国立歴史民俗博物館研究報告』165, 国立歴史民俗博物館.
佐々木交賢(1985),「訳者あとがき」, 佐々木交賢 監譯,『現在の征服：日常性の社会学』, 恒星社厚生閣.
周星(2015),「平民・生活・文學：周作人の民俗学を起点として」,『日常と文化』1, 日常と文化研究会.
直野章子(2010),「ヒロシマの記憶風景：国民の創作と不気味な時空間」,『社会学評論』60-4, 九州大学大学院比較社会文化研究院.
川端香男里(1980),「再版によせて：訳者あとがき」, ミハイール・バフチーン,『フランソワ・ラブレーの作品と中世・ルネッサンスの民衆文化』, 川端香男里 訳, せりか書房.
清眞人(2016),「生の哲学」, 尾関周二 他編,『哲学中辞典』, 知泉書館.
村島健司(2016),「戦後台湾における日本統治期官営移民村の文化遺産化：戦前・戦後の記憶の表象をめぐって」, 好井裕明・関礼子 編著,『戦争社会学：理論・大衆社会・表象文化』, 明石書店.
村島健司(2019),「帝国日本の開発と文化遺産としてのダム：戦後台湾における文化遺産の変遷と地域社会による実践を中心に」,『日本研究』51, 中央大学校日本研究所.
平山和彦(2000),「民俗」, 福田アジオ 他編,『日本民俗大辞典』下, 吉川弘文館.
坪井正五郎(1889),「パリー通信」,『東京人類学会雑誌』46, 東京人類学会.
坪井正五郎(1890a),「パリー通信」,『東京人類学会雑誌』47, 東京人類学会.
坪井正五郎(1890b),「ロンドン通信」,『東京人類学会雑誌』50, 東京人類学会.
河野眞(2012),「〈民俗文化〉の語法を問う」,『フォークロリズムから見た今日の民俗文化』, 創土社.
何畏(1926),「支那の新国学運動」,『民族』1-5.
レナード・ノーマン・プリミアノ(2007),「宗教民俗における方法の探求とヴァナキュラー宗教」, 小田島建己 訳,『東北宗教学』3, 東北大学大学院文学研究科宗教学研究室.
マルクス・タウシェク(2018),「文化遺産：過去というものの現在化に対する文化人類學的視点」, 桜木さつき 訳,『日本民俗学』295, 日本民俗学会.

ミシェル・マフェゾリ(2007),「世界の再魔術化：ポストモダンと宗教の復権」,『東洋学術研究』46-1, 東洋哲学研究所.

ジャック・サンティーノ(2018), 「民衆による死の記念化」, ウェルズ恵子 編,『ヴァナキュラー文化と現代社会』, 思文閣出版.

ジルケ・ゴェッチュ=エルテン(2013), 「ヨーロッパ民族學 / 文化人類学とは：所在確定の試み」,『日本民俗学』294, 日本民俗学会.

2) 서적

Alvarez Roldán, Arturo and Han Vermeulen eds.(1995), *Fieldwork and Footnotes : Studies in the History of European Anthropology*, London.

Bagus, Anita(2005), *Volkskultur in der bildungsbürgerlichen Welt*, Gieen.

Barth, Fredrik, Andre Gingrich, Robert Parkin and Sydel Silverman(2005), *One Discipline, Four Ways : British, German, French, and American Anthropology*, Chicago.

Bausinger, Hermann(1961), *Volkskultur in der technischen Welt*, Stuttgart (engl. ed. 1990, jap. 2005, chin. 2009).

Bausinger, Hermann(1990), *Folk Culture in a World of Technology*, E. Dettmer trans., Indiana University Press.

Bausinger, Hermann, Utz Jeggle, Gottfried Korff and Martin Scharfe(1978), *Grundzüge der Volkskunde*, Darmstadt.

Bendix, Regina(1997), *In Search of Authenticity : The Formation of Folklore Studies*, University of Wisconsin Press.

Bendix, Regina and Galit Hasan-Rokem eds.(2012), *A Companion to Folklore*, Chichester : Wiley-Blackwell.

Bendix, Regina and Tatjana Eggeling eds.(2004), *Namen und was sie bedeuten : Zur Namensdebatte im Fach Volkskunde*, Göttingen.

Bodnar, John E.(1992), *Remaking America : Public Memory, Commemoration, and Patriotism in the Twentieth Century*, New Jersey ; West Sussex : Princeton University Press.

Braudel, Fernand(1979), *Civilization and Capitalism, 15th～18th Century, Vol. 1 : The Structure of Everyday Life*, London ; Glasgow ; Sydney ; Auckland ; Toronto ;

Johannesburg : William Collins Sons and Co Ltd.〔페르낭 브로델(1995), 주경철 옮김, 『물질문명과 자본주의』 I-1 : 일상생활의 구조 上, 서울 : 까치 ; 페르낭 브로델(1995), 주경철 옮김, 『물질문명과 자본주의』 I-2 : 일상생활의 구조 下, 서울 : 까치〕.

Braun, Karl, Claus-Marco Dieterich, Thomas Hengartner and Bernhard Tschofen eds.(2017), *Kulturen der Sinne : Zugänge zur Sensualität der sozialen Welt*, Würzburg.

Brown, Michael(2003), *Who Owns Native Culture?*, Cambridge : Harvard University Press.

Brunvand, Jan Harold(1998〔1968〕), *The Study of American Folklore : An Introduction*, 4th edition, New York : W. W. Norton & Company.

Brunvand, Jan Harold(1998), *The Study of American Folklore : An Introduction*, 4th ed. New York : W. W. Norton.

Burt, Feintuch ed.(2003), *Eight Words for the Study of Expressive Culture*, Urbana : University of Illinois Press.

Certeau, Michel de(1984), *The Practice of Everyday Life*, Berkely : University of California Press.

Cicero, Marcus Tullius(1962), *Cicero : In Twenty-Eight Volumes, 5 Brutus*, G. L. Hendrickson trans., Cambridge : Harvard University Press.

Clifford, James and George Marcus eds.(1986), *Writing Culture : The Poetics and Politics of Ethnography*, Berkeley : University of California Press.

Cohen, Abner(1993), *Masquerade Politics*, University of California Press.

Cormack, J. G.(1935), *Everyday Customs in China*, London : Moray Press.

Davidovic, Antonia ed.(2009), *Volkskundliches Wissen : Akteure und Praktiken (Berliner Blätter. Ethnographische und ethnologische Beiträge*, Vol. 50), Münster : Lit.

Doré, Henri(1995～1996), *Recherches sur les superstitions en Chine*, Paris : Libraire-éditeur You-Feng.

Dorson, Richard M.(1976), *Folklore and Fakelore : Essays toward a Discipline in Folk Studies*, Cambridge, MA : Harvard University Press.

Dorson, Richard M.(1978), *Folklore in the Modern World*, Mouton Publisher.

Dundes, Alan(1965), *The Study of Folklore*, Englewood Cliffs : Prentice-Hall.

Dundes, Alan ed.(1999), *International Folkloristics : Classic Contributions by the Founders of Folklore*, Lanham, Boulder : Rowman and Littlefield Publishers.

Eggmann, Sabine, Birgit Johler, Konrad J. Kuhn and Magdalena Puchberger eds.(2019), *Orientieren & Positionieren Anknüpfen & Weitermachen : Wissensgeschichte der Volkskunde/Kulturwissenschaft in Europa nach 1945*, Münster.

Ellison, Ralph(1986), *Going to the Territory*, New York : Vintage Books.

Emmerich, Wolfgang(1968), *Germanistische Volkstumsideologie : Genese und Kritik der Volksforschung im Dritten Reich*, Tübingen.

Fei, Xiaotong(1939), *Peasant Life in China : A Field Study of Country Life in the Yangtze Valley*, London : Routledge.

Frantz, Gustav, Adolph Constantin(1857), *Vorschule zur Physiologie der Staaten*, F. Schneider〔佛蘭都(1884),『国家生理學第二篇』, 文部省翻訳局〕.

Gaddis, John L.(1989), *The Long Peace : Inquiries into the History of the Cold War*, Oxford : Oxford University Press.

Gates, Henry Louis Jr.(2014〔1988〕), *The Signifying Monkey : A Theory of African American Literary Criticism*, New York : Oxford University Press.

Giddens, Anthony(1990), *The Consequence of Modernity*, Cambridge : Polity Press.

Glassie, Henry(2000), *Vernacular Architecture*, Bloomington, Indiana : Indiana University Press.

Goodrich, Samuel G.(1867), *A Pictorial History of France : For the Use of Schools*, Philadelphia Butter〔グードリッチ(1879),『具氏佛國史』, 文部省〕.

Greverus, Ina-Maria(1978), *Kultur und Alltagswelt : Eine Einfhrung in Fragen der Kulturanthropologie*, Frankfurt a.M.

Groth, Stefan, Regina Bendix and Achim Spiller eds.(2015), *Kultur als Eigentum : Instrumente, Querschnitte und Fallstudien*, Göttingen.

Hafstein, Valdimar Tr.(2018), *Making Intangible Heritage : El Condor Pasa and Other Stories from UNESCO*, Indiana University Press.

Halbwachs, Maurice(1994〔1925〕), *Les Cadres Sociaux de la Mémoire*, Albin Michel〔鈴木智之 譯(2018),『記憶の社会的枠組み』, 青弓社〕.

Harrison, Rodney(2013), *Heritage : Critical Approaches*, London : Routledge.

Hemme, Dorothee, Markus Tauschek and Regina Bendix eds.(2007), *Prädikat 'Heritage' : Wertschöpfungen aus kulturellen Ressourcen*, Münster.

Hengartner, Thomas(1999), *Forschungsfeld Stadt : Zur Geschichte der volkskundlichen,*

Erforschung städtischer Lebensformen, Berlin : Reimer.
Hess, Sabine and Torsten Näser eds.(2015), *Movements of Migration : Neue Positionen im Feld von Stadt, Migration und Repräsentation*, Berlin.
Hogan, Michael J.(1992), *The End of the Cold War : Its Meaning and Implications*, New York : Cambridge University Press.
Husserl, Edmond(1969), *Ideas*, Boyce Gibons W. R. trans., George Allen & Unwin Ltd.
Hymes, Dell(1981), *"In Vain I Tried to Tell You" : Essays in Native American Ethnopoetics*, Philadelphia : University of Pennsylvania Press.
Jacobeit, Wolfgang, Hannjost Lixfeld and Olaf Bockhorn eds.(1994), *Völkische Wissenschaft : Gestalten und Tendenzen der deutschen und österreichischen Volkskunde in der ersten Hälfte des 20. Jahrhunderts,* Wien.
Jameson, Raymond De L.(1932), *Three Lectures on Chinese Folklore*, Peiping : North China Union Language School, cooperating with California College in China.
Jenkins, Henry(2006), *Convergence Culture : Where Old and New Media Collide*, New York : New York University Press.
Johler, Reinhard et al. eds.(2013), *Kultur_Kultur : Denken. Forschen. Darstellen*, Münster.
Johler, Reinhard and Bernhard Tschofen eds.(2004), *Europäische Ethnologie [Themenheft] : Österreichische Zeitschrift für Geschichtswissenschaften,* 15(4).
Kaschuba, Wolfgang(1999), *Einführung in die europische Ethnologie*, München.
Keller-Drescher, Lioba(2017), *Vom Wissen zur Wissenschaft : Ressourcen und Strategien regionaler Ethnografie (1820~1950)*, Stuttgart : Kohlhammer.
Kertzer, David I.(1988), *Ritual, Politics & Power*, Yale University Press.
Köstlin, Konrad ed.(1987), *Historische Methode und regionale Kultur*, Berlin ; Vilseck.
Kouwenhoven, John A.(1948), *The Arts in Modern American Civilization*, New York : W.W. Norton& Company Inc..
Kurin, Richard(1997), *Reflections of a Culture Broker : A View from the Smithsonian*, Washington : Smithsonian Institution Press.
Kwon, Heonik(2006), *After the Massacre : Commemoration and Consolation in Ha My and My Lai*, University of California Press[권헌익(2012), 『학살, 그 이후 : 1968년 베트남전 희생자들에 대한 추모의 인류학』, 서울 : 아카이브].
Kwon, Heonik(2010), *The Other Cold War*, New York : Columbia University Press[권헌

익(2013), 『또 하나의 냉전 : 인류학으로 본 냉전의 역사』, 서울 : 민음사].

Ladurie, Emmanuel Le R.(1978), *Montaillou : The Promised Land of Error*, New York ; Toronto : Random House[엠마뉘엘 르루아 라뒤리(2006), 『몽타이유 : 중세 말 남프랑스 어느 마을 사람들의 삶』, 유희수 옮김, 서울 : 길].

Lefebvre, Henri(1971), *Everyday Life in the Modern World*, New York ; Evanston ; San Francisco ; London : Harper Torchbooks.

Lernke, Sieglinde(2009), *The Vernacular Matters of American Literature*, New York ; Hampshire : Palgrave Macmillan.

Lessig, Lawrence(2008), *Remix : Making Art and Commerce Thrive in the Hybrid Economy*, London : Bloomsbury.

Lindner, Rolf(2000), *Die Stunde der Cultural Studies*, Wien.

May, Sarah, Katia Sidali, Achim Spiller and Bernhard Tschofen eds.(2017), *Geographical Indications, as Cultural Property*, Göttingen.

Moser, Johannes ed.(2018), *Themen und Tendenzen der deutschen und japanischen Volkskunde im Austausch*, Münster.

Moser, Johannes, Irene Gtz and Moritz Ege eds.(2015), *Zur Situation der Volkskunde 1945-1970 : Orientierungen einer Wissenschaft zur Zeit des Kalten Krieges*, Münster.

Nic Craith, Máiréad, Ullrich Kockel and Johler Reinhard eds.(2008), *Everyday Culture in Europe : Approaches and Methodologies,* Aldershot.

Nipperdey, Thomas(1976), *Gesellschaft, Kultur, Theorie*, Göttingen.

Noyes, Dorothy(2016), *Humble Theory : Folklore's Grasp on Social Life*, Bloomington : Indiana University Press.

Olick, Jeffrey K.(2007), *Politics of Regret : On Collective Memory and Historical Responsibility*, New York ; London : Routledge.

Ong, Walter J.(1982), *Orality and Literacy : The Technologizing of the Word*, London : Methuen & Co.

Peselmann, Arnika(2018), *Konstituierung einer Kulturlandschaft : Praktiken des Kulturerbens im deutsch-tschechischen Erzgebirge*, Göttingen.

Phillips, Whitney and Ryan M. Milner(2017), *The Ambivalent Internet : Mischief*, Oddity, and Antagonism Online, Malden : Polity Press.

Rapoport, Amos(1969), *House Form and Culture*, Englewood Cliffs : Prentice-Hall.

Said, Edward(1979), *Orientalism*, Vintagebooks〔에드워드 사이드(2007),『오리엔탈리즘』, 박홍규 옮김, 교보문고〕.

Schatzki, Theodore R. et al.(2001), *The Practice Turn in Contemporary Theory*, London : Routledge.

Scheer, Monique et al. eds.(2013), *Out of the Tower : Essays on Culture and Everyday Life*, Tübingen.

Schmidt-Lauber, Brigitta ed.(2018), *Andere Urbanitten : Zur Pluralitt des Städtischen*, Wien ; Köln ; Weimar.

Schmoll, Friedemann(2009), *Die Vermessung der Kultur : Der Atlas der deutschen Volkskunde und die Deutsche Forschungsgemeinschaft, 1928～1980*, Stuttgart : Franz Steiner Verlag.

Serruys, Paul(1959), *The Chinese Dialets of Han Time According to Fang Yen*, Berkeley, Los Angeles : University of California Press.

Sims, Martha and Martine Stephens(2011), *Living Folklore : An Introduction to the Study of People and Their Traditions*, Second Edition, Logan : Utah State University Press.

Smith, Arthur H.(1899), *Village Life in China : A Study in Sociology*, New York : F. H. Revell Company.

Smith, Arthur H.(1902), *Proverbs and Common Sayings from the Chinese : Together with Much Related and Unrelated Matter, Interspersed with Observations on Chinese Things-in-General*, Shanghai : American Presbyterian Mission Press.

Tauschek, Markus(2013), *Kulturerbe : Eine Einführung*, Berlin.

Tauschek, Markus ed.(2017), *Handlungsmacht, Widerständigkeit und kulturelle Ordnungen*, Münster ; New York.

Tuan, Yi-Fu(1974), *Topophilia*, Columbia University Press.

Weiner, Edmund S. C.(1982), *Oxford English Dictionary*, Oxford : University of Oxford Press.

Wilson, William A.(2006), *The Marrow of Human Experience : Essays on Folklore*, Jill Terry Rudy ed., Rogan : Utah State University Press.

康保成 等(2013),『中日韩非物质文化遗产的比较与研究』, 广州 : 中山大学出版社.

顾颉刚(1926),『吴歌甲集』, 北京 : 北京大学歌谣研究会.

霍耐特(2018),『物化：承认理论探析』, 罗名珍译, 上海：华东师范大学出版社.
邱雪峨(1935),『一个村落社区产育礼俗的研究』, 北平：燕京大学法学院社会学系学士毕业论文.
金镐杰(2001),『山西省吕梁西部地区窑洞民居民俗研究：以柳林县三个窑洞村落为例』, 北京：北京师范大学博士学位论文.
董作宾(1924),『看见她』, 北京：北大歌谣研究会.
董晓萍, 欧达伟(2000),『乡村戏曲表演与中国现代民众』, 北京：北京师范大学出版社.
黎亮(2018),『中国人的幻想与心灵：林兰童话的结构与意义』, 北京：商务印书馆.
刘锡诚(2006),『20世纪中国民间文学学术史』, 开封：河南大学出版社.
刘守华(1998),『中国民间故事史』, 武汉：湖北教育出版社.
柳田国男(2010),『民间传承论与乡土生活研究法』, 王晓葵・王京・何彬译, 北京：学苑出版社.
理查德・鲍曼著(2008),『作为表演的口头艺术』, 杨利慧・安德明译, 广西师范大学出版社.
李世瑜(2007),『社会历史学文集』, 天津：天津古籍出版社.
李素英(1936),『中国近世歌谣研究』, 北平：燕京大学研究院国文学系硕士毕业论文.
李慰祖(1941),『四大门』, 北平：燕京大学法学院社会学系学士毕业论文.
福田亚细男(2010),『日本民俗学方法序说：柳田国男与民俗学』, 於芳・王京・彭伟文译. 北京：学苑出版社.
瑞愛德原(1932),『現代英吉利謡俗及謡俗學』, 江紹原 編譯, 上海中華書局.
西村真志叶(2011),『日常叙事的体裁研究：以京西燕家台村"拉家"为个案』, 北京：中国社会科学出版社.
薛诚之(1936),『谚语研究』, 北平：燕京大学研究院国文学系硕士毕业论文.
苏文瑜(2011),『周作人：自己的园地』, 陈思齐・凌曼苹译, 台北：麦田.
岳永逸(2007),『空间, 自我与社会：天桥街头艺人的生成与系谱』, 北京：中央编译出版社.
岳永逸(2011),『老北京杂吧地：天桥的记忆与诠释』, 北京：生活・读书・新知三联书店.
岳永逸(2014),『行好：乡土的逻辑与庙会』, 杭州：浙江大学出版社.
岳永逸(2015),『都市中国的乡土音声：民俗, 曲艺与心性』, 北京：中国人民大学出版社.
岳永逸(2017),『朝山』, 北京：北京大学出版社.
埃文思・普理查德(Evans-Prichard)(2002),『努尔人：对尼罗河畔一个人群的生活方式和政治制度的描述』, 褚建芳・阎书昌・赵旭东译, 北京：华夏出版社.

艾伯华(1999),『中国民间故事类型』, 燕生 周祖生译, 北京：商务印书馆.
杨文松(1935),『唐小说中同型故事之研究』, 北平：燕京大学文学院国文学系学士毕业论文.
翁純敏(2006),『吉野移民村與慶修院』, 花蓮：花蓮県青少年公益組織協会.
王国维(1926),『人间词话』, 北京：朴社.
王文宝(2003),『中国民俗研究史』, 哈尔滨：黑龙江人民出版社.
虞权(1942),『平郊村的住宅设备与家庭生活』, 北平：燕京大学法学院社会学系学士毕业论文.
魏思齐 编(2011),『根据〈华裔学志〉认识西方汉学家』, 江日新译, 台北：辅仁大学出版社.
张紫晨(1993),『中国民俗学史』, 长春：吉林文史出版社.
张志娟(2017), 『西方现代中国民俗研究史论(1872～1949)』, 北京：北京大学博士学位论文.
赵世瑜(1999), 『眼光向下的革命：中国现代民俗学思想史论』(1918～1937), 北京：北京师范大学出版社.
周作人(2011a),『自己的园地』, 北京：北京十月文艺出版社.
周作人(2011b),『儿童文学小论 中国新文学的源流』, 北京：北京十月文艺出版社.
中華綜合發展研究院應用史學研究所 總編(2002),『吉安鄉志』, 花蓮：吉安鄉公所.
陈封雄(1940),『一个村庄之死亡礼俗』, 北平：燕京大学法学院社会学系学士毕业论文.
汤因比 等(2001),『艺术的未来』, 王治河译・桂林：广西师范大学出版社.
台湾総督府 篇(1919),『台湾総督府官營移民事業報告書』, 台北：台湾総督府.
巴莫曲布嫫(2004),『民族志・民俗志的书写及其理论和方法：田野研究的时空选择与民族志书写的主体性表述』.
贺登崧(2003),『汉语方言地理学』, 石汝杰・岩田礼译, 上海：上海教育出版社.
韩东育(2009), 『从"脱儒"到"脱亚"：日本近世以来"去中心化"之思想过程』, 台北：国立台湾大学出版中心.
韩东育(2016), 『从"请封"到"自封"：日本近世以来"自我中心化"之行动过程』, 台北：国立台湾大学出版中心.
花蓮県政府(1999),『花蓮縣第三級古蹟吉安慶修院調查研究』, 花蓮：中国工商専校.
华智亚(2013),『龙牌会：一个冀中南村落中的民间宗教』, 上海：上海人民出版社.
黄石(1927),『神话研究』, 上海：开明书店.
黄石(1999),『黄石民俗学论集』, 上海：上海文艺出版社.

R. D. 詹姆森(1995),『一个外国人眼中的中国民俗』田小杭・阎苹译, 上海：上海文艺出版社.
見田宗介(2006),『社会学入門：人間と社会の未来』, 岩波書店.
高津春繁・斎藤忍随(1963),『ギリシア・ローマ古典文案内』, 岩波書店.
菅野敦志(2011),『台湾の国家と文化：「脱日本化」・「中国化」・「本土化」』, 東京：勁草書房.
今福龍太(2017),『クレオール主義：パルティータ』1, 水声社.
鹿野政直(1973),『日本近代化の思想』, 研究社.
大藤時彦(1990),『日本民俗學史話』, 三一書房.
大和裕美子(2015),『長生炭鉱水没事故をめぐる記憶実践：日韓市民の試みから』, 花書院.
徳香追慕碑供養実行委員会(2011),『徳香追慕碑供養 30年祭』, 徳香追慕碑供養実行委員.
米山リサ(2005), 小沢弘明・小沢祥子・小田島勝浩 訳,『広島：記憶のポリティクス』, 岩波書店.
飯倉照平 編(1994〔1976〕),『柳田国男・南方熊楠往復書簡集』下巻, 平凡社.
福岡地方職業紹介事務局(1929),『福岡地方職業紹介事務局編 労働調査8：管内在住朝鮮人労働事情』, 福岡地方職業紹介事務局.
山田昭次 編(2012),『朝鮮人強制動員関係資料』2, 緑蔭書房.
山之内靖(1997),『マックス・ヴェーバー入門』, 岩波書店.
西原和久(2003),『自己と社会：現象学の社会理論と〈發生社会学〉』, 新泉社.
沼崎一郎(2014),『台湾社会の形成と変容』, 宮城：東北大学出版会.
小林多加士(1991),『文明の歴史学』, 同文舘.
小長谷英代(2017),『〈フォーク〉からの展回：文化批判と領域史』, 春風社.
小竹町史編さん委員会(1985),『小竹町史』, 小竹町.
小竹町合盟供養塔管理組合(1995),『野あざみ』, 小竹町合盟供養塔管理組合.
手塚富雄・神品芳夫(1963),『増補 ドイツ文学案内』, 岩波書店.
矢野干城(1936),『新版大京城案内』, 京城都市文化研究所.
阿部一(2000),『空間 比較文化誌』, 株式会社せりか書房.
岩竹美加子(1996),『民俗学の政治性：アメリカ民俗学100年目の省察から』, 未來社.
若林正丈(2008),『台湾の政治：中華民国台湾化の戦後史』, 東京大学出版会.
永末十四雄(1973),『筑豊：石炭の地域紙』, 日本放送出版協会.

外村大(2012),『朝鮮人強制連行』, 岩波書店.
伊藤智永(2015),『忘却された支配：日本のなかの植民地朝鮮』, 岩波書店.
子安加余子(2008), 『近代中国における民俗学の系譜：国民・民衆・知識人』, 御茶ノ水書房.
斉藤日出治(2003),『空間批判と対抗社会：グローバル時代の歴史認識』, 現代企画室.
酒井健(1996),『バタイユ：そのパトスとタナトス』, 現代思潮社.
酒井健(1996),『バタイユ入門』, 筑摩書房.
清水美里(2015),『帝国日本の「開発」と植民地台湾：台湾の大圳と日月潭発電発電所』, 有志舎.
河野真(2014),『民俗学のかたち：ドイツ語圏の学史をさぐる』, 創土社.
和歌森太郎(1947),『日本民俗学概論』, 東海書房.
アルヴァックス・モーリス(1989), 小関藤一郎 訳,『集合的記憶』, 行路社.
アルフレッド・シュッツ / トーマス・ルックマン(2015), 那須寿監訳,『生活世界の構造』, 筑摩書房.
アンリ・ルフェーヴル(2000), 斎藤日出治 訳,『空間の生産』, 青木書店.
インゲボルク・ヴェーバー＝ケラーマン / アンドレーアス・C・ビマー / ジークフリート・ベッカー(2011), 河野真 訳,『ヨーロッパ・エスノロジーの形成：ドイツ民俗学史』, 文緝堂.
インゴルド・ティム(2018), 筧菜奈子・島村幸忠・宇佐美達朗 訳,『ライフ・オブ・ラインズ：線の生態人類学』, フィルムアート社.
エトムント・フッサール(1995), 細谷恒夫・木田元 訳,『ヨーロッパ諸学の危機と超越論的現象学』, 中央公論社.
ジョルジュ・バタイユ(1998), 出口裕弘 訳,『内的体験：無神学大全』, 平凡社.
ジョルジュ・バタイユ(1999), 西谷修 訳,『新訂増補 非－知－閉じざる思考』, 平凡社.
ジョルジュ・バタイユ(2005), 酒井健 訳,『ランスの大聖堂』, 筑摩書房.
ジョルジュ・バタイユ(2009), 酒井健 編訳,『純然たる幸福』, 筑摩書房.
ジョルジュ・バタイユ(2012), 酒井健 訳,『ニーチェ覚書』, 筑摩書房.
ジョルジュ・バタイユ(2017), 江沢健一郎 訳,『有罪者－無神学大全』, 河出書房新社.
ニーチェ(1966),『悲劇の誕生』, 秋山英夫 訳, 岩波書店.
ピエール・ノラ(2002), 谷川稔 監修,『記憶の場：フランス国民意識の文化＝社会史：1：対立』, 岩波書店.

ポール・リクール(2005), 久米博 訳,『記憶・歴史・忘却：下』, 新曜社.

マックス・ヴェーバー(1991), 大塚久雄 訳, 『プロテスタンティズムの倫理と資本主義の精神』, 岩波書店.

ミシェル・マフェゾリ(1985), 佐々木交賢 監訳, 『現在の征服：日常性の社会学』, 恒星社厚生閣.

ミシェル・マフェゾリ(1995), 菊地昌実 訳, 『現代世界を読む』, 法政大学出版局.

ミシェル・マフェゾリ(1997), 古田幸男 訳, 『小集団の時代：大衆社会における個人主義の衰退』, 法政大学出版局.

ミシェル・マフェゾリ(2000), 『政治的なものの変貌：部族化/小集団化する世界』, 法政大学出版局.

ミハイール・バフチーン(1980), 川端香男里 訳, 『フランソワ・ラブレーの作品と中世・ルネッサンスの民衆文化』, せりか書房.

J. H. スチュワード(1979), 米山俊直・石田紝子 駅, 『文化変化の理論：多系進化の方法論』, 弘文堂.

3) 신문, 잡지, 자료

産業遺産情報センターに関する検討会(2017), 「産業遺産情報センターの在り方等について(第一次報告書)」.

田川地區人權センター, 『田川地區フィールドワーク：炭鉱と強制連行』, 田川地区人権センター.

4) 인터넷

Howard, Robert Glenn, "Born Digital Folklore and the Vernacular Web：An Interview with Robert Glenn Howard," Interview by Trevor Owens, The Signal February 22, 2013(https://blogs.loc.gov/thesignal/2013/02/born-digital-folklore-and-the-vernacular-web-an-interview-with-robert-glenn-howard/).

Middeldorf, Annika, "Is This Culture?"(http://www.fu-berlin.de/en/sites/inu/international/cic/newsletter/2015/201501/201501-christoph-wulf-intangible-cultural-heritage.html).

Powell, Michael, and Jeff Zeleny, "Tagged as Elitist, Obama Shifts Campaign from High-Flown to Folksy," The New York Times May 6, 2008(https://www.nytimes.com/2008/05/06/us/politics/06obama.html).

UNESCO, 2001, トリノ円卓会議(https://ich.unesco.org/doc/src/05220-EN.pdf).

UNESCO, 33341-EN(https://ich.unesco.org/en/RL/idea-and-practice-of-organizing-shared-interests-in-cooperatives-01200).

Wallace, David Foster, "The Weasel, Twelve Monkeys and the Shrub," Rolling Stone April 13, 2000(https://www.rollingstone.com/politics/politics-features/david-foster-wallace-on-john-mccain-the-weasel-twelve-monkeys-and-the-shrub-194272/).

Wright, Arthur Robinson, English Folklore, 1928(https://archive.org/details/englishfolklore00wriguoft/page/17).

外務省, 無形文化遺産の保護に関する条約(https://www.mofa.go.jp/mofaj/gaiko/treaty/pdfs/treaty159_5a.pdf).

レーマン アルブレヒト,「気分と雰囲気：意識分析のコンテキストにおける記憶と語りに及ぼす影響」(https://www.cas.go.jp/jp/sangyousekaiisan/johocenter/pdf/dai1_houkoku.pdf.

찾아보기

ㅈ/ㅊ

ㅌ

ㅍ

ㅎ

한림일본학연구총서 II 포스트제국의 문화권력 시리즈 2
문화권력과 버내큘러

초판 발행 2020년 6월 30일

지은이 한림대학교 일본학연구소 편
펴낸이 한림대학교 일본학연구소
펴낸곳 도서출판 소화
등록 제13-412호
주소 서울시 영등포구 버드나루로 69
전화 02-2677-5890
팩스 02-2636-6393
홈페이지 www.sowha.com

ISBN 978-89-8410-502-7 94080
978-89-8410-496-9 (세트)

값 27,000원